CURSO DE DIREITO TRIBUTÁRIO

Hugo de Brito Machado

CURSO DE DIREITO TRIBUTÁRIO

32ª edição,
revista, atualizada e ampliada

MALHEIROS
EDITORES

CURSO DE DIREITO TRIBUTÁRIO

*1ª ed., 1979; 2ª ed., 1981; 3ª ed., 1985; 4ª ed., 1987; 5ª ed., 1992;
6ª ed., 1993; 7ª ed., 06.1993 (3.000 exs.); 8ª ed., 09.1993 (3.000 exs.);
9ª ed., 06.1994 (3.000 exs.); 10ª ed., 01 e 05.1995 (6.000 exs.);
11ª ed., 01.1996 (10.000 exs.); 12ª ed., 04.1997 (10.000 exs.);
13ª ed., 01.1998 (10.000 exs.); 14ª ed., 09.1998 (10.000 exs.);
15ª ed., 05.1999 (3.000 exs.); 16ª ed., 09.1999 (3.000 exs.);
17ª ed., 02.2000 (5.000 exs.); 18ª ed., 05.2000 (7.000 exs.);
19ª ed., 1ª tir., 01.2001 (10.000 exs.); 2ª tir., 06.2001 (5.000 exs.);
20ª ed., 01.2002 (10.000 exs.); 21ª ed., 06.2002 (10.000 exs.);
22ª ed., 02.2003 (10.000 exs.); 23ª ed., 07.2003 (10.000 exs.);
24ª ed., 03.2004 (10.000 exs.); 25ª ed., 07.2004 (10.000 exs.);
26ª ed., 03.2005 (15.000 exs.); 27ª ed., 01.2006 (15.000 exs.);
2ª tir., 10.2006 (2.000 exs.); 28ª ed., 02.2007 (17.000 exs.);
29ª ed., 03.2008 (17.000 exs.); 30ª ed., 02.2009 (17.000 exs.);
31ª ed., 03.2010 (17.000 exs.); 32ª ed., 06.2011 (13.000 exs.).*

ISBN 978-85-392-0080-1

MALHEIROS EDITORES LTDA.
Rua Paes de Araújo, 29, conjunto 171
CEP 04531-940 – São Paulo – SP
Tel.: (11) 3078-7205 – Fax: (11) 3168-5495
URL: www.malheiroseditores.com.br
e-mail: malheiroseditores@terra.com.br

Composição
PC Editorial Ltda.

Capa
Nadia Basso

Impresso no Brasil
Printed in Brazil
06.2011

PREFÁCIO
(desta 32ª edição)

Em 1979, prefaciei a 1ª edição do *Curso de Direito Tributário* de Hugo de Brito Machado. Á época participávamos de inúmeros congressos, simpósios e eventos em que se discutiam os grandes temas fiscais no País.

Foi na década de 70, em que os novos institutos, princípios e normas criados na década anterior propiciaram os mais acalorados debates entre os especialistas – não eram muitos, à época –, com participação não só daqueles que formataram o sistema, mas de um pequeno grupo de juristas que começava a lançar as estacas doutrinárias do novo direito tributário brasileiro.

Hugo e eu estávamos entre esses poucos debatedores entusiastas.

Seu *Curso de Direito Tributário*, então lançado, representou um marco indiscutível, pois, ao lado dos cursos "protocolares" até então escritos, apresentou pela primeira vez o sistema como ele fora sendo conformado, após a Emenda Constitucional 18/1965, com corajosa tomada de posição sobre o verdadeiro perfil que as novas instituições estavam a exigir. Livro didático e audacioso na exposição dos receios e das opiniões do autor sobre todos os aspectos que ofertavam dúvidas, Hugo apresentava sua exegese, com pertinência e fundamentação.

De lá para cá o livro foi sendo alargado em seu espectro, não só pela consolidação exegética de determinados princípios, normas e institutos, mas principalmente pela dimensão de grande tributarista que Hugo foi conquistando no cenário nacional. É hoje, indiscutivelmente, uma das maiores figuras na área e na história deste ramo no Brasil.

A carreira de Hugo é fantástica. Como advogado e magistrado – foi Presidente do TRF-5ª Região –, tem sempre a coragem de dizer o que pensa, alicerçado em sólida doutrina e inteligentes interpretações do complexo sistema tributário. Pode-se discordar, mas não se pode deixar de admirar, mesmo nas divergências, o brilho e a lógica tomista de seu raciocínio e de suas conclusões.

Tive o privilégio de presidir sua Banca de Concurso para Professor Titular de Direito Tributário da Faculdade de Direito da Universidade Federal do Ceará. Todos aqueles que a compuseram ficaram extasiados com o brilho da sustentação de sua tese, tendo merecido nota máxima e uma das mais elevadas notas da história daquela Instituição, no conjunto de provas e títulos.

Sou, pois, há mais de 30 anos admirador de Hugo, a quem muito o Brasil deve, por sua atividade de magistrado, por sua atuação como cidadão, pela lúcida doutrina que emana de suas obras e pelos preciosos ensinamentos que haurem os estudantes de direito tributário de seu magnífico *Curso*, que já alcançou a 31ª edição.

Para esta 32ª edição refaço "Prefácio" que escrevi para a 1ª, manifestando não só aquela mesma admiração que já demonstrara quando do lançamento do livro – época em que começamos a nos conhecer –, mas principalmente a alegria que me dá vê-lo, gradativamente, assumir posição de liderança nos estudos tributários no País.

Sem nenhuma dúvida, pode-se assegurar, nos dias atuais, que nada se formula em direito tributário no País sem que Hugo seja consultado, pois sua voz é sempre ouvida, com respeito e admiração, por magistrados, legisladores, operadores de Direito e alunos, que em seus escritos e em suas lições, defendidas em todo o Brasil, se abeberam.

Esta é a razão pela qual eu, que acompanhei todo o crescimento de Hugo, sinto-me profundamente honrado de ter meu nome vinculado ao seu, desde a 1ª edição, neste admirável *Curso de Direito Tributário*, talvez aquele que mais influenciou o estudo deste ramo do Direito entre nós.

Parabéns, meu caro Hugo, e parabéns à Malheiros Editores, que, desde há muito tempo, hospeda e divulga seus ensinamentos pelos quatro cantos do País!

O sucesso das 31 edições é a prova inequívoca da expressão maior de Hugo no direito tributário brasileiro, que hoje já tem um lugar assegurado em sua história.

Ives Gandra da Silva Martins

APRESENTAÇÃO
(da 1ª edição)

Hugo Machado, Professor da Universidade de Fortaleza e Juiz Federal da 2ª Vara no Ceará, tem-se revelado estudioso profundo e cultor dedicado do direito tributário. Seu nome, hoje conhecido nacionalmente, é sempre lembrado pela seriedade da doutrina, que desvenda e realiza, assim como pela variedade dos temas, que aborda, sobre as mais diversas áreas impositivas do País.

Esta marca de seu estilo é característica fundamental do livro, que ora vem à luz, onde a necessidade da exposição de conceitos, de forma didática, em nada prejudica a segurança das afirmações e o respeito pela pureza dos institutos, princípios e normas, que compõem o direito tributário.

Por esta razão e com bastante satisfação apresento ao público especializado o utilíssimo livro, que servirá de roteiro e de guia permanente a tantos quantos se iniciam nas sendas próprias de ramo tão sensível da árvore jurídica brasileira.

Ives Gandra da Silva Martins

SUMÁRIO

SEGUNDA PARTE – NORMAS GERAIS DE DIREITO TRIBUTÁRIO

CAPÍTULO I – **Legislação Tributária**

CAPÍTULO II – **Vigência e Aplicação da Legislação Tributária**

CAPÍTULO III – **Interpretação e Integração da Legislação Tributária**

QUARTA PARTE – ESTUDOS COMPLEMENTARES

Capítulo I – **Noções do Processo Administrativo Tributário**

Capítulo II – **Processo Judicial Tributário**

Primeira parte

CONCEITOS FUNDAMENTAIS

Capítulo I
O ESTADO E O PODER DE TRIBUTAR

1. O Estado e sua atividade financeira

Para viver em sociedade, necessitou o homem de uma entidade com força superior, bastante para fazer as regras de conduta, para construir o direito positivo. Dessa necessidade nasceu o Estado, cuja noção se pressupõe conhecida de quantos iniciam o estudo do direito tributário.

No que mais de perto interessa a este *Curso*, importa lembrar que o Estado pode apresentar-se com governo centralizado, em uma única unidade, ou descentralizado, em unidades autônomas. No primeiro caso diz-se que o Estado é *unitário*, e no segundo diz-se que ele é *federal*.

O Brasil é um exemplo de Estado Federal, ou Federação, embora a centralização do poder político e especialmente a centralização das rendas tributárias, antes da Constituição de 1988, fossem de tal ordem a caracterizar o Brasil como Estado Unitário. Com a Constituição de 1988 deu-se um passo significativo rumo ao federalismo, embora a dependência dos Estados e Municípios ainda tenha ficado bastante acentuada, posto que a distribuição das quotas destes nos fundos de participação continua a ser administrada pelo Governo Central. Desde que entrou em vigor, todavia, a Constituição de 1988 vem sendo objeto de emendas que implicaram verdadeiro retrocesso, de sorte que, praticamente, voltamos a ser um Estado Unitário, tamanha é a concentração do poder de tributar em mãos da União.

Qualquer que seja a concepção de Estado que se venha a adotar, é inegável que ele desenvolve atividade financeira. Para alcançar seus objetivos precisa de recursos financeiros e desenvolve atividade para obter, gerir e aplicar tais recursos. Isto não significa que não possa atuar no campo econômico. E atua, com maior ou menor intensidade, ora explorando patrimônio seu, com o fim de lucrar, ora intervindo no setor privado da economia, na defesa da coletividade. De qualquer forma, pelo menos em princípio, o Estado não prescinde de recursos financeiros que arrecada do setor privado, no exercício de sua soberania.

No Brasil vigora a regra da liberdade de iniciativa na ordem econômica. A atividade econômica é entregue à iniciativa privada. A não ser nos casos especialmente previstos na Constituição, o exercício direto da atividade econômica só é permitido ao Estado quando necessário aos imperativos da segurança nacional, ou em face de relevante interesse coletivo, conforme definidos em lei (CF, art. 173). Não é próprio do Estado, portanto, o exercício da atividade econômica, que é reservada ao setor privado, de onde o Estado obtém os recursos financeiros de que necessita. Diz-se que o Estado exercita apenas *atividade financeira*, como tal entendido *o conjunto de atos que o Estado pratica na obtenção, na gestão e na aplicação dos meios de pagamento de que necessita para atingir os seus fins*.

A tributação é, sem sombra de dúvida, o instrumento de que se tem valido a economia capitalista para sobreviver. Sem ele não poderia o Estado realizar os seus fins sociais, a não ser que monopolizasse toda a atividade econômica. O tributo é inegavelmente a grande e talvez única arma contra a estatização da economia.

Com a tendência revelada pelas Nações Comunistas do Leste Europeu no sentido da denominada economia de mercado, o tributo ganha ainda maior importância, na medida em que se constata a ineficiência da economia estatizada.

É importante, porém, que a carga tributária não se torne pesada ao ponto de desestimular a iniciativa privada. No Brasil, infelizmente, isto vem acontecendo. Nossos tributos, além de serem muitos, são calculados mediante alíquotas elevadas.

Por outro lado, o Estado é perdulário. Gasta muito, e ao fazê-lo privilegia uns poucos, em detrimento da maioria, pois não investe nos serviços públicos essenciais dos quais esta carece, tais como educação, segurança e saúde. Assim, mesmo sem qualquer comparação com a carga tributária de outros Países, é possível afirmar-se que a nossa é exageradamente elevada, posto que o Estado praticamente nada nos oferece em termos de serviços públicos. O serviço de segurança pública, por exemplo, é hoje de enorme precariedade. Por isto mesmo tem se elevado muito o gasto com a denominada segurança privada, que evidentemente não supre a ausência do serviço público, até porque a principal deficiência deste situa-se no sistema presidiário, que cada dia vem se tornando mais insuficiente, qualitativa e quantitativamente.

Além de bastante elevada nossa carga tributária é crescente. A cada dia se eleva um tributo ou se cria um tributo novo e a arrecadação, assim, tem batido sucessivos recordes. Não obstante não há dinheiro para obras importantes. As estradas, especialmente no Nordeste, estão sem a necessária manutenção, praticamente destruídas. O sistema penitenciário superlotado. As universidades federais minguando, enquanto cresce a olhos vistos o sistema de ensino superior particular. Parece que os recursos arrecadados são utilizados apenas para o pagamento de juros, ou escorrem pelo ralo da corrupção.

A propósito da corrupção, temos observado que no serviço público implantou-se a prática de contratar mão de obra *terceirizada*, em vez de realizar concursos públicos. Tudo que não seja atividade-fim pode ser entregue a terceiros, isto é, a não funcionários públicos. E isto é uma porta escancarada para a corrupção. Tanto os próprios trabalhadores se deixam corromper com mais facilidade, pois praticamente nada têm a perder se apanhados em falta, porque não são titulares de cargos públicos, como as contratações de mão de obra ensejam práticas de corrupção de difícil ou impossível controle.

Ao lado da terceirização está um outro grande responsável pelo crescimento das despesas públicas, que implica o correspondente crescimento da carga tributária: é a *propaganda governamental*. Quando se questiona qualquer redução de gastos, a primeira questão que se coloca é a de saber se eles são necessários, ou não. Resolvida essa questão afirmativamente – vale dizer, depois que se chega à conclusão de que um gasto é necessário – é que se coloca a questão das prioridades. Quais são os gastos mais necessários? Qual a prioridade? E quando se chega à conclusão de que o gasto é desnecessário a questão está resolvida. Deve ser evitado.

No caso dos gastos com propaganda, com certeza, nem será ultrapassada a primeira questão, pois tais gastos são, na verdade, inteiramente desnecessários. Na empresa privada a propaganda é necessária para atrair clientela. Daí a divulgação insistente das qualidades de muitos produtos e serviços. É a disputa do mercado. A disputa do cliente, porque este gera a receita, sem a qual a empresa não pode sobreviver. Os órgãos do Estado não precisam fazer propaganda. Seus serviços, embora geralmente sejam de má qualidade, não são suficientes para atender àqueles que os procuram. Nenhuma entidade prestadora de serviços públicos precisa atrair clientes. Eles já existem, e muitos, em filas intermináveis, porque a capacidade de atendimento é geralmente insuficiente.

A publicidade autorizada, lícita, é apenas aquela destinada a permitir aos administrados o controle da atividade administrativa e a defesa de seus direitos individuais e sociais. Em outras palavras, a publicidade permitida é somente aquela (a) determinada pela lei para viabilizar o controle da atividade administrativa e a defesa de direitos individuais ou sociais e (b) que tem caráter educativo ou de orientação social.

Sabido que *publicidade* é o gênero e *propaganda* é uma espécie de publicidade, podemos dizer que essa espécie identifica-se pela finalidade. Enquanto a publicidade tem por fim apenas tornar conhecido o fato divulgado, a propaganda tem por fim fazer isto com o propósito de influir no íntimo das pessoas às quais se dirige, não necessariamente para que comprem um bem ou um serviço, mas para que adotem certo comportamento (Teodoro González Ballesteros, *Diccionario Jurídico para Periodistas*, Madrid, Editorial Centro de Estudios Ramón Areces, 1998, pp. 669-670).

Regra geral para caracterização da publicidade é a desnecessidade de trabalho técnico de elaboração da mensagem divulgada. Divulga-se simplesmente o fato, sem qualquer preocupação de influenciar as pessoas. A publicidade alcança seu objetivo pelo fato de dar conhecimento ao público da mensagem divulgada. Por isto mesmo não se faz necessária nenhuma habilidade técnica de quem prepara a matéria a ser divulgada. A publicidade apenas torna público o fato. Não importa saber qual será a consequência que vai produzir na mente das pessoas.

Mas, como também é permitida a publicidade de caráter educativo e de orientação social, esse critério é insuficiente. Necessita-se de algo para distinguir a publicidade destinada simplesmente a dar conhecimento, daquela destinada a educar e a orientar a população. Um critério capaz de ajudar nessa distinção reside no tempo e no autor do fato divulgado. Se a mensagem divulga fato situado no passado que tem como autor o Governo, é propaganda: *foi feito isto e aquilo*. Se a divulgação apenas conclama para um fato futuro que há de ser realizado pelo cidadão ou pela sociedade, anunciando o que a população deve fazer, é publicidade permitida.

Seja como for, sempre existirão mentes prodigiosas prontas para apontar caminhos vários no sentido de burlar a lei na busca da realização dos interesses pessoais dos poderosos que se encontram no exercício do poder estatal. Por isto mesmo, a lei deve ser bastante objetiva. Deve estabelecer regras que, na medida do possível, resistam às investidas dos poderosos. Para tanto, devemos pensar em regras capazes de colocar a serviço de sua preservação algumas forças que de outro modo poderiam estar atuando em sentido contrário.

2. *O poder de tributar*

Como se sabe, o Estado é entidade soberana. No plano internacional representa a Nação em suas relações com as outras Nações. No plano interno tem o poder de governar todos os indivíduos que se encontrem no seu território. Caracteriza-se a soberania como a vontade superior às vontades individuais, como um poder que não reconhece superior.

No exercício de sua soberania o Estado exige que os indivíduos lhe forneçam os recursos de que necessita. Institui o tributo. O *poder de tributar* nada mais é que um aspecto da soberania estatal, ou uma parcela desta.

Importante, porém, é observar que a *relação de tributação* não é simples relação de *poder* como alguns têm pretendido que seja. É relação *jurídica*, embora o seu fundamento seja a soberania do Estado. Sua origem remota foi a imposição do vencedor sobre o vencido. Uma relação de escravidão, portanto. E essa origem espúria, infelizmente, às vezes ainda se mostra presente em nossos dias, nas práticas arbitrárias de autoridades da Administração Tributária. Autoridades ainda desprovidas da consciência de que nas comunidades civilizadas a relação tributária é relação *jurídica*, e que muitas vezes ainda contam com o apoio de falsos juristas, que usam o conhecimento e a inteligência, infelizmente, em defesa do autoritarismo.

Nos dias atuais, entretanto, já não é razoável admitir-se a relação tributária como relação de poder, e por isto mesmo devem ser rechaçadas as teses autoritaristas. A ideia de liberdade, que preside nos dias atuais a própria concepção do Estado, há de estar presente, sempre, também na relação de tributação.

Para que fique bem clara esta ideia, vamos definir "relação de poder" e "relação jurídica", embora saibamos que as definições são sempre problemáticas.

Entende-se por *relação de poder* aquela que nasce, desenvolve-se e se extingue segundo a vontade do poderoso, sem observância de qualquer regra que porventura tenha sido preestabelecida. Já a *relação jurídica* é aquela que nasce, desenvolve-se e se extingue segundo regras preestabelecidas.

Podemos dizer que a relação tributária decorre, sim, do poder estatal, no sentido de que ela é o veículo de realização do poder de tributar, e embora em cada caso seu nascimento, seu desenvolvimento e sua extinção devam se dar de acordo com a lei, afinal, é o Estado que faz a lei, sendo o poder de tributar uma forma de sua soberania.

Justifica-se o *poder de tributar* conforme a concepção que se adote do próprio *Estado*. A ideia mais generalizada parece ser a de que os indivíduos, por seus representantes, *consentem* na instituição do tributo, como de resto na elaboração de todas as regras jurídicas que regem a Nação. O estudo desse aspecto, entretanto, não se comporta nos limites deste *Curso*, ou mesmo desta disciplina, mas no campo da ciência política, eis que pertinente à legitimidade do próprio poder estatal.

3. Poder e competência

No contexto da Teoria do Direito Tributário a expressão "poder de tributar" não se confunde com a expressão "competência tributária". A palavra "poder" tem significado que transcende a ideia de direito, que está presente na palavra "competência". "Poder" é a aptidão para realizar a vontade, seja por que meio for. Com, sem ou contra a lei. É do mundo dos fatos, e existe independentemente do sistema normativo. Já a palavra "competência" alberga a ideia de direito. Tem competência quem recebe atribuição outorgada pelo Direito. É do mundo das normas, e não existe fora do sistema normativo.

Geralmente, quem tem competência tem também poder, mas nem sempre é assim. Se fosse, não existiram rupturas na ordem jurídica. Um presidente da República não seria deposto. Uma autoridade não seria obrigada a praticar ilegalidades. Talvez possamos dizer que o "poder de tributar" é uma expressão pré e metajurídica, enquanto a expressão "competência tributária" é uma expressão tipicamente jurídica.

Organizado juridicamente o Estado, com a elaboração de sua *Constituição*, o poder tributário, como o poder político em geral, fica delimitado e, tratando-se de Confederações ou Federações, dividido entre os diversos níveis de governo. No Brasil, o poder tributário é partilhado entre a União, os Estados-membros, o Distrito Federal e os Municípios. Ao poder tributário juridicamente delimitado e, sendo o caso, dividido dá-se o nome de *competência tributária*.

O instrumento de atribuição de competência é a Constituição Federal, pois, como se disse, a atribuição de competência tributária faz parte da própria organização jurídica do *Estado*. Evidentemente só às pessoas jurídicas de direito público, dotadas de poder legislativo, pode ser atribuída competência tributária, posto que tal competência somente pode ser exercida através da lei.

Merece referência, ainda, a *capacidade tributária*, como tal neste contexto entendida a capacidade para ser sujeito ativo da relação de tributação. Tal capacidade pode ser atribuída pela lei.

A capacidade tributária não se confunde com a competência. A competência tributária é atribuída pela Constituição a um ente estatal dotado de poder legislativo. É exercida mediante a edição de lei. Já a capacidade tributária é atribuída pela Constituição, ou por uma lei, a ente estatal não necessariamente dotado de poder legislativo. É exercida mediante atos administrativos.

Em princípio a competência tributária compreende a competência legislativa e a capacidade tributária. No que concerne à competência tributária, é indelegável. Pode, todavia, ser delegada por uma pessoa jurídica de direito público a outra, no que concerne à capacidade tributária ou capacidade para ser sujeito ativo da obrigação tributária, que compreende as funções de arrecadar ou fiscalizar tributos ou de executar leis, serviços, atos ou decisões administrativas em matéria tributária (CTN, art. 7º).

4. Atribuição de competência e distribuição de receita

Discriminação constitucional de rendas é expressão genérica. Compreende a *atribuição de competência*, ou partilha do poder tributário, e a *distribuição de receitas tributárias*.

Pela *atribuição de competência* divide-se o próprio poder de instituir e cobrar tributos. Entregam-se à União, aos Estados, ao Distrito Federal e aos Municípios parcelas do próprio *poder de tributar*. Os arts. 153 a 156 da CF tratam da atribuição de competência tributária à União, aos Estados, ao Distrito Federal e aos Municípios.

A técnica de atribuição de competência é de grande importância porque tem a virtude de descentralizar o *poder político*, mas tem o inconveniente de não se prestar como instrumento para a minimização das desigualdades econômicas entre os Estados e entre os Municípios. Ao Estado pobre, em cujo território não é produzida, nem circula, riqueza significativa, de nada valeriam todos os tributos do sistema. Por isto é que se faz necessária também a distribuição de receitas tributárias.

Pela *distribuição de receitas* o que se divide entre as referidas entidades é o produto da arrecadação do tributo por uma delas instituído e cobrado.

Tendo à União sido reservada parcela maior da competência tributária, os Estados-membros e os Municípios, todavia, participam do produto da arrecadação de diversos impostos federais. Dessa *distribuição de receitas tributárias* cuidam os arts. 157 a 162 da vigente CF.

A técnica de distribuição de receitas, porém, tem o inconveniente de manter os Estados e os Municípios na dependência do Governo Federal, a quem cabe fazer a partilha das receitas tributárias mais expressivas.

Com o objetivo de eliminar essa dependência, sugerimos à Assembleia Nacional Constituinte a criação de órgãos destinados exclusivamente a administrar a distribuição das receitas tributárias, a saber: um Conselho de Representantes dos Estados, que administraria o Fundo de Participação dos Estados, e o Conselho de Representantes dos Municípios, que administraria o Fundo de Participação dos Municípios.

O Conselho de Representantes dos Estados seria composto de todos os governadores dos Estados e do Distrito Federal. O Conselho de Representantes dos Municípios seria composto de prefeitos, um por cada Estado e um indicado pelo governador do Distrito Federal. Em cada Estado os prefeitos de todos os Municípios escolheriam seu representante no Conselho. Cada Conselho elegeria entre os seus membros um presidente.

Esses Conselhos seriam competentes para o estabelecimento das normas reguladoras da distribuição dos fundos a que se refere o art. 159, I, "a" e "b", da CF e para o deslinde de qualquer pendência surgida na aplicação destas. Cada um deles teria a sua secretaria executiva, competente para todas as providências administrativas necessárias à consecução dos objetivos do órgão.

Assim, a técnica de *distribuição de receitas* deixaria de ter o grave inconveniente de deixar Estados e Municípios na dependência política do Poder Central.

Ao recolher o imposto de renda e o IPI, o contribuinte já indicaria no documento correspondente o valor das parcelas destinadas aos Estados e aos Municípios, nos termos do art. 159 da CF. Tal sugestão, que foi de pronto acolhida pela Subcomissão de Tributos, Participação e Distribuição das Receitas, foi posteriormente abandonada.

Nossa sugestão foi acolhida com aplausos pela Subcomissão de Tributos, mas na Comissão de Orçamento e Finanças foi descartada, sem uma única palavra a justificar a exclusão. Algum tempo depois um deputado me confidenciou que a nossa proposta foi recusada porque acabava com a função que a maioria dos parlamentares considera muito importante, que é a de conseguir verbas para Estados e Municípios junto ao Governo Federal.

A atuação dos deputados e senadores na obtenção de recursos financeiros para Estados e Municípios junto ao Governo Federal é uma distorção do sistema. Temos de buscar o aperfeiçoamento deste. O aperfeiçoamento da Federação. Aperfeiçoamento que se pode alcançar com a reformulação do sistema tributário, e especialmente com a reformulação da partilha das receitas tributárias. Todos os impostos devem ser federais. A legislação federal, uniforme em todo o território nacional, facilitará o desempenho da atividade econômica e poderá reduzir os atritos na relação Fisco/contribuinte. E a partilha das receitas tributárias deve ser automática, sem a interferência de uma em outra esfera de governo.

Ao fazer o pagamento de qualquer imposto, o contribuinte indicaria, no documento correspondente, os valores destinados à União, aos Estados e aos Municípios. O banco recebedor faria, então, os créditos nas contas do Tesouro Nacional, do Fundo de Participação dos Estados e do Fundo de Participação dos Municípios, que seriam partilhados sem interferência do Governo Federal, pelos respectivos Conselhos de Representantes, conforme nossa proposta, já mencionada.

5. *Os princípios jurídicos da tributação*

Ao estudarmos os *princípios jurídicos da tributação* não utilizamos a distinção entre *regras* e *princípios* por muitos adotada na Teoria Geral do Direito, formulada pelo critério da estrutura da norma. Adotamos a distinção baseada no critério da generalidade. Assim, utilizamos a palavra "princípio" para designar também as normas dotadas de grande generalidade, embora tenham a estrutura própria das *regras*. Nós as qualificamos como *princípios* simplesmente pelo critério da maior generalidade. Por isto mesmo, porque dotados de estrutura própria de regra jurídica, tais princípios não podem ser relativizados.

Sendo, como é, a relação de tributação uma relação *jurídica* e não simplesmente de *poder*, tem-se como induvidosa a existência de princípios pelos quais se rege. Dentre esses princípios destacamos aqueles que, em virtude de sua universalidade, podem ser considerados comuns a todos os sistemas jurídicos, ou pelo menos aos mais importantes. São eles os princípios da *legalidade*, da *anterioridade*, da *igualdade*, da *competência*, da *capacidade contributiva*, da *vedação do confisco* e o da *liberdade de tráfego*.

Tais princípios existem para proteger o cidadão contra os abusos do poder. Em face do elemento teleológico, portanto, o intérprete, que tem consciência dessa finalidade, busca nesses princípios a efetiva proteção do contribuinte.

Aliás, o Direito é um instrumento de defesa contra o arbítrio, e a supremacia constitucional, que alberga os mais importantes princípios jurídicos, é por excelência um instrumento do cidadão contra o Estado. Não pode ser invocada pelo Estado contra o cidadão.

Assim é que a declaração de inconstitucionalidade da lei tributária, por exemplo, não pode produzir efeitos retroativos contra o cidadão, como pretendeu o INSS no caso da contribuição de previdência das empresas agroindustriais. Declarada pelo STF a inconstitucionalidade do dispositivo que determinava fosse dita contribuição calculada sobre a produção do setor agrícola, pretendeu o INSS cobrar a diferença correspondente, calculando aquela contribuição sobre a folha de salários dos trabalhadores daquele setor, relativamente aos últimos cinco anos anteriores à declaração de inconstitucionalidade.

Esse efeito retroativo, como acontece com as normas em geral, somente se opera a favor do contribuinte. Admiti-lo contra o contribuinte é o mesmo que admitir a edição de leis tributárias retroativas.

5.1 Legalidade

Pelo *princípio da legalidade* tem-se a garantia de que nenhum tributo será instituído, nem aumentado, a não ser através de *lei* (CF, art. 150, I). A Constituição é explícita. Tanto a criação como o aumento dependem de lei. Essa explicitude decorreu do fato de que, no art. 153, § 29, da CF anterior a regra vinha formulada juntamente com as ressalvas, e tais ressalvas eram pertinentes apenas aos aumentos.

Realmente, é induvidoso que, se somente a lei pode criar, somente a lei pode aumentar, a não ser nas hipóteses ressalvadas pela própria Constituição. Admitir, fora dessas hipóteses, que o tributo pode ser aumentado por norma inferior é admitir que essa norma inferior modifique o que em lei foi estabelecido, o que constitui evidente absurdo.

Sendo a lei a manifestação legítima da vontade do povo, por seus representantes nos Parlamentos, entende-se que o ser *instituído em lei* significa ser o tributo consentido. O povo consente que o Estado invada seu patrimônio para dele retirar os meios indispensáveis à satisfação das necessidades coletivas. Mas não é só isto. Mesmo não sendo a lei, em certos casos, uma expressão desse consentimento popular, presta-se o princípio da legalidade para garantir a *segurança* nas relações do particular (contribuinte) com o Estado (Fisco), as quais devem ser inteiramente disciplinadas, em lei, que obriga tanto o sujeito passivo como o sujeito ativo da relação obrigacional tributária.

Para bem compreender o princípio da legalidade é importante ter presente o significado das palavras "lei" e "criar". Aliás, dizer que só é válida a criação do tributo por *lei* nada significa se não se sabe o que é lei, e o que significa criar. No Capítulo I da Segunda Parte deste *Curso* trataremos do conceito de lei, da maior importância não apenas para o adequado entendimento do princípio da legalidade, mas para toda a ciência do Direito. Examinemos, agora, o que se deve entender por *criar*, no contexto do princípio da legalidade.

Salvo as exceções expressamente previstas, que examinaremos mais adiante (Segunda Parte, Capítulo I, item 3), criar um tributo é estabelecer todos os elementos de que se necessita para saber qual é a situação de fato que faz nascer o dever de pagar esse tributo, qual é o seu valor, quem deve pagar, quando e a quem deve ser pago. Assim, a lei instituidora do tributo há de conter: (a) a descrição do fato tributável; (b) a definição da base de cálculo e da alíquota, ou outro critério a ser utilizado para o estabelecimento do valor do tributo; (c) o critério para a identificação do sujeito passivo da obrigação tributária; (d) o sujeito ativo da relação tributária, se for diverso da pessoa jurídica da qual a lei seja expressão de vontade.

A rigor, o que a lei deve prever não é apenas a *hipótese de incidência*, em todos os seus aspectos. Deve estabelecer tudo quanto seja necessário à existência da relação obrigacional tributária. Deve prever, portanto, a *hipótese* de incidência e o consequente *mandamento*. A descrição do *fato temporal* e da correspondente *prestação*, com todos os seus elementos essenciais, e ainda a *sanção*, para o caso de não prestação.

Em face do princípio da legalidade, o *prazo* para o recolhimento do tributo é, a nosso ver, um desses elementos essenciais, especialmente quando se trata de tributos sujeito a lançamento por homologação, em que o pagamento é antecipado pelo contribuinte. Nestes, o *mandamento* legal teria de ser *uma vez ocorrido o fato tal, pague tanto, até tal data*. É que a inexistência, na lei, do prazo para o pagamento deixa a autoridade administrativa livre para fixar esse prazo, podendo exigir o tributo imediatamente após a ocorrência do respectivo fato gerador.

É certo que o Código Tributário Nacional alberga norma expressa segundo a qual, quando a *legislação tributária* não fixar o tempo do pagamento, o vencimento do crédito ocorre 30 dias depois da data em que se considera o sujeito passivo notificado do lançamento, e o uso, nesse dispositivo, da expressão "*legislação* tributária", em vez de "*lei* tributária", indica haver o Código admitido a fixação de prazo para pagamento do tributo em norma infralegal.

Analisando mais atentamente o art. 160 do CTN, concluímos que tal norma refere-se apenas aos casos de tributo objeto de lançamento de ofício ou por declaração. É que a solução indicada na mesma para o caso de não fixar a legislação o vencimento do crédito tributário reporta-se à notificação do lançamento. É evidente, pois, que tal norma não diz respeito ao prazo para pagamento de tributo apurado pelo próprio sujeito passivo, vale dizer, não diz respeito aos casos de tributo sujeito a lançamento por homologação.

Realmente, em relação aos tributos cujo pagamento é antecipado, por iniciativa do contribuinte, admitir-se que o prazo para essa antecipação seja fixado em norma infralegal é deixar nas mãos da autoridade administrativa o poder de estabelecer prazos não razoáveis, excessivamente curtos, e com isto impor encargo significativo ao contribuinte – o que não se compadece com o próprio princípio da legalidade.

O STF, todavia, já manifestou seu entendimento no sentido da constitucionalidade de lei que atribui ao Ministro da Fazenda competência para fixar prazo para recolhimento de tributo, por entender que tal matéria não está no campo da reserva legal (RE 140.669-PE, rel. Min. Ilmar Galvão, j. 2.12.1998, *Informativo STF* 134). Registre-se que a decisão foi adotada por maioria de votos, sendo em sentido oposto o entendimento dos Mins. Marco Aurélio, Sepúlveda Pertence e Carlos Velloso.

Seja como for, se a lei fixou um prazo, este não pode ser alterado por norma infralegal.

No Brasil, como, em geral, nos Países que consagram a divisão dos Poderes do Estado, o princípio da legalidade constitui o mais importante limite aos governantes na atividade de tributação. Por isto mesmo, teóricos a serviço do Poder já cuidam de construir teses com o objetivo de amesquinhá-lo. Entre estas a que coloca a solidariedade como algo moderno e que no denominado Estado Social deveria se sobrepor à legalidade, colocada como algo inseparável do individualismo. O Poder busca, sempre, formas para contornar os limites que o Direito vai a muito custo construindo.

Não devemos, todavia, a pretexto de ampliar a defesa do contribuinte contra o arbítrio da Fazenda Pública, ignorar os limites do denominado *autocontrole* da legalidade, pretendendo que as autoridades administrativas de julgamento apreciem alegações de inconstitucionalidade das leis tributárias. Se o fizerem, estarão interferindo na atividade do Poder Legislativo, e isto em nada contribui para a construção do Estado Democrático de Direito. O princípio da legalidade há de ser posto em prática em consonância com a separação de Poderes do Estado, e assim o autocontrole da legalidade pela Administração não dá ensejo à apreciação de alegação de inconstitucionalidade das leis, que é da competência do Poder Judiciário.

Isto, porém, não quer dizer que a Administração Tributária esteja liberada da obediência à Constituição. Não está. Por isto mesmo não pode, em sua atividade, descumprir regras da Constituição que lhe sejam diretamente aplicáveis. Nem deve aplicar lei que tenha sido considerada inconstitucional, em decisão definitiva, pelo STF. Note-se a diferença, que é muito importante: uma coisa é apreciar a arguição de inconstitucionalidade; outra, a aplicação de lei já declarada inconstitucional pelo órgão competente.

5.2 Anterioridade

Nos termos do art. 150, III, "b", da CF, é vedada a cobrança de tributos "no mesmo exercício financeiro em que haja sido publicada a lei que os instituiu ou aumentou". Esse dispositivo consubstancia o *princípio da anterioridade.*

A Emenda Constitucional 42, de 19.12.2003, acrescentou a alínea "c" ao inciso III do art. 150, vedando a cobrança de tributos antes de decorridos 90 dias da data em que haja sido publicada a lei que os instituiu ou aumentou, observado o disposto na alínea "b" – quer dizer, sem prejuízo da exigência de anterioridade da lei ao exercício financeiro da cobrança.

Agora, portanto, para que o tributo seja cobrado a partir de 1º de janeiro já não basta que a lei seja publicada até o último dia do exercício anterior, ou seja, já não basta a obediência ao *princípio da anterioridade*. Para que o tributo seja devido a partir de 1º de janeiro, a lei que o criou ou aumentou deve ser publicada pelo menos 90 dias antes. Entretanto, a exigência da *anterioridade* não se confunde com a exigência da vacância legal de 90 dias. Assim, se a lei que cria ou aumenta o tributo é publicada até o último dia de dezembro está atendida a exigência do *princípio da anterioridade*, e a exigência da vacância de 90 dias faz com que a vigência da lei só tenha início 90 dias depois de sua publicação. Isto quer dizer que se a lei é publicada no último dia de dezembro está atendido o princípio da anterioridade, mas essa lei só entrará em vigor em abril do ano seguinte.

O princípio da anterioridade – vale dizer, a limitação albergada pelo art. 150, III, "b", da CF – não se aplica: (1) aos empréstimos compulsórios destinados a atender a despesas extraordinárias, decorrentes de calamidade pública, de guerra externa ou sua iminência (art. 148, I); (2) aos impostos sobre: importação de produtos estrangeiros (art. 153, I), exportação, para o Exterior, de produtos nacionais ou nacionalizados (art. 153, II), produtos industrializados (art. 153, IV) e operações de crédito, câmbio e seguro, ou relativas a títulos ou valores mobiliários (art. 153, V); (3) aos impostos extraordinários criados na iminência ou no caso de guerra externa (art. 154, II).

O IPI, embora não se submeta ao *princípio da anterioridade*, está sujeito à vacância de 90 dias, ou seja, a regra jurídica que cria nova hipótese de incidência ou de qualquer forma o aumenta, ainda que apenas dentro dos limites da lei, só entra em vigor 90 dias depois de publicada.

As contribuições de seguridade social não se submetem à limitação do art. 150, III, "b". Podem ser criadas ou aumentadas por lei publicada no curso do exercício financeiro, mas subordinam-se à exigência da anterioridade de 90 dias (art. 195, § 6º).

Também não se submetem à limitação do art. 150, III, "b", os aumentos de alíquotas do ICMS e da contribuição de intervenção no domínio econômico autorizados pelos arts. 155, § 4º, IV, "c", e 177, § 4º, I, "b", inseridos no texto constitucional pela Emenda Constitucional 33/2001, que não escapam, todavia, da exigência de antecedência dos 90 dias, da alínea "c", introduzida no inciso III do art. 150 pela Emenda Constitucional 42.

A exigência de antecedência de 90 dias, da alínea "c" do inciso III do art. 150, não se aplica ao imposto sobre renda e proventos de qualquer natureza (art. 153, III) e relativamente à base de cálculo do IPVA (art. 155, III) e à base de cálculo do IPTU (art. 156, I). Esta exceção permite que uma lei que aumenta esses impostos possa entrar em vigor no primeiro dia do exercício financeiro mesmo tendo sido publicada no último dia do exercício anterior. Relativamente a outros tributos de incidência anual não abrangidos por esta exceção, como é o caso do ITR, a lei deve ser publicada pelo menos 90 dias antes do início do exercício da respectiva cobrança.

O princípio da anterioridade da lei tributária não se confunde com o princípio da irretroatividade da lei, que é princípio geral de Direito e vigora, portanto, também no direito tributário, em cujo âmbito mereceu expressa acolhida. Irretroatividade, princípio geral que se pode considerar da própria essência do Direito, tamanha é a sua importância para preservação da segurança jurídica, quer dizer que a lei deve ser anterior ao fato que qualifica juridicamente. Em direito tributário, quer dizer que a lei deve ser anterior ao fato gerador do tributo por ela criado ou majorado (CF, art. 150, III, "a"). Anterioridade, princípio constitucional tributário, é irretroatividade qualificada. Exige lei anterior ao início do exercício financeiro no qual o tributo é cobrado (CF, art. 150, III, "b").

Também não se há de confundir o princípio da *anterioridade* com o da *anualidade*, segundo o qual a cobrança de tributos depende de autorização *anual* do Poder Legislativo mediante previsão no orçamento. Essa autorização anual, concedida com a aprovação do orçamento, tem um sentido nitidamente democrático. No regime constitucional que adota o princípio da *anualidade* os representantes do povo, anualmente, examinam a proposta orçamentária do Governo e, em face das despesas, autorizam a cobrança dos tributos indispensáveis ao respectivo atendimento. Não basta haver sido o tributo instituído por lei. É preciso que, anualmente, tenham os representantes do povo conhecimento do emprego que o Governo pretende fazer dos recursos arrecadados mediante os tributos.

Como se vê, os princípios da *anualidade* e da *anterioridade* realmente não se confundem. O princípio da anterioridade quer dizer que nenhum tributo pode ser cobrado sem que a lei que o instituiu, ou aumentou, tenha sido publicada antes do início do exercício da cobrança. Um imposto instituído em lei publicada em 2011 somente a partir de 2012 pode ser cobrado. Mas poderá ser cobrado também nos anos seguintes, indefinidamente. O princípio da anualidade é diferente porque, segundo ele, além da lei de criação ou aumento do imposto, há necessidade de previsão da cobrança no orçamento de cada ano. A previsão de cobrança, na lei orçamentária anual, é indispensável.

Assim entendido, o princípio da anualidade não existe atualmente no Brasil. Alguns autores abordam o princípio da *anterioridade*, referindo-se à *anualidade*. Até o STF tem feito, em alguns julgados, referência ao princípio da anualidade, quando, na verdade, reportando-se está ao princípio da anterioridade. Aliás, o Supremo, ainda na vigência da Constituição de 1946, que consagrava expressamente o princípio da anualidade, já decidira interpretando esse princípio como simples *anterioridade*.

Alguns sustentaram a prevalência do princípio da anualidade, em face da obrigatoriedade de previsão orçamentária de todas as receitas, por força do art. 62 da CF de 1967, com redação que lhe deu a Emenda 1/1969.

Há, ainda, os que, mesmo em face da Constituição Federal de 1988, sustentam que o princípio da anualidade dos tributos, embora não explicitamente inscrito na Constituição, permanece positivamente válido e eficaz no sistema tributário nacional, porquanto limitação constitucional ao poder de tributar e garantia fundamental do contribuinte, necessariamente decorre da anualidade orçamentária, nos termos em que o explicitam as normas gerais de direito financeiro atinentes ao orçamento fiscal (Flávio Bauer Novelli).

Seja como for, não nos parece que tais normas – seja o art. 62 da CF anterior, seja o art. 165, § 5º, I, e § 9º, I, da CF de 1988 – consubstanciem o princípio da anualidade, como garantia do contribuinte. As normas pertinentes ao orçamento dizem respeito à gestão dos recursos do Estado e à despesa pública, matérias alheias à relação de tributação.

5.3 Igualdade

O *princípio da igualdade* é a projeção, na área tributária, do princípio geral da isonomia jurídica, ou princípio pelo qual todos são iguais perante a lei. Apresenta-se aqui como garantia de tratamento uniforme, pela entidade tributante, de quantos se encontrem em condições iguais. Como manifestação desse princípio temos, em nossa Constituição, a regra da uniformidade dos tributos federais em todo o território nacional.

Não fere o princípio da igualdade – antes, o realiza com absoluta adequação – o imposto progressivo. Realmente, aquele que tem maior capacidade contributiva deve pagar imposto maior, pois só assim estará sendo *igualmente* tributado. A igualdade consiste, no caso, na proporcionalidade da incidência à capacidade contributiva, em função da utilidade marginal da riqueza.

O princípio da igualdade, numa visão formalista e dirigido apenas ao aplicador da lei, pode significar apenas o caráter hipotético da norma, a dizer que, realizada a hipótese normativa, a consequência deve ser igual, sem qualquer distinção decorrente de quem seja a pessoa envolvida. Assim, se a norma estabelece que *quem for proprietário de imóvel deve pagar imposto*, o imposto é devido, seja qual for o proprietário do imóvel, em cada caso.

As dificuldades no pertinente ao princípio da isonomia surgem quando se coloca a questão de saber se o legislador pode estabelecer hipóteses discriminatórias, e qual o critério de discrime que pode validamente utilizar. Na verdade a lei sempre discrimina. Seu papel fundamental consiste precisamente na disciplina das desigualdades naturais existentes entre as pessoas. A lei, assim, forçosamente discrimina. O importante, portanto, é saber como será válida essa discriminação. Quais os critérios admissíveis, e quais os critérios que implicam lesão ao princípio da isonomia.

A este propósito existem formulações doutrinárias interessantes, entre as quais se destaca aquela segundo a qual o critério de discrime deve ter um nexo plausível com a finalidade da norma. Assim, em um concurso para o cargo de juiz, pode a norma exigir que os candidatos sejam bacharéis em Direito (critério finalístico plausível, tendo-se em vista as funções do cargo). Não pode, todavia, exigir que os candidatos tenham determinada altura, ou peso. Já, tratando-se de seleção para competição esportiva acontecerá precisamente o contrário. A exigência de altura, ou peso, pode ser um critério seletivo plausível, enquanto não o será a exigência do título de bacharel em Direito.

Em matéria tributária, há problema em saber se a regra de isenção fere, ou não, o princípio da isonomia. A questão é difícil porque envolve a valoração dos fins pretendidos pela norma isentiva. Essa valoração é que vai preencher o vazio da postura puramente normativista, e tudo terminará sendo uma questão de justiça, ou de injustiça da isenção.

A propósito de isenções, mais relevante e operativo é o princípio da capacidade contributiva, que adiante será examinado.

5.4 Competência

O *princípio da competência* é aquele pelo qual a entidade tributante há de restringir sua atividade tributacional àquela matéria que lhe foi constitucionalmente destinada. Já sabemos que a *competência tributária* é o poder impositivo juridicamente delimitado, e, sendo o caso, dividido. O princípio da competência obriga a que cada entidade tributante se comporte nos limites da parcela de poder impositivo que lhe foi atribuída. Temos um sistema tributário rígido, no qual as entidades dotadas de competência tributária têm, definido pela Constituição, o âmbito de cada tributo, vale dizer, a matéria de fato que pode ser tributada.

5.5 Capacidade contributiva

A Constituição Federal de 1988 restabeleceu a norma que expressamente consagrava, na Constituição de 1946, o princípio da capacidade contributiva. Assim, segundo expressamente estabelece o seu art. 145, § 1º, "sempre que possível, os impostos terão caráter pessoal e serão graduados segundo a capacidade econômica do contribuinte, facultado à Administração Tributária, especialmente para conferir efetividade a esses objetivos, identificar, respeitados os direitos individuais e nos termos da lei, o patrimônio, os rendimentos e as atividades econômicas do contribuinte".

Esse dispositivo tem suscitado algumas questões, duas das quais nos parecem realmente importantes. Uma consiste em saber se o princípio da capacidade contributiva, ou mais exatamente, o princípio da capacidade econômica, refere-se apenas aos impostos, como está a indicar o seu elemento literal, ou se diz respeito aos tributos. A outra consiste em saber qual é o alcance da expressão "sempre que possível", pois essa expressão pode parecer uma forma de atribuir ao legislador a liberdade para decidir quando considera possível a observância do princípio.

A nosso ver o princípio da capacidade contributiva, ou capacidade econômica, diz respeito aos tributos em geral e não apenas aos impostos, embora apenas em relação a estes esteja expressamente positivado na Constituição. Aliás, é esse princípio que justifica a isenção de certas taxas, e até da contribuição de melhoria, em situações nas quais é evidente a inexistência de capacidade contributiva daquele de quem teria de ser o tributo cobrado. E quanto à segunda das referidas questões nos parece que se trata de um princípio constitucional que deve ser encarado com os princípios jurídicos em geral. Não é razoável entender-se que o legislador tem ampla liberdade para resolver quando é e quando não é possível exigir-se obediência ao princípio da capacidade contributiva porque tal compreensão anula inteiramente a sua supremacia. Em outras palavras, essa interpretação rebaixa o princípio em questão do nível da Constituição para o nível das leis ordinárias, o que não é razoável admitir-se.

Tal como acontece com a inobservância de qualquer outro princípio constitucional, também a inobservância, pelo legislador, do princípio da capacidade contributiva pode ser objeto de controle tanto por ação direta, promovida perante o STF, por uma das pessoas indicadas no art. 103 da vigente CF, como em qualquer das ações nas quais ordinariamente são apreciadas as questões tributárias.

Questão delicada consiste em saber se, havendo a Constituição consagrado expressamente o princípio da capacidade contributiva, ou, mais exatamente, o princípio da capacidade econômica, a lei que concede isenção de tributo fere, ou não, tal princípio.

Tratando-se de imposto cujo fato gerador não seja necessariamente um indicador de capacidade contributiva do contribuinte, a lei que concede isenção certamente não será inconstitucional, posto que não fere o princípio em estudo. Tratando-se, porém, de imposto sobre o patrimônio, ou sobre a renda, cujo contribuinte é precisamente aquele que se revela possuidor de riqueza, ou de renda, aí nos parece que a isenção lesa o dispositivo constitucional que alberga o princípio em referência.

É certo que nossa Constituição contém regras no sentido de que o desenvolvimento econômico e social deve ser estimulado (art. 170), e especificamente no sentido de que a lei poderá, em relação à empresa de pequeno porte constituída sob as leis brasileiras, e que tenham sua sede e administração no País, conceder tratamento favorecido (art. 170, IX).

Não nos parece, todavia, sejam tais disposições capazes de validar regra isentiva de imposto de renda, a não ser que se trate de situações em que a isenção realiza o princípio da capacidade contributiva, como acontece com a concedida às microempresas, ou aquelas que em geral são pertinentes ao considerado *o mínimo vital*. Isenção de imposto de renda a empresa industrial, a pretexto de incrementar o desenvolvimento regional, sem qualquer consideração ao montante do lucro auferido, constitui flagrante violação do princípio da capacidade contributiva, especialmente se concedida por prazo muito longo, como acontece com certas empresas no Nordeste, favorecidas com isenção ou redução do imposto de renda há cerca de 25 anos.

5.6 Vedação do confisco

A Constituição Federal estabelece que é vedado à União, aos Estados, ao Distrito Federal e aos Municípios *utilizar tributo com efeito de confisco*. Não obstante seja problemático o entendimento do que seja um tributo *com efeito de confisco*, certo é que o dispositivo constitucional pode ser invocado sempre que o contribuinte entender que o tributo, no caso, lhe está confiscando os bens.

Cabe ao Judiciário dizer quando um tributo é confiscatório. A regra constitucional, no mínimo, deu ao Judiciário mais um instrumento de controle da voracidade fiscal do Governo, cuja utilidade certamente fica a depender da provocação dos interessados e da independência e coragem dos magistrados, especialmente dos que integram o STF.

Já no regime constitucional anterior alguns tributaristas sustentavam ser inadmissível o tributo confiscatório, posto que isto implicaria negar o direito de propriedade, constitucionalmente garantido.

O caráter confiscatório do tributo há de ser avaliado em função do sistema, vale dizer, em face da carga tributária resultante dos tributos em conjunto.

A vedação do confisco é atinente ao tributo. Não à penalidade pecuniária, vale dizer, à multa. O regime jurídico do tributo não se aplica à multa, porque tributo e multa são essencialmente distintos. O ilícito é pressuposto essencial desta, e não daquele.

No plano estritamente jurídico, ou plano da ciência do Direito, em sentido estrito, a multa distingue-se do tributo porque em sua hipótese de incidência a ilicitude é essencial, enquanto a hipótese de incidência do tributo é sempre algo lícito. Em outras palavras, a multa é necessariamente uma sanção de ato ilícito, e o tributo, pelo contrário, não constitui sanção de ato ilícito.

No plano teleológico, ou finalístico, a distinção também é evidente. O tributo tem por finalidade o suprimento de recursos financeiros de que o Estado necessita, e por isto mesmo constitui uma receita ordinária. Já a multa não tem por finalidade a produção de receita pública, e sim desestimular o comportamento que configura sua hipótese de incidência, e por isto mesmo constitui uma receita extraordinária ou eventual.

Porque constitui receita ordinária, o tributo deve ser um ônus suportável, um encargo que o contribuinte pode pagar sem sacrifício do desfrute normal dos bens da vida. Por isto mesmo é que não pode ser confiscatório. Já a multa, para alcançar sua finalidade, deve representar um ônus significativamente pesado, de sorte a que as condutas que ensejam sua cobrança restem efetivamente desestimuladas. Por isto mesmo pode ser confiscatória.

Registre-se, todavia, que o STF tem algumas manifestações em sentido contrário, vale dizer, no sentido de que o dispositivo constitucional que veda a utilização de tributo com efeito de confisco aplica-se também às multas, vedando a cominação de multas muito elevadas. Com a devida vênia, pensamos que a Corte Maior não foi feliz ao adotar tal entendimento. As multas, como as sanções em geral, são instrumentos destinados a desestimular condutas ilícitas. Assim, em certos casos justificam-se multas pesadas para que o contribuinte não queira correr o risco de ser apanhado no descumprimento de suas obrigações.

É certo que o STF evoluiu quanto à fundamentação adotada no deferimento da cautelar, passando a considerar que a multa em tela contraria o princípio da razoabilidade. Mesmo assim, afirmou que a vedação ao tributo com efeito de confisco é uma limitação ao poder de tributar que se estende, também, às multas decorrentes de obrigações tributárias, ainda que não tenham elas natureza de tributo (ADI 551-1-RJ, j. 24.10.2002, com ementa publicada no *DJU*-I 14.2.2003).

A conclusão à qual chegou o Supremo é correta. O fundamento, todavia, deve ser outro. A rigor, a vedação ao tributo com efeito confiscatório não se estende às multas tributárias. O que impede a cominação de multas exorbitantes é o princípio constitucional de proporcionalidade, no que alberga a ideia de que deve haver uma proporção, em sentido estrito, entre a gravidade do ilícito e a sanção ao mesmo correspondente.

5.7 Liberdade de tráfego

O art. 150, V, da CF de 1988 veda às diversas entidades tributantes o estabelecimento de *limitações ao tráfego de pessoas ou bens, por meio de tributos interestaduais ou intermunicipais*. É importante esclarecer que essa regra não impede a cobrança de impostos sobre a circulação em operações interestaduais ou intermunicipais. O que ela proíbe é a instituição de tributo em cuja hipótese de incidência seja elemento essencial a transposição de fronteira interestadual ou intermunicipal.

Essa limitação ao poder de tributar decorre e de certa forma realiza o princípio federativo. Não configura propriamente uma imunidade. Apenas estabelece parâmetros para a atividade tributária. Define, na verdade, circunstâncias que a podem tornar inconstitucional. No inciso V do art. 150 a circunstância que pode tornar um tributo inconstitucional é a *interestadualidade*, se tomada como essencial para o nascimento do dever jurídico de pagar o tributo, ou como critério para seu agravamento.

Nos Estados Unidos da América do Norte, onde o princípio federativo é mais forte, posto que lá é bem maior o grau de autonomia dos Estados, entende-se que nenhum tributo pode incidir em uma operação interestadual. Por isto mesmo desenvolveu-se ali uma prática evasiva que se tornou muito intensa, que é a compra de bens diversos em estabelecimentos de outro Estado. Muitos preferem comprar por telefone, de comerciantes estabelecidos em outros Estados, e com isto surgiram várias empresas com o objetivo de fazer entregas de mercadorias.

A situação nos Estados Unidos é bem diferente da nossa. Entende-se ali que o cidadão deve pagar impostos ao Estado onde tem seu domicílio. E como o imposto sobre vendas – o *sales tax* – é cobrado do comprador, explicitamente adicionado ao preço das mercadorias, se o comprador é domiciliado em outro Estado o comerciante vendedor, ao cobrar esse imposto, não pode adicioná-lo ao preço das mercadorias nas vendas para comprador domiciliado em outro Estado.

O Estado de Dacota do Norte, para evitar essa prática evasiva, pretendeu fosse instituído um sistema no qual o comerciante, ao fazer uma venda a comprador domiciliado em outro Estado, cobraria o imposto e creditaria o valor correspondente ao Estado do domicílio do comprador, criando-se como que uma câmara de compensação entre os vários Estados.

Estávamos em Atlanta em 1992 quando os jornais publicaram a decisão da Corte Suprema dos Estados Unidos que, apreciando a questão, afirmou ser inadmissível a cobrança de qualquer imposto em operações interestaduais, a menos que o Congresso legislasse em sentido oposto. E até agora, ao que nos consta, não é admitida a tributação interestadual naquele País.

Em nossa Constituição, entretanto, está expressamente ressalvada a cobrança de pedágio pelo uso de vias conservadas pelo Poder Público.

Assim, mesmo que se entenda que o pedágio tem a natureza jurídica de tributo, restou afastada a possibilidade de se invocar o princípio da liberdade de tráfego para impedir a cobrança do pedágio.

5.8 Garantias do contribuinte e tributação extrafiscal

Ao iniciarmos o estudo dos *princípios jurídicos da tributação* afirmamos que tais princípios existem para proteger o cidadão contra os abusos do poder. Ocorre que alguns impostos são utilizados com função extrafiscal, isto é, como instrumentos para a intervenção do Estado na atividade econômica, e, em muitas situações, devem ser manejados com rapidez, para que possam produzir a intervenção necessária. Assim, os defensores da utilização dos tributos com função extrafiscal dizem que estes devem ser flexíveis, no sentido de poderem ser alterados sem a demora que decorreria da estrita obediência aos princípios constitucionais da tributação, especialmente aos princípios da legalidade e da anterioridade. Por isto é que esses princípios não se aplicam plenamente aos impostos ditos regulatórios, ou dotados de função extrafiscal, entre os quais podem ser citados os impostos de importação, de exportação e sobre operações financeiras.

Nesse contexto o trato das garantias do contribuinte exige especial atenção. Não se deve admitir que os princípios da legalidade e da anterioridade da lei tributária, que são garantias do contribuinte, sejam simplesmente minimizados ou descartados. Como a restrição a esses princípios constitucionais é admitida simplesmente para que os impostos regulatórios possam ser utilizados com determinadas finalidades, é da maior importância a questão de saber se as alterações neles processadas por atos do Poder Executivo têm realmente, em cada caso, a finalidade que justifica esse regime jurídico excepcional. Por isto mesmo o ato que corporifica a alteração do imposto deve ser expressamente motivado e essa motivação devidamente publicada. São invocáveis os princípios fundamentais do direito administrativo, entre eles o da publicidade e o da necessidade de motivação dos atos administrativos.

O STF, todavia, já admitiu que a motivação de um decreto que aumenta alíquotas de imposto extrafiscal não esteja expressa nele próprio, bastando que conste do processo administrativo interno que ensejou sua edição. Não nos parece correto esse entendimento, pois, não tendo sido publicada a motivação, poderá esta ser alterada posteriormente segundo a conveniência da Administração, o que dificulta ou impede o controle dos abusos do poder de tributar, em prejuízo dos direitos fundamentais do contribuinte.

6. *Tributação e solidariedade social*

6.1 *Solidariedade social como princípio constitucional*

A *solidariedade social* não é apenas uma ideia. É um princípio de nosso direito positivo, pelo menos a partir da Constituição Federal de 1988, que o alberga expressamente em dispositivo segundo o qual constituem objetivos fundamentais de nossa República “construir uma sociedade livre, justa e solidária” (art. 3º, I). Coloca-se, então, a questão de saber se esse princípio deve ser entendido de modo que implique restrições a outros princípios constitucionais destinados a garantir o contribuinte contra o arbítrio do Estado – entre eles o *princípio da legalidade*.

Há quem sustente que o princípio da solidariedade é hoje – e continuará sendo nos próximos anos – tão importante quanto o princípio da legalidade tributária foi nos últimos anos. Não nos parece, porém, que seja exatamente assim. É inegável a importância da solidariedade, mas ela deve ser praticada especialmente no gasto público. Embora o tributo também possa ser instrumento útil para uma política de redistribuição de renda, na verdade, esta deve ocorrer essencialmente através do gasto público. Por outro lado, não podemos admitir que se considere o princípio da legalidade algo do passado, que possa ser de algum modo substituído pelo princípio da solidariedade.

A tese que coloca o princípio da solidariedade como fundamental na atividade de tributação é extremamente sedutora e perigosa. É sedutora porque apresenta a solidariedade como algo moderno e a legalidade como algo antiquado e inseparável do individualismo. É perigosa porque tende a destruir as mais importantes conquistas da Humanidade no controle do exercício do poder estatal.

6.2 Solidariedade e legalidade

O princípio da solidariedade constitui fundamento para a atuação do Estado, que há de promover a solidariedade social. E, para tanto, pode mesmo utilizar a tributação como mecanismo para a redistribuição de renda. Tudo isto, porém, há de ser feito sem desconsideração alguma pelo princípio da legalidade, até porque um não se contrapõe ao outro princípio.

É exatamente porque devemos construir uma sociedade justa que admitimos a atuação do Estado promovendo a redistribuição de renda. Mas nossa Constituição preconiza também uma sociedade livre – e, assim, não se pode prescindir da legalidade. Não se pode esquecer que esta é uma conquista da civilização contra o arbítrio do Estado. E não se pode, de modo algum, amesquinhar essa conquista a pretexto de colocar em prática a solidariedade, que pode e deve ser posta em prática dentro dos padrões da lei.

Na relação de tributação temos um forte, que é o Estado, e um fraco, que é o contribuinte, e não podemos esquecer que "nas relações entre o forte e o fraco a liberdade escraviza e só a lei liberta". *Legalidade* e *solidariedade* são princípios que se completam na difícil tarefa de controlar o Poder, em benefício da liberdade, não se devendo admitir que a invocação do princípio da solidariedade possa ser útil para justificar a violação da lei.

A invocação do princípio da solidariedade pelos governantes, por seus teóricos ou advogados em questões tributárias pode ser – e geralmente é – mero pretexto para a ampliação dos limites impostos pelo princípio da legalidade. A tese que coloca a solidariedade como algo capaz de justificar a cobrança de tributos sem apoio na lei, amparada na capacidade contributiva, é tese típica do Nazismo. Não obstante apresentada como tese moderna, ela, na verdade, apenas ressuscita o autoritarismo.

6.3 Solidariedade e capacidade contributiva

Solidariedade e *capacidade contributiva*, a rigor, são princípios dirigidos ao legislador. Nem um e nem o outro podem ser vistos como caminho para burlar o princípio da legalidade. Eles devem ser postos em prática pelos caminhos ditados pelo princípio da legalidade. Os princípios constitucionais em geral são limitações ao Poder. No que diz respeito à tributação os princípios constitucionais são limitações ao poder de tributar. Assim, tanto quanto o princípio da legalidade, o princípio da capacidade contributiva deve ser visto como um limite ao arbítrio dos governantes. Não como um pretexto para sua ampliação.

Por isto é que, mesmo quando instituído ou aumentado por lei, não se deve admitir a cobrança do tributo se não há capacidade contributiva. Saber quando isto acontece é outra questão – de deslinde difícil, é certo, mas não impossível. De todo modo, admitindo-se que está ausente a capacidade contributiva necessária no caso, a lei instituidora do tributo há de ser considerada inconstitucional. Por outro lado, a capacidade contributiva não justifica a cobrança de tributo que não tenha sido instituído ou aumentado por lei.

6.4 Relativização dos princípios

Para a qualificação de uma norma como princípio seguimos adotando neste *Curso* o critério da generalidade. Ocorre que a Teoria Geral do Direito alberga também outros critérios para essa qualificação. Entre eles, o que leva em conta a estrutura da norma e a forma de superação dos conflitos. É importante, portanto, que se tenha atenção para o critério adotado na qualificação do princípio jurídico, para que se possa preservar a coerência.

Entre outros critérios para a qualificação da norma como princípio jurídico destaca-se o da estrutura e modo de superação de conflitos. Seria *princípio* a norma de estrutura aberta, cujo comando pode ser mais, ou menos, observado, de modo que a superação de conflitos não ocorre pela prevalência de um sobre o outro, mas pelo sopesamento e relativização. Seria *regra* a norma de estrutura fechada cujo comando é ou não é observado, de modo que a superação de conflitos ocorre sempre pela aplicação de um e negação do outro.

Para os que qualificam como princípio a norma de estrutura aberta, também denominada *mandato de otimização*, os conflitos entre princípios jurídicos não são resolvidos pela prevalência de um sobre o outro, mas pelo sopesamento entre eles, de sorte que a relativização do alcance do princípio permite a convivência. Entretanto, quando qualificamos o princípio pelo critério da generalidade, como fazemos neste *Curso*, e incluímos nessa espécie de normas algumas que seriam regras pelo critério da estrutura, essa relativização é inadmissível. Por isto devemos rejeitar prontamente qualquer tentativa de relativização, por exemplo, da legalidade, da irretroatividade e da anterioridade.

6.5 Solidariedade e gasto público

A ideia de solidariedade como fundamento da tributação tem levado ao equívoco de se considerar que o sujeito ativo da relação tributária é a sociedade, e não o Estado. Equívoco evidente, pois, se admitirmos que a sociedade é o sujeito ativo da relação tributária, ficaríamos diante de dificuldade insuperável na definição de quem seria o sujeito passivo dessa mesma relação jurídica. Na verdade, a relação jurídica tributária tem como sujeito ativo o Estado e como sujeito passivo os indivíduos que integram a sociedade. Não diremos que o sujeito passivo da relação tributária é a sociedade porque na relação jurídica de tributação os sujeitos passivos são individualizados.

É certo que a ideia de solidariedade social deve estar presente como fundamento da tributação, mas a relação jurídica tributária é sempre uma relação individualizada entre o Estado e o contribuinte, e nesta deve prevalecer o princípio da legalidade. A ideia de solidariedade deve ser, portanto, deslocada para o plano do gasto público. O Estado é que, dispondo do dinheiro que arrecada com os tributos, deve realizar o gasto público tendo em vista a solidariedade social.

Infelizmente, na prática, o gasto público geralmente é objeto de péssima gestão, quase sempre desatenta à solidariedade social, verificando-se com enorme frequência o desperdício e a corrupção, de tal sorte que, por maior que seja a arrecadação, os recursos públicos são sempre insuficientes. E isto enfraquece a ideia de solidariedade como fundamento da cobrança do tributo, pois os contribuintes se sentem enganados pelos governantes ao perceberem que a solidariedade não passa de um pretexto para a cobrança do tributo. A rigor, portanto, até para que a solidariedade social possa funcionar como fundamento para a instituição e cobrança do tributo, é importante que ela esteja presente no gasto público, que há de ser realizado com seriedade e tendo em vista sobretudo as necessidades dos mais pobres.

Capítulo II
O DIREITO TRIBUTÁRIO

1. Conceito, denominações e finalidade

O Estado, no exercício de sua soberania, tributa. Mas a relação de tributação não é simples relação de *poder*. É relação jurídica, pois está sujeita a normas às quais se submetem os contribuintes e também o Estado.

A instituição do tributo é sempre feita mediante lei, e sua arrecadação e fiscalização constituem atividade administrativa vinculada. A própria instituição do tributo há de ser feita nos termos estabelecidos na Constituição, na qual se encontram os princípios jurídicos fundamentais da tributação.

É certo que as regras jurídicas são criadas pelo Estado, que as pode modificar a qualquer tempo. Essas modificações, entretanto, também se subordinam a certas normas, e somente se aplicam, em princípio, ao futuro, de sorte que os cidadãos contam com a garantia de que os seus atos se regem pela lei aos mesmos contemporânea. Esta, aliás, é, na verdade, a maior garantia que um sistema jurídico pode assegurar, porquanto repousam nela todas as demais.

A aplicação das regras jurídicas de tributação, como das regras jurídicas em geral, nem sempre é fácil e tranquila. Surgem por isto as regras jurídicas menores, muita vez simplesmente explicitantes, para dizer de modo mais claro e preciso o que se encontra nas leis, ou para estabelecer os meios e as formas de atendimento das obrigações tributárias. Surgem também estudos doutrinários procurando interpretar as regras jurídicas, desde a Constituição até as normas inferiores. Mesmo assim verificam-se litígios entre os sujeitos da relação tributária, e estes são resolvidos quer pelos próprios órgãos da Administração, quer pelos órgãos do Poder Judiciário, dando lugar, assim, à jurisprudência.

A relação tributária é, portanto, uma relação jurídica. Daí se tem de concluir que pagamos tributo em cumprimento a um dever jurídico, e não em cumprimento a um dever de solidariedade social. A solidariedade social pode até exercer alguma influência no cumprimento espontâneo do dever jurídico de pagar o tributo, mas não se trata simplesmente de um dever de solidariedade social.

Não vale o argumento segundo o qual o contribuinte deve pagar o tributo sem lhe questionar o fundamento jurídico, porque sempre estará presente o dever de solidariedade social. A distinção entre o dever jurídico e o dever de solidariedade social é da maior importância quando se questiona a respeito de um tributo. O dever de solidariedade social atua em momento pré-jurídico. Ele nos leva a aceitar a existência de um poder de tributar e a norma jurídica que, obediente ao regramento constitucional deste, institui o tributo. Daí em diante, porém, o nosso dever se torna estritamente jurídico, e isto tem duas importantes consequências. Uma é a de tornar o devedor juridicamente responsável, vale dizer, sujeito às sanções previstas na ordem jurídica para o caso de inadimplemento. A outra é a de tornar quantificável a prestação devida.

Realmente, um dever de solidariedade social, não sendo um dever jurídico, não está acompanhado da responsabilidade jurídica, e sem esta não existirá o estado de sujeição para o devedor. Em outras palavras, o dever de solidariedade social é cumprido, ou não é cumprido, voluntariamente. Nenhuma sanção pode ser imposta a quem não o cumpre. No momento em que esse dever é tornado jurídico, aí, sim, surge a responsabilidade para o devedor, que se não cumpre o dever fica sujeito à sanção respectiva. Em outras palavras, o cumprimento do dever jurídico pode ser imposto pelo Estado, inclusive, se for o caso, com o uso da força, que para tanto se legitima.

Por outro lado, um dever simplesmente de solidariedade social não pode ser quantificado. Quando se cumpre um dever de solidariedade social, como acontece quando alguém nos pede contribuições para instituições filantrópicas, ou destinadas a vítimas das secas no Nordeste, ou das enchentes no Sul do País, ou de terremotos no Japão, a quantia oferecida por cada um fica a nosso exclusivo critério. Mas se o nosso dever é tornado jurídico, aí, sim, ele se torna quantificável. A prestação devida será determinada.

Se o dever de pagar tributo fosse um dever de solidariedade social simplesmente, cada um pagaria o que reputasse adequado, voluntariamente, e de ninguém poderia ser exigido prestação maior do que a oferecida. Como, porém, é na verdade um dever jurídico, a prestação devida é determinada e pode ser exigida coativamente. Por outro lado, o contribuinte tem o direito de se opor a qualquer exigência de prestação não devida, ou maior do que a devida. Não pode ser censurado por isto, ao argumento de que lhe falta solidariedade social.

A relação jurídica tributária se verifica entre o *Fisco* – denominação dada ao Estado enquanto desenvolve atividade de tributação – e aquele que está diretamente obrigado ao pagamento do tributo. Entretanto, muita vez envolve pessoas estranhas, em princípio, a essa relação, de sorte que não é exato dizer-se que o direito tributário regula apenas a relação *Fisco/contribuinte*; a não ser que se entenda o termo "contribuinte" em sentido amplo, abrangendo qualquer pessoa obrigada a uma prestação tributária, de qualquer espécie.

Relevante, outrossim, é a finalidade do direito tributário. O Direito, de um modo geral, tem por finalidade promover o equilíbrio nas relações entre os que têm e os que não têm poder. Ou entre os que têm mais e os que têm menos poder. Sabido que o Estado é a maior expressão de poder que se conhece, fácil é concluir-se que o direito tributário tem por finalidade limitar o poder de tributar e proteger o cidadão contra os abusos desse poder.

Dito isto, é possível conceituar o direito tributário como *o ramo do Direito que se ocupa das relações entre o Fisco e as pessoas sujeitas a imposições tributárias de qualquer espécie, limitando o poder de tributar e protegendo o cidadão contra os abusos desse poder*.

A denominação "direito tributário" tem predominado entre nós, e na verdade parece ser a que melhor designa a matéria em estudo. Entretanto, outras denominações têm sido utilizadas, tais como direito financeiro, direito fiscal, legislação tributária.

Direito financeiro é disciplina jurídica diversa, que sob certo aspecto pode ser tida como abrangente do direito tributário. Mais adiante examinaremos seu objeto e suas relações com o direito tributário e com a ciência das finanças.

Direito fiscal é denominação utilizada como sinônimo de direito tributário talvez por influência do francês *droit fiscal*, e do inglês, *fiscal law*. Mas se considerarmos a origem da palavra, parece que "fiscal" designa algo mais amplo, abrangendo não apenas os tributos, mas todo o *Erário*, aproximando-se mais, portanto, de *financeiro*.

Legislação tributária é expressão de abrangência menor. É o conjunto de regras jurídicas a respeito de tributos e relações a eles pertinentes. Não envolve o estudo da aplicação e da interpretação, nem o exame dos julgados, nem o estudo dos princípios jurídicos elaborados pela doutrina.

Legislação fiscal, além do defeito apontado relativamente à expressão legislação tributária, tem ainda o que se mostrou em relação ao direito fiscal.

De qualquer forma, certo é que no Brasil a expressão "direito tributário" tem contado com a preferência da doutrina e do próprio legislador.

A finalidade do direito tributário não se confunde com a finalidade do tributo, e a distinção – aliás, evidente – é muito importante. O tributo tem por finalidade suprir os cofres públicos dos recursos financeiros necessários ao custeio das atividades do Estado. Como ensina Aliomar Baleeiro, "o tributo é vetusta e fiel sombra do poder político há mais de 20 séculos. Onde se ergue um governante, ela se projeta sobre o solo de sua dominação. Inúmeros testemunhos, desde a Antiguidade até hoje, excluem qualquer dúvida" (*Limitações Constitucionais ao Poder de Tributar*, 7ª ed., Rio de Janeiro, Forense, 1997, p. 1). A finalidade do direito tributário não é a arrecadação de recursos financeiros para o Estado, mas o controle do poder de tributar a este inerente.

O direito tributário existe para delimitar o poder de tributar, transformando a relação tributária, que antigamente foi uma relação simplesmente de poder, em relação jurídica. A finalidade essencial do direito tributário, portanto, não é a arrecadação do tributo, até porque esta sempre aconteceu, e acontece, independentemente da existência daquele. O direito tributário surgiu para delimitar o poder de tributar e evitar os abusos no exercício deste.

2. *Natureza, posição e autonomia*

Embora se reconheça que a divisão do Direito em *público* e *privado* carece de fundamento científico, e que a fronteira entre um e outro nem sempre se pode estabelecer com segurança, é ela ainda largamente utilizada, e de grande valia pelo menos para fins didáticos. Relativamente ao direito tributário, não há dúvida. Trata-se de um ramo do direito público, qualquer que seja o critério utilizado para formular a distinção entre direito público e direito privado. Na verdade, o titular do direito regulado é o Estado, o interesse protegido é o da coletividade e suas normas são cogentes.

Do direito civil colhe-se, outrossim, a classificação dos direitos em *das pessoas*, *das coisas*, ou direitos reais, e *das obrigações*, ou direitos obrigacionais.

Direito das pessoas é o que, sem preocupar-se com aspectos patrimoniais, regula aspectos pessoais do titular dos direitos, tais como a personalidade, a cidadania, a nacionalidade, a capacidade, o estado civil e as relações de parentesco.

Direito das coisas, ou direito real, é o que regula as relações entre o sujeito de direito sobre uma coisa e as demais pessoas indeterminadas, mas obrigadas, todas, a respeitar o seu direito. Não há, como tem parecido a alguns estudiosos, relações jurídicas entre pessoas e coisas. Coisa não pode ser sujeito, quer ativo, quer passivo, de qualquer relação jurídica. O que há é relação jurídica entre um sujeito determinado, titular de um direito, e sujeitos indeterminados, com o dever de respeitar aquele direito. É o que se dá com o direito de propriedade. Alguém é proprietário de um bem, ou tem a posse legítima de um bem, e todas as demais pessoas estão obrigadas a reconhecer e respeitar esse direito. O *bem* é simples objeto e nunca sujeito de relação jurídica.

Direito das obrigações ou obrigacional é o que trata das relações jurídicas entre duas ou mais pessoas envolvendo um objeto, geralmente de cunho patrimonial. É o direito que disciplina as *obrigações*, vale dizer, vínculos jurídicos entre quem deve uma prestação e quem pode exigir essa prestação. Caracteriza-se por envolver sempre um sujeito ativo (credor), um sujeito passivo (devedor) e um objeto (prestação).

O Código Civil de 2002, embora tenha unificado o direito privado e cuidado do que denominou "direito de empresa", não afetou, no essencial, essa classificação, que segue sendo válida.

No direito tributário inegavelmente encontram-se as características do direito obrigacional, eis que ele disciplina, essencialmente, uma relação jurídica entre um sujeito ativo (Fisco) e um sujeito passivo (contribuinte ou responsável), envolvendo uma prestação (tributo). Adotando-se, porém, a distinção entre *obrigação* tributária e *crédito* tributário, é importante esclarecer que antes de se formar a relação jurídica de direito obrigacional há, no direito tributário, uma relação diversa, de direito potestativo, como será examinado no estudo da obrigação tributária.

De qualquer forma, pode-se ver no direito tributário um ramo do direito público com acentuadas características de direito obrigacional.

O tema da autonomia tem-se prestado para intermináveis debates, sem maiores consequências de ordem prática. Alguns pretendem que o direito tributário seja simples capítulo do direito administrativo, enquanto outros o consideram um departamento do direito financeiro e outros, finalmente, sustentam a autonomia científica do direito tributário, negando-a ao direito financeiro, que seria mero capítulo do direito administrativo.

Do ponto de vista científico não se deve falar de autonomia de nenhum ramo do Direito, que é uno. Didaticamente, porém, é não apenas conveniente, mas necessário mesmo, dividir-se o Direito em departamentos, para facilidade de estudo. Isto não significa dizer que todos os conceitos de um dos departamentos tenham de prevalecer inteiramente em qualquer dos outros. A natureza das relações disciplinadas é que determinará quais os conceitos utilizáveis, e no direito tributário o legislador quase sempre se preocupa em estabelecer conceitos ou restrições a conceitos tomados de outros ramos do Direito, com a finalidade de evitar a evasão tributária.

Essa postura do intérprete há de ser adotada sem que se questione a quem interessa a conclusão a que vai chegar. Não importa se favorece a Fazenda ou o contribuinte.

Assim, diante de um contrato de compra e venda, por exemplo, não se há de questionar a respeito do atendimento ou não das exigências legais pertinentes ao contrato, que podem ser importantes para a validade deste no âmbito do direito comercial, mas não são relevantes no âmbito do direito tributário. Não importa, para os fins concernentes ao direito tributário, a validade formal dos atos jurídicos, a menos que a lei tributária o diga expressamente.

Por isto mesmo, se alguém desenvolve a atividade de seguros, por exemplo, sem atender às exigências legalmente impostas para esse fim, mesmo assim sua atividade estará sujeita ao imposto federal sobre seguros, e não ao imposto municipal sobre serviços de qualquer natureza.

3. Direito tributário, direito financeiro e ciência das finanças

As expressões "direito tributário", "direito financeiro" e "ciência das finanças" ainda são, às vezes, utilizadas como se designassem a mesma coisa. Impõe-se, todavia, a identificação do significado específico de cada uma delas, até para que possamos superar antigas impropriedades registradas no elenco de disciplinas dos cursos jurídicos. "Direito tributário" e "direito financeiro" são disciplinas jurídicas. "Ciência das finanças" é disciplina pré ou metajurídica, cujo conhecimento é muito importante para o jurista, mas não é um conhecimento especificamente jurídico.

A atividade financeira do Estado é regulada pelo direito financeiro. Essa atividade inclui a tributação, que em virtude de sua importância emprestou destaque às regras jurídicas que a disciplinam, surgindo um novo ramo do Direito, o tributário, que se destacou do financeiro.

Com efeito, o fenômeno da tributação a cada dia cresce de importância, sobretudo porque o Estado já não a utiliza apenas como meio para obter recursos financeiros, mas também para interferir de múltiplas formas na economia privada, estimulando setores, incentivando o desenvolvimento econômico de regiões, promovendo a redistribuição da renda e protegendo a indústria nacional. Daí a complexidade crescente e a rapidez com que se modificam as leis de tributação.

O direito financeiro, desfalcado dessa parte de seu objeto, disciplina todo o restante da atividade financeira do Estado. Regula todas as *receitas não tributárias, o orçamento, o crédito público e a despesa pública.*

Já, a ciência das finanças – ou, mais exatamente, a ciência das finanças públicas –, embora tenha como objeto material a atividade financeira do Estado, não se confunde com nenhum dos dois citados ramos do Direito. Seu objeto material, como se vê, é composto pelo conjunto de fatos regulados pelo direito financeiro e pelo direito tributário, isto é, o conjunto de fatos que compõem a atividade financeira do Estado. Ocorre que a ciência das finanças não é ciência jurídica. Ciência das finanças não é *conhecimento* de normas. Ciência das finanças públicas é o conhecimento dos próprios fatos de que se compõe a atividade financeira do Estado. Ela *estuda* – e, assim, *conhece* – a atividade financeira do Estado sob as perspectivas política, sociológica, ética, administrativa, econômica e jurídica, unitariamente consideradas. É ciência que fornece ao legislador os dados para a elaboração das normas de direito financeiro e tributário, e as critica, oferecendo sugestões para a alteração do Direito existente. Por isto não é somente *pré-legislativa* no sentido de situar-se cronologicamente antes da regra jurídica. Acompanha a evolução do Direito.

A ciência das finanças públicas está para o direito tributário tal como a ciência da administração está para o direito administrativo; a ciência econômica, ou Economia, está para o direito econômico; a Criminologia está para o direito penal; e assim por diante.

O direito financeiro *regula* a atividade financeira do Estado, juntamente com o direito tributário, como já explicado, tendo como dado essencial a *norma*. O tributarista, que tem *ciência* do direito tributário, conhece o conjunto de normas que disciplinam a atividade de tributação. O especialista em direito financeiro, por seu turno, conhece as normas que regulam a atividade financeira, menos a tributação.

Ao financista, assim entendido o especialista em ciência das finanças, cumpre informar qual a medida mais *conveniente* aos interesses do Estado, tendo em vista os seus fins, sob as diversas perspectivas acima indicadas. Ao jurista cumpre informar se a medida é *legal*, se está de acordo com as regras do Direito, e, caso não esteja, qual o caminho a ser seguido na modificação das regras jurídicas, de sorte a que se possa, *legalmente*, adotar a medida reputada *conveniente* pelo financista.

A ciência das finanças é ciência do *ser*. Suas leis são leis de causalidade. Entre elas está aquela, muito importante, segundo a qual *quanto mais elevada a alíquota do tributo, mais forte a tendência do contribuinte para as práticas evasivas*. A ciência do direito tributário bem como a ciência do direito financeiro são ciências do *dever-ser*. Suas leis são leis de imputação, sendo enunciadas sempre como dever-ser.

Na expressão "ciência das finanças", aqui empregada em sentido amplo, está incluída a denominada "política fiscal", que por sua vez envolve a "política tributária". Há quem se refira a estas como se fossem a mesma coisa. A rigor, porém, não é assim. "Política fiscal" é expressão mais ampla. É a política relativa ao Fisco, ou Tesouro Público, que diz respeito à tributação, mas envolve outras receitas e também o gasto público. "Política tributária" é expressão mais restrita. Diz respeito apenas à política relativa aos tributos.

Tomada em sentido restrito, a ciência das finanças seria apenas o conhecimento das técnicas, dos instrumentos adequados ao trato da atividade financeira do Estado, não lhe cabendo o exame dos fins dessa atividade, que seria objeto da "política fiscal".

Em resumo, é possível afirmar que:

O *direito tributário* regula a atividade financeira do Estado no pertinente à tributação.

O *direito financeiro* regula toda a atividade financeira do Estado, menos a que se refere à tributação.

A *ciência das finanças públicas* estuda a atividade financeira do Estado, como ciência especulativa, sob diversas perspectivas, informando o legislador e acompanhando a evolução do Direito, de sorte a que se obtenha o que mais *conveniente* se mostre ao desenvolvimento dessa atividade estatal.

À *política fiscal* caberia a indicação do que se deve considerar mais conveniente em matéria de recursos públicos, tanto no que diz respeito às receitas como no que diz respeito aos gastos.

À *política tributária* caberia a indicação do que se considera mais conveniente em matéria de tributação.

4. Tributo: conceito e espécies

Sabe-se que, em princípio, não é função da lei conceituar. A lei deve conter uma regra de comportamento. Entretanto, em face de controvérsias, às vezes deve a lei estabelecer conceitos. Isto aconteceu com o conceito de tributo, que é atualmente, no Brasil, legalmente determinado. O legislador, afastando as divergências da doutrina, disse que "tributo é toda prestação pecuniária compulsória, em moeda ou cujo valor nela se possa exprimir, que não constitua sanção de ato ilícito, instituída em lei e cobrada mediante atividade administrativa plenamente vinculada" (CTN, art. 3º).

Assim, já agora se mostra de nenhuma utilidade, no plano do direito positivo vigente, o exame dos diversos conceitos de tributo formulados pelos juristas e pelos financistas. Prevalente o conceito legal, resta apenas analisá-lo, examinando os seus diversos elementos, a saber:

(a) Toda *prestação pecuniária*. Cuida-se de prestação tendente a assegurar ao Estado os meios financeiros de que necessita para a consecução de seus objetivos, por isto que é de natureza pecuniária. Não há mais nos sistemas tributários modernos o tributo *em natureza*, pago em serviços ou em bens diversos do dinheiro.

Destaca-se, todavia, a existência de opiniões em contrário, pelas quais toda e qualquer imposição do Estado tem o caráter de tributo, sendo, assim, forma de tributo o serviço militar obrigatório, a participação no Tribunal do Júri, a entrega de bens requisitados pelo Estado, e tantas outras imposições do Poder Público.

Mas se tal posição podia ser acatada antes, depois do Código Tributário nos parece inteiramente superada.

Note-se, porque relevante, que o tributo é *toda* prestação pecuniária que atenda aos demais requisitos da definição legal. Esta observação é importante para a determinação da natureza jurídica de certas imposições, como as contribuições parafiscais, por exemplo.

(b) *Compulsória*. Pode parecer desnecessário qualificar-se a prestação tributária como compulsória. Não é assim, todavia. Embora todas as prestações jurídicas sejam, em princípio, obrigatórias, a compulsoriedade da prestação tributária caracteriza-se pela ausência do elemento *vontade* no suporte fático da incidência da norma de tributação. O dever de pagar tributo nasce independentemente da vontade.

Não se diga, pois, que a prestação tributária é compulsória porque o pagamento do tributo é obrigatório. A distinção essencial há de ser vista no momento do nascimento da obrigação, e não no momento de seu adimplemento. Por isto é que se explica a clássica divisão das obrigações jurídicas em legais, ou *ex lege*, e contratuais, ou decorrentes da vontade.

É certo que as prestações contratuais também são obrigatórias, mas a obrigatoriedade, neste caso, nasce diretamente do contrato, e só indiretamente deriva da lei. Na prestação tributária a obrigatoriedade nasce diretamente da lei, sem que se interponha qualquer ato de vontade daquele que assume a obrigação.

(c) *Em moeda ou cujo valor nela se possa exprimir*. A prestação tributária é pecuniária, isto é, seu conteúdo é expresso em moeda. O Direito brasileiro não admite a instituição de tributo em natureza, vale dizer, expresso em unidade de bens diversos do dinheiro, ou em unidade de serviços. Em outras palavras, nosso Direito desconhece os tributos *in natura* e *in labore*.

Tributo *in natura* seria aquele estabelecido sem qualquer referência a moeda. Por exemplo, um imposto sobre a importação de trigo cuja lei instituidora determinasse que por cada tonelada de trigo importado o importador entregaria, a título de tributo, cem quilos de trigo à União. Ou um imposto sobre a comercialização do ouro cuja lei instituidora determinasse que, por cada quilo de ouro negociado, cem gramas seriam entregues à entidade tributante.

Tributo *in labore* seria aquele instituído também sem qualquer referência a moeda. Por exemplo, um imposto sobre a atividade profissional cuja lei instituidora determinasse que todo profissional liberal seria obrigado a dar um dia de serviço por mês à entidade tributante.

Diversa da questão de saber se existe em nosso Direito o tributo em natureza é a questão de saber se o sujeito passivo da obrigação tributária principal tem o direito subjetivo de extinguir o crédito respectivo mediante a entrega de bens diversos do dinheiro. Parece-nos que tal questão deve ser respondida negativamente. A dívida de tributo há de ser satisfeita *em moeda*. Apenas em circunstâncias especiais é possível a satisfação da obrigação tributária mediante a entrega de bens outros cujo valor possa ser expresso em moeda.

Realmente, a questão em referência há de ser resolvida com o exame dos dispositivos que tratam especificamente da extinção do crédito tributário, vale dizer, com o exame dos arts. 156 e ss. do CTN e das leis especiais sobre o assunto.

Mesmo depois de alterado o art. 156 do CTN pela Lei Complementar 104, de 10.1.2001, que lhe acrescentou um inciso referindo-se à *dação em pagamento*, esta não constitui uma forma ordinária de extinção do crédito tributário. Logo, a prestação tributária há de ser satisfeita, ordinariamente, mediante a entrega de *dinheiro*.

Não se venha argumentar com a penhora de bens, nas execuções fiscais. Em primeiro lugar, a penhora não extingue o crédito. Havendo arrematação do bem penhorado, a Fazenda Pública credora receberá *dinheiro*.

Mesmo na hipótese de adjudicação, única em que o crédito poderá ser satisfeito mediante a transferência do bem penhorado para o credor, não se vislumbra direito do executado de liberar-se da dívida. É que a adjudicação depende da vontade do credor, que pode preferir continuar com o crédito e assim não pedir a adjudicação do bem.

Pode ocorrer que a lei admita, em circunstâncias especiais, a extinção do crédito tributário mediante *dação em pagamento*. Isto, porém, constituirá exceção que não infirma a regra, mas, pelo contrário, a confirma.

Parece-nos que a expressão "em moeda ou cujo valor nela se possa exprimir" não tem qualquer significação no art. 3º do CTN. Serve apenas para colocar o conceito de tributo em harmonia com a possibilidade excepcional de extinção do crédito respectivo mediante dação em pagamento, como acima explicado.

(d) *Que não constitua sanção de ato ilícito*. O tributo distingue-se da *penalidade* exatamente porque esta tem como hipótese de incidência um ato *ilícito*, enquanto a hipótese de incidência do tributo é sempre algo *lícito*.

Não se conclua, por isto, que um rendimento auferido em atividade ilícita não está sujeito ao tributo. Nem se diga que admitir a tributação de tal rendimento seria admitir a tributação do ilícito. É importante, neste particular, a distinção entre *hipótese de incidência*, que é a descrição normativa da situação de fato, e *fato gerador* do tributo, estudada no Capítulo IV da Segunda Parte deste *Curso* ("Obrigação Tributária").

Quando se diz que o tributo não constitui sanção de ato ilícito, isto quer dizer que a lei não pode incluir na *hipótese de incidência* tributária o elemento ilicitude. Não pode estabelecer como necessária e suficiente à ocorrência da obrigação de pagar um tributo uma situação que não seja lícita. Se o faz, não está instituindo um tributo, mas uma penalidade. Todavia, um *fato gerador* de tributo pode ocorrer em circunstâncias ilícitas, mas essas circunstâncias são estranhas à hipótese de incidência do tributo, e por isso mesmo irrelevantes do ponto de vista tributário.

Demonstrando o dito acima, tomemos o exemplo do imposto de renda: alguém percebe rendimento decorrente da exploração do lenocínio, ou de casa de prostituição, ou de jogo de azar, ou de qualquer outra atividade criminosa ou ilícita. O tributo é devido. Não que incida sobre a atividade ilícita, mas porque a *hipótese de incidência* do tributo, no caso, que é *a aquisição da disponibilidade econômica ou jurídica dos rendimentos*, ocorreu. Só isto. A situação prevista em lei como necessária e suficiente ao nascimento da obrigação tributária no imposto de renda é a aquisição da disponibilidade econômica ou jurídica da renda ou dos proventos de qualquer natureza

(CTN, art. 43). Não importa como. Se decorrente de atividade lícita ou ilícita, isto não está dito na descrição normativa, vale dizer, isto não está na hipótese de incidência, sendo, portanto, irrelevante. Para que o imposto de renda seja devido é necessário que ocorra *aquisição de disponibilidade econômica ou jurídica de renda ou de proventos de qualquer natureza.* E isto é suficiente. Nada mais se há de indagar para que se tenha como configurado o *fato gerador* do tributo em questão.

Pela mesma razão tem-se que são cabíveis as deduções, na base de cálculo do imposto de renda, de quantias pagas ainda que ilicitamente. Não pode o Fisco exigir licitude dos pagamentos quando tributa recebimentos ilícitos. Importa a realidade da renda, não a sua licitude. E a realidade da renda como acréscimo patrimonial pressupõe a dedução dos custos ou despesas realmente suportados pelo contribuinte, independentemente da ilicitude desses gastos.

Temos conhecimento de casos nos quais ocorreu impugnação de despesas com a remuneração pela prestação de serviços de contabilidade porque o prestador do serviço não havia comprovado sua habilitação técnica para a prestação daquele serviço. Tais despesas não seriam dedutíveis na determinação da base de cálculo do imposto de renda porque teriam sido pagas ilicitamente. Esse entendimento revela inadmissível incoerência por parte das autoridades da Administração Tributária. O que na verdade importa é a efetividade da despesa. O profissional que ganhou honorários por serviços prestados vai pagar imposto de renda, dependendo do montante auferido, independentemente da licitude da renda. Pela mesma razão, quem paga tais honorários tem o direito de os considerar despesa.

A vigente Constituição Federal, entretanto, autoriza a instituição de um tributo que tem nítida natureza penal. É o imposto sobre a propriedade predial e territorial urbana, progressivo no tempo, com a finalidade de obrigar o proprietário de solo urbano não edificado, subutilizado ou não utilizado a promover o seu adequado aproveitamento (CF, art. 182, § 4º, II).

A rigor, o dispositivo constitucional pode ser interpretado como autorização apenas para a instituição de um tributo extrafiscal proibitivo. Mas não se pode negar que ele autoriza um tributo punitivo. Tudo fica a depender da lei federal que regular a matéria. Se o legislador federal autorizar um tributo com feição extrafiscal, não estará violando o preceito da Lei Maior; entretanto, se autorizar um tributo de natureza penal, pode ser entendido como expressa exceção ao que estabelece o art. 3º do CTN ao definir tributo como prestação não decorrente de ato ilícito.

A Lei 10.257, de 10.7.2001, conhecida como *Estatuto da Cidade*, parece ter optado pela tributação penal, autorizando a cobrança do IPTU com alíquotas majoradas nos casos de infração da lei, como providência a anteceder a desapropriação do imóvel pelo Município.

Assim interpretada, essa lei contraria o disposto no art. 3º do CTN, que define o tributo como prestação pecuniária que não constitua sanção de ato ilícito. Sua validade, porém, pode ser sustentada com fundamento no art. 182, § 4º, II, da vigente CF, que expressamente autoriza essa forma de tributação penal. Nem é necessário dizer que a Constituição prevalece sobre o Código Tributário Nacional.

(e) *Instituída em lei*. Só a lei pode instituir o tributo. Isto decorre do princípio da legalidade, prevalente no Estado de Direito. Nenhum tributo será exigido sem que a lei o estabeleça, conforme assegura o art. 150, I, da CF.

A lei instituidora do tributo é, em princípio, a lei ***ordinária***. Só nos casos expressamente previstos pela Constituição é que se há de exigir lei *complementar* para esse fim. Note-se, ainda, que, embora a lei complementar possa criar tributo, porque quem pode o mais pode o menos, o fato de haver uma lei complementar, em atendimento ao disposto no art. 146, III, "a", da CF, traçado normas gerais a respeito do fato gerador de um imposto não pode ser entendido como a criação desse imposto.

Instituir um tributo não é apenas dizer que ele fica criado, ou instituído. Sua criação depende da definição da hipótese ou hipóteses em que o mesmo será devido, vale dizer, da definição da hipótese de incidência, dos sujeitos da obrigação correspondente, e ainda da indicação precisa dos elementos necessários ao conhecimento do valor a ser pago, vale dizer, da base de cálculo e da alíquota, bem como do prazo respectivo. Tratando-se de tributo fixo obviamente não se cogitará de base de cálculo, nem de alíquota, pois a lei já refere o próprio valor devido, independentemente de qualquer cálculo, como acontece com o ISS dos profissionais liberais. Seja como for, importante é saber que, segundo o princípio da legalidade, todos os elementos necessários a que se saiba quem deve, a quem deve, quanto deve e quando deve pagar residem na lei, em sentido estrito.

Note-se que tal princípio, no que concerne a instituição do tributo, não comporta qualquer exceção. As ressalvas da regra constitucional só dizem respeito à majoração do tributo, não à sua instituição. Coerente com este entendimento é o art. 97 do CTN, no qual está previsto, com especificações, o princípio da legalidade, com explicitação do que está contido no art. 150, I, da CF.

Questionou-se, na vigência da Constituição anterior, a validade do decreto-lei que institui ou aumenta tributo. Alguns autores sustentaram que o decreto-lei não seria instrumento válido para criação nem aumento de tributos, tendo em vista que o art. 153, § 29, da CF de 1967 somente se referia à lei. Outros, porém, sustentaram a tese contrária, com fundamento no art. 55, II, da mesma CF. E do ponto de vista pragmático a razão terminou com estes últimos, visto como a jurisprudência do STF orientou-se neste sentido.

Em face da Constituição Federal de 1988 pode-se questionar a respeito das medidas provisórias. Cuidaremos desta questão no capítulo pertinente à legislação tributária (Segunda Parte, Capítulo I).

(f) *Cobrada mediante atividade administrativa plenamente vinculada.* Em geral os administrativistas preferem dizer *poder vinculado*, em lugar de *atividade vinculada*. Em virtude, porém, da terminologia utilizada pelo Código Tributário Nacional, faremos referência, aqui, a *atividade*, que se classifica, evidentemente, de acordo com a natureza do *poder* de que disponha a autoridade administrativa. Esta observação tem por fim apenas evitar equívocos por parte daqueles que, a este propósito, consultem os compêndios de direito administrativo, a cujo campo pertence o disciplinamento da atividade em geral desenvolvida pela Administração Pública.

A atividade administrativa pode ser classificada em *arbitrária*, *discricionária* e *vinculada*, conforme o grau de liberdade atribuída à autoridade no seu desempenho.

Atividade arbitrária é aquela em cujo desempenho a autoridade não sofre qualquer limite. Sua liberdade é absoluta. Não deve obediência a qualquer regra jurídica. Esse tipo de atividade é evidentemente incompatível com o Estado de Direito e nele, quando é praticada, representa violação da ordem jurídica.

Atividade discricionária é aquela em cujo desempenho a autoridade administrativa dispõe de liberdade para decidir sobre a conveniência e a oportunidade de agir e sobre como agir. A lei estabelece um *fim* a ser alcançado, a *forma* a ser observada e a *competência* da autoridade para agir.

Atividade vinculada é aquela em cujo desempenho a autoridade administrativa não goza de liberdade para apreciar a *conveniência* nem a *oportunidade* de agir. A lei não estabelece apenas um *fim* a ser alcançado, a *forma* a ser observada e a *competência* da autoridade para agir. Estabelece, além disto, o momento, vale dizer, o quando agir, e o conteúdo mesmo da atividade. Não deixa margem à apreciação da autoridade, que fica inteiramente *vinculada* ao comando legal.

Dizendo o Código Tributário Nacional que o tributo há de ser cobrado mediante atividade administrativa *plenamente* vinculada, quer significar que a autoridade administrativa não pode preencher com seu juízo pessoal, subjetivo, o campo de indeterminação normativa, buscando realizar em cada caso a finalidade da lei. Esta deve ser minudente, prefigurando com rigor e objetividade os pressupostos para a prática dos atos e o conteúdo que estes devem ter. Deve descrever o fato gerador da obrigação tributária, a base de cálculo, a alíquota, o prazo para pagamento, os sujeitos da relação tributária e tudo o mais. Nada fica *a critério* da autoridade administrativa, em cada caso. Quando a lei contenha indeterminações, devem estas ser preenchidas *normativamente*, vale dizer, pela edição de ato normativo, aplicável a todos quantos se encontrem na situação nele hipoteticamente prevista. Assim, a atividade de determinação e de cobrança do tributo será sempre vinculada a uma norma.

Em edições anteriores afirmamos que, não obstante a definição do tributo, em algumas situações a lei atribui à autoridade certa margem de discricionariedade. É que entendíamos como *poder discricionário* aquele exercitado em face da vaguidade dos conceitos. Modificamos, porém, nosso entendimento. A atividade de cobrança do tributo é sempre vinculada, ainda quando a norma albergue conceitos vagos ou indeterminados.

Realmente, a vaguidade ou indeterminação dos conceitos residentes na norma não confere poder discricionário ao titular da competência por esta atribuída. Deixa, é verdade, uma certa margem de liberdade no exercício daquela competência, mas tal liberdade não se confunde com aquela que caracteriza a discricionariedade. A liberdade decorrente da vaguidade ou indeterminação de conceitos não é atribuída a determinada autoridade, mas uma liberdade que pertence a qualquer pessoa que tenha de aplicar a norma. Quando a autoridade, no exercício da competência atribuída pela norma na qual residem conceitos vagos ou indeterminados, interpreta o conceito, dando-lhe um certo conteúdo, está aplicando a norma com o significado que a seu ver é correto. Seu entendimento pode ser alterado por outra autoridade que tenha competência para exercer o controle da legalidade.

A liberdade que caracteriza a discricionariedade é apenas aquela conferida com exclusividade a determinada autoridade. Seu exercício não enseja revisão do ato, precisamente porque, praticado nos limites daquela liberdade, o ato será rigorosamente legal.

De qualquer forma, ressalta, claro, do conceito de tributo que a cobrança há de ser feita na oportunidade, pela forma e pelos meios estabelecidos na lei, sem que à autoridade caiba decidir se cobra de fulano e deixa de cobrar de beltrano, por este ou por aquele motivo. Ou o tributo é devido, nos termos da lei, e neste caso há de ser cobrado, ou não é devido, também nos termos da lei, e neste caso não será cobrado.

Seja como for, qualquer vaguidade conceitual, qualquer indeterminação do texto da lei, deve ser superada pela autoridade administrativa mediante a edição de norma, de sorte a evitar a pluralidade de entendimentos por parte de seus diversos agentes. Isto realiza o objetivo da regra definidora de tributo, além de realizar também o princípio da isonomia, evitando tratamentos desiguais de situações idênticas.

Não podemos esquecer que todos os conceitos são relativos. O de "tributo", definido pelo art. 3º do CTN, é apenas um dos possíveis. É o tributo enquanto relação dinâmica que vai do plano da abstração ao plano da concreção. É criado por lei, no plano da abstração, e ingressa no plano da concreção jurídica com a ocorrência do denominado *fato gerador* do tributo.

O tributo, como conceituado no art. 3º do CTN, é um gênero, do qual o art. 5º do mesmo Código indica como espécies os impostos, as taxas e as contribuições de melhoria.

O art. 217 do CTN, com a redação que lhe deu o Decreto-lei 27, de 14.11.1966, estabeleceu que as disposições do Código não excluem a incidência e exigibilidade de outras contribuições, que indica. Isto tornou evidente a existência de uma quarta espécie de tributo, integrada pelas *contribuições sociais*. Tal conclusão restou reforçada pelo art. 149 da CF de 1988.

Finalmente, vejamos a questão de saber se o empréstimo compulsório é uma espécie de tributo. Questão que tem sido objeto de intermináveis controvérsias.

No plano de uma Teoria Geral do Direito o empréstimo compulsório não é tributo. Ele não é uma receita pública, no sentido de ingresso sem correspondente no passivo. Toda vez que o Estado recebe uma quantia a título de empréstimo compulsório, esse ingresso de dinheiro aumenta a disponibilidade, mas aumenta em igual montante a dívida.

No plano do direito positivo brasileiro as disputas doutrinárias se acirraram com a inclusão no Código Tributário Nacional de regra segundo a qual a natureza jurídica específica do tributo é determinada pelo fato gerador da respectiva obrigação, sendo irrelevante para qualificá-lo a denominação e demais características formais adotadas pela lei, assim como a destinação legal do produto de sua arrecadação (CTN, art. 4º, I e II). Além disto, a Constituição Federal de 1967, com a redação que lhe deu a Emenda 1/1969, atribuiu competência à União para instituir empréstimos compulsórios "nos casos especiais definidos em lei complementar, aos quais se aplicarão as disposições constitucionais relativas aos tributos e às normas gerais de direito tributário". Assim, ao dizer que aos empréstimos compulsórios são aplicáveis as disposições constitucionais relativas aos tributos e às normas gerais de direito tributário, teria a Constituição afirmado a natureza tributária desses empréstimos.

Não nos parece que seja assim. O empréstimo compulsório é uma categoria jurídica autônoma. Tem sua própria identidade. Sua natureza jurídica específica. Não é uma espécie de tributo, como pode parecer. A norma do art. 4º do CTN, a dizer que é irrelevante a destinação legal do produto da arrecadação, refere-se a receita. Cuida da distinção entre imposto, taxa e contribuição de melhoria. Esclarece que a relação entre o contribuinte e o Tesouro Público nada tem a ver com a relação entre este e os destinatários do gasto público. E realmente é assim. O que importa para a determinação da natureza jurídica do tributo e de cada uma de suas espécies é o que está na relação entre o Tesouro e o contribuinte. Já a norma da Constituição Federal de 1967, com redação dada pela Emenda 1/1969, ao dizer que ao empréstimo compulsório são aplicáveis as disposições constitucionais relativas aos tributos, confirma que o empréstimo compulsório não é tributo. Se fosse, não seria necessária tal norma na Constituição.

Temos, portanto, em nosso sistema tributário, quatro espécies de tributo, a saber: os impostos, as taxas, as contribuições de melhoria e as contribuições sociais. Estas últimas podem ser subdivididas em contribuições de intervenção no domínio econômico, contribuições do interesse de categorias profissionais ou econômicas e contribuições de seguridade social.

Para quem considera tributo o *empréstimo compulsório* podemos dizer que em nosso sistema tributário temos, então, cinco espécies – a saber: os impostos, as taxas, as contribuições de melhoria, as contribuições sociais e os empréstimos compulsórios.

Imposto – Temos definição em lei. "Imposto é o tributo cuja obrigação tem por fato gerador uma situação independente de qualquer atividade estatal específica, relativa ao contribuinte" (CTN, art. 16). Diz-se, por isto, que o imposto é uma exação não vinculada, isto é, independente de atividade estatal específica.

A expressão "não vinculada", com que se qualifica o imposto, nada tem a ver com a qualificação da atividade administrativa *vinculada*, na definição legal de tributo. Quando se diz que o imposto é uma exação não vinculada, o que se está afirmando é que o fato gerador do imposto não se liga a atividade estatal específica relativa ao contribuinte. Quando se fala de atividade administrativa vinculada, no art. 3º do CTN, o que se quer dizer é que a atividade administrativa tributária é sempre vinculada à lei, não se admitindo discricionarismo da autoridade administrativa na cobrança de tributos.

Os impostos se distinguem entre si pelos respectivos *fatos geradores* e com base nessa distinção, nos Países de organização federativa, como o nosso, são atribuídos às diversas entidades entre as quais se divide o poder político.

Taxa – De acordo com o estabelecido no art. 77 do CTN, taxa é o tributo que tem como fato gerador o exercício regular do poder de polícia, ou a utilização, efetiva ou potencial, de serviço público específico e divisível, prestado ao contribuinte. Distingue-se, por isto, nitidamente, do imposto. Conforme demonstraremos ao estudar, mais adiante, a *taxa*, não nos parece útil, no direito positivo brasileiro, a ideia de contraprestacionalidade para caracterização das espécies tributárias.

Contribuição de melhoria – É o tributo cuja obrigação tem como fato gerador a valorização de imóveis decorrente de obra pública. Distingue-se do imposto porque depende de atividade estatal específica, e da taxa porque a atividade estatal de que depende é diversa. Enquanto a taxa está ligada ao exercício regular do poder de polícia, ou a *serviço* público, a contribuição de melhoria está ligada à realização de *obra* pública. Caracteriza-se, ainda, a contribuição de melhoria por ser o seu fato gerador instantâneo e único.

Contribuições sociais – São aquelas que a União Federal pode instituir com fundamento nos arts. 149 e 195 da CF. Dividem-se em três subespécies, a saber: as do art. 149, que são as *contribuições de intervenção no domínio econômico* e as *contribuições de interesse de categorias profissionais ou econômicas*, e as do art. 195, que são as *contribuições de seguridade social.*

As *contribuições de intervenção no domínio econômico* caracterizam-se pela finalidade interventiva. A própria contribuição, em si mesma, há de ser um instrumento de intervenção, vale dizer, há de ter função tipicamente extrafiscal, função de intervenção no domínio econômico, e os recursos com a mesma arrecadados devem ser destinados especificamente ao financiamento da atividade interventiva.

São elementos essenciais para a caracterização de uma contribuição de intervenção no domínio econômico tanto o efeito produzido pela própria contribuição, que por si mesma caracteriza uma intervenção, como o destino do produto de sua arrecadação ao financiamento da atividade estatal interventiva.

As *contribuições de interesse de categorias profissionais ou econômicas*, que poderíamos denominar, simplesmente, *contribuições profissionais*, caracterizam-se por serem instituídas em favor de categorias profissionais ou econômicas, vale dizer, por sua vinculação a entidades representativas desses segmentos sociais.

As *contribuições de seguridade social* caracterizam também pela vinculação à finalidade dos recursos que geram. Por isto mesmo integram a receita da entidade paraestatal responsável pelas ações relativas à seguridade social.

Todas essas contribuições são estudadas, em capítulo próprio, no final deste *Curso*.

Empréstimos compulsórios – A natureza jurídica do empréstimo compulsório tem sido tema de profundas divergências, mas a maioria dos tributaristas brasileiros tem afirmado ser o empréstimo compulsório um tributo.

O STF, todavia, entendeu não se tratar de tributo, mas de um contrato coativo, e essa orientação foi consagrada na Súmula 418 de sua jurisprudência, que afirmou não ser tributo o empréstimo compulsório, para concluir que "sua arrecadação não está sujeita à exigência constitucional da prévia autorização orçamentária". Depois a Súmula 418 foi considerada sem validade em face do art. 21, § 2º, II, da CF de 1967, com redação que lhe deu a Emenda 1/1969. Questionava-se, então, a aplicação aos empréstimos compulsórios do princípio da anterioridade. Essa questão está inteiramente superada e de todo modo independe de saber se o empréstimo compulsório é ou não é tributo, até porque alguns tributos estão e outros não estão sujeitos ao princípio da anterioridade.

Em face da Constituição Federal de 1988 temos, finalmente, os empréstimos compulsórios submetidos a regime jurídico próprio, diverso do regime jurídico dos tributos. E com isto temos garantias constitucionais contra a instituição arbitrária desses empréstimos, que estão submetidos a regime jurídico específico, mais rigoroso que o regime jurídico dos tributos, na medida em que lhes confere indiscutível caráter extraordinário.

A vigente Constituição Federal, no capítulo dedicado ao sistema tributário, estabelece que a União poderá instituir empréstimos compulsórios (a) para atender a despesas extraordinárias, decorrentes de calamidade pública, de guerra externa ou sua iminência e (b) no caso de investimento público de caráter urgente e de relevante interesse nacional. Neste último caso, a instituição do empréstimo há de respeitar o princípio da anterioridade.

Parece incoerente que, tratando-se de investimento público de caráter urgente, tenha de ser observado o princípio da anterioridade. Não há, todavia, tal incoerência. O investimento público de relevante interesse nacional pode exigir recursos a que somente em vários anos seria possível atender com os tributos existentes. Por isto, é possível a instituição de um empréstimo compulsório que funcionará como simples antecipação de arrecadação.

Assim, o que será arrecadado em 10 anos, por exemplo, pode ser arrecadado em 1, ou 2, a título de empréstimo, e devolvido nos anos seguintes, com recursos decorrentes da arrecadação de tributos. Desta forma poderá ser antecipado o investimento público, sem prejuízo do princípio da anterioridade.

Ressalte-se que a Constituição Federal de 1988 estabeleceu, para garantia do contribuinte, que os empréstimos compulsórios só podem ser instituídos por lei complementar, e que a aplicação dos recursos deles provenientes é vinculada à despesa que fundamentou sua instituição.

Insistimos em esclarecer que, do ponto de vista de uma Teoria Geral do Direito, e tendo-se em vista o conceito universal de tributo como receita, no sentido não apenas financeiro, mas econômico, o empréstimo compulsório não é tributo, pois não transfere riqueza do setor privado para o Estado. No Direito brasileiro, tributo é receita, no sentido econômico e não apenas no sentido financeiro (Lei 4.320, de 17.3.1964, arts. 9º e 11, §§ 1º e 2º). Por isto não devemos colocar o empréstimo compulsório como espécie de tributo.

É certo, porém, que, em face das disputas que ainda subsistem a respeito da natureza jurídica do empréstimo compulsório, ao estudarmos as espécies de tributo é importante fazermos referência a esse tipo de imposição estatal. Não como tributo, que evidentemente não é, mas como uma imposição que tem natureza jurídica própria.

5. *Classificação dos tributos*

Do ponto de vista da ciência das finanças podem ser feitas diversas classificações para os tributos. Aqui, porém, faremos referência apenas àquelas de relevo no sistema tributário brasileiro.

Quanto à espécie, têm os tributos a classificação já acima estudada.

Quanto à competência impositiva, os tributos são: federais, estaduais e municipais.

Quanto à vinculação com a atividade estatal, os tributos são: (a) vinculados – as taxas, as contribuições de melhoria e as contribuições sociais; (b) não vinculados – os impostos.

Os *impostos*, por sua vez, estão classificados no Código Tributário Nacional, de acordo com a natureza econômica do fato gerador respectivo, em quatro grupos, a saber: (a) sobre o comércio exterior; (b) sobre o patrimônio e a renda; (c) sobre a produção e a circulação; (d) impostos especiais.

Quanto à função, os tributos são fiscais, extrafiscais e parafiscais, conforme será explicado no item seguinte.

6. *Função dos tributos*

Embora se trate de matéria própria da ciência das finanças, não se pode deixar de fazer referência à função dos tributos. O objetivo do tributo sempre foi o de carrear recursos financeiros para o Estado. No mundo moderno, todavia, o tributo é largamente utilizado com o objetivo de interferir na economia privada, estimulando atividades, setores econômicos ou regiões, desestimulando o consumo de certos bens e produzindo, finalmente, os efeitos mais diversos na economia. Aliás, registros existem da utilização do tributo, desde a Antiguidade, com a finalidade de interferir nas atividades econômicas; mas os autores em geral apontam o uso do tributo com essa finalidade como um produto do moderno intervencionismo estatal. A esta função intervencionista do tributo dá-se o nome de *função extrafiscal*.

No estágio atual das finanças públicas, dificilmente um tributo é utilizado apenas como instrumento de arrecadação. Pode ser a arrecadação o seu principal objetivo, mas não o único. Por outro lado, segundo lição prevalente na doutrina, também o tributo é utilizado como fonte de recursos destinados ao custeio de atividades que, em princípio, não são próprias do Estado, mas este as desenvolve, por intermédio de entidades específicas, no mais das vezes com a forma de autarquia. É o caso, por exemplo, da previdência social, do sistema financeiro da habitação, da organização sindical, do programa de integração social, dentre outros.

Assim, quanto a seu objetivo, o tributo é: (a) *fiscal*, quando seu principal objetivo é a arrecadação de recursos financeiros para o Estado; (b) *extrafiscal*, quando seu objetivo principal é a interferência no domínio econômico, buscando um efeito diverso da simples arrecadação de recursos financeiros; (c) *parafiscal*, quando o seu objetivo é a arrecadação de recursos para o custeio de atividades que, em princípio, não integram funções próprias do Estado, mas este as desenvolve através de entidades específicas.

É importante ressaltar que a caracterização das contribuições parafiscais como tributo enseja grande controvérsia. Na verdade o tributo é instrumento de transferência de recursos financeiros do setor privado para o Estado. O Código Tributário Nacional, embora não o diga expressamente, ao definir tributo, em seu art. 3º, conduz a este entendimento. Por isto mesmo não tratou das chamadas contribuições parafiscais.

Entendemos que, tratando-se de receitas de entidades de direito público, dúvida não pode haver. Tais contribuições na verdade são tributos. O problema reside nas contribuições de interesse de categorias profissionais ou econômicas, na medida em que tais entidades são transformadas em pessoas jurídicas de direito privado, que, apenas por delegação, exercem atividade estatal. O custeio dessas entidades se faz mediante contribuições fixadas pelos próprios integrantes da categoria respectiva, em assembleia-geral. Neste caso não são tributos e, por isto mesmo, não se submetem ao princípio da legalidade. O STF e, seguindo o entendimento deste, o STJ têm decido que os conselhos de fiscalização profissional seguem tendo a natureza jurídica de autarquias.

No que diz respeito às contribuições fixadas pelas assembleias-gerais das categorias profissionais, com fundamento no art. 8º, IV, da CF, foi suscitada a questão de saber se poderiam ser exigidas de todos os integrantes da categoria profissional, ou se apenas daqueles filiados ao respectivo sindicato. Sempre nos pareceu que a liberdade sindical, garantida pelo mesmo art. 8º da CF, em seu inciso V, ao dizer que "ninguém será obrigado a filiar-se ou a manter-se filiado a sindicato", implica a impossibilidade de imposição da referida contribuição a quem não seja filiado ao sindicato da correspondente categoria profissional. A questão foi levada ao Judiciário, e a final restou fixado pelo STF o entendimento de que efetivamente essa contribuição só é exigível dos filiados ao sindicato respectivo (Súmula 666).

7. *Tributo oculto ou disfarçado*

7.1 *Na Teoria Geral do Direito*

Conhecido o conceito de tributo na Teoria Geral do Direito Tributário, resta fácil a dedução do que se deve entender por *tributo oculto ou disfarçado*. Chega-se a esse conceito por exclusão. A prestação pecuniária compulsória que não constitui sanção de ato ilícito e que é instituída e cobrada sem obediência aos padrões que o ordenamento jurídico estabelece para a instituição e cobrança dos tributos pode ser considerada um tributo oculto.

Tributo disfarçado ou oculto, então, é aquela prestação pecuniária que, não obstante albergue todos os elementos essenciais do conceito de tributo na Teoria Geral do Direito, é exigida pelo Estado sem obediência às normas e princípios que compõem o regime jurídico do tributo.

Para instituir e cobrar tributo oculto ou disfarçado o Estado se vale de sua soberania, impõe a prestação fazendo-a compulsória por via oblíqua.

7.2 *No Direito brasileiro*

O tributo disfarçado ou oculto caracteriza-se como tal em nosso ordenamento jurídico pelo fato de não ser instituído com obediência às normas e princípios que, em nosso Direito, regem a instituição e cobrança de tributos. Ele é instituído e cobrado disfarçadamente, embutido no preço de bens ou de serviços prestados pelo Estado, através de empresas suas ou de concessionárias, a salvo das leis do mercado e, portanto, com preços fixados de forma unilateral e sem qualquer possibilidade de controle, em face do conluio que se estabelece entre o Estado e a empresa vendedora do bem ou prestadora do serviço.

7.3 *Exemplos de tributos disfarçados ou ocultos no Direito brasileiro*

7.3.1 *Valor da outorga*

Tem sido frequente essa forma de tributação oculta, que tem passado sem ser percebida até por juristas eminentes. Ao licitar a concessão de um serviço público o Estado coloca entre os itens a serem avaliados na licitação o denominado "valor da outorga". Uma quantia a ser paga pela empresa vencedora da licitação ao poder concedente, vale dizer, ao Estado outorgante da concessão.

O serviço público caracteriza-se como tal por ser um serviço essencial. Por isto o Estado não deixa sua prestação a cargo das empresas. Assume o ônus de prestá-lo. Entretanto, como não dispõe de meios adequados ou suficientes para tanto, concede a uma empresa a atribuição para esse fim. Faz um contrato de concessão do serviço público, e nesse contrato é estabelecido que o preço a ser cobrado do usuário do serviço, denominado "tarifa", será fixado pelo poder concedente, em face de uma planilha dos custos da atividade desenvolvida na prestação do serviço.

Como a empresa vai pagar ao poder concedente aquele *valor da outorga*, ela naturalmente o inclui como custo de sua atividade. E, assim, esse valor é considerado na fixação da tarifa correspondente, cobrada do usuário do serviço, que, por essa via, paga o tributo oculto na mesma.

Ressalte-se que o Estado, ou poder concedente, nada faz para o usuário do serviço. O denominado "valor da outorga", portanto, não é uma contraprestação por qualquer utilidade que deva ser ofertada pelo Estado. É cobrado simplesmente porque o poder de decidir quem vai prestar o serviço é um poder estatal. Parcela da soberania estatal. Poder de tributar, portanto.

7.3.2 *Sobrepreço nos monopólios estatais*

Outra forma de tributo oculto ou disfarçado é a parcela do preço cobrado pelas empresas estatais no caso de atividades monopolizadas. O preço é fixado unilateralmente pelo Estado-empresário, a partir dos custos da atividade. Acrescenta a esses custos a margem de lucro que deseja para sua empresa e, ainda, uma parcela que pretende arrecadar. Essa parcela, tenha o nome que tiver, é um verdadeiro tributo, porque cobrada dos adquirentes do bem com fundamento exclusivamente na soberania estatal.

Exemplo disto entre nós é a denominada PPE, cobrada por intermédio da PETROBRÁS.

7.3.3 *Contraprestação de serviços de uso compulsório*

Mais um exemplo de tributo oculto é a contraprestação de serviços de utilização compulsória. Realmente, se um serviço público é de utilização compulsória, a contraprestação por ele paga pelo usuário não é tarifa, mas taxa.

Exemplo de serviço que se tem colocado como de utilização compulsória é o de esgotamento sanitário. No Município de Fortaleza existe uma lei municipal dizendo que é obrigatória a ligação à rede pública de esgoto sanitário. Sendo assim, a contraprestação correspondente a tal serviço será uma taxa. E, assim, só poderá ser cobrada pelo próprio Município, e nos termos da lei que a instituir, dentro dos padrões constitucionais próprios para os tributos.

O valor cobrado pela Cia. de Água e Esgoto do Ceará/CAGECE configura típico tributo oculto. Ilegal e abusivamente cobrado.

Mais um exemplo de tributação oculta temos nos encargos com SEDEX ou outras formas de fazer chegar documentos à repartição, tendo-se em vista que o contribuinte tem indiscutível direito de entregá-los pessoalmente, ou pelo meio que entender de sua conveniência.

A propósito, o Juiz Federal Narciso Leandro Xavier Baez, da 2ª Vara de Chepecó/SC, concedeu medida liminar em ação civil pública promovida pelo Ministério Público Federal garantindo aos contribuintes de todo o País o direito de entregar diretamente nas repartições da DRF documentos como pedidos de inscrição no CNPJ. Com isto declarou a nulidade de um item da Instrução Normativa 35 da SRF que impunha o uso do SEDEX.

7.4 Inconstitucionalidade

7.4.1 *Sistema tributário e direitos fundamentais*

Tendo-se em vista que o sistema tributário é organizado com base em conceitos jurídicos praticamente universais e constitui notável limitação ao poder de tributar, é razoável entender-se que sua preservação é um direito fundamental do cidadão.

O Poder Constituinte originário definiu os princípios básicos do sistema tributário, um dos quais consiste em que os tributos são somente os que nele estão previstos. E estabeleceu, ainda, os princípios aos quais se subordinam os tributos regularmente instituídos nos termos e limites do sistema.

7.4.2 *Contrariedade ao sistema*

Assim, um tributo instituído de forma oculta, através do qual o Estado foge inteiramente aos limites consubstanciados no sistema tributário, é indiscutivelmente inconstitucional, na medida em que amesquinha visivelmente o direito fundamental de somente ser tributado nos termos da Constituição.

Pode-se mesmo dizer que a instituição de tributos ocultos constitui verdadeira fraude à Constituição, que a torna débil, se não inteiramente inútil, em sua função de garantir os direitos fundamentais.

A evidente contrariedade ao sistema tributário como garantia do cidadão faz indiscutível a inconstitucionalidade do tributo oculto ou disfarçado, cuja instituição e cobrança consubstanciam verdadeira fraude à Constituição.

8. Regime especial em matéria tributária

8.1 Conceito e espécies

Todo tributo tem seu *regime jurídico* – quer dizer, o feixe de normas a ele aplicáveis. Tudo, aliás, quando considerado perante o Direito, tem seu regime jurídico. Em qualquer área do Direito, portanto, podemos cogitar de regimes especiais, que são as normas destinadas a regular situações especiais. Essas normas certamente convivem com aquelas que compõem o regime ordinário, ou geral, da entidade considerada.

Em matéria tributária, portanto, podemos entender por *regime especial* o regime jurídico de um tributo em situações especiais. Regime jurídico que convive com o regime jurídico ordinário do tributo, ou regime geral.

O regime jurídico da relação tributária pode ser dividido em duas áreas distintas, conforme o aspecto pelo qual se encare essa relação. Sob o *aspecto substancial* temos o regime jurídico da relação tributária como o conjunto de normas concernentes à determinação do montante devido; e sob o *aspecto formal* temos o regime jurídico da relação tributária como o conjunto de normas concernentes aos procedimentos de controle e de fiscalização do cumprimento das obrigações tributárias.

Podemos dizer, portanto, que temos para cada tributo dois regimes jurídicos, a saber: (a) o regime jurídico substancial, ou material, que concerne à obrigação tributária principal. Ou, em outras palavras, concerne aos critérios de determinação do montante do tributo devido; e (b) o regime jurídico formal, ou procedimental, que concerne às obrigações tributárias acessórias e ao procedimentos de controle, pelas autoridades da Administração Tributária, do cumprimento das obrigações tributárias.

8.2 Regimes especiais e isonomia

À primeira vista pode parecer que a instituição de regimes especiais para o disciplinamento da relação tributária implica lesão ao princípio da isonomia. Não é assim, todavia, ao menos na medida em que os regimes especiais sejam instituídos com razoabilidade, tendo-se em consideração situações de fato desiguais, que estejam a merecer tratamento diferente.

Por outro lado, os regimes especiais devem constituir, ao menos em princípio, opções para os contribuintes – que, se com eles não estiverem satisfeitos, podem optar pelo regime ordinário de tributação. Como em princípio a todos deve ser assegurado o direito de se submeter ao regime ordinário de tributação, fica afastada a ideia de lesão ao princípio da isonomia, pelo menos enquanto os critérios para atribuição do direito de optar pelo regime especial consubstanciem critérios de discriminação razoáveis, e não injustos privilégios para determinados contribuintes.

De todo modo, os regimes especiais de tributação em princípio constituem uma opção que a lei oferece aos contribuintes. No imposto de renda das pessoas jurídicas/IRPJ, por exemplo, todos têm o direito de pagar o imposto com base no lucro real. A opção pela regime do lucro presumido, exemplificando, tem a vantagem de dispensar o contribuinte da exigência de escrituração contábil, que, tratando-se de pequenas empresas, pode ter um custo bastante significativo.

8.3 Regimes especiais no plano constitucional

O assunto ganhou maior importância com a Emenda Constitucional 42, de 19.12.2003, que acrescentou ao art. 146, III, da CF de 1988 uma alínea dizendo caber à lei complementar estabelecer definição de tratamento diferenciado e favorecido para as microempresas e empresas de pequeno porte , inclusive regimes especiais ou simplificados no caso do imposto sobre operações relativas à circulação de mercadorias e sobre prestações de serviços de transporte interestadual e intermunicipal e de comunicação e das contribuições de seguridade social devidas pelos empregadores e empresas em geral incidentes sobre a receita ou faturamento e o lucro.

Em todos os tributos, porém, em princípio é possível a existência de regimes especiais, que se caracterizam por constituírem regimes jurídicos destinados a situações específicas, que convivem com o regime ordinário, ou geral, do tributo. Na legislação do IRPJ, por exemplo, o regime geral ou ordinário é o do lucro real, em que o imposto é calculado tendo-se em vista o resultado positivo efetivamente alcançado no período, que é demonstrado através da escrituração contábil. Convivem com este, como regimes especiais – embora sem essa denominação –, os regimes de tributação pelo lucro presumido e pelo lucro arbitrado.

Regimes especiais em matéria tributária, portanto, são tratamentos excepcionais que convivem com o regime jurídico ordinário do imposto a que se referem.

8.4 Regime especial de fiscalização e sanção política

Da mesma forma que não é válido um regime especial atinente ao aspecto substancial da obrigação tributária que implique tributação mais gravosa a determinados contribuintes sem lhes dar a opção pelo regime ordinário de tributação, também não é válido um regime especial atinente ao aspecto formal ou procedimental da relação tributária – em alguns casos denominado *regime especial de fiscalização* – que seja simplesmente uma forma oblíqua de compelir o contribuinte a fazer o pagamento do tributo.

Às formas oblíquas de obrigar o contribuinte a pagar o tributo tem sido atribuída a denominação genérica de *sanções políticas*. Assim, podemos dizer que o regime especial de fiscalização pode configurar uma sanção política, e neste caso será inconstitucional.

Segunda parte

NORMAS GERAIS DE DIREITO TRIBUTÁRIO

I – Legislação Tributária. II – Vigência e Aplicação da Legislação Tributária. III – Interpretação e Integração da Legislação Tributária. IV – Obrigação Tributária. V – Crédito Tributário. VI – Administração Tributária.

Capítulo I
LEGISLAÇÃO TRIBUTÁRIA

1. Lei e legislação. 2. Lei ordinária e lei complementar. 3. Princípio da legalidade. 4. Medidas provisórias. 5. Tratados e convenções internacionais. 6. Decretos e regulamentos. 7. Normas complementares.

1. Lei e legislação

De acordo com a terminologia adotada pelo Código Tributário Nacional, *lei* e *legislação* tributária não se confundem. Para melhor entender a distinção, recorde-se o significado da palavra "lei".

Em sentido formal, lei é o ato jurídico produzido pelo Poder competente para o exercício da função legislativa, nos termos estabelecidos pela Constituição. Diz-se que o ato tem a *forma de lei*. Foi feito por quem tem competência para fazê-lo, e na forma estabelecida para tanto, pela Constituição. Nem todos os atos dessa categoria, entretanto, são leis em sentido material.

Em sentido material, lei é o ato jurídico *normativo*, vale dizer, que contém uma regra de direito objetivo, dotada de hipoteticidade. Em outras palavras, a lei, *em sentido material*, é uma prescrição jurídica hipotética, que não se reporta a um fato individualizado no tempo e no espaço, mas a um modelo, a um tipo. É uma *norma*. Nem sempre as leis em sentido material também são leis em sentido formal.

Assim, a palavra "lei" tem um sentido *amplo* e outro *restrito*. Lei, em sentido amplo, é qualquer ato jurídico que se compreenda no conceito de lei em sentido formal ou em sentido material. Basta que seja lei *formalmente*, ou *materialmente*, para ser lei em sentido amplo. Já, em sentido restrito só é lei aquela que o seja tanto em sentido formal como em sentido material.

No Código Tributário Nacional, a palavra "lei" é utilizada em seu sentido restrito, significando regra jurídica de caráter geral e abstrato, emanada do Poder ao qual a Constituição atribuiu competência legislativa, com observância das regras constitucionais pertinentes à elaboração das leis. Só é *lei*, portanto, no sentido em que a palavra é empregada no Código Tributário Nacional, *a norma jurídica elaborada pelo Poder competente para legislar, nos termos da Constituição, observado o processo nesta estabelecido.*

Já, a palavra "legislação", como utilizada no Código Tributário Nacional, significa *lei* em sentido amplo, abrangendo, além das leis em sentido restrito, os tratados e as convenções internacionais, os decretos e as normas complementares que versem, no todo ou em parte, sobre tributos e relações jurídicas a eles pertinentes. É o que dispõe o art. 96 do CTN. Mas isto não significa dizer que também as próprias disposições constitucionais, dos atos e das leis complementares, dos decretos-leis, convênios interestaduais e outros atos jurídicos normativos pertinentes à matéria não se compreendem no conceito de *legislação tributária*. O disposto no art. 96 do CTN não tem o sentido de restringir o conceito de legislação tributária, mas de mostrar sua amplitude em comparação com o conceito de *lei* tributária.

A distinção entre *lei* e *legislação* é de grande relevância na interpretação do Código Tributário Nacional.

2. *Lei ordinária e lei complementar*

Em nosso sistema jurídico existem duas espécies de lei, a saber: a *lei ordinária* e a *lei complementar*. São duas espécies de lei formalmente definidas, que se encartam no ordenamento jurídico em diferentes patamares hierárquicos, sendo a lei complementar superior à lei ordinária.

Não obstante todas as normas ganhem suas identidades específicas pelos elementos formais, e não pelas matérias de que se ocupam, quando se trata de lei complementar a doutrina dos tributaristas brasileiros consagra lamentáveis equívocos. Um consiste na afirmação de que só é lei complementar aquela que se ocupa de matérias que a Constituição reserva a essa espécie normativa. Outro consiste em negar a existência de hierarquia entre lei complementar e lei ordinária.

Tais equívocos decorreram da grande influência de excelente artigo de Víctor Nunes Leal que gerou confusão porque seus leitores não levaram em conta a distinção que existe entre lei complementar como conceito jurídico-positivo e lei complementar como conceito de lógica jurídica.

O artigo de Víctor Nunes Leal foi publicado em 1947 ("Leis complementares da Constituição", *RDA* VII/383, Rio de Janeiro, Fundação Getúlio Vargas/FGV, janeiro-março/1947), quando em nosso ordenamento jurídico não existia a espécie normativa hoje identificada como *lei complementar*, de tal sorte que tal expressão foi por ele utilizada para designar as leis que completavam dispositivos da Constituição que, sem elas, não poderiam ser aplicados. Hoje, porém, lei complementar é espécie normativa prevista expressamente na Constituição, que exige quórum especial para sua aprovação.[1]

Aqui podemos dizer, em síntese, que *lei ordinária* e *lei complementar* são duas espécies normativas distintas, sendo a última hierarquicamente superior à primeira. E que as leis ordinárias editadas antes do advento da atual Constituição Federal tratando de matérias que esta reservou à lei complementar continuam válidas e ganharam o *status* de leis complementares, e só por lei complementar, portanto, podem ser alteradas ou revogadas. É o que aconteceu com o Código Tributário Nacional.

Afastando definitivamente a tese segundo a qual a lei complementar identifica-se pelo conteúdo, o art. 146-A da CF, inserido pela Emenda 42, de 19.12.2003, estabeleceu situação na qual é impossível a distinção entre lei ordinária e lei complementar pelo critério do conteúdo. Na verdade, a lei complementar identifica-se pelos elementos formais, de sorte que é lei complementar aquela como tal aprovada pelo Congresso Nacional, seja qual for a matéria da qual se ocupe.

3. *Princípio da legalidade*

Já nos referimos ao princípio da legalidade no início deste *Curso*, ao tratarmos dos princípios jurídicos da tributação (Primeira Parte, Capítulo I, item 5.1). A ele voltamos, aqui, a propósito da análise do art. 97 do CTN.

Recorde-se que o *princípio da legalidade* é, no plano do direito constitucional, o princípio pelo qual *ninguém é obrigado a fazer ou deixar de fazer alguma coisa senão em virtude de lei*. No direito tributário tem-se uma especificação desse princípio, que se costuma chamar *princípio da legalidade tributária*, significando que *nenhum tributo pode ser criado, aumentado, reduzido ou extinto sem que o seja por lei*.

Segundo o art. 97 do CTN, somente a lei pode estabelecer: (a) a instituição de tributos, ou a sua extinção; (b) a majoração de tributos ou sua redução, com as ressalvas que indica; (c) a definição do fato gerador da obrigação principal e do seu sujeito passivo; (d) a fixação da alíquota do tributo e de sua base de cálculo, com as ressalvas que menciona; (e) a cominação de penalidades para as ações ou omissões contrárias a seus dispositivos, ou para outras infrações nela definidas; (f) as hipóteses de exclusão, suspensão e extinção de créditos tributários, ou dispensa ou redução de penalidades.

1. Para os que tenham interesse em aprofundar o estudo das questões estabelecidas em torno desse assunto, sugerimos a leitura do nosso livro *Lei Complementar Tributária*, São Paulo, Malheiros Editores, 2010.

Equipara-se à majoração do tributo a modificação de sua base de cálculo que importa torná-lo mais oneroso (art. 97, § 1º), mas não a simples atualização monetária (art. 97, § 2º).

As regras do art. 97 do CTN constituem explicitações do preceito constitucional, inscrito no capítulo dos direitos e das garantias individuais, pelo qual é vedado às pessoas jurídicas dotadas de competência tributária "exigir ou aumentar tributo sem que a lei o estabeleça" (art. 150, I). Na verdade, o princípio constitucional só terá eficácia se entendido nos termos já por nós explicados ao tratarmos dos princípios jurídicos da tributação (item 5 do Capítulo I da Primeira Parte deste *Curso*).

Quanto à instituição e à extinção do tributo não há ressalvas. Até mesmo o imposto especial, lançado por motivo de guerra, está sujeito ao princípio da legalidade. Só por lei pode ser o tributo criado ou extinto (CTN, art. 97, I). Lei, em sentido restrito, da entidade titular da competência tributária respectiva. O tributo federal só por lei da União pode ser criado ou extinto. O estadual, só por lei do Estado, e o municipal, só por lei do Município respectivo.

Criar o tributo é estabelecer todos os seus elementos essenciais. Por isto mesmo, o art. 97 do CTN fez a explicitação do princípio da legalidade, afastando qualquer dúvida que ainda pudesse existir. Não basta que na lei esteja dito que o tributo fica criado. Na lei devem estar todos os elementos necessários a que se possa identificar a situação de fato capaz de criar a obrigação tributária e, diante de tal situação, poder determinar o valor do tributo correspondente. A lei não pode deixar para o regulamento ou para qualquer outro ato normativo inferior a indicação de qualquer dos elementos necessários a essa determinação. Todos os elementos essenciais da relação jurídica tributária devem ser indicados pela lei. O núcleo do fato gerador do tributo, o contribuinte, a base de cálculo, a alíquota, tudo deve estar na própria lei. Veja-se, a este propósito, o que escrevemos na Primeira Parte deste *Curso* a respeito da legalidade (Capítulo I, item 5.1).

Em casos especiais, expressamente indicados pela Constituição, o tributo só pode ser criado por lei complementar. A regra geral, todavia, é de que a lei ordinária é o instrumento hábil para a criação do tributo.

Igualmente não há ressalvas no que se refere à cominação de penalidades, bem como às hipóteses de exclusão, suspensão e extinção de créditos tributários, ou de dispensa ou redução de penalidades (CTN, art. 97, V e VI).

Constituem exceções ou ressalvas ao princípio da legalidade as mencionadas no § 1º do art. 153, que faculta ao Poder Executivo, atendidas as condições e os limites estabelecidos em lei, alterar as alíquotas dos impostos sobre (a) importação de produtos estrangeiros; (b) exportação, para o exterior, de produtos nacionais ou nacionalizados; (c) produtos industrializados; (d) operações de crédito, câmbio e seguro, ou relativas a títulos ou valores mobiliários; e ainda, (e) a contribuição de intervenção no domínio econômico/CIDE sobre combustíveis (CF de 1988, art. 177, § 4º, I, "b") e o ICMS sobre combustíveis (CF de 1988, art. 155, § 4º, IV) – este último nunca regulamentado e, por isto mesmo, continuando esse imposto a ser cobrado pelo regime anterior.

O tributo criado por lei só por lei pode ser aumentado. Nem seria necessário que a Constituição fosse explícita no pertinente ao aumento. Aumentar o tributo é modificar a lei que o criou, e uma lei só por outra pode ser modificada. A explicitude da Constituição decorre certamente da forma pela qual o princípio da legalidade estava em Constituições anteriores, conectado, no mesmo dispositivo, com o princípio da anterioridade, ao qual eram feitas ressalvas.

As ressalvas ao princípio da legalidade não se confundem com as ressalvas ao princípio da anterioridade, embora todos os impostos albergados pelas primeiras estejam também ao abrigo das últimas. Nem se pode entender como ressalva ao princípio da legalidade a exclusão completa desse princípio para determinados impostos. Todos os tributos estão sujeitos ao princípio da legalidade, embora em relação a alguns impostos tal princípio se mostre mitigado. Dizer-se que o princípio da legalidade não se aplica a determinados impostos significa apenas dizer que esses impostos não se submetem completamente a tal princípio, posto que podem, em certas condições e dentro dos limites estabelecidos em lei, ter suas alíquotas modificadas por ato do Poder Executivo.

Dizer-se que o princípio da anterioridade não se aplica a determinados impostos significa dizer que não se exige tenha a lei que os criou, ou aumentou, sido publicada antes do início do exercício financeiro em que é feita a cobrança respectiva.

O princípio da legalidade diz respeito ao instrumento jurídico utilizado para a criação ou aumento dos tributos. Esse instrumento há de ser a lei. Não outro ato normativo. As ressalvas a esse princípio, portanto, dizem respeito ao instrumento jurídico. Implicam admitir-se o aumento de tributo por ato diverso da lei, bastando que esta estabeleça as condições e os limites dentro dos quais o Poder Executivo poderá alterar as alíquotas respectivas. O princípio da legalidade não diz respeito ao elemento cronológico. Nada tem a ver com o momento da criação, ou do aumento, e o momento da cobrança respectiva.

O princípio da anterioridade, por sua vez, diz respeito exatamente ao fator cronológico. Diz respeito ao momento de criação ou aumento do tributo, e ao momento da respectiva cobrança.

Como as ressalvas, tanto ao princípio da legalidade como ao princípio da anterioridade, referem-se aos mesmos impostos, tem-se que estes, ditos impostos flexíveis, podem ser aumentados por ato diverso da lei, e a qualquer tempo, pelo Poder Executivo.

Além das ressalvas ao princípio da legalidade, existem as restrições ao princípio da competência, relacionadas com a fixação de alíquotas máximas e de alíquotas mínimas, como se verifica, por exemplo, no art. 155, § 2º, V, da CF.

4. Medidas provisórias

O regramento constitucional das medidas provisórias foi alterado pela Emenda Constitucional 32, de 11.9.2001, que superou muitas das disputas doutrinárias em torno do tema e certamente outras tantas vai suscitar. Entre as disputas superadas estão as que diziam respeito às questões da instituição de tributos, do trato de matéria reservada à lei complementar e do atendimento ao princípio da anterioridade tributária com a edição, no exercício anterior, da medida provisória.

Melhor teria sido o controle efetivo da edição de medidas provisórias pelo STF, pois a Emenda Constitucional 32, ao estabelecer restrições que seriam desnecessárias se a Corte Maior não tivesse admitido o abuso nas edições e principalmente nas reedições de medidas provisórias, terminou legitimando aquelas práticas indevidas. De todo modo, temos um novo regime jurídico constitucional para as medidas provisórias, que seguramente ainda não é o ideal, mas tem alguns aspectos positivos.

Em caso de relevância e urgência, o Presidente da República poderá adotar medidas provisórias, com força de lei, devendo submetê-las de imediato ao Congresso Nacional. Algumas matérias, porém, não podem ser tratadas por medidas provisórias, destacando-se entre estas, porque relevantes na relação de tributação, a que diz respeito ao processo civil e a que seja reservada à lei complementar, que envolve as normas gerais em matéria de legislação tributária.

Medidas provisórias já não podem instituir nem aumentar impostos, salvo aqueles excluídos do princípio da anterioridade tributária, prestando-se apenas como instrumento para iniciar o processo legislativo para sua instituição ou aumento. É assim porque a medida provisória que implique instituição ou majoração de impostos, exceto os previstos nos arts. 153, I,

II, IV e V, e 154, II, só produzirá efeitos no exercício financeiro seguinte se houver sido convertida em lei até o último dia daquele em que foi editada. Como a lei somente se completa com a publicação oficial, isto quer dizer que os impostos sujeitos ao princípio da anterioridade só podem ser cobrados a partir do exercício seguinte àquele em que ocorrer a publicação da lei que os instituiu, ou aumentou.

A norma do § 2º do art. 62 da CF, introduzida pela Emenda 32, que exige lei do exercício anterior para autorizar a cobrança dos impostos sujeitos ao princípio da anterioridade, tem natureza meramente interpretativa. O Congresso Nacional apenas disse o que deveria ter sido dito há muito tempo pelos tribunais, especialmente pela Corte Maior. Assim, aplica-se também às taxas e contribuições sujeitas ao princípio da anterioridade nos termos do art. 150, III, "b", da CF.

Pela mesma razão, a anterioridade de 90 dias a que se sujeitam as contribuições sociais por força do art. 195, § 6º, da CF há de ser contada a partir da publicação da lei em que se tenha convertido a medida provisória.

Medida provisória não pode cuidar de matéria reservada à lei complementar. Isto quer dizer que não pode veicular normas gerais em matéria de legislação tributária, que é atribuição reservada ao legislador complementar (CF de 1988, art. 146, III). Nem pode cuidar de matéria concernente ao processo civil, o que evidentemente não diz respeito diretamente à tributação, mas tem nesta um reflexo de grande importância, pois várias restrições aos direitos processuais dos contribuintes vinham sendo introduzidas pela via da medida provisória.

O regime jurídico das medidas provisórias certamente tem suscitado muitas questões, entre as quais a que diz respeito ao alcance da expressão "normas gerais em matéria de legislação tributária". Espera-se que a jurisprudência o diga de modo a não anular a garantia constitucional consubstanciada na reserva de competência para o legislador complementar.

É importante observarmos que a tese segundo a qual a lei complementar é somente aquela que trata das matérias a essa espécie normativa expressamente reservadas pela Constituição permite o abuso na edição de medidas provisórias. O Presidente da República poderá editar medida provisória para alterar ou revogar dispositivos de lei complementar a pretexto de que tratam de matéria não reservada constitucionalmente a essa espécie normativa. E como na maior parte dos casos é difícil – se não impossível – definir com precisão os limites das matérias reservadas à lei complementar, restará extremamente facilitada a burla à vedação estabelecida pelo art. 62, § 1º, III, da CF.

Por apreço à segurança jurídica, portanto, é preferível admitirmos que se o Congresso Nacional, ao elaborar uma lei, entende estar tratando de matéria como, por exemplo, *conflitos de competências*, ou *limitações constitucionais ao poder de tributar*, ou *normas gerais em matéria de legislação tributária*, e por isto opta pela forma de lei complementar e observa, em sua elaboração, as normas definidoras do procedimento próprio para a aprovação dessa espécie legislativa, sua opção deve ser respeitada, não se podendo questionar o conteúdo de cada um dos dispositivos da lei então aprovada, com o propósito de demonstrar que não se trata de matéria reservada à lei complementar.

5. *Tratados e convenções internacionais*

O Código Tributário Nacional estabelece que os tratados e convenções internacionais *revogam* ou *modificam* a legislação tributária interna e serão observados pela que lhes sobrevenha (art. 98). Há, evidentemente, impropriedade terminológica na disposição legal. Na verdade um tratado internacional não revoga nem modifica a legislação interna. A lei revogada não volta a ter vigência pela revogação da lei que a revogou. Denunciado um tratado, todavia, a lei interna com ele incompatível estará restabelecida, em pleno vigor. Tem-se que procurar, assim, o significado da regra legal em foco. O que ela pretende dizer é que os tratados e convenções internacionais prevalecem sobre a legislação interna, seja anterior ou mesmo posterior.

O Plenário do STF já decidiu, por maioria de votos pela prevalência de lei ordinária posterior ao tratado (*RTJ* 83/809). Tal entendimento fundou-se na ausência, na Constituição Federal, de norma garantidora da supremacia dos tratados em relação à lei ordinária. Em matéria tributária, porém, mesmo em face da orientação jurisprudencial da Corte Maior, tem-se de considerar o disposto no art. 98 do CTN, de sorte que a lei posterior ao tratado, para prevalecer sobre ele, em matéria tributária, terá de ser uma lei complementar.

Note-se que o entendimento do STF ressalva as consequências do descumprimento do tratado no plano internacional, o que quer dizer admitir a responsabilidade do Brasil pela edição de lei com inobservância do tratado. Em outras palavras, o prejudicado teria direito a uma indenização pelos danos decorrentes da inobservância do tratado pelo Estado Brasileiro. O prejudicado poderia promover ação de indenização contra a União. Se o tratado garantia uma isenção, que foi excluída pela lei interna, terá direito a uma indenização, que se tiver o seu valor bem fixado corresponderá, pelo menos, ao valor da isenção que deixou de ter assegurada.

Argumenta-se, em defesa do entendimento adotado pela Corte Maior, que a elaboração legislativa cabe ao Congresso Nacional (CF, art. 44) e tal competência não pode ser tolhida por tratados internacionais, até porque compete privativamente ao Congresso Nacional resolver definitivamente sobre estes, quando acarretem encargos ou compromissos gravosos ao patrimônio nacional (CF, art. 49, I). O argumento, porém, é inconsistente. As normas da Constituição, como quaisquer outras do sistema jurídico, devem ser interpretadas com atenção para o contexto. Nenhuma deve ser interpretada isoladamente. A norma que atribui ao Congresso Nacional a função legislativa, e a que lhe atribui competência privativa para resolver definitivamente sobre tratados internacionais, devem ser entendidas em harmonia com norma, da mesma Constituição, que atribui ao Presidente da República competência para iniciar o processo legislativo na forma e nos casos nela previstos (CF, art. 84, III) e também para celebrar tratados, convenções e atos internacionais, sujeitos a referendo do Congresso Nacional (CF, art. 84, VIII). Os tratados internacionais, portanto, devem ser respeitados pelo Congresso Nacional, que os referenda, e somente devem ser alterados pela via própria. Não por leis internas.

Por outro lado, a alteração, por lei interna, de um tratado internacional, não tem apoio nos princípios da moralidade, que devem presidir também as relações internacionais. Alterando, por lei interna, regras de tratado internacional, o País perde credibilidade.

Assim, temos fortalecido o nosso entendimento, no sentido de que os tratados internacionais não podem ser revogados por lei interna. Tanto no plano da ciência do Direito, como no plano ético.

Constituem os tratados internacionais valioso instrumento para a disciplina das relações tributárias com implicações no âmbito internacional. A propósito de renda, por exemplo, o Brasil já celebrou diversos tratados visando a evitar a evasão de tributo e a bitributação internacional. Também no que se refere ao imposto de importação tem o Brasil participado de alguns tratados internacionais, como o da ALALC e do GATT.

Os tratados internacionais, como as leis, são interpretados, aplicando--se-lhes as regras e princípios do direito internacional, além das regras comuns de Hermenêutica.

6. Decretos e regulamentos

O conteúdo e o alcance dos decretos, segundo disposição expressa do Código Tributário Nacional, restringem-se aos das leis em função das quais sejam expedidos, determinados, o conteúdo e o alcance, de acordo com as regras de interpretação que estabelece (art. 99).

No âmbito de nossa disciplina as palavras "decreto" e "regulamento" podem ser tomadas como sinônimas. O decreto é ato do chefe do Poder Executivo, enquanto o regulamento é ato a este encaminhado pelo Ministro de Estado da área respectiva, no caso de tributação pelo Ministro da Fazenda, e aprovado por decreto. Na prática a diferença é apenas de forma.

A disposição do art. 99 do CTN é meramente explicitante. Ainda que não estivesse escrita, não seria diferente. É assente em nosso sistema jurídico a posição inferior dos decretos relativamente às leis. Isto é decorrência inevitável da divisão de atribuições entre o Executivo e o Legislativo. Os regulamentos são editados pelo chefe do Poder Executivo mediante decreto, com o fim de explicar o modo e a forma de execução da lei, ou para regular situações não disciplinadas em lei, nem reservadas a esta. No primeiro caso diz-se que há *regulamento de execução*, e no segundo caso há *regulamento autônomo*.

Em matéria tributária o regulamento tem grande importância. Ele se presta para a consolidação, em texto único, de diversas leis sobre um tributo, além de estabelecer regras relativas a obrigações acessórias.

Como em matéria tributária não existe espaço para o regulamento autônomo, qualquer regra de decreto, ou de regulamento, que não seja mera explicitação do que determina a lei, nem se limite a fixar os meios e formas de execução desta, é inválida.

A regra de decreto, ou de regulamento, em matéria tributária só tem utilidade para a explicitação de textos legais, ou para o estabelecimento dos meios e formas de cumprimento das disposições de leis. Meios e formas que tenham, realmente, caráter meramente instrumental. Todos os elementos essenciais na formação da relação jurídica tributária devem estar na lei. Nenhum pode ser posto, acrescentado ou modificado pelo regulamento.

Aliás, é muito fácil de se entender por que é assim. O princípio da legalidade existe para limitar o poder de tributar, e essa limitação é feita exatamente pela divisão de Poderes. O Legislativo dispõe, estabelece, prescreve; e o Executivo apenas executa. Assim, a Administração Tributária não tem atribuição para estabelecer o valor do tributo. Todos os elementos necessários para esse fim devem estar na lei.

Ocorre que o princípio da legalidade, como garantia constitucional, tem por fim proteger o contribuinte. Assim, se um regulamento institui ou amplia indevidamente uma hipótese legal de isenção, não se há de invocar o princípio da legalidade contra o contribuinte. A isenção há de ser respeitada até que seja a norma regulamentar revogada, ou tenha declarada sua inconstitucionalidade. Havendo revogação, os efeitos desta somente se produzem para o futuro. Tratando-se de declaração de inconstitucionalidade, que em certos casos pode produzir efeitos para o passado, também se há de respeitar as situações já constituídas, em atenção ao princípio da segurança jurídica.

O regulamento, baixado pelo chefe do Poder Executivo para fiel execução da lei, consubstancia a interpretação desta, um critério jurídico cuja modificação somente produzirá efeitos para o futuro – conforme, aliás, estatui o art. 146 do CTN.

Somente nos casos de isenções que favorecem pessoas determinadas, e se comprovada a influência destas na edição da norma regulamentar, pode-se admitir o desfazimento da norma regulamentar isentiva ilegal, com efeitos retroativos.

7. Normas complementares

Não se há de confundir *normas complementares* com *leis complementares*. As primeiras são as de que trata o art. 100 do CTN, enquanto as últimas são *complementares* da Constituição Federal e estão em plano hierárquico superior às próprias leis ordinárias, conforme demonstramos no item 2 deste capítulo.

As normas complementares são, formalmente, atos administrativos, mas materialmente são *leis*. Assim se pode dizer que são leis *em sentido amplo* e estão compreendidas na legislação tributária – conforme, aliás, o art. 96 do CTN determina expressamente.

Diz-se que são *complementares* porque se destinam a completar o texto das leis, dos tratados e convenções internacionais e decretos. Limitam-se a *completar*. Não podem *inovar* ou de qualquer forma modificar o texto da norma que complementam. Além de não poderem invadir o campo da reserva legal, devem observância também aos *decretos* e regulamentos, que se colocam em posição superior porque editados pelo chefe do Poder Executivo, e a este os que editam as normas complementares estão subordinados.

Há quem sustente que as normas complementares só produzem efeitos relativamente aos funcionários, no âmbito interno das repartições. Estamos, porém, com os que entendem que suas normas se aplicam à relação Fisco/contribuinte, desde que respeitadas as limitações já acima mencionadas.

Nos termos do art. 100 do CTN, são normas complementares:

(a) Os *atos normativos* das autoridades administrativas, vale dizer, as portarias, ordens de serviço, instruções normativas, e outros semelhantes.

(b) As *decisões administrativas* a que a lei atribua eficácia normativa, vale dizer, as decisões proferidas por órgãos singulares ou coletivos incumbidos de *julgar* administrativamente as pendências entre o Fisco e os contribuintes, desde que a lei atribua a essas decisões valor de *norma*. Destacam-se atualmente, nessa categoria, os denominados *pareceres normativos* emitidos pela Coordenação do Sistema de Tributação do Ministério da Fazenda, órgão incumbido de unificar a interpretação da legislação tributária, mediante solução de consultas.

(c) As *práticas reiteradas* das autoridades administrativas. Elas representam uma posição sedimentada do Fisco na aplicação da legislação tributária e devem ser acatadas como boa interpretação da lei. Se as autoridades fiscais interpretam a lei em determinado sentido, e assim a aplicam reiteradamente, essa prática constitui *norma complementar* da lei. De certo modo isto representa a aceitação do costume como fonte do Direito. O Código Tributário Nacional não estabelece qualquer critério para se determinar quando uma prática deve ser considerada como adotada *reiteradamente* pela autoridade administrativa, devendo-se, todavia, entender como tal uma prática repetida, renovada. Basta que tenha sido adotada duas vezes, pelo menos, para que se considere reiterada.

(d) Os *convênios* que entre si celebrem a União, os Estados, o Distrito Federal e os Municípios. Esses convênios estabelecem normas que, em princípio, só vinculam as partes convenentes. Para cumprir a obrigação assumida, estas devem *legislar*, se for o caso. De qualquer modo, valem desde logo as disposições dos convênios como *normas complementares*, que em certos casos podem ser de grande valia na interpretação das leis pertinentes à matéria nos mesmos tratada. Os arts. 199, 213 e 214 do CTN cogitam desses convênios.

Os tributaristas geralmente criticam a Administração Tributária pela edição de normas infralegais. Ninguém até hoje procurou explicar a razão de ser dessas normas.

É certo que muitas vezes a Administração Tributária diz, em norma infralegal, coisa que contraria a lei. Neste caso, o interessado poderá arguir a ilegalidade da norma complementar, em ação judicial, sem prejuízo da competência que tem o Congresso Nacional para *sustar os atos normativos do Poder Executivo que exorbitem do poder regulamentar*, prevista no art. 49, V, da CF. Afastados os abusos, porém, é inegável a utilidade das normas complementares em matéria tributária, impondo-se, por isto mesmo, uma explicação a respeito do assunto.

As leis apresentam sempre certa margem para dúvidas razoáveis por parte do intérprete, especialmente em razão da inevitável imprecisão, seja pela vaguidade, seja pela ambiguidade dos conceitos utilizados. Por isto as normas complementares são de grande utilidade. Com elas a autoridade administrativa assegura tratamento uniforme aos contribuintes, afastando a possibilidade de interpretações diferentes por parte de seus agentes.

Como regras jurídicas de categoria inferior, as normas complementares evidentemente não podem modificar as leis, nem os decretos e regulamentos. Por isto não asseguram ao contribuinte o direito de não pagar um tributo que seja efetivamente devido, nos termos da lei. Mas se o não pagamento se deveu à observância de uma norma complementar, o contribuinte fica a salvo de penalidades, bem como da cobrança de juros moratórios e correção monetária. O parágrafo único do art. 100 do CTN assim o determina. Não seria justo punir o contribuinte que se conduzir de acordo com norma, embora ilegal, editada pela própria Administração Tributária.

Ressalte-se, outrossim, a necessidade de compatibilizar-se o parágrafo único do art. 100 com o art. 146 do CTN. Assim, se a modificação da norma complementar representa simples *mudança de critério jurídico*, só vale para o futuro. Não se presta como fundamento para a revisão de lançamento.

Capítulo II

VIGÊNCIA E APLICAÇÃO DA LEGISLAÇÃO TRIBUTÁRIA

1. Vigência e aplicação. 2. Vigência da legislação tributária no espaço. 3. Vigência da legislação tributária no tempo. 4. Os princípios da anualidade e da anterioridade. 5. Aplicação imediata. 6. Aplicação retroativa.

1. Vigência e aplicação

Muitos estudam as questões pertinentes à vigência das leis, mas não esclarecem o que se deve entender por "vigência". Alguns definem vigência como o período de disponibilidade da lei no que confundem a vigência com sua duração. Outros definem "vigência" como validade técnico-formal – o que já nos pareceu correto, como pode ser visto em edições anteriores deste *Curso*.

Na busca do significado da palavra "vigência", referida à lei, temos de examinar a realidade do que acontece no sistema jurídico. Temos de conhecer o que ela designa, para podermos verificar se a designação é adequada.

Sabemos que a lei elaborada com inteira observância de todos os dispositivos do sistema jurídico pertinentes ao processo legislativo, devidamente publicada, cujo conteúdo não contraria a Constituição, tem validade técnico-formal. Não se pode, todavia, desde logo afirmar que tem vigência, pois esta depende de norma que a estabeleça. Norma que pode ser por ela própria veiculada, ou pode residir em outra lei, mas é sempre necessária. Se a lei nada estabelece a respeito de sua vigência, incide a norma da Lei de Introdução às Normas do Direito Brasileiro (atual denominação da Lei de Introdução ao Código Civil, dada pela Lei 12.376, de 30.12.2010), segundo a qual, neste caso, o início de sua vigência ocorre 45 dias depois da publicação oficial.

Por outro lado, uma lei pode não ter validade técnico-formal, posto que contraria a Constituição, e não obstante ser vigente. É vigente porque foi posta a incidir, pelo órgão competente segundo a ordem jurídica.

O CTN disciplinou, em seus arts. 101 a 104, a vigência da legislação tributária e, nos arts. 105 e 106, sua aplicação. É que uma lei pode ser vigente, incidir, e mesmo assim não ser aplicável, assim como pode dar-se a aplicação de lei que não mais é vigente. Isto explica a disciplina diversa, no Código Tributário Nacional, da vigência e da aplicação.

Vigência é a aptidão para incidir, vale dizer, para dar significação jurídica aos fatos. Para produzir efeitos jurídicos no plano abstrato. Lei vigente pode incidir e, assim, dar a seu suporte fático um significado jurídico. Se a lei é vigente e ocorre a situação nela prevista como *hipótese de incidência*, inevitavelmente incide. A incidência é automática. Já, a aplicação depende sempre de alguém. É ato de alguém, e por isto mesmo pode ocorrer ou não.

O lançamento tributário, sendo ato meramente declaratório, rege-se pela legislação vigente ao tempo do fato gerador da obrigação respectiva, ainda que posteriormente modificada ou revogada. A lei, mesmo modificada ou revogada, pode ser aplicada aos fatos ocorridos antes de sua revogação ou modificação, pois continuam existindo tais fatos com o sentido jurídico resultante da incidência da norma revogada, ou modificada. Em outras palavras, sobrevivem os efeitos jurídicos de sua incidência, que se deu, automaticamente, sobre os fatos ocorridos durante sua vigência, ou até anteriormente a esta.

2. *Vigência da legislação tributária no espaço*

A vigência da legislação tributária, no espaço e no tempo, rege-se pelas normas do direito comum, que se encontram, em nosso sistema jurídico, na denominada Lei de Introdução às Normas do Direito Brasileiro (atual denominação da Lei de Introdução ao Código Civil, dada pela Lei 12.376/2010, denominação inegavelmente mais adequada a seu papel no sistema jurídico), que se aplica efetivamente à solução dos conflitos de leis no espaço e no tempo, nos diversos ramos da ciência jurídica..

Em regra, a legislação tributária vigora nos limites do território da pessoa jurídica que edita a norma. Assim é que a legislação federal vigora em todo o território nacional; a legislação dos Estados e a legislação dos Municípios, no território de cada um deles.

Segundo o art. 102 do CTN, a legislação tributária dos Estados, do Distrito Federal e dos Municípios vigora, no País, fora dos respectivos territórios, nos limites em que lhe reconheçam extraterritorialidade os convênios de que participem, ou do que disponha o próprio Código, ou outras leis de normas gerais expedidas pela União.

3. *Vigência da legislação tributária no tempo*

O art. 101 do CTN estabelece que a vigência da legislação tributária rege-se pelas disposições aplicáveis às normas jurídicas em geral, com as ressalvas formuladas pelo próprio Código.

Para as normas jurídicas em geral a regra era a de que, "salvo disposição contrária, a lei começa a vigorar em todo o País 45 dias depois de oficialmente publicada" (Lei de Introdução às Normas do Direito Brasileiro, art. 1º). E na generalidade as leis traziam dispositivo estabelecendo que "esta lei entra em vigor na data de sua publicação".

Ocorre que a Lei Complementar 95/1998, dispondo sobre a elaboração das leis, estabeleceu que a vigência das leis será indicada de forma expressa e de modo a contemplar prazo razoável para que delas se tenha amplo conhecimento, reservada a cláusula "entra em vigor na data de sua publicação" para as leis de pequena repercussão (art. 8º). E a Lei Complementar 107/2001 acrescentou dispositivos tratando da contagem do prazo para o início da vigência.

Assim, há quem entenda revogado o art. 1º da Lei de Introdução às Normas do Direito Brasileiro, não sendo mais admitida a omissão da lei quanto ao início de sua vigência. Entretanto, tal entendimento deixa sem solução o caso em que se verifique tal omissão. Melhor nos parece entender que não se deu revogação, e que na hipótese de omissão a vigência começa no prazo de 45 dias depois de oficialmente publicada.

A vigência das normas complementares da legislação tributária, elencadas no art. 100 do CTN, é regulada pelo art. 103 do mesmo Código, em face do qual entram em vigor: (a) os atos normativos expedidos pelas autoridades administrativas – tais como portarias, ordens de serviço, instruções normativas e circulares –, na data da respectiva publicação; (b) as decisões dos órgãos singulares ou coletivos de jurisdição administrativa, a que a lei atribua eficácia normativa, quanto a esses efeitos de regra jurídica, 30 dias após a data de sua publicação; (c) os convênios que entre si celebrem a União, os Estados, o Distrito Federal e os Municípios, na data nos mesmos prevista.

Não estabeleceu o Código uma regra especial aplicável na falta de previsão, em um desses convênios, de data para início de vigência. Se tal falta de previsão acontece, a solução há de ser encontrada no direito comum, vale dizer, na Lei de Introdução às Normas do Direito Brasileiro – tendo-se, portanto, que o início de vigência se dará 45 dias depois da publicação oficial do convênio.

4. Os princípios da anualidade e da anterioridade

O *princípio da anualidade* é aquele pelo qual a cobrança dos tributos há de ser autorizada anualmente. Dele já cogitamos a propósito de distingui-lo do *princípio da anterioridade*, quando tratamos dos princípios jurídicos da tributação (Parte Primeira, Capítulo I, item 5).

O princípio da anualidade vigorava na Constituição de 1946 (art. 141, § 34). Nenhum tributo podia ser cobrado, em cada exercício, a não ser que estivesse previsto no orçamento respectivo. A previsão orçamentária se havia de renovar *anualmente*. Constituíam exceções, apenas, "a tarifa aduaneira e o imposto lançado por motivo de guerra".

Com a Emenda 18/1965 esse princípio foi abolido, prevalecendo somente o da anterioridade da lei ao exercício financeiro respectivo, ao qual só ficaram sujeitos os impostos sobre o patrimônio e a renda (art. 2º, II). Daí por que o CTN, elaborado à luz da referida Emenda, adotou a norma consubstanciada em seu art. 104.

A CF de 1967, em seu art. 150, § 29, restaurou o princípio da anualidade, com exigência de previsão orçamentária como condição para a cobrança do tributo, em cada exercício. Reproduziu a regra do art. 141, § 34, da CF de 1946.

Com a Emenda 1/1969 o princípio da anualidade foi mais uma vez abolido, prevalecendo apenas o da anterioridade da lei ao exercício de cobrança do tributo, com exceções ampliadas (art. 153, § 29).

A Emenda 8/1977 deu nova redação ao art. 153, § 29, da CF, permitindo à lei complementar a ampliação das ressalvas ao princípio da anterioridade, com o quê se deu uma quase extinção do próprio princípio, pela possibilidade de exceções por norma infraconstitucional.

No regime da Constituição anterior, parte da doutrina sustentava a sobrevivência do princípio da *anualidade*, que é da maior importância, não apenas do ponto de vista estritamente tributário, mas principalmente do ponto de vista político, porque significa maior prestígio para o Poder Legislativo. Se a cobrança do tributo, em cada ano, depende da autorização do Poder Legislativo, consubstanciada na aprovação do orçamento respectivo, entende-se que os representantes do povo no Parlamento só autorizam a cobrança do tributo na medida em que aprovam o destino que o Governo dará aos recursos arrecadados.

A Constituição Federal de 1988 não consagrou, no capítulo do sistema tributário, o princípio da anualidade, desacolhendo a Constituinte sugestão nossa neste sentido. Adotou simplesmente o princípio da anterioridade da lei ao exercício financeiro (art. 150, III, "b").

Dizendo que nenhum tributo será cobrado, em cada exercício, sem que a lei que o houver instituído ou aumentado *esteja em vigor* antes do exercício financeiro, incorria o § 29 do art. 153 da CF anterior em grave defeito de técnica jurídica. Se uma lei é *vigente*, pode, por isto mesmo, incidir. Para tanto basta que aconteça a situação de fato nela prevista. Sua hipótese de incidência. E, se incide, pode e deve ser aplicada, ensejando a cobrança do tributo.

A inadequada redação da citada norma constitucional ensejou várias ações judiciais de contribuintes, alguns dos quais tiveram êxito, o que ocasionou o cometimento de outra impropriedade, qual seja, a afirmação, em texto legal publicado em outubro/1979, de que "este Decreto-lei entrará em vigor na data de sua publicação, sendo aplicável aos rendimentos percebidos a partir de 1º de janeiro de 1980, (...)". É que, se fosse utilizada a fórmula tecnicamente adequada, afirmando-se que "este Decreto-lei entrará em vigor em 1º de janeiro de 1980", os contribuintes iriam sustentar que o mesmo só poderia ser aplicado no exercício de 1981.

O dispositivo que corporifica o princípio da anterioridade na Constituição Federal de 1988 proíbe a cobrança do tributo no mesmo exercício em que *tenha sido publicada* a lei que o instituiu ou aumentou. Sua redação é tecnicamente melhor do que a do dispositivo correspondente da Constituição anterior, e consolida o entendimento jurisprudencial, posto que o STF, com inteira propriedade, entendeu que a expressão "estar em vigor", no texto do § 29 do art. 153 da CF de 1967, significava "ter sido publicada" (RE 85.829-SP, *RTJ* 80/296-300).

O art. 104 do CTN foi elaborado à luz da Emenda Constitucional 18/1965, não era compatível com a Constituição de 1967, que restabeleceu o princípio da anualidade, nem com a Emenda 1/1969, embora nesta o princípio da anterioridade tenha sofrido séria restrição.

Também não se compatibiliza com a Constituição de 1988, segundo a qual o princípio da anterioridade já não diz respeito apenas aos impostos sobre o patrimônio e a renda, mas se refere aos tributos em geral, com exceção das contribuições de seguridade social, sujeitas, neste ponto, a regime constitucional próprio, do imposto extraordinário de guerra, do empréstimo compulsório instituído em virtude de guerra externa ou de calamidade pública, bem como dos impostos sobre (a) importação de produtos estrangeiros; (b) exportação, para o exterior, de produtos nacionais ou nacionalizados; (c) produtos industrializados; (d) operações de crédito, câmbio e seguro, ou relativas a títulos ou valores mobiliários.

A norma do art. 104, III, do CTN é meramente explicitante. A lei que revoga isenção aumenta um tributo, posto que amplia a hipótese de incidência de norma de tributação. Por isto, norma que revoga isenção deve respeitar o princípio da anterioridade. Infelizmente o STF adotou entendimento diverso, invocando lição do saudoso Gomes de Sousa, segundo a qual isentar é dispensar o pagamento de tributo devido, e, assim, revogar isenção não é criar tributo, mas apenas deixar de dispensar tributo devido.

Na verdade, a norma de isenção estabelece uma exceção à norma de tributação. A norma que define a hipótese de incidência tributária, ou norma de tributação, define uma situação de fato que, se e quando concretizada, faz nascer a obrigação tributária. A norma de isenção retira uma parte dessa situação de fato, e essa parte passa a constituir a hipótese de incidência da norma de isenção. Assim, revogada a norma de isenção, aquela parte retirada da hipótese de incidência tributária volta a integrá-la, restando, assim, tal hipótese de incidência aumentada. Há inegável aumento do tributo, pela ampliação da hipótese de incidência da norma de tributação.

Constituem exceções ao princípio da anterioridade, entre outras introduzidas por emendas constitucionais, as indicadas no § 1º do art. 150 da CF.

O art. 150, em seu inciso III, "b", veda a cobrança de tributos no mesmo exercício financeiro em que haja sido publicada a lei que os instituiu ou aumentou. O § 1º desse mesmo art. 150 diz que tal vedação não se aplica aos impostos previstos nos arts. 153, I, II, IV e V, e 154, II.

Em outras palavras, diz que constituem exceções ao princípio da anterioridade os impostos sobre (a) importação de produtos estrangeiros, (b) exportação, para o exterior, de produtos nacionais ou nacionalizados, (c) produtos industrializados, (d) operações de crédito, câmbio e seguro ou relativas a títulos e valores mobiliários e, ainda, (f) o imposto extraordinário de guerra.

Como se vê, os impostos que estão excluídos do princípio da estrita legalidade, porque suas alíquotas podem ser alteradas pelo Poder Executivo, estão excluídos também do princípio da anterioridade, porque as majorações de suas alíquotas podem entrar em vigor no mesmo exercício financeiro no qual seja publicado o ato que as elevou. Está excluído também do princípio da anterioridade o imposto extraordinário de guerra, embora este esteja sujeito ao princípio da estrita legalidade.

Justifica-se a não aplicação do princípio da anterioridade aos impostos com função nitidamente extrafiscal, como também para o imposto de guerra, por seu caráter emergencial. Não, porém, para o imposto sobre produtos industrializados, que, embora tenha função extrafiscal no que diz respeito à seletividade, não exige alterações urgentes.

Também não se aplica o princípio da anterioridade às contribuições de seguridade social, que podem ser cobradas após decorridos 90 dias da data da publicação da lei que as houver instituído ou modificado (CF, art. 195, § 6º). Essa exclusão também não se justifica. A rigor, mais adequado para garantir a não surpresa que o princípio da anterioridade visa a assegurar é a soma da anterioridade nonagesimal, prevista para as contribuições de seguridade social, à anterioridade do exercício, prevista para os impostos. Assim seria evitada a cobrança de impostos já no início de janeiro com base em lei publicada no último dia de dezembro.

A Emenda Constitucional 42, de 19.12.2003, acrescentou a alínea "c" ao inciso III do art. 150, vedando a cobrança de tributos antes de decorridos 90 dias da data em que haja sido publicada a lei que os instituiu ou aumentou, observado o disposto na alínea "b" – quer dizer, sem prejuízo da exigência de anterioridade da lei ao exercício financeiro da cobrança. Não estabeleceu, todavia, a antecedência de 90 dias em relação ao início do exercício, como temos preconizado. Apenas garantiu, além da anterioridade ao exercício, a anterioridade de 90 dias, com as ressalvas expressamente indicadas. Criado ou aumentado o tributo por lei publicada menos de 90 dias antes do final do exercício, o tempo que faltar para completar os 90 dias será computado dentro do próprio exercício no qual se fará a cobrança.

Observe-se que o princípio da anterioridade da lei tributária é uma garantia que a Constituição oferece ao contribuinte contra o Estado, limitando o poder de tributar a este inerente. Assim, ele não se aplica às leis que extinguem ou reduzem tributo. Aliás, a própria expressão literal dos dispositivos que corporificam esse princípio o indicam. Eles se referem a leis que instituem ou aumentam. Por exclusão, portanto, não dizem respeito às leis que extinguem ou reduzem tributos.

5. Aplicação imediata

A legislação tributária, uma vez vigente, tem aplicação imediata. Não se aplica aos fatos geradores já consumados, mas alcança os fatos geradores pendentes. Este é o princípio estabelecido no art. 105 do CTN, que faz remissão ao art. 116 para determinar o que se deve entender por "fato gerador *pendente*".

O art. 116 diz que, salvo disposição de lei em contrário, considera-se ocorrido o fato gerador e existentes os seus efeitos: (a) tratando-se de situação de fato, desde o momento em que se verifiquem as circunstâncias materiais necessárias a que produza os efeitos que normalmente lhe são próprios; (b) tratando-se de situação jurídica, desde o momento em que esteja definitivamente constituída, nos termos do Direito aplicável.

No direito tributário moderno o fato gerador do tributo é quase sempre uma situação de fato. Em tese, pode existir um fato gerador que seja uma situação jurídica. Mas o dado de maior relevância é o *econômico*, eis que se procura alcançar a capacidade contributiva de cada um, para tributar com justiça. Por isto as situações de fato prestam-se melhor para gerar a obrigação tributária.

Se é *situação de fato*, o fato gerador se considera ocorrido, consumado, fora, portanto, do alcance de lei que venha a surgir, no momento em que se verifiquem as circunstâncias materiais necessárias a que aquela *situação de fato* produza os efeitos que normalmente produz, porque lhe são próprios. Se é situação jurídica, o fato gerador se considera ocorrido no momento em que a mesma esteja definitivamente constituída, nos termos do Direito a ela aplicável.

Pode acontecer que o fato gerador se tenha iniciado, mas não esteja consumado. Diz-se, neste caso, que ele está *pendente*. A lei nova aplica-se aos fatos geradores pendentes. Isto se dá especialmente tratando-se de tributo com fato gerador continuado. O imposto de renda é exemplo típico. A não ser nas hipóteses de incidência na fonte e em outras nas quais o fato gerador é também instantâneo, só no final do denominado "ano-base" se considera consumado, completo, o fato gerador do imposto de renda. Assim, se antes disto surge uma lei nova, ela se aplica imediatamente. Isto tem parecido a alguns aplicação retroativa, mas na verdade não o é. É aplicação imediata a fatos geradores pendentes.

Autorizados tributaristas têm sustentado que o imposto de renda deve ser regulado por lei em vigor antes do início do período-base respectivo. Tal entendimento não tem sido aceito pelo STF, mas poderá vir a prevalecer em face da atual Constituição.

Melhor solução seria aquela que sugerimos à Assembleia Nacional Constituinte, que eliminaria a questão colocando, no dispositivo que atribui competência à União para instituir e cobrar o imposto de renda, a expressão "que se regerá por lei anterior ao respectivo período-base".

O entendimento pelo qual o fato gerador do imposto de renda somente se completa no dia 31 de dezembro, e assim a lei publicada até tal data aplica-se a todo o período – vale dizer, ao lucro apurado no período de 1º de janeiro a 31 de dezembro –, na verdade, prejudica a segurança jurídica. Melhor será, portanto, entender-se que a lei não incide sobre fatos cuja ocorrência se tenha iniciado antes de sua publicação. A norma do art. 105 do CTN reflete a ideologia do Estado Autoritário. Com o advento do Estado de Direito Democrático a interpretação da norma da Constituição há de ser no sentido de preservar a segurança. Assim, a denominada *aplicação imediata* há de ser evitada.

A rigor, a norma do art. 105, que admite a aplicação da lei ao fato gerador pendente, não foi recepcionada pela Constituição Federal de 1988, porque configura evidente hipótese de retroatividade no que diz respeito aos elementos de fato já consumados.

Tratando-se do imposto de renda, tendo-se em vista a segurança jurídica, a lei nova que agrava o ônus do contribuinte somente deve ser aplicada aos fatos ainda não iniciados. Em outras palavras, a lei que agrava os encargos do contribuinte somente deve ser aplicada no ano seguinte ao de sua publicação.

6. Aplicação retroativa

A rigor não se devia falar de *aplicação retroativa*, pois na verdade a lei não retroage. Nada retroage, posto que o tempo é irreversível.

Quando se diz que a lei retroage, o que se quer dizer é que a lei pode ser utilizada na qualificação jurídica de fatos ocorridos antes do início de sua vigência. Em princípio, o fato regula-se juridicamente pela lei em vigor na época de sua ocorrência. Esta é a regra geral do denominado *direito intertemporal*. A lei incide sobre o fato que, concretizando sua hipótese de incidência, acontece durante o tempo em que é vigente. Surgindo uma lei *nova* para regular fatos do mesmo tipo, ainda assim aqueles fatos acontecidos durante a vigência da lei anterior foram por ela qualificados juridicamente e a eles, portanto, aplica-se a lei antiga. Excepcionalmente, porém, uma lei pode elidir os efeitos da incidência de lei anterior. É desta situação excepcional que trata o art. 106 do CTN.

Examinemos seu significado.

Diz o art. 106, I, do CTN que a lei se aplica ao ato ou fato pretérito, isto é, ocorrido antes do início de sua vigência, em qualquer caso quando seja expressamente interpretativa, excluída a aplicação de penalidade pela infração dos dispositivos interpretados.

Ocorre que a Constituição proíbe a cobrança de tributos em relação a fatos geradores ocorridos antes do início da vigência da lei que os houver instituído ou aumentado (art. 150, III, "a"). Coloca-se, por isto, a questão de saber se é possível, em face dessa limitação constitucional, uma lei retroativa a pretexto de que apenas interpreta lei anterior.

Juristas autorizados afirmam que toda lei, mesmo que se afirme expressamente interpretativa, ou inova ou é inútil. Essa tese tem sido sustentada por tributaristas de grande expressão como doutrinadores, e tem inegável consistência, especialmente sob o enfoque da lógica formal.

Mesmo assim – e sem que isto signifique oposição à referida tese –, vamos explicar o que se deve entender por "lei interpretativa" no contexto do art. 106, I, do CTN, considerando sobretudo que o referido dispositivo não teve ainda declarada sua inconstitucionalidade, e, por isto, segue integrando nosso ordenamento jurídico.

Lei interpretativa é aquela que não inova, limitando-se a esclarecer dúvida surgida com o dispositivo anterior. Se dúvida havia – e tanto havia que o próprio legislador resolveu fazer outra lei para espancar as obscuridades ou ambiguidades existentes no texto anterior –, não é justo que se venha punir quem se comportou de uma ou de outra forma dentre aquelas que se podiam admitir como corretas em face do texto antigo. Daí a exclusão de penalidades.

Tal exclusão – é importante insistir neste ponto de grande relevância – não é absoluta, como poderia parecer da leitura do art. 106 do Código. Ela diz respeito à má interpretação da lei, não à sua total inobservância. Admitindo-se, por exemplo, que em face de algum dispositivo da legislação do IPI se tenha dúvida sobre a necessidade de emitir o documento "a" ou o documento "b", e que dispositivo novo, interpretativo, diga que no caso deve ser emitido o documento "b", não se aplica qualquer penalidade a quem tenha emitido o documento "a". Mas quem não emitiu documento algum – nem "a", nem "b" – está sujeito à penalidade, não se lhe aplicando a exclusão de que trata o art. 106 do Código.

É importante termos em mente que a função de interpretação das leis pertence ao Poder Judiciário. Assim, se este já fixou uma das interpretações possíveis como sendo a que se deve adotar, se a jurisprudência firmou-se preferindo determinada interpretação entre as que foram sustentadas para um dispositivo legal, já não cabe ao legislador, a pretexto de editar lei interpretativa, adotar interpretação diversa daquela já adotada pelo Judiciário. Pode, sem dúvida, legislar adotando entendimento diverso, e mesmo oposto, ao que tenha sido adotado pela jurisprudência. Neste caso, porém, não estará produzindo lei simplesmente interpretativa, e sim lei que indiscutivelmente inova na ordem jurídica, removendo o entendimento jurisprudencial.

Consequência disto é que a lei nova não poderá ser aplicada a fatos consumados antes do início de sua vigência. Não poderá retroagir.

Aplica-se, também, a lei tributária, afastando os efeitos da incidência de leis anteriores à sua vigência, ao ato não definitivamente julgado: (a) quando deixe de defini-lo como infração; (b) quando deixe de tratá-lo como contrário a qualquer exigência de ação ou omissão, desde que não tenha sido fraudulento e não tenha implicado falta de pagamento de tributo; (c) quando lhe comine penalidade menos severa que a prevista na lei vigente ao tempo de sua prática. Isto é o que está expresso no art. 106, II, "a", "b" e "c", do CTN.

Não conseguimos ver qualquer diferença entre as hipóteses da letra "a" e da letra "b". Na verdade, tanto faz deixar de definir um ato como infração, como deixar de tratá-lo como contrário a qualquer exigência de ação ou omissão.

A aplicação "retroativa" da lei tributária atende aos mesmos princípios prevalentes no direito penal. Não diz respeito ao pagamento do tributo, que não deixa de ser exigível em face de lei nova, a não ser nos casos de remissão, nos termos do art. 172 do Código.

Não se há de confundir aplicação "retroativa" nos termos do art. 106, II, com anistia, regulada nos arts. 180 a 182 do Código. Embora em ambas as hipóteses ocorra aplicação de lei *nova* que elide efeitos da incidência de lei anterior, na anistia não se opera alteração ou revogação da lei antiga. Não ocorre mudança na qualificação jurídica do ilícito. O que era infração continua como tal. Apenas fica extinta a punibilidade relativamente a certos fatos. A anistia, portanto, não é questão pertinente ao *direito intertemporal*, que se coloque para o intérprete. A lei de anistia certamente alcança fatos do passado. Aliás, só alcança fatos do passado. Assim, é retroativa por natureza, mas a questão de direito intertemporal, em leis desse tipo, está resolvida pelo legislador.

Importante é observar que não existe garantia constitucional de irretroatividade das leis para o Estado. Essa garantia, como acontece com as garantias constitucionais em geral, existe apenas para a proteção do particular contra o Estado. Se existisse garantia de irretroatividade para proteger o Estado, certamente as leis de anistia não poderiam existir.

A propósito de irretroatividade das leis que instituem ou aumentam tributos, é notável a lição dos clássicos, embora elaborada a propósito das relações de direito privado. Mesmo aqueles que admitiam a retroatividade das chamadas leis de ordem pública – tese hoje superada – advertiam não ser válida lei retroativa que alterasse relação jurídica na qual fosse parte o

Estado. Em outras palavras, o Estado não pode valer-se de seu poder de legislar para alterar, em seu benefício, relações jurídicas já existentes.

Como é hoje pacífico ser a relação de tributação uma relação estritamente jurídica, de natureza obrigacional, tem-se de concluir que também nessa relação, na qual o Estado sempre é parte, não se pode admitir leis retroativas. A irretroatividade, aliás, é regra indispensável à realização da segurança jurídica, que, ao lado da justiça, integra a própria essência do Direito.

Capítulo III

INTERPRETAÇÃO E INTEGRAÇÃO DA LEGISLAÇÃO TRIBUTÁRIA

1. Interpretação e integração

A palavra "interpretação" tem vários significados. Pode significar a atividade do intérprete, ou o resultado desta. Não diz respeito apenas às normas jurídicas, mas a tudo quanto possa ser objeto do conhecimento humano.

Importa estudar, aqui, a *interpretação* como capítulo da ciência do Direito, geralmente denominado Hermenêutica Jurídica.

A interpretação das normas jurídicas pode ser considerada em sentido amplo, como a busca de uma solução para um caso concreto, e em sentido restrito, como a busca do significado de uma norma. Neste último sentido, a interpretação pode ser considerada insuficiente, na medida em que se entenda não existir no sistema jurídico uma norma para o caso que se tem a resolver. Por isto, quem entenda estar diante de uma *lacuna*, sustenta ser necessário recorrer à denominada integração.

Segundo a doutrina tradicional, interpretação é atividade lógica pela qual se determina o significado de uma norma jurídica. O intérprete não cria, não inova, limitando-se a considerar o mandamento legal em toda a sua plenitude, declarando-lhe o significado e o alcance. Pode acontecer, porém, que o intérprete entenda não existir uma regra jurídica para regular certa situação, e que, neste caso, é necessário o recurso a um meio de integração do sistema jurídico que se mostra lacunoso. Integração, portanto, é o meio de que se vale o aplicador da lei para tornar o sistema jurídico inteiro, sem lacuna. Não é atividade de simples declaração do sentido da norma, como a interpretação, mas atividade criadora, embora esse processo criativo esteja diretamente vinculado a normas preexistentes.

Essas ideias, porém, constituem ponto de intermináveis divergências. Há quem sustente que tanto na integração, como na interpretação, há atividade criadora. Por outro lado, há quem sustente que não há atividade criadora nem na interpretação, nem na integração.

É preferível, por isto, dizer-se que a interpretação pressupõe a existência de norma expressa e específica para o caso que se tem para resolver. O intérprete, então, determina o significado dessa norma, tendo em vista, especialmente, o sistema em que a mesma se encarta. Já, de integração se cogita quando se esteja na ausência de norma expressa e específica para o caso, e se tenha, por isto mesmo, de utilizar um dos meios indicados no art. 108 do CTN.

A rigor, é sempre logicamente possível a aplicação da ordem jurídica a qualquer caso concreto. A falta de uma norma específica não implica a necessidade de criação dessa norma, pois a decisão poderia ser fundada precisamente na sua ausência. O que acontece é que tal solução pode parecer injusta, e por isto o legislador concede ao aplicador autorização para *criar* uma norma específica. Injustiça, porém, também poderá haver no caso de aplicação de norma específica. Tudo se resume na questão de saber se o legislador deve abdicar, em favor do órgão aplicador do Direito, da competência para formulação de juízos ético-políticos. O legislador brasileiro assim procedeu, concedendo ao aplicador da lei essa competência. Por isto se diz que o nosso direito positivo acolheu a *Teoria das Lacunas*, e com isto afastou a possibilidade de uma decisão fundada na ausência de norma específica para o caso, na medida em que ao julgador pareça justo construir essa norma.

Realmente, o art. 4º de nossa Lei de Introdução às Normas do Direito Brasileiro autoriza expressamente o recurso à integração. Também o art. 126 do CPC o faz, determinando: "O juiz não se exime de sentenciar ou despachar alegando lacuna ou obscuridade da lei. No julgamento da lide caber-lhe-á aplicar as normas legais; não as havendo, recorrerá à analogia, aos costumes e aos princípios gerais de Direito". Da mesma forma, o CTN, em seu art. 108, acolheu a Teoria das Lacunas, dando à autoridade competente para aplicar a legislação tributária competência para deixar de aplicar as normas mais gerais, afirmando, em face da ausência de norma específica, a existência de lacuna, e resolvendo o caso por analogia, pelos princípios gerais de Direito, ou pela equidade.

O exame do caso e a tarefa de identificação da norma a ele aplicável é atividade de interpretação, em sentido amplo. Se há norma específica, dizer o significado desta é interpretação, em sentido restrito. Se inexiste norma específica, e a autoridade entende por isto estar diante de lacuna, a identificação de uma norma que não foi elaborada para aquele tipo de casos, mas é aplicável ao caso concreto de que se cuida, constitui atividade de integração.

Em síntese, a interpretação, em sentido amplo, é a atividade de conhecimento do sistema jurídico, desenvolvida com o objetivo de resolver o caso concreto, seja pela aplicação de uma norma específica, seja pela aplicação de uma norma mais geral, seja pelo uso de um dos meios de integração. Interpretação, em sentido restrito, é a busca do significado de uma norma. Integração, finalmente, é a identificação de uma norma que, não tendo sido elaborada para casos do tipo daquele que se tem a resolver, a ele se ajusta, em face de um critério autorizado pelo legislador.

2. *Métodos de interpretação*

A interpretação das normas jurídicas em geral é tema ao qual os juristas emprestam grande importância, e em matéria tributária a interpretação das leis, como das demais regras jurídicas escritas componentes da legislação tributária, é tema que se tem prestado a grandes e intermináveis debates.

A rigor, todos os métodos de interpretação conduzem apenas a um resultado *possível*, mas não oferecem um resultado que seja o único correto. A ciência jurídica é incapaz de oferecer o exato significado de uma norma. Pode apenas oferecer suas *possíveis significações*. Daí por que o órgão aplicador do Direito, ao aplicar uma das várias interpretações possíveis, realiza ato de criação normativa impregnado de sua própria vontade.

A cada dia que passa estamos mais fortemente convencidos de que a *interpretação jurídica é o conhecimento da norma, impregnado de inevitável conteúdo axiológico*, e de que nenhum dos métodos, processos ou elementos de interpretação é capaz de oferecer um resultado seguro, objetivo, capaz de evitar fundadas controvérsias.

Tendo em vista, porém, a natureza didática deste *Curso*, examinaremos, resumidamente, os métodos de interpretação mais difundidos pela doutrina tradicional.

Na Teoria da Interpretação, também denominada *Hermenêutica*, diversos métodos foram propostos para utilização dos que se deparam com a tarefa de aplicar a lei. Destacamos aqui os mais relevantes, ou pelo menos mais divulgados nos estudos da matéria, a saber:

(a) *Gramatical* – Este método sugere que o intérprete investigue antes de tudo o significado gramatical das palavras usadas no texto legal em exame. O instrumento de trabalho é o dicionário da língua. Importa sobretudo a etimologia dos vocábulos.

Na verdade, não se pode negar a valia que tem o significado das palavras na interpretação das leis, mas é evidente que não basta esse recurso, para que o intérprete possa esclarecer com segurança o verdadeiro sentido e o alcance exato da regra jurídica. Existem palavras com mais de um significado, todos absolutamente corretos do ponto de vista linguístico. Existem palavras cujo significado *técnico* é inteiramente diverso do significado *vulgar*, e não se pode, aprioristicamente, afirmar que uma ou outra palavra tenha sido usada neste ou naquele sentido. Só estes, além de outros argumentos, bastam para demonstrar a insuficiência desse método, quando utilizado isoladamente.

O elemento literal, embora indispensável, quando utilizado isoladamente pode levar a verdadeiros absurdos. O significado das palavras em geral é impreciso, seja por vaguidade, nos casos em que não se tem como definir as fronteiras do conceito, seja por ambiguidade, nos casos em que o conceito se aplica a duas ou mais realidades distintas. Daí a necessidade que sempre tem o intérprete das normas jurídicas de utilizar também outros métodos ou elementos na interpretação.

(b) *Histórico* – Neste método o sentido da norma é buscado com o exame da situação a que a mesma se refere através dos tempos. Investiga-se o Direito anterior. Compara-se a norma atual com a que lhe antecedeu no regramento do assunto. Buscam-se subsídios também nos trabalhos de elaboração da norma. Em um sistema jurídico como o nosso, examinam-se o anteprojeto de lei, as emendas sofridas por este, os debates parlamentares, e finalmente todo o processo legislativo.

(c) *Sistemático* – Neste método procura o intérprete o sentido da regra jurídica verificando a posição em que a mesma se encarta no diploma legal e as relações desta com as demais regras no mesmo contidas. Confronta-se a regra em exame com as demais que disciplinam a figura ou instituto em questão, assim como com as demais normas do ramo do Direito em que se encarta, e finalmente com todo o sistema jurídico de que faz parte. O método sistemático afirma o princípio hermenêutico pelo qual nenhum dispositivo legal deve ser interpretado isoladamente, mas no contexto em que se insere.

Assim como o significado da palavra depende do contexto da frase em que está empregada, e o da própria frase muita vez depende do contexto maior em que se encarta, também o significado da norma, pela mesma razão, depende do contexto em que se insere.

O método *sistemático*, também conhecido como *lógico*, é de fundamental importância para revelar o significado adequado das normas, porque existem muitos conceitos de lógica jurídica que podem ser simplesmente decisivos para a compreensão de certas normas.

(d) *Teleológico* – Com este método o intérprete empresta maior relevância ao elemento finalístico. Busca o sentido da regra jurídica tendo em vista o *fim* para o qual foi ela elaborada. Fundamenta-se em que todo o Direito tende a um fim, tem uma finalidade, e esta finalidade deve ser considerada na interpretação, de sorte que o intérprete não extraia do texto um significado incompatível com o fim visado pelo legislador.

Na verdade, nenhum dos métodos de interpretação é suficiente, nem deve prevalecer em todos os casos. O intérprete deve – isto, sim – buscar o sentido da norma utilizando todos os métodos e comparando as conclusões. Algumas certamente são de pronto afastadas, por absurdas. Outras podem persistir ensejando dúvidas. A rigor, sempre é possível mais de um significado. A escolha final de um desses significados geralmente é um ato de política jurídica, e deve recair naquele significado que melhor realize os valores fundamentais que ao Direito cumpre preservar.

Assim, não obstante o entendimento do STF em sentido contrário, a nosso ver o princípio da anterioridade da lei tributária ao exercício financeiro da cobrança do tributo, previsto no art. 150, III, "b", da CF, aplica-se à lei que revoga isenção. E também o princípio da anterioridade nonagesimal, previsto na alínea "c" do mesmo art. 150, III. Salvo, é claro, as exceções que a Constituição estabelece.

3. *Meios de integração*

É inegável o relevante papel que a *Teoria das Lacunas* representa no Direito moderno. Assim, com a ressalva de que a mesma, na verdade, consubstancia forma quase sempre inconfessada de valoração, posto que a afirmação da existência de lacunas não passa de uma postura ideológica, examinaremos a seguir os meios de integração.

Dispõe o CTN, em seu art. 108, que, "na ausência de disposição expressa, a autoridade competente para aplicar a legislação tributária utilizará sucessivamente, na ordem indicada: "I – a analogia; II – os princípios gerais de direito tributário; III – os princípios gerais de direito público; IV – a equidade".

Cuida-se, aqui, de *integração*, e não de interpretação. O aplicador da lei só recorrerá a um dos meios acima indicados na *ausência* de disposição expressa e específica. A integração preenche essa ausência, isto é, a lacuna existente na legislação. Porque constitui desempenho de atividade excepcional, tendo em vista que a valoração, como atividade política, é predominantemente, e em princípio, exercida pelo legislador, a *integração* sofre as restrições impostas pelos §§ 1º e 2º do mencionado art. 108, que a doutrina geralmente diz decorrentes do princípio da legalidade. Em virtude de tais restrições é que "o emprego da analogia não poderá resultar na exigência de tributo não previsto em lei" (§ 1º), enquanto "o emprego da equidade não poderá resultar na dispensa do pagamento de tributo devido" (§ 2º).

Note-se que, em obediência ao art. 108 do CTN, os meios de integração nele mencionados devem ser utilizados *na ordem indicada*. Se for cabível a analogia, esta deve ser utilizada antes de se buscar solução em qualquer dos outros meios de integração. Não sendo cabível, no caso, a analogia é que se buscará solução nos princípios gerais de direito tributário. Depois, nos princípios gerais de direito público, e em último lugar na equidade.

Analogia – É o meio de integração pelo qual o aplicador da lei, diante de lacuna desta, busca solução para o caso em norma pertinente a casos semelhantes, análogos. O legislador nem sempre consegue disciplinar expressa e especificamente todas as situações. O mundo fático é complexo e dinâmico, de sorte que é impossível uma lei sem lacunas. Assim, diante de uma situação para a qual não há dispositivo legal específico, aplica-se o dispositivo pertinente a situações semelhantes, idênticas, análogas, afins.

A analogia presta-se tanto em favor do Fisco como do contribuinte. Qualquer lacuna na legislação tributária pode, e deve, ser preenchida pelo recurso à analogia, respeitada apenas a ressalva do § 1º do art. 108, já mencionada. Aliás, é pelo recurso à analogia, nos termos do art. 108, I, do CTN, que o STF tem considerado devida a correção monetária na restituição de tributos pagos indevidamente.

Interessante exemplo de aplicação analógica é o que se refere ao direito do contribuinte de creditar-se do ICM – hoje, ICMS – pago indevidamente, desde que tenha pleiteado sua restituição e a autoridade competente não tenha despachado no prazo de 60 dias. A legislação do IPI assegura expressamente esse direito (Regulamento aprovado pelo Decreto 70.162, de 18.2.1972, art. 33, II). O IPI é um imposto não cumulativo como o ICMS. A situação é inteiramente análoga, cabendo, portanto, a supressão da lacuna da legislação do ICMS mediante aplicação analógica da disposição legal pertinente ao IPI.

Com o advento da Lei 8.383, de 30.12.1991, que instituiu o direito à compensação no âmbito dos tributos federais, pode-se sustentar que o contribuinte de tributos estaduais, e municipais, tem, por analogia, o mesmo direito.

Princípios gerais de direito tributário – Não se conseguindo solução para o caso pela analogia, recorre-se, então, aos princípios gerais de direito tributário, que se encontram na Constituição Federal, tais como o princípio da capacidade contributiva (CF, art. 145, § 1º); da legalidade (CF, art. 150, I); da isonomia (CF, art. 150, II); da anterioridade da lei em relação ao exercício financeiro (CF, art. 150, III, "b"); o da proibição de tributo com efeito de confisco (art. 150, IV); da proibição de barreiras tributárias interestaduais e intermunicipais (CF, art. 150, V); o das imunidades (CF, art. 150, VI); das competências privativas (CF, arts. 153 a 156); da finalidade extrafiscal dos tributos, que justifica a maioria das exceções ao princípio da anterioridade da lei ao exercício financeiro – além de outros que se podem encontrar implícitos nas diversas disposições do denominado direito constitucional tributário.

Princípios gerais de direito público – O direito tributário, como ramo do direito público que é, há de procurar neste os princípios aplicáveis aos casos para os quais não disponha de regra legal, nem se tenha logrado resolver pela analogia nem pelos princípios gerais do direito tributário.

Princípios jurídicos são ideias comuns a várias regras. Princípios gerais do direito público são ideias comuns a várias regras desse ramo da ciência jurídica. A fonte mais importante destes é a Constituição. Podem ser mencionados o princípio da isonomia ou da igualdade perante a lei (CF, art. 5º); o da irretroatividade das leis (CF, art. 5º, XXXVI); o da pessoalidade da pena (CF, art. 5º, XLV); o da ampla defesa dos litigantes e dos acusados em geral (CF, art. 5º, LV); o da liberdade profissional (CF, art. 5º, XIII) – entre outros. A doutrina aponta ainda princípios como o de que *quem pode o mais pode o menos*, o dos poderes implícitos, pelo qual quando a Constituição quer os *fins* concede os *meios* adequados.

Equidade – Não é fácil definir *equidade* e seu emprego tem sido tema polêmico entre os doutores. Há quem sustente que a equidade não passa de uma palavra-válvula com que se admitem todos os elementos intelectuais ou sentimentais que não caibam nos conceitos primaciais do método de interpretação, dando-se ao aplicador da lei o poder de determinar a própria *norma* a ser aplicada.

A equidade é a justiça no caso concreto. Por ela corrige-se a insuficiência decorrente da generalidade da norma. A falta de uma norma específica para cada caso é que enseja a integração por equidade. Distingue-se da analogia porque, enquanto pela analogia se busca suprir a lacuna com uma norma específica destinada a regular situação análoga, com a equidade se busca uma solução para o caso concreto a partir da norma genérica, adaptando-a, inspirado no sentimento da benevolência.

Pela restrição imposta no § 2º do art. 108, parece haver o CTN usado a palavra "equidade" no sentido de "suavização", de "humanização" e "benevolência" na aplicação do Direito. Sendo a lei omissa, e não se tendo encontrado solução para o caso na analogia, nem nos princípios gerais de direito tributário, nem nos princípios gerais de direito público, a solução há de ser aquela que, a partir da norma genérica, resultar mais benevolente, mais humana, mais suave. A solução há de ser ditada pela *equidade*.

4. Posições apriorísticas e o interesse público

Alguns estudiosos sustentaram que a lei tributária devia ser interpretada de modo a que as dúvidas fossem resolvidas a favor do Fisco, considerando a prevalência do interesse público presente na tributação. Outros sustentaram a tese oposta, isto é, sustentaram que a lei tributária devia ser interpretada de sorte a que as dúvidas fossem sempre resolvidas a favor do contribuinte, considerando que a tributação era odiosa e restritiva da liberdade e da propriedade.

Durante muito tempo houve quem sustentasse que as leis tributárias deviam ser interpretadas *literalmente*, para que não se imputasse a ninguém qualquer gravame além daqueles clara e expressamente previstos na lei. Essa orientação igualmente carece de fundamento, nada existindo que a justifique, eis que o elemento literal é absolutamente insuficiente para oferecer, em todos os casos, um significado aceitável da norma jurídica, conduzindo, muita vez, a resultados simplesmente absurdos. Tendo-se presente a distinção, já antes apontada, entre *interpretação* e *integração*, o que não se deve é utilizar meios de integração para suprir lacunas e com isto ensejar a cobrança de tributo não expressamente previsto em lei.

É comum ver-se a invocação do interesse público para justificar interpretações canhestras, e até mesmo a utilização de meios de integração, no sentido de viabilizar a cobrança de tributos não previstos em lei, o que é absolutamente inadmissível. Não se nega a importância do interesse público. Aliás, é exatamente em razão dele que se justifica o tributo. Quando admitimos pagar impostos que absorvem parcela do que possuímos (impostos sobre o patrimônio), parcela significativa do preço de quase tudo que compramos (impostos sobre o consumo de bens e serviços) e, ainda, parcela significativa do que ganhamos (impostos sobre a renda), é exatamente porque reconhecemos o interesse público que há de ser tutelado pelo Estado. Entretanto, nosso dever de solidariedade social, nosso dever de preservar o interesse público, em matéria de tributação, é delimitado pela lei tributária, que estabelece os critérios para a quantificação dos tributos que devemos pagar. Não é válida, portanto, a invocação do interesse público para justificar a exigência de tributo maior que o devido nos termos da lei.

O interesse público não se presta para fundamentar uma posição apriorística do intérprete da lei tributária a favor do Fisco. O verdadeiro interesse público, aliás, reside na adequada interpretação da Constituição e das leis, de sorte a que os ditames de seus dispositivos não restem amesquinhados.

5. Institutos, conceitos e formas de direito privado

O art. 109 do CTN determina que "os princípios gerais de direito privado utilizam-se para pesquisa da definição, do conteúdo e do alcance de seus institutos, conceitos e formas, mas não para a definição dos respectivos efeitos tributários". Essa disposição é de alcance notável e deve ser cuidadosamente analisada, sobretudo em face das divergências doutrinárias a respeito da utilização, pelo direito tributário, dos institutos, conceitos e formas do direito privado.

A questão da *autonomia* do direito tributário é o ponto nuclear dos debates. Os que sustentam a plena autonomia dizem que os conceitos de direito privado não se prestam para o direito tributário, em cujo âmbito adquirem significação própria, inteiramente desvinculada de suas origens. Já, os que defendem a unicidade do Direito sustentam que os conceitos de direito privado têm plena valia no campo do direito tributário, como no de qualquer ramo da ciência jurídica.

Na verdade, o Direito é uno. Nenhum ramo do Direito é inteiramente *autônomo*, desvinculado dos demais. Todavia, em virtude das peculiaridades das relações jurídicas de cada área de atuação, as regras jurídicas assumem características especiais, e também o intérprete deve atentar para o verdadeiro sentido da norma, sem o quê, não será alcançado o objetivo colimado. Dentro do próprio direito civil existem regras com características absolutamente especiais, como, por exemplo, aquelas pertinentes ao casamento, ao direito a alimentos, entre outras. Não é que exista *autonomia* de um ramo jurídico dentro do direito civil, mas a natureza das relações disciplinadas exige tratamento especial.

Relevante é notar que o art. 109 do CTN refere-se aos *princípios gerais do direito privado*, e não às leis de direito privado. Assim, os conceitos, os institutos, as formas, prevalecentes no direito civil, ou no direito comercial, em virtude de elaboração legislativa, prevalecem igualmente no direito tributário. Só os *princípios* do direito privado é que não se aplicam para a determinação dos efeitos tributários dos institutos, conceitos e formas do direito civil, ou comercial.

Se determinado conceito legal de direito privado não for adequado aos fins do direito tributário, o legislador pode adaptá-lo. Dirá que, para os efeitos tributários, ou para os efeitos deste ou daquele tributo, tal conceito deve ser entendido desta ou daquela forma, com esta ou aquela modificação. Essa interpretação é obra do *legislador*, e não do intérprete, pois este não pode, a qualquer pretexto, modificar a lei. Se o conceito não é *legal*, mas apenas doutrinário, pode o intérprete adaptá-lo aos fins do direito tributário.

Se um conceito jurídico, seja legal ou doutrinário, é utilizado pela Constituição, não poderá ser alterado pelo legislador, nem muito menos pelo intérprete. O art. 110 do CTN determina que "a lei tributária não pode alterar a definição, o conteúdo e o alcance de institutos, conceitos e formas de direito privado, utilizados, expressa ou implicitamente, pela Constituição Federal, pelas Constituições dos Estados, ou pelas Leis Orgânicas do Distrito Federal ou dos Municípios, para definir ou limitar competências tributárias". Não o pode a lei, vale repetir, nem muito menos o intérprete. A razão é simples. Se a Constituição referiu-se a um instituto, conceito ou forma de direito privado para definir ou limitar competências tributárias, obviamente esse elemento não pode ser alterado pela lei. Se a Constituição fala de *mercadoria* ao definir a competência dos Estados para instituir e cobrar o ICMS, o conceito de *mercadoria* há de ser o existente no direito comercial. Admitir-se que o legislador pudesse modificá-lo seria permitir ao legislador alterar a própria Constituição Federal, modificando as competências tributárias ali definidas.

Não se há de exigir que a Constituição tenha estabelecido a definição, o conteúdo e o alcance dos institutos, conceitos e formas para que estes sejam inalteráveis pelo legislador. Basta que tenha utilizado um instituto, um conceito ou uma forma de direito privado para limitar a atividade adaptadora do legislador. Se a Constituição estabelecesse um conceito, evidentemente este seria inalterável pelo legislador, independentemente da regra do Código Tributário Nacional.

Aliás, o art. 110 do CTN tem, na verdade, sentido apenas didático, meramente explicitante. Ainda que não existisse, teria de ser como nele está determinado.

Admitir que a lei ordinária redefina conceitos utilizados por qualquer norma da Constituição é admitir que a lei modifique a Constituição. É certo que a lei pode, e deve, reduzir a vaguidade das normas da Constituição, mas, em face da supremacia constitucional, não pode modificar o significado destas.

Agora, em face da denominada *norma antielisão*, introduzida em nosso direito tributário, com certeza surgirão graves conflitos na relação Fisco/

contribuinte, na medida em que as autoridades da Administração Tributária, invocando aquela norma, pretenderem desconsiderar conceitos utilizados na Constituição Federal.

6. Interpretação econômica

De acordo com a denominada *interpretação econômica*, admitida por alguns juristas no Brasil, influenciados por doutrinadores alemães, deve o intérprete considerar, acima de tudo, os efeitos econômicos dos fatos disciplinados pelas normas em questão. Na relação jurídica tributária há uma relação econômica subjacente, e esta é que deve ditar o significado da norma. Por isto, no Anteprojeto do atual Código Tributário Nacional, elaborado por Graça Aranha e Rubens Gomes de Sousa, chegou a figurar um dispositivo determinando que "a interpretação da legislação tributária visará a sua aplicação não só aos atos ou situações jurídicas nela nominalmente referidas como também àqueles que produzem ou sejam susceptíveis de produzir resultados equivalentes".

Não há dúvida de que o tributo é uma realidade econômica. A relação tributária é de conteúdo econômico inegável. Não se pode, entretanto, afastar os métodos de interpretação, e os meios de integração, para buscar o sentido da regra jurídica só e exclusivamente tendo em vista os efeitos econômicos dos fatos envolvidos na relação de tributação. Tal atitude implicaria negar o Direito, afetando a segurança que o mesmo empresta às relações humanas na sociedade.

A natureza econômica da relação de tributação é importante para o intérprete da lei tributária, porque faz parte integrante do próprio conteúdo de vontade da norma, sendo elemento seguro de indicação do *fim* ou *objetivo* visado pela regra jurídica. Por outro lado, inspira um princípio prevalente em direito tributário, que é o da *capacidade econômica*, em função do qual se devem tanto o legislador como o intérprete orientar. Assim, quando no direito civil, ou no direito comercial, é examinada uma compra e venda, o que importa é a validade ou não do contrato, e os efeitos que o mesmo produz naquele campo do Direito. As leis civis, ou comerciais, devem ser interpretadas tendo-se em vista a finalidade do contrato de compra e venda e os seus efeitos. Já, no direito tributário a compra e venda é vista como um simples fato. O intérprete das leis tributárias, portanto, deve entender a referência a uma compra e venda, não como uma referência a um contrato, e sim como a referência apenas aos efeitos econômicos que esse contrato geralmente produz, sendo irrelevante, portanto, a perquirição a respeito da validade ou invalidade deste. Isto, porém, não quer dizer que se um contrato de compra e venda, porque é inválido, for anulado, o direito tributário deve ser indiferente a esse anulamento. Muito pelo contrário, se ocorrer a invalidação, e desta decorrer ou a não execução, ou o desfazimento do contrato, com o retorno das coisas ao estado de fato anterior, esse retorno ao estado de fato anterior tem total relevo para o direito tributário. É assim exatamente porque ao direito tributário importa a realidade econômica, que há de prevalecer sobre a simples forma jurídica.

Por isto mesmo, se uma empresa realiza contratos de seguro, ainda que sem este nome, dela não se pode cobrar o imposto municipal sobre serviços de qualquer natureza, mas somente o que porventura incidir sobre seguros. Assim, de empresas que administram os denominados *planos de saúde*, por exemplo, não podem os Municípios cobrar o ISS, porque os contratos, mesmo que não falem de seguro, na verdade consubstanciam contratos de seguro saúde. Neles, a *álea* é elemento essencial. O cliente paga sua mensalidade independentemente de utilizar qualquer serviço médico ou hospitalar, e tem direito à cobertura das despesas com estes, nos termos do contrato, se e quando deles necessitar.

A denominada *interpretação econômica*, na verdade, não é mais que uma forma de manifestação de preferência pelo substancial, em detrimento do formal. Está presente, assim, com outras denominações, nos diversos setores da ciência jurídica.

Com o advento da denominada *norma geral antielisão*, aprovada pelo Congresso Nacional, certamente vão alguns sustentar que a interpretação econômica está expressamente autorizada em nosso sistema jurídico. A questão, porém, não é tão simples como pode parecer. Dela voltaremos a cuidar ao estudarmos a obrigação tributária, no capítulo seguinte, ou, mais exatamente, ao abordarmos a questão de saber quando se considera consumado o fato gerador.

7. Interpretação literal

De acordo com o art. 111 do CTN, "interpreta-se literalmente a legislação tributária que disponha sobre: I – suspensão ou exclusão do crédito tributário; II – outorga de isenção; III – dispensa do cumprimento de obrigações tributárias acessórias".

A isenção nada mais é que uma forma de exclusão do crédito tributário (CTN, art. 175, I), de sorte que o inciso II do mencionado art. 111 é dispensável, porque já contido no inciso I.

Interpretação literal significa interpretação segundo o significado gramatical ou, melhor, etimológico das palavras que integram o texto. Quer o Código que se atribua prevalência ao elemento gramatical das leis pertinentes à matéria tratada no art. 111, que é matéria excepcional. Realmente, a suspensão, como a exclusão do crédito tributário, e a dispensa do cumprimento de obrigações acessórias constituem exceções. A regra é o pagamento do tributo nos prazos legalmente fixados. A suspensão do crédito, ou, mais exatamente, a *suspensão da exigibilidade* do crédito tributário, constitui exceção. Também a regra é que todos paguem tributos segundo a capacidade contributiva de cada um. A isenção geralmente constitui exceção a essa regra. Finalmente, a regra é que todos cumpram suas obrigações tributárias acessórias. A dispensa desse cumprimento é excepcional.

O direito excepcional deve ser interpretado literalmente, e este princípio de hermenêutica justifica a regra do art. 111 do CTN, impondo a interpretação literal. Aliás, em absoluta consonância com o art. 111 está a regra do parágrafo único do art. 175, pela qual "a exclusão do crédito tributário não dispensa o cumprimento das obrigações acessórias dependentes da obrigação principal cujo crédito seja excluído, ou dela consequentes".

Ocorre que o elemento literal, como por nós já várias vezes afirmado, é absolutamente insuficiente. Assim, a regra do art. 111 do CTN há de ser entendida no sentido de que as normas reguladoras das matérias ali mencionadas não comportam integração por equidade. Sendo possível mais de uma interpretação, todas razoáveis, ajustadas aos elementos sistemático e teleológico, deve prevalecer aquela que melhor realize os princípios constitucionais e permita a solução que mais se aproxime dos valores essenciais que ao Direito cumpre realizar – a saber, a segurança e a justiça. É inadequado o entendimento segundo o qual a interpretação das normas reguladoras das matérias previstas no art. 111 do CTN não admite outros métodos, ou elementos de interpretação, além do literal. O elemento literal é de pobreza franciscana, e utilizado isoladamente pode levar a verdadeiros absurdos, de sorte que o hermeneuta pode e deve utilizar todos os elementos da interpretação, especialmente o elemento sistemático, absolutamente indispensável em qualquer trabalho sério de interpretação, e ainda o elemento teleológico, de notável valia na determinação do significado das normas jurídicas.

Há quem afirme que a interpretação *literal* deve ser entendida como interpretação *restritiva*. Isto é um equívoco. Quem interpreta literalmente por certo não amplia o alcance do texto, mas com certeza também não o restringe. Fica no exato alcance que a expressão literal da norma permite. Nem mais, nem menos. Tanto é incorreta a ampliação do alcance, como sua restrição.

8. *Interpretação benigna*

A parte do direito tributário que cuida das infrações e respectivas penalidades recebe, em virtude mesmo da natureza das relações de que se ocupa, decisiva influência do direito penal. Por isto, o CTN determina: "Art. 112. A lei tributária que define infrações, ou lhes comina penalidades, interpreta-se da maneira mais favorável ao acusado, em caso de dúvida quanto: I – à capitulação legal do fato; II – à natureza ou às circunstâncias materiais do fato, ou à natureza ou extensão dos seus efeitos; III – à autoria, imputabilidade ou punibilidade; IV – à natureza da penalidade aplicável ou à sua graduação".

Em caso de dúvida, portanto, em matéria de infrações e de penalidades, a regra é a da interpretação benigna. Prevalece o princípio originário do direito penal de que na dúvida se deve interpretar a favor do réu. Mas o intérprete não pode alterar o sentido da lei. O favorecimento ao acusado só há de haver *em caso de dúvida*. Mas, a rigor, sempre haverá dúvida. A interpretação cognoscitiva não pode oferecer um resultado que seja o único correto. Assim, o órgão aplicador do Direito sempre contribuirá com a sua concepção ético-política.

A dúvida pode situar-se na própria capitulação legal do fato. Este é certo, é conhecido plenamente, mas se tem dúvida quanto ao Direito aplicável. O fato é certo, mas é incerta sua capitulação legal.

Pode também ser o fato conhecido e certo mas haver dúvida quanto à sua natureza, ou quanto às circunstâncias materiais em que se verificou. Ou pode a dúvida situar-se no pertinente à natureza ou à extensão dos efeitos do fato. O fato é certo e também é certa sua natureza. Incerta é a natureza de seus efeitos, ou a extensão destes.

Dúvida quanto à autoria é incerteza quanto a quem tenha praticado a infração. Dúvida quanto à imputabilidade é incerteza quanto à qualidade de imputável ou inimputável do autor da infração, pois este, sendo certo, pode não ter qualidade para responder pela infração. Finalmente, dúvida quanto à punibilidade é incerteza quanto à condição de ser punível ou não o autor que seja certo e imputável.

Dúvida quanto à natureza da penalidade aplicável haverá quando não se tiver certeza se a pena cabível deve ser multa, ou perdimento da mercadoria, ou interdição do estabelecimento, ou qualquer outra prevista em lei. Mas a dúvida pode residir não na natureza da pena, mas em sua graduação. Em qualquer destes casos é invocável a interpretação benigna.

É evidente que a regra do inciso II do art. 112 só se aplica quando a lei que define infração ou lhe comina penalidade considerar relevante um dos elementos ali indicados.

Parece-nos que melhor teria andado o legislador se no art. 112 do CTN tivesse dito simplesmente: *a lei tributária que define infrações ou lhes comina penalidades interpreta-se da maneira mais favorável ao acusado.*

9. Fontes da interpretação

Classifica-se a interpretação, segundo a fonte de onde promana, em *autêntica, jurisprudencial* e *doutrinária.*

Diz-se autêntica, ou legislativa, a interpretação feita pelo próprio legislador, mediante a elaboração de outra lei, dita *interpretativa.*

Jurisprudencial é a interpretação feita pelos órgãos do Poder Judiciário, a propósito de resolver as questões aos mesmos submetidas.

Doutrinária, finalmente, é a interpretação feita pelos estudiosos da ciência jurídica, em seus trabalhos doutrinários.

A interpretação de uma lei feita por outra lei não chega a ser propriamente *interpretação.* Ou se trata de regra jurídica nova, e neste caso o que se tem é outra lei, e não a interpretação da primeira, ou a lei nova nada acrescentou, nem retirou, da antiga, e neste caso é inócua. Mas o Código Tributário Nacional faz expressa referência às leis interpretativas (art. 106, I), sendo necessário, portanto, explicar o que como tal se deve entender. Por isto dissemos, a propósito da aplicação retroativa da lei tributária, disciplinada no art. 106 do Código, que a lei interpretativa é aquela que não inova, limitando-se a esclarecer dúvida existente em face do texto da lei anterior.

Na verdade, assim é. A lei interpretativa, a rigor, é inócua, no sentido de que não constitui regra jurídica nova. Limita-se a expressar de forma mais clara, usando linguagem mais adequada, regra jurídica já existente na lei anterior. Geralmente adota uma das interpretações possíveis da norma antiga, interpretada, para afastar outras igualmente possíveis e, assim, afastar a incerteza na medida do possível.

Na interpretação jurisprudencial os órgãos do Poder Judiciário quase sempre se valem das manifestações doutrinárias, enquanto os estudiosos do Direito, em seus trabalhos doutrinários, também se valem das manifestações jurisprudenciais para fundamentar seus pontos de vista. Por isto é possível afirmar que as interpretações jurisprudencial e doutrinária são complementares uma da outra.

10. Interpretação e aplicação

Interpretação não se confunde com *aplicação* do Direito. Na aplicação do Direito pelos tribunais a interpretação é tarefa antecedente e distinta. Mas há quem considere interpretação a atividade dos órgãos jurídicos de aplicação do Direito, daí falar-se de interpretação jurisprudencial.

A rigor, a interpretação é apenas realizada pela ciência jurídica, é a interpretação doutrinária. E todos os elementos da interpretação devem ser utilizados.

A ciência do Direito, porém, é incapaz de fornecer uma interpretação que seja a única correta, em qualquer caso. A ciência do Direito pode apenas fornecer algumas interpretações razoáveis, sem que possa afirmar ser uma delas correta e as demais erradas. O ato pelo qual o aplicador da norma escolhe uma das interpretações apontadas pela ciência do Direito é, inegavelmente, um ato político. Assim, quando um jurista, ao interpretar uma norma, sustenta ser determinada interpretação a correta, afastando as demais, ele está tentando exercer influência na criação do Direito. Não se trata de atividade jurídico-científica, mas de atividade de política jurídica.

Enquanto na atividade de interpretação pode-se apontar mais de um significado para a norma, na aplicação tem-se de escolher um dos significados possíveis. O aplicador da norma, portanto, não exerce atividade científica, mas política. Atividade de política jurídica, na medida em que aplicação é também criação da norma.

Interessante é a distinção entre *aplicação* e *observância* da norma jurídica. *Aplicação* é ato de autoridade e se refere sempre a conduta de outrem. *Observância* é a própria conduta de quem cumpre ou observa a norma. Quando a autoridade da Administração Tributária faz um lançamento de tributo, está *observando* a norma que determina o procedimento de lançamento, e está *aplicando* a norma de direito tributário material, que incidiu e, por isto, gerou a obrigação tributária.

11. Os princípios jurídicos e a interpretação

Há alguns anos se vem notando nítida reação ao formalismo jurídico. Em outras palavras, há alguns anos os juristas se mostram cada vez mais convencidos da insuficiência do elemento formal do Direito para alcançar o objetivo essencial deste, vale dizer, a ordenação da conduta humana e, em especial, o estabelecimento de limitações ao poder. O elemento formal permite sempre duas ou mais interpretações das normas, de modo que se impõe a consideração valorativa capaz de apontar soluções inspiradas nos princípios da proporcionalidade e da razoabilidade, que apontam para o ideal de justiça.

Essa reação ao formalismo se faz necessária para evitar um círculo vicioso criado pela atitude dos que o prestigiam. Os formalistas acreditam que a regra jurídica é suficiente em si mesma. Prescinde de qualquer consideração apoiada nos princípios e despreza o raciocínio jurídico, ou lógico-jurídico, preferindo a regulação casuística, do que decorre um emaranhado de normas que cresce em progressão geométrica, tornando inevitável as incongruências, posto que se faz praticamente impossível o conhecimento de todas elas. E, o que é pior, inibe a capacidade de formulação do raciocínio jurídico.

Resultado da falta de atenção para o raciocínio jurídico, ou lógico-jurídico, é a proliferação de obviedades na lei. A Lei 10.637, de 30.12.2002, que institui a não cumulatividade do PIS/PASEP, diz que a base de cálculo da contribuição para o PIS/PASEP é o valor do faturamento, nela definido como o total das receitas auferidas pela pessoa jurídica, independentemente de sua denominação ou classificação contábil (art. 1º e seu § 1º). E diz em seguida que não integram essa base de cálculo as receitas decorrentes de saídas isentas ou sujeitas à alíquota zero. É obvio, pois a não ser assim estaria suprimida a isenção, ou a alíquota deixaria de ser zero. E ainda, as receitas auferidas pela pessoa jurídica, na revenda de mercadorias em relação às quais a contribuição seja exigida da empresa vendedora, na condição de substituta tributária. É igualmente óbvio, pois a não ser assim haveria dupla tributação, uma sob a forma de substituição tributária e a outra no regime ordinário de incidências. Mas a referida lei diz ainda que também não integram a base de cálculo em questão as receitas decorrentes de vendas de produtos sujeitas a incidência monofásica – o que também é óbvio, por se tratar de vendas submetidas a outro regime tributário. E, finalmente, diz que não integram a base de cálculo as receitas de vendas canceladas e os descontos incondicionais concedidos; e as reversões de provisões e recuperações de créditos baixados como perda, que não representem ingressos de novas receitas, o resultado positivo da avaliação de investimentos pelo valor do patrimônio líquido e os lucros e dividendos derivados de investimentos avaliados pelo custo de aquisição, que tenham sido computados como receitas.

São obviedades que não precisam estar na lei. Mas estão porque, infelizmente, a visão formalista tem diminuído a capacidade de raciocinar dos que lidam com o Direito. Qualquer coisa tem de estar expressamente dita.

Impõe-se, portanto, vigorosa reação ao formalismo jurídico. Reação que se vê, felizmente, em muitos jovens juristas que têm contribuído para a formulação doutrinária do Direito prestigiando especialmente os princípios, cuja força normativa defendem com inteira propriedade, buscando lições valiosas dos mestres, desde a Grécia antiga até o século passado, extraindo o que há de melhor mesmo na doutrina dos chamados positivistas normativistas para compor a doutrina jurídica moderna.

No centro dessa visão do Direito por princípios destacam-se a *proporcionalidade* e a *razoabilidade* como os princípios de maior importância, de cuja utilidade já ninguém pode mais ter dúvida e de cujo estudo, portanto, não se pode prescindir.

No âmbito da tributação, e especialmente no que diz respeito às sanções tributárias, é enorme a importância da consideração desses dois princípios jurídicos, como padrões valiosos para o intérprete e aplicador das normas jurídicas e, em especial, das normas da Constituição.

O princípio da proporcionalidade pode ser definido como um princípio de justiça. O proporcional é em certo sentido o *justo*. E neste sentido podemos dizer que o princípio da proporcionalidade está expressamente previsto em nossa Constituição Federal. É que a vigente Constituição coloca como o primeiro dos objetivos fundamentais da República Federativa do Brasil *constituir uma sociedade livre, justa e solidária.*

O princípio da proporcionalidade é um instrumento valioso na construção de uma sociedade justa. Ele está implícito no princípio da justiça, para cuja realização se deve dirigir o Direito. E em matéria tributária está estreitamente relacionado com o princípio da capacidade contributiva, além de ser uma fórmula para assegurar a supremacia da Constituição.

Temos leis que cominam penalidades contrariando frontalmente o princípio da proporcionalidade. Exemplo disto é a Lei 9.430, de 27.12.1996, que, em seu art. 44, § 1º, comina pena de multa de até 150% a ser aplicada, entre outras hipóteses, quando o tributo ou a contribuição tenha sido pago após o vencimento do prazo previsto, mas sem o acréscimo de multa de mora (inciso II); e, no caso de pessoa jurídica sujeita ao pagamento do imposto de renda e da contribuição social sobre o lucro líquido na forma do art. 2º, vale dizer, em antecipações mensais por estimativa, que deixar de fazer tais antecipações, ainda que tenha apurado prejuízo fiscal ou base de cálculo negativa para a contribuição social sobre o lucro líquido, no ano-calendário correspondente (inciso IV).

Neste aspecto, aliás, também é invocável o princípio da razoabilidade, pois o Direito é fruto e instrumento da racionalidade humana. Fruto, porque dela decorre, e instrumento porque se presta para realizar a solução racional dos conflitos entre os humanos. O princípio da razoabilidade é uma diretriz da razão humana. Prestigiando-o não se está voltando ao racionalismo jurídico, mas, de certa forma, se está reconhecendo suas virtudes, posto que o princípio da razoabilidade preconiza a interpretação das leis conducente a soluções racionais. Entre duas ou mais soluções possíveis em face da lei, opta-se pela que se mostre mais racional. O princípio funciona, portanto, como um critério a orientar a escolha de uma interpretação, entre as várias que compõem o quadro ou moldura de interpretações possíveis, a que se reportava Kelsen. Com ele se põe limites ao formalismo jurídico.

É certo que tanto o que seja *razoável*, como o que seja *justo*, comportam enorme carga de subjetividade. Tanto um como o outro termo são sempre dotados de diversos significados. Por isto mesmo não vemos porque não utilizar o princípio da razoabilidade como um princípio que busca a realização da justiça. Aliás, neste sentido podemos afirmar que ele está expressamente autorizado pela Constituição Federal de 1988.

Realmente, a Constituição elegeu como objetivo fundamental da República Federativa do Brasil, em primeiro lugar, construir uma sociedade livre, justa e solidária (art. 3º, I). Assim, pode-se afirmar com segurança que está positivado o princípio da razoabilidade como diretriz na interpretação das normas jurídicas porque, sem ele, jamais alcançaremos esse objetivo.

O princípio da razoabilidade é muita vez confundido com o princípio da proporcionalidade, e com ele realmente se identifica em diversos pontos, dependendo do sentido no qual um e o outro estejam sendo referidos. De todo modo, existe uma distinção importante que justifica a referência aos dois princípios.

É claro que tomado o princípio da proporcionalidade em seu significado mais abrangente, neste estará incluído o princípio da razoabilidade. E tomado o princípio da razoabilidade em seu sentido mais abrangente, nele estará incluído o princípio da proporcionalidade. De todo modo, na medida em que se admite um sentido menos abrangente, para um ou para o outro, opera-se automática complementação, de sorte que nenhum problema ficará fora do âmbito de aplicação de um ou do outro. Até porque o proporcional será sempre, em qualquer caso, razoável.

Capítulo IV
OBRIGAÇÃO TRIBUTÁRIA

1. Conceito e espécies

Já é sabido que a relação entre o Estado e as pessoas sujeitas à tributação não é *relação simplesmente de poder*, mas uma relação jurídica. Essa relação constitui objeto essencial do direito tributário, que é de natureza obrigacional, como já ficou esclarecido.

A relação tributária, como qualquer outra relação jurídica, surge da ocorrência de um fato previsto em uma norma como capaz de produzir esse efeito. Em virtude do princípio da legalidade, essa norma há de ser uma *lei* em sentido restrito, salvo tratando-se de obrigação acessória, como adiante será explicado. A lei descreve um fato e atribui a este o efeito de criar uma relação entre alguém e o Estado. Ocorrido o fato, que em direito tributário denomina-se *fato gerador*, ou *fato imponível*, nasce a relação tributária, que compreende o *dever* de alguém (sujeito passivo da obrigação tributária) e o *direito* do Estado (sujeito ativo da obrigação tributária). O *dever* e o *direito* (no sentido de direito subjetivo) são efeitos da incidência da norma.

A obrigação tributária pode ser principal e acessória.

O objeto da obrigação tributária principal, vale dizer, a *prestação* à qual se obriga o sujeito passivo, é de natureza patrimonial. É sempre uma quantia em dinheiro. Na terminologia do direito privado diríamos que a obrigação principal é uma *obrigação de dar*. Obrigação de dar dinheiro, onde o *dar*, obviamente, não tem o sentido de doar, mas de adimplir o dever jurídico.

O objeto da obrigação acessória é sempre não patrimonial. Na terminologia do direito privado diríamos que a obrigação acessória é uma *obrigação de fazer*. "Fazer" em sentido amplo, como adiante será explicado.

É sabido que *obrigação* e *crédito*, no direito privado, são dois aspectos da mesma relação. Não é assim, porém, no direito tributário brasileiro. O Código Tributário Nacional distinguiu a *obrigação* (art. 113) do *crédito* (art. 139). A obrigação é um primeiro momento na relação tributária. Seu conteúdo ainda não é determinado e o seu sujeito passivo ainda não está formalmente identificado. Por isto mesmo a *prestação* respectiva ainda não é exigível. Já, o *crédito* tributário é um segundo momento na relação de tributação. No dizer do Código Tributário Nacional, ele decorre da obrigação principal e tem a mesma natureza desta (art. 139). Surge com o lançamento, que confere à relação tributária liquidez e certeza.

Para fins didáticos, podemos dizer que a *obrigação* tributária corresponde a uma obrigação ilíquida do direito civil, enquanto o *crédito* tributário corresponde a essa mesma obrigação depois de liquidada. O lançamento corresponde ao procedimento de liquidação.

Na obrigação tributária existe o *dever* do sujeito passivo de pagar o tributo, ou a penalidade pecuniária (obrigação principal) ou, ainda, de fazer, de não fazer ou de tolerar tudo aquilo que a legislação tributária estabelece no interesse da arrecadação ou da fiscalização dos tributos. Essas prestações, todavia, não são desde logo exigíveis pelo sujeito ativo. Tem este apenas o direito de fazer contra o sujeito passivo um lançamento, criando, assim, um crédito. O crédito – este, sim – é exigível.

Com estes esclarecimentos, podemos tentar definir a obrigação tributária. Diríamos que ela é a *relação jurídica em virtude da qual o particular* (sujeito passivo) *tem o dever de prestar dinheiro ao Estado* (sujeito ativo), *ou de fazer, não fazer ou tolerar algo no interesse da arrecadação ou da fiscalização dos tributos, e o Estado tem o direito de constituir contra o particular um crédito*.

A obrigação tributária, como se está a ver, é de duas espécies: *principal* e *acessória*. A obrigação principal, no dizer do Código Tributário Nacional, tem por objeto o pagamento de tributo ou penalidade pecuniária (art. 113,

§ 1º). Tem *sempre* conteúdo patrimonial. Já, a obrigação acessória, segundo o Código Tributário Nacional, decorre da *legislação* tributária e tem por objeto as prestações, positivas ou negativas, nela previstas no interesse da arrecadação ou da fiscalização dos tributos (art. 113, § 2º).

Na obrigação principal a prestação é a entrega de dinheiro ao Estado. Já, na obrigação acessória as prestações positivas ou negativas a que alude o Código compreendem um fazer, um não fazer, ou um tolerar, como, por exemplo, (a) emitir uma nota fiscal, escriturar um livro, inscrever-se no cadastro de contribuintes (fazer); (b) não receber mercadorias desacompanhadas da documentação legalmente exigida (não fazer); e (c) admitir o exame de livros e documentos pelo fiscal (tolerar).

A obrigação acessória é instituída pela *legislação*, que é lei em sentido amplo (art. 96). Sempre no interesse da arrecadação ou fiscalização dos tributos (art. 113, § 2º). Não implica para o sujeito ativo (Fisco) o direito de exigir um comportamento do sujeito passivo, mas o poder jurídico de criar contra ele um crédito, correspondente à penalidade pecuniária. Por isto diz o Código que "a obrigação acessória, pelo simples fato de sua inobservância, converte-se em obrigação principal relativamente à penalidade pecuniária" (art. 113, § 3º). Na verdade, o inadimplemento de uma obrigação acessória não a converte em obrigação principal. Ele faz nascer para o Fisco o direito de constituir um crédito tributário contra o inadimplente, cujo conteúdo é precisamente a penalidade pecuniária, vale dizer, a multa correspondente.

Aliás, o inadimplemento de uma obrigação tributária, seja ela principal ou acessória, é, em linguagem da Teoria Geral do Direito, uma *não prestação*, da qual decorre uma *sanção*. Assim, o § 3º do art. 113 do CTN, dizendo que "a obrigação acessória, pelo simples fato de sua inobservância, converte-se em obrigação principal relativamente à penalidade pecuniária", apenas quis dizer que, ao fazer um lançamento tributário, a autoridade administrativa deve considerar o inadimplemento de uma obrigação acessória como *fato gerador* de uma obrigação principal, a fornecer elemento para a integração do crédito tributário.

Muitos autores, influenciados pela doutrina civilista, criticam o emprego da expressão "obrigação acessória" no Código Tributário Nacional, sustentando que as impropriamente denominadas obrigações acessórias são simplesmente *deveres administrativos*, e não *obrigações* em sentido rigorosamente jurídico, porque, segundo afirmam, toda *obrigação* tem conteúdo patrimonial. Além disto, não seriam *acessórias*, porque podem existir independentemente da obrigação principal.

Essa crítica não é procedente. É fruto de uma visão privatista, inteiramente inadmissível em face do Código Tributário Nacional, em cujo contexto o adjetivo *acessória*, que qualifica essas obrigações, tem sentido inteiramente distinto daquele do direito privado. Por outro lado, no plano da ciência do Direito não se pode negar a existência de obrigações acessórias sem conteúdo patrimonial.

O ser acessória, em direito privado, significa estar ligada a uma outra *determinada* obrigação. O caráter de acessoriedade manifesta-se entre uma determinada obrigação, dita principal, e uma outra, também determinada, dita acessória. No direito tributário não é assim, mas o caráter de acessoriedade não deixa de existir, embora sob outro aspecto.

Realmente, em direito tributário as obrigações acessórias não precisariam existir se não existissem as obrigações principais. São acessórias, pois, neste sentido. Só existem em função das principais, embora não exista necessariamente um liame entre determinada obrigação principal e determinada obrigação acessória. Todo o conjunto de obrigações acessórias existe para viabilizar o cumprimento das obrigações principais.

Um comerciante, ao vender determinada mercadoria isenta de ICMS, é obrigado a emitir nota fiscal. A operação de venda, no caso, não gera a obrigação de pagar o ICMS. Inexiste, portanto, a específica obrigação tributária à qual diretamente esteja ligada a obrigação acessória de emitir a nota fiscal. Não obstante, a emissão da nota fiscal lhe é exigida porque se presta para controlar sua receita, elemento formador da base de cálculo do imposto de renda. Presta-se, ainda, para o controle dos custos ou despesas do adquirente, ou pelo menos para o controle da circulação das mercadorias.

A obrigação acessória, portanto, tem o objetivo de viabilizar o controle dos fatos relevantes para o surgimento de obrigações principais. Justifica-se, assim, sejam qualificadas como acessórias, posto que somente existem em razão de outras obrigações, ditas principais.

2. Natureza jurídica

Quanto ao objeto, as obrigações em geral podem ser de *dar* e de *fazer*, compreendidas nestas últimas as positivas e as negativas, isto é, as obrigações de *fazer*, *não fazer* e *tolerar*. Esta é a classificação feita pela doutrina dos privatistas. A obrigação tributária *principal* corresponde a uma obrigação de *dar*. Seu objeto é o pagamento do tributo, ou da penalidade pecuniária. Já, as obrigações acessórias correspondem a obrigações de *fazer* (emitir uma nota fiscal, por exemplo), de *não fazer* (não receber mercadoria sem a documentação legalmente exigida), de *tolerar* (admitir a fiscalização de livros e documentos). Mas é conveniente lembrar o que se disse sobre o conceito de obrigação tributária e de sua distinção do crédito tributário.

A rigor, o que corresponde a uma *obrigação* de dar do direito obrigacional comum é o crédito tributário. Tem-se, portanto, dificuldade na determinação da natureza jurídica da obrigação tributária, que na verdade assume característica incompatível com os moldes do direito privado. Não chega a ser uma *obrigação*, em rigoroso sentido jurídico privado, mas uma situação de sujeição do contribuinte, ou responsável tributário, que corresponde ao direito potestativo do Fisco de efetuar o lançamento.

Quem admitir esse raciocínio dirá que a obrigação tributária, quer principal ou acessória, é simples situação jurídica de sujeição. Quem preferir ficar com o pensamento geralmente difundido nos compêndios da matéria dirá que *a obrigação tributária principal é obrigação de dar*, enquanto *a acessória é obrigação de fazer, não fazer e tolerar*.

No que diz respeito à fonte de que surgem, as obrigações em geral podem ser: (a) *legais*, quando decorrem diretamente da lei; (b) *contratuais*, quando nascem de manifestações de vontade; (c) *decorrentes de ato ilícito*, quando nascem da prática de um ato contrário ao Direito.

A obrigação tributária é uma obrigação legal por excelência. Decorre diretamente da lei, sem que a vontade interfira com o seu nascimento. A lei cria o tributo e descreve a hipótese em que o mesmo é devido. Basta que essa hipótese aconteça, tornando-se concreta, para que surja a obrigação tributária, sendo absolutamente irrelevante a vontade das pessoas envolvidas.

As fontes da obrigação tributária são a lei e o fato gerador. A primeira é fonte formal. A segunda é fonte material. Ambas indispensáveis. Não há obrigação tributária sem a descrição legal da hipótese de seu surgimento. Mas só a descrição legal não basta. É preciso que ocorra o fato descrito na hipótese. A previsão legal – hipótese de incidência – mais a concretização desta – fato gerador – criam a obrigação tributária.

Pode dizer-se que a obrigação principal decorrente do inadimplemento de uma outra obrigação, principal ou acessória, é obrigação decorrente de ato ilícito.

3. Fato gerador

Há quem entenda que todo o direito tributário se resume na teoria do fato gerador. Tal assertiva, porém, constitui exagero evidente. É o mesmo que afirmar que todo o direito penal se resume ao estudo da tipicidade.

Na verdade, o estudo do *fato gerador* é de grande importância, mas não constitui sequer especificidade do direito tributário. Os *direitos* em geral têm seus fatos geradores. São os fatos jurídicos. O direito que um empregado tem de receber o seu salário nasce do fato da execução do respectivo contrato de trabalho, com a prestação de serviço ao empregador. Essa prestação de serviço, nos termos de um contrato de trabalho, é o fato gerador do *direito* ao salário. Do contrato de *compra e venda* nasce para o comprador o *direito* de receber a coisa comprada, e para o vendedor o *direito* de receber o preço respectivo. A compra e venda é o fato gerador desses *direitos*. E assim por diante. Não existe direito algum que não tenha o seu *fato gerador*.

Ainda que se trate de um *ato jurídico*, no sentido dessa expressão no direito civil, o fato gerador da obrigação tributária há de ser sempre considerado como *fato*. Isto é importante para a compreensão da assertiva pela qual a capacidade tributária passiva independe da capacidade jurídica das pessoas naturais.

Realmente, o que se tem em mira ao questionar a respeito da capacidade civil é a validade da vontade manifestada pela pessoa. Assim, se essa vontade é irrelevante na formação da obrigação tributária, não há por que se exigir capacidade jurídica de alguém como condição para que seja sujeito passivo desse tipo de obrigação.

3.1 Fato gerador da obrigação principal

Diz o Código Tributário Nacional que *o fato gerador da obrigação tributária principal é a situação definida em lei como necessária e suficiente à sua ocorrência* (art. 114). Analisando essa definição, temos:

(a) *Situação*, significando fato, conjunto de fatos, situação de fato, situação jurídica. Fato em sentido amplo. Toda e qualquer ocorrência, decorrente ou não da vontade. Mas sempre considerada como fato, vale dizer, sem qualquer relevância dos aspectos subjetivos.

(b) *Definida em lei*, vale dizer que a definição do fato gerador da obrigação tributária principal, a descrição da *situação* cuja ocorrência faz nascer essa obrigação, é matéria compreendida na reserva legal. Só a *lei* é o instrumento próprio para descrever, para definir, a situação cuja ocorrência gera a obrigação tributária principal. Veja-se, a propósito, o que expressa o art. 97, III, do CTN, tendo presente que a palavra "lei" é por este utilizada em sentido restrito.

(c) *Necessária*, importa dizer que, sem a *situação* prevista em lei, não nasce a obrigação tributária. Para surgir a obrigação tributária é indispensável a ocorrência da situação prevista em lei.

(d) *Suficiente*, significa que a situação prevista em lei é *bastante*. Para o surgimento da obrigação tributária basta, é suficiente, a ocorrência da situação descrita na lei para esse fim.

Diversas têm sido as denominações utilizadas pela doutrina para designar o *fato gerador*. Entre outras: *suporte fático, situação base de fato, fato imponível, fato tributável, hipótese de incidência*. No Brasil tem predominado, porém, a expressão "fato gerador", que se deve à influência do Direito francês, sobretudo pela divulgação, entre nós, do trabalho de Gaston Jèze específico sobre o tema.

3.2 Fato gerador da obrigação acessória

O fato gerador da obrigação acessória é qualquer situação que, na forma da legislação aplicável, impõe a prática ou a abstenção de ato que não configure obrigação principal (CTN, art. 115). Nos termos do Código Tributário Nacional esse fato gerador pode ser definido pela *legislação*, e não apenas pela *lei*.

A situação de quem pretende instalar um estabelecimento comercial, por exemplo, faz nascer o dever de requerer inscrição nos cadastros fiscais correspondentes. É uma *situação* de fato que, nos termos da legislação tributária, faz nascer a *obrigação acessória* de pedir as inscrições correspondentes. A situação de quem é estabelecido comercialmente faz nascer as *obrigações acessórias* de não receber mercadorias sem o documento fiscal correspondente e de tolerar a fiscalização em seus livros e documentos.

Uma determinada situação de fato pode ser, ao mesmo tempo, fato gerador de uma obrigação tributária principal e de uma obrigação tributária acessória. Assim, a situação na qual um comerciante promove a saída de mercadorias de seu estabelecimento faz nascer, ao mesmo tempo, a obrigação de pagar o ICMS (obrigação principal) e também a obrigação de emitir a nota fiscal correspondente (obrigação acessória).

3.3 Fato gerador e hipótese de incidência

É importante notar que a expressão "hipótese de incidência", embora às vezes utilizada como sinônimo de *fato gerador*, na verdade tem significado diverso. Basta ver-se que uma coisa é a descrição legal de um fato, e outra coisa é o acontecimento desse fato. Uma coisa é a descrição da hipótese em que um tributo é devido. Por exemplo: a aquisição de disponibilidade econômica ou jurídica de renda ou de proventos de qualquer natureza (CTN, art. 43). Outra coisa é o fato de alguém auferir renda. Por exemplo: João recebeu dividendos de uma sociedade anônima da qual é acionista.

A expressão "hipótese de incidência" designa com maior propriedade a descrição, contida na lei, da situação necessária e suficiente ao nascimento da obrigação tributária, enquanto a expressão "fato gerador" diz da ocorrência, no mundo dos fatos, daquilo que está descrito na lei. A *hipótese* é simples descrição, é simples previsão, enquanto o *fato* é a concretização da hipótese, é o acontecimento do que fora previsto.

É sabido que a validade dos atos e negócios jurídicos depende de três requisitos, a saber: (a) agente capaz; (b) objeto lícito, possível, determinado ou determinável; e (c) forma prescrita ou não proibida pela lei (CC, art. 104). Ausente qualquer desses requisitos, o ato é inválido juridicamente. Se aquele que praticou o ato não é juridicamente capaz, ou se o objeto do ato é ilícito ou impossível, ou, finalmente, se não foi observada a forma legalmente prevista, ou se foi adotada uma forma proibida, o ato, em qualquer dos casos, não tem validade jurídica. Pode ser um ato nulo ou anulável, dependendo do caso. Para os fins tributários, porém, essa invalidade é irrelevante.

A ilicitude do ato praticado nada tem a ver com a relação tributária. Isto não implica admitir-se a tributação de atos ilícitos. É indispensável, a este propósito, estabelecer-se uma diferença entre o *ato ilícito* como elemento da *hipótese de incidência do tributo* e a ilicitude que *eventualmente pode verificar-se na ocorrência do fato gerador do tributo*. Uma coisa é considerar-se, por exemplo, a manutenção de casa de prostituição como hipótese de incidência de um tributo. Outra coisa é admitir-se a incidência do imposto de renda sobre os rendimentos auferidos na referida atividade. A hipótese de incidência do imposto de renda é a aquisição da disponibilidade econômica ou jurídica de renda ou de proventos de qualquer natureza (CTN, art. 43). É irrelevante que tal aquisição se tenha verificado em decorrência de atividade lícita ou ilícita.

Não se pode, entretanto, admitir um tributo em cuja hipótese de incidência se inclua a ilicitude. A compreensão do que se está afirmando é facilitada pela distinção, inegável, entre *hipótese de incidência* e *fato gerador* do tributo. Cuida-se, com efeito, de dois momentos. O primeiro é aquele em que o legislador descreve a situação considerada necessária e suficiente ao surgimento da obrigação tributária. Nessa descrição a ilicitude não entra. O outro momento é o da concretização daquela situação legalmente descrita. Nessa concretização pode a ilicitude eventualmente fazer-se presente. Aí estará, assim, circunstancialmente. Sua presença não é necessária para a concretização da hipótese de incidência do tributo. Mas não impede tal concretização, até porque, para o surgimento da obrigação tributária, como já visto, a concretização do previsto é bastante. Por isto, a circunstância ilícita, que sobra, que não cabe na hipótese de incidência tributária, é, para fins tributários, inteiramente irrelevante.

Também não importa ao direito tributário a natureza do objeto dos atos praticados pelo sujeito passivo ou por terceiros. Nem os efeitos desses atos. Ocorrida a situação prevista em lei como necessária e suficiente ao nascimento da obrigação tributária, abstração deve ser feita da natureza do objeto, assim como dos efeitos dos atos praticados.

Quer se trate de ato, fato, situação jurídica, conjunto de fatos etc., a *hipótese de incidência*, como já sabemos, é sempre considerada como *fato*, objetivamente.

Por isto mesmo não se devem extrair conclusões indevidas da doutrina que afirma a incidência do tributo sobre atos juridicamente inválidos. Não importa ao direito tributário a validade jurídica, mas a efetividade e a subsistência dos fatos, de sorte que se o próprio fato, em sua consistência econômica, deixa de existir, não subsiste a relação tributária, como adiante será explicado.

3.4 Quando se considera consumado o fato gerador

O Código Tributário Nacional estabelece regras definidoras do momento em que se considera ocorrido o fato gerador do tributo, mas deixa livre o legislador ordinário para dispor de modo diferente. Liberdade relativa, é certo, pois o legislador há de se manter nos limites do que em cada situação de fato se possa razoavelmente admitir. Não pode estabelecer, por exemplo, que o fato gerador de determinado tributo se considere consumado *antes* de que esteja *de fato* presente a situação prevista na hipótese de incidência correspondente.

Não dispondo a lei de modo diferente, considera-se ocorrido o fato gerador, e existentes os seus efeitos, (a) tratando-se de situação de fato, desde o momento em que se verifiquem as circunstâncias materiais necessárias a que se produzam os efeitos geralmente, ou ordinariamente, delas decorrentes, e (b) tratando-se de situação jurídica, desde o momento em que tal situação jurídica esteja definitivamente constituída, nos termos do Direito aplicável.

Não é fácil, na prática, distinguir uma situação de fato de uma situação jurídica, porque nem sempre se consegue distinguir um conceito jurídico de um conceito não jurídico. De todo modo, há situações nas quais se pode razoavelmente dizer que a hipótese de incidência do tributo consubstancia uma situação de fato, e outras nas quais se pode afirmar que ela consubstancia uma situação jurídica.

Assim, se a hipótese de incidência do tributo é uma prestação de serviços de qualquer natureza, pode-se dizer que se tem uma situação de fato.

E se a hipótese de incidência do tributo é a propriedade de um bem imóvel, pode-se dizer que se tem uma situação jurídica.

Tratando-se de situação de fato, considera-se ocorrido o fato gerador do tributo desde o momento em que se verifiquem as circunstâncias materiais, isto é, circunstâncias meramente factuais, necessárias à produção dos efeitos que geralmente delas decorrem. No exemplo acima apontado, tem-se que ocorreu a prestação do serviço no momento em que, de fato, foi exercida a atividade como tal considerada.

Tratando-se de situação jurídica, considera-se ocorrido o fato gerador do tributo desde o momento em que tal situação esteja definitivamente constituída, nos termos do Direito aplicável. Assim, tratando-se da propriedade de um imóvel, somente quando essa propriedade esteja configurada, com o registro do título aquisitivo no órgão competente, é que se considera consumado o fato gerador do tributo.

O tributo somente é devido quando consumado o fato sobre o qual incide a norma de tributação; ou, em outras palavras, quando concretizada a hipótese de incidência tributária. Isto, porém, não quer dizer que para os fins do direito intertemporal o fato gerador do tributo deva ser considerado como fato instantâneo, isoladamente. Para que a segurança jurídica seja preservada, é mister que se tenha em conta, ao interpretar o princípio da irretroatividade das leis, todos os fatos integrantes do conjunto em que se encarta aquele fato final, necessário à concretização da hipótese de incidência tributária. Assim, o fato gerador do imposto de renda, por exemplo, não pode ser considerado apenas naquele instante final do dia 31 de dezembro de cada ano. Nem o do imposto de importação apenas aquele instante em que se procede ao desembaraço aduaneiro.

3.5 Norma geral antielisão

A Lei Complementar 104, de 10.1.2001, introduziu diversas alterações no CTN, entre as quais a inclusão do parágrafo único no art. 116, estabelecendo que *a autoridade administrativa poderá desconsiderar atos ou negócios jurídicos praticados com a finalidade de dissimular a ocorrência do fato gerador do tributo ou a natureza dos elementos constitutivos da obrigação tributária, observados os procedimentos a serem estabelecidos em lei ordinária.*

Nesse dispositivo, segundo as autoridades da Secretaria da Receita Federal, de onde se originou o projeto respectivo, estaria consubstanciada a *norma geral antielisão*, instrumento de que estaria a necessitar o Fisco para coibir a prática da elisão fiscal e, assim, aumentar a arrecadação.

Embora não exista uniformidade na doutrina, alguns preferem a palavra "evasão" para designar a forma ilícita de fugir ao tributo e a palavra "elisão" para designar a forma lícita de praticar essa mesma fuga. Na verdade, porém, tanto a palavra "evasão" como a palavra "elisão" podem ser utilizadas em sentido amplo, como em sentido restrito. Em sentido amplo significam qualquer forma de fuga ao tributo, lícita ou ilícita, e em sentido restrito, significam a fuga ao dever jurídico de pagar o tributo e constituem, pois, comportamento ilícito.

Com efeito, *elisão* é ato ou efeito de elidir, que significa eliminar, suprimir. E *evasão* é o ato de evadir-se, a fuga. Tanto se pode dizer *elisão fiscal*, no sentido de eliminação ou supressão do tributo, como *evasão fiscal*, no sentido de fuga ao imposto. Elisão e evasão têm sentidos equivalentes. Se tivermos, porém, de estabelecer uma diferença de significado entre esses dois termos, talvez seja preferível, contrariando a preferência de muitos, utilizarmos *evasão* para designar a conduta lícita, e *elisão* para designar a conduta ilícita. Realmente, elidir é eliminar, ou suprimir, e somente se pode eliminar, ou suprimir, o que existe. Assim, quem elimina ou suprime um tributo, está agindo ilicitamente, na medida em que está eliminando ou suprimindo a relação tributária já instaurada. Por outro lado, evadir-se é fugir, e quem foge está evitando, podendo a ação de evitar ser preventiva. Assim, quem evita pode estar agindo licitamente.

Seja como for, essa questão terminológica fica sem importância na medida em que se esclareça o sentido em que se está empregando uma ou outra expressão.

O que importa, a rigor, é saber se o comportamento adotado pelo contribuinte para fugir, total ou parcialmente, ao tributo (evasão fiscal) ou para eliminar, ou suprimir, total ou parcialmente, o tributo (elisão fiscal) é um comportamento lícito ou ilícito. Em outras palavras, a questão essencial que deve ser enfrentada é a de saber se em determinado caso ocorreu, ou não, o fato gerador da obrigação tributária e qual a sua efetiva dimensão econômica.

Assim, quando se fala em norma geral antielisão, o que na verdade se tem em vista é uma norma dirigida ao intérprete e aplicador da lei tributária, que o autoriza a fugir dos limites da norma tributária definidora da hipótese de incidência do tributo, para alcançar situações nela não previstas. Abre-se, então, espaço para uma interminável polêmica a respeito dos referidos limites, vale dizer, em torno do efetivo alcance da norma definidora da incidência tributária. Polêmica que nos leva ao terreno da Hermenêutica, pois, na verdade, a verdadeira questão que se instaura é uma questão de interpretação jurídica. Assunto vasto e extremamente complexo, cuja abordagem completa certamente aqui não se justifica.

Qualquer que seja a posição que se adote, tem-se de admitir que uma norma geral antielisão nada mais é do que um reforço aos poderes da Administração Tributária. Colocada, como está, em texto de lei complementar pode ter sua constitucionalidade contestada, pois colide com o princípio da legalidade que tem como um de seus desdobramentos essenciais a tipicidade, vale dizer, a exigência de definição, em lei, da situação específica cuja concretização faz nascer o dever de pagar tributo.

A própria noção de Estado Democrático de Direito não admite uma norma antielisão se esta é vista como atribuição de competência à autoridade da Administração Tributária para desconsiderar atos e negócios jurídicos lícitos a pretexto de alcançar a capacidade contributiva de quem os pratica. A definição legal do fato gerador do tributo é, sem dúvida, uma garantia fundamental do contribuinte, tal como a definição do crime, a tipificação da conduta criminosa, é garantia do cidadão contra o arbítrio.

Aliás, ainda que residente em norma da própria Constituição, nesta introduzida por emenda, a norma antielisão, considerada como ampliação da competência tributária, capaz de amofinar o princípio da legalidade, pode ter sua validade contestada em face da cláusula de imodificabilidade albergada pelo art. 60, § 4º, IV, segundo a qual não será objeto de deliberação proposta de emenda constitucional tendente a abolir os direitos e garantias individuais.

Dir-se-á que a norma geral antielisão constitui simplesmente uma diretriz hermenêutica. Apenas aponta um caminho para o intérprete, que deve dar maior importância à realidade econômica do que à forma jurídica. Essa norma simplesmente deixaria expressamente autorizada a denominada interpretação econômica, que já foi objeto de profundas divergências na doutrina dos tributaristas, no Brasil como em outros Países.

Trocar o critério jurídico da definição legal das hipóteses de incidência tributária pelo critério econômico da identificação de capacidade contributiva seria inaceitável troca da segurança, propiciada pelo princípio de legalidade, pela insegurança que abre as portas para o arbítrio.

3.6 Negócios jurídicos condicionais

Se a lei define como hipótese de incidência de um tributo uma situação jurídica na qual se encarta um negócio jurídico condicional, e não dispõe de modo diverso, considera-se consumado tal negócio, (a) sendo a condição suspensiva, no momento de seu implemento, vale dizer, no momento em que se realiza a condição; e (b) sendo a condição resolutória, desde o momento em que o ato ou negócio jurídico foi celebrado, sendo, neste caso, inteiramente irrelevante a condição.

Considera-se condição suspensiva um evento futuro e incerto de cuja realização se faz depender os efeitos do ato ou negócio jurídico. E condição resolutória, um evento futuro e incerto de cuja realização se faz decorrer o desfazimento do ato ou negócio jurídico.

Se faço a doação de um apartamento e estabeleço que esta somente produzirá efeitos se o donatário casar, o casamento está colocado como condição suspensiva, pois de sua ocorrência fica a depender a produção dos efeitos da doação. Se faço uma doação de um apartamento e estabeleço que a mesma restará desfeita se o donatário casar, o casamento, aqui, é uma condição resolutória. De sua ocorrência resultará o desfazimento do ato.

No primeiro caso o fato gerador do imposto sobre a doação somente ocorrerá quando implementada a condição, isto é, quando ocorrer o casamento. No segundo o imposto é devido desde logo, pois a doação produz efeitos desde logo. A condição, neste caso, não tem relevância tributária no que diz respeito ao momento em que se tem como consumado o fato gerador do tributo, embora possa ensejar a restituição deste.

3.7 Insubsistência do fato tributável

Se alguém realizou a hipótese de incidência tributária mediante um fato circunstancialmente ilícito, nasce e subsiste a relação obrigacional tributária na medida em que subsistir aquele fato no mundo dos fatos, vale dizer, no mundo econômico. Se no mundo dos fatos aquele fato não subsiste, não subsistirão os seus efeitos tributários.

Um exemplo esclarecerá melhor o que estamos afirmando. Se alguém importa mercadoria que esteja temporariamente com importação proibida, mas a importação é consumada, constatado o fato, é devido o imposto de importação, pois na hipótese de incidência da norma tributária não está a licitude como elemento. A autoridade da Administração Tributária pode cobrar o imposto e não tomar conhecimento da ilicitude, que o importador não poderá alegar como excludente da obrigação tributária. Entretanto, se prefere fazer valer a proibição de importar aquela mercadoria e impõe ao importador a pena de perdimento do bem, o imposto não será devido, porque o fato, em sua objetividade, não subsistiu. Não produziu, na realidade econômica, o efeito que lhe é próprio, vale dizer, a integração daquela mercadoria na economia nacional. Por isto mesmo as autoridades da Administração Tributária, acertadamente, não cobram os impostos que seriam devidos pela importação de mercadorias nos casos de contrabando ou descaminho. Decretam o perdimento da mercadoria, e os impostos somente serão cobrados se e quando arrematadas em leilão promovido pela Fazenda.

Se a importação de mercadoria proibida foi consumada ao amparo de medida judicial não se pode falar em conduta ilícita. Cuida-se de conduta lícita e são devidos os impostos incidentes sobre tal importação. Se a medida judicial não subsiste, porque objeto de reconsideração pela autoridade que a determinou ou reformada em instância superior, o fato não se transmuda em ilícito. A insubsistência da medida judicial faz com que o importador retorne à situação anterior e a autoridade pode obrigá-lo a devolver a mercadoria ao exportador no Estrangeiro. Se não o faz, no prazo que lhe é para tanto concedido, aí, sim, passa a configurar-se a ilicitude que enseja a apreensão e o perdimento da mercadoria. Ocorrido o desfazimento da importação, seja pela devolução da mercadoria ao exterior, ou pela aplicação da pena de perdimento, tem a Administração Tributária o dever de restituir o tributo porventura cobrado. Ou o juiz mandará devolver ao importador o depósito que porventura tenha efetuado em garantia do juízo.

A insubsistência do fato tributável, com a completa supressão de seus efeitos econômicos, implica inexoravelmente a impossibilidade de exigência do tributo, porque leva ao desaparecimento do suporte fático de incidência da norma de tributação, que é o signo presuntivo de capacidade contributiva. Assim, tanto do ponto de vista da lógica jurídica formal não se pode mais falar de obrigação tributária, à míngua do fato gerador respectivo, como do ponto de vista axiológico não se pode mais falar de capacidade contributiva, que desaparece com o perdimento da riqueza sobre a qual incidiria o tributo.

4. Aspectos ou elementos do fato gerador

4.1 Aspecto material ou nuclear

O fato gerador da obrigação tributária principal, ou situação de fato descrita na lei que institui o tributo e cuja concretização faz nascer o vínculo jurídico, albergando o dever de pagar o tributo, é uma situação de fato geralmente indicada na lei pela referência a seu aspecto nuclear ou material. Quanto ao imposto sobre renda e proventos de qualquer natureza, por exemplo, a lei diz que o fato gerador é a aquisição da disponibilidade econômica ou jurídica da renda ou dos proventos. Esse fato, todavia, envolve aspectos relevantes para a completa configuração do vínculo jurídico dele decorrente: o aspecto subjetivo, que diz respeito à identificação dos sujeitos ativo e passivo da obrigação tributária, e o aspecto objetivo, vale dizer, a materialidade de seu objeto, a demandar quantificação.

A expressão "fato gerador da obrigação tributária" geralmente é utilizada para designar o aspecto objetivo ou nuclear, vale dizer, a materialidade do fato gerador da obrigação tributária principal. Na verdade, porém, trata-se de um aspecto apenas, embora nuclear, o mais importante, em torno do qual gravitam os demais, a completar o vínculo jurídico obrigacional tributário.

Esse aspecto nuclear, essa materialidade, objeto da obrigação tributária principal, há de ser quantificado e expresso em moeda. Essa expressão pode ser diretamente referida pela lei, mas não é assim que geralmente acontece. Em regra, a lei descreve a denominada hipótese de incidência tributária reportando-se a fatos economicamente significativos, e estabelece os critérios a serem utilizados para a quantificação do tributo. A lei diz, por exemplo, que o fato gerador do imposto sobre operações relativas à circulação de mercadorias é a saída da mercadoria do estabelecimento comercial, industrial ou produtor. E estabelece os critérios a serem utilizados para a quantificação do imposto, vale dizer, a base de cálculo e a alíquota.

A descrição do aspecto material, ou nuclear, do fato gerador da obrigação tributária alberga necessariamente uma expressão econômica, que se presta como elemento essencial para a quantificação do objeto correspondente.

4.2 Base de cálculo

Base de cálculo é a expressão econômica do fato gerador do tributo. Há de estar contida na norma que descreve a hipótese de incidência tributária. Assim, quando a lei institui um tributo, há de se referir a uma realidade economicamente quantificável. Essa realidade é que nos permite identificar a espécie de tributo, muito especialmente distinguir e identificar a espécie *imposto*, a que mais direta e claramente se relaciona a uma realidade econômica.

Assim, a lei que institui o imposto sobre renda e proventos de qualquer natureza indica o montante da renda ou dos proventos como base de cálculo desse imposto. A lei que institui o imposto sobre operações relativas à circulação de mercadorias indica o valor da operação da qual decorre a saída da mercadoria como sua base de cálculo.

É grande a importância da base de cálculo, porque ela nos permite identificar o tributo de que se cuida. Se a lei cria um imposto sobre a renda mas indica como sua base de cálculo a receita ou o patrimônio, está, na verdade, criando imposto sobre a receita ou sobre o patrimônio, e não sobre a renda. Se cria um imposto sobre operações relativas à circulação de mercadorias mas estabelece como base uma expressão diversa do valor da operação de que resulta a circulação da mercadoria, está criando um outro imposto. Se cria um imposto sobre serviços de qualquer natureza mas estabelece como base de cálculo algo diverso do preço do serviço, também está criando outro imposto. Vê-se, portanto, que é o exame da base de cálculo do imposto que nos permite verificar se o legislador exercitou corretamente a competência que lhe atribui a Constituição ao definir o âmbito de incidência do imposto.

A base de cálculo é, portanto, elemento essencial na identificação do tributo, sobre o qual se aplica a alíquota para ter-se como resultado o valor do tributo correspondente.

4.3 Alíquota

4.3.1 *Conceito e importância*

A palavra "alíquota" na linguagem dos matemáticos indica a parte ou *a quantidade que está contida em outra em número exato de vezes*. Pode significar também a relação entre a parte e o todo. No direito tributário tem sido utilizada geralmente para indicar o *percentual* aplicado sobre a base de cálculo para determinar-se o valor do tributo. O percentual, na verdade, expressa a parte que está contida no todo determinado número de vezes. Basta que se divida 100 pelo percentual indicado e se terá o número de vezes que esse percentual está contido em 100, que é o todo.

A rigor, alíquota é a relação existente entre a expressão quantitativa, ou dimensível, do fato gerador e o valor do tributo correspondente. Entretanto, como na generalidade dos casos a expressão quantitativa do tributo é uma expressão monetária e a relação entre ela e o valor do tributo é indicada em percentagem, costuma-se dizer que a alíquota é o percentual que, aplicado sobre a base de cálculo, nos indica o valor do imposto devido.

4.3.2 *Alíquotas específica e percentual*

A alíquota, repita-se, nem sempre é indicada em forma de percentagem, embora isto ocorra na generalidade dos casos. Existem pelo menos duas formas de expressão da alíquota dos tributos. Uma – a mais raramente utilizada – diz-se *alíquota específica*. A outra – a mais geralmente utilizada – diz-se *alíquota "ad valorem"*, isto é, sobre o valor, indicada como *percentagem*.

Alíquota específica é aquela utilizada para o cálculo do tributo sem levar em consideração o valor do objeto tributado, mas sua quantidade. É o que ocorre com a alíquota do IPI incidente sobre cervejas e refrigerantes, por exemplo. Neste caso não importa o preço pelo qual o produto é vendido.

O imposto é calculado em função das unidades do produto, e não do preço correspondente. A alíquota é indicada por uma referência ao valor em Real, devido em razão de cada unidade do produto.

4.3.3 *Alíquotas fixas e variáveis*

Alíquotas fixas são aquelas que não se alteram, permanecendo as mesmas seja qual for a importância da base de cálculo; e *variáveis* são aquelas que se modificam em razão da base de cálculo. Alíquota fixa não se confunde com tributo fixo. Tributo fixo é aquele cujo valor é indicado diretamente pela lei, não se fazendo necessário qualquer cálculo para determinar o respectivo montante. Já, a alíquota fixa é utilizada para o cálculo do tributo, que será sempre proporcional ao valor da base de cálculo, seja qual for o montante desta. Por isto se diz que o tributo calculado com alíquota fixa é um tributo proporcional.

As alíquotas variáveis podem ser progressivas e regressivas.

4.3.4 *Alíquotas progressivas e regressivas*

Como já visto, as alíquotas podem ser fixas, também ditas proporcionais, e variáveis, sendo estas progressivas e regressivas. As alíquotas variáveis são utilizadas por razões de política tributária em geral quando estabelecidas como percentuais da base de cálculo.

São *progressivas* quando aumentam na medida em que aumenta a base de cálculo; e são *regressivas* quando diminuem na medida em que aumenta a base de cálculo.

4.3.5 *Alíquota zero*

Alíquota zero é uma forma encontrada pelas autoridades da Administração Tributária para fugir ao princípio da legalidade, segundo o qual a isenção somente por lei pode ser concedida. Na verdade, sendo a alíquota uma expressão matemática que indica o número de vezes que a parte está contida no todo, a expressão "alíquota zero" encerra uma contradição em seus próprios termos, porque *zero*, certamente, não indica o número de vezes que a parte está contida no todo. *Zero* não é expressão de parte. Não indica relação alguma.

Ocorre que a Constituição Federal faculta ao Poder Executivo, atendidas as condições e os limites estabelecidos em lei, alterar as alíquotas de alguns impostos federais. Assim, a autoridade administrativa tem adotado a prática de fixar em zero a alíquota de um imposto federal quando pretende conceder isenção desse imposto. Com isto, além de não depender de lei para *isentar*, também não dependerá de lei quando pretender abolir tal *isenção*. Por isto é que afirmamos ser a *alíquota zero* uma forma de burlar o princípio da legalidade tributária.

4.4 Diferimento de incidência

"Diferir" significa adiar. Passar para um momento ou data posterior, deixar para outra ocasião. Existem situações de fato, geralmente relacionadas aos impostos plurifásicos não cumulativos, que configuram hipótese de incidência do imposto, mas a lei estabelece o diferimento da incidência para situação futura. Não se trata de *isenção*, nem de *não incidência* tributária, mas de adiamento da incidência para situação futura, que pode vir a correr normalmente na cadeia ou série de fatos considerados como hipóteses de incidência. Ou pode jamais ocorrer. Seja como for, essa ocasião futura deve ser uma situação na qual, normalmente, o imposto plurifásico incide.

5. Sujeito ativo

É importante, para que se tenha ideia adequada dos conceitos utilizados pelo art. 119 do CTN, recordarmos, aqui, a dinâmica da relação de tributação. Essa relação pode ser vista num momento pré-jurídico. Anterior à estruturação da ordem jurídica. Quando se tem de um lado o Estado em organização e o cidadão que a ele se submete. A relação de tributação, nesse primeiro momento, é uma relação não definida pelo Direito, como são, em princípio, todas as relações entre o Estado que se está organizando e seus cidadãos.

Depois que a ordem jurídica é composta, tem-se o poder tributário transformado em competência tributária. Essa competência é exercida nos termos estabelecidos pela Constituição, que a delimita e, sendo o caso, divide entre as várias pessoas jurídicas de direito público interno. No Brasil a competência tributária é exercida através do Poder Legislativo, posto que nossa Constituição adota o princípio da legalidade tributária.

Com a lei de tributação – instrumento pelo qual é definida a situação cuja ocorrência fará nascer a relação jurídica tributária –, o ente público titular da competência tributária exercita essa competência. Nesse momento ainda não se pode falar de obrigação tributária, pois esta só existe em tese, como simples hipótese. Com a concretização da situação descrita na lei como necessária e suficiente à sua ocorrência nasce, então, a obrigação tributária, que consubstancia a relação de tributação em seu estágio de concreção jurídica.

O art. 119 do CTN cuida da relação de tributação nesse estágio em que a mesma se apresenta como relação jurídica obrigacional. Cuida – digamos assim – da obrigação tributária, definindo seu sujeito ativo, que é o titular da competência para lançar e cobrar o tributo.

Como acontece nas relações jurídicas obrigacionais em geral, o sujeito ativo da obrigação é titular da competência para exigir o adimplemento da obrigação. Isto é ordinário no âmbito do direito obrigacional, de sorte que o art. 119 do CTN nem seria necessário, não fossem o caráter ainda embrionário de nosso direito tributário e a necessidade, daí decorrente, da edição de normas para ajudar na construção da doutrina desse importante ramo da ciência jurídica.

Aliás, respondendo a afirmações de tributaristas no sentido da desnecessidade de normas no Código Tributário Nacional albergando simples conceitos, Gomes de Sousa disse que elas foram necessárias à época da edição do Código, e que se congratulava com o Brasil pela atual desnecessidade dessas normas. Parece, porém, que elas ainda eram e continuam sendo necessárias, pelo que se vê das divergências colocadas em torno da interpretação de muitas delas, como acontece com o art. 119, que exige ainda explicações doutrinárias embora diga apenas aquilo que seria, com ou sem ele.

A propósito, tem sido colocada a questão de saber se apenas as pessoas jurídicas de direito público podem ser sujeitos ativos da obrigação tributária, ou se também o podem as pessoas jurídicas de direito privado, e até as pessoas naturais.

Na verdade, o sujeito ativo da obrigação tributária, nos termos do art. 119 do CTN, não é necessariamente titular da competência para instituir o tributo. Pode ter recebido – de quem tenha essa competência – delegação que o coloca na condição de sujeito ativo da obrigação tributária, sem que tenha a competência para instituir o tributo. O art. 119 há de ser interpretado em consonância com os arts. 6º e 7º do CTN. Não se há de confundir a competência para instituir o tributo, que decorre da Constituição Federal e é indelegável, com a competência para exigir o tributo na condição de sujeito ativo da respectiva obrigação, que pode decorrer de atribuição feita pela lei, nos termos da ressalva feita pelo art. 7º e seus §§ do CTN.

Parece que essas dúvidas na interpretação do art. 119 do CTN decorrem de não se haver definido o que é competência *para exigir* o tributo. Confunde-se o *instituir* com o *exigir*. E não se define adequadamente o que quer dizer *exigir* o tributo. Entretanto, na verdade não há insuficiência na norma em questão por não admitir pessoas jurídicas de direito privado e até pessoas naturais como sujeitos ativos da obrigação tributária.

A falta de compreensão adequada do significado da expressão "titular da competência para exigir o seu cumprimento" – que está no art. 119 do CTN qualificando o sujeito ativo da obrigação tributária – tem sido a causa das dificuldades na interpretação desse dispositivo legal. Especialmente pelo questionamento a respeito da possibilidade de ser uma pessoa jurídica de direito privado, e até uma pessoa natural, sujeito ativo de obrigação tributária.

É certo que uma pessoa jurídica de direito privado pode receber a atribuição de arrecadar um tributo. E pode até ser destinatária do produto de sua arrecadação. Mesmo assim ela não pode ser qualificada como sujeito ativo da obrigação tributária, por lhe faltar a *competência para exigir seu cumprimento*, no sentido em que esse *exigir* está empregado no art. 119 do CTN. Por isto, é da maior importância identificarmos o significado daquela expressão.

Na verdade, a expressão "titular da competência para exigir o adimplemento da obrigação tributária" significa ter atribuição de constituir o crédito tributário, com o quê lhe confere exigibilidade, e em seguida exigir judicialmente seu pagamento, com a propositura, se necessário, da execução fiscal, instrumento que nossa ordem jurídica põe à disposição das Fazendas Públicas para cobrar seus créditos.

As pessoas jurídicas de direito privado e as pessoas naturais não podem promover a execução fiscal porque em nossa ordem jurídica não dispõem de competência para constituir o crédito tributário e inscrevê-lo como Dívida Ativa da Fazenda Pública e, assim, criar o título executivo extrajudicial legalmente hábil para instruir a inicial da execução.

Assim, se por *titular da competência para exigir o cumprimento da obrigação tributária* entendemos a pessoa jurídica que tem condições de constituir o crédito, inscrevê-lo em Dívida Ativa e promover a execução fiscal correspondente, com certeza não podemos colocar nessa condição a pessoa jurídica de direito privado, nem a pessoa natural. Tais pessoas podem receber atribuições de arrecadar o tributo. Não, porém, de exigi-lo, nos termos aqui referidos.

A Constituição atribui às pessoas jurídicas de direito público competência para instituir tributos. É a competência tributária *própria*. Quem a tem pode instituir e arrecadar o tributo, praticando todos os atos a esse fim necessários, desde a edição da lei até os atos materiais de cobrança do tributo. É a essa competência tributária própria que se refere o Código Tributário

Nacional ao estabelecer que ela compreende a competência legislativa plena (art. 6º). Só as pessoas jurídicas de direito público, dotadas de Poder Legislativo, são titulares da competência tributária própria.

Pode ocorrer que a lei institua um tributo e atribua a uma autarquia a titularidade da competência para a respectiva administração e arrecadação. É o que ocorre com muitas contribuições especiais, que hoje encontram fundamento no art. 149 da CF. Cuida-se, neste caso, de competência tributária *delegada*, que não inclui a competência legislativa.

Se considerarmos tributo as contribuições de seguridade social, teremos uma espécie de competência tributária *própria* da qual é titular pessoa jurídica não dotada de competência legislativa plena. A autarquia previdenciária tem competência para edição de normas complementares, que integram a *legislação tributária*, mas são normas infralegais.

As contribuições para a seguridade social caracterizam-se especificamente pelo fato de terem destinação constitucionalmente estabelecida e não integrarem o orçamento da União Federal, posto que constituem a forma pela qual a sociedade financia, diretamente, a seguridade social, nos termos do art. 195 da CF de 1988. Tais contribuições, por isto mesmo, não se confundem com as demais *contribuições sociais*, cujo produto tem a destinação que lhe der a lei.

Em princípio, as pessoas jurídicas de direito público podem ser titulares, por delegação, das funções de arrecadar ou fiscalizar tributos, ou de executar leis, serviços, atos ou decisões administrativas em matéria tributária (CTN, art. 7º).

Às pessoas jurídicas de direito privado apenas podem ser atribuídas as funções ou encargos de arrecadar, o que não constitui delegação de competência tributária (CTN, art. 7º, § 3º). É o que se dá com os bancos.

A pessoa jurídica de direito público que nascer em virtude do desmembramento territorial de outra assume a posição desta, e utilizará sua legislação tributária até que entre em vigor a sua própria. Isto se a lei não estabelecer de forma diferente (CTN, art. 120). Assim, se é criado um Município pelo desmembramento territorial de outro, ou se é criado um Estado pelo desmembramento territorial de outro, a entidade nova assume de imediato a titularidade ativa das relações tributárias daquela da qual seu território se desmembrou. Poderá a lei que cuidou desse desmembramento estipular de modo diverso, mas, se não o fizer, a entidade nova passará a aplicar a legislação tributária daquela de que se desmembrou, até que tenha a sua própria.

Se a pessoa jurídica foi criada pelo desmembramento territorial de mais de uma outra, vale dizer, se um Estado foi criado pelo desmembramento territorial de mais de um outro, e se a legislação tributária destes é diferente, a lei de criação da nova entidade há de dispor expressamente a respeito de qual será a legislação aplicável pela entidade nova, evitando o conflito. Se não o fizer, aplica-se a legislação mais favorável aos sujeitos passivos, para que não haja tratamento discriminatório dentro de uma mesma unidade.

6. Sujeito passivo

O sujeito passivo da obrigação tributária é a pessoa, natural ou jurídica, obrigada a seu cumprimento. O sujeito ativo, como vimos, tem o direito de exigir. O sujeito passivo tem o dever de prestar o seu objeto.

Distingue o Código Tributário Nacional os sujeitos passivos da obrigação principal e da obrigação acessória.

Sujeito passivo da obrigação principal, diz em seu art. 121, é a pessoa obrigada ao pagamento de tributo ou penalidade pecuniária. O objeto da obrigação principal, recorde-se, é o pagamento de tributo ou de penalidade pecuniária. É sempre um *dar*, um *pagar*. O sujeito passivo da obrigação principal, portanto, é sempre obrigado a pagar, ou um tributo ou uma penalidade pecuniária, vale dizer, multa. Conforme a sua relação com o fato gerador da obrigação, pode o sujeito passivo ser (a) *contribuinte*, quando tenha relação pessoal e direta com a situação que constitua o respectivo fato gerador (CTN, art. 121, parágrafo único, I), e (b) *responsável*, quando, sem ser contribuinte, isto é, sem ter relação pessoal e direta com o fato gerador, sua obrigação de pagar decorre de dispositivo expresso de lei (CTN, art. 121, parágrafo único, II).

Um exemplo esclarecerá estes conceitos: o *contribuinte* do imposto de renda, conforme o art. 45 do CTN, é o titular da disponibilidade econômica ou jurídica da renda ou dos proventos de qualquer natureza. É aquele que aufere a renda ou os proventos. Mas a lei pode atribuir à fonte pagadora dessa renda ou desses proventos, a condição de *responsável* pelo recolhimento do imposto correspondente (CTN, art. 45, parágrafo único). A fonte, no caso, é sujeito passivo da obrigação principal, porque está obrigada a fazer o pagamento do tributo. Não é *contribuinte*, porque não auferiu a renda ou os proventos, mas é *responsável*, porque a lei lhe atribuiu a obrigação de efetuar o pagamento do tributo.

Vejamos outro exemplo: aquele que transporta mercadorias desacompanhadas dos documentos legalmente exigíveis assume a *responsabilidade* pelo pagamento do ICMS e do IPI porventura incidentes na saída dessas mercadorias. O contribuinte é o comerciante, ou o industrial, que promove a saída da mercadoria. O transportador, na condição referida, é *responsável*.

É importante notar que o conceito de *responsável* tributário, na doutrina elaborada antes do advento do Código Tributário Nacional, é mais restrito. Abrange somente aqueles que se submetem à exigência do tributo como decorrência do inadimplemento da obrigação tributária pelo contribuinte. Com o Código, o conceito de *responsável* ampliou-se, passou a abranger até a figura do *substituto*, que por isto mesmo deixou de ser referida nos manuais de direito tributário.

É interessante, porém, que se tenha uma noção, ainda que sumária, da antiga construção doutrinária, até porque ela de certo modo ainda pode ser válida atualmente.

Vejamos.

O sujeito passivo pode ser *direto* e *indireto*.

O sujeito passivo *direto* (ou contribuinte) é aquele que tem relação *de fato* com o fato tributável, que é na verdade uma forma de manifestação de sua capacidade contributiva. Assim, no imposto sobre a renda, o sujeito passivo *direto* é aquele que aufere a renda. No imposto sobre o consumo, o sujeito passivo direto é o consumidor, e assim por diante.

Por conveniência da Administração Tributária, a lei pode atribuir o dever de pagar o tributo a outra pessoa, que não tenha relação *de fato* com o fato tributável, eliminando, ou não, esse dever do contribuinte. Surge, neste caso, o sujeito passivo indireto. O sujeito passivo *indireto* é aquele que, sem ter relação direta *de fato* com o fato tributável, está, por força da lei, obrigado ao pagamento do tributo.

Essa vinculação do sujeito passivo *indireto* pode dar-se por *transferência* e por *substituição*. Diz-se que há *transferência* quando existe legalmente o sujeito passivo direto (contribuinte) e mesmo assim o legislador, sem ignorá-lo, atribui também a outrem o dever de pagar o tributo, tendo em vista eventos posteriores ao surgimento da obrigação tributária. Diz-se que há *substituição* quando o legislador, ao definir a hipótese de incidência tributária, coloca desde logo como sujeito passivo da relação tributária que surgirá de sua ocorrência alguém que está a ela diretamente relacionado, embora o fato seja indicador de capacidade contributiva de outros, aos quais, em princípio, poderia ser atribuído o dever de pagar, e que, por suportarem, em princípio, o ônus financeiro do tributo, são geralmente denominados *contribuintes de fato*.

A adequada compreensão da figura do substituto legal tributário exige que se tenha ideia razoavelmente precisa do que seja a capacidade contributiva. Existe substituto legal tributário toda vez que a lei coloca como sujeito passivo da relação tributária uma pessoa qualquer diversa daquela de cuja capacidade contributiva o fato tributável é indicador.

O substituto legal tributário pode ter ou não o *direito* de transferir para o *contribuinte de fato* o ônus do tributo. Na maioria dos casos essa transferência não lhe é proibida, e por isto mesmo tem-se que é permitida, mas não há um direito a essa transferência, que fica a depender de circunstâncias econômicas. Entretanto, como o princípio da capacidade contributiva foi adotado pela Constituição (art. 145, § 1º, da CF de 1988), a outorga desse *direito ao reembolso* é necessária à validade jurídica da *substituição*, especialmente nos casos em que o substituto não tenha efetiva capacidade contributiva.

Não obstante a utilidade da doutrina, especialmente no que concerne ao conceito de substituto legal tributário, em face do Código Tributário o sujeito passivo da obrigação tributária principal pode ser classificado em apenas duas categorias: (a) contribuinte e (b) responsável, nos exatos termos de seu art. 121.

O *sujeito passivo da obrigação acessória* é a pessoa à qual a legislação tributária atribui deveres diversos do dever de pagar. São obrigações de fazer, de não fazer ou tolerar alguma coisa, no interesse da arrecadação e da fiscalização dos tributos. O sujeito passivo dessas obrigações acessórias tanto pode ser um *contribuinte* como um terceiro, isto é, uma pessoa que não tenha nenhuma relação direta com o fato gerador da obrigação principal. Qualquer dever diverso do pagamento atribuído pela legislação tributária a qualquer pessoa, no interesse da arrecadação ou da fiscalização de tributos, é obrigação acessória, na linguagem do Código Tributário, e a pessoa a quem seja atribuído esse dever é o sujeito passivo dessa obrigação acessória (CTN, art. 122).

Neste *Curso*, ao estudarmos cada um dos impostos existentes em nosso sistema tributário, utilizamos a palavra "contribuinte" quando nos referimos ao sujeito passivo da correspondente obrigação tributária. Poderíamos utilizar a expressão "sujeito passivo", mas preferimos a expressão "contribuinte", por ser geralmente mais conhecida. E talvez mais coerente com o contexto, no qual também não utilizamos a expressão "sujeito ativo", preferindo a palavra "competência" para indicar qual é a pessoa jurídica que pode instituir e cobrar o imposto.

6.1 Convenções particulares

A não ser que a lei específica do tributo estabeleça de modo diferente, as *convenções particulares* relativas à responsabilidade pelo pagamento de tributos não podem ser opostas à Fazenda Pública para modificar a definição legal do sujeito passivo das obrigações tributárias respectivas.

Isto significa que as pessoas podem estipular, entre elas, a quem cabe a condição de *sujeito passivo* da obrigação tributária, ou, em outras palavras, a quem cabe a responsabilidade pelo pagamento de tributos, em certas situações, mas suas estipulações não podem ser opostas à Fazenda Pública para impedir que esta exija o tributo daquele que nos termos da lei é responsável pelo correspondente pagamento. As convenções particulares podem ser feitas e são juridicamente válidas entre as partes contratantes, mas nenhum efeito produzem contra a Fazenda Pública, no que diz respeito à responsabilidade tributária. Terá esta, não obstante o estipulado em convenções particulares, o direito de exigir o cumprimento da obrigação tributária daquelas pessoas às quais a lei atribuiu a condição de sujeito passivo.

Não se diga que, sendo assim, os contratos que transferem a responsabilidade tributária são inúteis. Na verdade, não obstante ineficazes contra o Fisco, eles são de grande utilidade na regulação das relações entre as pessoas que os celebram. Prestam-se para estipulações a respeito do dever de pagar os tributos e até para a atribuição de responsabilidade pelo pagamento destes, embora quanto a esta não produzam efeitos contra a Fazenda Pública.

Questão relevante reside em saber se aquele que assume a responsabilidade pelo pagamento dos tributos, em virtude de contrato com o sujeito passivo da obrigação tributária, tem direito de defesa no processo administrativo de constituição e exigência do crédito tributário. Resposta afirmativa implica admitir que as convenções particulares podem modificar a definição legal do sujeito passivo da obrigação tributária, e isto o art. 123 do CTN não permite. As convenções particulares não operam nenhuma alteração na sujeição passiva tributária. Não obrigam, portanto, a Fazenda Pública a assegurar a quem não participa da relação de tributação o direito de defesa no processo administrativo fiscal de constituição do crédito tributário. O que se obrigou contratualmente obrigou-se perante o sujeito passivo, e não perante a Fazenda. Isto, porém, não quer dizer que esteja obrigado ao pagamento de tributo legalmente indevido. A questão que se estabelece, porém, é entre os signatários do contrato, e o caminho para o resguardo de quem assume, contratualmente, a responsabilidade pelas dívidas tributárias a serem apuradas é a explicitação, no próprio contrato, de que tal responsabilidade pressupõe lhe sejam asseguradas condições de participar do processo administrativo, exercitando os direitos que a lei atribui ao sujeito passivo da relação tributária. Uma cláusula contratual bem redigida, regulando essa responsabilidade, é de grande importância para evitar que o contribuinte pague, sem questionar, tributo indevido, e depois exija do contratualmente obrigado o ressarcimento correspondente.

Mesmo não sendo, como não é, parte na relação tributária, aquele que assumiu contratualmente a responsabilidade pelo pagamento de tributos não pode ser compelido a pagar tributo indevido. Se o sujeito passivo pagou, sem oposição, tributo indevido, não terá o direito de cobrá-lo do contratualmente obrigado, pois a cláusula contratual refere-se, obviamente, aos tributos legalmente devidos.

Em qualquer caso, aquele que assume, contratualmente, a responsabilidade pelo pagamento de tributos, em face do legítimo interesse de que é titular, pode questionar judicialmente a exigência dos que considerar indevidos. Seja preventivamente, mediante ação declaratória, seja mediante ação anulatória do lançamento respectivo. A impetração de mandado de segurança, porém, depende de prévia notificação do sujeito passivo da obrigação tributária, nos termos da lei específica.

6.2 Solidariedade

Segundo o Código Civil, solidariedade é a ocorrência de mais de um credor, ou mais de um devedor, na mesma relação obrigacional, cada qual com direito ou obrigado à dívida toda (art. 264). Importa, aqui, estudar a solidariedade passiva, vale dizer, a ocorrência de mais de um sujeito passivo em uma mesma relação obrigacional tributária.

Diz o Código Tributário Nacional que são solidariamente obrigadas as pessoas que tenham interesse comum na situação que constitua o fato gerador da obrigação principal (art. 124, I) e também as pessoas expressamente designadas por lei (art. 124, II).

As pessoas com interesse comum na situação que constitui fato gerador da obrigação de pagar um tributo são solidariamente obrigadas a esse pagamento, mesmo que a lei específica do tributo em questão não o diga. É uma norma geral, aplicável a todos os tributos.

Também são solidariamente obrigadas as pessoas expressamente designadas em lei, isto é, a lei pode estabelecer a solidariedade entre pessoas que não tenham interesse comum na situação que constitui o fato gerador do tributo. Se há interesse comum, a solidariedade decorre do próprio Código Tributário Nacional. Independe de dispositivo da lei do tributo. Se não há interesse comum, a existência de solidariedade depende de previsão expressa da lei do tributo.

Exemplo típico de solidariedade passiva é o das pessoas casadas em comunhão de bens, relativamente ao imposto de renda. A obtenção de renda pelo marido interessa à mulher, sendo a recíproca igualmente verdadeira.

Por isto, marido e mulher são solidariamente obrigados ao pagamento do tributo respectivo.

A existência de interesse comum é situação que somente em cada caso pode ser examinada. A solidariedade, em tais casos, independe de previsão legal. Nem pode a lei dizer que há interesse comum nesta ou naquela situação, criando presunções. Se o faz, o preceito vale por força do inciso II do art. 124, que admite sejam consideradas solidariamente obrigadas pessoas *sem* interesse comum. Mas haverá defeito de técnica legislativa, que deve ser evitado.

O interesse comum na situação que constitua o fato gerador da obrigação, cuja presença cria a solidariedade, não é um interesse meramente de fato, e sim um interesse jurídico. Interesse que decorre de uma situação jurídica, como é o caso daquela que se estabelece entre os cônjuges, no exemplo há pouco citado.

6.2.1 *Benefício de ordem*

A solidariedade tributária não comporta benefício de ordem (CTN, art. 124, parágrafo único). É certo que a solidariedade em princípio não comporta o benefício de ordem, mas o Código afastou qualquer dúvida que pudesse ser levantada a esse respeito.

O que é o *benefício de ordem*? É o direito à observância de uma ordem ou sequência preestabelecida para a execução, operando-se esta primeiramente contra um, e só depois contra o outro. Isto é o que se conclui do estabelecido pelo Código Civil, segundo o qual "o fiador demandado pelo pagamento da dívida tem direito a exigir, até a contestação da lide, que sejam primeiro executados os bens do devedor". Neste caso nomeará bens do devedor, situados no mesmo Município, livres e desembargados, quantos bastem para solver o débito (art. 827 e seu parágrafo único).

Ressalte-se que o Código Civil, ao cuidar da solidariedade passiva (arts. 275 a 285), não se refere ao benefício de ordem, de sorte que ele não existe nesse tipo de obrigação mesmo no âmbito do direito privado. Não seria possível, portanto, invocar-se a aplicação subsidiária deste, de sorte que o Código Tributário Nacional poderia ter silenciado a respeito. De todo modo, a norma do parágrafo único do art. 124 do CTN tem função esclarecedora que afasta controvérsias.

As dívidas tributárias, portanto, quando exista solidariedade passiva, podem ser cobradas de qualquer dos sujeitos passivos. Salvo, é claro, a incidência de dispositivo específico de lei tributária.

6.2.2 *Efeitos da solidariedade*

Se não houver lei dispondo de outro modo, nas obrigações em que existirem obrigados solidários (a) o pagamento efetuado por um aproveita aos demais, isto é, desde que um pague, os demais ficam desobrigados; (b) a isenção ou remissão do crédito tributário respectivo exonera todos os obrigados, a não ser que tenha sido outorgada a um deles em caráter pessoal, pois neste caso subsiste a solidariedade quanto aos demais, pelo saldo; (c) a interrupção da prescrição, em favor ou contra um dos obrigados, favorece ou prejudica os demais (CTN, art. 125).

Interessante aplicação do preceito pelo qual o pagamento, feito por um dos coobrigados, aproveita aos demais pode dar-se no caso em que um estabelecimento comercial transfira mercadorias para outro, no mesmo Município, sem lançar, e por isto sem pagar, o ICMS respectivo. O mesmo valor que deixa de ser pago pelo remetente, salvo situação excepcional, será pago a mais pelo destinatário, porque este não terá a seu favor o crédito correspondente. Os estabelecimentos da mesma pessoa jurídica são considerados sujeitos passivos autônomos, mas são, por força de lei, solidariamente obrigados pelas dívidas de ICMS uns dos outros. Por isto, o pagamento feito pelo destinatário aproveita ao remetente, do qual nada poderá ser cobrado na situação mencionada.

6.3 *Capacidade tributária*

As normas do direito tributário orientam-se sempre no sentido de atingir a realidade econômica das relações que disciplinam e evitar a fraude. Por isto não se perdem no formalismo dominante em outros ramos do Direito.

Assim é que, sendo o sujeito passivo da obrigação tributária uma pessoa natural, ou física, sua capacidade tributária independe da civil. Mesmo sendo juridicamente incapaz, nos termos do direito civil, em face do direito tributário tem ela plena capacidade jurídica (CTN, art. 126, I). Também não afetam a capacidade jurídica do sujeito passivo da obrigação tributária as medidas que importem privação, ou limitação, do exercício de atividades civis, comerciais ou profissionais, ou da administração direta de seus bens ou negócios (CTN, art. 126, II). Assim, aquele que exerce o comércio estando proibido de fazê-lo não é incapaz do ponto de vista tributário. O profissional liberal que, suspenso do exercício profissional pelo órgão fiscalizador respectivo, exerce, assim mesmo, sua profissão é plenamente capaz em face do direito tributário. Finalmente, qualquer restrição ou limitação à capacidade jurídica das pessoas é irrelevante no que diz respeito à sujeição tributária passiva.

Sendo o sujeito passivo da obrigação tributária uma pessoa jurídica, a capacidade desta independe de estar regularmente constituída, bastando que configure uma unidade econômica ou profissional (CTN, art. 126, III). Assim, uma sociedade comercial *irregular*, ou mesmo *de fato*, desde que configure uma unidade econômica ou profissional, pode ser sujeito passivo.

As razões práticas que justificam essas regras sobre a capacidade tributária passiva são evidentes. Não fosse assim, muita gente alegaria incapacidade jurídica, decorrente de menoridade, desenvolvimento mental incompleto ou retardado, entre outros. Ou as pessoas jurídicas alegariam falta de arquivamento de seus atos constitutivos no Registro do Comércio, ou uma irregularidade qualquer, para fugirem às obrigações tributárias.

Também no plano da lógica jurídica justifica-se a regra do art. 126 do CTN. É que a capacidade jurídica está ligada à questão da vontade como elemento formativo do vínculo jurídico obrigacional. Qualquer pessoa, para obrigar-se, há de ser juridicamente capaz. Ocorre que a vontade é irrelevante na formação do vínculo obrigacional tributário. Em sendo assim, não tem sentido a exigência da capacidade jurídica como condição para que alguém possa ser sujeito passivo desse tipo de obrigação.

O disposto no art. 126 do CTN há de ser entendido em consonância com o estipulado em seu art. 118.

Não se trata de prestigiar a denominada interpretação econômica. É que a obrigação tributária prescinde do elemento volitivo em sua gênese. Nasce dos elementos *lei* e *fato*. Fato objetivamente considerado, fato jurídico em sentido estrito, onde a vontade é inteiramente irrelevante. Nos atos jurídicos em geral a vontade é elemento essencial. Por isto a lei exige para a validade dos atos jurídicos o agente capaz. Agente que tenha vontade juridicamente válida. Como na formação da obrigação tributária não participa o ato, mas simplesmente o fato em sentido estrito, acontecimento considerado apenas em seu aspecto objetivo, é natural que a capacidade jurídica seja irrelevante na formação do vínculo obrigacional tributário.

Não se há de confundir, porém, a capacidade para ser sujeito passivo da obrigação tributária, vale dizer, a capacidade para fazer nascer uma obrigação tributária, com a capacidade para o exercício de direitos nesse vínculo jurídico albergados. Mesmo tratando-se de direitos residentes na relação jurídica tributária, a capacidade de exercício é sempre necessária. Por isto é que a propositura de ação anulatória de lançamento tributário, assim como a defesa na execução fiscal, exigem a capacidade jurídica.

6.4 Domicílio tributário

Em princípio o contribuinte pode escolher o seu domicílio tributário, vale dizer, o local em que manterá as suas relações com o Fisco. Mas o Código Tributário Nacional estabelece regras limitativas dessa liberdade de escolha, e estipula também regras aplicáveis na hipótese de não usar o sujeito passivo sua faculdade de escolha.

Tratando-se de pessoa natural, se não escolheu seu domicílio tributário, será tido como tal o lugar de sua residência habitual, ou, sendo esta incerta ou desconhecida, o lugar considerado como centro habitual de sua atividade (CTN, art. 127, I).

Quanto às pessoas jurídicas de direito privado, entre as quais se incluem as firmas individuais, o lugar da respectiva sede, ou, ainda, em relação a atos ou fatos que derem origem à obrigação, o lugar de cada estabelecimento (CTN, art. 127, II). Se a pessoa jurídica tem um único estabelecimento não há dificuldade, pois o local deste é o domicílio tributário. Se tem vários, pode escolher o domicílio, observando o seguinte: (a) a escolha não pode recair em local fora do território da entidade tributante, por motivos óbvios; (b) no que se refere aos tributos cujo fato gerador se verifica em relação a cada estabelecimento, como acontece, por exemplo, com o ICMS, a legislação específica geralmente exclui essa liberdade de escolha, determinando que o domicílio tributário é o local da sede de cada estabelecimento, que considera, para aquele efeito, contribuinte isolado; (c) quanto aos tributos dos quais, como no imposto de renda, o fato gerador é apurado em relação à empresa, em sua totalidade, prevalece a liberdade de escolha, limitada, porém, pela regra do § 2º do art. 127 do CTN, adiante examinada.

Quanto às pessoas jurídicas de direito público, qualquer de suas repartições no território da entidade tributante (CTN, art. 127, III).

Não cabendo, por qualquer razão, uma das regras enunciadas nos três itens do art. 127, acima mencionadas, considerar-se-á como domicílio tributário do contribuinte ou responsável o lugar da situação dos bens ou da ocorrência dos atos ou fatos que derem origem à obrigação (CTN, art. 127, § 1º). Também assim será na hipótese em que a autoridade administrativa recusar o domicílio eleito, o que é possível se este dificultar a arrecadação ou fiscalização do tributo (CTN, art. 127, § 2º).

Tudo isto pode ser resumido no seguinte: (a) existem tributos cuja legislação específica exclui ou restringe a faculdade de escolha, pelo sujeito passivo, de seu domicílio tributário; (b) nos demais tributos, vigora a liberdade de escolha; (c) a liberdade de escolha não pode ser usada para impedir ou dificultar a arrecadação ou a fiscalização do tributo, pois neste caso poderá ser recusado o domicílio escolhido; (d) ocorrendo a recusa, o domicílio tributário será o do lugar da situação dos bens ou da ocorrência dos atos ou fatos que deram origem à obrigação.

*7. **Responsabilidade tributária***

A palavra "responsabilidade" liga-se à ideia de ter alguém de *responder* pelo descumprimento de um *dever* jurídico. Responsabilidade e dever jurídico não se confundem. A responsabilidade está sempre ligada ao descumprimento do dever, isto é, à *não prestação*. É a sujeição de alguém à *sanção*. Tal sujeição geralmente é de quem tem o dever jurídico, mas pode ser atribuída a quem não o tem.

No direito tributário a palavra "responsabilidade" tem um sentido amplo e outro estrito.

Em sentido amplo, é *a submissão de determinada pessoa, contribuinte ou não, ao direito do Fisco de exigir a prestação da obrigação tributária.* Essa responsabilidade vincula qualquer dos sujeitos passivos da relação obrigacional tributária.

Em sentido estrito, é *a submissão, em virtude de disposição legal expressa, de determinada pessoa que não é contribuinte, mas está vinculada ao fato gerador da obrigação tributária, ao direito do Fisco de exigir a prestação respectiva.*

No CTN a expressão "responsabilidade tributária" é empregada em sentido amplo nos arts. 123, 128, 136 e 138, entre outros. Mas também é usada em sentido restrito, especialmente quando o Código refere-se ao *responsável* como sujeito passivo diverso do contribuinte (art. 121, II).

Com efeito, denomina-se *responsável* o sujeito passivo da obrigação tributária que, sem revestir a condição de contribuinte, vale dizer, sem ter relação pessoal e direta com o fato gerador respectivo, tem seu vínculo com a obrigação decorrente de dispositivo expresso da lei.

Essa responsabilidade há de ser atribuída a quem tenha relação com o fato gerador, isto é, a pessoa vinculada ao fato gerador da respectiva obrigação (CTN, art. 128). Não uma vinculação *pessoal* e *direta*, pois assim sendo configurada está a condição de *contribuinte*. Mas é indispensável uma relação, uma vinculação, com o fato gerador para que alguém seja considerado *responsável*, vale dizer, sujeito passivo indireto.

A lei pode, ao atribuir a alguém a *responsabilidade* tributária (em sentido restrito), liberar o contribuinte. Mas pode também atribuir responsabilidade apenas supletiva, isto é, sem liberar o contribuinte. E tanto pode ser total como pode ser apenas parcial (CTN, art. 128).

Nesse contexto, relevante é a questão de saber se a lei pode estabelecer que o contribuinte continua responsável pelo pagamento do imposto mesmo nos casos em que, em sua relação com aquele a quem a lei atribuiu a *responsabilidade* tributária, tenha suportado o ônus correspondente, que lhe foi imputado pelo *responsável*, seja mediante desconto ou mediante acréscimo no preço de mercadoria ou serviço. Em outras palavras, é relevante a questão de saber se, atribuindo a lei ao fabricante, ou revendedor atacadista, de um produto a responsabilidade pelo pagamento do imposto incidente em operações posteriores e havendo esse fabricante, ou atacadista, cobrado daquele a quem fez a venda do produto o imposto correspondente às operações posteriores, a Fazenda pode, ou não, em face do inadimplemento de sua obrigação pelo responsável, cobrar o imposto do contribuinte.

Entendemos que há de ser negativa a resposta a essa questão. É que consideramos flagrantemente contrária ao princípio da razoabilidade uma interpretação que submeta o contribuinte à cobrança de um imposto cujo ônus, comprovadamente, já suportou. Se o legislador preferiu atribuir a responsabilidade pelo pagamento do imposto a alguém que cobra o valor correspondente do contribuinte, está impondo a este uma forma de cumprir sua obrigação tributária. E havendo o cumprimento dessa obrigação, pela forma legalmente indicada, não se justifica possa a Fazenda, diante do inadimplemento por parte do legalmente eleito para fazer o pagamento, cobrar o imposto de quem já cumpriu seu dever tributário.

Um exemplo deixará mais clara a nossa posição. Admitamos que uma empresa pagou honorários a um profissional liberal e fez o desconto do imposto de renda correspondente. Entretanto, mesmo sendo responsável pelo recolhimento do imposto aos cofres públicos, não o fez. O profissional que auferiu o rendimento e o incluiu em sua declaração anual tem indiscutível direito de considerar o imposto que lhe foi descontado. Não pode ser obrigado a pagar o imposto cujo ônus já suportou quando sofreu o desconto do valor correspondente em seus honorários. E, ainda, mesmo que a fonte pagadora do rendimento não tenha recolhido aos cofres públicos o valor correspondente, o contribuinte tem o direito de haver a restituição que porventura a ele seja devida, por ocasião de sua declaração anual de ajuste.

7.1 Responsabilidade dos sucessores

No que se refere à atribuição de responsabilidade aos sucessores, importante é saber a data da ocorrência do fato gerador. Não importa a data do lançamento, vale dizer, da constituição definitiva do crédito tributário, em virtude da natureza declaratória deste, no que diz respeito à obrigação tributária. Existente esta, como decorrência do fato gerador, cuida-se de sucessão tributária. É isto o que está expresso, de outra forma, no art. 129 do Código.

Os créditos tributários relativos a impostos cujo fato gerador seja a propriedade, o domínio útil ou a posse de bens imóveis, assim como os créditos tributários relativos a taxas pela prestação de serviços referentes a tais bens, ou a contribuições de melhoria relativas aos mesmos, sub-rogam-se na pessoa dos respectivos adquirentes, salvo se no título de transferência do direito há prova de sua quitação (CTN, art. 130). Assim, se alguém vende um terreno e estava a dever o imposto territorial, ou alguma taxa correspondente a prestação de serviços relacionados com o imóvel, ou uma contribuição de melhoria, o adquirente fica obrigado ao respectivo pagamento. Essa obrigação do adquirente não existirá, porém, se da escritura de compra e venda constou a certidão, do sujeito ativo do tributo, de que o mesmo havia sido pago. A certidão de quitação. E como são exigidas certidões de quitação da Fazenda Pública, tanto Federal, como Estadual e Municipal, para a lavratura de escrituras de venda de imóveis, na prática dificilmente ocorrerá a aludida responsabilidade do adquirente.

As certidões de quitação fornecidas pela Fazenda Pública sempre ressalvam o direito de cobrar créditos tributários que venham a ser apurados. Essa ressalva, porém, não retira da certidão o efeito que lhe atribui o art. 130 do CTN. Se retirasse, aliás, ela não teria nenhum sentido, pois o adquirente ficaria sempre na incerteza, sem segurança para fazer o negócio. A ressalva constante dessas certidões prevalece apenas no sentido de poder o Fisco cobrar créditos tributários que porventura venha a apurar, contra o contribuinte, pois a certidão de quitação, mesmo com a ressalva, impede que se configure a responsabilidade tributária do adquirente do bem.

Se o bem imóvel é arrematado em hasta pública, vinculado ficará o respectivo preço. Não o bem. O arrematante não é responsável tributário (CTN, art. 130, parágrafo único). A não ser assim, ninguém arremataria bens em hasta pública, pois estaria sempre sujeito a perder o bem arrematado, não obstante tivesse pago o preço respectivo. Justifica-se o disposto no art. 130 do CTN porque entre o arrematante e o anterior proprietário do bem não se estabelece relação jurídica nenhuma. A propriedade é adquirida pelo arrematante em virtude de ato judicial e não de ato negocial privado.

O Código Tributário Nacional atribui responsabilidade pessoal (a) ao adquirente, ou remitente, pelos tributos relativos aos bens adquiridos ou remidos; (b) ao sucessor a qualquer título e ao cônjuge meeiro, pelos tributos devidos pelo autor da herança até a data da partilha ou adjudicação, limitada, essa responsabilidade, ao valor do quinhão, do legado ou da meação; e, finalmente, (c) ao espólio, pelos tributos devidos pelo autor da herança até a abertura da sucessão (art. 131).

O adquirente, ou remitente, de *quaisquer bens*, sejam móveis ou imóveis, responde pelos tributos relativos a esses bens. Tratando-se de *imóveis*, nos termos do art. 130 do CTN. Tratando-se de bens *móveis* ou *semoventes*, nos termos do art. 131, I. As duas normas têm cada qual o seu suporte fático. Foi excluída, pelo Decreto-lei 28, de 14.11.1966, a parte final do art. 131, I, que condicionava a responsabilidade ao fato de haver a aquisição ou remição sido feita "com inobservância do disposto no art. 191" do mesmo Código, vale dizer, sem a prova de quitação dos tributos respectivos. Ampliou-se com isso, mais ainda, a abrangência da regra. Já não importa a prova da quitação dos tributos, pois se algum, relativo ao bem, é devido, o adquirente ou remitente responde pelos respectivos pagamentos. Notória, como se vê, a injustiça dessa ampliação. Aliás, parece-nos invocável, havendo quitação dos tributos, a aplicação da regra do art. 130, por integração analógica, segundo o art. 108, I, do CTN. Aplica-se, também, por analogia, a norma do parágrafo único do art. 130 aos casos de arrematação de bens móveis ou semoventes. É inadmissível atribuir-se a alguém que arrematou bens em leilão público a responsabilidade pelos tributos devidos pelo proprietário anterior, ainda que relativos aos próprios bens adquiridos.

A atribuição de responsabilidade ao adquirente pelos tributos relativos ao imóvel devidos pelo alienante tem por finalidade essencial evitar a fraude. Evitar que o devedor simule a venda de seus imóveis apenas para fugir à obrigação de fazer os pagamentos correspondentes. Tratando-se de aquisição de imóveis mediante arrematação no âmbito da execução judicial é absolutamente inadmissível. Primeiro porque a lei o diz expressa e inequivocamente. Segundo porque, como também está expressamente estabelecido, a responsabilidade do adquirente somente ocorre se não constar da escritura mediante a qual se deu a transferência da propriedade a prova de quitação dos tributos. Terceiro porque, como também está expressamente estabelecido na lei, a sub-rogação opera-se no respectivo preço. Além dessas razões, há uma outra fundamental, que certamente inspirou o próprio legislador a dispor como realmente dispôs. É que a atribuição de responsabilidade ao adquirente tornaria inteiramente inviável a venda judicial do bem.

Remitente é o que praticou a *remição*. Remissão (com "ss"), mencionada no art. 156, IV, do CTN, significa perdão. Aqui se cuida de *remição* (com "ç"), ato de o devedor pagar a dívida e resgatar um bem.

A remição é instituto de direito privado. Dele cuidavam os arts. 802, VI, 815, § 1º, 816, §§ 1º e 5º, 818 e 849, IV, todos do CC brasileiro de 1916. Note-se, a propósito, que no Código Civil vê-se em diversos dispositivos a palavra "remissão" (com "ss"), que é objeto de notas de rodapé de Theotônio Negrão censurando a redação, que deveria ser "remição" (com "ç").

No Código Civil de 2002 vê-se referência a "remição", embora a publicação oficial contenha a palavra "remissão" (art. 1.436, V), no sentido de resgate da coisa penhorada. O remitente adquire a coisa. Importante, aqui, é ressaltarmos que a palavra "remitente" está utilizada no Código Tributário Nacional com sentido equivalente ao de "adquirente".

Sucessor a qualquer título, a que se refere o art. 131, II, é o que passa a ser proprietário em virtude do falecimento do proprietário anterior. A expressão pode parecer mais ampla, todavia há de ser entendida no contexto em que se encarta, e como o dispositivo fala em tributos devidos pelo *de cujus*, é evidente que abrange somente a sucessão por causa da morte. Aliás, se assim não fosse ter-se-ia desnecessária repetição das regras anteriores.

A responsabilidade é pelos tributos devidos até a data da *partilha* ou da *adjudicação*. Daí por diante, como proprietário dos bens, o sucessor assume a condição de contribuinte.

Com o Código Civil de 2002 o cônjuge passou a ser herdeiro necessário (art. 1.845). Isto, porém, não altera a norma do Código Tributário Nacional; e, seja como for, *meação* e *herança* não se confundem. *Meação* é a parte do patrimônio do falecido a que o cônjuge sobrevivente tem direito segundo o regime de bens adotado no casamento. *Herança* é o que se transfere do cônjuge falecido para seus herdeiros. Daí por que o Código Tributário Nacional se referiu ao *sucessor* e ao *meeiro*, posto que na vigência do Código Civil de 1916 o meeiro podia não ser herdeiro – vale dizer, podia não ser sucessor.

A responsabilidade de um e de outro é limitada. Não vai além do valor do quinhão, para o herdeiro; do legado, para o legatário; e da meação, para o meeiro.

Denomina-se *espólio* o patrimônio de uma pessoa depois de sua morte e antes de concluído o respectivo inventário. É administrado pelo inventariante.

Segundo a Lei 6.830, de 22.9.1980, o inventariante que, antes de garantido o pagamento dos créditos da Fazenda Pública, alienar ou der em garantia quaisquer dos bens administrados responde pelo valor desses bens (art. 4º, § 1º).

Em face do art. 131, I, do CTN, pode ser levantada a questão de saber se o alienante do bem fica liberado, em face da responsabilidade assumida pelo adquirente. Parece-nos que o alienante, devedor do tributo, continua responsável pelo respectivo pagamento, sem prejuízo da responsabilidade assumida pelo adquirente.

7.2 Fusão, transformação ou incorporação

A pessoa jurídica de direito privado que resultar de fusão, transformação ou incorporação de outra, ou em outra, é responsável pelos tributos devidos até a data do ato pelas pessoas jurídicas de direito privado fusionadas, transformadas ou incorporadas (CTN, art. 132).

Os conceitos de "fusão", "transformação" e "incorporação" figuram na Lei das Sociedades por Ações. Já estavam no Decreto-lei 2.627, de 26.9.1940, e estão agora na Lei 6.404, de 15.12.1976, que acrescentou a tais operações a *cisão*.

Fusão é a operação pela qual se unem duas ou mais sociedades para formar sociedade nova, que lhes sucederá em todos os direitos e obrigações (Lei 6.404/1976, art. 228).

Transformação é a mudança de forma societária. É a operação pela qual uma sociedade passa, sem dissolução e liquidação, de um tipo para outro (Lei 6.404/1976, art. 220). Deixa de ser anônima e passa a ser limitada, ou deixa de ser limitada e passa a ser anônima, ou em nome coletivo, ou de capital e indústria, ou outro tipo societário qualquer. A rigor, não há, neste caso, uma sucessão. A pessoa jurídica continua sendo a mesma, apenas adotando nova *forma* jurídica. Daí por que no direito privado recebe tratamento diferente daquele dispensado às operações de fusão, incorporação e cisão, como se pode verificar dos arts. 222, 232, 233 e 234 da vigente Lei das Sociedades por Ações.

Incorporação é a operação pela qual uma ou mais sociedades são absorvidas por outra que lhes sucede em todos os direitos e obrigações (Lei 6.404/1976, art. 227).

Pela *cisão*, a sociedade transfere parcelas de seu patrimônio para uma ou mais sociedades, constituídas para esse fim ou já existentes. Extingue-se a sociedade cindida se houver versão de todo o patrimônio. Havendo versão apenas de parte do patrimônio, divide-se o seu capital (Lei 6.404/1976, art. 229).

A sociedade *cindida* que subsistir, naturalmente por ter havido versão apenas parcial de seu patrimônio, e as que absorverem parcelas de seu patrimônio responderão solidariamente pelas obrigações da primeira anteriores à cisão.

Havendo extinção da sociedade cindida, isto é, no caso de versão total, as sociedades que absorverem as parcelas de seu patrimônio responderão solidariamente pelas obrigações da cindida (Lei 6.404/1976, art. 223). Respondem, assim, obviamente, pelas dívidas tributárias.

7.3 Continuação da atividade

Na hipótese de extinção da pessoa jurídica, também responde por suas dívidas tributárias o sócio, ou seu espólio, que, sob a mesma ou outra razão social, ou sob firma individual, continua a exploração da respectiva atividade (CTN, art. 132, parágrafo único). Dizemos "também" porque na hipótese de extinção de pessoa jurídica é possível que subsistam outros responsáveis, vale dizer, outras pessoas que respondam pelas dívidas tributárias da pessoa extinta por razões diversas da continuação de sua atividade.

De igual modo, a pessoa natural ou jurídica de direito privado que adquirir de outra, por qualquer título, fundo de comércio ou estabelecimento comercial, industrial ou profissional e *continuar a respectiva exploração*, sob a mesma ou outra razão social, ou sob firma individual, responde pelos tributos relativos ao fundo de comércio ou ao estabelecimento adquirido. Essa responsabilidade é integral se houver o alienante cessado a respectiva exploração. Será subsidiária com o alienante se este prosseguir na exploração ou iniciar dentro de seis meses, a contar da data da alienação, nova atividade no mesmo ou em outro ramo de comércio, indústria ou profissão (CTN, art. 133).

"Responder *subsidiariamente*" significa que em primeiro lugar a dívida há de ser cobrada do alienante do fundo ou estabelecimento, e se este não tiver com que pagar será cobrada do adquirente.

Tal como acontece com o art. 131, I, também o art. 133, I, enseja a questão de saber se o alienante continua vinculado à obrigação tributária. A regra legal diz apenas que o adquirente responde "integralmente, se o alienante cessar a exploração do comércio, indústria ou atividade". Quem diz "integralmente" não está dizendo "exclusivamente". Pode ocorrer que o adquirente, em virtude de débitos trabalhistas ou mesmo de outros débitos tributários, não tenha condições de fazer o pagamento. Seu patrimônio pode ser insuficiente para garantir o pagamento da dívida tributária que assumiu com a aquisição. O alienante, mesmo havendo cessado a respectiva exploração, continua responsável.

Existem valiosas manifestações em sentido contrário. Não nos parecem, todavia, procedentes. A palavra "integralmente", no inciso I do art. 133 do CTN, há de ser entendida como *solidariamente*, e não como *exclusivamente*. O elemento teleológico da interpretação impõe esse entendimento, que afasta a possibilidade de práticas fraudulentas. Havendo mais de uma interpretação possível, não se há de preferir aquela que dá oportunidade para fraudes. O aperfeiçoamento do ordenamento jurídico o exige.

Ressalte-se que o inciso I do art. 109 do Projeto de Lei do Senado 173/1989, reproduzindo a regra do art. 133 do atual CTN, consagra nosso entendimento, posto que está assim redigido: "diretamente, como se fosse o próprio contribuinte, mas sem prejuízo da responsabilidade do alienante, se este cessar a exploração do comércio, indústria ou atividade".

Em síntese, na hipótese do art. 133, I, o adquirente responde solidariamente com o alienante que cessou a exploração do comércio, indústria ou atividade. Já, na hipótese do inciso II o adquirente responde subsidiariamente com o alienante que prosseguiu na exploração, ou iniciou, dentro de seis meses, nova atividade no mesmo ou em outro ramo de comércio, indústria ou atividade.

A Lei Complementar 118, de 9.2.2005, acrescentou três §§ ao art. 133 do CTN.

No § 1º, duas exceções à norma da cabeça do artigo. Disse que tal norma não se aplica na hipótese de alienação judicial em processo de falência (§ 1º, I), nem quando se tratar de filial ou unidade produtiva isolada em processo de recuperação judicial (§ 1º, II). Assim, excluiu a responsabilidade tributária por sucessão nessas duas hipóteses – e o fez com acerto. No processo de falência, atribuir ao adquirente dos bens que integram a massa falida, para continuar a atividade empresarial, a responsabilidade pelos tributos devidos pelo falido é frustrar a possibilidade de preservar a empresa. Na prática, na generalidade dos casos, ninguém se interessa pela aquisição dos bens da massa falida exatamente porque as dívidas tributárias desta são muito elevadas, o que torna absolutamente desvantajoso o negócio.

No § 2º cuidou o legislador de evitar que a referida exceção possa ser utilizada de forma fraudulenta. Estabeleceu que a exceção não se aplica – prevalecendo, portanto, a norma da cabeça do artigo – quando o adquirente for: (a) sócio da sociedade falida ou em recuperação judicial; (b) sociedade controlada pelo devedor falido ou em recuperação judicial; (c) parente, em linha reta ou colateral até o 4º grau, consanguíneo ou afim, do devedor falido ou em recuperação judicial ou de qualquer de seus sócios; (d) identificado como agente do falido ou do devedor em recuperação judicial com o objetivo de fraudar a sucessão tributária.

Não obstante justificável essa cautela, para impedir práticas fraudulentas, ela está expressa albergando um ponto que certamente vai suscitar problemas: resta imprecisa a definição da hipótese na qual, sem poder ser enquadrado em nenhuma das situações nas quais a fraude é presumida, o adquirente dos bens pode ser "identificado como agente do falido ou do devedor em recuperação judicial com o objetivo de fraudar a sucessão tributária". É certo que em determinadas situações – como, por exemplo, naquela em que o adquirente, segundo suas declarações de rendimentos e de bens, não disponha de meios para fazer a aquisição – a fraude pode ser presumida. Mas a norma, como está, pode ensejar arbitrariedades que terminarão por frustrar os bons propósitos da exceção aberta à regra da responsabilidade por sucessão.

No § 3º estabeleceu que, em processo de falência, o produto da alienação judicial de empresa, filial ou unidade produtiva isolada permanecerá em conta de depósito à disposição do juízo de falência pelo prazo de um ano, contado da data da alienação, somente podendo ser utilizado para o pagamento de créditos extraconcursais ou de créditos que preferem ao tributário.

7.4 Responsabilidade de terceiros

O art. 134 do CTN estabelece que, nos casos de impossibilidade do cumprimento da obrigação principal pelo contribuinte, respondem solidariamente com este, nos atos em que intervierem ou pelas omissões de que forem responsáveis, (a) os pais, pelos tributos devidos por seus filhos menores; (b) os tutores e curadores, pelos tributos devidos por seus tutelados ou curatelados; (c) os administradores de bens de terceiros, pelos tributos devidos por estes; (d) o inventariante, pelos tributos devidos pelo espólio; (e) o síndico e o comissário, pelos tributos devidos pela massa falida ou pelo concordatário; (f) os tabeliães, escrivães e demais serventuários de ofício, pelos tributos devidos sobre os atos praticados por eles, ou perante eles, em razão de seu ofício; (g) os sócios, no caso de liquidação de sociedade de pessoas. Essa responsabilidade, porém, segundo esclarece o parágrafo único do mesmo art. 134, não se refere a todo o crédito tributário. Em matéria de penalidade, só alcança as de caráter moratório.

A responsabilidade de terceiros, prevista no art. 134 do CTN, pressupõe duas condições: a primeira é que o contribuinte não possa cumprir sua obrigação, e a segunda é que o terceiro tenha participado do ato que configure o fato gerador do tributo, ou em relação a este se tenha indevidamente omitido. De modo nenhum se pode concluir que os pais sejam sempre responsáveis pelos tributos devidos por seus filhos menores. Nem que os tutores ou curadores sejam sempre responsáveis pelos tributos devidos pelos seus tutelados ou curatelados etc. É preciso que exista uma relação entre a obrigação tributária e o comportamento daquele a quem a lei atribui a responsabilidade.

A responsabilidade dos terceiros, mencionada no art. 134 do Código, só se aplica aos tributos e às penalidades de caráter moratório.

A Lei 6.830, de 22.9.1980, embora tenha estabelecido que, "nos processos de falência, concordata, liquidação, inventário, arrolamento ou concurso de credores, nenhuma alienação será judicialmente autorizada sem a prova de quitação da Dívida Ativa ou a concordância da Fazenda Pública" (art. 31), estabeleceu também que, sem prejuízo dessa regra, "o síndico, o comissário, o liquidante, o inventariante e o administrador, nos casos de falência, concordata, liquidação, inventário, insolvência ou concurso de credores, se, antes de garantidos os créditos da Fazenda Pública, alienarem ou derem em garantia quaisquer dos bens administrados, respondem, solidariamente, pelo valor desses bens" (art. 4º, § 1º).

São pessoalmente responsáveis pelos créditos correspondentes a obrigações tributárias resultantes de atos praticados com excesso de poderes ou infração de lei, contrato social ou estatutos as pessoas mencionadas no art. 134 do CTN, e ainda (a) os mandatários, prepostos e empregados; (b) os diretores, gerentes ou representantes de pessoas jurídicas de direito privado (CTN, art. 135).

Note-se que as pessoas mencionadas no art. 134, se agirem com excesso de mandato, infração à lei ou contrato, assumem plena responsabilidade pelos créditos tributários respectivos. Deixam de responder apenas na *impossibilidade de exigência do cumprimento da obrigação principal pelo contribuinte*, e passam à posição de responsáveis solidários.

Questão de grande relevância em matéria de responsabilidade tributária consiste em determinar o alcance do art. 135, III, do CTN e, assim, saber em que circunstâncias os diretores, gerentes ou representantes de pessoas jurídicas de direito privado respondem pelos créditos tributários dos quais sejam estas contribuintes. É claro que, tratando-se de sociedades nas quais a lei específica não limita a responsabilidade dos sócios, não há qualquer dificuldade. Entretanto, nas sociedades por quotas de responsabilidade limitada e nas sociedades anônimas a questão é tormentosa.

O considerável número de casos colocados em julgamento pelo Judiciário evidencia a importância prática da questão, e as divergências dos julgados demonstram como a matéria constitui uma questão extremamente difícil.

Destaque-se desde logo que a simples condição de sócio não implica responsabilidade tributária. O que gera a responsabilidade, nos termos do art. 135, III, do CTN, é a condição de administrador de bens alheios. Por isto a lei fala em *diretores, gerentes ou representantes*. Não em *sócios*. Assim, se o sócio não é diretor, nem gerente, isto é, se não pratica atos de administração da sociedade, responsabilidade não tem pelos débitos tributários desta.

Também não basta ser diretor, ou gerente, ou representante. É preciso que o débito tributário em questão resulte de ato praticado com excesso de poderes ou infração de lei, contrato social ou estatutos. Estabelecer quando se caracteriza o excesso de poderes, ou a infração da lei, do contrato ou do estatuto, é questão ainda a carecer de esclarecimentos. Há quem entenda – e assim decidiu, em alguns casos, o extinto Tribunal Federal de Recursos/TFR – que o não recolhimento do tributo constitui infração da lei suficiente para ensejar a aplicação do art. 135, III, do CTN. Não nos parece que seja assim. Se o não pagamento do tributo fosse infração à lei capaz de ensejar a responsabilidade dos diretores de uma sociedade por quotas, ou de uma sociedade anônima, simplesmente inexistiria qualquer limitação da responsabilidade destes em relação ao Fisco. Aliás, inexistiria essa limitação mesmo em relação a terceiros.

As leis societárias, mesmo quando limitam a responsabilidade dos sócios, atribuem aos administradores responsabilidade pelos atos praticados com violação da lei, do contrato ou estatuto. E o próprio art. 135, III, do CTN estabelece que os diretores, gerentes ou representantes de pessoas jurídicas de direito privado respondem pessoalmente pelos créditos correspondentes a obrigações tributárias resultantes de atos praticados com excesso de poderes ou infração de lei, contrato social ou estatutos.

De todos esses dispositivos legais se conclui que a regra é a de que os diretores, gerentes ou representantes de pessoas jurídicas de direito privado *não* respondem pessoalmente pelos tributos devidos por tais pessoas jurídicas. E a exceção é a de que existirá tal responsabilidade tratando-se de créditos decorrentes de obrigações tributárias resultantes de atos praticados com excesso de poderes ou infração de lei, contrato social ou estatutos.

Não se pode admitir que o não pagamento do tributo configure a infração de lei capaz de ensejar tal responsabilidade, porque isto levaria a suprimir-se a regra, fazendo prevalecer, em todos os casos, a exceção. O não cumprimento de uma obrigação qualquer, e não apenas de uma obrigação tributária, provocaria a responsabilidade do diretor, gerente ou representante da pessoa jurídica de direito privado inadimplente. Mas tal conclusão é evidentemente insustentável. O que a lei estabelece como regra, isto é, a limitação da responsabilidade dos diretores ou administradores dessas pessoas jurídicas, não pode ser anulado por esse desmedido elastério dado à exceção.

É importante notar-se que a responsabilidade dos sócios-gerentes, diretores e administradores de sociedades, nos termos do art. 135, III, do CTN, é por *obrigações resultantes de atos praticados com excesso de poderes ou infração de lei, contrato social ou estatutos*. Poder-se-ia, assim, sustentar que a obrigação, pela qual respondem, há de ser *resultante* de atos irregularmente praticados. O próprio nascimento da obrigação tributária já teria de ser em decorrência de atos irregulares. Mas tal posição levaria a excluir-se a responsabilidade em exame toda vez que os atos irregulares, violadores da lei ou do estatuto, fossem posteriores à ocorrência do fato gerador do tributo. Operar-se-ia, assim, injustificável redução no alcance da regra jurídica em estudo.

O extinto TFR já decidira que o não recolhimento de contribuições previdenciárias descontadas de empregados e do IPI implica responsabilidade dos diretores de sociedades. O Decreto-lei 1.736, de 20.12.1979, estabeleceu que "são solidariamente responsáveis com o sujeito passivo os acionistas controladores, os diretores, gerentes ou representantes de pessoas jurídicas de direito privado, pelos créditos decorrentes do não recolhimento do imposto sobre produtos industrializados e do imposto sobre a renda descontado na fonte" (art. 8º). Essa responsabilidade restringe-se ao período da respectiva administração, gestão ou representação (art. 8º, parágrafo único).

Pode-se questionar a respeito da validade dessa disposição do Decreto-lei 1.736/1979, tendo em vista que a responsabilidade tributária é matéria compreendida no campo reservado à lei complementar, nos termos do art. 146, III, da CF. De qualquer forma, nota-se que a jurisprudência já se vinha orientando no mesmo sentido da regra em referência, que, assim, praticamente não fez inovação.

Com acerto decidiu o TFR que, deixando a sociedade de operar, sem ter havido sua regular liquidação, os sócios-gerentes, diretores e administradores respondem pelas dívidas tributárias desta. Há, nesses casos, uma presunção de que tais pessoas se apropriaram dos bens pertencentes à sociedade.

Em conclusão, a questão em exame pode ser assim resumida: (a) os sócios-gerentes, diretores e administradores de sociedades por quotas de responsabilidade limitada, ou anônimas, em princípio não são pessoalmente responsáveis pelas dívidas tributárias destas; (b) tratando-se de IPI, ou de imposto de renda retido na fonte, haverá tal responsabilidade, por força da disposição expressa do Decreto-lei 1.736/1979; (c) relativamente aos demais tributos, a responsabilidade em questão só existirá quando a pessoa jurídica tenha ficado sem condições econômicas para responder pela dívida em decorrência de atos praticados com excesso de poderes ou violação da lei, do contrato ou do estatuto; (d) a liquidação irregular da sociedade gera a presunção da prática desses atos abusivos ou ilegais.

Em síntese, *os atos praticados com excesso de poderes ou infração de lei, contrato social ou estatutos*, aos quais se reporta o art. 135, III, do

CTN, *são aqueles atos em virtude dos quais a pessoa jurídica tornou-se insolvente.*

No 5º Simpósio Nacional de Direito Tributário, realizado em São Paulo em outubro/1980, prevaleceu, contra nosso voto, a tese de que o art. 135 cuida de hipótese de substituição, e por isto a responsabilidade de qualquer das pessoas no mesmo referidas implica a exoneração da pessoa jurídica. Parece-nos inteiramente inaceitável tal entendimento. A lei diz que são *pessoalmente* responsáveis, mas não diz que sejam os únicos. A exclusão da responsabilidade, a nosso ver, teria de ser expressa.

Com efeito, a responsabilidade do contribuinte decorre de sua condição de sujeito passivo *direto* da relação obrigacional tributária. Independe de disposição legal que expressamente a estabeleça. Assim, tratando-se de responsabilidade inerente à própria condição de contribuinte, não é razoável admitir-se que desapareça sem que a lei o diga expressamente. Isto, aliás, é o que se depreende do disposto no art. 128 do CTN, segundo o qual "a lei pode atribuir de modo expresso a responsabilidade pelo crédito tributário a terceira pessoa, vinculada ao fato gerador da respectiva obrigação, excluindo a responsabilidade do contribuinte ou atribuindo-a a este em caráter supletivo do cumprimento total ou parcial da referida obrigação". Pela mesma razão que se exige dispositivo legal expresso para a atribuição da responsabilidade a terceiro, também se há de exigir dispositivo legal expresso para excluir a responsabilidade do contribuinte.

Assim, as obrigações tributárias decorrentes de atos praticados com excesso de poderes ou infração de lei, contrato social ou estatutos nascem com mais de um sujeito passivo, sendo um *contribuinte*, conforme definição do art. 121, I, e um ou mais *responsáveis*, conforme definição do art. 121, II, do CTN.

7.5 Responsabilidade por infrações. Sua exclusão pela denúncia espontânea

O art. 136 parece levar à conclusão de que, pelo menos em princípio, pode haver um *responsável* além do agente. Ou, em outras palavras, poder-se-ia concluir do art. 136 que, em matéria de penalidades tributárias, não se aplicaria a norma do art. 5º, XLV, da CF, pela qual "nenhuma pena passará da pessoa do delinquente". Não nos parece, porém, seja esta a conclusão mais coerente. A interpretação das normas do Código Tributário Nacional não pode afastar, direta ou indiretamente, as regras da Constituição Federal. Cabe ao intérprete descobrir o sentido e o alcance de umas e das outras, de sorte a que resultem compatíveis. Não sendo isto possível, prevalecem, evidentemente, as regras da Constituição.

O art. 136 do CTN não estabelece a responsabilidade objetiva em matéria de penalidades tributárias, mas a responsabilidade por culpa presumida. A diferença é simples. Na responsabilidade objetiva não se pode questionar a respeito da intenção do agente. Já, na responsabilidade por culpa presumida tem-se que a responsabilidade independe da intenção apenas no sentido de que não há necessidade de se demonstrar a presença de dolo ou de culpa, mas o interessado pode excluir a responsabilidade fazendo a prova de que, além de não ter a intenção de infringir a norma, teve a intenção de obedecer a ela, o que não lhe foi possível fazer por causas superiores à sua vontade.

Observe-se também que os arts. 136 e 137 devem ser interpretados em conjunto, e especialmente tendo-se em vista que as infrações à legislação tributária em sua maioria estão hoje definidas como crimes pela Lei 8.137/1990.

Da maior relevância é a regra do art. 137 do CTN, a saber: "Art. 137. A responsabilidade é pessoal ao agente: I – quanto às infrações conceituadas por lei como crimes ou contravenções, salvo quando praticadas no exercício regular de administração, mandato, função, cargo ou emprego, ou no cumprimento de ordem expressa emitida por quem de direito; II – quanto às infrações em cuja definição o dolo específico do agente seja elementar; III – quanto às infrações que decorram direta e exclusivamente de dolo específico: a) das pessoas referidas no art. 134, contra aquelas por quem respondem; b) dos mandatários, prepostos ou empregados, contra seus mandantes, preponentes ou empregadores; c) dos diretores, gerentes ou representantes de pessoas jurídicas de direito privado, contra estas".

O inciso I do art. 137, acima transcrito, parece albergar uma contradição. O cometimento de infrações, que consubstancia conduta necessariamente ilícita, não seria compatível com o exercício *regular* de administração, mandato, função, cargo ou emprego. A contradição, porém, é apenas aparente, porque a palavra "regular", nesse dispositivo, deve ser entendida como "de acordo com a vontade da empresa". Aquele que age de acordo com a vontade da empresa a que serve não tem responsabilidade pessoal pelas infrações tributárias, pois a responsabilidade tributária em tais casos é da empresa. Pela mesma razão, também não assume responsabilidade pessoal por infrações tributárias aquele que *age no cumprimento de ordem expressa de quem de direito*. A responsabilidade será de quem deu a ordem.

A parte final do inciso I pode parecer supérflua. A primeira parte da ressalva seria suficiente. Pode acontecer, porém, que um empregado pratique infração tributária, como, por exemplo, a emissão de uma nota fiscal com valor inferior ao preço efetivamente praticado, e o faça por ordem expressa do gerente de vendas, que não é proprietário e está agindo contra a vontade e contra os interesses da empresa. Neste caso não se poderia falar no exercício regular das atribuições do empregado. Daí a ampliação da ressalva, feita pela parte final do inciso I, para abranger situações que poderiam não estar abrangidas pela primeira parte do dispositivo.

O inciso II diz respeito às infrações nas quais o dolo específico do agente é elementar. Diz-se que o dolo específico é elementar quanto esteja colocado como elemento essencial para a configuração da infração, vale dizer, quando a própria descrição da infração refere-se à conduta dolosa. A configuração da infração exige a presença da vontade de praticar a conduta ilícita de que se cuida. Já, o inciso III diz respeito às infrações que decorram direta e exclusivamente de dolo específico. Infrações nas quais o dolo específico não é elementar, vale dizer, infrações que podem ser praticadas com ou sem dolo específico. Mas que, no caso, foram praticadas dolosamente.

A distinção entre as situações previstas nos incisos II e III impõe-se no plano teórico, mas para os fins visados pelo art. 137 do CTN melhor seria uma norma que abrangesse as duas situações, referindo-se simplesmente às infrações praticadas com dolo específico.

Como não é possível determinar com segurança o elemento subjetivo, a distinção se faz por um critério objetivo: a vantagem. Presume-se ser o cometimento da infração ato de vontade daquele que é o beneficiário do proveito econômico dela decorrente. A norma do inciso III do art. 137 do CTN adota esse princípio. Assim, se restar comprovado que um empregado vendia mercadorias sem nota fiscal e se apropriava do preço correspondente, em prejuízo da empresa, tem-se que esta não responde pela infração tributária, que é assumida pelo empregado infrator.

É possível, a final, concluir-se que o responsável assume as penalidades tributárias nos seguintes casos: (a) quando as penalidades decorrerem de atos praticados com excesso de poderes ou infração de lei, contrato social ou estatutos (casos do art. 135); (b) quando se posicionar na qualidade de sucessor em virtude de ato de cuja formação participe a vontade do sucedido (arts. 130, 131, I, 132 e 133).

A responsabilidade é excluída pela denúncia espontânea da infração, acompanhada, se for o caso, do pagamento do tributo devido e dos juros de mora (CTN, art. 138). Assim, o sujeito passivo que procura o Fisco, espontaneamente, e confessa o cometimento de infração não será punido. Sua responsabilidade fica excluída pela denúncia espontânea da infração. Mas se o cometimento da infração implicou o não pagamento de tributo, a denúncia há de ser acompanhada do pagamento do tributo devido.

Pode ocorrer que o contribuinte tome a iniciativa de confessar o cometimento de infração e peça à autoridade para mandar apurar o montante do tributo devido. Neste caso a autoridade poderá arbitrar um valor a ser depositado pelo contribuinte. Se faz esse arbitramento, o depósito do valor correspondente é condição essencial para que a responsabilidade do infrator fique excluída. Na prática, porém, esse arbitramento geralmente não é feito. Se assim ocorre, o depósito, obviamente, não pode ser exigido. Determinado o montante do tributo, o contribuinte deve ser notificado para fazer o respectivo pagamento, sem acréscimo de qualquer penalidade. A denúncia espontânea da infração, nos termos do art. 138 do CTN, exclui qualquer penalidade, inclusive a multa de mora.

Os juros podem ser exigidos com o nome de multa de mora. Não multa e juros. O que pode ser exigido é o pagamento de certa quantia a título de indenização pela mora, quer tenha esta o nome de juros ou de multa. O rótulo é de nenhuma importância. Relevante é o montante cobrado, em relação ao montante pago com atraso, que há de se limitar ao praticado na cobrança dos juros de mora.

Como a lei diz que a denúncia há de ser acompanhada, *se for o caso*, do pagamento do tributo devido, resta induvidoso que a exclusão da responsabilidade tanto se refere a infrações das quais decorra o não pagamento do tributo como a infrações meramente formais, vale dizer, infrações das quais não decorra o não pagamento do tributo. Inadimplemento de obrigações tributárias meramente acessórias.

O cumprimento de uma obrigação acessória fora do prazo legal configura nitidamente uma forma de denúncia espontânea da infração, e afasta, portanto, a responsabilidade do sujeito passivo. Assim, se alguém faz a sua declaração de rendimentos fora do prazo legal, mas o faz espontaneamente, porque antes de qualquer procedimento fiscal, nenhuma penalidade é cabível. Lei ordinária que estabelece o contrário é desprovida de validade, porque conflitante com o art. 138 do CTN.

Aliás, o atraso no cumprimento de uma obrigação tributária acessória nem pode, a rigor, ser considerado mora. Tradicionalmente o termo "mora" tem sido utilizado para designar o atraso no pagamento, e quando se sustentou a não aplicação do art. 138 do CTN à multa de mora argumentou-se com a natureza não punitiva, mas simplesmente indenizatória desta.

Seja como for, o certo é que o inadimplemento de uma obrigação tributária, seja principal ou acessória, constitui uma infração. Assim, se o sujeito passivo da obrigação descumprida resolve, espontaneamente, pelo seu cumprimento, pode fazê-lo sem qualquer penalidade.

O art. 138 do CTN é um instrumento de política legislativa tributária. O legislador estimulou o cumprimento espontâneo das obrigações tributárias, premiando o sujeito passivo com a exclusão de penalidades quando este espontaneamente denuncia a infração cometida e paga, sendo o caso, o tributo devido.

Já sustentamos, inclusive em edições anteriores deste *Curso*, que, em face do Direito vigente, a simples denúncia espontânea da infração tributária, acompanhada de pedido de parcelamento do débito respectivo, não configura a hipótese de incidência do art. 138 do CTN – e este foi o entendimento adotado pela jurisprudência predominante, a final consagrado em súmula de sua jurisprudência, pelo antigo TFR (Súmula 208).

Ocorre que a jurisprudência evoluiu, e a nosso ver evoluiu positivamente, como vamos a seguir demonstrar.

Os dois argumentos geralmente utilizados pelos que sustentam ser o art. 138 do CTN aplicável aos casos de denúncia espontânea seguida de parcelamento do débito consistem: o primeiro, na interpretação literal do art. 138 que, por não distinguir o pagamento à vista do pagamento em parcelas, abrangeria os dois, certamente aplica-se a ambos; e o segundo, no caráter injusto da interpretação restritiva, que termina por favorecer exatamente os que dispõem de recursos financeiros, e prejudicar aqueles que se encontram em dificuldades.

Tais argumentos não nos parecem aceitáveis, embora tenham sido acolhidos pela jurisprudência do STJ.

O primeiro, porque fundado apenas na expressão literal, mostra-se inconsistente, na medida em que se pode sustentar, também, o argumento contrário, em face do mesmo dispositivo visto igualmente em sua expressão literal. Realmente, referindo-se à *denúncia espontânea da infração, acompanhada, se for o caso, do pagamento do tributo devido e dos juros de mora, ou do depósito da importância arbitrada pela autoridade administrativa, quando o montante do tributo dependa de apuração*, o art. 138 do CTN deixa fora de dúvida que o pagamento deve ser imediato. Tanto que se o montante a ser pago depender de apuração o contribuinte terá de depositar a importância arbitrada para esse fim pela autoridade competente.

O segundo, embora consistente, na verdade não se presta para demonstrar a tese porque o direito ao parcelamento nem sempre é assegurado apenas aos que demonstrem estar em dificuldades financeiras, e certamente muitos passarão a optar pelo parcelamento de seus débitos se ficarem, mesmo assim, livres das multas.

Mudamos, porém, o nosso ponto de vista, porque nos pareceu que existe uma lacuna no sistema jurídico brasileiro, configurada pela ausência de norma reguladora da situação em que se dá a denúncia espontânea seguida de acordo de parcelamento do débito.

Com efeito, diante do cometimento de infrações tributárias existem três situações possíveis, a saber: (a) permanência na situação irregular até que a Fiscalização, constatando-a, lavre o auto de infração respectivo e assim formule a exigência do tributo; (b) denúncia espontânea da infração, com o pagamento imediato do débito confessado; (c) denúncia espontânea da infração, com o pedido de parcelamento do débito confessado.

Temos, para a situação "a", a norma geral segundo a qual quem pratica infração deve submeter-se à sanção correspondente. O contribuinte que nela se coloca deve pagar as multas previstas na lei tributária. Para a situação 'b" temos a norma especial do art. 138 do CTN. O contribuinte que nela se coloca tem excluída sua responsabilidade pela infração e, em consequência, livra-se da multa correspondente. Finalmente, para a situação "c" não temos norma específica. Resta, portanto, configurada a lacuna em nosso ordenamento jurídico.

A questão que se coloca, então, é de saber se tal lacuna seria daquelas qualificadas como falsas ou políticas, cuja superação deve ficar a cargo do legislador, ou seria uma lacuna verdadeira ou técnica, cuja superação pode ser obra do aplicador da lei. Em outras palavras, a questão que se coloca reside em saber se, diante de uma denúncia espontânea seguida de pedido de parcelamento do débito, deve ser aplicada a norma geral, segundo a qual todos os que cometem infrações devem ser submetidos às sanções correspondentes, ou se esse tratamento cria no sistema um momento de incongruência.

Pensamos que se trata de uma lacuna verdadeira, ou técnica, porque a aplicação da norma geral cria, no caso, um momento de incongruência no sistema. Revela-se extremamente injusta, e além disto flagrantemente contrária ao valor albergado pela norma do art. 138 do CTN.

Em face do disposto no art. 3º, I, da CF, temos o dever de buscar a solução justa. A questão da justiça, em nosso direito positivo, efetivamente, já não é simplesmente filosófica, mas uma questão de constitucionalidade.

Será justo dar ao que confessa a infração e pede o parcelamento o mesmo tratamento aplicável ao que permanece na situação irregular até que seja apanhado pela Fiscalização para pedir o parcelamento do débito?

Poder-se-ia sustentar que também não seria justo dispensar àquele que faz a denúncia espontânea, mas apenas pede o parcelamento, o mesmo tratamento dispensado àquele que faz a denúncia espontânea e efetua o imediato pagamento do débito.

Reconheço que já me pareceu inadmissível a aplicação do art. 138 do CTN ao contribuinte que confessa a falta e pede parcelamento do débito confessado exatamente porque isto seria colocá-lo na mesma condição em que fica o contribuinte que confessa a falta e paga, desde logo, todo o seu débito. Tal interpretação do art. 138 do CTN implicaria dispensar tratamento igual para situações desiguais. Seria, portanto, contrária ao princípio da isonomia.

Ocorre que o valor a ser pago parceladamente não é igual àquele pago à vista. Além dos juros correspondentes ao período, desde o vencimento do prazo para o pagamento do tributo até a data em que o débito é parcelado, existem os juros do período futuro, isto é, do período que vai da data do parcelamento até a data do efetivo pagamento de cada parcela. Não se pode, portanto, dizer que aplicar o art. 138 do CTN aos que confessam a infração e pedem parcelamento do débito é tratar igualmente pessoas em situações desiguais. Os juros do período futuro fazem a diferença, que é, no caso, de decisiva importância porque retratam a verdadeira diferença entre as duas situações. Na verdade, a única diferença entre elas está no pagamento imediato, ou em parcelas. A diferença de tratamento jurídico, portanto, deve ser adequada a essa diferença de fato.

É relevante, outrossim, observarmos que o pagamento parcelado do débito é assegurado mesmo aos que se omitem no cumprimento de todas as suas obrigações tributárias, principais e acessórias e, a final, são apanhados em falta pelo Fisco. Apurado o valor do débito, mesmo decorrente de auto de infração, pode o contribuinte fazer o pagamento deste em parcelas. Assim, em muitos casos negar a aplicação do art. 138 aos que, em vez de pagar, pedem o parcelamento do débito implica dar a estes o mesmo tratamento que é dado aos que preferiram permanecer na situação irregular até que a Fiscalização, constatando-a, lavrasse o auto de infração respectivo, formulando a exigência. E isto, evidentemente, contraria de modo flagrante o princípio da isonomia.

Por outro lado, a solução do caso pela aplicação da norma geral contraria os valores albergados pela norma do art. 138 do CTN. Essa norma consubstancia opção valorativa do legislador. Opção pelo uso do estímulo em vez do castigo, e pelo prestígio à boa-fé do contribuinte que toma a iniciativa de denunciar sua falta.

Opções, aliás, inteiramente corretas. O estímulo é realmente um excelente instrumento de controle social. Melhor, certamente, do que a ameaça de castigo. E o prestígio à boa-fé também constitui excelente meio de melhorar o nível ético da conduta humana. Assim, dúvida não há de que o interesse da Fazenda Pública está melhor preservado com a aplicação do art. 138 do CTN a todos os casos em que o contribuinte toma a iniciativa de confessar suas faltas e regularizar sua situação perante o Fisco, seja com o pronto pagamento dos tributos devidos, seja com o parcelamento de sua dívida.

Um argumento frequentemente utilizado pelos que sustentam a não aplicação do art. 138 do CTN aos casos de parcelamento reside em que o contribuinte poderia fazer a denúncia espontânea e pedir o parcelamento de má-fé, apenas para obter a exclusão das penalidades, e depois descumprir o acordo de parcelamento, deixando de pagar as parcelas respectivas.

Tal argumento é inconsistente, porque, uma vez realizado o acordo de parcelamento, a Fazenda Pública tem o crédito líquido e certo, que pode ser objeto de cobrança executiva, e pode exigir, inclusive, a multa decorrente do inadimplemento de sua obrigação pelo contribuinte. Não a multa anterior ao parcelamento, pois a responsabilidade pela infração que a ensejou está definitivamente extinta pela denúncia espontânea da infração, mas a multa pelo descumprimento do acordo de parcelamento.

Em síntese, a questão de ser de uma vez ou parcelado o pagamento do tributo apurado em face da denúncia espontânea da infração é apenas uma questão financeira. Como o parcelamento pode ser concedido mesmo aos que foram apanhados pela Fiscalização em situação irregular, há de ser concedido também aos que confessam espontaneamente a infração. Tal confissão, ainda que acompanhada do pedido de parcelamento, é interessante para o Fisco e, por isto mesmo, deve ser estimulada, nos termos do art. 138 do Código. Lamentamos, pois, que o STJ tenha mais uma vez alterado sua jurisprudência, voltando a entender que esse dispositivo somente se aplica aos casos de confissão espontânea da infração acompanhada do pagamento integral do tributo devido (EDv no REsp 166.911-SC, *Revista Dialética de Direito Tributário* 88/194-195, janeiro/2003).

A Lei Complementar 104/2001 introduziu no CTN o art. 155-A, com dois §§, dispondo no § 1º que "salvo disposição de lei em contrário o parcelamento do crédito tributário não exclui a incidência de juros e multas". Pode parecer que agora já não existe a lacuna a que nos referimos. E é possível mesmo que tenha sido esta a intenção das autoridades da Receita Federal que enviaram ao Congresso Nacional o anteprojeto a final convertido na referida lei complementar. Na verdade, porém, não é assim. O parcelamento realmente não exclui a incidência de juros e multas. Ocorre que o parcelamento não depende de ter ocorrido denúncia espontânea. Pode ser concedido mesmo quando o débito tenha sido apurado mediante auto de infração. Não há relação necessária entre denúncia espontânea e parcelamento. O que exclui as multas é a denúncia espontânea, nos termos do art. 138 do CTN, não o parcelamento. Logo, ao dizer que, salvo disposição de lei em contrário, o parcelamento não exclui juros e multas, o § 1º do art. 155-A não afasta a incidência do art. 138 do CTN nos casos em que tenha havido denúncia espontânea seguida de parcelamento. Aliás, o art. 138 pode ser entendido como a disposição em contrário, que se aplica apenas no caso de denúncia espontânea.

7.6 Exclusão da responsabilidade pelo desconhecimento da lei

Em princípio a ignorância da lei não exclui a responsabilidade por seu cumprimento. Ninguém se escusa de cumprir a lei alegando que não a conhece. Nada, porém, é absoluto, tanto que mesmo o direito penal, embora diga que "o desconhecimento da lei é inescusável", admite que "o erro sobre a ilicitude do fato, se inevitável, isenta de pena; se evitável, poderá diminuí-la de um sexto a um terço" (CP, art. 21). E responde pelo crime o terceiro que provoca o erro (CP, art. 20, § 2º).

Assim, não é razoável punir-se o contribuinte que descumpre uma lei tributária porque a desconhece, especialmente quando esse desconhecimento pode, em certa medida, ser imputado ao próprio ente tributante.

Ocorre que Código Tributário Nacional estabelece para os Poderes Executivos Federal, Estaduais e Municipais a obrigação de consolidar anualmente, mediante decreto baixado até o dia 31 de dezembro de cada ano, a legislação de cada um de seus tributos. Se o Poder Executivo – vale dizer, a Administração Pública, credora do tributo – descumpre o seu dever, e com isto contribui para o desconhecimento da lei tributária, é justo entender-se que não poderá punir o contribuinte que descumpriu a lei tributária. Pode, certamente, exigir o tributo. Neste aspecto aplica-se o princípio segundo o qual ninguém se escusa de cumprir a lei alegando que não a conhece. Não, porém, punir o contribuinte autor de infração para cujo cometimento contribuiu, não cumprindo o seu dever legal.

Capítulo V
CRÉDITO TRIBUTÁRIO

1. Conceito. 2. Constituição do crédito tributário: 2.1 Lançamento. Sua natureza. Legislação aplicável – 2.2 Critérios jurídicos no lançamento – 2.3 Modalidades de lançamento: 2.3.1 Lançamento de ofício – 2.3.2 Lançamento por declaração – 2.3.3 Lançamento por homologação – 2.3.4 A jurisprudência do STJ quanto ao lançamento por homologação – 2.4 Revisão do lançamento – 2.5 Depósito judicial e lançamento. 3. Suspensão do crédito tributário: 3.1 Moratória – 3.2 Depósito: 3.2.1 Ato voluntário e seus efeitos – 3.2.2 Suspensão da exigibilidade do crédito tributário – 3.2.3 Suspensão da exigibilidade do dever de pagar antecipadamente – 3.2.4 Montante integral – 3.2.5 Depósito e consignação em pagamento – 3.2.6 Procedimento – 3.2.7 Decadência e prescrição – 3.2.8 Levantamento ou conversão em renda – 3.2.9 Depósito e execução fiscal – 3.2.10 Onde é feito o depósito – 3.2.11 Depósito como pagamento provisório – 3.3 Reclamações e recursos – 3.4 Medida liminar em mandado de segurança – 3.5 Medida liminar e antecipação da tutela. 4. Extinção do crédito tributário: 4.1 Pagamento – 4.2 Pagamento indevido. Restituição: 4.2.1 Extinção do direito à restituição – 4.2.2 Anulamento de decisão denegatória de restituição – 4.3 Compensação – 4.4 Transação – 4.5 Remissão – 4.6 Decadência – 4.7 Prescrição – 4.8 Conversão de depósito em renda – 4.9 Pagamento antecipado e homologação do lançamento – 4.10 Consignação em pagamento – 4.11 Decisão administrativa – 4.12 Decisão judicial – 4.13 Dação em pagamento. 5. Exclusão do crédito tributário: 5.1 Distinções entre isenção, não incidência e imunidade – 5.2 Isenção – 5.3 Classificação das isenções – 5.4 Alíquota zero – 5.5 Diferimento de incidência – 5.6 Anistia. 6. Garantias e privilégios do crédito tributário: 6.1 Presunção de fraude – 6.2 Concurso de preferências – 6.3 Créditos extraconcursais – 6.4 Inventário e arrolamento. Liquidações de pessoas jurídicas – 6.5 Exigência de quitações – 6.6 Indisponibilidade de bens e direitos.

1. Conceito

Na terminologia adotada pelo Código Tributário Nacional, crédito tributário e obrigação tributária são coisas distintas. O crédito decorre da obrigação e tem a mesma natureza desta (CTN, art. 139).

Em primeiro lugar, a lei descreve a hipótese em que o tributo é devido. É a *hipótese de incidência*. Concretizada essa hipótese pela ocorrência do *fato gerador*, surge a obrigação tributária, vale dizer, o vínculo jurídico por força do qual o particular sujeita-se a ter contra ele feito um lançamento tributário.

Em face da *obrigação tributária* o Estado *ainda* não pode exigir o pagamento do tributo. Também em face das chamadas obrigações acessórias não pode o Estado exigir o comportamento a que está obrigado o particular. Pode, isto, sim, tanto diante de uma obrigação tributária principal como diante de uma obrigação acessória descumprida, que por isto fez nascer uma obrigação principal (CTN, art. 113, § 3º), fazer um lançamento, constituir um *crédito* a seu favor. Só então poderá exigir o objeto da prestação obrigacional, isto é, o pagamento.

O crédito tributário, portanto, é o *vínculo jurídico, de natureza obrigacional, por força do qual o Estado (sujeito ativo) pode exigir do particular, o contribuinte ou responsável (sujeito passivo), o pagamento do tributo ou da penalidade pecuniária (objeto da relação obrigacional).*

A obrigação tributária, vale dizer, o poder jurídico de criar o crédito tributário, não é afetada por qualquer circunstância capaz de modificar o crédito tributário, sua extensão, seus efeitos, ou as garantias e privilégios a ele atribuídos, ou excluir sua exigibilidade (CTN, art. 140). O crédito tributário como realidade formal pode ser afetado sem que o seja a sua substância. Assim, se na constituição do crédito tributário – vale dizer, se no procedimento administrativo de lançamento – não foi assegurada oportunidade de defesa ao sujeito passivo, o lançamento é nulo, é de nenhuma validade. Pode ocorrer, então, o anulamento do crédito tributário. Não obstante, a obrigação tributária respectiva não foi afetada. Tanto que poderá ser feito um novo lançamento e assim constituído validamente o crédito tributário respectivo.

Pode também ocorrer que um lançamento tributário seja feito sem que tenha ocorrido o fato gerador do tributo. Neste caso não existe obrigação tributária, mas o crédito tributário, como realidade simplesmente formal, existe. Obviamente não tem validade, no caso, o procedimento de lançamento, porque, como norma concreta, individual, está em desacordo com a norma legal, abstrata, que define a hipótese de incidência tributária. E por isto o crédito tributário também não é válido, embora exista.

Uma vez constituído, o crédito tributário somente se modifica, ou se extingue, ou tem sua exigibilidade suspensa ou excluída, nos casos previstos em lei, fora dos quais não pode a autoridade administrativa dispensar o seu pagamento, nem as suas garantias, sob pena de responsabilidade funcional (CTN, art. 141). Assim é porque o tributo, por sua própria definição legal, há de ser cobrado mediante atividade administrativa plenamente vinculada (CTN, art. 3º).

2. *Constituição do crédito tributário*

A constituição do crédito tributário é da competência privativa da autoridade administrativa. Só esta pode fazer o *lançamento*. Ainda que ela apenas homologue o que o sujeito passivo efetivamente fez, como acontece nos casos do art. 150 do CTN, que cuida do lançamento dito por homologação. Sem essa homologação não existirá, juridicamente, o lançamento, e não estará por isto mesmo *constituído* o crédito tributário. Ainda quando *de fato* seja o lançamento feito pelo sujeito passivo, o Código Tributário Nacional, por ficção legal, considera que a sua feitura é privativa da autoridade administrativa, e por isto, no plano jurídico, sua existência fica sempre dependente, quando feito pelo sujeito passivo, de homologação da autoridade competente.

2.1 Lançamento. Sua natureza. Legislação aplicável

A definição de lançamento está no art. 142 do CTN, que, entretanto, não deve ser interpretado literalmente, porque alberga duas impropriedades. A primeira consiste em dizer que no lançamento se tem de *calcular* o montante do tributo devido. É sabido que existem os denominados tributos fixos, cujo montante independe de cálculo. É sabido também que no crédito se incluem as penalidades pecuniárias. Por isto, preferimos dizer que no lançamento se tem de *calcular ou por outra forma definir o valor do crédito tributário*. Por outro lado, a expressão literal do art. 142 do CTN expressa uma contradição em seus próprios termos. Se o lançamento constitui o crédito tributário, tornando líquida e certa a obrigação correspondente, não se compreende que apenas *proponha* a *aplicação* da penalidade cabível, conforme o caso. O que na verdade a autoridade administrativa faz, com o lançamento, é *aplicar* a penalidade. Somente assim é possível determinar o montante do crédito tributário. Sem que esteja aplicada a penalidade não é possível calcular o montante do crédito tributário de cuja constituição se cogita, porque a penalidade pecuniária integra esse montante.

Lançamento tributário, portanto, é *o procedimento administrativo tendente a verificar a ocorrência do fato gerador da obrigação correspondente, identificar o seu sujeito passivo, determinar a matéria tributável e calcular ou por outra forma definir o montante do crédito tributário, aplicando, se for o caso, a penalidade cabível*. Esta é a definição de lançamento, contida no art. 142 do CTN, com alterações decorrentes da interpretação sistemática da referida norma, como acima demonstrado.

A atividade administrativa de lançamento é vinculada e obrigatória sob pena de responsabilidade funcional (CTN, art. 142, parágrafo único).

Tomando conhecimento do fato gerador da obrigação tributária principal, ou do descumprimento de uma obrigação tributária acessória, que a este equivale porque faz nascer também uma obrigação tributária principal, no que concerne à penalidade pecuniária respectiva, a autoridade administrativa tem o *dever* indeclinável de proceder ao lançamento tributário. O Estado, como sujeito ativo da obrigação tributária, tem um direito ao tributo, expresso no direito potestativo de criar o crédito tributário, fazendo o lançamento. A posição do Estado não se confunde com a posição da autoridade administrativa. O Estado tem um *direito*, a autoridade tem um *dever*.

A natureza jurídica do lançamento tributário já foi objeto de grandes divergências doutrinárias. Hoje, porém, é praticamente pacífico o entendimento segundo o qual o lançamento não cria direito. Seu efeito é simplesmente declaratório. Entretanto, no Código Tributário Nacional o crédito tributário é algo diverso da obrigação tributária. Ainda que, em essência, crédito e obrigação sejam a mesma relação jurídica, o crédito é um momento distinto. É um terceiro estágio na dinâmica da relação obrigacional tributária. E o lançamento é precisamente o procedimento administrativo de determinação do crédito tributário. Antes do lançamento existe a obrigação. A partir do lançamento surge o crédito.

O lançamento, portanto, é *constitutivo do crédito tributário*, e apenas *declaratório da obrigação* correspondente. Por isto, salvo disposição de lei em contrário, quando o valor tributável esteja expresso em moeda estrangeira, no lançamento sua conversão em moeda nacional se faz ao câmbio da data da ocorrência do fato gerador (CTN, art. 143). Também por isto a legislação que a autoridade administrativa tem de aplicar ao fazer o lançamento é aquela que estava em vigor na data da ocorrência do fato gerador da obrigação correspondente, ainda que posteriormente modificada ou revogada (CTN, art. 144). Em relação às penalidades, todavia, prevalece o princípio do direito penal da retroatividade da lei mais favorável (CTN, art. 106). Aplica-se também ao lançamento a legislação que, posteriormente à ocorrência do fato gerador da obrigação, tenha instituído novos critérios de apuração ou processos de fiscalização, ampliando os poderes de investigação das autoridades administrativas, ou outorgando ao crédito maiores garantias ou privilégios, salvo a que atribuir responsabilidade tributária a terceiros (CTN, art. 144, § 1º).

Em resumo, aplicam-se ao lançamento: (a) no que diz respeito à parte substancial, isto é, a definição da hipótese de incidência, da base de cálculo, da alíquota, ou de outro critério de determinação do valor do tributo, e quanto à identificação do sujeito passivo, a lei em vigor na data em que se consumou a ocorrência do fato gerador da obrigação respectiva; (b) relativamente a penalidades, a lei mais favorável ao sujeito passivo; (c) quanto aos aspectos formais, vale dizer, quanto à parte simplesmente procedimental, a lei em vigor na data do lançamento.

O procedimento administrativo de lançamento tem duas fases: a oficiosa e a contenciosa. Concluída a primeira fase, com a determinação do valor do crédito tributário, é feita a notificação ao sujeito passivo. E a partir daí somente pode ser modificado em virtude de (a) impugnação do sujeito passivo; (b) recurso de ofício; (c) iniciativa da própria autoridade administrativa, nos casos previstos em lei (CTN, art. 145). Enquanto comporta alterações na própria esfera administrativa, o lançamento não é definitivo, não está juridicamente concluído, está em processo de elaboração.

Existem, é certo, valiosas manifestações em sentido diverso. O extinto Tribunal Federal de Recursos/TFR, por exemplo, entendeu, ao apreciar questões relativas à decadência do direito de constituir o crédito tributário, que a lavratura do auto de infração pela autoridade fiscal não é apenas início de sua constituição, mas com esta se consuma o lançamento, tendo os recursos acaso manifestados na órbita administrativa o só efeito de suspender a exigibilidade do crédito respectivo (AMS 78.238-MG, *DJU* 9.9.1977, p. 6.112; REO 51.553-BA, *DJU* 24.5.1979, p. 4.089 – entre muitas outras decisões). Observa-se, entretanto, que o próprio TFR entendeu ser a garantia do direito de defesa do sujeito passivo da relação tributária essencial ao lançamento. E por isto já decidiu pela nulidade de lançamento em que foi cerceada a defesa do contribuinte (ACi 52.786-PR, *DJU* 3.9.1980 e *Ementário do TFR* 15/67). Decidiu, outrossim, que "não justifica a recusa de fornecimento do Certificado de Quitação do FGTS a existência de débito ainda não constituído na esfera administrativa, por decisão definitiva" (AMS 83.601-SP, *DJU* 6.8.1979, p. 5.739).

A verdade é que, se a oportunidade para o exercício do direito de defesa pelo contribuinte é *essencial* no procedimento administrativo de lançamento, este não se completa com o auto de infração. É que a defesa somente é possível a partir deste, e se exerce precisamente na segunda fase, ou fase contenciosa.

Não obstante, o STF – liderado, neste particular, pelo eminente Min. José Carlos Moreira Alves – já decidiu que a decadência só é admissível no período anterior à lavratura do auto de infração, porquanto com este se consuma o lançamento do crédito tributário (REO 91.019, 91.812 e 90.926, publicados na *RTJ* 94). Assim, no plano da ciência do Direito o assunto já não comporta dúvida.

2.2 *Critérios jurídicos no lançamento*

Para evitar surpresas, determina o Código que a modificação introduzida de ofício ou em conseqüência de decisão administrativa ou judicial nos critérios jurídicos adotados pela autoridade administrativa no exercício do lançamento somente pode ser efetivada, em relação a um mesmo sujeito passivo, quanto a fato gerador ocorrido posteriormente à sua introdução (CTN, art. 146).

Não se trata da questão relativa ao erro. Mudança de critério jurídico não se confunde com erro de fato nem mesmo com erro de direito, embora a distinção, relativamente a este último, seja sutil.

Há *erro de direito* quando o lançamento é feito *ilegalmente*, em virtude de ignorância ou errada compreensão da lei. O lançamento, vale dizer, a *decisão* da autoridade administrativa, situa-se, neste caso, fora da moldura ou quadro de interpretação que a ciência do Direito oferece. Há *mudança de critério jurídico* quando a autoridade administrativa simplesmente muda de interpretação, substitui uma interpretação por outra, sem que se possa dizer que qualquer das duas seja incorreta. Também há mudança de critério jurídico quando a autoridade administrativa, tendo adotado uma entre várias alternativas expressamente admitidas pela lei, na feitura do lançamento, depois pretende alterar esse lançamento, mediante a escolha de outra das alternativas admitidas e que enseja a determinação de um crédito tributário em valor diverso, geralmente mais elevado.

Divergindo de opiniões de tributaristas ilustres, admitimos a revisão do lançamento em face de erro, quer *de fato*, quer *de direito*. É esta a conclusão a que conduz o princípio da legalidade, pelo qual a obrigação tributária nasce da situação descrita na lei como necessária e suficiente à sua ocorrência. A vontade da Administração não tem qualquer relevância em seu delineamento. Também irrelevante é a vontade do sujeito passivo. O lançamento, como norma concreta, há de ser feito de acordo com a norma abstrata contida na lei. Ocorrendo erro em sua feitura, quer no conhecimento dos fatos, quer no conhecimento das normas aplicáveis, o lançamento pode, e mais que isto, o lançamento deve ser revisto.

O extinto TFR, em acórdão unânime de sua 5ª Turma, da lavra do eminente Min. Geraldo Sobral, decidiu: "Em decorrência do princípio constitucional da legalidade (CF, arts. 19, I, e 153, § 29) e do caráter declaratório do lançamento, que considera a obrigação tributária nascida da situação que a lei descreve como necessária e suficiente à sua ocorrência (CTN, arts. 113 e 114), admite-se a revisão de ofício da atividade administrativa do lançamento, vinculada e obrigatória, sempre que ocorrer erro de fato ou de direito" (REO 94.076-SC, j. 31.5.1984, *Ementário de Jurisprudência do TFR* 59/60).

2.3 *Modalidades de lançamento*

Na linguagem do Código Tributário Nacional a palavra "lançamento" designa a atividade privativa da autoridade administrativa mediante a qual é feito o acertamento da relação tributária. Com o lançamento a relação jurídica obrigacional tributária ganha certeza e liquidez, convertendo-se, então, em crédito tributário. Daí por que o Código Tributário Nacional diz que compete privativamente à autoridade administrativa *constituir* o crédito tributário pelo lançamento, pos antes deste o que havia era apenas a obrigação tributária, ilíquida e incerta por natureza, e por isso mesmo incapaz de ensejar a cobrança do tributo pela Fazenda Pública.

Talvez pela falta de compreensão adequada do que seja o *lançamento tributário*, afirmam alguns eminentes tributaristas a existência de tributos sem lançamento. Na verdade, porém, não existe tributo sem lançamento, pelo menos enquanto o tributo for prestação pecuniária compulsória e a determinação do valor dessa prestação puder ser feita unilateralmente pela Fazenda Pública.

É certo que o contribuinte pode participar – e na maioria dos casos participa – da feitura do lançamento. Entretanto, mesmo nos casos em que o contribuinte pratica todos os atos materiais de determinação do crédito tributário o lançamento é sempre uma atividade privativa da autoridade administrativa, no sentido de que é sempre desta a palavra final a respeito da existência e do montante do crédito tributário. Ainda que a participação da autoridade administrativa na constituição do crédito tributário consista simplesmente em sua omissão, que permite se considere homologada tacitamente a determinação do crédito tributário.

Podemos dizer, então, que, nos termos do Código Tributário Nacional, há três modalidades de lançamento, a saber: o lançamento *de ofício*, o lançamento *por declaração* e o lançamento *por homologação*.

2.3.1 *Lançamento de ofício*

O lançamento é *de ofício* quando realizado por iniciativa da autoridade administrativa. Ocorre ordinariamente nos casos em que a lei o determina (CTN, art. 149, I). Em relação aos tributos cuja legislação não obriga o contribuinte a declarar, nem muito menos a pagar antecipadamente.

Os impostos sobre a propriedade imobiliária – vale dizer, o IPTU e o ITR – geralmente são lançados de ofício. As Fazendas Públicas competentes para a cobrança desses impostos mantêm cadastros dos proprietários de imóveis, e com base nestes fazem, anualmente, o lançamento do imposto devido por cada um.

O lançamento *de ofício* pode ocorrer também em relação a qualquer tributo que, em princípio, devesse ser objeto de lançamento por declaração ou por homologação, desde que o contribuinte obrigado a declarar ou a apurar a quantia e antecipar o pagamento se omita no cumprimento de seus deveres. Assim, diz-se que são lançamentos *de ofício* todos aqueles que começam com a lavratura de auto de infração.

2.3.2 *Lançamento por declaração*

Diz-se o lançamento *por declaração* nos casos em que a legislação do tributo impõe ao sujeito passivo da obrigação tributária correspondente a declaração, isto é, o oferecimento à autoridade administrativa, das informações quanto aos fatos necessárias à determinação do valor do tributo em cada caso. Informações necessárias à feitura do lançamento, que compete à autoridade administrativa.

Na linguagem do Código Tributário Nacional, o lançamento é efetuado com base na declaração do sujeito passivo ou de terceiro quando um ou outro, na forma da legislação tributária, presta à autoridade administrativa informações sobre matéria de fato indispensáveis à sua feitura (CTN, art. 147).

Em dispositivo geralmente não levado em conta pela doutrina nem pela jurisprudência o Código Tributário Nacional estabelece que a retificação da declaração por iniciativa do próprio declarante, quando vise a reduzir ou excluir tributo, só é admissível mediante comprovação do erro em que se funde, e antes de notificado o lançamento (CTN, art. 147, § 1º). Isto significa dizer que o lançamento somente se perfaz com a notificação. Antes, a retificação de informações é feita no próprio procedimento de lançamento. Se de iniciativa do sujeito passivo e implicando aumento do valor do tributo, deve ser aceita automaticamente pela autoridade administrativa. Se a retificação implica redução desse valor sua aceitação pela autoridade depende de prova do erro, feita pelo declarante. E a autoridade lançadora pode sempre tomar a iniciativa de retificar os elementos de fato informados pelo sujeito passivo.

O *lançamento por declaração* é atividade da autoridade administrativa, com a colaboração do sujeito passivo da obrigação tributária, que lhe presta informações quanto à matéria de fato, e se completa com a notificação feita ao contribuinte, determinando o prazo de que este dispõe para o pagamento do valor estabelecido. Antes da manifestação da autoridade não existe o dever de pagar. Nem muito menos o crédito tributário.

2.3.3 *Lançamento por homologação*

O *lançamento por homologação* é aquele que ocorre quanto aos tributos cuja legislação atribui ao sujeito passivo o dever de fazer a apuração do valor devido e antecipar o respectivo pagamento – isto é, fazer o pagamento do valor apurado antes da manifestação da autoridade administrativa sobre o mesmo. Opera-se pelo ato da autoridade administrativa que, tomando conhecimento da atividade assim exercida pelo sujeito passivo da obrigação tributária, expressamente a homologa (CTN, art. 150). Ou pelo decurso do tempo estabelecido em lei sem que sobre a mesma se manifeste (CTN, art. 150, § 4º). No primeiro caso se diz que há homologação expressa; e no segundo, homologação tácita.

Objeto da homologação não é o pagamento, como alguns tem afirmado. É a apuração do montante devido, de sorte que é possível a homologação mesmo que não tenha havido pagamento. É certo que a autoridade administrativa não está obrigada a homologar expressamente a apuração do valor do tributo devido e a homologação tácita somente acontece se tiver havido o pagamento antecipado. Esta é a compreensão que resulta da interpretação do § 1º combinado com o § 4º do art. 150 do CTN). A homologação tácita, a que se refere o § 4º, consubstancia a condição de que estava o pagamento a depender para extinguir o crédito tributário. Entretanto, se o contribuinte praticou a atividade de apuração, prestou à autoridade administrativa as informações relativas aos valores a serem pagos (DCTF, GIA etc.), e não efetuou o pagamento, pode a autoridade homologar a apuração de tais valores e intimar o contribuinte a fazer o pagamento, com a multa decorrente do inadimplemento do dever de pagar antecipadamente, sob pena de imediata inscrição do crédito tributário então constituído como Dívida Ativa. Ter-se-á, então, um lançamento por homologação sem antecipação do pagamento correspondente. O que caracteriza essa modalidade de lançamento é a exigência legal de pagamento antecipado. Não o efetivo pagamento antecipado.

Tendo o contribuinte feito a apuração do valor do tributo e prestado a declaração a que está legalmente obrigado, se não faz o pagamento correspondente a autoridade administrativa pode homologar dita apuração e notificar o contribuinte para pagar ou explicar por que não pagou – vale dizer, para se defender da cobrança –, sob pena de inscrição em Dívida Ativa e posterior cobrança executiva. Não ocorrendo a homologação, não existirá crédito tributário e, assim, não poderá a Administração recusar o fornecimento de certidões negativas, nem inscrever o valor declarado pelo contribuinte em Dívida Ativa. Este é o entendimento que temos sustentado, mas o STJ adotou entendimento diverso, como adiante será explicado, do qual decorrem importantes conseqüências.

O pagamento antecipado extingue o crédito sob condição resolutória da ulterior homologação (CTN, art. 150, § 1º). Isto significa que tal extinção não é definitiva. Sobrevindo ato homologatório do lançamento, o crédito se considera extinto por força do estipulado no art. 156, VII, do CTN. Se a lei fixar um prazo para a homologação, e a autoridade não a praticar expressamente, ter-se-á a homologação tácita no momento em que se expirar o prazo.

Assim, se o sujeito passivo prestou à autoridade administrativa as informações a que estava obrigado sobre a apuração do valor do tributo devido, decorrido o prazo fixado em lei para a homologação, ou, então, não havendo lei que o estabeleça, decorrido o prazo de cinco anos, ocorrerá a homologação tácita e o crédito tributário estará definitivamente extinto pelo pagamento antecipado.

Quando a legislação tributária não obrigava o sujeito passivo a prestar informações sobre o valor do tributo, por ele apurado, a autoridade administrativa só tomava conhecimento de sua atividade de apuração através do pagamento. Talvez por isto a doutrina chegou a sustentar ser este o objeto da homologação, quando na verdade o objeto da homologação é a atividade de apuração.

Existindo, como atualmente existe para a maioria dos impostos, o dever de prestar informações ao Fisco sobre o montante do tributo a ser antecipado, tais informações levam ao conhecimento da autoridade a apuração feita pelo sujeito passivo, abrindo-se assim ensejo para a homologação, tendo havido, ou não, o pagamento correspondente. Antes, o pagamento era o meio pelo qual a autoridade tomava conhecimento da apuração, podendo haver então a homologação, expressa ou tácita. Agora, o conhecimento da apuração chega à autoridade administrativa com a informação que o sujeito passivo lhe presta nos termos da legislação que a tanto o obriga. A mudança na legislação favoreceu o Fisco, obrigando o contribuinte a dar-lhe conhecimento, antes do pagamento do tributo, da apuração do valor respectivo. O tomar conhecimento da apuração, porém, tem uma significativa conseqüência. Obriga o Fisco a movimentar-se, seja para recusar a apuração feita pelo sujeito passivo e lançar possível diferença, seja para homologar a atividade de apuração e cobrar o tributo apurado e não pago. Se não age, se fica inerte diante da informação prestada pelo sujeito passivo, suportará os efeitos do decurso do prazo decadencial, que a partir do fato gerador do tributo começa a correr, nos termos do art. 150, § 4º, do CTN.

Prestadas as informações e feito o pagamento antecipado, o decurso do prazo de cinco anos a partir do fato gerador da respectiva obrigação tributária implica homologação tácita. O crédito tributário estará constituído pelo lançamento e extinto pelo pagamento antecipado. Prestadas as informações e não efetuado o pagamento antecipado não se opera a homologação tácita, porque esta tem apenas a finalidade de afirmar a exatidão do valor apurado, para emprestar ao pagamento antecipado o efeito extintivo do crédito.

Não se pode cogitar de homologação tácita sem que tenha ocorrido pagamento. A homologação tácita da apuração informada à Administração Tributária, sem que tenha havido pagamento, implicaria atribuir à Fazenda Pública uma vantagem decorrente da inércia das autoridades – o que, evidentemente, não é razoável admitir-se, pois da inércia não pode resultar proveito para o inerte. A homologação tácita, repita-se, é apenas uma fórmula destinada a preservar a segurança jurídica, evitando que se eternize uma situação de pendência. Com o decurso do prazo de cinco anos contado do fato gerador do tributo, terá o contribuinte que efetuou o pagamento da quantia por ele apurada a certeza de que pagou bem.

As leis geralmente não fixam prazos para a homologação. Prevalece, pois, a regra da homologação tácita no prazo de cinco anos, a contar da ocorrência do fato gerador. Findo esse prazo sem um pronunciamento da Fazenda Pública, considera-se homologado o lançamento e definitivamente extinto o crédito tributário, salvo se comprovada a ocorrência de dolo, ou fraude ou simulação (CTN, art. 150, § 4º).

O lançamento por homologação também é conhecido como *autolançamento*. Mas como o Código diz ser a atividade de lançamento privativa da autoridade administrativa, evidentemente não se pode cogitar de um lançamento feito pelo sujeito passivo. Embora faça ele todo o trabalho material, o lançamento, no caso, só se opera com a homologação.

2.3.4 *A jurisprudência do STJ quanto ao lançamento por homologação*

O STJ firmou sua jurisprudência no sentido de que, nos tributos lançados por homologação, verificada a existência de saldo devedor nas contas apresentadas pelo contribuinte, o órgão arrecadador poderá promover sua cobrança independentemente da instauração de processo administrativo e de notificação ao contribuinte (AgR no Ag 512.823-MG, rel. Min. Castro Meira, *DJU* 15.12.2003, p. 266). Não concordamos com esse entendimento, que tem sido criticado pela doutrina. O mais importante, porém, é apontarmos as conseqüências práticas que do mesmo decorrem, especialmente quanto à decadência e à prescrição.

Uma conseqüência de grande importância prática consiste em termos de considerar que, não efetuado o pagamento da quantia declarada, a partir do dia seguinte ao do vencimento respectivo começa a correr o prazo de prescrição do direito da Fazenda Pública de promover a correspondente execução fiscal. Trata-se de conseqüência lógica indiscutível. Sendo a prescrição a extinção do direito de ação pelo decurso do prazo estabelecido em lei para esse fim, é evidente que esse prazo começa a partir da data em que a propositura da ação se torna possível. Se a partir do vencimento do tributo declarado sua cobrança já é possível, a partir do vencimento aquele prazo começa a fluir.

Outra conseqüência de grande importância prática consiste na impossibilidade de lançamento de ofício relativamente às quantias declaradas e não pagas. Admitir que as quantias declaradas já podem ser inscritas em Dívida Ativa e cobradas mediante execução fiscal significa dizer que já existe lançamento. Assim, um lançamento de ofício das mesmas implica duplicidade da exigência. E, como não é admissível o lançamento de ofício, não é cabível a multa ao mesmo correspondente. A cobrança do valor declarado e não pago até o respectivo vencimento deve ser feita com o acréscimo da multa e dos juros de mora.

Mais uma conseqüência do mencionado entendimento jurisprudencial pode ser vista na inadmissibilidade de fazer a autoridade administrativa alterações das quantias declaradas, procedendo ao que se poderia chamar "homologação com alterações", na qual seria aproveitada parte da declaração do contribuinte. Se a Fazenda entender que há diferenças a serem cobradas, terá de fazer, com relação a estas, a revisão de ofício do lançamento (CTN, art. 149, V).

2.4 Revisão do lançamento

Os lançamentos em geral podem ser objeto de revisão, desde que constatado erro em sua feitura e não esteja ainda extinto pela decadência o direito de lançar. Tanto o lançamento de ofício, como o lançamento por declaração, e ainda o lançamento por homologação, podem ser revistos.

A revisão pode dar-se de ofício, vale dizer, por iniciativa da autoridade administrativa, e a pedido do contribuinte, caso em que pode configurar-se a denúncia espontânea de que trata o art. 138 do CTN, e não se deve confundir revisão de ofício com lançamento de ofício. A revisão de ofício pode dar-se em qualquer das modalidades de lançamento. Assim, um lançamento por homologação pode ser objeto de revisão de ofício, nos casos em que a autoridade discorda do valor apurado pelo contribuinte. Nestes casos não se deve falar de lançamento de ofício, mas de revisão de ofício de um lançamento por homologação.

A distinção entre o lançamento de ofício e a revisão de ofício do lançamento por homologação é de grande importância para a determinação do prazo de decadência do direito de lançar, tema a respeito do qual a jurisprudência ainda vem cometendo equívocos.

Ocorre a revisão de ofício de um lançamento por homologação quando, depois da homologação consubstanciada em algum ato através do qual a autoridade administrativa manifesta-se pela exatidão do valor apurado pelo contribuinte, e que faz existente o lançamento como procedimento administrativo, a autoridade constata um erro que a justifica. Isto acontece, por exemplo, quando o valor apurado e não pago é objeto de cobrança administrativa ou judicial, e depois a Fiscalização constata ser aquele valor inferior ao efetivamente devido. E ainda quando, pago o valor apurado pelo contribuinte, ocorre uma fiscalização que afirma a final a regularidade daquela apuração, indicando, no respectivo termo de encerramento, não haver constatado qualquer irregularidade. Ou simplesmente não lavra auto de infração, o que corresponde à afirmação implícita de não haver sido constatada qualquer irregularidade. Nesses casos tem-se consumado o lançamento por homologação, e, se mais tarde alguma irregularidade é constatada antes de consumada a decadência, pode dar-se, de ofício, a revisão desse lançamento.

Não se pode falar em revisão de ofício de lançamento por homologação quando esta tenha sido tácita. Neste caso não é possível a revisão do lançamento porque consumada a decadência do direito de lançar, e a revisão só pode ser iniciada enquanto não extinto esse direito da Fazenda Pública (CTN, art. 149, parágrafo único).

Ocorre revisão de ofício de lançamento por declaração quando a autoridade administrativa constata, por qualquer meio, a inexatidão na declaração oferecida pelo contribuinte. Neste caso é cabível a penalidade prevista em lei para o lançamento de ofício. Entretanto, se o erro que motivou a revisão não estava na declaração feita pelo contribuinte, sendo imputável à autoridade lançadora, nenhuma penalidade é cabível, pois não se pode falar de infração cometida pelo contribuinte.

Ocorre revisão de ofício de lançamento de ofício quando a autoridade administrativa, responsável pelo lançamento, verifica ter havido na feitura deste um erro que justifica a revisão, e então a realiza, retificando, para mais ou para menos, o valor do crédito tributário respectivo. Neste caso, como não se pode imputar ao contribuinte a responsabilidade pelo erro, não cabe a imposição de penalidade, nem mesmo multa de mora, ainda que da revisão resulte aumento do valor do crédito tributário. É que não houve infração, nem o contribuinte estava em mora.

A revisão de ofício, tanto do lançamento de ofício como do lançamento por declaração, só é possível enquanto não extinto o direito de lançar (CTN, art. 149, parágrafo único), que se opera em cinco anos, nos termos do art. 173 do CTN.

A revisão do lançamento de qualquer modalidade pode dar-se também por provocação do sujeito passivo da obrigação tributária. Neste caso, por força do art. 138 do CTN, não cabe a imposição de qualquer penalidade.

2.5 Depósito judicial e lançamento

O crédito tributário tem sua exigibilidade suspensa pelo depósito do seu montante integral. Esse depósito pressupõe a existência de crédito tributário, vale dizer, pressupõe um precedente lançamento. Ocorre que tem sido admitido o depósito do montante do tributo mesmo nos casos em que não existe ainda lançamento, e, por isto, foi suscitada a questão de saber se, mesmo tendo sido feito o depósito, a Fazenda Pública terá ainda de fazer o lançamento correspondente, sem o quê o direito de constituir o crédito tributário poderia ser atingido pela decadência.

O STJ proferiu algumas decisões no sentido de que a feitura do depósito não impede a Fazenda de fazer o lançamento, que seria necessário para evitar a decadência. Modificou, porém, acertadamente, esse entendimento.

Com o depósito desaparece inteiramente a necessidade de lançamento de ofício, que teria por finalidade fazer líquida e exigível a obrigação tributária. A liquidez é alcançada no momento em que se afirma ser o depósito integral, e a exigibilidade, que o depósito mantém suspensa, se faz absolutamente desnecessária, porque a Fazenda não precisará mais de promover a cobrança. A conversão em renda, mero efeito da sentença a favor da Fazenda, extinguirá o crédito tributário correspondente.

Ocorrendo a extinção do processo sem julgamento de mérito, o depósito deve ser devolvido ao contribuinte, à míngua de título jurídico capaz de transferir sua propriedade para a Fazenda e, assim, fundamentar sua conversão em renda. Registre-se, todavia, que o STJ pacificou seu entendimento em sentido contrário. Equivocou-se, porque a sentença que extingue o processo sem exame de mérito não decide a questão que o contribuinte colocou em juízo. Certamente não é uma decisão favorável ao contribuinte, mas também não é uma decisão favorável à Fazenda, pois quando se fala de decisão favorável a um ou ao outro se está fazendo referência à decisão da questão de direito material, que, no caso, não existe. A decisão que extingue o processo sem julgamento de mérito resolve simplesmente uma questão processual. Por outro lado, embora consumada a constituição do crédito tributário, isto não quer dizer que tenha sido superada a objeção a este, posta em juízo pelo contribuinte.

3. Suspensão do crédito tributário

O *crédito tributário*, por sua própria natureza, é exigível. A exigibilidade, que decorre da liquidez e certeza, é atributo essencial dele. Constituído o crédito tributário nasce a exigibilidade. Por isto mesmo, a Fazenda Pública, que não tem ação para cobrar a obrigação tributária – desprovida, esta, dos atributos de liquidez, certeza e exigibilidade –, tem ação de execução para haver o crédito tributário. E pode formalizar, unilateralmente, o título executivo, que é a certidão de inscrição desse crédito como Dívida Ativa.

A exigibilidade do crédito tributário, porém, pode ser suspensa.

A suspensão, nos termos do que estabelece o art. 151 do CTN, pode dar-se inclusive durante o procedimento de sua constituição, antes de sua constituição definitiva, pelo ato administrativo que o declara, encerrando o procedimento administrativo de lançamento. Por isto se diz que a suspensão da exigibilidade do crédito tributário pode ser: (a) prévia, operando-se antes do surgimento da própria exigibilidade, porque no curso do próprio procedimento de constituição do crédito, caso em que mais propriamente se devia dizer *impedimento*, em lugar de suspensão; e (b) posterior, operando-se depois que o crédito está constituído e por isto mesma é exigível.

Nos termos do art. 151 do CTN, suspendem a exigibilidade do crédito tributário: (a) a moratória; (b) o depósito de seu montante integral; (c) as reclamações e os recursos, nos termos das leis reguladoras do processo tributário administrativo; (d) a concessão da medida liminar em mandado de segurança; (e) a concessão de medida liminar ou de tutela antecipada, em outras espécies de ação judicial; e (f) o parcelamento.

As reclamações e os recursos, evidentemente, constituem modalidade de suspensão necessariamente prévia, pois o crédito tributário definitivamente constituído não mais comporta tais medidas. A rigor, o que aqui denominamos *suspensão prévia* não caracteriza *suspensão*, mas *impedimento*. As reclamações e os recursos na verdade não *suspendem* a exigibilidade do crédito tributário, pois, ao serem interpostos, o crédito ainda não está definitivamente constituído e, assim, não é exigível – e não se pode cogitar de suspender algo que ainda não existe. A exigibilidade nasce quando já não cabe reclamação nem recurso contra o lançamento respectivo, quer porque transcorreu o prazo legalmente estipulado para tanto, quer porque tenha sido proferida decisão de última instância administrativa.

Como a interposição de reclamações ou de recursos impede o surgimento da exigibilidade e, até, do próprio crédito tributário, a norma que exige o depósito como condição para o conhecimento de reclamações ou recursos, além de ser inconstitucional, porque restringe indevidamente o exercício do direito de defesa, contraria o Código Tributário Nacional.

A suspensão do crédito tributário não dispensa o cumprimento das obrigações acessórias, dependentes ou conseqüentes da obrigação principal respectiva (CTN, art. 151, parágrafo único). É razoável que seja assim porque as obrigações acessórias ligam-se, em princípio, à obrigação principal, e nada tem a ver com a exigibilidade do crédito tributário. A exigibilidade de uma obrigação acessória se traduz, aliás, apenas, na possibilidade de aplicação da multa correspondente a seu inadimplemento, e conseqüente constituição do crédito tributário, cujo conteúdo é, precisamente, aquela multa.

3.1 Moratória

Moratória significa prorrogação concedida pelo credor, ao devedor, do prazo para pagamento da dívida, de uma única vez ou parceladamente.

No direito tributário também é assim. Moratória é prorrogação do prazo para pagamento do crédito tributário, com ou sem parcelamento. É a única das formas de suspensão da exigibilidade do crédito tributário disciplinada no Código Tributário Nacional, certamente por não ter, como as demais, caráter processual.

Situa-se a moratória no campo da *reserva legal*. Sua concessão depende sempre de lei (CTN, art. 97, VI). Quando em caráter geral resulta diretamente da lei, e quando em caráter individual depende de autorização legal.

Pode ser concedida em caráter geral pela pessoa jurídica de direito público competente para instituir o tributo a que se refira, mas a União Federal pode concedê-la também em relação a tributos dos Estados, do Distrito Federal e dos Municípios, desde que o faça simultaneamente em relação aos tributos seus e às obrigações de direito privado (CTN, art. 152, I).

Pode parecer que a concessão de moratória pela União relativamente a tributos estaduais e municipais configura indevida intervenção federal e que a norma do art. 152, I, "b", não teria sido recepcionada pela Constituição Federal de 1988. Ocorre que tal moratória deve ser em caráter geral e, assim, concedida diretamente pela lei, além de somente ser possível se abrangente dos tributos federais e das obrigações de direito privado. O que a Constituição veda é a discriminação contra Estados e Municípios. A União não pode legislar impondo a estes, enquanto credores, restrições que não sejam impostas aos demais credores.

Em caráter individual, a moratória é concedida por despacho da autoridade da Administração Tributária para tanto autorizada por lei. A lei há de ser da pessoa jurídica de direito público competente para instituir o tributo a que se refira a moratória, ou da União quanto a tributos de competência dos Estados, do Distrito Federal ou dos Municípios, desde que também autorize a concessão de igual favor relativamente aos tributos federais e às obrigações de direito privado.

A lei concessiva de moratória pode determinar que a mesma só se aplica em determinada região do território da pessoa jurídica que a expedir ou a determinada classe ou categoria de sujeitos passivos (CTN, art. 152, parágrafo único).

A lei que conceder moratória em caráter geral fixará, além de outros requisitos, (a) o prazo de duração do favor e o número e vencimentos das prestações, se for o caso; (b) os tributos a que se aplica, se não abranger a todos.

Além destes, a lei que autorizar a concessão de moratória em caráter individual fixará, ainda, (a) as condições para concessão do favor; (b) se for o caso, o número de prestações e seus vencimentos, podendo atribuir à autoridade administrativa essa fixação; (c) as garantias a serem oferecidas pelo beneficiário.

Se a lei não dispuser expressamente de outro modo, a moratória somente abrange os créditos definitivamente constituídos à data da lei ou do despacho que a conceder, ou cujo lançamento já tenha sido iniciado àquela data por ato regularmente notificado ao sujeito passivo (CTN, art. 154).

São excluídos do benefício da moratória os que agirem com dolo, fraude ou simulação para obtê-lo. Provado o vício, é como se não houvesse sido concedido o favor.

A concessão da moratória em caráter individual não gera direito adquirido e será *revogada* de ofício – diz o art. 155 do CTN – sempre que se apure que o beneficiário não satisfazia ou deixou de satisfazer as condições ou não cumpria ou deixou de cumprir os requisitos para a concessão do favor. Há no dispositivo evidente impropriedade terminológica. Pode, e deve, a Administração Pública *anular* seus próprios atos quando verifique terem sido praticados com infração à lei. Se a concessão da moratória se deu com alguma infração à lei, é caso de anulamento do ato.

Com o anulamento da moratória torna-se o respectivo crédito tributário exigível. É então cobrado com os respectivos juros de mora. E com a penalidade cabível, nos casos de dolo ou simulação do beneficiário, ou terceiro em proveito deste.

Suspendendo a exigibilidade do crédito tributário (art. 151, I), a moratória suspende, por conseqüência, o curso da prescrição. Mas o art. 155, parágrafo único, do CTN admite o curso da prescrição durante a moratória, quando estipula que, não tendo havido dolo ou simulação do beneficiário, ou terceiro em proveito deste, a revogação da moratória só pode ocorrer antes de prescrito o direito à cobrança do crédito respectivo.

A Lei Complementar 104, de 10.1.2001, incluiu um novo inciso no art. 151 do CTN, prevendo como hipótese de suspensão da exigibilidade do crédito tributário o *parcelamento*. É mais uma inovação inteiramente inútil porque o parcelamento nada mais é do que uma modalidade de moratória.

A Lei Complementar 104, de 10.1.2001, incluiu também no CTN o art. 155-A, contendo disposições óbvias e inteiramente inúteis. Na cabeça do artigo está dito que o parcelamento será concedido na forma e condições estabelecidas em lei específica. No § 1º está dito que, salvo disposição de lei em contrário, o parcelamento do crédito tributário não exclui a incidência de juros e multas. E no § 2º foi estabelecido que se aplicam subsidiariamente ao parcelamento as disposições do Código Tributário Nacional relativas à moratória.

Como se vê, disposições dizendo o óbvio, inteiramente inúteis. Parece, todavia, que a inserção de tais normas no Código deveu-se ao propósito de reduzir o alcance do art. 138 do CTN, que assegura a exclusão da responsabilidade por infrações diante de denúncia espontânea. Os burocratas da Receita Federal bem poderiam ter colocado no projeto do qual resultou a Lei Complementar 104/2001 o acréscimo de um parágrafo no art. 138, dizendo claramente que a denúncia espontânea não se aplica em caso de parcelamento do valor do crédito tributário dela resultante. Ocorre que uma disposição clara nesse sentido poderia não ser aprovada pelo Congresso Nacional. Assim, preferiram a via oblíqua. Dizendo que o parcelamento não exclui juros e multas, alcançaram o objetivo de afastar o efeito da denúncia espontânea, quanto à exclusão da multa, toda vez que o interessado obtiver parcelamento.

Na verdade, o parcelamento jamais exclui qualquer multa. Nem há, mesmo, razão para que a concessão de um parcelamento tenha o efeito de excluir qualquer multa. O que exclui a multa é a denúncia espontânea da infração. E esse efeito, a rigor, não é excluído pelo fato de não ocorrer o pagamento de uma única vez, mas em parcelas.

A Lei Complementar 118, de 9.2.2005, acrescentou os §§ 3º e 4º ao art. 155-A do CTN. No § 3º está dito que lei específica disporá sobe as condições de parcelamento dos créditos tributários do devedor em recuperação judicial. E o § 4º diz que a inexistência da lei específica a que se refere o § 3º importa a aplicação das leis gerais de parcelamento.

Como se vê, dois dispositivos rigorosamente inúteis, que nada acrescentaram ao ordenamento jurídico brasileiro e não passam de mais uma evidente manifestação da tendência lamentável para o casuísmo legislativo. Basta que se tenha razoável conhecimento de Teoria Geral do Direito para perceber a absoluta desnecessidade dessas normas. Que uma lei específica pode dispor sobre as condições de parcelamento dos créditos tributários do devedor em recuperação judicial é evidente. Qualquer situação específica pode ser objeto de lei específica, que conviverá com a lei que rege as situações gerais. E mais evidente ainda é que a ausência de uma lei específica enseja a aplicação da lei geral.

3.2 *Depósito*

3.2.1 *Ato voluntário e seus efeitos*

O depósito a que se refere o art. 151, II, do CTN é um ato voluntário do sujeito passivo da relação tributária que pretenda ter suspensa a exigibilidade do crédito tributário ou do dever de efetuar o pagamento antecipado do tributo, nos casos em que este é legalmente exigido.

É um *ato voluntário* no sentido de que o depósito não pode ser exigido do sujeito passivo da relação tributária como condição para o conhecimento de pedido formulado em ação judicial promovida contra a Fazenda Pública. A ação declaratória de inexistência de relação tributária, a anulatória de lançamento e o mandado de segurança podem tramitar normalmente sem que o autor realize o depósito. Também o conhecimento de reclamações ou recursos na via administrativa não pode ser condicionado à feitura do depósito. Mesmo o conhecimento de embargos à execução fiscal pode ocorrer sem que tenha havido o depósito, desde que por outra forma garantida a execução. Neste sentido é que se diz ser o depósito um ato voluntário.

O depósito tem o efeito de suspender a exigibilidade seja do crédito tributário já constituído, seja do pagamento antecipado, nos casos em que a lei o exige.

3.2.2 *Suspensão da exigibilidade do crédito tributário*

Na linguagem do Código Tributário Nacional, o lançamento constitui o crédito tributário (art. 142), que é dotado de liquidez, certeza e exigibilidade. O depósito do montante integral do crédito é um dos meios que a lei confere ao sujeito passivo deste para suspender sua exigibilidade.

Como meio para suspender a exigibilidade do crédito tributário ou do dever jurídico de fazer o pagamento antecipado, o depósito geralmente é feito no âmbito de um procedimento judicial, seja a execução fiscal, seja a ação declaratória de inexistência da relação tributária, seja a ação anulatória de lançamento tributário, seja o mandado de segurança.

3.2.3 *Suspensão da exigibilidade do dever de pagar antecipadamente*

A interpretação literal do art. 151, II, do CTN leva-nos a entender que o depósito é um meio para suspender a exigibilidade do crédito tributário, que pressupõe tenha havido o lançamento. Na verdade, porém, o depósito suspende também a exigibilidade do dever jurídico de fazer o pagamento antecipado do tributo nos casos em que esse pagamento antecipado seja legalmente determinado, vale dizer, em relação aos tributos submetidos ao lançamento por homologação, disciplinado pelo art. 150 do CTN.

Assim, mesmo sem existir o crédito tributário cuja exigibilidade deva ser suspensa pelo depósito, este é possível e tem o efeito de suspender a exigibilidade do dever jurídico de fazer o pagamento antecipado.

O depósito suspende a exigibilidade do dever jurídico de fazer o pagamento antecipado e assume o lugar deste para ensejar a homologação, expressa ou tácita, da atividade desenvolvida pelo sujeito passivo na apuração do respectivo montante. Feito o depósito, a autoridade geralmente é chamada a se manifestar sobre o mesmo, e, se concorda com o valor correspondente, essa concordância opera a homologação da atividade apuratória, consumando-se, desta forma, o lançamento. Assim, não se cogitará mais de decadência.

3.2.4 *Montante integral*

O depósito a que se refere o art. 151, II, do CTN é do montante integral do crédito tributário, como tal entendido o valor pretendido pela Fazenda Pública. Sua efetivação não significa, de modo algum, que o depositante esteja de acordo com a pretensão da Fazenda. Muito pelo contrário, o depositante geralmente se opõe a ela. Ou, mais exatamente, o valor a ser depositado para suspender a exigibilidade do crédito tributário ou do dever jurídico de fazer o pagamento antecipado é aquele que o depositante considera indevido.

Se o sujeito passivo da relação tributária concorda em parte com a exigência, deve fazer o pagamento, e não o depósito dessa parte. Fará o depósito apenas da parte que considera indevida.

3.2.5 *Depósito e consignação em pagamento*

É importante que se tenha presente a distinção entre o depósito que é causa de suspensão da exigibilidade do crédito tributário, nos termos do art. 151, II, e o depósito relativo à ação de consignação em pagamento, que, uma vez julgada procedente, opera a extinção do crédito tributário, nos termos do art. 156, VIII, combinado com o art. 162, § 2º, do CTN. Dessa distinção depende a compreensão de por quê o valor do depósito é determinado por critério diferente num e noutro caso.

Realmente, o valor do depósito que é causa de suspensão da exigibilidade do crédito tributário é determinado em função da pretensão do credor, enquanto o depósito na consignação em pagamento é determinado em função da pretensão do devedor. Por isto é que o montante integral a que se refere o art. 151, II, corresponde ao valor do crédito tributário como tal considerado pelo credor, enquanto o valor do depósito na consignação em pagamento corresponde à quantia que o devedor considera realmente devida.

No caso do art. 151, II, o contribuinte pode até entender – e geralmente entende – que não existe crédito tributário algum. Deposita para questionar a exigência, que considera indevida. Já, o depósito na consignação em pagamento é feito em face de obstáculo que o credor coloca para o recebimento. É uma forma de pagar a quantia que o devedor considera devida.

Em síntese: o depósito que suspende a exigibilidade do crédito tributário corresponde ao valor cobrado pelo Fisco e considerado indevido pelo contribuinte, enquanto o depósito na ação de consignação em pagamento corresponde ao valor que o contribuinte quer pagar, mas sofre um obstáculo que enseja a propositura da ação destinada a lhe garantir o direito de pagar o que entende devido (CTN, art. 164).

3.2.6 *Procedimento*

Já houve muita controvérsia a respeito do procedimento adequado para a feitura do depósito a que se refere o art. 151, II, do CTN. Houve quem sustentasse a necessidade de propositura de ação cautelar, preparatória ou incidental, mediante a qual o contribuinte exerceria seu direito de depositar.

Sempre nos pareceu não ser correto esse entendimento. Muitos juízes, todavia, o adotavam. E mesmo entre os que entendiam desnecessária a ação cautelar, alguns sustentavam a necessidade de autorização judicial para o depósito.

A desnecessidade da propositura de ação cautelar, que sempre nos pareceu evidente, tornou-se pacífica na jurisprudência do STJ.

O depósito é um ato voluntário do sujeito passivo da relação tributária que pretenda suspender a exigibilidade do crédito tributário, e por isto mesmo não depende de autorização do juiz, nem de qualquer outra autoridade. É um direito que não pode ficar a depender de decisão de autoridade, até porque seu exercício a ninguém prejudica, além de ser a efetivação do depósito um fato que atende, indiscutivelmente, ao interesse legítimo da Fazenda Pública, posto que garante a satisfação do tributo que a final venha a ser considerado devido.

A rigor, o depósito a que se refere o art. 151, II, do CTN não depende de autorização, nem deve ficar sujeito a exigências burocráticas. Na prática, porém, em alguns Estados segue sendo exigida a autorização do juiz, e no plano federal exige-se pelo menos o preenchimento de uma guia de depósito na qual deve ser colocado o número do processo ao qual deve ficar vinculado.

3.2.7 *Decadência e prescrição*

Uma vez efetuado o depósito, em relação ao valor correspondente não se há de cogitar mais de decadência, nem de prescrição. É que o depósito enseja o lançamento pela simples homologação, expressa ou tácita. E torna inteiramente sem sentido a ação de execução, porque, se a decisão final na ação em cujo âmbito tenha sido realizado for favorável à Fazenda Pública, a conversão do depósito em renda desta extinguirá o crédito tributário respectivo.

No caso de extinção do processo sem julgamento de mérito suscita-se a questão de saber se, ocorrendo o levantamento do depósito pelo contribuinte, existiria lançamento, a ensejar a execução fiscal, ou se, inexistente este e decorridos mais de cinco anos a contar do fato gerador do tributo, estaria consumada a decadência. A nosso ver, isto não justifica o entendimento a final adotado pelo STJ no sentido da conversão do depósito em renda. Na verdade, tem-se uma questão simplesmente burocrática. Feito o depósito, consuma-se o lançamento, por homologação expressa ou tácita. E, se a Fazenda Pública suscita questões processuais na ação contra ela promovida pelo contribuinte, a ela cabe providenciar a inscrição do valor correspondente em dívida ativa, já que da decisão pretendida, vale dizer, da extinção do processo sem julgamento de mérito, que está pleiteando, vai decorrer a necessidade da propositura da execução fiscal.

3.2.8 *Levantamento ou conversão em renda*

O depósito de que trata o art. 151, II, do CTN é feito no âmbito de uma disputa judicial entre o depositante e a Fazenda Pública. Seu destino será, portanto, seu levantamento pelo depositante, se este for o vencedor, ou sua conversão em renda da Fazenda Pública, se em favor desta for, a final, a decisão.

O levantamento do depósito ou sua conversão em renda devem ocorrer após o trânsito em julgado da decisão que resolve definitivamente a pendência. Decisão que aprecia o mérito da questão, certamente. Em face de decisão que extingue o processo sem exame de mérito o depósito deve ser devolvido ao depositante, porque não existe título que opere a transferência deste para a Fazenda.

O STJ, todavia, modificando sua jurisprudência sobre o assunto, adotou o entendimento segundo o qual no caso de extinção do processo sem julgamento de mérito o depósito deve ser convertido em renda da Fazenda Pública. A decisão que extingue o processo sem exame de mérito não seria favorável ao contribuinte. Somou-se a este o argumento de que em face do depósito resta constituído o crédito tributário, não se justificando, portanto, a liberação do depósito destinado a garantir seu pagamento.

Equivocado, *data maxima venia*, esse entendimento do STJ. Quando a lei se refere a "decisão favorável" ou a "decisão desfavorável", evidentemente está a se referir à decisão de mérito. Por outro lado, o fato de estar o crédito tributário constituído com o depósito não quer dizer que esse crédito tributário tenha fundamento jurídico. Pelo contrário, quando o contribuinte faz o depósito para suspender a exigibilidade, e se opõe à cobrança, pondo em juízo a questão de saber se o tributo é devido ou não, somente diante de uma decisão de mérito favorável à Fazenda é que se torna válido o ato de execução, vale dizer, no caso, a conversão do depósito em renda.

Por outro lado, não se pode deixar de considerar que a Fazenda, ao argüir questões meramente processuais na tentativa de impedir o julgamento de mérito da ação promovida pelo contribuinte, geralmente o faz por não estar segura de seu direito material. O favorecido por decisões que apreciam questões meramente processuais geralmente é quem não tem razão quanto ao mérito.

A conversão em renda, todavia, é possível nos casos de extinção do processo sem julgamento de mérito se houver acordo neste sentido entre o depositante e a Fazenda.

3.2.9 *Depósito e execução fiscal*

Havendo depósito do montante integral do crédito tributário, fica a Fazenda Pública impedida de promover a execução fiscal correspondente. O crédito está com exigibilidade suspensa, e isto impede a execução, que pressupõe crédito exigível.

Ocorrendo a extinção do processo sem julgamento de mérito o depósito deve ser restituído ao contribuinte, e aí, sim, poderá ser promovida a execução fiscal. O STJ, todavia, fixou seu entendimento no sentido de que nessa hipótese o depósito deve ser convertido em renda. É um equívoco que consagra a arbitrariedade e estimula a feitura de depósito pelo contribuinte, além de estimular a Fazenda a suscitar questiúnculas processuais para impedir o julgamento de mérito das ações contra ela promovidas.

3.2.10 *Onde é feito o depósito*

O depósito deve ser feito na instituição financeira que a lei determina, que o entregará à parte vencedora, posto que há de ser sempre vinculado ao processo no qual se discute o crédito tributário ao qual corresponde. Feito o depósito integral do valor do crédito tributário, o sujeito passivo fica exonerado da obrigação, e dele não poderá ser cobrado qualquer acréscimo.

3.2.11 *Depósito como pagamento provisório*

No plano federal o depósito de que trata art. 151, II, do CTN parece ter a natureza jurídica de um pagamento provisório, se é que isto é possível. Seja como for, somente com o trânsito em julgado de sentença que julgue improcedente a ação movida pelo contribuinte, ou seja, somente em face de decisão que afirme juridicamente existente o crédito tributário em disputa, tem-se, a rigor, a conversão do depósito em renda, que equivale ao pagamento como causa extintiva do crédito.

A Medida Provisória 1.721, de 28.10.1998, convertida na Lei 9.703, de 17.11.1998, transformou em verdadeiros pagamentos os depósitos, no âmbito federal, na medida em que determinou que estes "serão repassados pela Caixa Econômica Federal para a Conta Única do Tesouro Nacional, independentemente de qualquer formalidade, no mesmo prazo fixado para recolhimento dos tributos e das contribuições federais".

A doutrina jurídica construiu, ao longo de séculos, conceitos que não podem ser ignorados pelos que elaboram ou aplicam as normas sem graves prejuízos para a ciência do Direito e para a operacionalidade do ordenamento jurídico, que termina por não alcançar sua finalidade.

Existem, é certo, conceitos de direito positivo que podem ser criados e alterados pelo legislador com relativa liberdade, mas existem os conceitos consolidados universalmente, que fazem parte da teoria jurídica – e estes, evidentemente, não podem ser atingidos em seus elementos e em seus efeitos essenciais. Assim é que não se concebe uma *compra e venda* sem o elemento essencial – o *preço* – e sem o efeito que lhe é próprio – a *transmissão da propriedade* da coisa vendida. Pela mesma razão, não pode o legislador determinar que em virtude de uma *hipoteca* a propriedade do bem hipotecado restou *transferida*, ou que da realização de um pagamento não decorre a extinção da dívida a que se refere.

Não basta que se tenha lei. É preciso que se tenha ordem jurídica, e esta inclui a existência de instituições, que não podem ser construídas, ou mantidas, sem respeito aos conceitos consolidados na doutrina jurídica. Sem o respeito pelo significado das palavras e dos princípios consagrados pelo ordenamento.

Assim é que um *pagamento* não será *depósito* apenas porque foi como tal designado em uma lei. O depósito, sabemos todos, não transfere a propriedade do dinheiro depositado. Assim, o depósito feito pelo contribuinte para garantia do juízo não transfere a propriedade do dinheiro depositado para a Fazenda Pública. O depósito de que se cuida não é pagamento, mas uma garantia de que este se fará, se devido, no momento oportuno. Apenas uma garantia. Sua característica essencial, tratando-se de depósito para garantia do juízo, como ocorre no caso, é a de permanecer em mãos de terceiro. O depósito é medida preparatória, preventiva ou de segurança, que consiste na entrega de coisa apreendida à guarda ou vigilância de terceiro.

Aliás, o legislador, no caso de que se cuida, traiu-se, e disse que, se a Fazenda for, a final, vencedora no processo, o valor respectivo será "transformado em pagamento definitivo". Se é assim, é porque antes ocorrera um pagamento não definitivo – construção que não cabe na cabeça de um jurista, porque evidentemente anômala, desconforme com os princípios e conceitos do Direito.

Por outro lado, depósito não constitui receita pública. Depósito e receita pública são figuras jurídicas inconfundíveis. Receita pública, segundo definição de Baleeiro, "é a entrada que, integrando-se no patrimônio público sem quaisquer reservas, condições ou correspondência no passivo, vem acrescer o seu vulto, como elemento novo e positivo" (*Uma Introdução à Ciência das Finanças*, 13ª ed., Rio de Janeiro, Forense, 1981, p. 116).

Destaque-se, com Aliomar Baleeiro, que "as quantias recebidas pelos cofres públicos são genericamente designadas como 'entradas' ou 'ingressos'. Nem todos esses ingressos, porém, constituem receitas públicas, pois alguns deles não passam de 'movimentos de fundo', sem qualquer incremento do patrimônio governamental, desde que estão condicionados à restituição posterior ou representam mera recuperação de valores emprestados ou cedidos ao Governo" (autor, ob. e loc. cits.).

A Lei 9.703, de 17.11.1998, na verdade converteu os depósitos em pagamentos, pura e simplesmente, determinando que a Caixa Econômica Federal repasse os valores respectivos para a Conta Única do Tesouro Nacional, independentemente de qualquer formalidade. E com isto consumou verdadeira expropriação, num atentado claro e ostensivo ao direito de propriedade, que a Constituição expressamente assegura (art. 5º, XXII).

É certo que também estabeleceu uma forma de restituição privilegiada, para com isto obter a conformação do contribuinte expropriado em seu depósito, determinando que a Caixa lhe faça o pagamento, a débito da Conta Única do Tesouro. Com isto, porém, mais uma vez atentou contra norma expressa da Constituição Federal, segundo a qual "os pagamentos devidos pela Fazenda Federal, Estadual ou Municipal, em virtude de sentença judiciária, far-se-ão exclusivamente na ordem cronológica de apresentação dos precatórios e à conta dos créditos respectivos, proibida a designação de casos ou de pessoas nas dotações orçamentárias e nos créditos adicionais abertos para este fim" (art. 100).

Outra conseqüência relevante da Lei 9.703/1998 é a de impedir a exigibilidade do crédito tributário quando o depósito tenha sido de parte do valor deste. Como a Fazenda Pública obtém a posse do dinheiro depositado, não se justifica mais a cobrança dos denominados *acréscimos legais* a pretexto de que o depósito de parte do valor do crédito não suspende a exigibilidade deste. Os acréscimos legais, portanto, devem ser calculados apenas sobre a parte não depositada, ou, mais exatamente, sobre a parte não *paga*. O depósito de parte do valor do crédito tributário, agora, elide a cobrança de acréscimos legais sobre ele, da mesma forma que o pagamento de parte do valor do tributo devido impede a cobrança de acréscimos legais sobre a parcela paga.

Seja como for, certo é que a Lei 9.703/1998 criou a figura do *pagamento provisório*, cuja restituição ocorre tal como se dá a devolução de um simples depósito. É *pagamento* porque a lei estabelece que "os depósitos serão repassados pela Caixa Econômica Federal para a Conta Única do Tesouro Nacional, independentemente de qualquer formalidade, no mesmo prazo fixado para recolhimento dos tributos e das contribuições federais." (art. 1º, § 2º). Mas é pagamento *provisório*, porque após o encerramento do processo ao qual esteja relacionado será devolvido ao depositante pela Caixa Econômica Federal, no prazo máximo de 24 horas, quando a sentença lhe for favorável, ou será transformado em pagamento definitivo, quando a sentença ou decisão for favorável à Fazenda Pública (art. 1º, § 3º, I e II).

3.3 Reclamações e recursos

A interposição de reclamações e de recursos também suspende a exigibilidade do crédito tributário, desde que seja feita nos termos das leis reguladoras do procedimento tributário administrativo, isto é, nos casos e nos prazos admitidos nessas leis.

As leis, todavia, não podem negar oportunidade para reclamações e recursos. Podem organizar o processo administrativo fiscal, mas, ao fazê-lo, devem respeitar o devido processo legal, no qual se inclui o direito de defesa. Nem podem as leis negar efeito suspensivo às reclamações e aos recursos. Seja diretamente, seja por via oblíqua, mudando o nome da reclamação ou do recurso. As palavras "reclamações" e "recursos", aqui, têm sentido amplo, abrangendo toda e qualquer forma de se insurgir o contribuinte contra a exigência que lhe é feita pela Administração Tributária na determinação e cobrança do crédito tributário. Em outras palavras, o art. 151, III, do CTN assegura que o crédito tributário não será exigível enquanto restar pendência entre os sujeitos da obrigação tributária a ser solucionada na via administrativa. Por isto é que as reclamações e os recursos *suspendem* a exigibilidade, ou, mais exatamente, impedem a exigibilidade do crédito tributário.

Com efeito, melhor seria dizer que as reclamações e os recursos *impedem* que o crédito se torne exigível, pois na verdade exigível ainda não é ele no momento da interposição, quer da reclamação, quer do recurso, pois só com a constituição definitiva o crédito se torna exigível.

3.4 Medida liminar em mandado de segurança

O mandado de segurança é uma das garantias que a Constituição Federal assegura aos indivíduos para proteção de direito líquido e certo lesado ou ameaçado de lesão por ato de autoridade. Assim, em face de cobrança de tributo indevido pode o contribuinte, em princípio, valer-se do mandado de segurança.

O contribuinte tem o prazo de 120 dias, a contar da ciência do ato de cobrança do tributo que considera indevido, para impetrar o mandado de segurança. Não está, porém, obrigado a esperar que se concretize a cobrança. Pode impetrar o mandado de segurança preventivo, diante da ameaça de cobrança de tributo ilegal, ou inconstitucional.

Com efeito, o cabimento do mandado de segurança preventivo constitui ponto pacífico na doutrina e na jurisprudência. O que muita vez tem constituído obstáculo à sua concessão é o desconhecimento da distinção entre este e o mandado de segurança contra a lei em tese, que é – este, sim – inadmissível.

O mandado de segurança deve ser considerado *contra a lei em tese* se impetrado sem que esteja configurada a situação de fato em face da qual pode vir a ser praticado o ato tido como ilegal, contra o qual se pede a segurança. Diz-se que é contra a lei *em tese* precisamente porque a lei reguladora da situação não incidiu. Assim, se *pretendo exportar* determinado produto industrializado, e considero inconstitucional a lei que o definiu como semi-elaborado para ensejar a cobrança do ICMS, e por isto impetro um mandado de segurança contra essa cobrança, na verdade estou impetrando um mandado de segurança contra a lei em tese. Não tendo havido a exportação, a cobrança do imposto é simplesmente impossível, daí o descabimento da segurança.

O mandado de segurança é *preventivo* quando, já existente a situação de fato que ensejaria a prática do ato considerado ilegal, tal ato ainda não tenha sido praticado, existindo apenas o *justo receio* de que venha a ser praticado pela autoridade impetrada. É preventivo porque tende a evitar a lesão ao direito, mas pressupõe a existência da situação concreta na qual o impetrante afirma residir o seu direito cuja proteção, contra a ameaça de lesão, está a reclamar do Judiciário.

Em matéria tributária merece o mandado de segurança preventivo especial atenção. O parágrafo único do art. 142 do CTN estabelece que "a atividade administrativa de lançamento é vinculada e obrigatória, sob pena de responsabilidade funcional". Isto significa que, tendo conhecimento da ocorrência de um fato tributável, a autoridade administrativa não pode deixar de fazer o lançamento correspondente. Assim, editada uma lei criando ou aumentando tributo, desde que ocorrida a situação de fato sobre a qual incide, gerando a possibilidade de sua cobrança, desde logo é viável a impetração de mandado de segurança preventivo. Não terá o contribuinte de esperar que se concretize a ameaça dessa cobrança. O *justo receio*, a ensejar a impetração, decorre do dever legal da autoridade de fazer a cobrança. Não é razoável presumir-se que a autoridade administrativa vai descumprir o seu dever.

Ao receber a petição inicial do mandado de segurança, pode o juiz, com fundamento no art. 7º, III, da Lei 12.016, de 7.8.2009, determinar, liminarmente, que se suspenda o ato que deu motivo ao pedido. Para tanto basta que seja relevante o seu fundamento e do ato impugnado possa resultar a ineficácia da sentença que acaso venha, a final, a deferir o pedido. Não implica dizer que a cobrança seja indevida. A medida liminar é sempre provisória. Presta-se, apenas, para manter a situação, afastando o ato impugnado até final julgamento, para evitar danos irreparáveis ou de difícil reparação.

A Lei 4.348, de 26.6.1964, revogada pela Lei 12.016/2009, limitava a eficácia da medida liminar ao prazo de 90 dias, prorrogável por mais 30, quando o acúmulo de processos justificar a prorrogação. A Fazenda Pública, porém, geralmente já não se valia desse prazo, respeitando a determinação liminar independentemente dele. A Lei 12.016 não mais estabelece prazo de vigência para a medida liminar, que se manterá em vigor até a prolação da sentença, salvo se revogada ou cassada (art. 7º, § 3º).

3.5 Medida liminar e antecipação da tutela

A Lei Complementar 104, de 10.1.2001, alterou o inciso V do art. 151 do CTN, que passou a indicar como causa de suspensão da exigibilidade do crédito tributário a concessão de medida liminar ou de tutela antecipada, em outras espécies de ação judicial.

Fica, assim, afastada a tese restritiva, segundo a qual somente a medida liminar em mandado de segurança podia produzir tal efeito.

4. Extinção do crédito tributário

Extinção do crédito tributário é o desaparecimento deste. Como nas obrigações, em geral sua forma mais comum de extinção é o pagamento, que significa a satisfação do direito creditório.

Como é sabido, os direitos obrigacionais se extinguem pela entrega da prestação respectiva.

A extinção do crédito tributário é matéria compreendida na reserva legal, vale dizer, só a *lei* pode estipular os casos em que se verifica (CTN, art. 97, VI). Isto não significa que somente as causas extintivas previstas no Código Tributário Nacional possam ocorrer no direito tributário. Há no direito privado causas extintivas que, embora não previstas no Código Tributário Nacional, aplicam-se em matéria tributária, como veremos adiante.

Pode ocorrer, em certos casos, a extinção de um crédito tributário sem que se verifique a extinção da obrigação tributária correspondente, restando por isto o direito de a Fazenda Pública, mediante novo lançamento, constituir outro crédito. É claro que isto somente acontece quando a causa extintiva tenha afetado apenas a *formalização* do crédito.

Permite o Código Tributário Nacional que a lei ordinária disponha sobre os efeitos da extinção do crédito tributário sobre a posterior verificação de irregularidade na sua constituição. Nessa estipulação o legislador está vinculado às normas dos arts. 144 e 149 do Código, que estabelecem, respectivamente, a legislação aplicável ao lançamento e os casos de feitura e revisão deste, de ofício (art. 156, parágrafo único).

O parágrafo único do art. 149 do CTN determina que a revisão do lançamento só pode ser iniciada enquanto não extinto o direito da Fazenda Pública. Poderia, assim, parecer que, uma vez extinto o crédito tributário, por qualquer das formas enumeradas no art. 156 do Código, não mais se poderia cogitar de revisão de lançamento. Na verdade, porém, o parágrafo único do art. 149 refere-se ao direito de a Fazenda Pública *lançar*, e não ao direito de crédito. A extinção do crédito pode afetar, ou não, o direito de lançar, vale dizer, de constituir novo crédito.

Na ausência de lei dispondo quanto aos efeitos da extinção do crédito sobre a ulterior verificação de irregularidade da sua constituição, essa extinção impede qualquer cogitação a respeito. Basta que se verifique qualquer das causas extintivas do crédito, arroladas no art. 156, para que não mais se possa dele cogitar. Mas se a irregularidade implicou pagamento indevido, é cabível a restituição, em face das disposições expressas da lei (CTN, art. 165).

Extinto o crédito, dele não mais se cogita, a não ser para o fim de efetuar a restituição do que tenha sido pago indevidamente. Assim, se a extinção decorreu do pagamento, e se constata que o tributo não era devido, evidentemente cabe a restituição.

A extinção do crédito – repita-se – pode afetar, ou não, o direito de constituir novo crédito. O crédito, como se sabe, é distinto da obrigação. É relação formalizada, acertada, tornada líquida e certa. A extinção do crédito pode afetar, além da forma, também o conteúdo, a própria obrigação tributária. Neste caso não haverá mais direito de lançar porque não existirá mais a relação obrigacional que seria o conteúdo do crédito tributário. É possível, entretanto, que a extinção do crédito afete apenas a forma, sem afetar o conteúdo. Neste caso, em face da subsistência da relação obrigacional, persiste o direito de lançar, vale dizer, de constituir novo crédito tributário.

O art. 156 do CTN arrola, em seus 10 itens, 12 formas de extinção do crédito tributário, a saber: (a) o pagamento; (b) a compensação; (c) a transação; (d) a remissão; (e) a decadência; (f) a prescrição; (g) a conversão do depósito em renda; (h) o pagamento antecipado e a homologação do lançamento; (i) a consignação em pagamento; (j) a decisão administrativa irreformável; (k) a decisão judicial passada em julgado; (l) a dação em pagamento de bens imóveis.

A extinção do crédito tributário, porém, nem sempre implica a extinção da obrigação tributária respectiva. Nas hipóteses de extinção do crédito tributário em decorrência de decisão administrativa irreformável, ou de decisão judicial passada em julgado (letras "j" e "k", acima), não ocorrerá a extinção da obrigação tributária se a decisão extinguir o crédito tributário por vício formal em sua constituição. Nessas duas hipóteses, portanto, pode ocorrer ou não a extinção da obrigação tributária. Se a decisão, seja administrativa ou judicial, extinguir o crédito tributário por entender indevido o tributo respectivo, restará extinto tanto o crédito como a obrigação. Entretanto, se a decisão, seja administrativa ou judicial, extinguir o crédito tributário em virtude de vício formal em sua constituição, afirmando, por exemplo, que houve cerceamento do direito de defesa do contribuinte, não ocorrerá a extinção da obrigação tributária respectiva e a Fazenda Pública poderá fazer novo lançamento, no prazo de cinco anos, que começa da data em que se tornar definitiva a decisão (CTN, art. 173, II).

4.1 Pagamento

Forma ordinária, usual, de extinção do crédito tributário, o pagamento é a entrega ao sujeito ativo, pelo sujeito passivo ou por qualquer outra pessoa em seu nome, da quantia correspondente ao objeto do crédito tributário.

O CTN estabelece, em seus arts. 157 a 163, diversas regras sobre o pagamento, ora simplesmente para evitar dúvidas, ora para introduzir disciplina específica, afastando preceitos do direito privado.

A imposição de penalidade não elide o pagamento integral do crédito tributário – diz o art. 157. O fato de sofrer o sujeito passivo uma penalidade não o desobriga de pagar o tributo. Cometida uma infração, o valor da penalidade respectiva é somado ao valor do tributo acaso devido. Não há substituição do tributo pela multa. Os dois se somam.

No direito civil certas cláusulas penais estipuladas para o caso de não cumprimento da obrigação substituem o valor desta. A cláusula penal é, no caso de descumprimento da obrigação, uma alternativa para o credor (CC, art. 410). Não é assim em direito tributário.

O pagamento de uma parcela do crédito não importa presunção de pagamento de outras, nem o pagamento de um crédito faz presumir-se o pagamento de outro, referente ao mesmo ou a outros tributos (CTN, art. 158). Cada quitação só vale em relação ao que na mesma está indicado. Assim, o fato de um contribuinte, por exemplo, provar que pagou a última parcela de seu imposto de renda de determinado exercício não faz presumir-se tenha pago as demais parcelas. Nem o fato de haver pago o seu imposto de renda de um exercício importa presunção de haver pago o de outros, nem o IPI, ou outro tributo qualquer. Nem, ainda, o pagamento de determinada quantia a título de imposto de renda de determinado exercício gera a presunção de que o imposto de renda devido seja somente aquele.

Por isto mesmo não tem a Fazenda Pública motivo para recusar o recebimento de um tributo ao argumento de que há dívida, ainda não paga, de outro tributo, ou de que o valor oferecido é menor que o efetivamente devido. Qualquer quantia oferecida pelo sujeito passivo pode ser recebida, sem prejuízo da posterior cobrança da diferença, se for o caso.

O pagamento deve ser feito na repartição competente do domicílio do sujeito passivo, a não ser que a *legislação* pertinente ao tributo respectivo disponha de modo diverso (CTN, art. 159). O sujeito passivo deve providenciar o pagamento independentemente de cobrança. No direito privado é que o credor, salvo convenção em contrário, deve receber o seu crédito no estabelecimento ou residência do devedor, e se não lhe é feito o pagamento deve interpelar o devedor para que se considere este em mora. Em direito tributário não é assim. O sujeito passivo tem o dever de ir à repartição competente e efetuar ali o pagamento. Hoje os tributos são geralmente pagos em bancos. A *legislação* assim o determina, como lhe faculta o Código Tributário Nacional.

O tempo do pagamento, isto é, o vencimento do crédito tributário, deve ser estabelecido na legislação pertinente a cada tributo. Referindo-se o Código à *legislação* tributária, leva ao entendimento de que o prazo para o pagamento do crédito tributário pode ser estabelecido em norma diversa da *lei*. Em tempo de inflação elevada é de grande importância a questão de saber se o prazo é, ou não, elemento essencial na relação tributária, e, assim, se pode ser, ou não, estabelecido em regulamento ou outra norma infralegal. Sendo a lei omissa a respeito, o vencimento ocorre 30 dias a partir da notificação do lançamento. Notificado de um lançamento, o sujeito passivo tem o prazo de 30 dias, se outro não estiver previsto na legislação respectiva, para efetuar o correspondente pagamento (CTN, art. 160).

Tratando-se de tributo sujeito a lançamento por homologação, é indispensável que a lei respectiva estabeleça prazo para pagamento, não se lhe aplicando a regra supletiva do Código Tributário Nacional à falta de notificação de lançamento. Não existe, no caso, vencimento do crédito tributário, mas pagamento anterior à própria constituição deste.

Pode a legislação de cada tributo conceder descontos pela antecipação do pagamento, nas condições que estabeleça (CTN, art. 160, parágrafo único). A antecipação pode ser em relação ao próprio lançamento, como se verifica na legislação do imposto de renda, que faculta o pagamento no ato da entrega da declaração. E pode ser em relação ao vencimento, hipótese de prática generalizada nos Municípios brasileiros relativamente ao imposto sobre a propriedade predial e territorial urbana.

A caracterização da mora em direito tributário é automática. Independe de interpelação do sujeito passivo. Não sendo integralmente pago até o vencimento, o crédito é acrescido de juros de mora, seja qual for o motivo da falta, sem prejuízo das penalidades cabíveis e da aplicação de quaisquer medidas de garantia previstas no Código Tributário Nacional ou em *lei* tributária (CTN, art. 161). Note-se que, embora não o diga o art. 97 do CTN, somente a *lei* pode instituir medidas de garantia do crédito tributário. Não atos normativos outros integrantes da *legislação*. Somente a *lei*.

O contribuinte, ou responsável, que formulou consulta ao Fisco, dentro do prazo legal para pagamento do tributo, não se considera em falta. Não estará em mora. O crédito tributário, neste caso, se a final tiver de ser pago, não será acrescido dos juros moratórios, pois não houve mora (CTN, art. 161, § 2º). Claro que a consulta, para produzir esse efeito, há de ser pertinente ao crédito em questão, e formulada dentro do prazo para pagamento do tributo. E há de ser eficaz, nos termos da legislação específica.

A lei pertinente a cada tributo pode fixar a taxa dos juros de mora. Se não o faz, será esta de 1% ao mês (CTN, art. 161, § 1º).

Também quanto à *forma* de pagamento estabelece o Código Tributário Nacional regras específicas. Pode ser feito em moeda corrente, cheque ou vale postal (CTN, art. 162, I). Isto significa dizer que o tributo não pode ser pago em *natureza*, isto é, em bens diversos do dinheiro, ou serviços, não obstante o art. 3º do Código aparentemente o autorize.

A legislação tributária pode determinar as garantias exigidas para o pagamento por cheque ou vale postal, desde que não o torne impossível ou mais oneroso que o pagamento em moeda corrente (CTN, art. 162, § 1º). Para os pagamentos em cheque praticamente não há necessidade de qualquer garantia, pois o crédito pago por esta forma só se considera extinto com o resgate do cheque sacado (CTN, art. 162, § 2º). Se por qualquer motivo o cheque não é pago pelo sacado, é como se não tivesse havido o pagamento do tributo. E isto tem grande importância, pois, se assim não fosse, e ficasse o Fisco com o cheque como título de crédito, teria havido a substituição de um crédito tributário por um crédito de natureza cambiária, despido das garantias e privilégios próprios daquele.

Pode a lei estabelecer que o pagamento de tributo seja feito em estampilha, em papel selado, ou por processo mecânico (CTN, art. 162, II). O crédito pago em estampilha considera-se extinto com a inutilização regular daquela. Não é a aquisição da estampilha, mas sua regular inutilização, que corresponde ao pagamento do tributo. Tal inutilização, se feita pela autoridade administrativa, corresponde a um pagamento puro e simples, feito concomitantemente com o lançamento respectivo. Se feito pelo sujeito passivo, corresponde a um pagamento antecipado, considerando-se o lançamento respectivo dependente de homologação. Assim é em face do § 3º do art. 162 do CTN.

Se o sujeito passivo perde ou destrói estampilhas, não tem direito à restituição do que pagou pela aquisição destas. Também não tem direito à restituição se erra no pagamento por esta modalidade, isto é, se inutiliza estampilhas irregularmente, ou em valor superior ao efetivamente devido. Mas se o erro foi imputável à autoridade administrativa, isto é, se esta motivou a indevida inutilização das estampilhas, é devida a restituição. Nada impede, outrossim, que a *legislação* pertinente ao tributo assegure ao sujeito passivo, expressamente, o direito à restituição em certos casos, eis que o próprio Código Tributário Nacional admite sejam assim abertas exceções (art. 162, § 5º).

Tem o mesmo tratamento do feito em estampilha o pagamento feito em papel selado ou por processo mecânico (CTN, art. 162, § 5º).

Se o sujeito passivo tem mais de um débito para com o mesmo sujeito ativo, referentes ao mesmo ou a diferentes tributos, ou provenientes de penalidade pecuniária ou juros de mora, não tem ele direito de escolher qual dos débitos quer pagar. Cabe à autoridade administrativa competente para receber o pagamento determinar qual dos débitos será quitado, observando obrigatoriamente o seguinte: (a) em primeiro lugar os débitos dos quais o pagador seja o contribuinte e em segundo aqueles dos quais seja ele responsável; (b) primeiramente as contribuições de melhoria, depois as taxas e finalmente os impostos; (c) os débitos mais antigos antes dos mais novos, isto é, dando-se preferência aos que estejam mais próximos da prescrição; (d) dando-se preferência aos de maior valor (CTN, art. 163). Essa regra do Código, todavia, tem pouca ou nenhuma aplicação, eis que os pagamentos são geralmente feitos em estabelecimentos bancários, que não exercem qualquer controle quanto a estes aspectos. A imputação do pagamento, ou, mais exatamente, a imputação do valor que o sujeito passivo pretende pagar, à extinção de determinado crédito tributário, há de ser feita pela autoridade no momento em que o sujeito passivo da obrigação tributária vai exercer seu direito de pagar. Em outras palavras, é uma prerrogativa da Fazenda Pública, sempre prévia ao pagamento. Não pode ser tal prerrogativa exercitada depois de feito o pagamento. Por isto mesmo é atribuída à autoridade administrativa competente para receber o pagamento, e não a outra autoridade da Administração Tributária.

Exatamente porque se trata de um poder-dever da autoridade administrativa competente para receber o pagamento é que a delegação da atribuição de receber o crédito tributário, feita aos estabelecimentos bancários, colocou em desuso esse poder-dever, que evidentemente não foi, e nem poderia ser, delegado juntamente com a atribuição de receber.

Recebido nos termos em que o pagamento é oferecido pelo sujeito passivo, não pode a autoridade administrativa posteriormente fazer a imputação do que foi pago à quitação de outro ou outros débitos do mesmo sujeito passivo.[1] Se pudesse ser feita a imputação posteriormente estaria inteiramente esvaziada a norma do art. 164, I, que assegura ao sujeito passivo o direito de promover a consignatória se discordar da imputação.

4.2 Pagamento indevido. Restituição

De acordo com o art. 165 do CTN, o sujeito passivo tem direito à restituição do tributo que houver pago indevidamente. Esse direito independe de prévio protesto, não sendo, portanto, necessário que ao pagar o sujeito passivo tenha declarado que o fazia "sob protesto". O tributo decorre da lei e não da vontade, sendo por isto mesmo irrelevante o fato de haver sido pago *voluntariamente*. Na verdade o pagamento do tributo só é *voluntário* no sentido da inocorrência de atos objetivando compelir alguém a fazê-lo. Mas é óbvio que o devedor do tributo não tem alternativas. Está obrigado por lei a fazer o pagamento.

Estes esclarecimentos são interessantes porque no direito civil havia regra expressa dizendo que quem paga voluntariamente só terá direito à restituição se provar que o fez por erro (CC de 1916, art. 965). Aliás, essa regra chegou a ser invocada pelo Fisco para não restituir tributos, mas a tese foi repelida pelos tribunais, e hoje, diante do Código Tributário Nacional, dúvida não pode mais haver quanto ao direito à restituição.

1. TRF-3ª Região, 3ª Turma, ACi 1999.03.99.114136-7, rela. Desa. Federal Cecília Hamati, *DJU* 31.5.2000 e *Revista Tributária e de Finanças Públicas* 35/275-277, São Paulo, Ed. RT/ABDT.

O erro a que se reportava a lei civil é um vício ou defeito na formação da vontade. No direito privado, nas obrigações nascidas da vontade, é de grande relevância o seu exame. Já, no direito tributário a vontade é irrelevante na formação da relação jurídica. Assim, um contribuinte, mesmo sabendo que o tributo é indevido, se o paga, tem direito à restituição. O que importa é a demonstração de que o tributo é realmente indevido.

O art. 165 do CTN menciona três hipóteses de restituição, a saber: (a) cobrança ou pagamento espontâneo de tributo indevido ou maior que o devido em face da legislação tributária aplicável, ou da natureza ou circunstâncias materiais do fato gerador efetivamente ocorridas; (b) erro na identificação do sujeito passivo, na determinação da alíquota aplicável, no cálculo do montante do débito ou na elaboração ou conferência de qualquer documento relativo ao pagamento; (c) reforma, anulação, revogação ou rescisão de decisão condenatória.

As duas primeiras hipóteses referem-se a tributos pagos sem que tenha havido litígio a respeito. A primeira, a rigor, abrange a segunda, pois, na verdade, se o indébito resultou de erro na identificação do sujeito passivo, na determinação da alíquota, no cálculo ou na elaboração de qualquer documento relativo ao pagamento do tributo, inegavelmente houve pagamento indevido ou maior que o devido em face da legislação tributária aplicável, ou da natureza ou circunstâncias materiais do fato gerador efetivamente ocorrido. Já a terceira hipótese diz respeito aos casos em que o sujeito passivo pagou em face de decisão condenatória. Questionou e perdeu. Diante da decisão que o condenou ao pagamento, pagou. Mas continuou questionando e finalmente conseguiu o desfazimento daquela decisão. O Código Tributário Nacional refere-se a reforma, anulação, revogação ou rescisão de decisão condenatória. Para efeitos práticos não importa a distinção entre esses diversos modos de desfazimento da decisão, pois conduzem ao mesmo resultado, que é o de ensejar a restituição do indébito. Não custa, porém, esclarecer o sentido de cada uma dessas expressões. Há *reforma* quando o desfazimento se dá por decisão de órgão superior, com exame de mérito; *anulação*, quando apenas por vício formal; *revogação*, quando o próprio órgão prolator da decisão a modifica, em face de recurso que admita retratação; e, finalmente, há *rescisão* quando a decisão já havia transitado em julgado e é desfeita mediante ação rescisória.

A restituição do tributo pago em estampilha, papel selado ou por processo mecânico obedece a regime especial. Só é possível quando tenha havido erro imputável à autoridade administrativa ou nos casos previstos expressamente pela legislação do tributo respectivo.

Tema importante em matéria de restituição do indevidamente pago é o que diz respeito aos chamados tributos indiretos. O Código Tributário Nacional não adotou a classificação dos tributos em *diretos* e *indiretos*. Na verdade essa classificação importa mais à ciência das finanças que ao direito tributário. Postas de lado algumas controvérsias, pode-se dizer que o tributo é *direto* quando o respectivo ônus financeiro é suportado pelo próprio contribuinte; e *indireto* quando esse ônus é transferido para terceiros. Em outras palavras, o tributo é *direto* quando a pessoa legalmente obrigada a seu pagamento suporta efetivamente o ônus. Diz-se que é *indireto* quando a pessoa legalmente obrigada a seu pagamento transfere o ônus correspondente para terceiros.

A classificação dos tributos em *diretos* e *indiretos* não tem, pelo menos do ponto de vista jurídico, nenhum valor científico. É que não existe critério capaz de determinar quando um tributo tem o ônus transferido a terceiro, e quando é o mesmo suportado pelo próprio contribuinte. O imposto de renda, por exemplo, é classificado como imposto direto; entretanto, sabe-se que nem sempre o seu ônus é suportado pelo contribuinte. O mesmo acontece com o IPTU, que, tratando-se de imóvel alugado, é quase sempre transferido para o inquilino.

Atribuindo, porém, certa relevância a tal classificação, o Código Tributário Nacional estipulou que "a restituição de tributos que comportem, por sua natureza, transferência do respectivo encargo financeiro somente será feita a quem prove haver assumido o referido encargo, ou, no caso de tê-lo transferido a terceiro, estar por este expressamente autorizado a recebê-la" (art. 166). Assim, nas restituições de tributos indevidamente pagos se há de examinar se o tributo, no caso, teve ou não o seu encargo financeiro transferido a terceiro. O sujeito passivo terá direito à restituição se provar que assumiu o encargo financeiro, ou, no caso de tê-lo transferido a terceiro, estar por este expressamente autorizado a recebê-la (CTN, art. 166). O terceiro, que tenha suportado o encargo financeiro do tributo indevidamente pago, não é parte legítima para pedir a restituição.

A nosso ver, *tributos que comportem, por sua natureza, transferência do respectivo encargo financeiro* são somente aqueles tributos em relação aos quais a própria lei estabeleça dita transferência. Somente em casos assim aplica-se a regra do art. 166 do CTN, pois a *natureza* a que se reporta tal dispositivo legal só pode ser a natureza *jurídica*, que é determinada pela lei correspondente, e não por meras circunstâncias econômicas que podem estar, ou não, presentes, sem que se disponha de um critério seguro para saber quando se deu, e quando não se deu, tal transferência.

Para saber quando a transferência do ônus do tributo ocorre por força da norma jurídica basta imaginar uma situação na qual as partes na relação onde incide o tributo tenham acertado o preço do bem, ou do serviço, sem fazer qualquer referência ao tributo. E, depois de acertado o preço, seja colocada a questão de saber se o obrigado, perante o Fisco, ao pagamento do tributo vai transferir o ônus respectivo.

A não ser assim, ter-se-á de concluir pela inconstitucionalidade do art. 166, por ser este um óbice intransponível ao exercício do direito à restituição do indébito.

Admitir que o contribuinte sempre transfere o ônus do tributo ao consumidor dos bens ou serviços é uma idéia tão equivocada quanto difundida. Na verdade, o contribuinte tenta transferir não apenas o tributário, mas todos os ônus que pesam sobre sua atividade. Mas nem sempre consegue. Ou nem sempre consegue inteiramente. Tudo depende das circunstâncias de cada caso e de cada momento. Seja como for, o certo é que não se pode confundir a relação jurídica de direito tributário, existente entre o contribuinte e o Fisco, com a relação jurídica de direito privado, existente entre o comprador e o vendedor dos bens e serviços.

É importante ressaltar que o direito de compensar é distinto do direito à restituição do que tenha sido pago indevidamente. Nasce de suporte fático diverso, no qual, além da situação de credor de tributo pago indevidamente, está o fato de ser devedor de tributo atual. Tratando-se de direito diverso, a ele não se aplica a restrição do art. 166 do CTN, até porque as normas restritivas não podem ser interpretadas ampliativamente.

A restituição do tributo indevidamente pago enseja a restituição, na mesma proporção, das multas e dos juros respectivos. Se o tributo não era devido, indevida também era a multa, e indevidos os juros. A restituição é de todo o crédito indevidamente pago, que há de ser monetariamente corrigido. Assim já vinha decidindo o STF, que inicialmente decidira em sentido contrário. Hoje, relativamente aos tributos federais, há lei determinando a correção monetária (Lei 8.383/1991, art. 66, § 3º). Não são restituídas, porém, como decorrência da restituição do tributo, as multas por infrações formais, vale dizer, pelo descumprimento de obrigações acessórias. A razão é simples: se a obrigação acessória efetivamente foi descumprida, e por isto a multa efetivamente era devida, não há por que se cogitar de sua restituição (CTN, art. 167).

A restituição do que a título de crédito tributário foi pago indevidamente pressupõe uma decisão administrativa que a determina, vale dizer, que defere o pedido do contribuinte. A partir da data em que essa decisão transita em julgado, isto é, torna-se definitiva no âmbito da Administração, se por qualquer motivo a restituição não se efetiva, o valor respectivo é acrescido de juros (CTN, art. 167, parágrafo único). E embora não exista regra legal expressa, o STF já fixou entendimento pelo qual é devida também a correção monetária na restituição do tributo pago indevidamente. Chegou o Supremo a essa conclusão por aplicação analógica, com fundamento no art. 108 do CTN, da regra que cuida da restituição do depósito. Se o contribuinte, em lugar de depositar para discutir, paga e depois pede a restituição, deve ter direito de haver o que pagou corrigido, tal como receberia se houvesse depositado.

4.2.1 *Extinção do direito à restituição*

O direito de pleitear a restituição do tributo indevidamente pago extingue-se em cinco anos. Esse prazo é de prescrição, e começa a correr da data em que se extingue, definitivamente, o crédito tributário.

Como o art. 168 do CTN estabelece duas hipóteses, referindo-se à extinção do crédito tributário apenas na primeira, pode parecer que na segunda hipótese, prevista no inciso II, o prazo prescricional de que se cuida não começaria da extinção do crédito tributário. O exame atento da questão, todavia, leva à conclusão de que, em qualquer caso, o prazo de prescrição de que se cuida começa da extinção definitiva do crédito tributário. O desdobramento em dois dispositivos tem, entretanto, importantes conseqüências, como a seguir será demonstrado.

Na hipótese prevista no inciso I do art. 168 tem-se que o prazo prescricional começa da extinção do crédito tributário tratando-se de (a) cobrança ou pagamento espontâneo de tributo indevido ou maior que o devido, ou (b) erro na identificação do sujeito passivo, na determinação da alíquota aplicável, no cálculo do montante do débito ou no preparo do documento relativo ao pagamento. Entende-se que se trata de pagamento não precedido de procedimento contencioso, seja administrativo ou judicial, com decisão que tenha afirmado ser o tributo devido e fixado o respectivo montante.

Relevante é notar que o pagamento nem sempre extingue o crédito tributário. Se o pagamento é de tributo lançado, evidentemente esse pagamento extingue o crédito tributário. Tratando-se, porém, de pagamento antecipado, que ocorre nos tributos sujeitos a lançamento por homologação, o que extingue o crédito tributário não é o pagamento, mas a homologação. Existem decisões, inclusive do STJ, afirmando que o prazo prescricional começa da data do pagamento, sem distinguir os casos em que este extingue o crédito daqueles em que se tem o pagamento antecipado, que não extingue o crédito, porque nem crédito existe ainda.

Realmente, tratando-se de tributo sujeito a lançamento por homologação, a extinção do crédito tributário efetivamente só se opera com a homologação, e como esta geralmente não se faz expressamente, o lançamento só se perfaz com a homologação tácita, vale dizer, após cinco anos da data do pagamento. E da mesma forma que o pagamento antecipado não extingue o crédito tributário, a compensação, feita no âmbito do lançamento por homologação, com fundamento no art. 66 da Lei 8.383/1991, também não extingue desde logo o crédito tributário. Em um como no outro caso, a extinção fica a depender da homologação.

Mesmo em face do que estabelece o art. 3º da Lei Complementar 118, de 9.2.2005, o pagamento antecipado não extingue o crédito tributário. Nem poderia mesmo extinguir, porque não é possível a extinção daquilo que ainda não existe. O que existe antes do lançamento é o dever jurídico de pagar antecipadamente, e esse dever jurídico, obviamente, se extingue com o pagamento. Não o crédito tributário. Aliás, o art. 3º da Lei Complementar 118/2005 não enseja dúvida. A extinção do crédito tributário referida em sua segunda parte entende-se ocorrida apenas para efeito de interpretação do disposto no art. 168, I, do CTN, que define a data do início do prazo extintivo do direito de pleitear a restituição de tributo pago indevidamente.

A rigor, o art. 3º da Lei Complementar 118/2005 deveria ter simplesmente alterado a redação do art. 168, I, do CTN, para estabelecer que o direito de pleitear a restituição se extingue com o decurso do prazo de cinco anos, contado, nas hipóteses dos incisos I e II do art. 165, da data do pagamento indevido. A redação dada ao referido dispositivo legal, na verdade, teve apenas o propósito de alcançar situações já consumadas. Propósito que, felizmente, terminou frustrado pelo STJ.

Na hipótese prevista no inciso II do art. 168 do CTN o prazo prescricional começa, também, da extinção do crédito tributário. É diversa das anteriores pelo fato de que o pagamento não se deu espontaneamente, mas em face de decisão condenatória. O contribuinte fez o pagamento diante de uma decisão, administrativa ou judicial, que a tanto o condenou. Neste caso o prazo não tem início na data do pagamento, mas na data em que se torna definitiva a decisão que reformou, anulou, revogou ou rescindiu aquela decisão condenatória.

Em face da decisão que o condenou ao pagamento do tributo, o contribuinte fez o pagamento do crédito tributário. Pode parecer que, pagando, o contribuinte renuncia ao direito de prosseguir questionando a legalidade da cobrança. Não é assim. O ato de vontade nada acrescenta à relação tributária que, se de fato não existia, dele não nasce. Por isto pode o contribuinte, mesmo tendo cumprido a decisão que o condenou ao pagamento, continuar o questionamento e, se a final sair vencedor, terá o prazo de cinco anos, a partir da data em que se tornar definitiva a decisão, ou transitar em julgado a decisão judicial, em seu favor.

É certo que o contribuinte pode, em alguns casos, ao questionar a exigência tributária, fazer desde logo o pedido de restituição. Nem sempre, porém, isto é processualmente cabível. Preferiu o legislador, então, assegurar o direito de pedir a restituição de uma forma geral, no prazo de cinco anos a contar de quando a questão ficou definitivamente encerrada, quer porque se tornou definitiva a decisão administrativa, quer porque transitou em julgado a decisão judicial a seu favor.

4.2.2 *Anulamento de decisão denegatória de restituição*

Requerida a restituição e denegada esta, tem o interessado ação para anular tal decisão denegatória. Diz o art. 169 do CTN que a ação para esse fim prescreve em dois anos. Essa norma, porém, é inconstitucional, porque contraria o princípio da isonomia. Na mesma relação jurídica – vale dizer, na relação de tributação –, a necessidade de segurança jurídica que justifica o estabelecimento de prazos extintivos de direitos projeta-se igualmente para o devedor e para o credor. Fazenda Pública e contribuinte, portanto, devem ter igual prazo para pleitear a satisfação de seus direitos. Como para a Fazenda Pública cobrar seus créditos é estabelecido o prazo de cinco anos, nada justifica o estabelecimento de prazo diferente para que o contribuinte busque em juízo a satisfação de seus direitos.

A prescrição, no caso, é interrompida pela propositura da ação judicial, recomeçando o seu curso, por metade, a partir da citação válida do representante judicial da Fazenda Pública interessada. Esta é a absurda regra do art. 169, parágrafo único, do CTN – que, aliás, em evidente impropriedade, refere-se a "intimação" em lugar de "citação". Mas tal impropriedade não tem qualquer importância. O absurdo está em que, com o conhecido congestionamento dos canais judiciários, é praticamente impossível, em face da regra legal em causa, escapar o autor da ação de repetição de indébito tributário à prescrição.

Com efeito, se o prazo de prescrição, que é, no caso, de apenas dois anos, recomeça seu curso, por metade, com a citação do representante judicial da Fazenda Pública, a ação terá de ser julgada, em definitivo, no prazo de um ano. E isto, em face da nossa legislação processual, e do número de processos em tramitação, é inteiramente impossível.

Assim, a norma albergada pelo parágrafo único do art. 169 do CTN padece de dupla inconstitucionalidade. A primeira porque, tal como a norma da cabeça daquele artigo, fere a isonomia. E a segunda porque contraria flagrantemente a garantia de jurisdição, inviabilizando inteiramente a prestação jurisdicional buscada pelo contribuinte para satisfazer seu direito à restituição de tributo que tenha pago indevidamente.

O requerimento de restituição, na via administrativa, foi considerado, pelo antigo TFR, condição de procedibilidade para a ação de repetição do indébito tributário. Não tendo sido feito aquele requerimento, haveria, assim, carência de ação. Mas aquele Tribunal entendeu, com razão, que, se a Fazenda Pública contesta a ação, no seu mérito, a carência está suprida.

Quando a restituição é determinada por decisão judicial, tem-se entendido, com base no art. 167, parágrafo único, do CTN, que os juros de mora são devidos a partir do trânsito em julgado da sentença. Parece-nos, porém, que tal dispositivo legal, assim interpretado, lesa o princípio da isonomia, posto que o contribuinte, vencido em disputa judicial com a Fazenda Pública, é condenado ao pagamento dos juros de mora a partir do vencimento do tributo.

Finalmente, é razoável o entendimento, já adotado pelo STJ (REsp 65.277/95-PE, *DJU*-I 18.9.1995, p. 29.949), segundo o qual a Fazenda Pública, tendo-se em vista o princípio da moralidade que a Administração deve observar, não pode alegar prescrição da ação repetitória.

Realmente, é pacífica a doutrina no sentido de que a prescrição não atinge o direito material, mas somente a ação que o protege. E, sendo assim, o dever jurídico de devolver o que foi pago indevidamente, uma vez consumada a prescrição, subsiste, embora sem a proteção do direito processual, porque pereceu o direito de ação, mas protegido pelo dever moral, tanto que quem paga dívida prescrita não tem direito à repetição do que pagou. Como em face da vigente Constituição Federal está a Administração submetida ao princípio da moralidade, é fácil concluir-se que esta tem o dever moral de restituir o tributo indevidamente pago, mesmo depois de prescrita a ação correspondente.

4.3 Compensação

A compensação é como que um *encontro de contas*. Se o obrigado ao pagamento do tributo é credor da Fazenda Pública, poderá ocorrer uma compensação pela qual seja extinta sua obrigação, isto é, o crédito tributário.

O Código Tributário Nacional refere-se à compensação como causa de extinção do crédito tributário (art. 156, II). E diz que a lei pode, nas condições e sob as garantias que estipular, ou cuja estipulação em cada caso atribuir à autoridade administrativa, autorizar a compensação de créditos tributários com créditos líquidos e certos, vencidos ou vincendos, do sujeito passivo contra a Fazenda Pública. Sendo vincendo o crédito do sujeito passivo, a lei determinará, para efeito de compensação, que se apure o montante do crédito, não podendo determinar redução superior ao juro de 1% ao mês pelo tempo a decorrer entre a data da compensação e a do vencimento.

Diversamente do que estabelecia o velho Código de 1916, no vigente Código Civil foi estabelecido que as suas normas referentes à compensação aplicam-se às dívida fiscais e parafiscais (art. 374). Essa disposição foi revogada pela Medida Provisória 75, de 24.10.2002, rejeitada pelo Congresso Nacional, mas foi novamente revogada pela Medida Provisória 104, de 9.1.2003, convertida na Lei 10.667, de 22.5.2003.

Não se pode deixar de lamentar que um dispositivo de um Código, supostamente bem discutido em sua tramitação no Congresso Nacional, seja revogado por medida provisória.

Por outro lado, nada justifica a revogação, pois nada justifica que seja atribuído à Fazenda Pública um tratamento diferenciado em suas relações obrigacionais com os cidadãos. Em outras palavras, nada justifica que a Fazenda Pública possa obrigar um contribuinte a lhe pagar tributo quando esteja a lhe dever. A compensação é um direito inerente às relações obrigacionais. Seu regramento pertence ao direito civil, ou direito comum, e não ao direito tributário, ou especial. Não é própria da relação de tributação enquanto categoria especial de relação obrigacional, mas das relações obrigacionais em geral. Por isto sua disciplina situa-se adequadamente no Código Civil, e não em leis tributárias.

É importante esclarecer que a lei não pode deixar a cargo da autoridade administrativa o estabelecimento de condições e a exigência de garantias para cada contribuinte que pretenda utilizar a compensação. A expressão "em cada caso", contida no art. 170 do CTN, há de ser entendida em termos, em harmonia com os princípios jurídicos da tributação e com a natureza da atividade de administração e cobrança dos tributos. Pode a lei fixar desde logo as condições para a compensação dos créditos tributários em geral. De modo permanente. Ou então autorizar a compensação apenas no concernente a determinado tributo, ou apenas durante certo prazo, em situações específicas. A expressão "em cada caso" refere-se à hipótese em que não se trate de uma compensação permitida em caráter geral e permanente. Seja como for, é inadmissível que se deixe a critério da autoridade admitir, ou não, a compensação, sem que a lei fixe os critérios à luz dos quais se há de reconhecer o direito à compensação. Isto seria atribuir à autoridade administrativa um poder *discricionário*, o que é intolerável em face do próprio conceito do tributo, expressamente consagrado pelo art. 3º do CTN.

Mesmo na hipótese de compensação excepcional, admitida pela lei em face de certas circunstâncias, o direito de um há de ser o direito de todos quantos naquelas circunstâncias se encontrarem, não podendo a autoridade administrativa, em nenhuma hipótese, decidir discricionariamente.

No art. 170 do Código cuida-se de compensação de créditos tributários com créditos de qualquer natureza, desde que líquidos e certos, vencidos ou vincendos, do sujeito passivo com a Fazenda Pública. Objetos da compensação, neste caso, são, de um lado, um crédito tributário, que é por natureza líquido e certo, posto que constituído pelo regular procedimento administrativo de lançamento; e, do outro, um crédito de qualquer natureza que o sujeito passivo daquela relação tributária tem junto à Fazenda Pública.

Na verdade, o direito do contribuinte à compensação tem inegável fundamento na Constituição. Isto quer dizer que nenhuma norma inferior pode, validamente, negar esse direito, seja diretamente, seja por via oblíqua, tornando impraticável o seu exercício. Assim, a questão de saber se o direito à compensação tem, ou não, fundamento constitucional é, em outras palavras, a questão de saber se valem as normas jurídicas inferiores que de algum modo inviabilizam a compensação.

O direito de compensar é decorrência natural da garantia dos direitos de crédito, que consubstanciam parcelas do direito de propriedade, combinada com outros preceitos constitucionais. Seria absurdo pretender que alguém, sendo credor e, também, devedor da mesma pessoa, pudesse exigir daquela o pagamento de seu crédito, sem que estivesse também obrigado a pagar seu débito. A compensação é, na verdade, um efeito inexorável das obrigações jurídicas, e desse contexto não se pode excluir a Fazenda Pública.

A Constituição Federal de 1988 diz que a República Federativa do Brasil constitui-se em Estado Democrático de Direito e tem como fundamento, entre outros, a *cidadania*.[2] Coloca entre os princípios fundamentais de nossa República o de construir uma sociedade livre, *justa* e solidária.[3] Diz que *todos são iguais perante a lei*, e que são garantidos os direitos, entre os quais o direito à *propriedade*.[4] E estabelece, ainda, que a Administração obedecerá aos princípios que enumera, entre os quais o da *moralidade*.

Vê-se, pois, que pelo menos cinco são os fundamentos que se encontram na Constituição para o direito à compensação de créditos do contribuinte com seus débitos tributários.

2. CF de 1988, art. 1º.
3. CF de 1988, art. 3º, III.
4. CF de 1988, art. 5º, *caput* e inciso XXII.

Primeiro deles, a *cidadania*. Excluir-se a Fazenda Pública do contexto em que é admitida a compensação de créditos é evidente atentado à cidadania. O Estado que se diz fundado da cidadania não pode atingir, de tal forma, o direito do cidadão.

Segundo, a *justiça*. Se um dos objetivos de nossa República é construir uma sociedade justa, não se pode compreender que um credor, qualquer que seja ele, possa ficar excluído da regra da compensação. Isto seria evidente atentado ao princípio mais elementar de justiça, e o Estado, certamente, não pode praticá-lo.

Terceiro, a *isonomia*. Se todos são iguais perante a lei, não se pode admitir que à Fazenda Pública seja reservado o privilégio de cobrar o que lhe é devido, sem pagar o que deve. E não se venha invocar o interesse público em defesa de tese contrária, pois o mais fundamental interesse público consiste, precisamente, na preservação da ordem jurídica, na obediência à Constituição e na abolição de privilégios. O Estado, enquanto ente soberano, não se confunde com a Fazenda Pública, ou Estado-pessoa, titular de relações jurídicas. Já está superada, felizmente, a idéia de que o soberano governante pode ignorar os direitos que ele próprio promete garantir.

Por outro lado, a Fazenda Pública vem praticando a compensação sempre que tem de pagar alguma quantia a alguém. Compensa até créditos seus sabidamente desprovidos de liquidez e certeza, como é o caso de multas cominadas e ainda não confirmadas porque sequer apreciada a impugnação administrativa do lançamento respectivo.[5]

Quarto, a *propriedade*. O crédito do contribuinte é parcela de seu patrimônio. É sua propriedade. Na medida em que não se admite a compensação de créditos do contribuinte com dívidas fiscais suas, se está admitindo verdadeiro confisco de seus créditos, sabido que é, de todos, que o contribuinte não dispõe de meios eficazes para os fazer valer contra a Fazenda.

Quinto, por fim, a *moralidade*. A exclusão da compensação, de tão absurda, é desprovida não só do amparo jurídico, mas também, e especialmente, do amparo na moralidade. Qualquer que seja a concepção de moral que se adote, nela ninguém encontrará apoio para a pretensão de receber nossos créditos sem pagar nossos débitos; e a Fazenda Pública, vinculada que está ao princípio da moralidade, não pode negar ao cidadão o direito de utilizar seus créditos para, por compensação, quitar seus débitos perante ela.

5. Exemplo disto tem-se nos casos em que a Fazenda Pública tem deduzido do valor do imposto de renda a ser restituído ao contribuinte que apresentou declaração de rendimento fora do prazo legal. A Fazenda lança multa de mora pelo atraso na entrega da declaração de rendimento – que é indevida em face do art. 138 do CTN – e deduz, desde logo, o valor correspondente da quantia que tem o dever de restituir.

Contra o direito do contribuinte à compensação tem sido usado, com freqüência, o argumento do interesse público. Os créditos da Fazenda Pública seriam créditos de todos, não se devendo, por isto, admitir sejam compensados com créditos individuais dos contribuintes. Tal argumento, além de ser próprio das teses autoritárias e, portanto, já por isto, digno de repúdio, é absolutamente inconsistente. Se os créditos da Fazenda são créditos de todos, também os débitos desta são débitos de todos, inexistindo, assim, qualquer óbice à compensação.

A Lei Complementar 104, de 10.1.2001, introduziu no CTN o art. 170-A, estabelecendo que *é vedada a compensação mediante o aproveitamento de tributo, objeto de contestação judicial pelo sujeito passivo, antes do trânsito em julgado da respectiva decisão judicial.* Certamente essa norma não impede o deferimento de liminar, ou a antecipação de tutela, autorizando a compensação.

Adotando tese que temos há muito tempo sustentado, o legislador resolveu reconhecer que o contribuinte pode simplesmente declarar a compensação de créditos seus com tributos que tenha a pagar, extinguindo, desse modo, o respectivo crédito tributário sob condição resolutória de sua ulterior homologação.

Assim, nos termos do art. 74 da Lei 9.430/1996, com a redação que lhe deu o art. 49 da Lei 10.637/2002, o sujeito passivo de obrigação tributária que apurar crédito relativo a tributo ou contribuição administrado pela Secretaria da Receita Federal, passível de restituição ou de ressarcimento poderá utilizá-lo na compensação de débitos próprios relativos a quaisquer tributos e contribuições administrados por aquele Órgão.

Se o crédito do contribuinte decorre de tributo que afirma ter pago indevidamente mas a questão foi posta em juízo e ainda não existe a seu favor decisão judicial com trânsito em julgado, não é possível a compensação, por força do que dispõe o art. 170-A, introduzido no CTN pela Lei Complementar 104/2001. Salvo, é claro, se a compensação for autorizada pela autoridade judiciária com o deferimento de liminar, ou de tutela antecipada. A medida judicial, neste caso, ao autorizar a compensação, apenas estará impedindo que o Fisco exija o tributo. Em outras palavras, estará suspendendo a exigibilidade do crédito tributário provisoriamente extinto pela compensação autorizada.

Há, é certo, decisões judiciais afirmando que em face do art. 170-A, introduzido no CTN pela Lei Complementar 104, de 10.1.2001, não se admite medida liminar autorizando a compensação como forma de extinção do crédito tributário. Tais decisões, todavia, não nos parecem acertadas. O art.

170-A veda a compensação que o contribuinte eventualmente pretenda fazer apenas porque, considerando que pagou tributo indevido, ingresse em juízo para obter decisão confirmatória de seu entendimento – vale dizer, decisão considerando que efetivamente ocorreu um pagamento indevido. Não veda o deferimento de medida liminar autorizando a compensação.

Disposições de leis ordinárias que vedam o deferimento de medida liminar para assegurar ao contribuinte o direito à compensação padecem de flagrante inconstitucionalidade. Uma vez demonstrado que estão presentes os requisitos para o deferimento da liminar, que por isto mesmo é necessária para assegurar a eficácia da sentença que a final venha a decidir pela existência do direito do contribuinte, o juiz deve deferir a medida, sob pena de estar denegando o direito à jurisdição, constitucionalmente assegurado. Este entendimento, todavia, por razões óbvias, não é aceito pelas autoridades fazendárias, que geralmente só se preocupam com a arrecadação.

A compensação de que se trata será efetuada mediante a entrega, pelo sujeito passivo, de declaração na qual constarão informações relativas aos créditos utilizados e aos respectivos débitos compensados, e, uma vez declarada à Secretaria da Receita Federal, extingue o crédito tributário, sob condição resolutória de sua ulterior homologação.

Não podemos dizer que a lei tenha disciplinado o assunto adequadamente, porque algumas restrições indevidas ainda subsistem. A lei ainda não admite a compensação de débitos do contribuinte com créditos que lhe sejam para esse fim transferidos por terceiros, admite restrições em leis específicas de cada tributo e exclui da compensação o saldo a restituir apurado na declaração de ajuste anual do imposto de renda de pessoa física e os débitos de tributos constantes de declaração de importação.

As restrições que o legislador insiste em fazer talvez tenham o propósito de proteger o Fisco contra práticas fraudulentas. Entretanto, mesmo assim não se justificam. As fraudes devem ser combatidas com a aplicação das sanções, inclusive penais, cabíveis em cada caso concreto. Não podem servir de pretexto para restrições ao exercício regular dos direitos do contribuinte.

O legislador, é certo, pode validamente fazer restrições ao direito do contribuinte à compensação, para proteger a Fazenda Pública contra práticas fraudulentas. É da maior importância, porém, a distinção entre as restrições meramente instrumentais e aquelas que afetam a própria essência do direito à compensação. As restrições instrumentais, concernentes à comprovação da existência do crédito e à sua quantificação, se razoáveis, são de indiscutível validade. Não, porém, as restrições que afetam a própria essência do direito creditório do contribuinte.

4.4 Transação

Transação é *acordo*. Diz o Código Civil que é lícito aos interessados prevenirem ou terminarem litígio mediante concessões mútuas (art. 840). É da essência da *transação* a existência de concessões mútuas. Cada interessado cede um pouco do que entende ser o seu direito, para chegarem a um acordo, evitando o litígio, ou pondo fim a este, se já iniciado.

Segundo o Código Tributário Nacional, "a lei pode facultar, nas condições que estabeleça, aos sujeitos ativo e passivo da obrigação tributária celebrar transação que, mediante concessões mútuas, importe em terminação de litígio e conseqüente extinção de crédito tributário" (art. 171). Só mediante previsão legal a autoridade competente pode autorizar a transação em cada caso (CTN, art. 171, parágrafo único). E não pode haver transação para prevenir litígio. Só depois de instaurado este é possível a transação.

Tanto como no direito privado, a transação é um acordo, que se caracteriza pela ocorrência de concessões mútuas. Mas no direito tributário a transação (a) depende sempre de previsão legal; e (b) não pode ter o objetivo de evitar litígio, só sendo possível depois da instauração deste.

As razões dessa diferença são bastante simples. Se o agente do Estado pudesse transigir sem autorização legal, estaria destruída a própria estrutura jurídica deste. Por outro lado, não sendo a transação forma comum de extinção do crédito tributário, nada justifica sua permissão a não ser nos casos em que efetivamente exista um litígio.

4.5 Remissão

O art. 172 do CTN estabelece que a lei pode autorizar a autoridade administrativa a conceder, por despacho fundamentado, remissão total ou parcial do crédito tributário, atendendo: (a) à situação econômica do sujeito passivo; (b) ao erro ou ignorância escusáveis do sujeito passivo, quanto a matéria de fato; (c) à diminuta importância do crédito tributário; (d) a considerações de eqüidade, em relação com as características pessoais ou materiais do caso; (e) a condições peculiares a determinada região do território da entidade tributante.

Remissão é perdão. É dispensa. Só pode ser concedida pela autoridade administrativa para tanto expressamente autorizada por lei. Pode, também, embora não o diga o Código Tributário Nacional, ser concedida diretamente pela lei. Não se há de confundir "remissão" (com "ss") com "remição" (com "ç"). *Remissão* é perdão, ato de *remitir*, perdoar, dar como pago. Já, a *remição* é ato de *remir*, livrar do poder alheio, adquirir de novo, resgatar.

O despacho da autoridade administrativa que concede a remissão há de ser fundamentado. Há de justificar a remissão com fundamento em um dos itens do art. 172 do CTN.

A remissão não se confunde com a anistia, que é forma de *exclusão* do crédito tributário (CTN, arts. 175, II, e 180 a 182). A remissão é dispensa do *crédito tributário*. Pressupõe, assim, tenha havido, já, um lançamento. Abrange o crédito tributário como entidade distinta da obrigação que lhe deu a substância, sem que importe tratar-se de obrigação principal, isto é, de tributo, ou de obrigação acessória que por sua inobservância faz nascer uma obrigação principal, dando lugar ao crédito relativo à penalidade.

Tem sido freqüentemente usada a palavra "anistia" para designar a dispensa, ou perdão, de créditos tributários, especialmente aqueles de pequeno valor. Há evidente impropriedade. Cuida-se, na verdade, de *remissão*. E o erro mais grave consiste em que a consideração do *pequeno valor* tem sido feita em referência ao valor original e não ao valor corrigido monetariamente. Daí resulta absurda distorção: créditos de valor atual relativamente elevado são dispensados, enquanto outros mais recentes, de valor realmente pequeno, continuam a entulhar as prateleiras dos cartórios judiciários.

4.6 Decadência

A decadência, no contexto das causas de extinção do crédito tributário, é a extinção da relação jurídica tributária pelo decurso do tempo. Distingue-se da prescrição, que também é uma causa de extinção da relação jurídica tributária pelo decurso do tempo, porque a decadência extingue a relação jurídica tributária antes do lançamento, enquanto a prescrição extingue a relação jurídica tributária depois de formalizada pelo lançamento.

A distinção entre *decadência* e *prescrição* na Teoria Geral do Direito fica mais clara quando partimos da distinção entre o direito potestativo e o direito a uma prestação. *Direito potestativo* é aquele cuja satisfação depende apenas do credor; enquanto *direito a uma prestação* é aquele cuja satisfação ocorre com uma prestação que depende do devedor. *Decadência* é a extinção, pelo decurso do tempo, de um direito potestativo; enquanto *prescrição* é a extinção, pelo decurso do tempo, de um direito a uma prestação – ou, como preferem alguns, a extinção da ação que o protege porque se destina a assegurar sua satisfação.

O direito – do qual a Fazenda Pública é titular – de constituir o crédito tributário é um direito potestativo. Sua satisfação depende apenas da própria Fazenda Pública, que pode fazer o lançamento mesmo contra a vontade do contribuinte. E a extinção desse direito de fazer o lançamento implica a extinção da própria relação jurídica obrigacional tributária entre o Fisco e o contribuinte; dizendo-se, por isto, que a decadência extingue o crédito tributário.

No âmbito do direito tributário, portanto, podemos definir a decadência como a extinção da relação jurídica obrigacional tributária entre o Fisco e o contribuinte pelo decurso de determinado tempo sem que a Fazenda Pública exerça o direito de constituir o crédito tributário. Tempo que é fixado pelo Código Tributário Nacional em cinco anos, com início que depende da modalidade de lançamento a ser efetuada.

Nos casos de lançamento por homologação, atualmente presentes na grande maioria dos tributos, esse prazo começa na data da ocorrência do fato gerador do tributo, salvo se comprovada a ocorrência de dolo, fraude ou simulação, e será de cinco anos, se a lei correspondente não fixar prazo diverso para a homologação. Terminado esse prazo, considera-se homologada a apuração do crédito feita pelo contribuinte e definitivamente extinto o crédito tributário correspondente (CTN, art. 150, § 4º). Entretanto, comprovada a ocorrência de dolo, fraude ou simulação na atividade de apuração do valor do crédito tributário, esse prazo só começa no primeiro dia útil do exercício seguinte.

Nos casos de lançamento por declaração, ou de ofício, o prazo de cinco anos do qual dispõe a Fazenda Pública para fazer o lançamento começa no primeiro dia do exercício seguinte àquele em que o lançamento poderia ter sido efetuado (CTN, art. 173, I). Ou, então, na data em que se tornar definitiva a decisão que houver anulado, por vício formal, o lançamento anteriormente efetuado (CTN, art. 173, II). Esse adiamento da data inicial do prazo de decadência, todavia, parece-nos inconstitucional, porque fere o princípio da razoabilidade, na medida em que favorece a Fazenda Pública responsável pelo vício formal que causou a nulidade do lançamento. Não é razoável a concessão de um prêmio a quem pratica conduta indevida, formalmente viciada.

Finalmente, nos termos do parágrafo único do art. 173 do CTN, o direito da Fazenda Pública de constituir o crédito tributário extingue-se definitivamente no prazo de cinco anos, contado da data em que tenha sido iniciada a constituição do crédito tributário pela notificação, do sujeito passivo, de qualquer medida preparatória indispensável ao lançamento.

A ressalva constante da parte final do § 4º do art. 150 do CTN quer dizer, apenas, que, comprovada a ocorrência de dolo, fraude ou simulação, não se aplica a norma naquele dispositivo albergada. Neste caso aplica-se a regra do art. 173, I. O prazo de decadência começa no primeiro dia do exercício seguinte àquele em que o lançamento poderia ter sido efetuado.

Não obstante existam lições doutrinárias em sentido oposto, a decadência é matéria privativa de lei complementar. Assim, nenhuma lei ordinária pode dispor diversamente do que está estabelecido pelo art. 173 do CTN. Não se diga que o estabelecimento de prazo é papel de uma norma específica, e assim não se compreende no âmbito das normas gerais sobre a legislação tributária. Na verdade, o papel dessas normas gerais consiste, precisamente, em dar uma certa uniformidade às leis tributárias em todo o território nacional. Não é razoável admitir-se que o legislador de cada uma das entidades tributantes estabeleça um prazo de decadência diferente. Muito menos se pode admitir que o legislador federal estabeleça prazos diversos para cada espécie de tributo.

A tese segundo a qual a fixação de prazos de decadência e de prescrição constitui matéria privativa de lei complementar já foi acolhida pelo STJ e pelo STF – que, por isto mesmo, declarou a inconstitucionalidade dos arts. 45 e 46 da Lei 8.212, 24.7.1991, que haviam fixado em 10 anos o prazo para o lançamento e o prazo para a cobrança de contribuições de seguridade social (STF, Súmula Vinculante 8).

Questão interessante reside em saber quando começa o prazo de decadência do direito de constituir o crédito tributário se este consistir apenas na penalidade pecuniária. O prazo de decadência é prazo para lançar – vale dizer, constituir – o crédito tributário, que na verdade pode ter como conteúdo simplesmente a penalidade pecuniária. Pensamos que, se essa penalidade for autônoma, isto é, não estiver vinculada a qualquer tributo, o prazo decadencial começa do primeiro dia seguinte à data do cometimento do ilícito respectivo, pois a partir desse cometimento o lançamento da multa já poderia ter sido feito.

Entretanto, tratando-se de multa relacionada a um tributo, a determinação da data do início do prazo decadencial dependerá de saber se esse tributo é lançado por homologação. Se for, e se tiver havido a apuração e a correspondente homologação, a multa só poderá ser lançada em revisão do lançamento – e, portanto, no prazo de cinco anos, iniciado da data do fato gerador do tributo, nos termos do art. 150, § 4º, do CTN.

É importante observarmos que a Lei 11.457, de 16.3.2007, determina ser "obrigatório que seja proferida decisão administrativa no prazo máximo de 360 (trezentos e sessenta) dias a contar do protocolo de petições, defesas ou recursos administrativos de contribuintes". E, assim – embora com redação que não é das melhores –, essa lei estabeleceu prazo para que as autoridades da Administração Tributária decidam as questões suscitadas no lançamento tributário, vale dizer, no procedimento administrativo tendente a verificar a ocorrência do fato gerador da obrigação correspondente, determinar a matéria tributável, calcular o montante do tributo devido, identificar o sujeito passivo e, sendo o caso, propor a aplicação da penalidade cabível. Ou, mais exatamente, aplicar a penalidade cabível. Tudo nos termos do art. 142 do CTN.

Trata-se de solução mais adequada que a de estabelecer um prazo único para a conclusão do procedimento de constituição do crédito tributário, vale dizer, do lançamento. Como o número de questões que o contribuinte pode suscitar varia em cada caso, é mais adequado um prazo para cada decisão.

Ocorrendo a inobservância do prazo de 360 dias para que a autoridade administrativa profira sua decisão, consuma-se a decadência, extinguindo-se o direito da Fazenda Pública de constituir o crédito tributário.

Pode-se suscitar a questão de saber se a norma do art. 24 da Lei 11.457/2007, para ser válida, deveria estar em lei complementar. Pensamos que não, pela mesma razão por que as normas do procedimento administrativo fiscal são válidas mesmo estando no Decreto 70.235/1972, e não em uma lei complementar. São normas de procedimento administrativo, e não normas sobre crédito tributário, embora o objeto do procedimento administrativo seja a constituição deste. E, sendo assim, tal prazo não se aplica nos procedimentos administrativos estaduais e municipais. Entretanto, tudo recomenda que a norma em questão seja aplicada nos processos administrativos fiscais estaduais e municipais, por analogia, com fundamento no art. 108, I, do CTN.

4.7 Prescrição

A ação para cobrança do crédito tributário prescreve em cinco anos, contados da data de sua constituição definitiva (CTN, art. 174).

Dizer que a ação para cobrança do crédito tributário *prescreve* em cinco anos significa dizer que a Fazenda Pública tem o prazo de cinco anos para cobrar judicialmente, para propor a *execução* do crédito tributário. Tal prazo é contado da constituição definitiva do crédito, isto é, da data em que não mais admita a Fazenda Pública discutir a seu respeito, em procedimento administrativo. Se não efetua a cobrança no prazo de cinco anos, não poderá mais fazê-lo.

Na Teoria Geral do Direito a prescrição é a morte da *ação* que tutela o direito, pelo decurso do tempo previsto em lei para esse fim. O *direito* sobrevive, mas sem proteção. Distingue-se, neste ponto, da decadência, que atinge o próprio *direito*.

O Código Tributário Nacional, todavia, diz expressamente que a prescrição extingue o crédito tributário (art. 156, V). Assim, nos termos do Código, a prescrição não atinge apenas a ação para cobrança do crédito tributário, mas o próprio crédito, vale dizer, a relação material tributária.

Essa observação, que pode parecer meramente acadêmica, tem, pelo contrário, grande alcance prático. Se a prescrição atingisse apenas a ação para cobrança, mas não o próprio crédito tributário, a Fazenda Pública, embora sem ação para cobrar seus créditos depois de cinco anos de definitivamente constituídos, poderia recusar o fornecimento de certidões negativas aos respectivos sujeitos passivos. Mas como a prescrição extingue o crédito tributário, tal recusa obviamente não se justifica.

Diversamente do que ocorre com a decadência, a prescrição pode ter interrompido ou suspenso o curso de seus prazos. De acordo com o Código Tributário Nacional, a prescrição se interrompe (art. 174, parágrafo único): (a) pelo despacho do juiz que ordenar a citação em execução fiscal; (b) pelo protesto judicial; (c) por qualquer ato judicial que constitua em mora o devedor; (d) por qualquer ato inequívoco, ainda que extrajudicial, que importe reconhecimento do débito pelo devedor.

Aliás, a Lei 6.830, de 22.9.1980, estabelece que "o despacho do juiz, que ordenar a citação, interrompe a prescrição" (art. 8º, § 2º). A jurisprudência vinha negando aplicação a esse dispositivo, em face do art. 174, parágrafo único, I, do CTN, que, agora, alterado pela Lei Complementar 118, de 9.2.2005, adotou a norma da referida lei ordinária. Dá-se, portanto, a interrupção da prescrição com o despacho do juiz que determina a citação na execução fiscal, e não mais com a citação.

Cuida-se, sem dúvida, de mais um privilégio da Fazenda Pública relativamente aos credores em geral, que, nos termos do Código de Processo Civil, continuam a ter como causa interruptiva da prescrição a citação válida do devedor (CPC, art. 219).

"Interromper a prescrição" significa apagar o prazo já decorrido, o qual recomeçará seu curso. Assim, constituído definitivamente um crédito tributário, daí começa o curso da prescrição. Se depois de algum tempo, antes de completar-se o qüinqüênio, ocorre uma das hipóteses de interrupção acima indicadas, o prazo já decorrido fica sem efeito e a contagem dos cinco anos volta a ser iniciada.

"Suspender a prescrição" é outra coisa. Significa paralisar o seu curso enquanto perdurar a causa da suspensão. O prazo já decorrido perdura, e uma vez desaparecida a causa da suspensão o prazo continua em curso.

Constituem causas de suspensão da prescrição aquelas que suspendem a exigibilidade do crédito tributário já definitivamente constituído.

Há quem entenda que o prazo prescricional se inicia desde o momento em que a Fazenda Pública notifica o sujeito passivo a fazer o pagamento do crédito tributário, mesmo que ainda seja cabível defesa ou recurso. É que o crédito tributário já estaria *definitivamente* constituído. Mas a interposição de defesa, ou recurso, suspenderia o curso da prescrição.

Prevaleceu, tanto no extinto TFR como no STF, o entendimento segundo o qual a prescrição só tem o seu início quando o crédito tributário esteja definitivamente constituído, vale dizer, quando a Fazenda Pública tenha ação para fazer a respectiva cobrança. E na verdade não se poderia cogitar de *prescrição* antes do nascimento da *ação*. Concluído o procedimento de lançamento e assim constituído o crédito tributário, o Fisco intima o sujeito passivo a fazer o respectivo pagamento. Se este não é feito no prazo legal, o direito do Fisco estará lesado, nascendo, então, para este, a *ação* destinada à proteção de seu direito creditório.

4.8 Conversão de depósito em renda

A conversão do depósito em renda extingue o crédito tributário, e pressupõe, portanto, a existência deste. É possível, porém, o depósito, mesmo sem que exista ainda crédito tributário, quando se trate de tributos sujeitos a lançamento por homologação. Neste caso o depósito suspende a exigibilidade do dever de antecipar o pagamento, e a este equivale para fins de lançamento. Feito o depósito, se a Fazenda Pública concorda, expressa ou tacitamente, com o seu montante, considera-se feito o lançamento e portanto existente o crédito tributário.

A sentença que resolve o litígio afirmando ser devido o tributo e, por isto mesmo, subsistente o crédito tributário respectivo, opera a transferência do depósito do patrimônio do contribuinte para o patrimônio da Fazenda Pública, e assim extingue o crédito tributário, mesmo que não o diga expressamente. A prática, ainda comum no Judiciário, de aguardar requerimento da Fazenda Pública para, só em face deste, determinar a conversão do depósito em renda não é adequada aos princípios processuais. Em face destes, e do que expressamente determina o § 2º do art. 32 da Lei 6.830, de 22.9.1980, a efetivação da conversão deve ser determinada de ofício pelo magistrado, tão logo transite em julgado a sentença da qual decorre.

Há, é certo, quem sustente que a conversão do depósito em renda somente acontece nos casos de embargos à execução fiscal. Tratando-se de depósito vinculado a ações promovidas pelo contribuinte, admitir-se a conversão em renda seria acolher pedido que a Fazenda Pública não pode fazer na contestação, e que somente em reconvenção seria viável. Trata-se de uma construção repleta do que tenho denominado *formalismo estéril*, que ignora os elementos sistêmico e teleológico na interpretação jurídica, e tem como conseqüência a inversão da finalidade do direito processual.

A suspensão da exigibilidade, pelo depósito, justifica-se precisamente porque o direito da Fazenda Pública, se reconhecido pela sentença com trânsito em julgado, estará com sua satisfação garantida. A sentença resolve o litígio e entrega ao vencedor o que afirma ser o seu direito. Se julga a ação procedente, ou acolhe os embargos do executado, autoriza o levantamento do depósito pelo autor, ou executado-embargante. Se julga a ação improcedente, ou rejeita os embargos, converte o depósito em renda da Fazenda Pública.

A Lei 9.703, de 17.11.1998, no plano federal praticamente aboliu a conversão do depósito em renda, na medida em que determinou que a Caixa Econômica credite os valores depositados à conta única do Tesouro Nacional. Mesmo assim tem-se uma situação provisória, que se torna definitiva com o trânsito em julgado da ação à qual estava vinculado o depósito.

4.9 Pagamento antecipado e homologação do lançamento

Nos tributos sujeitos a lançamento por homologação o sujeito passivo faz o pagamento respectivo com base em apuração por ele próprio feita. Diz-se, portanto, que o pagamento foi *antecipado*, porque feito antes do *lançamento*.

A extinção do crédito, nestes casos, não se verifica com o pagamento, mas com este somado à homologação do lançamento. Cronologicamente, a homologação é sempre o momento em que se opera a extinção, pois é sempre posterior ao pagamento.

A consideração de que nos tributos sujeitos a lançamento por homologação a extinção do crédito somente ocorre com a homologação fez com que, na prática, o prazo para pedir a restituição somente tivesse início cinco anos depois do fato gerador do tributo, quando se considerava tacitamente homologado o pagamento deste. E assim se passou a dizer que o prazo era de cinco mais cinco anos. Entretanto, quando já pacificada a jurisprudência do STJ neste sentido, a Lei Complementar 118, de 9.2.2005, estabeleceu que a data inicial do prazo para o pedido de restituição é o pagamento, determinando que assim seja interpretada a norma que cuida do assunto.

4.10 Consignação em pagamento

Pagar não é apenas um dever, mas também um direito. Por isto existe uma ação própria para proteger o direito que tem o sujeito passivo de pagar o tributo.

Segundo o art. 164 do CTN, a ação de consignação em pagamento pode ser proposta nos casos de (a) recusa de recebimento, ou subordinação deste ao pagamento de outro tributo ou de penalidade, ou ao cumprimento de obrigação acessória; (b) subordinação do recebimento ao cumprimento de exigências administrativas sem fundamento legal; (c) exigência, por mais de uma pessoa jurídica de direito público, de tributo idêntico sobre o mesmo fato gerador.

A ação de consignação em pagamento não se presta para disputa de questões outras, somente podendo versar sobre o crédito que o consignante pretende pagar (CTN, art. 164, § 1º).

Vitorioso o autor, a importância depositada é convertida em renda. O pagamento se considera efetuado. E se o autor perder a questão, o crédito tributário será cobrado, com juros de mora, sem prejuízo das penalidades cabíveis (CTN, art. 164, § 2º). Não que sejam cabíveis penalidades pelo fato de haver sido o sujeito passivo vencido na ação. As penalidades cabíveis são, naturalmente, as decorrentes do não pagamento.

4.11 Decisão administrativa

O crédito tributário pode ser extinto mesmo quando ainda se encontre em constituição. A decisão administrativa que produz esse efeito é a proferida em face da impugnação ou recurso do sujeito passivo, e que, reconhecendo ser indevida a exigência, isto é, reconhecendo inexistir a obrigação tributária respectiva, encerra o procedimento administrativo de lançamento.

A rigor, nesta hipótese, mesmo para os que entendem que o lançamento está consumado com o auto de infração, jamais existiu crédito tributário, a não ser formalmente. Tal como o lançamento, a decisão que o desfez tem efeito meramente *declaratório* em relação à substância do direito. O lançamento tem efeito declaratório positivo, enquanto a decisão que o desfaz tem efeito declaratório negativo relativamente à obrigação tributária.

Há de ser *irreformável* a decisão, devendo-se como tal entender a definitiva na esfera administrativa, isto é, aquela que não possa ser reexaminada pela Administração, e que não mais possa ser objeto de ação anulatória.

A referência feita pelo art. 156, IX, do CTN à ação anulatória reflete o pensamento dos que entendem poder a Fazenda Pública ingressar em Juízo pleiteando o anulamento de seus próprios atos. Tal entendimento a nosso ver é inadmissível.

4.12 Decisão judicial

A decisão judicial, dando pela invalidade do lançamento, extingue o crédito tributário desde que transite em julgado. Diz-se que a decisão passa ou transita em julgado quando contra a mesma não cabe mais qualquer recurso.

Na verdade a decisão judicial, como a administrativa, o que faz é anular o lançamento. Já feito, ou em elaboração. É notável a diferença entre a extinção de um crédito tributário validamente constituído e o desfazimento do procedimento de constituição de um crédito tributário sem efetivo suporte legal. No primeiro caso, há extinção da respectiva obrigação tributária. No segundo, extingue-se apenas o crédito, como realidade formal. A obrigação respectiva não existia. E se existia e o anulamento do lançamento se deu em face de vício formal, a obrigação sobrevive, ensejando a feitura de outro lançamento.

4.13 Dação em pagamento

A Lei Complementar 104, de 10.1.2001, acrescentou no art. 156 do CTN o inciso XI, incluindo entre as formas de extinção do crédito tributário a *dação em pagamento em bens imóveis,* [sic] *na forma e condições estabelecidas em lei.* Esse dispositivo, rigorosamente inútil, nada acrescentou ao direito tributário brasileiro.

A dação em pagamento é um instituto do direito privado, mais especificamente um instituto do direito das obrigações, segundo o qual o credor pode consentir em receber prestação diversa da que lhe é devida, como está dito no art. 356 do vigente CC. E, a rigor, equivale a uma compra e venda, posto que, determinado o preço da coisa dada em pagamento, as relações entre as partes regular-se-ão como as do contrato de compra e venda.

A norma do inciso XI do art. 156 do CTN não autoriza a aquisição de bens imóveis sem a observância das normas do direito administrativo aplicáveis à aquisição desses bens pela Fazenda Pública. A questão essencial, portanto, que se estabelece para sua aplicação, diz respeito ao estabelecimento do preço do bem imóvel a ser recebido em pagamento.

Seja como for, na verdade o contribuinte continua tendo o dever de pagar o tributo em dinheiro, posto que se trata de uma prestação pecuniária.

A inclusão da dação em pagamento como forma de extinção do crédito tributário o confirma, pois com ela apenas se explicitou ser admitido à Fazenda Pública, enquanto credora, aceitar prestação diversa da que lhe é devida pelo contribuinte.

5. *Exclusão do crédito tributário*

Diz o Código Tributário Nacional que *excluem* o crédito tributário a isenção e a anistia (art. 175). Excluir o crédito significa evitar que ele se constitua.

A rigor, a decadência estaria melhor colocada no art. 175 que no art. 156 do CTN. Na verdade, ela exclui o crédito tributário. Evita que ele se constitua, como já observaram alguns tributaristas.

Embora tributaristas de renome sustentem que a isenção é a dispensa legal de tributo devido, pressupondo, assim, a ocorrência do fato gerador da obrigação tributária, na verdade ela *exclui* o próprio fato gerador. A lei isentiva retira uma parcela da hipótese de incidência da lei de tributação. Isenção, portanto, não é propriamente *dispensa* de tributo devido.

Os que sustentam que a isenção é a dispensa de um tributo devido talvez se refiram ao tributo no plano da abstração, antes da incidência da norma de tributação – vale dizer, antes da ocorrência do fato gerador respectivo. A isenção seria, assim, a dispensa de tributo que não chega a existir no plano da concreção jurídica.

5.1 Distinções entre isenção, não incidência e imunidade

Distingue-se a *isenção* da *não incidência*. Isenção é a exclusão, por lei, de parcela da hipótese de incidência, ou suporte fático da norma de tributação, sendo objeto da isenção a parcela que a lei retira dos fatos que realizam a hipótese de incidência da regra de tributação. A *não incidência*, diversamente, configura-se em face da própria norma de tributação, sendo objeto da não incidência todos os fatos que não estão abrangidos pela própria definição legal da *hipótese de incidência.*

O imposto de importação, por exemplo, tem como *hipótese de incidência* a entrada de produtos estrangeiros no território nacional (CTN, art. 19). Assim, qualquer fato não compreendido nessa hipótese constitui caso de *não incidência* do tributo. Já a isenção é a retirada, por lei, de parte da hipótese de incidência. Alguns produtos cuja entrada no território nacional ensejaria a incidência do tributo podem ficar *isentos* desta, por expressa determinação legal. A regra jurídica de isenção não configura uma dispensa legal de tributo devido, mas uma exceção à regra jurídica de tributação. E exatamente por constituir uma exceção é que ela deve ser interpretada literalmente (CTN, art. 111). Já, a *não incidência* é tudo o que está fora da hipótese de incidência. Não foi abrangido por esta. Resulta da própria regra jurídica de tributação que, definindo a hipótese em que o tributo é devido, por exclusão define aquelas em que não o é.

O legislador muitas vezes trata como de não incidência casos de isenção, e isto tem efetivamente ensejado dúvidas intermináveis. Assim é que alguns agentes do Fisco, por desconhecerem a distinção entre *isenção* e *não incidência*, só reconhecem situações de *não incidência* diante de regra jurídica expressa. O equívoco é evidente. Não se há de exigir uma regra indicando casos de *não incidência*. Basta a existência de regra jurídica definindo a hipótese de incidência, isto é, a hipótese que, se e quando concretizada, será devido o tributo, e tudo que como tal não esteja definido será, obviamente, hipótese de não incidência.

Existem, todavia, situações em que poderiam ser suscitadas dúvidas a propósito da configuração, ou não, da hipótese de incidência tributária. Nestas situações o legislador, espancando as dúvidas, diz expressamente que o tributo *não incide*. São hipóteses de não incidência legal, ou de direito.

Pode ainda ocorrer que a lei de tributação esteja proibida, por dispositivo da Constituição, de incidir sobre certos fatos. Há, neste caso, *imunidade*. A regra constitucional impede a incidência da regra jurídica de tributação. Caracteriza-se, portanto, a imunidade pelo fato de decorrer de regra jurídica de categoria superior, vale dizer, de regra jurídica residente na Constituição, que impede a incidência da lei ordinária de tributação.

O que distingue, em essência, a isenção da imunidade é a posição desta última em plano hierárquico superior. Daí decorrem conseqüências da maior importância, tendo-se em vista que a imunidade, exatamente porque estabelecida em norma residente na Constituição, corporifica princípio superior dentro do ordenamento jurídico, a servir de bússola para o intérprete, que ao buscar o sentido e o alcance da norma imunizante não pode ficar preso à sua literalidade.

Ainda que na Constituição esteja escrito que determinada situação é de *isenção*, na verdade de isenção não se cuida, mas de *imunidade*. E se a lei porventura referir-se a hipótese de *imunidade*, sem estar apenas reproduzindo, inutilmente, norma da Constituição, a hipótese não será de imunidade, mas de *isenção*.

Em resumo:

(a) *Isenção* é exceção feita por lei à regra jurídica de tributação.

(b) *Não incidência* é a situação em que a regra jurídica de tributação não incide porque não se realiza a sua hipótese de incidência, ou, em outras palavras, não se configura o seu suporte fático. Pode ser: *pura e simples*, se resulta da clara inocorrência do suporte fático da regra de tributação; ou *juridicamente qualificada*, se existe regra jurídica expressa dizendo que não se configura, no caso, a hipótese de incidência tributária. A não incidência, mesmo quando juridicamente qualificada, não se confunde com a isenção, por ser mera explicitação que o legislador faz, para maior clareza, de que não se configura, naquele caso, a hipótese de incidência. A rigor, a norma que faz tal explicitação poderia deixar de existir sem que nada se alterasse. Já, a norma de *isenção*, porque retira parcela da hipótese de incidência, se não existisse o tributo seria devido.

(c) *Imunidade* é o obstáculo criado por uma norma da Constituição que impede a incidência de lei ordinária de tributação sobre determinado fato, ou em detrimento de determinada pessoa, ou categoria de pessoas.

É possível dizer-se que a *imunidade* é uma forma qualificada de *não incidência*. Realmente, se há imunidade, a lei tributária *não incide*, porque é impedida de fazê-lo pela norma superior, vale dizer, pela norma da Constituição.

5.2 Isenção

A isenção é sempre decorrente de lei. Está incluída na área da denominada reserva legal, sendo a *lei*, em sentido estrito, o único instrumento hábil para sua instituição (CTN, art. 97, VI). Ainda quando prevista em contrato – diz o Código Tributário Nacional –, a isenção é sempre decorrente de lei que especifique as condições e requisitos exigidos para a sua concessão, os tributos a que se aplica e, sendo o caso, o prazo de sua duração (art. 176). Pode haver, e na prática se tem visto, contrato no qual um Estado se obriga a conceder isenção. Pode-se dizer até que ele é estranho ao direito tributário. Cria – isto, sim – o *dever* para o Estado contratante de outorgar a isenção, pelo meio hábil, isto é, por *lei*.

Segundo o Código Tributário Nacional, a isenção pode ser restrita a determinada região do território da entidade tributante, em função de condições a ela peculiares (art. 176, parágrafo único). Essa regra do Código contraria o princípio da uniformidade dos tributos federais, estatuído no art. 151, I, da CF. Todavia, existem valiosas manifestações doutrinárias admitindo a legitimidade de incentivos fiscais para o desenvolvimento regional, como, por exemplo, os administrados pela SUDENE.

A isenção, em princípio, não se aplica às taxas e contribuições de melhoria, nem aos tributos criados depois de sua concessão. Mas a lei pode determinar o contrário (CTN, art. 177). Recorde-se que as regras de isenção devem ser interpretadas literalmente (CTN, art. 111), ou, melhor dizendo, as regras de isenção não comportam interpretações ampliativas nem integração, embora devam ser interpretadas com o emprego de todos os métodos, processos ou elementos da Hermenêutica.

O art. 177, ao dizer, em seu inciso I, que a isenção não é extensiva às taxas e contribuições de melhoria, limita o alcance da norma isentiva genérica, norma que diz ser tal pessoa, ou tal objeto, isento de tributos. Embora não deva existir isenção genérica, pois a lei de isenção deve indicar especificamente os tributos aos quais se aplica (CTN, art. 176), eventualmente pode ser editada pelo Congresso Nacional uma lei instituindo isenção de todos os tributos federais. Neste caso, se a lei não diz explicitamente que a isenção se aplica às taxas e contribuições de melhoria, tem-se de entender, em face do art. 177, I, do CTN, que a isenção não abrange tais espécies de tributo. Ser isento de tributos, neste caso, significa ser isento de impostos. Só haverá isenção de taxas, e de contribuições de melhoria, se a lei o disser explicitamente.

Já, ao dizer o art. 177, em seu inciso II, que a isenção não se aplica aos tributos instituídos posteriormente à sua concessão, limita o alcance da norma isentiva àqueles tributos existentes na data em que foi editada. Não são abrangidos pela isenção os tributos novos; mas como tal devem ser entendidos somente aqueles que sejam efetivamente novos. Não os antigos que tenham recebido nova denominação. Se ocorre aumento do tributo, ou criação de adicional, ou tributo com outro nome, mas com o mesmo fato gerador, a isenção alcança o aumento, o adicional, ou o tributo que, sendo antigo na essência, tenha recebido nova denominação, ou nova estrutura formal.

A isenção concedida em caráter geral, assim como surge diretamente da lei, independentemente de qualquer ato administrativo, com a revogação da lei que a concedeu desaparece. Quando concedida por prazo certo e em função de determinadas condições não pode ser revogada, pois incorpora-se ao patrimônio do contribuinte. A regra geral é a revogabilidade das isenções. O Estado, assim como pode tributar, pode também, evidentemente, revogar as isenções concedidas. Entende-se, porém, que o contribuinte pode ser atraído pelo incentivo que a isenção representa e, assim, passe a desenvolver atividade em que não se lançaria, se não existisse a isenção, fazendo investimentos vultosos e ficando mesmo em situação de não poder, sem graves prejuízos, desistir. Nestes casos, a retirada da isenção representaria um ludíbrio, sendo, portanto, inadmissível. Assim, também, qualquer alteração que implique, direta ou indiretamente, redução da isenção é inadmissível.

O STF, antes do advento do Código Tributário, já firmara jurisprudência no sentido da irrevogabilidade de isenções concedidas sob condição onerosa.

Destaque-se que a Lei Complementar 24, de 7.1.1975, alterou a redação do art. 178 do CTN, trocando o "ou" por um "e", de sorte que a irrevogabilidade da isenção passou a depender dos dois requisitos, isto é, de ser por prazo certo *e* em função de determinadas condições.

A revogação de uma lei que concede isenção equivale à criação de tributo. Por isto deve ser observado o princípio da anterioridade da lei, assegurado pelo art. 150, III, "b", da CF, e já por nós estudado. O STF, todavia, tem entendido de modo diverso, decidindo que a revogação da isenção tem eficácia imediata, vale dizer, ocorrendo a revogação da isenção, o tributo pode ser cobrado no curso do mesmo exercício, sem ofensa ao referido princípio constitucional (RE 99.908-RS, rel. Min. Rafael Mayer, *RTJ* 107/430-432).

Pode a isenção ser concedida em caráter geral ou específico. Na primeira hipótese, decorre diretamente da lei. Não depende de requerimento do interessado nem de qualquer ato administrativo. Na segunda hipótese, a isenção se efetiva mediante despacho da autoridade administrativa em requerimento do interessado, com o qual este comprove o preenchimento das condições e requisitos previstos em lei (CTN, art. 179).

Tratando-se de tributo lançado por período certo, o despacho que concede isenção deve ser renovado para cada período, a pedido do interessado, antes do término do período anterior, cessando automaticamente a isenção a partir do primeiro dia do período para o qual o interessado deixar de promover a continuidade do seu reconhecimento (CTN, art. 179, § 1º). Parece-nos, entretanto, que essa regra somente se aplica aos casos de isenção concedida em função de condições especiais cuja continuidade deva ser comprovada periodicamente.

Diz o Código que o despacho que concede isenção não gera direito adquirido, devendo ser revogado *de ofício*, isto é, por iniciativa da própria autoridade administrativa, sempre que se apure que o interessado não satisfazia ou deixou de cumprir os requisitos para a concessão do favor (CTN, art. 155, combinado com o art. 179, § 2º).O que se há de entender é que o ato administrativo que defere o pedido de isenção não cria direito, e por isto mesmo pode ser desfeito sem que o interessado possa a isto se opor. Na verdade, o direito à isenção decorre do atendimento das condições ou requisitos legalmente exigidos para esse fim. O ato administrativo é simplesmente declaratório desse direito.

O ato administrativo que defere o pedido de isenção tributária apenas reconhece que a norma isentiva incidiu, ou que as condições de fato, anunciadas para futura ocorrência, configuram sua hipótese de incidência, e que, portanto, uma vez concretizadas, ela incidirá. Esse ato administrativo tem, assim, natureza simplesmente declaratória, tal como ocorre com o lançamento tributário. Por isto, se uma norma isentiva incidiu, fez nascer o direito à isenção, de sorte que haverá de ser aplicada aos fatos contemporâneos à sua vigência, ainda que posteriormente modificada ou revogada.

O desfazimento do ato administrativo que reconhece o direito à isenção não é revogação, pois não é discricionário, não decorre de simples conveniência da Administração. É anulamento, ou cancelamento. É imprópria a terminologia do Código.

Anulado, ou cancelado, o despacho que reconheceu o direito à isenção, a Fazenda Pública providenciará a constituição do crédito tributário respectivo, que será acrescido dos juros de mora. E da penalidade cabível, nos casos de dolo ou simulação do beneficiário, ou de terceiro em favor deste. Em qualquer caso, o anulamento, ou o cancelamento, devem ser praticados em regular processo, no qual seja assegurado o direito de defesa ao interessado. Sem isto, será nulo.

O ato administrativo que defere isenção é, em princípio, meramente declaratório. Assim já entendeu, com razão, o antigo TFR quando disse ter direito à isenção do imposto de renda a empresa que havia obtido o reconhecimento, pela SUDENE, de que preenchia os requisitos do art. 13 da Lei 4.239/1963 algum tempo depois da ação fiscal.

Sendo meramente declaratório o ato administrativo que defere isenção, ou reconhece existentes as condições que a lei estabelece para o gozo desta, os seus efeitos retroagem à data dos fatos sobre os quais incidiu a norma isentiva.

5.3 Classificação das isenções

As classificações, para serem úteis, devem ser feitas em função de aspectos relevantes do objeto respectivo. Nos estudos do Direito essa relevância deve ser pertinente a aspectos jurídicos. Por isto, tomamos como ponto de partida o Código Tributário Nacional, de onde extraímos os elementos que nos parecem relevantes para uma classificação das isenções.

Segundo o Código Tributário Nacional, as isenções podem ser:

I – *Quanto à forma de concessão:* (a) absolutas, ou em caráter geral – concedidas diretamente pela lei; (b) relativas, ou em caráter específico – concedidas por lei mas efetivadas mediante despacho da autoridade administrativa.

II – *Quanto à natureza:* (a) onerosas ou condicionadas – concedidas sob condição que implique ônus para o interessado; (b) simples – sem a imposição de condições ao interessado.

III – *Quanto ao prazo:* (a) por prazo indeterminado; (b) por prazo certo.

IV – *Quanto à área:* (a) amplas – prevalentes em todo o território da entidade tributante; (b) restritas ou regionais – prevalentes apenas em parte do território da entidade tributante.

V – *Quanto aos tributos que alcançam:* (a) gerais – abrangem todos os tributos; (b) especiais – abrangem somente os tributos que especificam.

Embora sem referência no Código Tributário Nacional, as isenções podem ser classificadas, ainda:

VI – *Quanto ao elemento com que se relacionam:* (a) objetivas – concedidas em função do fato gerador da obrigação tributária, objetivamente considerado, isto é, em função do ato, fato, negócio, ou coisa, da mercadoria, sua qualidade ou destinação; (b) subjetivas – concedidas em função de condições pessoais de seu destinatário, isto é, daquele que, se inexistente a isenção, seria o sujeito passivo da obrigação tributária; (c) objetivo-subjetivas, ou mistas – concedidas tanto em função do fato gerador objetivamente considerado como em função de aspectos pessoais de seu destinatário.

As isenções podem ser, ainda, classificadas em *autonômica* e *heterônoma*. Diz-se que uma isenção é autonômica se esta é concedida por lei da pessoa jurídica titular da competência para instituir e cobrar o tributo ao qual se refere. Diz-se que uma isenção é heterônoma se esta é concedida por lei de pessoa jurídica diversa daquela que é titular da competência para instituir e cobrar o tributo a que se refere.

Na Constituição anterior havia expressa autorização à União para conceder, por meio de lei complementar, isenção de impostos estaduais e municipais. Tinha-se neste caso exemplo de isenção *heterônoma*. Isenção concedida por lei complementar da União, concernente a impostos estaduais ou municipais.

Na Constituição Federal de 1988, porém, a regra inverteu-se. Agora, a União está proibida de conceder tais isenções. Mesmo assim existe ainda uma hipótese de isenção *heterônoma* expressamente permitida na Constituição Federal de 1988. É a do art. 155, § 2º, XII, "e".

Outro exemplo de isenção heterônoma é a relativa a impostos estaduais ou municipais, concedida pela União mediante tratado internacional. Conhecemos e respeitamos manifestações da doutrina e da jurisprudência em sentido contrário, mas há muito tempo temos sustentado que o tratado internacional não é uma lei federal. Nela a União se manifesta como pessoa jurídica de direito internacional, representando, portanto, também os Estados e Municípios. Veja-se o que escrevemos a respeito dos tratados e convenções internacionais neste *Curso*, ao estudarmos as normas gerais de direito tributário (Segunda Parte, Capítulo I).

Ressaltamos que o STF, modificando de certo modo entendimento manifestado em relação aos tratados internacionais, terminou acolhendo a tese que temos sustentado (STF, Pleno, RE 229.096-0-RS, rel. originário Min. Ilmar Galvão, rela. para o acórdão Min. Cármen Lúcia, j. 16.8.2007, v.u., *DJe* 65, divulgação em 10.4.2008, publicação em 11.4.2008).

5.4 Alíquota zero

Ao estudarmos a *isenção* e a *não incidência* poderemos nos deparar com figuras das quais não cuida o Código Tributário Nacional e que, talvez por isto mesmo, não são estudadas na maioria dos compêndios de direito tributário. Uma delas é a denominada "alíquota zero" que, conforme já afirmamos neste *Curso*, ao estudarmos a obrigação tributária (Segunda Parte, Capítulo IV), é uma forma encontrada pelas autoridades da Administração Tributária para fugir ao princípio da legalidade, segundo o qual a isenção somente por lei pode ser concedida. Seja como for, ao tratarmos da isenção é importante a referência a essa figura esdrúxula existente em nosso direito tributário, especialmente na parte que trata dos impostos com função extrafiscal, a saber, o imposto sobre importação, o imposto sobre exportação e o imposto sobre produtos industrializados.

As alíquotas dos referidos impostos podem ser alteradas por atos do Poder Executivo, vale dizer, nos limites e nas condições estabelecidas em lei podem ser fixadas por ato administrativo. Assim, as autoridades da Administração Tributária passaram a utilizar a denominada "alíquota zero" para concederem isenção, burlando a norma do art. 97, VI, do CTN.

5.5 Diferimento de incidência

Outra figura com a qual poderemos nos deparar no estudo da *isenção* e da *não incidência* é o denominado *diferimento de incidência*.

Não se trata de isenção, nem de não incidência, mas de simples adiamento. O efeito da norma tributária que incidiu é adiado para uma ocasião futura, que em regra deve ocorrer normalmente quando se trata de imposto plurifásico, ensejando a incidência do imposto.

A disciplina que se pode considerar *normal* deve dar-se com o adiamento da incidência para uma situação que deve ocorrer na cadeia ou série de fatos considerados como hipótese de incidência de imposto plurifásico não cumulativo. Conhecemos, todavia, casos nos quais o *diferimento de incidência* foi estabelecido apenas como fórmula com a qual o Fisco se garante contra fraudes que o contribuinte poderia praticar se, em seu lugar, houvesse uma isenção.

5.6 Anistia

Anistia é a exclusão do crédito tributário relativo a penalidades pecuniárias. O cometimento de infração à legislação tributária enseja a aplicação de penalidades pecuniárias, multas, e estas ensejam a constituição do crédito tributário correspondente. Pela anistia, o legislador extingue a punibilidade do sujeito passivo infrator da legislação tributária, impedindo a constituição do crédito. Se já está o crédito constituído, o legislador poderá dispensá-lo pela *remissão*, mas não pela *anistia*. Esta diz respeito exclusivamente a penalidade e há de ser concedida antes da constituição do crédito. A remissão é forma de extinção do crédito tributário, quer decorrente de penalidade, quer decorrente de tributo.

Como perdão que é, a anistia abrange exclusivamente as infrações cometidas anteriormente à vigência da lei que a concede, e não se aplica (a) aos atos qualificados em lei como crimes ou contravenções e aos que, mesmo sem essa qualificação, sejam praticados com dolo, fraude ou simulação pelo sujeito passivo ou por terceiro em benefício daquele; (b) salvo disposição em contrário, às infrações resultantes de conluio entre duas ou mais pessoas naturais ou jurídicas (CTN, art. 180).

Embora só o inciso II do art. 180 do CTN faça ressalva a disposição legal em contrário, parece-nos que o legislador federal não está adstrito aos limites do mencionado art. 180, em matéria de anistia. Tais limites se impõem ao legislador estadual. Também ao municipal. Podendo, entretanto, o legislador federal alterar o próprio Código Tributário Nacional, é óbvio que se não sujeita às limitações deste. Mas o instrumento adequado para tanto há de ser a lei complementar, eis que se trata de norma geral de direito tributário (CF, art. 146, III).

Anistia não se confunde com *remissão*. Diz respeito somente a penalidades. A remissão abrange todo o crédito tributário, constituído já. Abrange o tributo e as penalidades. É a dispensa legal do crédito. Por isto é forma de extinção deste (CTN, art. 156, IV). Já, a anistia é perdão da falta, da infração, que impede o surgimento do crédito tributário correspondente à multa respectiva.

A anistia pode ser concedida em caráter geral, isto é, abrangendo as penalidades relativas a todos os tributos, sem qualquer condição. É absoluta e, neste caso, decorre diretamente da lei, não havendo necessidade de requerimento do sujeito passivo (CTN, art. 181, I). Mas pode ser concedida limitadamente, vale dizer, referindo-se apenas: (a) às infrações da legislação relativamente a determinado tributo; (b) às infrações punidas com penalidades pecuniárias até determinado montante, conjugadas ou não com penalidades de outra natureza; (c) a determinada região do território da entidade tributante, em função de condições a ela peculiares; (d) sob condição do pagamento do tributo no prazo fixado pela lei que a conceder, ou cuja fixação seja atribuída pela mesma lei a autoridade administrativa (CTN, art. 181).

A anistia decorre sempre de lei, e é forma de exclusão do crédito tributário e, portanto, compreende-se no âmbito da *reserva legal* (CTN, art. 97, VI). Decorre *diretamente* da lei quando tem caráter geral. Neste caso é *concedida* pela própria lei. Quando tem caráter restrito é *concedida* mediante ato da autoridade administrativa. Neste caso depende de requerimento do interessado, com o qual este faça a prova de preenchimento das condições e do cumprimento dos requisitos previstos em lei para sua concessão (CTN, art. 182).

O despacho que concede a anistia não gera direito adquirido, aplicando-se ao mesmo as regras relativas ao despacho que concede moratória em caráter individual.

6. Garantias e privilégios do crédito tributário

Diz o Código Tributário Nacional que a enumeração das garantias por ele atribuídas ao crédito tributário não exclui outras que sejam expressamente previstas em lei em função da natureza ou das características do tributo a que se refiram (art. 183). Pode, portanto, o legislador, federal, estadual ou municipal, estipular *garantias* para o crédito tributário, além das previstas no Código Tributário Nacional.

Garantia é meio ou modo de assegurar o direito. Só a garantias se refere o art. 183 do CTN, de sorte que somente em relação a estas liberou o legislador estadual e municipal. Não assim quanto aos privilégios, embora nem sempre se possa distinguir nitidamente uma garantia de um privilégio.

O fato de ser atribuída ao crédito tributário uma garantia qualquer, real ou fidejussória, não lhe altera a natureza. Não deixa de ser *tributário* para ser *hipotecário*, ou *cambiário*, em função da garantia que lhe tenha sido atribuída (CTN, art. 183, parágrafo único).

Como se disse, nem sempre é possível fazer uma distinção nítida entre garantia e privilégio. Assim vamos considerar, aqui, como *privilégio* apenas a preferência de que goza o crédito tributário no concurso com os demais.

Todos os bens e rendas de qualquer origem ou natureza do sujeito passivo, seu espólio ou sua massa falida respondem pelo crédito tributário. Mesmo os bens hipotecados, ou penhorados, ou de qualquer forma gravados por ônus real, ou cláusula de inalienabilidade ou impenhorabilidade, respondem pelo crédito tributário. É irrelevante a data de constituição do ônus ou da cláusula. Assim, mesmo que o ônus real, ou a cláusula de inalienabilidade, ou impenhorabilidade, seja anterior à data de constituição do crédito tributário, o bem onerado responderá pelo crédito tributário. Somente prevalece contra o crédito tributário a impenhorabilidade absoluta decorrente de lei.

Impenhorabilidade é a qualidade daquilo que não pode ser penhorado. Pode resultar da lei ou da vontade. Se resulta da vontade, é inoperante em face do credor tributário. Prevalecerá, porém, se resulta da lei. O fundamento da distinção é evidente: respeitar a impenhorabilidade legal, mas evitar que os interessados, por simples ato de vontade, retirem seus bens do alcance do credor tributário.

Quem faz uma doação, ou um testamento, pode determinar, no instrumento respectivo, que os bens doados, ou a serem herdados, não podem ser alienados pelo donatário, ou herdeiro, ou legatário. Pode também determinar que ditos bens não possam ser objeto de penhora em execução. Essas estipulações não produzem nenhum efeito perante o credor tributário. Prevalecem apenas entre os particulares. Não contra o Fisco.

Não podem ser penhorados, em face do que estipula o art. 649 do CPC: (a) os bens inalienáveis e os declarados, por ato voluntário, não sujeitos a execução; (b) os móveis, pertences e utilidades domésticas que guarnecem a residência do executado, salvo os de elevado valor ou que ultrapassem as necessidades comuns correspondentes a um médio padrão de vida; (c) os vestuários, bem como os pertences de uso pessoal do executado, salvo se de elevado valor; (d) os vencimentos, subsídios, soldos, salários, remunerações, proventos de aposentadoria, pensões, pecúlios e montepios; as quantias recebidas por liberalidade de terceiro e destinadas ao sustento do devedor e sua família, os ganhos de trabalhador autônomo e os honorários de profissional liberal; (e) os livros, as máquinas, as ferramentas, os utensílios, os instrumentos ou outros bens móveis necessários ou úteis ao exercício de qualquer profissão; (f) o seguro de vida; (g) os materiais necessários para obras em andamento, salvo se essas forem penhoradas; (h) a pequena propriedade rural, assim definida em lei, desde que trabalhada pela família; (i) os recursos públicos recebidos por instituição privada para aplicação compulsórias em educação, saúde ou assistência social; (j) até o limite de 40 salários mínimos, a quantia depositada em caderneta de poupança.

A impenhorabilidade dos bens acima indicados é absoluta. Eles não podem ser penhorados mesmo quando o executado não disponha de outros bens. Note-se, porém, que a referência, na letra "a" da precedente enumeração, a *bens declarados, por ato voluntário, não sujeitos a execução* há de ser entendida em harmonia com o disposto no art. 184 do CTN. A impenhorabilidade decorrente de ato de vontade não opera efeitos contra o Fisco. A regra do art. 649 do CPC é geral, enquanto a do art. 184 do CTN é específica. A primeira cuida da impenhorabilidade contra os credores de um modo geral, enquanto a última estabelece uma exceção, admitindo a penhora, quando se trate de crédito tributário, de bens gravados com cláusula de impenhorabilidade.

Qualquer lei ordinária federal pode declarar absolutamente impenhoráveis certos bens, que ficam, assim, fora do alcance das execuções fiscais.

Assim, a Lei 8.009/1990, resultante da Medida Provisória 143/1990, estabeleceu a impenhorabilidade do imóvel residencial próprio do casal, ou entidade familiar. A impenhorabilidade compreende o terreno, as construções, plantações e benfeitorias de qualquer natureza e todos os equipamentos, inclusive os de uso profissional, ou móveis que guarnecem a casa, desde que quitados (art. 1º, parágrafo único). Nessa impenhorabilidade não se incluem os veículos de transporte, obras de arte e adornos suntuosos. No caso de imóvel alugado, são impenhoráveis os bens móveis quitados que guarnecem a residência e que sejam de propriedade do locatário.

A impenhorabilidade de que trata a Lei 8.009/1990 é oponível em processo de execução de qualquer natureza, salvo as exceções que a referida lei estabelece. No que diz respeito à matéria tributária, pode-se dizer que a impenhorabilidade não é oponível à execução para cobrança (a) das contribuições previdenciárias relativas à remuneração devida aos que trabalham na própria residência; e (b) dos impostos, taxas e contribuições devidas em função do imóvel familiar (art. 3º, I e IV). Também não se beneficia da referida impenhorabilidade aquele que, sabendo-se insolvente, adquire de má-fé imóvel mais valioso para transferir a residência familiar, desfazendo-se ou não da moradia antiga (art. 4º).

6.1 Presunção de fraude

A presunção de fraude na alienação de bens é mais uma garantia do crédito tributário. Presume-se fraudulenta – diz o art. 185 do CTN – a alienação ou oneração de bens ou rendas, ou seu começo, por sujeito passivo em débito para com a Fazenda Pública por crédito tributário regularmente inscrito como dívida ativa em fase de execução. Assim, se alguém é devedor de tributo e vende ou por qualquer outra forma aliena algum bem depois de inscrito o seu débito tributário como dívida ativa, essa alienação se considera fraudulenta. Presume-se que o ato de alienação teve por objetivo frustrar a execução do crédito tributário. Cuida-se de presunção legal absoluta, isto é, que não admite prova em contrário.

Não haverá, todavia, a presunção de fraude se o devedor reservar bens ou rendas suficientes ao total pagamento da dívida fiscal em fase de execução (CTN, art. 185, parágrafo único).

A referência feita no art. 185 do CTN à oneração de bens é inteiramente supérflua. Não sendo, como não é, segundo o art. 184, oponível ao Fisco, nada importa que se presuma fraudulenta.

Estar o crédito tributário em fase de execução não significa já haver sido proposta a ação de execução. A fase de execução começa com a inscrição do crédito como dívida ativa. Há, todavia, manifestações doutrinárias e alguns julgados, inclusive do extinto TFR, em sentido contrário. Só haveria presunção de fraude, segundo estes, a partir da citação do executado. Agora esse entendimento jurisprudencial restou superado pela lei, impondo-se o entendimento que sempre sustentamos, segundo o qual a fase de execução começa com a inscrição do crédito tributário em Dívida Ativa.

Realmente, a Lei Complementar 118, de 9.2.2005, deu nova redação ao art. 185 do CTN, excluindo deste a expressão final "em fase de execução". Basta, portanto, a inscrição do crédito tributário em Dívida Ativa. A partir daí a alienação de bens ou rendas pelo devedor presume-se fraudulenta.

A nosso ver, a alienação feita depois da citação do devedor insolvente é presumidamente fraudulenta, ainda que se trate de crédito de direito privado. É certo que a lei civil considera anuláveis os contratos onerosos do devedor insolvente quando a insolvência for notória ou houver motivo para ser conhecida do outro contratante. Com isto está a proteger aquele que de boa-fé adquire bens de pessoa insolvente. Há, todavia, no ato de alienação de bens praticado por devedor insolvente, depois de citado em processo de execução, um indício evidente que nos leva à presunção de fraude. A norma do direito civil tem a finalidade de proteger o terceiro de boa-fé. Seja como for, em face da atual redação do art. 185 do CTN a jurisprudência ficou superada. Agora, a alienação ou oneração de bens que se fizerem depois da inscrição do crédito tributário em Dívida Ativa serão presumidamente fraudulentas.

O art. 161 do Projeto de Código Tributário Nacional (Projeto 173/1989), apresentado ao Congresso Nacional pelo senador Fernando Henrique Cardoso, merece aplausos, porque reproduz a regra do art. 185 do atual Código, sem a expressão "em fase de execução".

O crédito tributário prefere a qualquer outro, seja qual for a natureza ou o tempo da constituição deste. Somente os créditos decorrentes da legislação do trabalho ou do acidente do trabalho situam-se em melhor posição na escala de preferências (CTN, art. 186). O privilégio do crédito tributário é quase absoluto.

Créditos decorrentes da legislação do trabalho são quaisquer créditos de que sejam titulares os que prestam serviço em regime de emprego, e decorrentes dessa prestação de serviço. Esses créditos têm privilégio absoluto, por entender-se que os seus titulares merecem tal proteção especial da lei em face da posição econômica e social que ocupam.

A Lei Complementar 118, de 9.2.2005, inseriu um parágrafo único no art. 186 do CTN, estabelecendo regras especiais quanto à preferência do crédito tributário no caso de falência do contribuinte.

Na falência: (a) o crédito tributário não prefere aos créditos extraconcursais ou às importâncias passíveis de restituição, nos termos da Lei Falimentar, nem aos créditos com garantia real, no limite do valor do bem gravado; (b) a lei poderá estabelecer limites e condições para a preferência dos créditos decorrentes da legislação do trabalho; e (c) a multa tributária prefere apenas aos créditos subordinados.

Os créditos extraconcursais, exatamente por serem extraconcursais, já não eram alcançados pela preferência do crédito tributário. Também as importâncias passíveis de restituição, nos termos da Lei Falimentar. A grande novidade consistiu em colocar os créditos com garantia real fora do alcance da preferência.

A inovação tem sido defendida ao argumento de que vai reduzir os juros bancários, na medida em que reduz os riscos. Isto pode até ser correto, mas ninguém duvida de que a novidade pode ensejar práticas extremamente danosas aos interesses da Fazenda Pública. Uma empresa em dificuldades, com enorme passivo tributário, pode tomar empréstimo mediante hipoteca de todo o seu patrimônio. O banco ficará protegido. Se a empresa superar a crise, tudo bem. Mas pode não superar. O banco receberá seu crédito e a Fazenda ficará no prejuízo.

Pode mesmo ocorrer que o banco faça o empréstimo em conivência com o empresário que sabe ser irreversível a crise em sua empresa, que em seguida vem a sofrer falência, e o dinheiro é desviado em detrimento da

Fazenda Pública. Mas esta pode frustrar tal prática inscrevendo em Dívida Ativa os créditos tributários, mesmo aqueles objeto de parcelamento ou que estejam com exigibilidade suspensa por qualquer outra causa.

Realmente, a partir da inscrição do crédito tributário como Dívida Ativa o ato de oneração dos bens – vale dizer, o ato que dá esses bens em garantia real – presume-se fraudulento, nos termos do art. 185 do CTN. A norma do art. 186, parágrafo único, I, que assegura a preferência, na falência, ao crédito com garantia real, com certeza reporta-se ao crédito com garantia real *constituída validamente*. Não pode amparar, portanto, o crédito com garantia real constituída sob presunção absoluta de fraude.

O limite ao crédito trabalhista, com preferência, já foi estabelecido em 150 salários-mínimos por credor (Lei 11.101, de 9.2.2005, art. 83, I). Não há limite para os créditos decorrentes de acidente do trabalho.

Outra novidade importante consiste no deslocamento das multas tributárias, que ficaram, para fins de preferência, excluídas dos créditos tributários. Aliás, já era assim. O STF, embora inicialmente tenha entendido que as multas moratórias deviam ser incluídas no crédito tributário habilitado na falência (Súmula 191), já pacificara o entendimento segundo o qual as multas, mesmo as de natureza simplesmente moratória, constituem pena administrativa, não se incluindo no crédito habilitado na falência (Súmula 565). Logo, a redação dada pela Lei Complementar 118 ao art. 186 e seu parágrafo único do CTN apenas adaptou a norma do Código ao entendimento jurisprudencial.

Aliás, a rigor, não o fez com propriedade, pois ainda colocou as multas à frente dos créditos subordinados, quando na verdade teria que deixá-las sem nenhuma preferência em relação a qualquer outro crédito – vale dizer, devendo ser pagas apenas à frente da distribuição de patrimônio com os sócios ou acionistas da pessoa jurídica falida.

Seja como for, agora, nos termos do Código Tributário Nacional, as multas tributárias preferem apenas aos créditos subordinados – vale dizer, aos créditos que, na escala de preferências, estão abaixo dos créditos denominados quirografários. Este é o significado da expressão "créditos subordinados", no âmbito das preferências para o recebimento de créditos, como se pode ver na Lei das Sociedades Anônimas, segundo a qual as debêntures podem ter garantia real ou garantia flutuante, não gozar de preferência ou ser subordinadas aos demais credores da companhia (Lei 6.404, de 15.12.1976, art. 58).

Pode parecer injusta para com a Fazenda Pública essa colocação, relativamente às multas tributárias, na condição de quem não é credor, porque ficam em inferioridade de ordem na execução até dos créditos quirografários (Modesto Carvalhosa, *Comentários à Lei das Sociedades Anônimas*, vol. 1, São Paulo, Saraiva, 1997, p. 58). Não nos parece, porém, que seja assim. Na verdade, as multas deveriam mesmo ficar nessa posição, subordinadas ao pagamento de todos os credores. Só assim não representarão um sacrifício para estes, que, não sendo responsáveis pelas infrações das quais resultaram, não devem sofrer as sanções correspondentes.

Ressalte-se que a razão pela qual o STF entendeu não deverem as multas participar dos créditos tributários habilitados na falência foi exatamente esta: as penas não podem alcançar terceiros que não são responsáveis pelas infrações que as motivaram.

A cobrança judicial do crédito tributário não é sujeita a concurso de credores ou habilitação em falência, recuperação judicial, recuperação judicial, concordata, inventário ou arrolamento (CTN, art. 187). Isto significa dizer que a ação de execução do crédito tributário, conhecida como executivo fiscal antes do atual Código de Processo Civil, pode ser proposta e pode prosseguir normalmente, não tendo o seu curso obstaculizado. Essa autonomia da ação de execução fiscal, todavia, diz respeito apenas ao questionamento entre a massa falida, como sujeito passivo da relação tributária, e o sujeito ativo desta. Não implica superposição ao juízo universal da falência, ao qual cabe decidir sobre a classificação do crédito tributário na ordem de preferências.

6.2 Concurso de preferências

Havendo mais de uma pessoa jurídica de direito público com crédito tributário a receber, verifica-se o concurso de preferências, na seguinte ordem: (a) União; (b) Estados, Distrito Federal e Territórios, conjuntamente e mediante rateio; (c) Municípios, conjuntamente e por rateio (CTN, art. 187, parágrafo único).

Não se refere o Código Tributário Nacional às autarquias – o que parece confirmar a tese de que estas não podem ser sujeito ativo na relação de tributação. Todavia, mesmo não admitidas como sujeitos ativos da relação tributária, é inegável serem as autarquias titulares de créditos relativos aos tributos a elas destinados. O extinto TFR, por isto, vinha suprindo a lacuna do Código Tributário Nacional, decidindo que as autarquias se colocam, na escala de preferências, logo após a pessoa jurídica de direito público a que pertencem. Assim, em primeiro lugar são pagos os créditos tributários da União Federal; em segundo lugar, o de suas autarquias; em terceiro lugar, o dos Estados, Distrito Federal e Territórios; em quarto, o das autarquias destes, e assim por diante.

6.3 Créditos extraconcursais

Diz o art. 188 do CTN, com redação que lhe deu a Lei Complementar 118, de 9.2.2005, que são *extraconcursais* os créditos tributários decorrentes de fatos geradores ocorridos no curso do processo de falência. Na redação anterior o dispositivo dava a tais créditos a qualificação de *encargos da massa falida*. Parece não ter havido mudança substancial, mas simplesmente de terminologia.

Seja como for, a referência a créditos tributários decorrentes de fatos geradores ocorridos durante o processo de falência merece uma explicação, que continua sendo a mesma cabível em face da redação anterior do art. 188 do CTN.

A falência é um processo de execução coletiva, cujo objetivo é a liquidação do patrimônio da empresa falida e o pagamento de seus credores. Com a decretação da falência a empresa passa a denominar-se massa falida. Para a liquidação do patrimônio desta, vale dizer, para a transformação desse patrimônio em dinheiro, e conseqüente pagamento aos credores, é indispensável a prática de uma série de atos. Em casos especiais pode até a massa falida desenvolver atividade lucrativa, objetivando minimizar prejuízos.

Assim, a massa falida assume obrigações. Contrata empregados. Compra. Vende. Pratica, enfim, atos dos quais resultam inclusive dívidas tributárias. Mas a decretação da falência divide das obrigações da empresa as obrigações da massa. São da empresa as obrigações anteriores à falência. São encargos da massa as posteriores.

O art. 188 do CTN refere-se aos créditos tributários decorrentes de fatos geradores ocorridos depois da decretação da falência. Estes, conforme esse dispositivo, em sua redação anterior, constituíam encargos da massa falida e, ainda que não vencidos, gozavam de absoluta preferência. Preferem mesmo aos créditos trabalhistas, surgidos depois da decretação da falência, e por eles o síndico é pessoalmente responsável (CTN, art. 134, V). A situação continua sendo a mesma, só que esses créditos são, agora, denominados *extraconcursais*. Em outras palavras, eles não entram no concurso de preferências. Devem ser pagos sem qualquer consideração a quaisquer outros credores.

Contestado o crédito tributário, o juiz remeterá as partes ao processo competente, mandando reservar bens suficientes à extinção total do crédito e seus acrescidos, se a massa não puder efetuar a garantia da instância por outra forma, ouvido, quanto à natureza e valor dos bens reservados, o representante da Fazenda Pública interessada. Esta regra, estatuída no § 1º do art. 188 do CTN, refere-se, evidentemente, aos créditos tributários que constituam encargos da massa falida.

Também no processo de concordata, hoje denominado *recuperação judicial*, prevalece a disciplina do art. 188 do Código. Aliás, na *recuperação judicial* é até mais importante que assim seja, porquanto, com o prosseguimento dos negócios, o volume de crédito tributário há de ser bem mais significativo.

Em resumo, por força do art. 188 do CTN, tem-se que: (a) os créditos tributários decorrentes de fatos geradores ocorridos depois da decretação da falência, ou de concessão da recuperação judicial, gozam de preferência absoluta, ainda que não vencidos; (b) preferem inclusive às demais dívidas da massa; (c) para contestá-los, a massa falida ou o beneficiário de recuperação judicial precisa garantir a instância, o que poderá fazer depositando o valor correspondente, e se não puder garantir a instância, por esta ou outra forma, reservará bens suficientes à extinção total do crédito e seus acréscimos; (d) o representante da Fazenda Pública credora deve ser ouvido a respeito da natureza e do valor dos bens reservados.

6.4 Inventário e arrolamento. Liquidações de pessoas jurídicas

A preferência geral e absoluta do crédito tributário prevalece também nos processos de inventário e arrolamento, nos quais sua contestação igualmente depende de garantia de instância, tal como nos casos de falência e de recuperação judicial (CTN, art. 189 e seu parágrafo único).

O inventariante tem a obrigação de declarar todas as dívidas do autor da herança e de seu espólio. Além disto, o juiz do inventário ou arrolamento oficia às repartições fiscais indagando a respeito dos créditos tributários, para assegurar a preferência destes. O inventariante é pessoalmente responsável pelos tributos devidos pelo espólio, isto é, gerados depois da abertura da sucessão.

Também nas liquidações judiciais ou voluntárias das pessoas jurídicas de direito privado os créditos tributários gozam de preferência absoluta. Essa regra, prevista no art. 190 do CTN, faz com que os diretores e sócios de pessoas jurídicas de direito privado somente se eximam de responsabilidade pessoal se provarem a liquidação regular da respectiva pessoa jurídica.

6.5 Exigência de quitações

Garantia de considerável alcance é a exigência da quitação de tributos. Assim, o Código Tributário Nacional exige expressamente, (a) para que seja declarada a extinção das obrigações do falido, a prova de quitação de todos os tributos (CTN, art. 191); (b) para julgamento da partilha ou adjudicação, isto é, para que se consuma a formalidade da transmissão dos bens do autor da herança a seus sucessores, a prova de quitação de todos os tributos relativos aos bens do espólio, ou às suas rendas (CTN, art. 192); (c) para celebração de contrato ou proposta em concorrência pública da União, dos Estados, do Distrito Federal, dos Municípios, ou de autarquias, a prova de quitação de todos os tributos relativos à atividade em cujo exercício o contratante ou proponente contrata ou concorre (CTN, art. 193).

Pode a lei, todavia, expressamente autorizar a celebração de contrato, ou o recebimento de proposta em concorrência pública, sem exigência da quitação de tributos.

A concessão de recuperação judicial depende de apresentação da prova de quitação de todos os tributos, observados os arts. 151, 205 e 206 do CTN – isto é, admitindo-se como prova de quitação a certidão solicitada pelo interessado nos termos do art. 205, desde que negativa de débitos ou afirmativa apenas de débitos com exigibilidade suspensa nos termos do art. 151 ou, ainda, aquela que, embora que positiva, tenha, nos termos do art. 206 do CTN, o mesmo efeito da certidão negativa.

Importante é observar que a quitação exigida diz respeito, apenas, aos tributos relativos à atividade mercantil do falido (art. 191); relativos aos bens do espólio, ou suas rendas (art. 192); e relativos a atividade em cujo exercício o interessado contrata, ou concorre (art. 193). E, neste último caso, só no que diz respeito aos tributos devidos à Fazenda Pública com a qual contrata ou perante a qual licita. Não aos tributos devidos a outras entidades públicas.

A exigência de quitação é excepcional, e não pode ser ampliada pela lei ordinária. Só é cabível, portanto, nas situações expressamente indicadas pelo Código Tributário Nacional, a saber: (a) para a extinção das obrigações do falido ou para a concessão de recuperação judicial; (b) dos interessados em partilha ou adjudicação de bens de espólio; e (c) dos que licitam ou contratam com entidades públicas.

As duas primeiras situações não dizem respeito ao exercício normal de atividades econômicas, por isto mesmo a exigência da quitação não afronta a garantia do livre exercício de tais atividades, assegurada pelo art. 170, parágrafo único, da CF. A última pode, em certos casos, afetar essa garantia, e por isto é de constitucionalidade duvidosa. De todo modo, é razoável admitir-se que o órgão público se recuse a contratar com quem lhe deve.

6.6 Indisponibilidade de bens e direitos

A Lei Complementar 118, de 9.2.2005, introduziu no CTN o art. 185-A, estabelecendo que, na hipótese de o devedor tributário, devidamente citado, não pagar nem apresentar bens à penhora no prazo legal e não serem encontrados bens penhoráveis, o juiz determinará a indisponibilidade de seus bens e direitos, comunicando a decisão, preferencialmente por meio eletrônico, aos órgãos e entidades que promovem registro de transferência de bens, especialmente ao registro público de imóveis e às autoridades supervisoras do mercado bancário e do mercado de capitais, a fim de que, no âmbito de suas atribuições, façam cumprir a ordem judicial.

O § 1º do art. 185-A estabelece que a indisponibilidade limitar-se-á ao valor total exigível, devendo o juiz determinar o imediato levantamento da indisponibilidade dos bens ou valores que excederem esse limite. E, na verdade, não há razão para ser diferente, vale dizer, não há razão para que a indisponibilidade, que decorre de uma execução não garantida, alcance bens de valor superior ao do crédito em cobrança. Na prática, porém, tudo indica que muitos problemas ocorrerão, porque os meios de controle dessas providências ainda não estão bem definidos.

Diz o § 2º do mesmo art. 185-A que os órgãos e entidades aos quais for dirigida a comunicação da indisponibilidade dos bens do executado enviarão ao juiz que lhes houver feito aquela comunicação a relação discriminada dos bens e direitos cuja indisponibilidade houverem posto em prática.

Como se vê, as normas albergadas pelo art. 185-A não deveriam ter sito introduzidas no CTN, porque são normas típicas de direito processual. Seu lugar é na Lei de Execuções Fiscais, e não no Código Tributário Nacional.

Capítulo VI
ADMINISTRAÇÃO TRIBUTÁRIA

1. Fiscalização: 1.1 Sigilo comercial – 1.2 Dever de informar e sigilo profissional – 1.3 Sigilo fiscal – 1.4 Auxílio da força pública – 1.5 Excesso de exação – 1.6 Responsabilidade pessoal do agente público. 2. Dívida Ativa. 3. Certidões negativas: 3.1 Certidão negativa e perecimento de direito – 3.2 Certidão negativa e tributo não vencido – 3.3 Certidão negativa e consignação em pagamento – 3.4 Exigência de quitação de tributos e liberdade econômica – 3.5 Certidões negativas e precatório – 3.6 Precatórios e compensação.

1. Fiscalização

A competência das autoridades administrativas em matéria de fiscalização é regulada na legislação tributária. Assim como a validade dos atos jurídicos em geral exige a *capacidade* de quem os pratica, a validade dos atos administrativos requer a *competência* da autoridade ou agente público. Indispensável, portanto, que a fiscalização tributária seja feita por pessoas às quais a legislação atribua competência para tanto, em caráter geral, ou especificamente, em função do tributo de que se tratar. A lavratura de um auto de infração, o julgamento de impugnação do mesmo pelo sujeito passivo, assim como todo e qualquer ato da Administração Tributária, só têm validade se praticados por quem tenha competência para tanto.

Essa competência é atribuída pela *legislação*. Não apenas pela *lei* tributária. Legislação e lei, na linguagem do Código Tributário Nacional, são coisas bem distintas. Legislação é o gênero, no qual se incluem as diversas normas que tratam de matéria tributária. Lei é uma dessas espécies.

As regras básicas sobre a matéria encontram-se no Código Tributário Nacional e devem ser observadas pela *legislação* (art. 194).

Considerando que as portarias, instruções, ordens de serviço e outros atos administrativos de idêntica natureza, embora se incluam no conceito de *legislação* tributária, nos termos dos arts. 96 a 100 do CTN, não obrigam diretamente os sujeitos passivos, o Código estabeleceu expressamente que essa legislação se aplica às pessoas naturais ou jurídicas, contribuintes ou não, inclusive às que gozem de imunidade tributária ou de isenção (art. 194, parágrafo único). As normas dessa legislação, quando não constem de *lei*, evidentemente devem tratar apenas de aspectos procedimentais, ou de simples obrigações acessórias. Não podem impor deveres que não tenham a natureza de obrigação acessória, em face do dispositivo constitucional pelo qual ninguém será obrigado a fazer ou a deixar de fazer alguma coisa a não ser em virtude de *lei*.

1.1 Sigilo comercial

Para os efeitos da legislação tributária, não se aplicam quaisquer dispositivos legais que limitem ou excluam o direito de examinar mercadorias, livros, arquivos, documentos, papéis e efeitos comerciais ou fiscais, dos comerciantes, industriais ou produtores, ou a obrigação destes de exibi-los (CTN, art. 195).

O Código Comercial estabelece que "nenhuma autoridade, juízo ou tribunal, debaixo de pretexto algum, por mais especioso que seja, pode praticar ou ordenar alguma diligência para examinar se o comerciante arruma ou não devidamente seus livros de escrituração mercantil, ou neles tem contido algum vício" (art. 17). Somente admitia a exibição judicial dos livros de escrituração comercial por inteiro, ou balanços gerais de qualquer casa de comércio, a favor dos interessados em questões de sucessão, comunhão ou sociedade, administração ou gestão mercantil por conta de outrem, e em caso de quebra (art. 18). Nas causas em geral, o exame era admitido, desde que efetivado sob as vistas do comerciante a quem pertenciam, ou de pessoa por este designada, limitando-se ao ponto pertinente à questão (art. 19).

As leis pertinentes aos impostos de consumo e de renda, antes do Código Tributário Nacional, já haviam rompido essa barreira. E nem podia mesmo ser de outro modo. O interesse da Administração Tributária impõe que se lhe conceda o direito de examinar todos os livros e papéis dos comerciantes, eis que tais documentos constituem fonte abundante, e às vezes única, de informações relativas aos fatos geradores de tributo.

Com o advento do Código Tributário Nacional ficou afastada a possibilidade de invocação das regras do Código Comercial, ou de qualquer outra lei que exclua ou limite o direito de examinar mercadorias, livros, arquivos, documentos, papéis e efeitos comerciais ou fiscais. As normas que preservam o sigilo comercial prevalecem entre os particulares, mas não contra a Fazenda Pública.

Decisão mais recente do STF, todavia, coloca em dúvida o direito da Administração Fazendária de penetrar no estabelecimento do contribuinte e ter acesso a seus livros e documentos sem o consentimento deste. Apreciando pedido de *habeas corpus* em que era alegada a utilização de provas ilícitas, denegou a ordem ao fundamento de que o ingresso dos fiscais no estabelecimento deu-se com o consentimento do paciente. Isto significa dizer que tal consentimento pode, em princípio, ser negado pelo contribuinte.

A solução da questão de saber se o contribuinte pode negar autorização ao Fisco para adentrar em seu estabelecimento é de grande relevância. Além da repercussão que certamente tem na esfera penal, como afirmou o STF, pode ter também repercussões na esfera da Administração Tributária. Seja como for, certo é que as garantias que a Constituição oferece aos cidadãos em geral, que amparam quaisquer acusados do cometimento de crimes, não podem ser negadas ao contribuinte acusado de crime contra a ordem tributária.

Note-se que o art. 195 do CTN reporta-se ao direito de examinar livros e documentos dos comerciantes, industriais ou produtores e à obrigação destes de exibi-los. O direito de examinar abrange todos os livros e papéis que os comerciantes, industriais ou produtores possuam, sejam ou não obrigatórios. A obrigação de exibir evidentemente só é efetiva tratando-se de livros ou papéis cuja existência seja obrigatória. Note-se a diferença. Se um agente fiscal encontra um livro *Caixa*, por exemplo, no escritório de uma empresa, tem o direito de examiná-lo, mesmo tratando-se, como se trata, de livro não obrigatório. Entretanto, se o contribuinte afirma não possuir livro *Caixa*, ou *Razão*, ou qualquer outro, não obrigatório, evidentemente não estará sujeito a sanção alguma. Não sendo legalmente obrigado a possuir determinado livro ou documento, obviamente não pode ser obrigado a exibi-lo. Entretanto, se de fato o possui, tanto que o fiscal o viu, não pode impedir o seu exame.

Ao constatar a existência de livro ou documento não obrigatório, deve o fiscal fazer imediatamente a respectiva apreensão. Se não o faz, depois não terá como obrigar o contribuinte a exibi-lo, a menos que este confesse a existência do livro ou documento questionado.

Algumas leis autorizam o lançamento de tributo por arbitramento, e estabelecem que o ônus da prova em sentido contrário é do sujeito passivo. A Lei 8.212/1991, por exemplo, atribui ao sujeito passivo de contribuições sociais o dever de exibir todos os livros e documentos relacionados com aquelas contribuições, e autoriza os órgãos da Administração a "inscrever de ofício importância que reputarem devida, cabendo à empresa ou ao segurado o ônus da prova em contrário" (art. 33, §§ 2º e 3º).

Tais dispositivos legais não podem ser interpretados literal e isoladamente, porque isto implicaria admitir-se autorizada a cobrança das contribuições consideradas devidas pela autoridade administrativa, dando-se ao lançamento tributário o caráter de atividade discricionária, em flagrante violação do art. 3º do CTN, e em conflito com a Constituição, que institui, em favor dos contribuintes, importantes limitações ao exercício do poder de tributar.

Aqueles dispositivos legais que autorizam o arbitramento do valor do tributo devem ser interpretados com atenção especial para o elemento sistêmico, ou contextual, com destaque para os princípios constitucionais, entre os quais o da garantia do *devido processo legal* e da *ampla defesa*. Admitir o arbitramento e inverter o ônus da prova consubstancia evidente inutilização de tais princípios. Lei que coloca o direito do contribuinte, de não pagar tributo indevido, a depender de prova absolutamente impossível, é lei que torna absolutamente inúteis aquelas garantias constitucionais.

Os livros obrigatórios de escrituração comercial e fiscal e os comprovantes dos lançamentos neles efetuados serão conservados até que ocorra a prescrição dos créditos tributários decorrentes das operações a que se refiram (CTN, art. 195, parágrafo único). Terminado o prazo de decadência do direito da Fazenda Pública de constituir o crédito tributário, já poderiam ser dispensados os livros e documentos, sem qualquer prejuízo para o Fisco, em princípio, desde que na cobrança dispõe este da certidão de inscrição do crédito como dívida ativa, que lhe garante presunção de liquidez e certeza. Todavia, existem situações nas quais, mesmo dispondo do título executivo extrajudicial, necessita o Fisco de produzir contraprova. Assim, preferiu o Código Tributário Nacional exigir a conservação dos livros e documentos pelo prazo que termina por último, vale dizer, o prazo de prescrição.

Essa regra, porém, somente se aplica se tiver havido lançamento e ainda não estiver extinto o respectivo crédito tributário, que por isto mesmo poderá ser cobrado, ensejando discussão judicial a seu respeito. Se está consumada a decadência, e nenhum crédito tributário subiste a ensejar disputa, certamente o contribuinte não terá o dever de conservar livros e documentos.

O Código de Processo Civil disciplina o procedimento para exibição de livro ou documento, mas o Fisco pode exigir tal exibição administrativamente, isto é, não precisa ir ao Judiciário. Ao desobediente pode impor penalidades, além de fazer o lançamento do tributo por arbitramento. Pode ainda utilizar medidas de força, como adiante será examinado.

A desobediência à determinação da autoridade administrativa pode ainda configurar o crime previsto no art. 330 do CP. Incabível, porém, determinação da autoridade administrativa no sentido de que o contribuinte compareça à repartição para exibir livros ou documentos, ou para ser inquirido, como se a atividade de fiscalização fosse um inquérito policial. A fiscalização há de ser feita no domicílio do contribuinte, e a solicitação de qualquer esclarecimento dever ser a este dirigida por escrito.

A autoridade administrativa que proceder ou presidir a quaisquer diligências de fiscalização lavrará os termos necessários para que se documente o início do procedimento, na forma da legislação aplicável, que fixará prazo máximo para a conclusão daquelas (CTN, art. 196). Sempre que possível o termo deve ser lavrado em um dos livros fiscais exibidos. Mas pode ser lavrado em separado, e na prática é quase sempre assim que acontece. Não sendo lavrado em livro, do termo a autoridade fornecerá cópia à pessoa sujeita à fiscalização.

A fiscalização não pode perdurar indefinidamente. Seus trabalhos causam transtorno ao contribuinte, que a este não está obrigado a submeter-se a não ser o mínimo necessário. A fixação de prazos muito longos, ou a sucessiva prorrogação do prazo inicialmente fixado, pode constituir abuso de poder da autoridade incumbida de realizar a fiscalização. O auto de infração lavrado depois de esgotado o prazo fixado para a conclusão das diligências é nulo.

O ato de prorrogação do prazo para os trabalhos de fiscalização, como os atos administrativos em geral, deve ser fundamentado. A ausência da fundamentação implica nulidade do auto de infração. Prorrogação por ato desprovido de fundamentação é incompatível com o art. 3º do CTN, segundo o qual o tributo há de ser cobrado mediante atividade administrativa plenamente vinculada. Aliás, admitir a prorrogação independentemente de fundamentação equivale a tornar absolutamente inútil a fixação do prazo.

É de grande importância a lavratura do termo de início da fiscalização, não apenas para que seja regular a diligência como para demarcar a data a partir da qual fica, em regra, excluída a denúncia espontânea da infração, nos termos do art. 138, e ainda para comprovar o termo inicial do prazo de decadência, de que trata o parágrafo único do art. 173 do CTN. É que alguns sustentam, com certa razão, que, iniciado o procedimento de fiscalização, a Fazenda tem, nos termos desse dispositivo do Código, o prazo de cinco anos para concluir a constituição do crédito tributário.

A pessoa sujeita à fiscalização deve apor nos termos respectivos o seu "ciente". Assim também nos autos de infração acaso lavrados. Isto não significa que concordou com o procedimento fiscal. Estar ciente da lavratura de um auto de infração não quer dizer concordar com o que esteja afirmado naquele documento. Significa apenas que a pessoa autuada foi notificada, isto é, teve conhecimento da autuação. Isto é importante porque é precisamente da data que a pessoa autuada tem conhecimento da autuação que começa o prazo para oferecimento de defesa ou impugnação. O "ciente" aposto no auto de infração, repita-se, apenas comprova que a pessoa autuada tem conhecimento dele, mas não significa que concorda com o seu conteúdo.

1.2 Dever de informar e sigilo profissional

O dever de prestar informações ao Fisco não é apenas do sujeito passivo de obrigações tributárias, ou, mais precisamente, não é apenas de contribuintes e de responsáveis tributários. Abrange também terceiros. Assim, estabelece o art. 197 do CTN que, mediante intimação escrita, são obrigados a prestar à autoridade administrativa todas as informações de que disponham com relação aos bens, negócios ou atividades de terceiros: I – os tabeliães, escrivães e demais serventuários de ofício; II – os bancos, casas bancárias, caixas econômicas e demais instituições financeiras; III – as empresas de administração de bens; IV – os corretores, leiloeiros e despachantes oficiais; V – os inventariantes; VI – os síndicos, comissários e liquidatários; VII – quaisquer outras entidades ou pessoas que a lei designe, em razão de seu cargo, ofício, função, ministério, atividade ou profissão.

Estas últimas, somente quando designadas em *lei*. Não se tratando de sujeito passivo da obrigação tributária, o dever de informar não pode ser considerado obrigação tributária acessória. Neste caso, portanto, esse dever de informar há de ser previsto em *lei*. Não em normas inferiores integrantes da *legislação* tributária.

O dever de informar encontra limite no denominado *sigilo profissional*. Assim, não abrange a prestação de informações quanto a fatos sobre os quais o informante esteja legalmente obrigado a guardar segredo em razão de cargo, ofício, função, magistério, atividade ou profissão (CTN, art. 197, parágrafo único).

O advogado, por exemplo, tem o direito e também o dever (Lei 8.906, de 4.7.1994, art. 7º, XIX) de não depor sobre fatos dos quais tenha tomado conhecimento no exercício da profissão. Com isto deixou claro o legislador que o advogado não pode abrir mão do direito ao sigilo profissional, pois, além do direito, tem também o dever.

O segredo profissional é garantia de ordem pública. Decorre de disposição expressa de lei, e segundo o Código Tributário Nacional prevalece sobre o dever de prestar informações ao Fisco. E nem podia mesmo ser de outra forma em nosso sistema jurídico, eis que a violação do segredo profissional está inclusive capitulada como crime (CP, art. 154).

É importante, porém, distinguir o fato do qual tem o profissional conhecimento em razão de sua profissão daqueles de que conhece em razão de uma atividade qualquer que desenvolve e que, todavia, não é específica de sua profissão. Um advogado, por exemplo, pode desempenhar a função de síndico, ou de inventariante, e como tal tomar conhecimento de fatos relevantes para o Fisco. A função de síndico, como a de inventariante, não é específica do advogado. O dever do sigilo profissional não vai abrangê-la pelo fato de, no caso, ser desempenhada por um advogado. Prevalece, portanto, a imposição do art. 197, V, do CTN.

A Lei Complementar 105, de 10.1.2001, estabelece que não constitui violação do sigilo a que estão obrigadas as instituições financeiras, entre outras hipótese, a prestação de informações nos termos e condições que estabelece (art. 1º, § 3º). Delega ao Poder Executivo atribuição para disciplinar, inclusive quanto à periodicidade e aos limites de valor, os critérios segundo os quais as instituições financeiras informarão à Administração Tributária da União as operações financeiras efetuadas pelos usuários de seus serviços (art. 5º); as informações obtidas das instituições financeiras serão conservadas sob sigilo fiscal (art. 5º, § 5º).

As autoridades e os agentes fiscais tributários da União, dos Estados, do Distrito Federal e dos Municípios somente poderão examinar documentos, livros e registros de instituições financeiras, inclusive referentes a contas de depósitos e aplicações financeiras, quando houver processo administrativo instaurado ou procedimento administrativo fiscal em curso e tais exames sejam considerados indispensáveis pela autoridade administrativa competente (art. 6º).

1.3 Sigilo fiscal

Ao mesmo tempo em que assegura ao Fisco o direito de penetrar nos domínios dos particulares, tomando conhecimento do que se passa com seus patrimônios, preserva o Código Tributário Nacional o interesse destes de que ao público em geral não chegue tal conhecimento. Assim, proíbe a divulgação, para qualquer fim, por parte da Fazenda Pública ou de seus funcionários, de qualquer informação obtida em razão do ofício, isto é, obtida em função da atividade de administração e fiscalização tributária sobre a situação econômica ou financeira dos sujeitos passivos, ou de terceiros, e sobre a natureza e o estado de seus negócios ou atividades (CTN, art. 198).

A proibição dirige-se à Fazenda Pública, vale dizer, à pessoa jurídica de direito público, e também a seus funcionários. Violada a proibição, responde a Fazenda Pública civilmente. É obrigada a indenizar os danos que porventura a divulgação venha a causar, e pode agir regressivamente contra o funcionário, se houver dolo ou culpa deste (CF, art. 37, § 6º). Já, o funcionário, além de responder civilmente perante a Fazenda Pública, que, como se disse, pode acioná-lo regressivamente, tem ainda a responsabilidade criminal, posto que o Código Penal, no capítulo em que cuida dos crimes praticados por funcionário público contra a Administração em geral, considera crime "revelar fato de que tem ciência em razão do cargo e que deva permanecer em segredo, ou facilitar-lhe a revelação" (CP brasileiro, art. 325). Assim, como o Código Tributário Nacional impõe o sigilo quanto aos fatos dos quais a autoridade e os funcionários da Administração Tributária tenham conhecimento em razão da atividade fiscal, a divulgação desses fatos configura *violação de sigilo funcional*, delito previsto na norma penal referida.

Dependendo das circunstâncias do caso, a divulgação, pelas autoridades ou funcionários do Fisco, de fatos relativos à situação econômica ou financeira dos sujeitos passivos ou de terceiros e à natureza e ao estado de seus negócios pode configurar o crime de *excesso de exação*, previsto no art. 316, § 1º, do CP.

O dever do sigilo funcional, todavia, não impede a Fazenda Pública de prestar as informações requisitadas pelas autoridades judiciárias, no interesse da Justiça. Nem que a União, os Estados, o Distrito Federal e os Municípios prestem uns aos outros informações, na forma estabelecida em lei ou convênio.

Aliás, a prestação de assistência mútua e a permuta de informações entre as Fazendas Públicas constitui dever estabelecido pelo próprio Código Tributário Nacional. Depende, entretanto, de previsão em lei ou convênio (CTN, art. 199).

A Lei Complementar 104, de 10.1.2001, alterou a redação do *caput* do art. 198 do CTN, e substituiu por três o seu parágrafo único, ampliando as exceções ao dever de sigilo fiscal. Na prática, pode-se dizer que já não existe o sigilo fiscal, pelo menos para impedir o que as autoridades da Administração Tributária mais gostam de fazer, que é utilizar a publicidade sensacionalista como forma de constranger o contribuinte.

Estabeleceu, ainda, que a Fazenda Pública da União, na forma estabelecida em tratados, acordos ou convênios, poderá permutar informações com Estados estrangeiros no interesse da arrecadação e da fiscalização de tributos.

1.4 Auxílio da força pública

As autoridades administrativas federais poderão requisitar o auxílio da força pública federal, estadual ou municipal, e reciprocamente, quando vítimas de embaraço ou desacato no exercício de suas funções, ou quando necessário à efetivação de medida prevista na legislação tributária, ainda que não se configure fato definido em lei como crime ou contravenção (CTN, art. 200).

A requisição, quando cabível, é feita diretamente pela autoridade administrativa. Não há necessidade de intervenção judicial. Mas é necessário distinguirmos entre as hipóteses nas quais é cabível a requisição da força pública diretamente pela autoridade administrativa daquelas nas quais se faz necessária uma decisão judicial para autorizá-la. Sem essa distinção o art. 200 do CTN será inconstitucional.

Com efeito, em sua expressão literal, e admitindo-se que se aplica em qualquer hipótese, a norma do art. 200 do CTN coloca-se em aberto conflito com as garantias constitucionais relativas à inviolabilidade do domicílio (CF de 1988, art. 5º, XI), conceito no qual é razoável incluir-se o estabelecimento comercial na parte em que não é acessível ao público, e ao sigilo da correspondência e das comunicações telegráficas e de dados e das comunicações telefônicas (CF de 1988, art. 5º, XII).

Tais garantias constitucionais impõem limitações ao alcance do art. 200 do CTN, que há de ser então interpretado de conformidade com a Constituição. Assim, a autorização de requisição da força pública diretamente pela autoridade administrativa fica restrita às hipóteses na quais o mesmo pode ser validamente aplicado. Entre elas, para garantir a fiscalização do transporte de mercadorias, a apreensão de mercadoria em trânsito desacompanhada da documentação legal necessária, ou em depósito clandestino.

Nos casos em que o uso da força pública possa estar em conflito com as garantias constitucionais do contribuinte deve este ser objeto de prévia autorização judicial, sem o quê as provas eventualmente colhidas não poderão ser utilizadas pela Fazenda Pública. Além disto, a conduta dos agentes fiscais pode eventualmente configurar o crime de excesso de exação.

Em qualquer caso, é pressuposto de legitimidade da requisição o fato de haver sido a autoridade administrativa vítima de embaraço ou desacato no exercício de suas funções, ou também o fato de ser o auxílio da força pública necessário à efetivação de medida prevista na legislação tributária. Não exige o Código Tributário Nacional, para que possa ter lugar o uso da força pública, tenha havido crime ou contravenção. A regra é de ordem prática. Evita perquirições a respeito da configuração de delito.

Embaraço é qualquer forma de resistência à atividade fiscal. Não apenas a que configure o delito de *resistência* previsto no art. 329 do CP.

Desacato é crime previsto no art. 331 do CP. Todavia, são irrelevantes, para os fins do art. 200 do CTN, as controvérsias doutrinárias a respeito da configuração do delito de desacato.

1.5 Excesso de exação

O art. 316, § 1º, do CP estabelece que, "se o funcionário exige tributo ou contribuição social que sabe ou deveria saber indevido, ou, quando devido, emprega na cobrança meio vexatório ou gravoso, que a lei não autoriza", resta caracterizado o crime de excesso de exação, para o qual comina a pena de reclusão de três a oito anos, e multa.

Assim, na atividade de cobrança do tributo, a autoridade administrativa e seus agentes, além de vinculados à legalidade, estão sujeitos a sanções penais. Na prática, essa disposição legal é inoperante. Não obstante a voracidade do Fisco, cada dia maior, a opinião pública parece que ainda considera os agentes do Fisco como pessoas cumpridoras da lei – o que, infelizmente, não corresponde à realidade. As autoridades fazendárias e seus agentes geralmente estão mais preocupados com a arrecadação que com a lei. E, tanto quanto o contribuinte, a interpretam de forma tendenciosa, ou simplesmente a ignoram, desde que isto signifique maior arrecadação.

O contribuinte, a seu turno, geralmente não se dispõe a comunicar ao Ministério Público, ou ao Judiciário, os cometimentos delituosos dos agentes do Fisco. Teme represálias, tenha ou não fatos que pretenda esconder. Além disto, geralmente é difícil provar os fatos que configuram tais ilícitos, e o acusador corre o risco de ser processado por calúnia.

Se o contribuinte não infringiu a lei tributária e está sendo vítima de extorsão por parte do agente fiscal, o melhor é não ceder às pretensões deste e deixar que seja lavrado o auto de infração, certamente improcedente, e defender-se contra este.

1.6 Responsabilidade pessoal do agente público

O caminho mais adequado para o contribuinte proteger-se contra as ilegalidades eventualmente praticadas pelos agentes do Fisco é a responsabilização pessoal destes pelos danos, morais e materiais, que venha a sofrer.

Sabemos todos que existem casos nos quais os agentes do Fisco, com objetivos escusos, ameaçam lavrar auto de infração absolutamente descabido, porque o contribuinte, diante do procedimento fiscal, teria de suportar os ônus da defesa. Em tais casos o contribuinte não se deve submeter às pretensões de agentes públicos inescrupulosos. Deve – isto, sim – responsabilizá-los pessoalmente pelos danos morais e materiais que do procedimento ilegal possam decorrer. Lavrado auto de infração sem fundamento, poderá promover ação contra o agente fiscal, cobrando desde a indenização dos gastos que tenha de suportar com sua defesa, além de outros danos morais e materiais que porventura venha a sofrer em decorrência daquele procedimento fiscal indevido.

Não será necessário alegar cometimento ilícito do agente fiscal. Basta sustentar a ocorrência de culpa, que, no caso, estará configurada pela imperícia no exercício da função de agente fiscal, facilmente demonstrável em face da absoluta falta de fundamento do auto de infração.

O STF já decidiu que mesmo em face da responsabilidade objetiva do ente público, e sem prejuízo desta, é cabível a ação de indenização promovida pela vítima também contra o agente público. E, na medida em que este seja chamado a juízo para defender-se, começará a sentir-se responsável e a abster-se do cometimento de ilegalidades. Além disto, a condenação ao pagamento de indenização, por mais modesta que seja, contra o agente público será muito mais significativa para a moralização da relação tributária do que uma condenação ao pagamento de indenização milionária pela Fazenda Pública.

2. *Dívida Ativa*

Constitui dívida ativa tributária a proveniente de crédito dessa natureza, regularmente inscrita na repartição administrativa competente, depois de esgotado o prazo fixado, para pagamento, pela lei ou por decisão final proferida em processo regular (CTN, art. 201).

O crédito é levado à inscrição como dívida depois de definitivamente constituído. A inscrição não é ato de constituição do crédito tributário. Pressupõe, isto sim, que este se encontre regular e definitivamente constituído e, ainda, que se tenha esgotado o prazo fixado para seu pagamento.

Mesmo depois de inscrito, o crédito tributário continua a render juros de mora. A fluência destes, todavia, não exclui a liquidez do crédito (CTN, art. 201). Do mesmo modo a correção monetária, que não chega a ser um acréscimo, mas simplesmente uma forma de manter o valor efetivo do crédito. Situação diversa, porém, é a da multa. Só a penalidade regularmente aplicada pode ser cobrada, e portanto a aplicação regular da multa é pressuposto para a inscrição do crédito respectivo. Depois da inscrição não se pode acrescentar ao crédito qualquer quantia a título de multa, ainda que simplesmente moratória.

A dívida, para ser inscrita, deve ser autenticada pela autoridade competente. E o termo de inscrição indicará (CTN, art. 202): (a) o nome do devedor e, sendo o caso, os dos corresponsáveis, bem como, sempre que possível, o domicílio ou a residência de um e de outros; (b) a quantia devida e a maneira de calcular os juros de mora acrescidos; (c) a origem e a natureza do crédito, mencionando especificamente a disposição da lei em que seja fundado; (d) a data em que foi inscrita; (e) sendo o caso, o número do processo administrativo de que se originar o crédito.

O termo acima referido deve ser lavrado em livro próprio para tal fim, extraindo a autoridade competente a respectiva certidão, que constitui título executivo extrajudicial (CPC, art. 585, VI). A certidão conterá todos os elementos do termo, indicados nas letras "a" a "e", acima, e ainda a indicação do livro e da folha em que se encontra a inscrição (CTN, art. 202, parágrafo único).

A omissão de qualquer dos requisitos da certidão, ou o erro relativo aos mesmos, causa a nulidade da inscrição e do processo de cobrança dela decorrente, mas a nulidade pode ser sanada, desde que ainda não tenha havido o julgamento de primeira instância, mediante a substituição da certidão nula. Neste caso é devolvido ao executado o prazo para a defesa no que se refere à parte modificada (CTN, art. 203). Mesmo depois do julgamento de primeira instância, dando pela nulidade da certidão, e do processo de cobrança, é possível corrigir os defeitos da certidão. Não sobrevive, porém, o processo de cobrança cuja nulidade tenha sido declarada no julgamento, a não ser pela reforma deste na instância superior. Mas outra ação de cobrança pode ser intentada.

Com efeito, o processo de execução, se instruído com certidão de inscrição nula, deve ser extinto sem julgamento de mérito, nos termos do art. 267, IV, do CPC. E, nos termos do art. 268 do mesmo Código, a extinção do processo não impede que a entidade exequente promova outra vez a ação de cobrança. Mas a petição inicial só deve ser despachada com a prova de que a exequente cumpriu o que lhe tenha sido imposto pela sentença no processo anterior.

A dívida ativa regularmente inscrita goza de presunção de certeza e liquidez. A certidão de inscrição respectiva tem o efeito de prova pré-constituída (CTN, art. 204). Essa presunção, todavia, é relativa, podendo ser elidida por prova inequívoca a cargo do sujeito passivo ou do terceiro a quem aproveite (CTN, art. 204, parágrafo único). A isto equivale dizer que a dívida ativa regularmente inscrita é líquida e certa até prova em contrário. Líquida, quanto a seu montante; certa, quanto à sua legalidade. O executado, se alegar que não deve, ou deve menos, terá o ônus de provar o alegado.

A presunção de liquidez e certeza da dívida ativa regularmente inscrita não resulta – como pode parecer – de haver o art. 204 do CTN adotado a tese segundo a qual os atos administrativos gozam de presunção de validade. Ela decorre da circunstância de ser a inscrição em Dívida Ativa precedida de apuração em regular processo administrativo, no qual é assegurada ampla defesa ao sujeito passivo da obrigação tributária. Por isto mesmo, para superar tal presunção basta a demonstração de que no processo administrativo ocorreu cerceamento desse direito fundamental. A prova inequívoca a que se refere o parágrafo único do art. 204 do CTN não há de ser necessariamente quanto à existência ou ao valor da dívida. Pode ser apenas quanto a falhas no procedimento de sua apuração.

3. Certidões negativas

Segundo o art. 205 do CTN, a lei poderá exigir que a prova da quitação de determinado tributo, quando exigível, seja feita por certidão negativa, expedida à vista de requerimento do interessado que contenha todas as informações necessárias à identificação de sua pessoa, domicílio fiscal e ramo de negócio ou atividade, e indique o período a que se refere o pedido. A exigência de indicação, pelo interessado, dos dados informativos mencionados é de ordem prática. Evita dúvidas quanto ao destinatário e ao conteúdo da certidão. Facilita sua expedição, que há de ser feita nos termos do pedido e no prazo de 10 dias (CTN, art. 205, parágrafo único). Se há dúvida, não será expedida. Não pode a autoridade alterar os termos do pedido, vale dizer, não pode expedir a certidão em termos diferentes daqueles constantes do requerimento respectivo.

Ressalte-se que a certidão negativa só pode ser validamente recusada se houver crédito constituído contra o interessado. O fato de haver descumprido uma obrigação tributária, principal ou acessória, não é motivo suficiente para a recusa, a menos que já tenha sido feito o lançamento correspondente.

Não sendo possível o fornecimento de certidão negativa, em face da existência de débito, pode a autoridade administrativa fornecer certidão positiva, que em certos casos pode ter o mesmo valor da negativa.

Com efeito, vale como certidão negativa aquela certidão da qual conste a existência de crédito (a) não vencido; (b) em curso de cobrança executiva em que tenha sido efetivada a penhora; e (c) cuja exigibilidade esteja suspensa (CTN, art. 206). Tanto uma certidão negativa, isto é, dizendo que eu nada estou devendo ao Fisco, como uma outra dizendo que eu devo, mas o crédito do Fisco contra mim se encontra em uma das três situações mencionadas, produzem o mesmo efeito, porque: (a) se o crédito não está vencido, não se pode dizer que sou inadimplente; (b) se o crédito se encontra em processo de execução, com penhora já efetivada, está com sua extinção garantida, de sorte que o Fisco não tem interesse em denegar a certidão; (c) se está o crédito com sua exigibilidade suspensa, o fundamento da suspensão justifica também o fornecimento da certidão.

Na prática, o caso mais comum de certidão positiva com efeito de negativa é o de crédito tributário com exigibilidade suspensa, quer em face de parcelamento ou de depósito para garantia do juízo, ou ainda do deferimento de medida liminar.

Seja como for, sendo caso de certidão positiva com efeito de negativa, a recusa em admitir essa equivalência de efeitos justifica a impetração de mandado de segurança.

3.1 Certidão negativa e perecimento de direito

Não é exigível certidão negativa para a prática de ato que tenha por fim evitar a caducidade de direito. Se bem aplicada a lei, portanto, ninguém será prejudicado à falta de certidão de quitação de tributo. Se a prática do ato é urgente, esta será permitida mesmo sem a certidão, e a consequência da prática do ato, sem a certidão, é a responsabilização de todos os que dele participam pelos tributos porventura devidos. Os que participam do ato assumem, voluntariamente, a responsabilidade tributária pelo contribuinte que deveria apresentar a certidão, e não o fez.

A norma do art. 207 do CTN é incisiva, a dizer que, *independentemente de disposição legal permissiva, será dispensada a prova de quitação de tributos, ou o seu suprimento, quando se tratar de prática de ato indispensável para evitar a caducidade de direito*. E não haverá prejuízo algum para o Fisco, porque todos os participantes do ato assumem a responsabilidade pelos tributos acaso devidos pelo beneficiário da dispensa.

É certo, porém, que a expressão "todos os participantes no ato", albergada pelo art. 207 do CTN, deve ser entendida em termos. Nela não se incluem, por exemplo, numa venda de imóvel, os oficiais de registros públicos, nem os eventuais procuradores das partes. "Todos os participantes no ato", para os fins do art. 207 do Código, são todos os que nesse ato tenham interesse e que com sua prática tenham aumentada sua capacidade contributiva, obtenham algum acréscimo patrimonial. Ressalte-se, outrossim, que essa responsabilidade é subsidiária, supletiva da responsabilidade do contribuinte, que não desaparece.

A propósito da exigência de certidões negativas, deve ser lembrado que esta não pode constituir forma oblíqua de cobrança, sendo cabível exclusivamente nos casos previstos pelo próprio Código Tributário Nacional. A exigência, fora de tais casos, configura sanção política cuja prática tem sido repelida pela jurisprudência.

Com efeito, o Código Tributário Nacional dispõe sobre a exigência da quitação de tributos em três hipóteses, a saber: (a) no art. 191, como condição para o deferimento de concordata ou para a declaração de extinção das obrigações do falido; (b) no art. 192, como condição da sentença de julgamento de partilha ou de adjudicação, e (c) no art. 193, como condição para a celebração de contrato com entidade pública ou participação em licitação.

A interpretação sistêmica dessas normas impõe que as situemos no âmbito do Código, cujo Título III de seu Livro Segundo cuida do crédito tributário, com o Capítulo VI dedicado, especificamente, às garantias e privilégios do crédito tributário.

Daí se conclui serem as normas dos arts. 191, 192 e 193, acima referidas, pertinentes a crédito tributário, matéria que, por força do disposto no art. 146, III, "b", da vigente CF, se situa no campo privativo das leis complementares. Em outras palavras, isto quer dizer que somente através de lei complementar é possível a alteração desses dispositivos do Código, especialmente quando se tratar de ampliação, ou da instituição de outras hipóteses de exigência de quitação de tributos.

Assim, é de grande importância a interpretação daqueles dispositivos, de sorte a que se tenha clara a delimitação das hipóteses nas quais é válida a exigência da quitação de tributos.

A exigência determinada pelo art. 191 diz respeito apenas aos tributos relativos à atividade mercantil do requerente da concordata, ou da declaração de extinção das obrigações do falido. Não abrange, portanto, possíveis débitos tributários de sócios, administradores, ou de pessoas jurídicas outras, ainda que de algum modo ligadas à pessoa de cuja concordata ou de cuja falência se esteja a cogitar.

A exigência do art. 192 diz respeito exclusivamente aos tributos relativos aos bens do espólio ou suas rendas. Não abrange débitos tributários dos herdeiros ou adjudicantes, ou qualquer outro.

A exigência do art. 193 diz respeito apenas aos tributos relativos à atividade em cujo exercício o contribuinte está contratando ou licitando. E somente aqueles tributos devidos à pessoa jurídica contratante, ou que está a promover a concorrência. Não abrange, pois, tributos devidos a outras pessoas jurídicas de direito público.

A referência ao contrato e à concorrência justifica-se pelo fato de alguns contratos serem possíveis sem concorrência. Se realizada a concorrência, na oportunidade desta é feita a exigência de quitação, que não precisa ser repetida na ocasião do contrato.

Excepcional que é, a norma que estabelece a exigência de quitação não pode ser interpretada ampliativamente, nem ampliada pela lei ordinária. Assim, conforme já afirmamos ao tratar das garantias e privilégios do crédito tributário, a exigência de certidões negativas só é cabível nos casos indicados pelo Código Tributário Nacional, a saber: (a) do que pretende concordata, preventiva ou suspensiva, da falência; (b) dos interessados em partilha ou adjudicação de bens de espólio; e (c) dos que licitam ou contratam com entidades públicas.

As duas primeiras situações não dizem respeito ao exercício normal de atividades econômicas, por isto mesmo a exigência da quitação não afronta a garantia do livre exercício de tais atividades, assegurada pelo art. 170, parágrafo único, da CF. A última pode, em certos casos, afetar essa garantia, e por isto é de constitucionalidade duvidosa. De todo modo, é razoável admitir-se que o órgão público se recuse a contratar com quem lhe deve.

Lei ordinária, seja federal, estadual ou municipal, que amplie o alcance da exigência de quitação, contidas nos artigos 191, 192 e 193 do CTN, ou institua outras hipóteses para formulação dessa exigência padece de inconstitucionalidade, tanto formal quanto substancial.

Inconstitucionalidade formal haverá porque, como dito acima, cuida-se de matéria que só por lei complementar pode ser regulada. Inconstitucionalidade substancial também haverá porque tal lei abrirá conflito com normas da Constituição, em pelo menos dois importantes aspectos. Primeiro porque afronta o art. 170, parágrafo único, da CF. Segundo porque institui forma oblíqua de cobrança de tributos, permitindo que esta aconteça sem observância do devido processo legal.

Tem sido frequente, então, o deferimento de mandado de segurança para garantir a prática do ato sem a questionada certidão de quitação.

É cabível, outrossim, contra a entidade pública em cujo âmbito se tenha verificado a exigência ilegal ou inconstitucional, ação para haver perdas e danos, morais e materiais, inclusive lucros cessantes, nos termos do art. 37, § 6º, da vigente CF. Os danos materiais e o lucro cessante devem ser demonstrados e quantificado devidamente. O dano moral cuja indenização será devida às pessoas naturais prejudicadas, pode decorrer simplesmente da afirmação inverídica da existência de dívida, em determinadas circunstâncias.

Se mesmo havendo débito é expedida certidão negativa, há erro contra a Fazenda Pública. Se o funcionário que expediu a certidão sabia da existência do débito e agiu dolosamente, torna-se ele pessoalmente responsável pelo crédito tributário e juros de mora acrescidos. Terá também o funcionário de responder, conforme o caso, do ponto de vista funcional e do ponto de vista criminal. O fato de ser o funcionário responsabilizado na órbita tributária, vale dizer, o fato de ser ele obrigado a pagar o crédito tributário respectivo, não exclui a sua responsabilidade funcional, nem sua responsabilidade criminal. Não impede que venha a ser punido administrativa e criminalmente (CTN, art. 208 e seu parágrafo único).

3.2 Certidão negativa e tributo não vencido

O pagamento do tributo em regra não acontece no momento em que o crédito respectivo é constituído, mas no tempo fixado pela legislação específica. Se esta não fixa o tempo, o vencimento do crédito ocorre 30 dias depois da data em que se considera o sujeito passivo notificado do lançamento (CTN, art. 160).

Se não há lançamento, não há crédito e por isto é induvidoso o direito do contribuinte à certidão negativa. Se há lançamento, mas o crédito não está vencido, também. A recusa de certidão negativa somente se justifica quando existe crédito vencido.

Tendo havido o parcelamento da dívida, e estando o contribuinte em dia com as prestações correspondentes, também não se justifica a recusa. Com o parcelamento, dá-se a prorrogação do prazo para pagamento, e por isto não se pode dizer que existe crédito tributário vencido. O ter sido prestada, ou não, garantia de qualquer natureza, para a obtenção do parcelamento, é irrelevante. A rigor, a certidão negativa de débito significa apenas que o contribuinte não se encontra em mora, em estado de inadimplência para com o Fisco.

O ato de recusa da certidão negativa sem que exista débito vencido pode ser entendido como o uso de meio ilegal para compelir o contribuinte ao pagamento do tributo, e assim pode configurar o crime de excesso de exação, definido no art. 316, § 1º, do CP, com redação que lhe deu a Lei 8.137, de 27.1.1990.

Por outro lado, a afirmação da existência de débito, sendo inverídica, pode causar danos ao contribuinte, moral e material, indenizáveis pela Administração, que poderá agir regressivamente contra o servidor responsável pela ilegalidade, se este atuou com culpa ou dolo. Neste caso pode também o contribuinte promover a ação de indenização diretamente contra o agente público responsável pela ilegalidade.

3.3 Certidão negativa e consignação em pagamento

A propositura da ação de consignação em pagamento não assegura desde logo o direito à certidão negativa. Se existe lançamento, e o contribuinte oferece valor menor, por entender que o lançamento está incorreto, somente com o trânsito em julgado da sentença que julgar a ação procedente estará extinto o crédito, e, em consequência, terá o contribuinte direito à certidão negativa. A simples propositura da ação, ainda que ofertado o valor efetivamente devido, como o conhecimento deste só a final acontece, não faz nascer o direito à certidão.

É claro que, uma vez ofertado o valor que o Fisco pretende receber, o valor integral do crédito lançado pela autoridade administrativa, o contribuinte tem direito à certidão, mas tal situação só em teoria se admite, pois na prática dificilmente ocorrerá.

3.4 Exigência de quitação de tributos e liberdade econômica

A exigência de quitação de tributos está autorizada apenas nos casos dos artigos 191, 192 e 193 do CTN. A lei que amplia os casos dessa exigência, estabelecendo formas de cerceamento da liberdade de exercício da atividade econômica, é inconstitucional. Primeiro porque afronta o art. 170, parágrafo único, da CF. Segundo porque institui forma oblíqua de cobrança de tributos, permitindo que esta aconteça sem a observância do devido processo legal.

A Constituição Federal garante taxativamente a liberdade de exercício da atividade econômica, independentemente de autorização de órgãos públicos (art. 170, parágrafo único). Garante, outrossim, que ninguém será privado da liberdade, ou de seus bens, sem o devido processo legal (art. 5º, LIV), e que aos litigantes, em processo judicial ou administrativo, são assegurados o contraditório e a ampla defesa, com os meios e recursos a ela inerentes (art. 5º, LV).

A exigência de quitação de tributos é inconstitucional, portanto, na medida em que implica cerceamento da liberdade de exercício da atividade econômica, ou propicia ao Fisco a cobrança do tributo sem o devido processo legal, vale dizer, sem a apuração em regular processo administrativo, e sem o uso da via própria, que é a execução fiscal.

Assim, por exemplo, a lei que exige a prova de quitação de tributo como condição para o arquivamento de atos societários na repartição competente do Registro do Comércio é de flagrante inconstitucionalidade. Permite que o exercício da atividade econômica somente seja autorizado aos que estão em dia no pagamento dos tributos, violando assim a norma que assegura a liberdade de exercício de atividade econômica independentemente de autorização de órgãos públicos. Além disto, institui uma forma de constrangimento para compelir o contribuinte ao pagamento do tributo, sem direito de questionar a legalidade da exigência deste. A autoridade competente para fornecer a certidão de quitação, nestes casos, não é competente para decidir se a quantia cujo não pagamento eventualmente está sendo obstáculo ao fornecimento da certidão é realmente devida. Também a autoridade perante a qual é praticado o ato, a autoridade do Registro do Comércio, não tem competência para resolver se a recusa no fornecimento da certidão é ou não legal. O obstáculo é criado e muita vez o contribuinte termina pagando quantias indevidas, porque este é o caminho mais prático para alcançar o resultado pretendido.

Por tais razões, os juízes geralmente concedem, sem dificuldade, mandados de segurança para garantir a prática de atos sem atendimento da exigência de certidão de quitação.

3.5 Certidões negativas e precatório

Temos sustentado que o Direito é um sistema de limites do Poder; e, sendo assim, existe uma luta permanente dos titulares de poder no sentido de amesquinhar o ordenamento jurídico. Pessoas inteligentes, tanto que lograram alcançar postos importantes na estrutura do Poder estatal, geralmente se utilizam de fórmulas elaboradas, capazes de esconder seu verdadeiro objetivo, que é o afrouxamento dos limites a seus poderes – ou, em outras palavras, o amesquinhamento do Direito.

Exemplo eloquente de fórmula utilizada para burlar direitos do cidadão é a que foi estabelecida com o art. 19 da Lei 11.033, de 21.12.2004, segundo o qual o recebimento de precatórios dependeria de apresentação de certidões negativas de tributos federais, estaduais e municipais bem como de certidão de regularidade para com a Seguridade Social, o Fundo de Garantia do Tempo de Serviço/FGTS e a Dívida Ativa da União e da audiência da Fazenda Nacional. O mencionado dispositivo legal era flagrantemente inconstitucional, como demonstramos em edição anterior deste *Curso*, e sua inconstitucionalidade terminou sendo declarada pelo STF.

Não é razoável que, para compelir os que eventualmente lhe devem ao pagamento correspondente, imponha a todos os seus credores a obrigação de provar que nada devem. Entretanto, é certo que a Fazenda Pública tem o direito de compensar, ao fazer o pagamento de uma dívida, o crédito que tenha contra aquele a quem vai fazer o pagamento.

3.6 Precatórios e compensação

Com a Emenda Constitucional 62, de 9.12.2009, que acrescentou diversos parágrafos ao art. 100 da CF, foi estabelecida a oportunidade para, no pagamento dos precatórios, ser feita a compensação de débitos para com a Fazenda Pública. Para tanto, na mesma está dito que, no momento da expedição dos precatórios, independentemente de regulamentação, deles deverá ser abatido, a título de compensação, o valor correspondente aos débitos líquidos e certos, inscritos ou não como Dívida Ativa e constituídos contra o credor original pela Fazenda Pública devedora, incluídas as parcelas vincendas de parcelamentos, ressalvados aqueles cuja execução esteja suspensa em virtude de contestação administrativa ou judicial (§ 9º). E está dito também que antes da expedição dos precatórios o tribunal solicitará à Fazenda Pública devedora, para resposta em até 30 dias, sob pena de perda do direito de abatimento, informação sobre os débitos que preencham as mencionadas condições, para serem abatidos.

Além de ser injusta a compensação de parcelas vincendas de parcelamentos, com certeza a aplicação desses dispositivos constitucionais vai gerar graves problemas no âmbito dos precatórios judiciais. Um desses problemas surge desde logo na questão de saber a quem cabe solicitar à Fazenda Pública devedora informação sobre os débitos a serem abatidos do valor do precatório. Considerando-se a regra do § 9º do art. 100 da CF, é possível entender que esse dever é do juiz da execução, pois é ele o responsável pela expedição do precatório. Entretanto, no § 10 está dito que o tribunal solicitará, dando a entender que o dever de solicitar aquela informação à Fazenda é do tribunal, e não do juiz da execução. Mais adequado nos parece o entendimento segundo o qual a solicitação da informação à Fazenda Pública deve ser feita pelo tribunal. Basta, então, interpretarmos "expedição dos precatórios" – expressão que está nos dois parágrafos em referência – com o sentido de *expedição da ordem de pagamento dos precatórios*, que é da competência dos tribunais. Expedição da *ordem* à qual se refere o art. 731 do CPC, que é ato do tribunal. O precatório é o ofício com o qual o juiz requisita o pagamento por intermédio do tribunal competente, nos termos do art. 730, I, do CPC. Já, o tribunal, observando a ordem cronológica de recebimento desses precatórios, expede a ordem de pagamento correspondente a cada um deles. A nosso ver, é este o momento no qual deve ser feita a compensação a que se refere o § 9º e formulada, para esse fim, a solicitação à Fazenda Pública devedora, de que trata o § 10 do art. 100 da CF. A redação inadequada desses dispositivos constitucionais, todavia, certamente vai ensejar problemas no processamento dos precatórios.

É previsível que na prática dessa compensação surja também o problema consistente na pretensão das Fazendas Públicas à compensação de créditos tributários com exigibilidade suspensa em virtude de contestação administrativa ou judicial.

Seja como for, é mais razoável admitir a compensação estabelecida pela Emenda Constitucional 62/2009 do que a exigência de certidões de quitação, que era estabelecida pelo art. 19 da Lei 11.033, de 21.12.2004, cuja inconstitucionalidade foi declarada pelo STF.

Terceira parte
SISTEMA TRIBUTÁRIO NACIONAL

I – Competência Tributária. II – Impostos. III – Impostos Federais. IV – Impostos Estaduais. V – Impostos Municipais. VI – Contribuições Sociais. VII – Taxas. VIII – Contribuição de Melhoria.

Capítulo I
COMPETÊNCIA TRIBUTÁRIA

1. Sistema tributário

Não obstante significasse, originariamente, reunião ou conjunto, a palavra "sistema" modernamente significa o *conjunto organizado de partes relacionadas entre si e interdependentes*. No Brasil só se pode afirmar a existência, no plano constitucional, de um sistema tributário, tomada a palavra "sistema" em sentido moderno, a partir da Emenda Constitucional 18/1965.

Na vigência da Constituição anterior, o sistema tributário brasileiro colocava os Estados-membros e os Municípios em plano de considerável inferioridade, sendo mesmo razoável afirmar-se que a Emenda 18 aboliu, por via indireta, a própria Federação.

Com a Constituição Federal de 1988 a situação dos Estados e Municípios restou um pouco melhorada, sobretudo no que diz respeito à distribuição do produto da arrecadação de impostos federais. Mesmo assim, o Governo Federal obteve do Congresso Nacional a aprovação de lei que reduziu a alíquota do imposto de renda das pessoas jurídicas e criou uma "contribuição social", inicialmente com alíquota de oito por cento, depois elevada para dez por cento, o que prejudicou sensivelmente as diversas unidades federativas, posto que restou reduzida a arrecadação do imposto de renda, da qual participam, enquanto a União Federal arrecada exclusivamente para si a malsinada "contribuição".

Os sistemas tributários podem ser: (a) rígidos e flexíveis; e (b) racionais e históricos.

Rígidos são os sistemas nos quais o legislador ordinário de quase nenhuma opção dispõe, visto como a Constituição estabelece o disciplinamento completo, traçando todas as normas essenciais do sistema.

Flexíveis são aqueles sistemas nos quais o legislador ordinário goza de faculdades amplas, podendo inclusive alterar a própria discriminação de rendas.

Racionais são os sistemas elaborados à luz dos princípios ditados pela ciência das finanças e tendo em vista determinados objetivos políticos.

Históricos são aqueles resultantes da instituição de tributos sem prévio planejamento. Os tributos são instituídos de forma casuística, sem qualquer preocupação com o *todo*. A rigor, não devem ser considerados *sistemas*, posto que a este conceito não correspondem.

2. *Atribuição de competência tributária*

A atribuição constitucional de competência tributária compreende a competência legislativa plena, ressalvadas as limitações contidas na Constituição Federal, nas Constituições dos Estados e nas Leis Orgânicas do Distrito Federal e dos Municípios, e observado o que estabelece o Código Tributário Nacional (CTN, art. 6º). Isto significa dizer que, se a Constituição Federal atribui aos Estados competência para instituir um imposto, como fez, por exemplo, com o ICMS, está também dando a estes plena competência para legislar a respeito. Mas devem ser respeitadas as limitações estabelecidas na Constituição Federal e nas Constituições dos Estados. Tratando-se do Distrito Federal ou de Municípios, devem ser também observadas as limitações contidas nas respectivas Leis Orgânicas.

Os Estados, o Distrito Federal e os Municípios estão ainda obrigados à observância das *normas gerais de direito tributário* que são estabelecidas em leis complementares, conforme determina o art. 146 da CF. Aliás, o próprio legislador federal está adstrito às estipulações das leis complementares, não as podendo revogar, a não ser mediante lei complementar.

O Código Tributário Nacional, embora tenha sido votado como lei ordinária, porquanto à época não havia distinção formal entre lei complementar e lei ordinária, só pode ser alterado mediante lei complementar. Pelo menos assim é na parte em que regula matéria prevista na vigente Constituição como privativa de lei complementar (CF, art. 146).

A distribuição da receita não afeta a competência. Os tributos cuja receita seja distribuída, no todo ou em parte, a outras pessoas jurídicas de direito público não deixam, por isto, de pertencer à competência legislativa daquela a que tenham sido atribuídos (CTN, art. 6º, parágrafo único). O imposto sobre operações relativas à circulação de mercadorias e prestação de serviços de transporte interestadual e intermunicipal e de comunicação/ICMS, por exemplo, é da competência dos Estados (CF de 1988, art. 155, II, redação da Emenda Constitucional 3/1993), sendo destes, portanto, a competência para legislar a respeito, embora 25% do produto da arrecadação desse tributo sejam destinados aos Municípios (CF de 1988, art. 158, IV).

É indelegável a competência tributária. A pessoa jurídica à qual tenha a Constituição atribuído competência para instituir certo tributo não pode transferir essa competência. Admitir a delegação de competência para instituir tributo é admitir seja a Constituição alterada por norma infraconstitucional. Tal delegação somente seria possível se norma da própria Constituição o autorizasse. É razoável, todavia, admitir-se a delegação, a outra pessoa jurídica de direito público, das funções de arrecadar ou fiscalizar tributos, ou de executar leis, serviços, atos ou decisões administrativas em matéria tributária (CTN, art. 7º). Pelo menos até que em sentido contrário venha dispor a lei complementar, assim se pode entender, em face da recepção do Código Tributário Nacional pela vigente Constituição.

Pode-se afirmar que na parte colidente com o art. 21, § 5º, da CF anterior, segundo o qual a União podia transferir o exercício supletivo de sua competência tributária aos Estados, ao Distrito Federal e aos Municípios, a regra da indelegabilidade da competência tributária, contida no art. 7º do CTN, teria sido revogada. Preferimos dizer que ela, nesta parte, perdeu sua validade. Sendo assim, a ausência, na vigente Constituição, de norma conflitante com o art. 7º do CTN restabelece a validade deste.

O art. 18, § 3º, da CF de 1946, ao qual faz referência o art. 7º do CTN, estipulava que, "mediante acordo com a União, os Estados poderão encarregar funcionários federais da execução de leis e serviços estaduais ou de atos e decisões das suas autoridades; e, reciprocamente, a União poderá, em matéria da sua competência, cometer a funcionários estaduais encargos análogos, provendo as necessárias despesas".

A disposição constitucional de então, como se vê, dava apoio à ressalva contida no art. 7º do CTN, admitindo a delegação de funções de administração tributária. Era, aliás, bastante ampla, não se restringindo ao campo da atividade de administração tributária.

A atribuição das funções de arrecadar ou fiscalizar tributos, ou de executar leis, serviços, atos ou decisões administrativas em matéria tributária, não constitui delegação de competência. Tal atribuição compreende as garantias e os privilégios processuais da entidade que a efetua, a qual pode, a qualquer tempo, revogar tal atribuição (CTN, art. 7º, §§ 1º e 2º).

Não constitui delegação de competência tributária o cometimento a pessoas de direito privado do encargo ou da função de arrecadar tributos (CTN, art. 7º, § 3º). Simples função de caixa, que hoje é atribuída aos estabelecimentos bancários.

Em resumo, tem-se que (a) a competência tributária é indelegável; (b) as funções de arrecadar ou fiscalizar tributos, ou de executar leis, serviços, atos ou decisões administrativas em matéria tributária, podem ser atribuídas a pessoas jurídicas de direito público; (c) a simples função de arrecadar, função de simples caixa, pode ser atribuída a pessoas de direito privado.

3. Limitações da competência tributária

Cada uma das pessoas jurídicas de direito público, vale dizer, a União, os Estados, o Distrito Federal e os Municípios, tem sua competência tributária, que é, como já foi dito, uma parcela do poder tributário. O exercício dessa competência, porém, não é absoluto. O Direito impõe limitações à competência tributária, ora no interesse do cidadão, ou da comunidade, ora no interesse do relacionamento entre as próprias pessoas jurídicas titulares de competência tributária.

Alguns preferem dizer, em vez de "limitações da competência", "limitações ao *poder de tributar*" – e talvez seja esta última a expressão mais adequada, visto como as limitações são, na verdade, impostas *ao poder* de tributar, e dessas limitações, vale dizer, do disciplinamento jurídico do *poder*, resulta a *competência*. Mas essa questão terminológica não tem grande importância, pelo menos em estudo ao nível deste *Curso*. Por isto vamos utilizar, aqui, indistintamente, *limitações da competência*, como está no Código Tributário Nacional, e *limitações ao poder*, como está na Constituição Federal.

Em sentido amplo, é possível entender-se como limitação ao poder de tributar toda e qualquer restrição imposta pelo sistema jurídico às entidades dotadas desse poder. Aliás, toda atribuição de competência implica necessariamente limitação. A descrição da competência atribuída, seu desenho, estabelece os seus limites. Em sentido restrito, entende-se como *limitações do poder de tributar* o conjunto de regras estabelecidas pela CF, em seus arts. 150 a 152, nas quais residem princípios fundamentais do direito constitucional tributário, a saber: (a) legalidade (art. 150, I); (b) isonomia (art. 150, II); (c) irretroatividade (art. 150, III, "a"); (d) anterioridade (art. 150, III, "b"); (e) proibição de confisco (art. 150, IV); (f) liberdade de tráfego (art. 150, V); (g) imunidades (art. 150, VI); (h) outras limitações (arts. 151 e 152).

3.1 O âmbito constitucional

É importante observarmos que nossa Constituição Federal delimita, com razoável precisão, a matéria fática de que se pode valer o legislador na instituição dos tributos. Em relação aos impostos ela o faz ao partilhar as competências entre a União, os Estados e Distrito Federal e os Municípios. Ao atribuir a cada uma dessas entidades a respectiva competência para instituir impostos, a Constituição Federal delimita a matéria de que se pode valer o legislador de cada uma dessas pessoas jurídicas de direito público para instituí-los, vale dizer, para definir a hipótese de incidência de cada um desses impostos.

No que diz respeito aos tributos vinculados a um agir estatal – vale dizer, taxas e contribuição de melhoria –, que podem ser instituídos por qualquer das pessoas jurídicas de direito público, a Constituição Federal também delimita a matéria fática de que se pode valer o legislador para a respectiva instituição, e o faz referindo-se à atividade estatal correspondente. Assim, estabelece que tais entidades poderão instituir "taxas, em razão do exercício do poder de polícia ou pela utilização, efetiva ou potencial, de serviços públicos específicos e divisíveis, prestados ao contribuinte ou postos à sua disposição" (art. 145, II). E, ainda, "contribuição de melhoria, decorrente de obras públicas" (art. 145, III).

Assim, em decorrência da supremacia constitucional, tem-se como primeira das limitações constitucionais da competência tributária o que temos denominado *o âmbito constitucional do tributo*, que é precisamente a matéria fática colocada pela Constituição Federal à disposição do legislador de cada uma das entidades tributantes.

3.2 Legalidade

Os princípios jurídicos da tributação funcionam como limitações ao poder de tributar. Como é sabido, o Direito é um sistema de limites. Toda norma jurídica constitui alguma forma de limitação da liberdade humana.

Limita sempre, de alguma forma, a conduta de alguém. O poder de tributar, como expressão da soberania estatal, é limitado precisamente pelos denominados princípios jurídicos da tributação, que ditam a forma e as condições para o exercício daquele aspecto da soberania estatal.

No Brasil tais princípios residem na Constituição Federal, e o *princípio da legalidade* (art. 150, I), certamente o mais importante deles, impede que a União, os Estados, o Distrito Federal e os Municípios exijam tributos que não tenham sido estabelecidos por lei.

Só mediante *lei* são possíveis a criação e a majoração de tributo. Não mediante decreto, ou portaria, ou instrução normativa, ou qualquer ato normativo que não seja *lei*, em sentido próprio, restrito (conceito examinado no Capítulo I da Segunda Parte deste *Curso*). Essa regra, porém, admite exceções no que se refere à majoração de certos tributos, que pode ocorrer, dentro de limites fixados em lei, por ato do Poder Executivo. Tais exceções, é importante esclarecer, são somente as previstas na própria Constituição Federal.

Com efeito, o § 1º do art. 153 da CF de 1988 faculta ao Poder Executivo, atendidas as condições e os limites estabelecidos em lei, alterar as alíquotas dos impostos sobre: (a) importação de produtos estrangeiros; (b) exportação, para o exterior, de produtos nacionais ou nacionalizados; (c) produtos industrializados; (d) operações de crédito, câmbio e seguro, ou relativas a títulos ou valores mobiliários.

Na vigência da Constituição anterior, também as bases de cálculo podiam ser alteradas por ato do Poder Executivo. Agora somente as alíquotas. Mudanças nas bases de cálculo de qualquer desses impostos, como dos demais tributos, somente por *lei*.

3.3 Isonomia

A isonomia, ou igualdade de todos na lei e perante a lei, é um princípio universal de *justiça*. Na verdade, um estudo profundo do assunto nos levará certamente à conclusão de que o isonômico é o *justo*.

O princípio da isonomia, entretanto, tem sido muito mal entendido, prestando-se para fundamentar as mais absurdas pretensões. Dizer-se que todos são iguais *perante a lei*, na verdade, nada mais significa do que afirmar que as normas jurídicas devem ter o caráter hipotético. Assim, qualquer que seja a pessoa posicionada nos termos da previsão legal, a consequência deve ser sempre a mesma. Em outras palavras, ocorrida, vale dizer, concretizada, a previsão normativa, a consequência deve ser a mesma, seja quem for a pessoa com esta envolvida. Se a norma estabelece que *quem for proprietário de imóvel deve pagar imposto*, o imposto é devido, seja quem for o proprietário do imóvel.

Por isto mesmo muitos têm sustentado a insuficiência do princípio da isonomia entendido como princípio de igualdade *perante a lei*. A igualdade de todos teria de ser também *na lei*. O princípio seria, portanto, dirigido também ao próprio legislador. Não poderia *a lei* tratar desigualmente as pessoas, posto que todos são iguais.

É evidente, porém, que as pessoas não são *iguais*. Pelo contrário, as pessoas e as situações de fato nas quais se inserem são desiguais, e a lei existe exatamente para regular essas desigualdades, reconhecendo-as e tornando-as *jurídicas*. Assim, por exemplo, atribui, àquelas pessoas que reúnam certas condições, certas prerrogativas. Por isto, cabe ao advogado, privativamente, o exercício da advocacia, ao médico o exercício da medicina, e assim por diante. Se a igualdade de todos fosse absoluta, todos poderiam exercer, indistintamente, essas profissões.

O que a lei não pode fazer é tratar desigualmente pessoas que estejam nas mesmas condições factuais. A dificuldade que sempre existirá reside em saber quais são as desigualdades factuais que a lei pode admitir como critério para a desigualização jurídica. A Constituição diz que todos são iguais perante a lei, *sem distinção de qualquer natureza* (art. 5º), o que não é verdadeiro, pois muitas distinções são juridicamente consagradas, como acima foi dito. Nem poderia ser de outro modo. Na organização da sociedade, o Direito necessariamente admite desigualdades.

A algumas desigualdades factuais não pode o legislador emprestar relevância jurídica, em face de expressa proibição constitucional, como é o caso, por exemplo, do sexo (art. 5º, I). Outras desigualdade factuais, porém, funcionam como critério de desigualização jurídica por imposição constitucional, como é o caso, por exemplo, da riqueza.

Em matéria tributária, mais do que em qualquer outra, tem relevo a ideia de igualdade no sentido de proporcionalidade. Seria verdadeiramente absurdo pretender-se que todos pagassem o mesmo tributo. Assim, no campo da tributação o princípio da isonomia às vezes parece confundir-se com o princípio da capacidade contributiva.

Constitui, assim, um problema dos mais sérios, sobre o qual se têm debruçado financistas e juristas os mais destacados, a questão da denominada tributação *extrafiscal* em face do princípio da capacidade contributiva. Se a igualdade a ser considerada, para fins tributários, é apenas a igualdade de capacidade para pagar o tributo, não há como deixar de considerar violadora do princípio da isonomia a norma que concede uma isenção, ou outro incentivo fiscal, sem levar em conta a capacidade contributiva.

A rigor, porém, o princípio da isonomia jurídica, nos termos em que o colocamos, é algo diverso daquilo que se pode entender como capacidade contributiva. Estabelecida a diferença, não nos parece que a norma instituidora de incentivos fiscais viole o princípio da isonomia jurídica, embora nos pareça que viola, às vezes flagrantemente, o princípio da capacidade contributiva.

A lei que concede isenção do imposto de renda para empresas hoteleiras, por exemplo, tendo em vista incentivar o turismo, viola flagrantemente o princípio da capacidade contributiva, embora não se possa afirmar que viola o princípio da isonomia jurídica.

A Constituição Federal de 1988 admite, claramente, a distinção por nós apontada. Assim é que consagra o princípio da isonomia jurídica em termos amplos, estabelecendo que *todos são iguais perante a lei, sem distinção de qualquer natureza* (art. 5º), e estabelece, no campo da tributação, norma vedando à União, aos Estados, ao Distrito Federal e aos Municípios *instituir tratamento desigual entre contribuintes que se encontrem em situação equivalente*. Todavia, ao tratar da capacidade contributiva adota fórmula diversa, determinando a observância do princípio da capacidade contributiva *sempre que possível* (art. 145, § 1º).

Todos sabem que a regra do art. 150, II, teve um objetivo específico: fazer com que os militares, magistrados e parlamentares paguem o imposto de renda sobre a totalidade da respectiva remuneração. Teve inspiração puramente demagógica, posto que na verdade a distinção que favorece tais categorias profissionais é inegavelmente menos lesiva ao princípio da capacidade contributiva do que os incentivos fiscais, concedidos quase sempre em favor de pessoas consideravelmente ricas. Grandes empresas industriais sediadas no Nordeste, empresas proprietárias de luxuosos hotéis, empresas de pesca, são isentas do imposto de renda. Tais isenções são concedidas a pretexto de estimular o desenvolvimento regional, ou setorial. Não passam, porém, de simples privilégios. Qualquer atividade econômica razoavelmente rentável atrai pessoas para o seu exercício, sendo, portanto, desnecessária a isenção do imposto de renda. Por outro lado, se a atividade não é rentável, de nada valerá a isenção, posto que, não existindo lucro, não haverá imposto de renda a ser pago, sendo, assim, inútil a isenção desse imposto.

Em relação aos militares, magistrados e parlamentares, a verdadeira questão na verdade não consiste em pagar ou não pagar imposto de renda.

A verdadeira questão consiste em saber se recebem, ou não, a remuneração compatível com suas atribuições, com as responsabilidades inerentes ao desempenho de suas funções.

É geralmente muito superficial o conhecimento que as pessoas têm das atribuições das três aludidas categorias de servidores públicos. Destaquemos, aqui, a categoria dos magistrados, para uma ligeira referência. Todos ou quase todos os que se manifestaram de público, especialmente pela televisão, a respeito das virtudes da nova Constituição apontaram entre elas os novos instrumentos de defesa dos direitos individuais e sociais, como o *habeas data*, o mandado de segurança coletivo e o mandado de injunção. Não queremos questionar, aqui, a valia desses instrumentos jurídicos, mas podemos afirmar, com absoluta convicção, que ela estará seriamente comprometida se a Magistratura não estiver bem dotada de recursos materiais e sobretudo humanos. Por isto, de nada vale dotar a ordem jurídica de excelentes instrumentos processuais para a defesa de direitos se as condições para o exercício da Magistratura não forem atrativas.

Não se pode esperar que a *vocação para a Magistratura* seja tão forte a ponto de fazer com que os juízes aceitem as privações a que são levados por uma remuneração miserável. Nem se pode acreditar que os mais capazes escolhem suas profissões sem considerar o aspecto econômico. Magistratura mal paga, seguramente, terá juízes menos qualificados, e mais vulneráveis, em cujas mãos pouco ou nada valem os melhores instrumentos jurídico-processuais. É razoável, por isto, que a Magistratura constitua uma profissão atrativa, sob todos os aspectos.

Não nos parece que o tratamento fiscal diferenciado de uma categoria profissional, ou funcional, seja indesejável se essa discriminação tem por objetivo atrair o interesse das pessoas para o desempenho das profissões incentivadas. A verdadeira questão reside em saber quais profissões estão a merecer incentivo. Seja como for, porém, o art. 150, II, da vigente CF proíbe essa discriminação – vale dizer, veda a utilização extrafiscal do tributo em relação às pessoas físicas.

3.4 Irretroatividade

É vedada a cobrança de tributos *em relação a fatos geradores ocorridos antes do início da vigência da lei que os houver instituído ou aumentado*. Tal enunciado corresponde ao princípio geral da irretroatividade das leis, e sua efetividade depende da questão de saber se o legislador pode estabelecer o início da vigência de uma lei em data anterior à de sua publicação.

É sabido que a lei pode, em princípio, fixar as datas inicial e final de sua própria vigência. Admitir, porém, que o legislador pode fixar o início de vigência da lei em data anterior à de sua publicação equivale a praticamente suprimir a regra pela qual o tributo não pode ser cobrado em relação a fatos anteriores à sua vigência. O legislador estaria contornando a limitação constitucional.

Parece-nos que o início da vigência da lei não pode ser, em hipótese nenhuma, anterior à data da respectiva publicação. A não ser assim, a segurança jurídica estaria inteiramente destruída.

A necessidade de publicação da lei, para que tenha início a sua vigência, é tão induvidosa que os publicistas em geral não se preocupam com o tema. Às vezes, porém, é necessário meditar sobre o mesmo, em face de improvisações lamentáveis que o colocam em questionamento, como aconteceu com a Lei 8.383, de 31.12.1991, publicada no *DOU* do dia 31.12.1991, posto que, como afirma a própria Imprensa Nacional, "a remessa do referido *Diário Oficial* para os assinantes ocorreu no dia 2 de janeiro de 1992", não obstante tenha havido publicidade da lei por outros meios.

A publicação da lei é, a rigor, condição mesma de sua existência especificamente jurídica. Não existe como tal no ordenamento jurídico brasileiro uma lei que não foi publicada. E, tratando-se de lei federal, publicada no *Diário Oficial*, por força do disposto no art. 84, IV, da CF.

A data da publicação não é aquela inserida no *Diário Oficial*, mas a data da efetiva circulação daquele veículo de publicidade. Circulação normal, vale acrescentar, circulação dentro do expediente normal daquele dia. A propósito de intimações veiculadas pelo *Diário Oficial*, o STF já consagrou este entendimento (*RTJ* 90/504).

A propósito da irretroatividade das leis tributárias, é de grande importância a questão de saber se o fato gerador do tributo, já iniciado, pode ser alcançado por uma lei nova. Já nos manifestamos afirmativamente, com fundamento no art. 105 do CTN. Entretanto, meditando sobre o tema, chegamos à conclusão de que aquele dispositivo legal, editado com fundamento na Emenda Constitucional 16/1965, não se compatibiliza com a vigente Constituição, e portanto não foi por ela recepcionado.

Por isto temos sustentado que o aumento de alíquota do imposto de importação, por exemplo, não alcança importações já autorizadas, cujas mercadorias já tenham sido adquiridas pelo importador. O desembaraço aduaneiro é apenas um momento em que se exterioriza o fato gerador do imposto. Admitir o contrário seria negar a finalidade do princípio, que é preservar a segurança jurídica, garantindo a não surpresa do contribuinte.

3.5 Anterioridade

Não podem a União, os Estados, o Distrito Federal e os Municípios cobrar tributo no mesmo exercício financeiro em que tenha sido publicada a lei que os instituiu ou aumentou. A CF de 1988, em seu art. 150, III, "b", adotou a orientação jurisprudencial do STF, que, interpretando, com inteira propriedade, o § 29 do art. 153 da CF anterior, entendia que a expressão "esteja em vigor", naquele dispositivo, significava "tenha sido publicada". Publicada, é claro, nos termos expostos no item precedente (3.4).

Na letra "a" do inciso III do mesmo art. 150 da CF de 1988 é vedada a cobrança de tributo "em relação a fatos geradores ocorridos antes do início da vigência da lei que os houver instituído ou aumentado". Isto é mera explicitação do princípio geral da irretroatividade das leis. A lei, em princípio, não se aplica a fatos consumados antes do início de sua vigência.

O disposto no art. 150, III, "a", que corporifica o princípio da irretroatividade das leis tributárias, aplica-se aos tributos em geral. Não comporta exceções.

O disposto na letra "b" do mesmo dispositivo constitucional, que consubstancia o princípio da anterioridade, comporta as exceções previstas no § 1º do mesmo art. 150. Assim é que não estão sujeitos ao princípio da anterioridade da lei ao exercício financeiro, podendo ser cobrados, portanto, no mesmo exercício financeiro em que for publicada a lei que os institui ou aumenta, os impostos sobre (a) importação de produtos estrangeiros; (b) exportação, para o exterior, de produtos nacionais ou nacionalizados; (c) operações de crédito, câmbio e seguro, ou relativas a títulos e valores mobiliários; (d) produtos industrializados; (e) o imposto de guerra; (f) o empréstimo compulsório destinado a atender a despesas extraordinárias decorrentes de calamidade pública, de guerra externa ou sua iminência.

A Emenda Constitucional 42, de 19.12.2003, acrescentou ao art. 150, III, da CF a alínea "c", e alterou a redação do seu § 1º, de sorte que ficou vedada – salvo as exceções expressamente indicadas – a cobrança de tributos antes de decorridos 90 dias da data em que haja sido publicada a lei que os instituiu ou aumentou, sem prejuízo da anterioridade ao exercício financeiro, estabelecida na alínea "b" do mesmo dispositivo constitucional.

3.6 Proibição de confisco

Tributo *com efeito de confisco* é tributo que, por ser excessivamente oneroso, seja sentido como penalidade. É que o tributo, sendo instrumento pelo qual o Estado obtém os meios financeiros de que necessita para o desempenho de suas atividades, não pode ser utilizado para destruir a fonte desses recursos.

Neste sentido o tributo não pode ser antieconômico, vale dizer, não pode inviabilizar o desenvolvimento de atividades econômicas geradoras da riqueza, ou promotoras da circulação desta.

Proibindo o tributo *com efeito de confisco*, a Constituição Federal de 1988 vedou o seu uso como instrumento de absorção, pelo Estado, dos meios de produção. Em outras palavras, a proibição do tributo confiscatório impede o seu emprego como instrumento de supressão do denominado *setor privado*, e consequente instituição do regime de economia estatizada.

É oportuno observar que os tributos, atualmente, no conjunto, representam um peso muito grande sobre a atividade produtiva. O Estado Brasileiro é demasiadamente paternalista. O número de funcionários públicos é escandaloso. Não há dinheiro que seja bastante para cobrir seus gastos. Por isto a criação e o aumento de tributos têm ocorrido com muita frequência.

De todo modo, resta a questão de saber até que limite o tributo é tolerável, vale dizer, não tem efeito de confisco. A questão configura um daqueles pontos nos quais o quadro ou moldura que a ciência do Direito pode oferecer é muito vago. Já é tempo, porém, de se enfrentar o problema, provocando a manifestação do Judiciário, a quem cabe dizer, em cada caso, se o tributo questionado é, ou não é, confiscatório.

A vedação constitucional de que se cuida não diz respeito às multas, porque tributo e multa são essencialmente distintos.

No plano estritamente jurídico, ou plano da ciência do Direito, em sentido estrito, a multa distingue-se do tributo porque em sua hipótese de incidência a ilicitude é essencial, enquanto a hipótese de incidência do tributo é sempre algo lícito. Em outras palavras, a multa é necessariamente uma sanção de ato ilícito, e o tributo, pelo contrário, não constitui sanção de ato ilícito.

No plano teleológico, ou finalístico, a distinção também é evidente. O tributo tem por finalidade o suprimento de recursos financeiros de que o Estado necessita, e por isto mesmo constitui uma receita ordinária. Já, a multa não tem por finalidade a produção de receita pública, e, sim, desestimular o comportamento que configura sua hipótese de incidência, e por isto mesmo constitui uma receita extraordinária ou eventual.

Porque constitui receita ordinária, o tributo deve ser um ônus suportável, um encargo que o contribuinte pode pagar sem sacrifício do desfrute normal dos bens da vida. Por isto mesmo é que não pode ser confiscatório. Já, a multa, para alcançar sua finalidade, deve representar um ônus significativamente pesado, de sorte a que as condutas que ensejam sua cobrança restem efetivamente desestimuladas. Por isto mesmo pode ser confiscatória.

Nosso ponto de vista, entretanto, não tem prevalecido no STF, que se tem manifestado no sentido de que a vedação ao tributo com efeito de confisco impede também as penalidades muito elevadas. Essa orientação jurisprudencial nega a diferença essencial que existe entre o tributo e a penalidade. É certo que deve haver razoabilidade na cominação de penalidades. As penas devem ser proporcionais à gravidade das infrações. Isto, porém, é outra questão.

A multa tributária, como as sanções em geral, tem o objetivo de desestimular o cometimento de infração à lei. Para alcançar esse objetivo deve ser pesada, deve consubstanciar um efetivo sacrifício para o infrator. A não ser assim, vale dizer, se a multa pode ser normalmente assimilada pelo contribuinte, com a inclusão do valor correspondente nos custos operacionais de sua atividade, ela perde inteiramente a finalidade.

3.7 Liberdade de tráfego

Não podem os titulares de competência tributária estabelecer limitações ao tráfego de pessoas ou mercadorias, por meio de tributos interestaduais ou intermunicipais (CF, art. 150, V, e CTN, art. 9º, III). Isto não significa devam ser as operações interestaduais imunes a qualquer tributação. O que não pode haver é agravamento do ônus tributário pelo fato de ser interestadual, ou intermunicipal, a operação.

O incidir o ICMS nas operações interestaduais e intermunicipais não conflita com a limitação em causa. O que está proibido pela Constituição é o tributo interestadual, ou intermunicipal, vale dizer, o tributo que tenha como indispensável à configuração de sua hipótese de incidência a circunstância de ser interestadual, ou intermunicipal, sobre o tráfego de pessoas ou de bens.

A proibição de limitações ao tráfego de pessoas e bens não impede a cobrança de pedágio pela utilização de vias conservadas pelo Poder Público. A ressalva, constante do inciso V do art. 150 da CF de 1988, tem a finalidade de evitar o entendimento pelo qual o pedágio seria inconstitucional, mas não autorizou a cobrança de pedágio que não seja pela utilização efetiva de vias conservadas pelo Poder Público.

3.8 Imunidades

Imunidade é o obstáculo decorrente de regra da Constituição à incidência de regra jurídica de tributação. O que é imune não pode ser tributado.

A imunidade impede que a lei defina como hipótese de incidência tributária aquilo que é imune. É limitação da competência tributária.

Há quem afirme, é certo, que a imunidade não é uma limitação da competência tributária porque não é *posterior* à outorga desta. Se toda atribuição de competência importa uma limitação, e se a regra que imuniza participa da demarcação da competência tributária, resulta evidente que a imunidade é uma limitação dessa competência.

O importante é notar que a regra de imunidade estabelece exceção. A Constituição define o âmbito do tributo, vale dizer, o campo dentro do qual pode o legislador definir a hipótese de incidência da regra de tributação. A regra de imunidade retira desse âmbito uma parcela, que torna imune. Opera a regra imunizante, relativamente ao desenho constitucional do âmbito do tributo, da mesma forma que opera a regra de isenção relativamente à definição da hipótese de incidência tributária.

A diferença entre *imunidade*, *isenção* e *não incidência* já foi estudada neste *Curso*, na parte relativa à exclusão do crédito tributário.

Em edições anteriores afirmamos que a imunidade refere-se apenas aos impostos. Não aos demais tributos. Hoje, porém, já não pensamos assim. A imunidade, para ser efetiva, para cumprir suas finalidades, deve ser abrangente. Nenhum tributo pode ficar fora de seu alcance. Não obstante, o art. 150, VI, da CF de 1988 diz que é vedado à União, aos Estados, ao Distrito Federal e aos Municípios instituir *impostos* sobre: (a) patrimônio, renda ou serviços uns dos outros; (b) templos de qualquer culto; (c) patrimônio, renda ou serviços dos partidos políticos, inclusive suas fundações, das entidades sindicais dos trabalhadores, das instituições de educação e de assistência social, sem fins lucrativos, atendidos os requisitos da lei; e (d) livros, jornais, periódicos e o papel destinado à sua impressão.

3.9 Imunidade recíproca

A primeira das imunidades acima enumeradas é a denominada *recíproca*. As entidades políticas integrantes da Federação não podem fazer incidir impostos umas sobre as outras. Estão protegidos pela imunidade o patrimônio, a renda e os serviços dessas entidades, e de suas autarquias.

A imunidade, entretanto, não se aplica "ao patrimônio, à renda e aos serviços, relacionados com a exploração de atividades econômicas regidas pelas normas aplicáveis a empreendimentos privados, ou em que haja contraprestação ou pagamento de preços ou tarifas pelo usuário, nem exonera o promitente comprador da obrigação de pagar imposto relativamente ao bem imóvel". É o que está expresso no art. 150, § 3º, da CF de 1988.

A ressalva relativa ao promitente comprador de imóvel é razoável e vem do Direito anterior, sem modificação. É importante, porém, observar a amplitude da ressalva contida no dispositivo acima transcrito no pertinente à imunidade tributária recíproca do patrimônio, da renda e dos serviços das entidades públicas. Interpretada literalmente, pode a regra do § 3º do art. 150 da CF de 1988 levar a conclusão surpreendente, como se passa a demonstrar.

A imunidade não se aplica (a) ao patrimônio, à renda e aos serviços relacionados com a exploração de atividades econômicas regidas pelas normas aplicáveis a empreendimentos privados; (b) ou em que haja contraprestação ou pagamento de preços ou tarifas pelo usuário.

Assim, têm-se pelo menos duas situações nas quais o patrimônio, a renda e os serviços das entidades públicas não são imunes, a saber: uma, quando relacionados com a exploração de atividades econômicas; e outra, quando relacionados a atividades em que haja contraprestação ou pagamento de preços ou tarifas pelo usuário.

É plenamente justificável a exclusão da imunidade quando o patrimônio, a renda e o serviço estejam ligados a atividade econômica regulada pelas normas aplicáveis às empresas privadas. A imunidade implicaria tratamento privilegiado, contrário ao princípio da liberdade de iniciativa. Ocorre que também não há imunidade quando haja contraprestação ou pagamento de preços ou tarifas pelo usuário. Isto quer dizer que um serviço, mesmo não considerado atividade econômica, não será imune se houver cobrança de contraprestação, ou de preço, ou de tarifa. Podem ser tributados pelos Municípios, por exemplo, os serviços de fornecimento de água e de esgoto prestados pelos Estados.

Pode-se argumentar, é certo, que a expressão "ou em que haja contraprestação ou pagamento de preços ou tarifas pelo usuário" apenas se presta, no caso, para qualificar a atividade como de natureza econômica, e, assim, afastar a imunidade, evitando disputas em torno do que seja uma atividade econômica. Ocorre que, se a cobrança de preços ou tarifas qualifica a atividade como de natureza econômica, neste caso o alcance da ressalva será igualmente amplo, posto que, havendo tal cobrança, não se há de perquirir a respeito da natureza da atividade. Basta a cobrança para qualificá-la como de natureza econômica. Havendo cobrança de contraprestação, de preços ou de tarifas, não há imunidade, seja qual for a natureza da atividade desenvolvida pela entidade estatal.

Esperamos que essa interpretação ampliativa da ressalva, que em matéria de serviços praticamente anula a regra imunizante, deixando imunes apenas os serviços gratuitos, não prevaleça. Não podemos, todavia, deixar de reconhecer que ela é razoável em face do elemento literal do dispositivo constitucional em exame.

A explicitação relativa ao promitente comprador de imóveis, que não é novidade, faz-se necessária para afastar divergências. Houve quem sustentasse que o imóvel objeto de promessa de compra e venda, continuando como propriedade do promitente vendedor, integrando, pois, o patrimônio da entidade imune, não podia ser tributado. Mas a tese na verdade era improcedente. Os efeitos da promessa de compra e venda no direito tributário não são nem poderiam ser os mesmos do direito civil. O imóvel objeto de promessa de compra e venda na realidade sai do patrimônio do promitente vendedor e se integra no patrimônio do promitente comprador, se não como um bem, juridicamente considerado, pelo menos como expressão econômica. Mas o STF já havia decidido pela imunidade do imóvel transcrito no Registro Público em nome de autarquia, embora objeto de promessa de venda a particulares (Súmula 74). Daí a necessidade da explicitação feita na parte final do § 3º do art. 150 da CF de 1988, à qual amoldou-se a jurisprudência do Supremo (Súmula 583).

A imunidade das entidades de direito público não exclui o imposto sobre produtos industrializados (IPI), ou sobre circulação de mercadorias (ICMS), relativo aos bens que adquirem. É que o contribuinte destes é o industrial ou comerciante, ou produtor, que promove a saída respectiva. O STF já decidiu de modo contrário, mas reformulou sua posição.

O argumento de que o imposto sobre produtos industrializados/IPI assim como o imposto sobre operações relativas à circulação de mercadorias/ICMS não incidem na saída de mercadorias que o particular (industrial, comerciante ou produtor) vende ao Poder Público, porque o ônus financeiro respectivo recai sobre este, não tem qualquer fundamento jurídico. Pode ser válido na âmbito da ciência das finanças. Não no direito tributário. A relação tributária instaura-se entre o industrial, ou comerciante, que vende, e por isto assume a condição de contribuinte, e a Fazenda Pública, ou Fisco, credor do tributo. Entre o Estado comprador da mercadoria e o industrial, ou comerciante, que a fornece, instaura-se uma relação jurídica inteiramente diversa, de natureza contratual. O Estado comprador paga simplesmente *o preço* da mercadoria adquirida. Não o tributo. Este pode estar incluído no preço, mas neste também está incluído o salário dos empregados do industrial, ou comerciante, e nem por isto se pode dizer que há no caso pagamento de salários. Tal inclusão pode ocorrer, ou não. É circunstancial e independe de qualquer norma jurídica. Em última análise, no preço de um produto poderão estar incluídos todos os seus custos, mas isto não tem relevância para o Direito, no pertinente à questão de saber quem paga tais custos.

O contribuinte de impostos como o ICMS ou o IPI poderia ser o adquirente dos produtos, como acontece nos Estados Unidos com o imposto sobre vendas. Nos Estados Unidos as lojas anunciam os preços de suas mercadorias sem o imposto. Vê-se na vitrina um objeto com o preço de 10 Dólares, e quando se vai pagar a quantia cobrada é maior. Nela está incluído o imposto sobre vendas. O contribuinte, assim, é o comprador.

É lamentável a confusão que se tem feito em torno da questão de saber quem, do ponto de vista jurídico, paga o imposto, especialmente tratando-se de repetição do indébito tributário, situação na qual, em face de interpretação inadequada do art. 166 do CTN, tem sido atribuída relevância jurídica ao fenômeno da repercussão, condicionando a repetição à prova de sua inocorrência, ou de uma praticamente inviável autorização dada por aquele que teria suportado o ônus financeiro do tributo indevido.

Ressalte-se que a imunidade recíproca é uma forma de expressão do princípio federativo. Não se pode conceber uma Federação sem a imunidade tributária recíproca. Assim, a regra da imunidade está protegida contra possível emenda constitucional, por força do disposto no art. 60, § 4º, I, da CF de 1988, segundo o qual "não será objeto de deliberação a proposta de emenda tendente a abolir (...) a forma federativa de Estado".

Não obstante esteja expressa, no art. 150, VI, da vigente CF, apenas em relação aos *impostos*, em razão do princípio federativo a imunidade recíproca abrange, seguramente, também os demais tributos. É que o tributo, como expressão que é da soberania estatal, não pode ser exigido de quem a tal soberania não se submete, porque é parte integrante do Estado, que da mesma é titular.

Qualquer emenda que porventura autorizar a União a cobrar qualquer tributo dos Estados, ou dos Municípios, ou autorizar qualquer destes a cobrar qualquer tributo da União, ou de qualquer outro Estado, ou Município, é inconstitucional.

3.10 Imunidade dos templos

Nenhum imposto incide sobre os *templos de qualquer culto*. *Templo* não significa apenas a edificação, mas tudo quanto seja ligado ao exercício da atividade religiosa. Não pode haver imposto sobre missas, batizados ou qualquer outro ato religioso. Nem sobre qualquer bem que esteja a serviço do culto. Mas pode incidir imposto sobre bens pertencentes à Igreja, desde que não sejam instrumentos desta. Prédios alugados, por exemplo, assim como os respectivos rendimentos, podem ser tributados. Não a casa paroquial, ou o convento, ou qualquer outro edifício utilizado para atividades religiosas, ou para residência dos religiosos.

A imunidade concerne ao que seja necessário para o exercício do culto. Nem se deve restringir seu alcance, de sorte que o tributo constitua um obstáculo, nem se deve ampliá-lo, de sorte que a imunidade constitua um estímulo à prática do culto religioso.

Há quem sustente que os imóveis alugados, e os rendimentos respectivos estão ao abrigo da imunidade desde que sejam estes destinados à manutenção do culto. A tese é razoável quando se trate de locação eventual de bens pertencentes ao culto. Não, porém, quando se trate de atividade permanente deste. A locação de imóveis, com a ressalva feita há pouco, é uma atividade econômica que nada tem a ver com um culto religioso. Colocá-la ao abrigo da imunidade nos parece exagerada ampliação. A ser assim, as entidades religiosas poderiam também, ao abrigo da imunidade, desenvolver atividades industriais e comerciais quaisquer, a pretexto de angariar meios financeiros para a manutenção do culto, e ao abrigo da imunidade estariam praticando verdadeira concorrência desleal, em detrimento da livre iniciativa e, assim, impondo maus tratos ao art. 170, IV, da CF.

Observe-se que mesmo em relação aos entes públicos a imunidade não se estende ao patrimônio, à renda e aos serviços relacionados com exploração de atividades econômicas. Tal limite ao alcance da imunidade é razoável também para os templos de qualquer culto, pois, sem ele, esses templos tendem a se transformar em verdadeiras empresas.

Nenhum requisito pode a lei estabelecer. Basta que se trate de culto religioso.

3.11 Imunidades dos partidos políticos, das entidades sindicais e das instituições de educação ou de assistência social, sem fins lucrativos

Não pode haver imposto sobre o patrimônio, a renda ou os serviços dos partidos políticos, inclusive suas fundações. Os constituintes não perderam a oportunidade. Colocaram na Constituição de 1988 regra que expressamente convalida, pelo menos no plano estritamente jurídico-formal, tais fundações, instituídas com o fim de fugir a certas normas da legislação partidária e eleitoral.

São também imunes as entidades sindicais. A letra do dispositivo constitucional refere-se apenas a entidades sindicais dos trabalhadores, o que revela o seu caráter demagógico. Estariam os sindicatos patronais sujeitos à tributação? Poderia o Estado esmagá-los com impostos? A liberdade de associação seria assegurada apenas aos trabalhadores? Qual a abrangência da palavra "trabalhadores" no texto em questão? Parece-nos que a imunidade deve abranger as entidades sindicais em geral, mas o dispositivo constitucional está aí, a desafiar a argúcia dos hermeneutas que não pretenderem ficar com sua literalidade.

São também imunes as instituições de educação ou de assistência social, sem fins lucrativos. Aqui o constituinte restringiu, também, exageradamente, o alcance que devia ter a regra imunizante. As instituições de educação deviam ser imunes incondicionalmente. A importância social da atividade de educação o exige. Da mesma forma que são imunes os livros, jornais e periódicos, sem qualquer perquirição a respeito de saber se quem os produz tem ou não finalidade lucrativa, e sabido, como é, que as editoras não são casas de filantropia, também a atividade de educação devia ser imune. Se assim fosse, certamente não estaríamos presenciando a crise da escola, cujos administradores já não se podem ocupar das questões educacionais, pois são mais prementes as questões policiais, as ameaças de prisão e até as prisões consumadas, em face das intermináveis querelas com os pais de alunos em torno do valor das mensalidades escolares. Sendo a atividade educacional, como inegavelmente é, socialmente tão importante, sua prática deveria ser estimulada, até porque isto certamente atrairia um maior número de pessoas para o seu desempenho, aliviando a pressão decorrente da grande demanda e da insuficiente oferta de vagas nas escolas.

A imunidade das instituições de educação e de assistência social, todavia, é condicionada. Só existe para aquelas instituições sem fins lucrativos, conceito que também tem sido muito malcompreendido. A lei não pode acrescentar requisitos a serem atendidos. Basta que não tenham fins lucrativos. É razoável, todavia, entender-se que o *não ter finalidade lucrativa* pode traduzir-se no atendimento dos requisitos do art. 14 do CTN, a saber: (a) não distribuírem qualquer parcela de seu patrimônio ou de suas rendas a qualquer título; (b) aplicarem integralmente no País os seus recursos na manutenção dos seus objetivos institucionais; (c) manterem escrituração de suas receitas e despesas em livros revestidos de formalidades capazes de assegurar sua exatidão.

Não ter fins lucrativos não significa, de modo nenhum, ter receitas limitadas aos custos operacionais. Elas na verdade podem e devem ter sobras financeiras, até para que possam progredir, modernizando e ampliando suas instalações. O que não podem é distribuir lucros. São obrigadas a aplicar todas as suas disponibilidades na manutenção dos seus objetivos institucionais.

O meio para comprovar o cumprimento dessas exigências legais é a escrituração contábil. Daí a exigência do inciso III do art. 14 do CTN, de cunho meramente instrumental.

Os requisitos estabelecidos no Código Tributário Nacional para o gozo da imunidade em foco são todos de atendimento continuado. Se a qualquer época deixam de ser observados, a autoridade competente pode suspender a aplicação do benefício (CTN, art. 14, § 1º).

Destaque-se que a imunidade em estudo se refere ao patrimônio, à renda e aos serviços, mas estes são, exclusivamente, os diretamente relacionados com os objetivos institucionais da entidade imune, previstos nos respectivos estatutos ou atos constitutivos (CTN, art. 14, § 2º).

Com vistas a uma possível reforma constitucional tributária quanto às instituições de educação, preconizamos a substituição da exigência de serem sem fins lucrativos pela exigência de atribuírem tais instituições determinado percentual de suas vagas às entidades públicas que autorizam o respectivo funcionamento: 10 ou 20% das vagas postas à disposição da entidade pública, para indicação de alunos a serem matriculados sem qualquer discriminação relativamente aos que pagam suas mensalidades.

Com essa providência, relativamente simples, seriam abertas de uma só vez muitas vagas no ensino gratuito, com a vantagem de se garantir qualidade exatamente igual à do ensino particular. E, a custo dessa providência, o valor dos impostos que deixariam de ser cobrados das instituições de educação com certeza seria menor, comparado àquele que teria a abertura do mesmo número de vagas em escolas públicas.

3.12 Imunidade do livro, jornal e periódico

Elaborado na vigência da Emenda Constitucional 18/1965, o Código Tributário Nacional considera imune "o papel destinado exclusivamente à impressão de jornais, periódicos e livros" (art. 9º, IV, "d"). E assim era na Constituição de 1946 (art. 31, "c"). Mas na Constituição de 1967, em sua redação original como na decorrente da Emenda 1/1969, consideraram-se imunes "o livro, o jornal e os periódicos, assim como o papel destinado à sua impressão" (art. 19, III, "d"). A Constituição Federal de 1988 manteve a imunidade para *livros, jornais e periódicos e o papel destinado a sua impressão* (art. 150, VI, "d"). A imunidade, aqui, é tipicamente objetiva. Não importa a pessoa a quem pertença o livro, o jornal ou periódico, ou o papel. Este último tem a imunidade condicionada à destinação.

A imunidade do livro, jornal ou periódico e do papel destinado à sua impressão há de ser entendida em seu sentido finalístico. E o objetivo da imunidade poderia ser frustrado se o legislador pudesse tributar qualquer dos meios indispensáveis à produção dos objetos imunes. Ou qualquer ato que tenha por fim colocar esses objetos em seu destino final. A venda ou distribuição, a qualquer título, de livro, jornal ou periódico, não podem ser tributadas. Assim, a imunidade, para ser efetiva, abrange todo o material necessário à confecção do livro, do jornal ou do periódico. Não apenas o exemplar deste ou daquele, materialmente considerado, mas o conjunto. Por isto nenhum imposto pode incidir sobre qualquer insumo, ou mesmo sobre qualquer dos instrumentos, ou equipamentos, que sejam destinados exclusivamente à produção desses objetos.

Na interpretação da norma imunizante tem-se de atualizar o seu significado, ampliando-se quando necessário o seu alcance para que não reste a mesma inutilizada por uma espécie de esclerose que a dominaria se prevalente o sentido estritamente literal.

Embora a imunidade, em face da expressão literal do art. 150, VI, da CF, diga respeito apenas a impostos, existem fortes razões para entender-se que também é vedada a cobrança de taxas e contribuições de melhoria. Os princípios que inspiram a imunidade tributária não permitem que a pessoa ou a coisa imune fique submetida a qualquer tributo, pois tal submissão poderia ensejar o amesquinhamento da imunidade.

Questão das mais relevantes consiste em saber se a imunidade dos livros, jornais e periódicos e do papel destinado à sua impressão abrange os produtos da moderna tecnologia, como os *CD-ROMS* e os disquetes para computadores.

A melhor interpretação das normas da Constituição é aquela capaz de lhes garantir a máxima efetividade. Toda imunidade tem por fim a realização de um princípio que o constituinte considerou importante para a Nação. A imunidade dos livros, jornais e periódicos tem por fim assegurar a liberdade de expressão do pensamento e a disseminação da cultura. Como é inegável que os meios magnéticos, produtos da moderna tecnologia, são hoje de fundamental importância para a realização desse mesmo objetivo, a resposta afirmativa se impõe. O entendimento contrário, por mais respeitáveis que sejam, e são, os seus defensores, leva a norma imunizante a uma forma de esclerose precoce, inteiramente incompatível com a doutrina do moderno constitucionalismo, especialmente no que concerne à interpretação especificamente constitucional.

É certo que o constituinte de 1988 teve oportunidade de adotar redação expressamente mais abrangente para a norma imunizante, e não o fez. Isto, porém, não quer dizer que o intérprete da Constituição não possa adotar, para a mesma norma, a interpretação mais adequada, tendo em vista a realidade de hoje. Realidade que já não é aquela vivida pelo constituinte, pois nos últimos anos a evolução da tecnologia, no setor de Informática, tem sido simplesmente impressionante. Se em 1988 não se tinha motivos para acreditar na rápida substituição do livro convencional pelos instrumentos e meios magnéticos, hoje tal substituição mostra-se já evidente, embora o livro tradicional ainda não tenha perdida sua notável importância.

A evolução, no setor da Informática, é tão rápida, que o CD ainda nem ocupou espaços significativos no mercado brasileiro e já está sendo substituído, com imensa vantagem, pelo DVD, levando várias empresas a incluir *drivers* especiais em alguns de seus micros; previa-se, mesmo, que até o final de 1998 "esses *drivers* terão substituído totalmente os de CD-ROM, que serão, então, peças de museu" (*INFO-Exame* 12, dezembro/1997, p. 44).

Não pode, pois, o intérprete deixar de considerar essa evolução. Nem esperar que o legislador modifique o texto. O melhor caminho, sem dúvida, para que o Direito cumpra o seu papel na sociedade, é a interpretação evolutiva.

3.13 Outras limitações

O art. 151 da CF de 1988 proíbe a União de instituir tributo que não seja uniforme em todo o território nacional ou que implique distinção ou preferência em relação a Estado, ao Distrito Federal ou a Município, em detrimento de outro, admitida a concessão de incentivos fiscais destinados a promover o equilíbrio do desenvolvimento socio-econômico entre diferentes regiões do País (inciso I).

A regra estava na Constituição anterior. Não a ressalva. Houve por isto quem vislumbrasse nos incentivos fiscais ao desenvolvimento econômico regional uma possível lesão ao preceito constitucional. Agora a questão ficou afastada. Não está afastada, porém, a possibilidade de questionar-se a constitucionalidade de isenções, especialmente do imposto de renda, em face do princípio da capacidade contributiva.

O mesmo art. 151 proíbe, ainda, a União de tributar a renda das obrigações da dívida pública dos Estados, do Distrito Federal e dos Municípios, bem como a remuneração e os proventos dos respectivos agentes públicos, em níveis superiores aos que fixar para suas obrigações e para seus agentes (inciso II). Como o contribuinte do imposto de renda é a pessoa que a aufere, teve o constituinte o cuidado de vedar a tributação, pela União, das rendas auferidas dos Estados, do Distrito Federal e dos Municípios em níveis superiores ao da tributação da renda paga por ela própria. É um reconhecimento de que, em face do fenômeno da repercussão, o tributo terminaria por atingir as próprias pessoas jurídicas pagadoras da renda tributável.

A prática vedada pelo inciso II do art. 151 da CF de 1988 seria de duvidosa constitucionalidade mesmo que ausente a referida norma. A presença desta, porém, torna essa inconstitucionalidade inquestionável, e nisto reside seu mérito.

O inciso III do art. 151, finalmente, impede que a União isente de tributos da competência dos Estados, do Distrito Federal ou dos Municípios. Essa regra também tem apenas o mérito de eliminar controvérsias, eis que na verdade bastaria o silêncio constitucional, posto que competente para isentar é o titular da competência para tributar. Na Constituição anterior havia regra expressa atribuindo à União competência para, mediante lei complementar, isentar de tributos estaduais e municipais. Era norma evidenciadora do excesso de centralismo. Por isto explica-se o cuidado do constituinte de 1988, que afastou, com o inciso III do art. 151, a possibilidade de se argumentar com a sobrevivência daquela norma centralizadora de poder.

O art. 152, por seu turno, veda aos Estados, ao Distrito Federal e aos Municípios estabelecer diferença tributária entre bens e serviços, de qualquer natureza, em razão de sua procedência ou destino. Com isto evitou o constituinte uma forma de "guerra" entre os integrantes da Federação.

4. *Competência privativa da União, dos Estados e dos Municípios*

Vigora em nosso sistema tributário o regime das competências privativas. Tanto para os impostos como para os demais tributos. Em relação aos tributos cujos fatos geradores são, ou se ligam, a atividades estatais, como é o caso das taxas e da contribuição de melhoria, a competência tributária decorre da competência para a prestação do serviço ou para o exercício do poder de polícia e, ainda, para a realização da obra pública, como adiante será explicado. Em relação aos impostos é que a questão das competências se coloca propriamente no campo do direito tributário.

A atribuição de competência para instituir impostos constitui uma forma de limitação do poder de tributar, na medida em que, ao determinar quais são os impostos que podem ser criados pela União, pelos Estados, pelo Distrito Federal e pelos Municípios, a Constituição delimita o campo fático que pode servir de suporte a esses impostos. Define o que denominamos o *âmbito constitucional* de cada imposto.

O âmbito constitucional do imposto é o fato, ou o conjunto de fatos, ou a situação de fato, que a Constituição descreve na norma em que atribui a cada uma das pessoas jurídicas competência para a respectiva instituição.

O legislador infraconstitucional de cada uma das pessoas jurídicas de direito público, ao criar um imposto, não pode atuar fora do campo que a Constituição Federal lhe reserva. Por isto mesmo não pode alterar os conceitos que a Constituição Federal utiliza ao fazer a discriminação das competências impositivas. Nem pode construir ficções legais que, de qualquer forma, impliquem alteração daquelas regras da Constituição Federal.

A norma do art. 110 do CTN, segundo a qual a lei tributária não pode alterar a definição, o conteúdo e o alcance de institutos, conceitos e formas de direito privado, utilizados, expressa ou implicitamente, pela Constituição Federal, pelas Constituições dos Estados e pelas Leis Orgânicas do Distrito Federal ou dos Municípios para definir ou limitar competências tributárias, é meramente explicitante. Tem apenas efeito didático, embora este seja de grande importância, com visíveis resultados práticos, como a experiência tem demonstrado.

Se o legislador ordinário pudesse dizer que é *renda* o que na verdade não o é, ou dizer que é *mercadoria* o que não se conhece em Direito como tal, enfim, se o legislador pudesse, torcendo a natureza das coisas e os conceitos já fixados em outras ciências, ampliar ou restringir o campo da competência de cada uma das entidades políticas, estaria destruído todo o sistema tributário.

De acordo com a Constituição Federal de 1988 as competências tributárias ficaram assim definidas:

I – *Cabe à União instituir imposto sobre:* (1) importação de produtos estrangeiros; (2) exportação, para o estrangeiro, de produtos nacionais ou nacionalizados; (3) renda e proventos de qualquer natureza; (4) produtos industrializados; (5) operações de crédito, câmbio e seguro, ou relativas a títulos ou valores mobiliários; (6) propriedade territorial rural; (7) grandes fortunas.

Pode, ainda, a União instituir: (1) contribuições sociais, de intervenção no domínio econômico e de interesse das categorias profissionais ou econômicas, como instrumento de sua atuação nas respectivas áreas; (2) em favor da autarquia respectiva, as contribuições de seguridade social; (3) empréstimos compulsórios; (4) impostos extraordinários de guerra.

II – *Aos Estados e ao Distrito Federal cabe instituir impostos sobre:* (1) transmissão *mortis causa* e doação de quaisquer bens ou direitos; (2) operações relativas à circulação de mercadorias e sobre prestações de serviços de transporte interestadual e intermunicipal e de comunicação; (3) propriedade de veículos automotores.

III – *Aos Municípios cabe instituir impostos sobre:* (1) propriedade predial e territorial urbana; (2) transmissão *inter vivos*, a qualquer título, por ato oneroso, de bens imóveis, por natureza ou acessão física, e de direitos reais sobre imóveis, exceto os de garantia, bem como cessão de direitos à sua aquisição; (3) serviços de qualquer natureza não compreendidos na competência tributária dos Estados, definidos em lei complementar.[1]

5. *Competência residual*

5.1 *Conceito e limites*

A competência para a instituição de imposto não especificamente previsto diz-se *residual*.

O art. 153 da CF de 1988 enumera os impostos que a União Federal pode instituir, enquanto o art. 154, I, estabelece que, além daqueles, a União pode instituir, mediante lei complementar, impostos ali não previstos, desde que sejam não cumulativos e não tenham fato gerador e base de cálculo próprios dos impostos nela discriminados.

Relevante é a exigência de lei complementar para o exercício da competência residual. Com isto se evita o argumento de que determinado tributo, criado por lei ordinária e sem natureza jurídica específica bem definida, seja tido como imposto da competência residual. É importante também a exigência de não cumulatividade, bem assim a de não superposição relativamente aos impostos elencados pela Constituição. Com isto se evita a bitributação disfarçada.

5.2 *Competência residual e adicionais*

Não pode a União, invocando a competência residual, instituir adicionais aos impostos discriminados na Constituição. A vedação está expressa no art. 154, I, e não admite qualquer dúvida.

Recorde-se que o imposto é considerado adicional quando tem o mesmo fato gerador de outro existente no sistema. Os adicionais possíveis, entre nós, são apenas aqueles expressamente previstos como outras espécies tributárias, como ocorre, por exemplo, com as contribuições sociais. A contri-

1. Pela Emenda Constitucional 3/1993 o Município deixou de ter competência para instituir e cobrar o imposto sobre vendas a varejo de combustíveis líquidos e gasosos, exceto o óleo diesel, previsto anteriormente no art. 156, III (redação anterior à Emenda citada), a partir do exercício de 1996.

buição social sobre o lucro é um adicional do imposto de renda, e a COFINS é um adicional dos impostos sobre a produção (IPI) e a circulação (ICMS).

5.3 Competência residual e peculiaridades locais

Talvez para evitar abusos que possivelmente seriam cometidos por alguns Municípios, preferiu o constituinte atribuir a competência residual à União Federal. Isto, porém, contraria a própria natureza dessa competência, que se revela mais adequada como fórmula para permitir o tributo em função de peculiaridades locais.

Com efeito, a nosso ver a competência residual devia ter sido atribuída aos Municípios, posto que ela deveria ser utilizada para colher expressões de capacidade contributiva peculiares a determinadas localidades. Como tais expressões de capacidade contributiva podem não ser relevantes no plano nacional, embora o sejam no plano local, o legislador federal geralmente as ignora.

6. Competência e tributos vinculados

A Constituição Federal não alberga norma determinando quais são as taxas que podem ser instituídas pela União, pelos Estados e pelo Distrito Federal, ou pelos Municípios. Em relação à contribuição de melhoria também não se faz necessária regra atributiva de competência específica. Esses tributos têm fato gerador que é, ou se liga a atividade estatal específica relativa ao contribuinte, de sorte que competente para instituí-los é a pessoa jurídica que desenvolve a atividade correspondente.

Assim, enquanto a competência genérica, prevista no art. 145, I, para instituição de impostos é especificada nos arts. 153 e 154, para a União; 155, para os Estados e para o Distrito Federal; e 156, para os Municípios, a competência para instituir taxas e contribuição de melhoria é fixada apenas genericamente no art. 145, I e II, da CF.

Nos termos do art. 145, I e II, da vigente CF, compete à União, aos Estados, ao Distrito Federal e aos Municípios instituir (a) taxas, em razão do exercício do poder de polícia ou pela utilização, efetiva ou potencial, de serviços públicos específicos e divisíveis, prestados ao contribuinte ou postos à sua disposição; e (b) contribuição de melhoria decorrente de obras públicas.

Diz-se, então, que a competência para instituir tais espécies de tributos é *comum*. Preferimos, porém, dizer que a questão das competências para instituição desses tributos não constitui matéria de direito tributário.

Na verdade, ao direito tributário pertence apenas a questão de saber que a pessoa jurídica de direito público (União, Estado, Distrito Federal ou Município) que exercita a atividade estatal (serviço, poder de polícia ou obra pública) pode instituir e cobrar o tributo respectivo. Mas não pertence ao direito tributário a questão de saber qual daquelas pessoas é competente para o exercício da atividade estatal a que se vincula a instituição do tributo. Essa questão situa-se no âmbito do direito administrativo. Mas é relevante indagar-se a respeito da validade da instituição de uma taxa, ligada a determinada atividade estatal, por parte de uma pessoa jurídica de direito público que não disponha de competência para o exercício daquela atividade. O STF tem entendido que a competência para a instituição e cobrança de taxa depende de ter a entidade estatal competência para exercer a atividade que constitua o respectivo fato gerador (RE 100.033-RS, rel. Min. Francisco Rezek, *RTJ* 107/1.295-1.298).

Só a pessoa jurídica de direito público que exercita a atividade estatal específica pode instituir o tributo vinculado a essa atividade. A competência tributária, assim, é *privativa* do ente estatal que exercita a atividade respectiva. Indicar-se como de competência *comum* os tributos vinculados não nos parece adequado. Preferimos dizer que esses tributos são privativos de quem exerce a atividade estatal a que se ligam, sendo a competência para o exercício dessa atividade estatal matéria estranha ao direito tributário.

Capítulo II
IMPOSTOS

1. Conceito de imposto. 2. Classificação dos impostos no sistema tributário brasileiro: 2.1 Os critérios de classificação – 2.2 Competência – 2.3 Forma de quantificação – 2.4 Imposto proporcional – 2.5 Imposto progressivo: 2.5.1 Formas de progressividade.

1. Conceito de imposto

Imposto é espécie de tributo. Já examinamos o conceito de *tributo*, que é o gênero e como tal está definido no art. 3º do CTN. O tributo pode ter como fato gerador uma atuação estatal específica relativa ao contribuinte. Ou, então, uma situação independente de qualquer atividade estatal específica relativa ao contribuinte. Por isto, a doutrina brasileira, inspirada em A. D. Giannini (*Istituzioni di Diritto Tributario*, Milão, Dott. A. Giuffrè Editore, 1948, pp. 38-39) e liderada pelo professor Geraldo Ataliba (*Apontamentos de Ciência das Finanças, Direito Financeiro e Tributário*, São Paulo, Ed. RT, 1969, p. 195), classifica os tributos em *vinculados* (taxa e contribuição de melhoria) e *não vinculados* (impostos).

Aliás, a rigor, o fato gerador da contribuição de melhoria não é uma atuação estatal, embora seja necessariamente decorrente desta, como veremos no estudo dessa espécie de tributo.

Não obstante tenha o Código Tributário Nacional dividido os tributos em impostos, taxas e contribuições de melhoria (art. 5º), sua definição de *imposto* autoriza a afirmação de que está presente nele a ideia de que os impostos são tributos *não vinculados*, enquanto as taxas e contribuições de melhoria são tributos *vinculados*. Essa afirmação se faz necessária para justificar nossas referências, neste *Curso*, a uma e a outra dessas duas espécies.

Segundo o Código Tributário Nacional, "imposto é o tributo cuja obrigação tem por fato gerador uma situação independente de qualquer atividade estatal específica, relativa ao contribuinte" (art. 16). A obrigação de pagar imposto não se origina de qualquer atividade específica do Estado relativa ao contribuinte. O fato gerador do dever jurídico de pagar imposto é uma situação da vida do contribuinte relacionada a seu patrimônio, independente do agir do Estado.

Recorde-se que a obrigação tributária em geral – vale dizer, a obrigação de pagar tributo – tem como fato gerador a situação prevista em lei como necessária e suficiente à sua ocorrência, isto é, uma situação que basta, e é indispensável, ao nascimento dessa obrigação.

Tratando-se de *imposto*, a situação prevista em lei como necessária e suficiente ao nascimento da obrigação tributária não se vincula a qualquer atividade específica do Estado relativa ao contribuinte. Assim, quando o Estado cobra o *imposto de renda*, por exemplo, toma em consideração, exclusivamente, o fato de alguém auferir renda. Não importa que o Estado tenha, ou não, prestado algum serviço, executado alguma obra ou desenvolvido alguma atividade relacionada com aquele de quem vai cobrar imposto.

O exame das várias hipóteses de incidência de impostos deixa evidente que em nenhuma delas está presente a atuação estatal. Pelo contrário, em todas elas a situação descrita pela lei como necessária e suficiente ao surgimento da obrigação tributária é sempre relacionada ao agir ou ao ter do contribuinte, e inteiramente alheia ao agir do Estado.

Costuma-se distinguir o imposto da taxa dizendo que o imposto não é contraprestacional, enquanto a taxa é contraprestacional. Tal assertiva é correta apenas no sentido de que, como já explicamos, o fato gerador do dever jurídico de pagar taxa é uma atuação estatal específica relativa ao contribuinte, enquanto o fato gerador do dever de pagar imposto é independente de qualquer atuação estatal específica relativa ao contribuinte. Ocorre que a afirmação de que a taxa é um tributo contraprestacional pode conduzir à ideia – inexata – de que o contribuinte de taxas deve auferir vantagem da atividade estatal, equivalente à quantia paga. Preferimos, portanto, em lugar dessa ideia de contraprestação, empregar – como fez o Código Tributário Nacional – a ideia de vinculação à atividade estatal, de atividade do Estado dirigida ao contribuinte, para distinguir o imposto das demais espécies do gênero *tributo*.

Diz o art. 17 do CTN que os impostos componentes do sistema tributário nacional são exclusivamente aqueles previstos em seu Capítulo III, com as competências e limitações ali estipuladas. Ocorre que a vigente Constituição previu a instituição de novos impostos, além de atribuir à União a denominada *competência residual*. Assim, resta *sem validade* essa norma do Código Tributário Nacional.

2. *Classificação dos impostos no sistema tributário brasileiro*

2.1 *Os critérios de classificação*

Com as classificações o que se busca é facilitar o estudo dos objetos classificados. Por isto se diz que elas podem ser mais ou ser menos úteis. E, desde que haja coerência quanto ao critério utilizado, elas não podem ser consideradas incorretas.

Existem muitos critérios que podem ser utilizados para a classificação dos impostos. Aqui utilizaremos apenas dois: a *competência* e a *forma de quantificação*. Depois faremos referência à classificação dos impostos no Código Tributário Nacional.

2.2 *Competência*

Quanto à competência para instituição os impostos podem ser *federais*, *estaduais* e *municipais*. Esta é a classificação utilizada pela vigente Constituição Federal. Trata-se, portanto, de classificação rigorosamente jurídica.

2.3 *Forma de quantificação*

Quanto à forma de quantificação os impostos podem ser *fixos* e *graduados*. Os fixos são quantificados diretamente pelo legislador. A lei estabelece os valores a serem pagos em cada caso. Os graduados dividem-se em proporcionais, progressivos e regressivos.

Os impostos fixos estão praticamente em desuso. Na verdade, como o imposto deve ser suportado em razão da capacidade contributiva e o fato gerador do imposto nada mais é que um fato-signo presuntivo de capacidade contributiva, o valor do imposto deve ser determinado em função da quantificação desse fato. Deve ser proporcional à capacidade contributiva.

2.4 *Imposto proporcional*

Diz-se que um imposto é proporcional quando seu valor é fixado em proporção à riqueza da qual o fato gerador é um fato-signo presuntivo. Em princípio, esse imposto corresponde a um percentual da correlativa base de cálculo, que é o critério de dimensionamento do respectivo fato gerador. Esse percentual é indicado com o nome de "alíquota". Tem-se, portanto, que o valor do imposto é determinado mediante a aplicação da alíquota sobre a correspondente base de cálculo.

2.5 *Imposto progressivo*

Na linguagem da ciência das finanças públicas e do direito tributário, *progressividade dos impostos* significa alíquotas diversas, crescentes na medida em que cresce a base de cálculo do imposto, ou excepcionalmente um outro elemento eleito pelo legislador para esse fim.

A progressividade pode ter diversos objetivos. Na generalidade dos casos é trabalhada em função da base de cálculo do imposto, mas pode ser estabelecida, ainda que excepcionalmente, em função de outro elemento, dependendo do objetivo que se pretenda com ela alcançar. Em nosso direito positivo temos exemplo de progressividade no tempo para o IPTU, autorizada pela vigente Constituição Federal, na qual o elemento considerado é o tempo decorrido sem que seja corrigido o uso tido como inadequado do imóvel.

Desde sua origem, muito mais remota do que muitos pensam, a progressividade dos impostos tem tido defensores e opositores os mais destacados. A divergência está essencialmente centrada na forma de interpretar o princípio da isonomia. Seus defensores afirmam tratar-se de instrumento de realização desse princípio, enquanto seus opositores afirmam que a progressividade viola tal princípio.

Os opositores mais radicais da progressividade afirmam que o ônus do imposto deve ser suportado por todos os contribuintes na proporção da capacidade contributiva de cada um. Assim, se a capacidade contributiva é indicada pela renda, o imposto deve ser proporcional à renda de cada um, com alíquota única e sem isenção. Mesmo o denominado *mínimo isento* deve ser eliminado. Tal postura é coerente com a tese contrária à progressividade porque, na verdade, a isenção para a renda até determinado valor tem como resultado a progressividade do imposto, ainda que a parcela restante da renda seja tributada com a mesma alíquota. Mas é inadmissível, porque extremamente injusta.

A progressividade efetivamente realiza o princípio da isonomia, ao menos para os que a preconizam como instrumento da justiça. Ninguém, em sã consciência, pode considerar justo cobrar imposto de renda de quem ganha apenas o necessário para o atendimento de suas necessidades mais primárias. A ideia de injustiça da rigorosa proporcionalidade entre um indicador de capacidade contributiva e o valor do imposto nos autoriza, então, a concluir afirmando que a progressividade é, realmente, uma forma justa de calcular os impostos.

2.5.1 *Formas de progressividade*

A progressividade dos impostos pode ser estabelecida de várias formas. Como já aqui afirmamos, basta a isenção concedida até determinado valor da renda, ou da riqueza, para fazer do imposto sobre a renda, ou sobre o patrimônio, um imposto progressivo. O efeito decorrente da progressividade depende da forma na qual seja esta definida, e não se pode desconhecer que determinada forma de progressividade pode, em certos casos, colocar essa técnica de tributação em flagrante conflito com a isonomia e com a capacidade contributiva.

Não se pode, portanto, no exame da progressividade como instrumento de realização dos princípios da isonomia e da capacidade contributiva, deixar de levar em consideração as formas que a progressividade pode assumir.

O imposto progressivo é aquele cuja proporcionalidade é crescente na medida em que aumenta o valor da matéria tributada. A progressão – isto é, o crescimento da alíquota – pode ser simples ou graduada. *Simples* é aquela em que cada alíquota aplica-se a toda a matéria tributável. E *graduada* é aquela em que cada alíquota maior aplica-se apenas sobre a parcela de valor compreendida entre um limite inferior e outro superior, de modo que é preciso aplicar tantas alíquotas quantas sejam as parcelas de valor e depois somar todos esses resultados parciais para obter o imposto total a pagar (Rubens Gomes de Sousa, *Compêndio de Legislação Tributária*, ed. póstuma, São Paulo, Resenha Tributária, 1975, p. 171).

A nosso ver, a progressividade compatível com a Constituição Federal é apenas a graduada. A progressividade simples lesiona o princípio da capacidade contributiva. Assim, quando a lei municipal se reporta ao IPTU progressivo em razão do valor do imóvel, e estabelece uma tabela com várias alíquotas, essa lei deve ser interpretada de conformidade com a Constituição, tendo-se em consequência uma progressividade graduada.

Na hipótese, porém, de se entender que a letra da lei não nos permite essa interpretação, a única solução que resta para evitar a tributação contrária a todo o contexto principiológico da vigente Constituição Federal é a afirmação da inconstitucionalidade dos dispositivos que fixam alíquotas mais elevadas.

O Código Tributário Nacional, todavia – elaborado, como foi, na vigência da Emenda Constitucional 18/1965 –, classificou os impostos sem levar em conta a competência para a respectiva instituição. Nessa classificação considerou a natureza do fato sobre o qual incidem, e assim os dividiu em quatro grupos, a saber: (a) impostos sobre o comércio exterior;

(b) impostos sobre o patrimônio e a renda; (c) impostos sobre a produção e a circulação; (d) impostos especiais.

Nas edições anteriores deste *Curso* fizemos o estudo dos impostos seguindo essa classificação. A Constituição Federal de 1988 previu a criação de impostos não constantes do Código Tributário Nacional – que está, aliás, prestes a ser substituído, posto que tramita no Congresso Nacional um projeto neste sentido. Assim, preferimos adotar a classificação dos impostos extraída da própria Constituição Federal, que tudo indica será adotada também pelo novo Código.

Classificamos, pois, os impostos em: (a) federais; (b) estaduais; (c) municipais.

Capítulo III
IMPOSTOS FEDERAIS

1. Imposto de importação

1.1 Competência

O imposto de importação, também conhecido vulgarmente como "tarifa aduaneira", "direitos de importação", "tarifa das alfândegas", "direitos aduaneiros", entre outras denominações, é da competência da União Federal, e assim se justifica que seja porque, tratando-se de imposto com implicações no relacionamento do País com o exterior, seu trato deve caber na verdade à União, responsável por esse relacionamento, que há de ser uniforme, pois no âmbito internacional não se deve projetar a personalidade jurídica dos Estados-membros, mas a própria Federação como um todo.

1.2 Função

Predominante, no imposto de importação, é sua função extrafiscal. Ele é muito mais importante como instrumento de proteção da indústria nacional do que como instrumento de arrecadação de recursos financeiros para o Tesouro Público.

Se não existisse o imposto de importação, a maioria dos produtos industrializados no Brasil não teria condições de competir no mercado com seus similares produzidos em Países economicamente mais desenvolvidos, onde o custo industrial é reduzido graças aos processos de racionalização da produção e ao desenvolvimento tecnológico de um modo geral. Além disto, vários Países subsidiam as exportações de produtos industrializados, de sorte que os seus preços ficam consideravelmente reduzidos. Assim, o imposto de importação funciona como valioso instrumento de política econômica.

1.3 Fato gerador

Diz o art. 19 do CTN que "o imposto, de competência da União, sobre a importação de produtos estrangeiros tem como fato gerador a entrada destes no território nacional". Tem-se, pois, a entrada de produtos estrangeiros no território nacional estabelecida como âmbito de incidência da lei definidora do fato gerador deste imposto.

É importante insistirmos em que o Código Tributário Nacional, cumprindo o papel de lei complementar, nos termos do art. 146, III, "a", da CF, não define propriamente o fato gerador dos impostos. Em outras palavras, o dispositivo do Código, que se reporta ao fato gerador de cada tributo, apenas está a definir o âmbito material dentro do qual há de ser definido o respectivo fato gerador.

Com isto se quer dizer que o Código Tributário Nacional não cria o tributo. Essa criação é obra do legislador ordinário de cada uma das pessoas jurídicas de direito público dotada de competência tributária. Ou do legislador complementar da União, excepcionalmente, nos casos em que a Constituição Federal faz a criação do tributo privativa deste. Ao legislador ordinário da entidade competente (União, Estados, Distrito Federal, ou Municípios), ou, excepcionalmente, o legislador complementar da União, cabe a instituição do tributo, com a definição da respectiva hipótese de incidência.

De todo modo, no que diz respeito ao imposto de importação tem-se uma coincidência entre o âmbito material de incidência e a própria hipótese de incidência tributária. Com efeito, o Decreto-lei 37, de 18.11.1966, estabelece que o imposto de importação incide sobre mercadoria estrangeira e tem como fato gerador sua entrada no território nacional (art. 1º). Estabelece, porém, que, tratando-se de mercadoria despachada para consumo, considera-se ocorrido o fato gerador na data do registro, na repartição aduaneira, da declaração feita para fins de desembaraço aduaneiro (arts. 23 e 44). Em face disto, poderia haver dúvida a respeito de saber se o fato gerador seria a entrada da mercadoria no território nacional ou o respectivo desembaraço aduaneiro.

Admitir-se que o fato gerador do imposto é o desembaraço aduaneiro levaria ao absurdo, criando uma intolerável incongruência no sistema jurídico. Com efeito, o crime de descaminho consiste, no caso da importação, em importar mercadoria sem o pagamento do imposto devido. Se o imposto somente se tornasse devido no ato do requerimento do desembaraço aduaneiro, não se conceberia que, sem este, já houvesse imposto devido e, em consequência, o crime.

Não se deve confundir a ocorrência do fato gerador do imposto com a forma pela qual tal ocorrência se exterioriza ou é documentada. Não se há de confundir, assim, a entrada do produto estrangeiro no território nacional com o respectivo desembaraço aduaneiro. Apenas por questão de ordem prática, para fins de determinação da taxa de câmbio a ser utilizada na conversão do valor das mercadorias importadas para a moeda nacional, considera-se a data da declaração para o desembaraço aduaneiro.

O fato gerador do imposto de importação consuma-se com a entrada dos produtos no território nacional. Não basta a entrada física, simplesmente. Pode o navio atracar no porto, ou a aeronave pousar no aeroporto, trazendo produtos estrangeiros a bordo, sem que se considere ocorrido o fato gerador do imposto de importação, desde que tais produtos não se destinem ao Brasil e aqui estejam apenas de passagem. As autoridades da Administração Tributária exercem o controle dessas situações para evitar fraude.

Quando se tenha de resolver questão de direito intertemporal, a entrada da mercadoria no território nacional não pode ser vista como fato isolado. Ela decorre de um conjunto de outros fatos que não podem ser ignorados, para que se faça efetiva a irretroatividade das leis como manifestação do princípio da segurança jurídica.

Obtida a guia de importação, ou forma equivalente de autorização da importação, se necessária, ou efetuado o contrato de câmbio, e efetivada a aquisição do bem no exterior, o importador tem direito a que a importação se complete no regime jurídico então vigente. Se ocorre redução de alíquota do imposto de importação antes do desembaraço aduaneiro, é razoável admitir-se que o imposto seja pago pela alíquota menor. Se ocorre aumento, devem ser respeitadas as situações jurídicas já constituídas. O art. 150, III, "a", combinado com o art. 5º, XXXVI, da CF o determinam.

Se o importador já está juridicamente vinculado a situação cujo desfazimento lhe causará prejuízo significativo, evidentemente está incorporado a seu patrimônio o direito de ter consumada a importação à luz do regime jurídico, inclusive tributário, então vigente. Salvo se as alterações desse regime jurídico o favoreçam, pois neste caso não se aplica o princípio da irretroatividade.

Com efeito, a não ser assim, estaria inviabilizada a importação, como atividade empresarial. O Governo poderia levar à ruína qualquer importador com um simples ato de elevação de alíquota do imposto de importação, o que efetivamente não é compatível com o Estado de Direito que assegura a livre iniciativa econômica.

Outro aspecto concernente ao fato gerador do imposto de importação que merece destaque diz respeito aos casos em que é aplicada ao importador a pena de perdimento dos bens importados. Com o perdimento desfaz-se o fato gerador do imposto, de modo que não se pode admitir mais sua cobrança. Veja-se o que escrevemos no capítulo que trata da obrigação tributária, sobre o fato gerador e sobre a insubsistência do fato tributável.

A tese da insubsistência do fato gerador do imposto de importação em face da aplicação da pena de perdimento da mercadoria importada – que temos sustentado já há algum tempo – terminou sendo acolhida pelo legislador, que inseriu no Decreto-lei 37/1966 dispositivo estabelecendo que o imposto não incide sobre a importação de mercadoria estrangeira quando tenha sido aplicada a pena de perdimento (art. 1º, § 4º, do Decreto-lei 37/1966, na redação dada pela MP 135/2003, convertida na Lei 10.833, de 29.12.2003, art. 77).

1.4 Alíquotas

Existem duas espécies de alíquotas no imposto de importação. Uma é a chamada alíquota *específica*, que é expressa por uma quantia determinada, em função da unidade de quantificação dos bens importados. Assim, diz-se que o imposto corresponderá a tantos reais por cada metro, ou quilo, ou outra unidade qualquer de medida do produto. A outra é a *ad valorem*, indicada em porcentagem a ser calculada sobre o valor do bem.

Sendo, como é, o imposto de importação um tributo com função predominantemente extrafiscal, foi ele colocado como uma das exceções ao princípio da anterioridade da lei ao exercício financeiro. Pode ser ele aumentado no curso do exercício financeiro. Também a ele não se aplica em toda a plenitude o princípio da legalidade, visto como suas alíquotas podem ser elevadas e reduzidas, dentro dos limites fixados em lei, por ato do Poder Executivo. O Poder Executivo pode, nas condições e nos limites estabelecidos em lei, alterar as alíquotas do imposto de importação, a fim de ajustá-lo aos objetivos da política cambial e do comércio exterior. O art. 153, § 1º, da vigente CF, sem indicação dessa finalidade, outorga tal faculdade ao Poder Executivo. No art. 21, I, da CF anterior estava o Poder Executivo autorizado a alterar as alíquotas e a base de cálculo desse imposto. Também assim está no art. 21 do CTN. Agora, todavia, em face da Constituição Federal de 1988, somente as alíquotas podem ser alteradas pelo Executivo.

A alteração das alíquotas, porém, não é ato discricionário. Por isto, para ser válido, há de ser fundamentado, com indicação expressa e específica do objetivo a ser alcançado. Não basta a indicação genérica, como tem acontecido, dizendo-se que a alteração se faz para ajustar o imposto aos objetivos da política cambial e do comércio exterior. O objetivo a ser alcançado tem de ser indicado especificamente, pena de invalidade do ato, que sem essa indicação específica se revela discricionário.

Embora não o digam expressamente a Constituição nem o Código, as alíquotas do imposto de importação devem variar conforme a essencialidade do produto, com o quê se estará pondo em prática o princípio da capacidade contributiva, ou, mais exatamente, capacidade *econômica*. Essas alíquotas são, de um modo geral, bastante elevadas exatamente para dificultar a entrada do produto no território nacional e dar, deste modo, melhores condições ao produto nacional para competir no mercado.

É interessante, porém, observar que as alíquotas elevadas constituem verdadeiro estímulo à prática do descaminho, na medida em que acarretam grande diferença de preço entre o produto importado regularmente e o importado sem o pagamento do imposto. Funciona a lei *natural*, segundo a qual a tendência para a sonegação aumenta na medida em que é maior a alíquota do tributo.

1.5 Base de cálculo

Nos termos do Código Tributário Nacional, quando a alíquota for específica, a base de cálculo é a unidade de medida adotada pela lei para o caso (art. 20, I). Quando a alíquota for *ad valorem*, a base de cálculo é o preço normal que o produto, ou seu similar, alcançaria, ao tempo da importação, em uma venda em condições de livre concorrência, para entrega no porto ou lugar de entrada do produto no País (CTN, art. 20, II). E, finalmente, tratando-se de produto apreendido ou abandonado, levado a leilão, a base de cálculo é o preço da arrematação (CTN, art. 20, III).

A lei ordinária estabelece que a base de cálculo do imposto é, quando a alíquota for específica, a quantidade de mercadoria, expressa na unidade de medida indicada na tarifa, e quando a alíquota for *ad valorem*, o valor aduaneiro apurado segundo norma do art. VII do Acordo Geral sobre Tarifas e Comércio/GATT (art. 2º do Decreto-lei 37, de 18.11.1966, com a redação que lhe deu o Decreto 2.472, de 1.9.1988).

Como nos parece que os tratados internacionais, pelo menos em matéria tributária prevalecem sobre as leis internas, penso que estão afastados os dispositivos do Código Tributário Nacional que estejam em conflito com as normas do referido dispositivo do GATT.

Assim, e tendo em vista, ainda, o Decreto 1.355, de 30.12.1994, tem-se que a base de cálculo do imposto de importação é, em princípio, o valor comercial dos produtos importados, constante da respectiva fatura ou documento equivalente, com os ajustamentos determinados no referido tratado internacional.

1.6 Contribuinte

Contribuinte do imposto de importação é o importador ou quem a ele a lei equiparar (CTN, art. 22, I). Tratando-se de produtos apreendidos ou abandonados, contribuinte será o arrematante destes (CTN, art. 22, II).

Geralmente o importador é uma pessoa jurídica, regularmente estabelecida, mas, para os fins do imposto, é considerada importador qualquer pessoa, seja natural ou jurídica, regularmente estabelecida ou não, que realize a introdução da mercadoria no território nacional. É que a capacidade tributária passiva independe de formalismos, como se pode ver da regra do art. 126 do CTN.

1.7 Lançamento

Sabe-se que lançamento é o procedimento administrativo pelo qual a autoridade constitui o crédito tributário. Verificada a ocorrência do fato gerador da obrigação tributária, no caso, verificada a entrada de produtos no território nacional, a autoridade administrativa pratica uma série de atos tendo em vista determinar o valor do imposto devido, identificar o sujeito passivo da obrigação e, se for o caso, aplicar a penalidade cabível, tornando a final líquida e certa a quantia devida ao Fisco.

O lançamento do imposto de importação deveria ser feito mediante *declaração* do sujeito passivo, que oferece ao Fisco os elementos informativos necessários a esse fim, ao providenciar o *despacho aduaneiro* das mercadorias importadas.

Entretanto, a legislação em vigor determina seja feito o pagamento do tributo antes de qualquer providência da Fiscalização, tendo-se, assim, um lançamento por homologação.

1.8 Considerações especiais

Em face da grande importância do imposto de importação como instrumento de política econômica e do comércio exterior, o estudo desse imposto envolve figuras típicas, tais como o *drawback*, o porto livre, a zona livre ou zona franca, franquia temporária, além de outras.

Pela mesma razão, órgãos existem no Poder Executivo com atribuições específicas relativas a esse imposto, cuja complexidade decorre, precisamente, do fato de ser ele utilizado muito mais com função extrafiscal do que como instrumento de arrecadação de recursos financeiros.

O estudo dessas particularidades, todavia, não se comporta nos objetivos deste *Curso*, que pretende oferecer apenas noções gerais de direito tributário.

2. Imposto de exportação

2.1 Competência

Compete à União instituir e cobrar o imposto sobre "exportação, para o exterior, de produtos nacionais ou nacionalizados" (CF, art. 153, II). Há universal entendimento segundo o qual os tributos aduaneiros não devem ser atribuídos aos Estados-membros, ou Estados Federados, mas ao Estado Central, ou Estado Federal. Não obstante, no Brasil nem sempre foi assim. Pela Constituição de 1946 o imposto de exportação era da competência dos Estados-membros (art. 19, V).

Seguindo o exemplo das demais Federações do mundo, o Brasil, com a Emenda Constitucional 18/1965 (art. 7º, II), colocou o imposto de exportação no âmbito da competência federal, e o fez acertadamente, em face da própria natureza desse imposto, que mais se presta como instrumento de política tributária do que como fonte de receita.

2.2 Função

O imposto de exportação tem função predominantemente *extrafiscal*. Presta-se mais como instrumento de política econômica do que como fonte de recursos financeiros para o Estado. Por isto é que a ele não se aplica o princípio da anterioridade da lei em relação ao exercício financeiro de cobrança (art. 150, § 1º), e o princípio da legalidade se mostra atingido pela possibilidade de alterações de alíquotas, dentro dos limites legais, pelo Poder Executivo (art. 153, § 1º). Até a indicação dos produtos sujeitos ao imposto é feita por órgão do Poder Executivo (Decreto-lei 1.578, de 11.10.1977, art. 1º, § 3º, com a redação que lhe deu a Lei 9.716, de 26.11.1998).

Em face de sua função intimamente ligada à política econômica relacionada com o comércio internacional, o Código Tributário Nacional determinou que a receita líquida desse imposto destina-se à formação de reservas monetárias (art. 28). Essa destinação chegou a ser autorizada, aliás, pela própria Constituição anterior (art. 21, § 4º). Na Constituição de 1988 não foi reproduzida, mas isto não quer dizer que não permaneça em vigor o Decreto-lei 1.578, de 11.10.1977, onde tal destinação está prevista expressamente.

A Lei 5.072/1966 indica expressamente que o imposto de exportação "é de caráter exclusivamente monetário e cambial e tem por finalidade disciplinar os efeitos monetários decorrentes da variação de preços no exterior e preservar as receitas de exportação" (art. 1º).

2.3 Fato gerador

O âmbito material de incidência do imposto sobre exportações é, nos termos do art. 153, II, da CF e do art. 23 do CTN, a exportação, para o estrangeiro, de produtos nacionais ou nacionalizados, que se configura com a saída destes do território nacional.

O fato gerador desse imposto é a saída, do território nacional, do produto nacional ou nacionalizado indicado em lista aprovada pelo Poder Executivo (Decreto-lei 1.578/1977, art. 1º e seu § 3º). Se o produto que sai do território nacional não consta da lista, o caso é de não incidência tributária.

Considera-se ocorrido o fato gerador no momento da expedição da guia de exportação ou documento equivalente (Decreto-lei 1.578/1977, art. 1º, § 1º). O Código Tributário Nacional diz que o fato gerador é a saída do produto do território nacional, mas tal saída, por ficção legal, ocorre no momento da expedição da guia de exportação ou documento equivalente. Tal ficção, no caso, é admissível, por questão de ordem prática. Afinal, o próprio contribuinte está afirmando que vai exportar. É certo que, em princípio, não se admite ficção legal de fato configurador de hipótese de incidência tributária. É que através de ficções legais poderia o legislador ordinário ultrapassar os limites do denominado âmbito do tributo, constitucionalmente definido. No caso de que se cuida, porém, não há mais que a determinação de uma oportunidade, de um momento em que a exportação se exterioriza no mundo jurídico. A expedição da guia de exportação não é *fato gerador* do tributo. É simplesmente o momento em que se considera, para fins de cobrança do imposto, exteriorizado o fato exportação.

Não se consumando, porém, a exportação, por qualquer motivo, o imposto deve ser restituído, eis que efetivamente inocorreu seu fato gerador, sendo, assim, indevido o seu pagamento (Decreto-lei 1.578/1977, art. 6º).

Em face do princípio da irretroatividade das leis, todavia, aplicam-se ao imposto de exportação todas as considerações que fizemos no que concerne ao fato gerador do imposto de importação.

2.4 Alíquotas

A alíquota do imposto de exportação pode ser *específica* e *ad valorem*. Os conceitos são os mesmos já examinados a propósito do imposto de importação.

O Poder Executivo pode, nos limites fixados em lei, alterar as alíquotas do imposto em função dos objetivos da política cambial e do comércio exterior (CTN, art. 26). Observa-se que o art. 97 do CTN, delimitando a área da denominada *reserva legal*, ressalvou expressamente, em seus incisos II e IV, o art. 26, entre outros, do Código. Assim, o art. 26 há de ser entendido como exceção ao princípio da legalidade estrita. Exceção essa que é legítima, porque está autorizada pela Constituição Federal (art. 153, § 1º). Agora, porém, somente em relação às alíquotas. Não mais em relação às bases de cálculo.

A lei ordinária não cogita, atualmente, de alíquota específica. A alíquota *ad valorem* do imposto de exportação é de 30%, "facultado ao Poder Executivo reduzi-la ou aumentá-la, para atender aos objetivos da política cambial e do comércio exterior" (Lei 9.716, de 26.11.1998, art. 3º). A alíquota máxima desse imposto não pode ser superior a 150% (Lei 9.716/1998, art. 3º, parágrafo único).

A rigor, cada redução, ou aumento, tem de ser justificado. Não basta que o ato do Poder Executivo diga que a redução, ou o aumento, se faz para atender aos objetivos da política cambial e do comércio exterior. Tal justificação, feita nesses termos, a rigor nada justifica. Serve para toda e qualquer situação e, por isto mesmo, para nada serve, a não ser para evidenciar o exercício arbitrário do poder de tributar. Veja-se, a propósito, o que escrevemos a respeito das alíquotas do imposto de importação, e em nosso artigo "os impostos flexíveis e a motivação dos atos administrativos" (*Revista Dialética de Direito Tributário* 63, dezembro/2000).

A ausência de justificativa, ou a justificativa genérica, que nada justifica, constituem práticas de flagrantemente inconstitucionalidade.

2.5 Base de cálculo

A base de cálculo do imposto de exportação é, tratando-se de produto sujeito a alíquota específica, a unidade de medida adotada pela lei, e, tratando-se de produto sujeito a alíquota *ad valorem*, o preço normal que o produto, ou seu similar, alcançaria, ao tempo da exportação, em uma venda em condições de livre concorrência (CTN, art. 24).

Para determinação do *preço normal* sobre o qual incidirá o imposto são deduzidos os tributos diretamente incidentes sobre a operação de exportação, e, no caso de vendas efetuadas a prazo superior aos correntes no mercado internacional, o custo do financiamento (CTN, art. 24, parágrafo único).

Compete ao Conselho Monetário Nacional expedir normas sobre a determinação da base de cálculo do imposto e fixar critérios específicos, ou estabelecer pauta de valor mínimo, para os casos nos quais o preço do produto for de difícil apuração, ou for suscetível de oscilações bruscas no mercado internacional.

O preço à vista do produto, FOB ou posto na fronteira, é indicativo do preço normal (*preço FOB* significa o preço da mercadoria sem as despesas de frete e seguro relativas ao transporte até o seu estabelecimento).

Como acontece relativamente ao imposto de importação, em face da Constituição de 1988, pode ser colocada a questão de saber se o Poder Executivo ainda pode alterar a base de cálculo desse imposto. Na verdade, a vigente Constituição faculta ao Poder Executivo alterar as alíquotas do imposto. Não a sua base de cálculo.

2.6 Contribuinte

Contribuinte do imposto é o exportador ou quem a lei a ele equiparar (CTN, art. 27). A Constituição não vinculou o imposto de exportação a um sujeito passivo específico, nem atribuiu à lei complementar essa definição, como aconteceu com o ICMS (art. 155, § 2º, XII, "a"), de sorte que o legislador ordinário pode livremente escolher o contribuinte desse imposto. É claro, porém, que esse sujeito passivo, para assumir a condição de contribuinte, há de ter relação pessoal e direta com o fato gerador do tributo, por força do que estabelece o art. 121, parágrafo único, do CTN. A lei não pode, portanto, equiparar ao exportador pessoa sem qualquer relação com a exportação.

O conceito de "exportador", não formulado pelo Código, é resultante do significado comum da palavra. *Exportador* é aquele que remete a mercadoria, a qualquer título, para o exterior, ou a leva consigo. Não é necessário que seja comerciante, industrial ou produtor, vale dizer, não é necessário que seja *empresário*, pois a *exportação*, como fato gerador do imposto em causa, pode ser eventual e sem intuito de lucro. De um modo geral, porém, o exportador é um empresário que realiza as operações de exportação profissional e habitualmente.

Para efeitos tributários, pode ser considerada *exportador* pessoa a este equiparada pela lei, de sorte que, assim, não tem relevância a questão do conceito de exportador. O legislador, porém, não é inteiramente livre ao estabelecer essa equiparação, pela razão acima exposta.

2.7 Lançamento

O lançamento do imposto de exportação geralmente é feito mediante declaração prestada pelo exportador, mas a autoridade da Administração Tributária tem a faculdade de recusar qualquer dos elementos dessa declaração, especialmente o preço das mercadorias, pois é o preço da venda, constante da fatura comercial, mera indicação, visto como a lei não o adotou como base de cálculo.

Como acontece com os impostos de um modo geral, também o imposto de exportação pode ser objeto de lançamento de ofício, nos termos do art. 149 do CTN.

2.8 Considerações especiais

A utilização do imposto de exportação é eventual, eis que ele não representa, como já dissemos, fonte de receita orçamentária permanente. Aliás, sua utilização como fonte de receita permanente seria extremamente prejudicial à economia do País, que enfrenta grandes dificuldades na disputa pelos mercados estrangeiros.

Por isto, a incidência do imposto de exportação fica a depender de situações ocasionais, ligadas à conjuntura econômica. Só diante de situações como a elevação de preços, no mercado externo, de produtos brasileiros exportáveis, ou da necessidade de garantir o abastecimento do mercado interno, o imposto deve ser exigido. Sua finalidade específica, então, é regular o mercado externo. Na primeira das duas situações acima enunciadas, ele retira o excesso de remuneração dos produtores nacionais, para formar reservas monetárias. Na segunda, além disto, ele desestimula as exportações, em benefício do consumidor nacional.

3. *Imposto sobre renda e proventos de qualquer natureza*

3.1 Competência

O imposto sobre renda e proventos de qualquer natureza, ou simplesmente *imposto de renda*, como é geralmente conhecido, pertence à competência da União Federal (CF, art. 153, III, e CTN, art. 43).

Justifica-se que seja esse imposto da competência federal porque só assim pode ser utilizado como instrumento de redistribuição de renda, buscando manter em equilíbrio o desenvolvimento econômico das diversas regiões. Aliás, o intérprete das normas do sistema tributário brasileiro está vinculado por esse *valor*, hoje expressamente incorporado ao texto constitucional, inclusive no § 7º do art. 165, segundo o qual o orçamento fiscal e o orçamento de investimentos "terão entre suas funções a de reduzir desigualdades inter-regionais, segundo critério populacional". Por outro lado, graves problemas relacionados com a dupla ou múltipla tributação ocorreriam por certo se fosse esse imposto da competência dos Estados ou Municípios.

3.2 Função

O imposto de renda é de enorme importância no orçamento da União Federal, onde hoje figura como a principal fonte de receita tributária. Tem, portanto, função nitidamente *fiscal*. É inegável também a importância do imposto de renda como instrumento de intervenção do Poder Público no domínio econômico.

Com efeito, o imposto de renda é um instrumento fundamental na redistribuição das riquezas, não apenas em razão de pessoas, como também de lugares. Presta-se, outrossim, como instrumento de grande valia para incrementar o desenvolvimento econômico regional e setorial, como se pode observar pela legislação geralmente conhecida como de "incentivos fiscais", administrados pela Superintendência do Desenvolvimento do Nordeste/SUDENE, pela Superintendência do Desenvolvimento da Amazônia/

SUDAM e pela Superintendência do Desenvolvimento da Pesca/SUDEPE, entre outros organismos.

Assim, pode-se afirmar que o imposto de renda, embora tenha função predominantemente *fiscal*, tem também função *extrafiscal* altamente relevante.

3.3 Fato gerador

Tendo em vista o disposto no art. 153, III, da CF e no art. 43 do CTN, podemos afirmar que o âmbito material de incidência do imposto de renda é a aquisição da disponibilidade econômica ou jurídica de *renda*, assim entendido o produto do capital, do trabalho ou da combinação de ambos; e de *proventos de qualquer natureza*, assim entendidos os acréscimos patrimoniais não compreendidos no conceito de renda.

A definição do fato gerador do imposto de renda, pelo legislador ordinário, tem sido casuística, e nem sempre se mantém no âmbito material acima indicado.

A Lei Complementar 104, de 10.1.2001, adotou o denominado *world wide income taxation*. Acrescentou dois §§ ao art. 43 do CTN. No primeiro está dito que *a incidência do imposto independe da denominação da receita ou do rendimento, da localização, condição jurídica ou nacionalidade da fonte, da origem e da forma de percepção*. E no segundo está dito que, *na hipótese de receita ou rendimento oriundos do exterior, a lei estabelecerá as condições e o momento em que se dará sua disponibilidade, para fins de incidência do imposto*. É possível que tais normas venham ensejar sérios conflitos em torno do fato gerador do imposto de renda, tendo-se em vista que "receita" e "renda" – palavras em tais normas utilizadas como se fossem sinônimos –, na verdade, não se confundem. Significam realidades econômicas e jurídicas bastante diversas.

De que a incidência do imposto independe da denominação da renda não há dúvida. Já era assim antes da esdrúxula inovação. O mesmo se pode dizer quanto à localização, e condição jurídica de sua fonte, e quanto à origem e à forma de sua percepção. Aguardemos a aplicação dessas novas normas, para que se possa entender o sentido que as autoridades da Receita Federal lhes atribuem.

A formulação do conceito de renda tem sido feita pelos economistas e financistas. Não há, entretanto, uniformidade de entendimento. Assim, para fugir às questões relacionadas com o conceito de renda, referiu-se a Constituição também a proventos de qualquer natureza. Na expressão do Código, *renda* é sempre um produto, um resultado, quer do trabalho, quer do capital, quer da combinação desses dois fatores. Os demais *acréscimos* patrimoniais que não se comportem no conceito de renda são *proventos*.

Em face das controvérsias a respeito do conceito de renda, há quem sustente que o legislador pode livremente fixar o que como tal se deva entender. Assim, porém, não nos parece que seja. Entender que o legislador é inteiramente livre para fixar o conceito de *renda* e de *proventos* importa deixar sem qualquer significação o preceito constitucional respectivo. A Constituição, ao atribuir competência tributária à União, alude a *renda* e a *proventos*. Assim, entender-se que o legislador ordinário pode conceituar, livremente, essas categorias implica admitir que esse legislador ordinário pode ampliar, ilimitadamente, essa atribuição de competências, e tal não se pode conceber em um sistema tributário como o brasileiro.

É certo que o legislador goza de uma liberdade relativa para formular o conceito de renda. Pode escolher entre os diversos conceitos fornecidos pela Economia, procurando alcançar a capacidade contributiva e tendo em vista considerações de ordem prática. Não pode, todavia, formular arbitrariamente um conceito de renda ou de proventos.

E, se assim é perante o sistema tributário disciplinado na Constituição, o Código Tributário Nacional deixou essa questão fora de qualquer dúvida razoável, fixando, embora de modo bastante amplo, os conceitos de renda e de proventos. Não há *renda*, nem *provento*, sem que haja acréscimo patrimonial, pois o Código Tributário Nacional adotou expressamente o conceito de renda como *acréscimo*. Já não é possível, portanto, considerar-se renda uma cessão gratuita do uso de imóvel, por exemplo, como pretendeu, seguindo os anteriores, o Regulamento do Imposto de Renda aprovado pelo Decreto 85.450, de 4.12.1980, em seu art. 31, parágrafo único, segundo o qual era tributável "o valor locativo do prédio urbano construído, quando cedido seu uso gratuitamente, exceto quanto a dependente considerado encargo de família".

Quando afirmamos que o conceito de *renda* envolve acréscimo patrimonial, como o conceito de *proventos* também envolve acréscimo patrimonial, não queremos dizer que escape à tributação a renda consumida. O que não se admite é a tributação de algo que na verdade em momento algum ingressou no patrimônio, implicando incremento do valor líquido deste. Como acréscimo se há de entender o que foi auferido, menos parcelas que a lei, expressa ou implicitamente, e sem violência à natureza das coisas, admite sejam diminuídas na determinação desse acréscimo.

Referindo-se o Código Tributário Nacional à aquisição da disponibilidade econômica ou jurídica, quer dizer que a renda ou os proventos podem ser os que foram *pagos* ou simplesmente *creditados*. A disponibilidade econômica decorre do *recebimento* do valor que se vem a acrescentar ao patrimônio do contribuinte. Já, a disponibilidade jurídica decorre do simples *crédito* desse valor, do qual o contribuinte passa a juridicamente dispor, embora este não lhe esteja ainda nas mãos.

Para uma adequada compreensão do sentido da expressão "disponibilidade jurídica", todavia, deve ser esclarecido que o *crédito* capaz de configurar essa disponibilidade é somente aquele que esteja efetivamente à disposição do contribuinte, vale dizer, o crédito do qual este possa lançar mão sem qualquer obstáculo, de fato ou de direito. Para que se considere consumado o fato gerador do imposto de renda é necessário que exista a efetiva disponibilidade da renda ou dos proventos.

É razoável considerar-se desprovida de validade jurídica a exigência de imposto de renda de pessoa física dos sócios de empresas relativamente ao lucro destas que não foi distribuído. O art. 35 da Lei 7.713/1988, no que tributava como renda da pessoa física o que não era disponibilidade econômica nem jurídica, ultrapassava o âmbito desse imposto, pelo quê era inconstitucional. Em sentido contrário manifestou-se o TRF-5ª Região, por sua 2ª Turma, ao entendimento de que, "quando, elaborado o balanço anual da empresa, verifica-se a existência de lucro, este entra na esfera de disponibilidade jurídica dos sócios, que decidirão qual será o destino dos recursos superavitários" (AMS 2.683-CE).

Não obstante já ter sido revogada a malsinada norma do art. 35 da Lei 7.713/1988, é interessante o exame da questão no plano doutrinário, posto que diz respeito ao conceito de renda e, assim, é útil na medida em que contribui para o aclaramento deste.

A questão essencial reside em saber se os sócios adquirem, ou não, a disponibilidade jurídica dos lucros logo sejam estes apurados pela sociedade. Em um sistema jurídico que atribui relevância tributária à distinção entre pessoa física, ou natural, e pessoa jurídica, a resposta negativa se impõe. O lucro apurado pela pessoa jurídica a esta pertence. Não aos sócios. A estes só pertencem os lucros distribuídos.

Em muitas situações a distribuição de todo o lucro apurado pode significar a inviabilização da atividade que o produziu. Há situações nas quais a empresa aufere lucro, mas sua distribuição é impraticável, em face da aquisição de bens necessários à expansão de suas atividades. Quem tem noções elementares de contabilidade sabe a nítida diferença que há entre *lucro*, como expressão econômica, e *disponibilidade financeira*, e a compreensão dessa diferença é suficiente para que se entenda que o lucro auferido pela pessoa jurídica nem sempre constitui, mesmo do ponto de vista econômico, disponibilidade dos sócios ou acionistas.

Do ponto de vista jurídico, então, é indiscutível que o lucro da sociedade a ela pertence, e não aos sócios. A vontade social, que decide o destino dos lucros, é distinta da vontade de cada sócio. É sólida neste sentido a doutrina jurídica.

Seja como for, a erronia da tese fiscalista evidenciada fica na situação em que, vencidos na Assembleia-Geral que decidiu não distribuir lucros, os acionistas minoritários de uma sociedade anônima sofrem a tributação, pelo imposto de renda, sobre a parcela dos lucros que aos mesmos deixou de ser distribuída.

O argumento segundo o qual no momento em que a pessoa jurídica apura lucro ficam automaticamente aumentadas as participações do sócio no patrimônio social deve ser visto com cautela, porque na verdade não se presta para justificar a tributação questionada. Primeiro porque aceitá-lo significa suprimir a distinção entre a pessoa jurídica e a pessoa de seus sócios. Segundo porque, mesmo admitindo que, apurado o lucro pela pessoa jurídica, ocorre um automático aumento da participação do sócio no patrimônio desta, tem-se de considerar que o fato gerador do imposto de renda é a aquisição da disponibilidade, econômica ou jurídica, da renda, e no caso o sócio não adquire disponibilidade nenhuma. Nem econômica, nem jurídica.

Recorde-se que a disponibilidade econômica é adquirida com o efetivo recebimento da renda. É a disponibilidade de fato, efetiva. Já, a disponibilidade jurídica ocorre com o crédito, à disposição do sócio, de sua parte no lucro da pessoa jurídica. Disponibilidade sem qualquer obstáculo. Se o sócio, para haver essa participação, precisa acionar a pessoa jurídica, então na verdade não tem ele a disponibilidade.

A renda não se confunde com sua disponibilidade. Pode haver renda, mas esta não ser disponível para seu titular. O fato gerador do imposto de que se cuida não é a renda mas a *aquisição da disponibilidade da renda, ou dos proventos de qualquer natureza*. Assim, não basta, para ser devedor desse imposto, o auferir renda, ou proventos. É preciso que se tenha adquirido a disponibilidade, que não se configura pelo fato de ter o adquirente da renda *ação* para sua cobrança. Não basta ser credor da renda se esta não está disponível, e a disponibilidade pressupõe ausência de obstáculos jurídicos a serem removidos. O proprietário de prédios alugados aufere renda desde o momento em que se consuma cada período, geralmente mensal, de vigência do contrato de locação. Entretanto, se o inquilino não paga, nem oferece ao locador o crédito da quantia correspondente, este não será devedor do imposto de renda, embora tenha mais do que *ação*, porque tem *execução* contra o inquilino, posto ser o contrato de locação um título executivo.

Destaque-se que não existe renda *presumida*. A renda há de ser sempre *real*. Presumido, ou arbitrado, pode ser o montante da *renda*. A existência desta, porém, há de ser real. O Fisco há de ter elementos para demonstrar a existência da renda, embora não tenha condições de determinar seu montante. Essa determinação poderá ser feita mediante presunção, ou arbitramento, como autoriza o Código Tributário Nacional (art. 44).

O imposto sobre a renda e proventos de qualquer natureza incide, em regra geral, sobre as rendas e proventos auferidos em determinado período. O imposto, em princípio, é de incidência anual. Existem, porém, ao lado dessa incidência genérica, incidências específicas, denominadas incidências na fonte. Podem ser mera antecipação da incidência genérica e podem ser, em certos casos, incidência autônoma.

Tratando-se de imposto de incidência anual, pode-se afirmar que o seu fato gerador é da espécie dos fatos *continuados*. E em virtude de ser a renda, ou o lucro, um resultado de um conjunto de fatos que acontecem durante determinado período, é razoável dizer-se também que se trata de fato gerador *complexo*.

Assim, a rigor, iniciado o período, está definido o regime jurídico do imposto. Nenhuma lei pode mais modificar os critérios de determinação do valor do imposto. O art. 105 do CTN já não tem validade, ou, mais exatamente, não foi recepcionado, posto que contraria o art. 150, III, da CF.

Mesmo antes da Constituição Federal de 1988 alguns julgados apontavam no sentido de que a lei aplicável na determinação do valor do imposto de renda há de ser aquela vigente desde o início do período em que ocorre a renda, vale dizer, período-base do imposto.

Alguns julgados tentaram estabelecer a separação entre fatos anteriores e fatos posteriores à lei surgida no decurso daquele período, mas parece hoje prevalecente o entendimento de que todos os fatos ocorridos durante o denominado exercício social da pessoa jurídica, que corresponde ao período-base do imposto, submetem-se ao regime jurídico em vigor quando começa esse período. Este, na verdade, é o entendimento que melhor realiza o princípio da anterioridade da lei tributária, expresso no art. 150, III, "a" e "b", da CF.

Ressalte-se que consubstanciam aumento do tributo as normas que imponham restrições à dedutibilidade de despesas, posto que implicam majoração de sua base de cálculo.

3.4 Alíquotas

Existem diversas alíquotas para o imposto de renda, e para a determinação da alíquota aplicável devemos considerar que esse imposto tem diversos regimes jurídicos. Um para as *pessoas jurídicas* – que tem como base de cálculo o lucro real, presumido ou arbitrado, como adiante será explicado. Outro para as *pessoas físicas* – que tem como base de cálculo a renda líquida. A alíquota do imposto de renda das pessoas jurídicas é proporcional. Já, o imposto de renda das pessoas físicas tem alíquotas progressivas.

A propósito das alíquotas do imposto de renda devemos observar que, nos termos da Constituição Federal, esse imposto "será informado pelos critérios da generalidade, da universalidade e da progressividade" (art. 153, § 2º, I). Critérios que, na verdade, correspondem a princípios jurídicos, os quais devem ser entendidos em conjunto, de sorte a que se estabeleça certo equilíbrio entre eles. Pelo critério da *generalidade* podemos entender que o imposto deve ser igual para todas as situações, atingindo igualmente a todos os contribuintes. Pelo critério da *universalidade* podemos entender que o imposto deve ser estabelecido considerando-se todos os elementos do patrimônio do qual o acréscimo é tributável, sem qualquer distinção. Invocando o critério da universalidade, o Fisco Federal exige imposto de renda sobre rendimentos de atividades desenvolvidas no exterior ainda quando permanecem no exterior. Entretanto, despreza esse critério quando proíbe sejam considerados na determinação da base de cálculo do imposto os prejuízos sofridos no exterior. Diante desse mesmo critério pode ser questionada a constitucionalidade das leis que estabelecem tributação dos lucros havidos na exploração de certas atividades ainda que a pessoa jurídica tenha, no mesmo período, sofrido prejuízo. E, finalmente, pelo critério da *progressividade* podemos entender que a alíquota do imposto deve ser maior na medida em que seja maior o montante da renda tributável – vale dizer, a base de cálculo do imposto.

Curioso é observarmos que antes da Constituição de 1988 o imposto de renda das pessoas físicas era realmente progressivo. Aliás, podemos dizer que era bem mais justo, porque discriminava os rendimentos segundo a fonte produtora, aplicando-se sobre os valores líquidos uma alíquota diferenciada, menor para os provenientes do trabalho e maior para os provenientes do capital. A soma dos rendimentos líquidos compunha a denominada *renda bruta*, da qual eram feitos os abatimentos dos gastos do contribuinte que não tinham relação com a fonte produtora dos rendimentos. E sobre a renda líquida era, então, aplicada a tabela de alíquotas progressivas, que chegavam a variar de 3 a 55%. Entretanto, com a Lei 7.713, de 22.12.1988 – portanto, pouco depois de a Constituição impor o critério da progressividade –, o imposto de renda das pessoas físicas praticamente deixou de ser progressivo, passando a ter apenas duas alíquotas. Grave injustiça, já em parte corrigida, tendo atualmente esse imposto apenas quatro alíquotas que formam uma tabela progressiva.

Existe ainda um terceiro regime jurídico para o imposto de renda, que é o da *tributação na fonte*. A tributação na fonte pode ser de duas formas, a saber: a denominada tributação exclusivamente na fonte e a tributação na fonte como simples antecipação do imposto devido na declaração anual de rendimentos. Nesse regime jurídico – vale dizer, no regime da tributação na fonte – a alíquota do imposto é diversa em função da natureza do rendimento. Tratando-se de tributação na fonte como simples antecipação do imposto devido na declaração anual, essa diversidade de alíquota não tem maior importância. Entretanto, tratando-se de tributação exclusivamente na fonte, uma alíquota menor pode ser considerada inconstitucional, por afrontar o critério da universalidade.

3.5 Base de cálculo

A base de cálculo do imposto é o montante real, arbitrado ou presumido da renda ou dos proventos tributáveis (CTN, art. 44). A forma de determinação da base de cálculo varia de acordo com o tipo de contribuinte.

Tratando-se de pessoa jurídica, a base de cálculo do imposto é o *lucro*, que pode ser, conforme o critério de determinação, *real*, *arbitrado* e *presumido*. Tratando-se de pessoa física, ou natural, a base de cálculo do imposto era a *renda líquida*, mas agora passou a ser o rendimento.

Agora o imposto incide, em regra, sobre o rendimento bruto mensal auferido pela pessoa física. Diz-se “em regra” porque algumas deduções são ainda admitidas, tais como pensões alimentícias e encargos por dependentes. Anualmente, porém, é feita uma declaração para fins de ajuste, sendo paga uma complementação, ou obtida a restituição do que porventura tenha sido pago a mais.

A rigor, na definição da base de cálculo do imposto de renda pela legislação ordinária podem ser constatadas diversas violações da Constituição, posto que levam à incidência do imposto sobre algo que não é *renda*. Por outro lado, o próprio sistema do qual decorre o pagamento do imposto na fonte em valor superior ao devido na declaração anual de ajuste também fere a Constituição Federal, pois termina sendo uma forma oblíqua de instituir empréstimo compulsório.

Note-se, ainda, que a Administração Tributária trata a restituição dos valores pagos a maior, em relação ao imposto devido na declaração anual, como se fosse um prêmio concedido aos contribuintes, que fazem o pagamento na época por ela escolhida.

3.5.1 *Lucro real*

O *lucro real*, que constitui a base de cálculo do imposto de renda das pessoas jurídicas em geral, pode ser entendido como o acréscimo *real* do patrimônio da empresa, em determinado período. Sua definição legal comporta os mesmos questionamentos pertinentes à definição legal de *renda*, posto que admitir tenha o legislador total liberdade ao elaborar tal definição implica admitir possa o mesmo ampliar a competência tributária da União além dos limites constitucionais.

A legislação em vigor define como *lucro real* "o lucro líquido do exercício ajustado pelas adições, exclusões ou compensações prescritas ou autorizadas pela legislação tributária" (Decreto-lei 1.598/1977, art. 6º). O lucro líquido é determinado mediante escrituração contábil de todos os fatos com implicações patrimoniais, todas as receitas e todos os custos e despesas, observando-se, em tudo isto, as regras da legislação pertinente ao imposto de renda, que é extensa e complexa. Basta ver-se a quantidade de artigos que tem o Regulamento do Imposto de Renda, vários deles desdobrados em parágrafos, incisos e alíneas. É grande, por isto mesmo, a importância do conhecimento dessa legislação por parte dos profissionais da contabilidade.

Como o fato gerador da obrigação tributária, tratando-se de imposto de renda das pessoas jurídicas, é o lucro, e este é apurado através dos procedimentos contábeis, é de decisiva importância o conhecimento de contabilidade. Para o contador de empresas é fundamental o conhecimento da legislação tributária, especialmente a pertinente ao imposto de renda. Por outro lado, o conhecimento dessa legislação exige seguras noções de contabilidade.

Tratando-se de empresas de pequena expressão econômica, a legislação estabelece tratamento diferenciado, com o qual ficam desobrigadas de manter escrituração contábil. Esse tratamento diferenciado pode ser considerado hoje uma imposição constitucional, posto que o art. 145, § 1º, da vigente CF determina a observância do princípio da capacidade econômica, e ninguém de bom senso poderá negar que uma microempresa tem capacidade econômica quase nula. Sobrevive graças a esforço incomum de seus proprietários.

Trata-se do Sistema Integrado de Pagamento de Impostos e Contribuições, conhecido pela sigla SIMPLES, no qual a empresa faz o pagamento unificado de diversos tributos, aplicando sobre sua receita bruta uma alíquota única, que é determinada segundo as peculiaridades da empresa inscrita nesse Sistema, atualmente disciplinado pela Lei Complementar 123, de 14.12.2006, já objeto de diversas alterações.

A referida lei complementar estabelece normas gerais relativas ao tratamento diferenciado e favorecido a ser dispensado às microempresas e empresas de pequeno porte no âmbito dos Poderes da União, dos Estados, do Distrito Federal e dos Municípios, especialmente no que se refere: I – à apuração e recolhimento dos impostos e contribuições da União, dos Estados, do Distrito Federal e dos Municípios, mediante regime único de arrecadação, inclusive obrigações acessórias; II – ao cumprimento de obrigações trabalhistas e previdenciárias, inclusive obrigações acessórias; III – ao acesso a crédito e ao mercado, inclusive quanto à preferência nas aquisições de bens e serviços pelos Poderes Públicos, à tecnologia, ao associativismo e às regras de inclusão.

3.5.2 *Lucro presumido*

As firmas individuais e as pessoas jurídicas cuja receita bruta seja inferior a determinado montante e que atendam, ainda, a outras exigências da lei ficam dispensadas de fazer a escrituração contábil de suas transações e o imposto de renda, nestes casos, é calculado sobre o *lucro presumido*, que é determinado pela aplicação de coeficientes legalmente definidos, sobre a receita bruta anual, conforme a natureza da atividade. Para apuração da receita bruta é sempre considerado o ano civil.

A definição do coeficiente não pode ser feita pelo Fisco discricionariamente. No lançamento do tributo a autoridade administrativa há de ter sempre presente sua definição legal, constante do art. 3º do CTN. A cobrança do tributo, por isto mesmo, é sempre atividade administrativa *plenamente vinculada*.

É importante fixar a ideia de que a tributação com base no *lucro presumido* é uma opção do contribuinte que atenda a certas exigências legais. Não pode ser imposta ao contribuinte que, mesmo estando nas condições legalmente estabelecidas para sua adoção, pretenda ser tributado com base no *lucro real*. Ou pretenda eximir-se do tributo, com a demonstração regular de ter sofrido prejuízo.

Se a pessoa jurídica não se encontra nas condições para optar pela tributação com base no lucro *presumido*, e não dispõe de escrituração contábil regular para demonstrar o seu lucro *real*, será tributada com base no lucro *arbitrado*.

3.5.3 *Lucro arbitrado*

A regra – repita-se – é ser o imposto calculado sobre o lucro real. A tributação com base no *lucro arbitrado* poderá ocorrer nos seguintes casos:

(a) O contribuinte, sujeito à tributação com base no lucro real, não dispõe de escrituração na forma das leis comerciais ou fiscais, ou deixa de elaborar as demonstrações financeiras legalmente exigidas.

(b) O contribuinte, sujeito à tributação com base no lucro presumido, deixa de cumprir as obrigações acessórias relativas à sua determinação.

(c) Recusa-se o contribuinte a apresentar à autoridade da Administração Tributária os livros ou documentos de sua escrituração.

(d) A escrituração mantida pelo contribuinte contém vícios, erros ou deficiências que a tornam imprestável para a determinação do lucro, real ou presumido.

(e) O comissário ou representante de pessoa jurídica estrangeira deixa de fazer, em sua escrituração contábil, a apuração de seu lucro separadamente do lucro do comitente ou representado domiciliado no exterior.

(f) O contribuinte espontaneamente opta por essa forma de cálculo do imposto.

O lucro arbitrado será uma porcentagem da receita bruta, se esta, obviamente, for conhecida. Compete ao Ministro da Fazenda fixar tal porcentagem, levando em conta a natureza da atividade econômica do contribuinte.

Não sendo conhecida a receita bruta, a autoridade poderá arbitrar o lucro com base no valor do ativo, do capital social, do patrimônio líquido, da folha de pagamento dos empregados, das compras, do aluguel das instalações ou do lucro líquido auferido pelo contribuinte em períodos anteriores.

Também aqui é importante ter presente a ideia de que o tributo há de ser cobrado *mediante atividade administrativa plenamente vinculada*. Assim, não obstante se diga o lucro *arbitrado*, a autoridade administrativa, ao defini-lo, não pode agir de forma arbitrária. Nem pode, ao fazer o lançamento, em cada caso, afastar-se *arbitrariamente* dos critérios normativamente estabelecidos.

Seja como for, restará, sempre, ao contribuinte o direito de demonstrar que não auferiu *realmente* o lucro no valor apontado pela autoridade administrativa através do arbitramento. Segundo jurisprudência já bem definida, mesmo ultrapassado o prazo para a declaração de rendimento, *desde que não encerrada a questão do lançamento na esfera administrativa*, poderá o contribuinte oferecer a demonstração contábil de seu *lucro real*, com base no qual será calculado o seu imposto de renda. Ou da ocorrência de *prejuízo* que o eximirá do imposto.

Do ponto de vista rigorosamente jurídico, o direito do contribuinte de demonstrar *lucro real* menor do que o arbitrado pela autoridade administrativa só encontra limite na coisa julgada. Assim, mesmo lançado *definitivamente* o imposto, poderá ele, perante o Judiciário, demonstrar que o lucro por ele *realmente* auferido é menor, ou que não auferiu lucro nenhum. Se o imposto que a Constituição permite seja cobrado é *sobre a renda*, e renda não há, não pode haver obrigação de pagar esse imposto. A cobrança, neste caso, lesa direito do contribuinte, e a lei não pode excluir da apreciação do Judiciário nenhuma lesão ou ameaça a direito (CF, art. 5º, XXXV).

É certo, outrossim, que a desconsideração da escrita contábil do contribuinte, à consideração de que a mesma contém vícios, erros ou deficiências, só é admissível nas situações em que tais defeitos impossibilitem a segura determinação do lucro real. A jurisprudência orientou-se no sentido de que não pode o Fisco fazer o lançamento do imposto de renda por arbitramento se a prova pericial atesta existência de elementos hábeis a demonstrar o lucro real auferido pelo contribuinte.

Se o caso é de atraso na escrituração contábil, mas esta se faz, de sorte a viabilizar a realização de balanço, com a apuração regular do lucro real, antes de definitivamente julgada a questão, há de ser assegurado ao contribuinte o direito de ser tributado com base no lucro real.

A tributação com base no lucro real é a regra, da qual somente se pode afastar a autoridade administrativa em situações nas quais o contribuinte, obrigado a manter escrituração contábil, não a mantenha, impossibilitando, assim, o conhecimento do resultado econômico de sua atividade.

A tributação com base no lucro arbitrado não é penalidade, nem como tal pode ser entendida, em face da Constituição e do Código Tributário Nacional. É apenas um meio, uma técnica, cuja adoção a lei autoriza, à míngua de forma mais adequada de tributar a renda das pessoas jurídicas que não a apurem mediante escrituração contábil.

3.5.4 *Rendimento*

Tratando-se de pessoa física, o imposto era calculado com base na renda líquida anual. Em primeiro lugar eram considerados os *rendimentos*, que se classificavam em *cédulas*, designadas pelas letras "A" até "H", de acordo com a natureza da fonte desses mesmos rendimentos. Na maioria dessas cédulas eram permitidas *deduções* de quantias despendidas pelo contribuinte, durante o ano-base, em função da fonte produtora dos rendimentos. A soma dos rendimentos líquidos cedulares constituía a *renda bruta*.

Da *renda bruta* – que era, repita-se, a soma dos *rendimentos líquidos* das diversas cédulas – podiam ser feitos *abatimentos* das quantias que o contribuinte despendera durante o ano-base e que a lei permitia fossem abatidas da renda bruta, tais como despesas com médicos e dentistas, despesas com instrução, entre outras, além dos encargos de família. Feitos os abatimentos da renda bruta, tinha-se, então, a renda líquida sobre a qual era calculado o imposto.

A partir de 1989 foi suprimida a classificação dos rendimentos e ganhos de capital das pessoas físicas por cédulas, e revogados todos os dispositivos pertinentes a isenções, deduções e abatimentos. O imposto passou a ser devido mensalmente, calculado sobre o rendimento bruto, do qual apenas algumas parcelas podem ser abatidas, entre as quais as pensões alimentícias, os encargos de família e as contribuições para a Previdência Social.

Tais alterações foram feitas a pretexto de simplificar a sistemática do imposto. Ocorre que, com elas, ficou praticamente eliminado o caráter pessoal do imposto de renda, que era o único tributo de nosso sistema obediente ao art. 145, § 1º, da CF de 1988.

3.6 Contribuinte

O contribuinte do imposto de renda pode ser pessoa física ou pessoa jurídica. Pessoa física é a pessoa natural, o indivíduo. Pessoa jurídica é aquela criada pelo Direito. É pessoa porque pode ser sujeito de direitos e obrigações, sendo distinta daquela ou daquelas pessoas naturais que a compõem.

Para evitar polêmicas a respeito da configuração das firmas individuais, assim também para abranger pela tributação das pessoas jurídicas aquelas que exercem atividades empresariais sem a forma de pessoa jurídica, a legislação fez a equiparação legal. Disse que se equiparam às pessoas jurídicas as empresas individuais, as firmas individuais, bem como as pessoas físicas que, em nome individual, explorem, habitual e profissionalmente, qualquer atividade econômica de natureza civil ou comercial, com o fim especulativo de lucro, mediante venda a terceiros de bens ou serviços.

Entre as empresas individuais destacam-se, por sua importância econômica, aquelas dedicadas a atividades imobiliárias, que por isto mesmo receberam tratamento específico da legislação tributária.

Tratando-se de atividades de prestação de serviços, pode parecer que ocorrerá sempre a equiparação das pessoas físicas à pessoa jurídica. Assim, porém, não acontece. Um profissional liberal, por exemplo, pode exercer sua atividade de prestação de serviços sendo tributado apenas como pessoa física. Para tanto a prestação dos serviços há de ser pessoal. Entretanto, se alguém contrata profissionais e os coloca para prestar serviços, estará configurada a existência de atividade empresarial e, assim, existirá uma pessoa jurídica para os efeitos do imposto de renda.

A lei pode atribuir a condição de contribuinte ao possuidor, a qualquer título, dos bens produtores de renda ou dos proventos tributáveis (CTN, art. 45, parte final). Essa faculdade, que não nos parece devesse existir, tem por fim possibilitar a tributação de rendimentos em consideração à denominada *teoria da fonte*. Se a renda ou os proventos foram pagos por fonte brasileira, aí então a lei considera contribuinte a fonte. Nestes casos, em verdade, o imposto está incidindo sobre uma despesa, e não sobre uma renda.

Pode também a lei atribuir à fonte pagadora da renda ou dos proventos a responsabilidade pela retenção e recolhimento do imposto (CTN, art. 45, parágrafo único). Neste caso, o contribuinte é efetivamente aquele que aufere a renda ou os proventos. A fonte é apenas responsável, nos termos do art. 121, parágrafo único, II, do CTN.

O dever jurídico de efetuar o desconto do imposto de renda *na fonte* tem como fato gerador o pagamento ou o crédito do rendimento respectivo. É que o imposto é devido pelo beneficiário da *renda*, e esta somente ocorre com o pagamento, ou o crédito. Ocorrendo pagamento, haverá disponibilidade *econômica* do valor pago. Ocorrendo crédito, haverá disponibilidade *jurídica* do valor creditado. Não ocorrendo pagamento nem crédito, não haverá disponibilidade econômica nem jurídica, não se podendo cogitar de imposto de renda.

Tanto em relação às pessoas jurídicas como em relação às pessoas físicas existem os contribuintes submetidos a regimes especiais. A legislação do imposto de renda é extremamente complexa, de sorte que se faz necessário cuidadoso exame de cada caso para que se possa determinar o regime jurídico do imposto.

Tratando-se da atividade de prestação de serviços profissionais, é vantajoso o regime jurídico das pessoas jurídicas em relação ao das pessoas físicas. Por isto mesmo há quem defenda a desconsideração da personalidade jurídica para fins de tributação.

3.7 *Lançamento*

O lançamento do imposto de renda já foi um exemplo típico de lançamento mediante declaração, previsto no art. 147 do CTN. Atualmente, porém, a declaração de rendimentos é entregue e o contribuinte recebe, desde logo, a intimação para o pagamento do tributo nos termos de sua declaração, de sorte que o lançamento, a rigor, já não se faz por declaração, mas por homologação.

Se o contribuinte não faz, como devia, sua declaração, ou se a faz de forma errada, ou incompleta, a autoridade administrativa fará o lançamento *de ofício*, nos termos do art. 149. Pode, também, ser efetuada de ofício a revisão de lançamento já feito com base na declaração do contribuinte.

Tratando-se de imposto descontado na fonte, o lançamento é feito por homologação, nos termos do art. 150 do CTN.

Ocorre também lançamento por homologação em todos os casos nos quais o pagamento do imposto seja feito sem que a autoridade administrativa tenha examinado os elementos fornecidos pelo contribuinte e expedido manifestação a respeito.

A sistemática do imposto de renda tem evoluído no sentido de que o lançamento se faça por homologação, e esta parece ser a modalidade mais praticada atualmente.

Seja como for, as declarações prestadas pelo contribuinte gozam de presunção de veracidade. A lei definiu como crime o *fazer declaração falsa ou omitir declarações sobre rendas, bens ou fatos, ou empregar outra fraude, para eximir-se, total ou parcialmente, de pagamento de tributo* (Lei 8.137, de 27.12.1990, art. 2º, I). Não se pode presumir o cometimento de crime. Assim, não se pode presumir a falsidade das declarações. Tal falsidade, se for o caso, deve ser provada pela autoridade da Administração Tributária. Se não tem ela qualquer elemento de convicção a indicar a falsidade das declarações do contribuinte, há de tê-las como verdadeiras.

3.8 *Considerações especiais*

O imposto sobre a renda é talvez o de legislação mais complexa de quantos integram o sistema tributário brasileiro. E, além de complexa, sua legislação é das mais dinâmicas.

Fala-se muito na desejada simplificação dos formulários das declarações de rendimentos. Essa simplificação, que ultimamente vem sendo tentada, não pode ser aplicada a todos os contribuintes, precisamente porque o que é complexo não é apenas o formulário, mas a própria legislação. E essa complexidade tem por fim tornar o imposto mais justo, vale dizer, mais *pessoal*, além de ensejar sua utilização como instrumento eficiente de política tributária, pois, como é sabido, o imposto de renda presta-se de forma notável como instrumento de função extrafiscal.

A Lei 7.713/1988 introduziu significativas alterações na sistemática do imposto de renda, especialmente no pertinente às pessoas físicas. Avançou bastante no rumo da simplificação. Entre as alteração que introduziu destacam-se a extinção da classificação dos rendimentos em cédulas e o aperfeiçoamento da tributação *em bases correntes*. Tratando-se de pessoas físicas, o imposto incide agora mês a mês, na medida em que os rendimentos são auferidos. Não se cogita mais de ano-base anterior ao exercício financeiro, não obstante subsista, ainda, a necessidade de declaração anual de rendimentos, que se presta para o ajuste do imposto devido, do qual resulta o pagamento ou a restituição de possíveis diferenças, e ainda para o controle da evolução patrimonial do contribuinte.

Com a Lei 9.430/1996 tem-se como regra a apuração trimestral da base de cálculo do imposto, embora o contribuinte possa optar pela apuração em 31 de dezembro de cada ano, com recolhimentos mensais por estimativa. Esse recolhimento mensal por estimativa, porém, é de constitucionalidade duvidosa, visto como implica antecipação do imposto sem que se saiba se ocorre lucro.

É importante observar que a simplificação do imposto de renda pode retirar do mesmo o seu *caráter pessoal*, contrariando o disposto no art. 145, § 1º, da vigente CF.

4. *Imposto sobre produtos industrializados*

4.1 Competência

O imposto sobre produtos industrializados/IPI pertence à competência tributária da União Federal (CF, art. 153, IV, e CTN, art. 46). Já assim era antes, quando o imposto tinha nome diverso – vale dizer, imposto de consumo.

A competência para instituir e cobrar o IPI constitui significativa parcela de poder político que se concentra em mãos do Governo Federal, não obstante considerável parcela de sua arrecadação seja destinada aos Estados, ao Distrito Federal e aos Municípios, nos termos do art. 159, I e II, da CF de 1988.

4.2 Função

Embora utilizado como instrumento de função extrafiscal, sendo, como é, por força de dispositivo constitucional, um imposto seletivo em função da essencialidade do produto (CF, art. 153, § 2º, IV), o IPI tem papel da maior relevância no orçamento da União Federal, dos Estados, do Distrito Federal e dos Municípios. Foi, até há pouco tempo, o tributo de maior expressão como fonte de receita, posição que vem sendo ocupada atualmente pelo imposto de renda, provavelmente em razão de substanciais reduções operadas nas alíquotas do IPI, muitas das quais foram reduzidas a zero.

Pretendeu-se que o IPI funcionasse como tributo de função extrafiscal proibitiva, tributando pesadamente os denominados artigos de luxo, ou supérfluos, como os perfumes, por exemplo, e também aqueles de consumo desaconselhável, como as bebidas e os cigarros. Todavia, parece que essa função "proibitiva" jamais produziu os efeitos desejados. Ninguém deixou de beber ou de fumar porque a bebida ou o fumo custasse mais caro, em razão da incidência exacerbada do imposto.

Parece, assim, incontestável a predominância, no IPI, da função fiscal, não obstante deva ser ele um imposto seletivo, em função da essencialidade dos produtos. Aliás, também aqui se pode notar que o legislador não tem levado em conta o preceito constitucional. A diversificação das alíquotas do IPI está, na prática, muito longe de fazer dele um imposto seletivo *em função da essencialidade do produto*.

Mesmo a denominada *função extrafiscal proibitiva*, na prática, não se tem mostrado eficaz. Como já dissemos ninguém deixou de fumar ou de beber porque o IPI seja elevado relativamente ao cigarro e às bebidas. Pelo contrário, é sabido que a indústria de cigarros figura como o maior contribuinte desse imposto, sendo certo que o aumento do preço dos cigarros serviu, muitas vezes, para resolver problemas de caixa do Tesouro Nacional.

4.3 Fato gerador

A Constituição Federal de 1988 atribui competência à União para instituir, entre outros, o imposto sobre *produtos industrializados*/IPI. Esse imposto é exatamente o mesmo já existente no sistema tributário anterior. A única alteração, que foi introduzida pela Emenda Constitucional 18 à Constituição de 1946, consistiu na mudança de nome, antes "imposto sobre *consumo de mercadorias*" (CF de 1946, art. 15, II), agora "imposto sobre *produtos industrializados*" (CF de 1988, art. 153, IV). Nenhuma alteração substancial, portanto, tendo-se em vista que a mudança de nome não alterou a natureza do imposto.

Para a adequada compreensão do âmbito constitucional do imposto em tela faz-se indispensável saber o que se deve entender por *produto industrializado*. No regime da Constituição de 1988, cabe à lei complementar estabelecer normas gerais sobre a definição dos fatos geradores dos impostos nela discriminados (art. 146, III, "a"). Não cabe à lei complementar definir os fatos geradores dos impostos, evidentemente, mas estabelecer normas gerais sobre tais definições; e entre essas normas gerais pode-se entender que está aquela que delimita conceitos utilizados na norma da Constituição, como é o caso do conceito de *produto industrializado*.

Realmente, o conceito de *produto industrializado* independe de lei. É um conceito pré-jurídico. Mesmo assim, para evitar ou minimizar conflitos, a lei complementar pode e deve estabelecer os seus contornos. Assim é que o Código Tributário Nacional estabeleceu que, para os efeitos deste imposto, considera-se industrializado o produto que tenha sido submetido a qualquer operação que lhe modifique a natureza ou a finalidade, ou o aperfeiçoe para o consumo. Delimitou também seu âmbito constitucional quanto ao aspecto temporal.

Nos termos do art. 46 do CTN, tem-se que o IPI tem por fato gerador (a) seu desembaraço aduaneiro, quando de procedência estrangeira, (b) a saída destes do estabelecimento do contribuinte e (c) sua arrematação, quando apreendidos e levados a leilão.

É sabido, porém, que o Código Tributário Nacional, como lei complementar que estabelece normas gerais, não define o fato gerador dos tributos. Em outras palavras, ele não veicula as hipóteses de incidência tributária. Isto é atribuição do legislador ordinário da pessoa jurídica titular da competência tributária.

A Lei 4.502, de 30.11.1964, definiu as hipóteses de incidência do imposto de consumo, estabelecendo que constitui seu fato gerador, (a) quanto aos produtos de procedência estrangeira, o respectivo desembaraço aduaneiro e (b) quanto aos de produção nacional, a saída do respectivo estabelecimento produtor. Quando a industrialização se der no próprio local de consumo ou de utilização do produto, fora de estabelecimento produtor, o fato gerador considerar-se-á ocorrido no momento em que ficar concluída a operação industrial. O imposto é devido sejam quais forem as finalidades a que se destine o produto ou o título jurídico a que se faça a importação ou de que decorra a saída do estabelecimento produtor (art. 2º e seus §§). Como o IPI é, em substância, o mesmo, o Decreto-lei 34, de 18.11.1965, que alterou a Lei 4.502/1964, adaptando-a à Emenda Constitucional 18, não modificou a definição do fato gerador desse imposto, vale dizer, não alterou a redação do art. 2º da citada Lei 4.502/1964.

Registre-se que a legislação do IPI amplia o conceito de *produto industrializado*, nele incluindo operações como o simples acondicionamento, ou embalagem, que na verdade não lhe modificam a natureza, nem a finalidade, nem o aperfeiçoam para o consumo. Tal ampliação viola o art. 46, parágrafo único, do CTN. Configura, outrossim, flagrante inconstitucionalidade, na medida em que o conceito de *produto industrializado*, utilizado pela Constituição para definir a competência tributária da União, não pode ser validamente ampliado pelo legislador ordinário.

Admitir o contrário é negar a supremacia constitucional.

4.4 Alíquotas

A Constituição Federal estabelece que o IPI será seletivo em função da essencialidade do produto (art. 153, § 3º, I). Isto quer dizer que ele deve ter alíquotas diferentes em razão da essencialidade do produto sobre o qual incide. As alíquotas devem ser inversamente proporcionais à essencialidade dos produtos.

Para atingir esse objetivo a legislação ordinária adota uma tabela de classificação dos produtos, oficialmente denominada *Tabela de Incidência do Imposto sobre Produtos Industrializados*, geralmente conhecida pela sigla "TIPI".

As alíquotas do imposto, constantes da TIPI, variam de 0 (zero) a 330. Essa alíquota mais elevada incide sobre cigarros. A grande maioria das alíquotas está abaixo de 20%, e também existem na TIPI alíquotas fixas, estabelecidas em razão da quantidade e não do valor do produto, como é o caso das que se prestam para o cálculo do imposto incidente sobre águas minerais, cervejas e refrigerantes, entre outros produtos.

A rigor, o princípio da seletividade nem sempre é observado, e para muitos produtos a alíquota é zero. Parece que, em razão da partilha obrigatória da receita com Estados e Municípios, o Governo Federal não tem muito interesse na arrecadação do IPI, que já foi o tributo federal mais significativo na arrecadação da União.

A alíquota zero representa uma solução encontrada pelas autoridades fazendárias no sentido de excluir o ônus do tributo sobre certos produtos, temporariamente, sem os isentar. A isenção só pode ser concedida por lei (CTN, art. 97, VI). Como é permitido ao Poder Executivo, por disposição constitucional (CF, art. 153, § 1º), alterar as alíquotas do IPI, dentro dos limites fixados em lei, e a lei não fixou limite mínimo, tem sido utilizado o expediente de reduzir a zero as alíquotas de certos produtos. Tais alíquotas, entretanto, podem ser elevadas a qualquer tempo, independentemente de lei.

Embora o efeito prático da redução de uma alíquota a zero seja o mesmo da isenção, as duas figuras não se confundem. São juridicamente bem distintas. Alíquota zero, aliás, não passa de simples eufemismo. Simples forma de burlar a lei. "Alíquota" é expressão matemática que indica o número de vezes que a parte está contida no todo; logo, jamais pode ser zero.

4.5 Base de cálculo

A base de cálculo do IPI é diferente, dependendo da hipótese de incidência. Assim, (a) no caso de mercadoria importada, a base de cálculo do IPI é a mesma do imposto de importação, acrescida do próprio imposto de importação, das taxas exigidas para entrada do produto no País e ainda dos encargos cambiais efetivamente pagos pelo importador ou dele exigíveis (CTN, art. 47, I); (b) tratando-se de produtos industrializados nacionais, a base de cálculo do IPI é o valor da operação de que decorrer a saída destes do estabelecimento do contribuinte, ou, não tendo valor a operação, ou sendo omissos os documentos respectivos, a base de cálculo será o preço corrente da mercadoria ou de sua similar no mercado atacadista da praça do contribuinte (CTN, art. 47, II); e, finalmente, (c) tratando-se de produto leiloado, o preço da respectiva arrematação (CTN, art. 47, III).

A legislação ordinária contém normas relativas à base de cálculo do IPI, geralmente com o objetivo de impedir práticas fraudulentas. Nem todas essas normas, todavia, são válidas. Entre as normas dessa natureza desprovidas de validade podem ser mencionadas, por exemplo, aquela segundo a qual não podem ser deduzidos do valor da operação os descontos concedidos a qualquer título, ainda que incondicionalmente.

Não se deduz do valor da operação um desconto incondicional. Quando o vendedor concede ao comprador um desconto *incondicional*, está determinando um *valor da operação* que, tratando-se de uma compra e venda mercantil, é o *preço* da mercadoria. Por isto mesmo constitui inadmissível incongruência dizer-se que a base de cálculo do imposto é o valor da operação da qual decorre a saída do produto e dizer-se que os descontos incondicionais integram essa base de cálculo. O valor da operação é o preço do produto enquanto elemento do contrato de compra e venda. Preço efetivamente praticado, que não se confunde com o preço previsto em tabela estabelecida pelo fabricante.

Por tais razões temos que a norma segundo a qual os descontos concedidos incondicionalmente integram a base de cálculo do IPI é desprovida de validade jurídica, porque contrária ao art. 47 do CTN. Esta tese, que já vínhamos sustentando em edições anteriores deste *Curso*, hoje está acolhida pela jurisprudência.

A rigor, todo e qualquer desconto é sempre concedido em função de uma condição do negócio, pois se pressupõe que o preço preestabelecido é uma regra, e toda vez que se pratica preço menor se estará diante de uma exceção. Ocorre que a condição que enseja o desconto já está realizada no momento em que se define o valor da operação, de sorte que este não vai ficar a depender de evento futuro e incerto. O ser o desconto concedido sob condição há de ser entendido, portanto, no sentido de que a sua efetividade, e, consequentemente o valor da operação, fica a depender de um evento futuro e incerto.

Note-se, finalmente, que a vigente Constituição Federal já não permite a alteração da base de cálculo do IPI por ato do Poder Executivo. Assim, qualquer norma de lei ordinária que permita ao Poder Executivo alterar a base de cálculo desse imposto será inconstitucional.

4.6 Não cumulatividade

Por força de dispositivo constitucional (CF, art. 153, § 3º, II), o IPI "será não cumulativo, compensando-se o que for devido em cada operação com o montante cobrado nas anteriores". Nos termos do Código Tributário Nacional, "o imposto é não cumulativo, dispondo a lei de forma que o montante devido resulte da diferença a maior, em determinado período, entre o imposto referente aos produtos saídos do estabelecimento e o pago relativamente a produtos nele entrados" (art. 49). Explicita, outrossim, o Código que "o saldo verificado, em determinado período, em favor do contribuinte, transfere-se para o período ou períodos seguintes" (CTN, art. 49, parágrafo único).

Em uma empresa industrial, por exemplo, isto significa dizer o seguinte: (a) faz-se o registro, como crédito, do valor do IPI relativo às entradas de matérias-primas, produtos intermediários, materiais de embalagem, e outros insumos, que tenham sofrido a incidência do imposto ao saírem do estabelecimento de onde vieram; (b) faz-se o registro, como débito, do valor do IPI calculado sobre os produtos que saírem. No fim do mês é feita a apuração. Se o débito é maior, o saldo devedor corresponde ao valor a ser recolhido. Se o crédito é maior, o saldo credor é transferido para o mês seguinte.

Para o fim de definir a não cumulatividade tem-se a metodologia do *crédito financeiro* e a do *crédito físico*. Pela primeira, todo e qualquer bem adquirido pela empresa que tenha sido tributado pelo imposto enseja o crédito correspondente. Não importa qual seja a sua utilização. Pela segunda, só enseja crédito do imposto a entrada de bens destinados a integrar *fisicamente* o produto industrializado.

Adotada em nossa legislação a metodologia do crédito físico, durante muito tempo a questão de saber se este ou aquele insumo ensejava direito ao crédito do IPI correspondente constituiu ponto de frequentes atritos entre o Fisco e os contribuintes desse imposto.

Objetivando superar dificuldades de interpretação, o Regulamento do IPI estabeleceu que entre as matérias-primas e produtos intermediários cuja entrada enseja o crédito do imposto estão "aqueles que, embora não se integrando ao novo produto, forem consumidos no processo de industrialização, salvo se compreendidos entre os bens do ativo permanente" (art. 82, I). Ficou, assim, afastado o rigor do sistema de crédito *físico*. O direito ao crédito já não depende da *integração física* do insumo ao produto. Basta que a matéria-prima, ou produto intermediário, tenha sido consumido no processo de industrialização, e não se exige que o tenha sido *imediata e integralmente*, como ocorria em face de legislação anterior. A ressalva, agora, diz respeito à classificação do bem adquirido no ativo permanente da empresa. A questão de saber se o bem deve ser classificado, ou não, no ativo permanente há de ser resolvida em face da legislação pertinente ao imposto de renda. Nesta, há dispositivo estabelecendo que deve ser classificado no ativo permanente o bem cuja vida útil seja superior a um ano. Assim, mesmo as peças ou acessórios de máquinas e aparelhos utilizados no processo industrial cuja vida útil seja inferior a um ano podem ser escriturados como custo, e o IPI correspondente pode ser utilizado como crédito.

Mesmo assim, as dúvidas e os atritos continuaram, e a jurisprudência infelizmente não os conseguiu superar satisfatoriamente.

Outra questão importante decorrente do princípio da não cumulatividade é a de saber se o contribuinte industrial tem direito ao crédito do imposto relativamente à entrada de insumos em duas situações, a saber: quando (a) a saída de seus produtos é isenta ou não tributada e (b) os próprios insumos não foram tributados na operação anterior, vale dizer, são produtos isentos, com alíquota zero ou não tributados.

Na solução dessas questões temos de considerar que o princípio da não cumulatividade não pode ser interpretado de forma a anular-se o princípio da seletividade, que também está expressamente adotado pela Constituição.

Sustentamos que na hipótese de aquisição de insumos isentos, especialmente quando a isenção consubstancia incentivo ao desenvolvimento econômico regional, o industrial adquirente tem direito ao crédito do IPI respectivo. O STF, aliás, decidiu acolhendo essa tese precisamente em caso no qual o industrial adquiria insumos produzidos na Zona Franca de Manaus e que saíam da fábrica com isenção. Na aquisição de insumos não tributados, ou com alíquota zero, porém, o industrial não tem direito ao crédito.

Para entender a distinção é importante observarmos que a Constituição Federal alberga dois princípios relativos ao IPI, o da não cumulatividade e o da seletividade – princípios que o intérprete da lei tributária há de conciliar, de sorte a que um não anule o outro. Nessa tarefa, há de valer-se da distinção que existe entre isenção, de um lado, e não incidência e alíquota zero, do outro. E utilizar as alíquotas para realizar o princípio da seletividade, reduzindo-as até zero, em razão da essencialidade do produto. Ou colocando o produto na TIPI com a indicação "NT" – isto é "Não Tributado". Já, a isenção deve ser utilizada para alcançar outros objetivos, como é o caso do incentivo ao desenvolvimento regional. Sem qualquer pertinência com a seletividade.

O princípio da não cumulatividade existe para impedir que o ônus do imposto se vá acumulando em cada operação. Se já incidiu sobre o insumo, não se deve reproduzir esse ônus no produto final. Por isto existe o crédito, com o qual se impede a acumulação das duas incidências do imposto. Pelo princípio da seletividade, porém, o ônus do IPI deve ser diferente em razão da essencialidade do produto. Para os mais essenciais a alíquota deve ser menor, podendo ir até zero. E para os menos essenciais a alíquota deve ser maior, indo até o limite fixado em lei para cada produto.

Pode ocorrer que um produto seja não tributado, ou submetido a alíquota zero, por ser essencial. Esse produto presta-se como insumo para fabricação de produtos diversos. Muitos deles de grande essencialidade – como remédios, por exemplo. Outros menos essenciais, ou até supérfluos – como perfumes. A única forma de preservar o princípio da seletividade, fazendo com que o ônus do IPI sobre cada produto seja o efetivamente resultante da aplicação da alíquota respectiva, é restringir os créditos do imposto às entradas efetivamente oneradas. Assim, as aquisições de insumos não tributados ou com alíquota zero não devem ensejar os créditos, porque estes viriam amesquinhar o princípio da seletividade. O direito ao crédito quanto se trata de aquisição de produto isento somente se justifica, então, para a preservação da eficácia da norma jurídica que concedeu a isenção.

4.7 Contribuinte

Contribuinte do IPI é (a) o importador ou quem a ele a lei equiparar; (b) o industrial ou quem a ele a lei equiparar; (c) o comerciante de produtos sujeitos ao imposto, que os forneça aos industriais ou aos a estes equiparados; (d) o arrematante de produtos apreendidos ou abandonados, levados a leilão. Para os efeitos do IPI considera-se contribuinte autônomo qualquer estabelecimento de importador, industrial, comerciante ou arrematante (CTN, art. 51 e seu parágrafo único).

Embora o *estabelecimento* seja na realidade apenas um *objeto* e não um *sujeito* de direitos, para os fins do IPI, como também do ICMS, assim não é. Por ficção legal, cada *estabelecimento* se considera um contribuinte autônomo. Trata-se de solução prática, pois em muitos casos a empresa possui mais de um estabelecimento, e algumas vezes até estabelecimentos destinados ao exercício de atividades diversas. Uma única empresa pode ter estabelecimentos industriais, outros comerciais, outros de prestação de serviço, e assim por diante. Assim, para os efeitos do IPI, considera-se cada estabelecimento como um contribuinte autônomo.

Essa autonomia dos estabelecimentos só prevalece para o fim de verificação da ocorrência do fato gerador do imposto. A responsabilidade pelo pagamento deste, todavia, é da empresa.

4.8 Lançamento

O IPI é objeto de lançamento por homologação, nos termos do art. 150 do CTN. O contribuinte escritura seus livros de entrada e de saída dos produtos, anotando, nos locais próprios, como crédito, o valor do IPI relativo às entradas de matérias-primas e outros insumos e, como débito, o relativo às saídas de produtos. Apura o saldo escriturando o livro específico, transferindo-o para o período seguinte, se for credor, ou recolhendo o valor correspondente, se devedor.

Mesmo assim não se deve dizer que o contribuinte fez o lançamento do imposto. Em linguagem jurídica, compatível com a terminologia adotada pelo Código Tributário Nacional, não haverá lançamento até que ocorra a homologação, pela autoridade administrativa, da apuração feita pelo contribuinte. Feito o pagamento, se a autoridade administrativa não se manifesta, decorrido o prazo de cinco anos, contado do fato gerador do imposto respectivo, operam-se, simultaneamente, o lançamento por homologação e a decadência do direito da Fazenda Pública de fazer o lançamento de possíveis diferenças.

Como acontece com todos os outros tributos, o IPI também pode ser lançado de ofício se o contribuinte não apresentar, nas épocas próprias, as informações a que está legalmente obrigado, dando conta da apuração, por ele efetuada, dos valores devidos. Se apresenta as informações regularmente, mas não faz o pagamento, a autoridade pode homologar a atividade apuratória e notificar o contribuinte a fazer o pagamento do imposto acrescido da multa moratória e dos juros.

Tenha ocorrido, ou não, pagamento do imposto, se a apuração feita pelo contribuinte estiver incorreta, tendo apontado valor do imposto menor que o efetivamente devido, a autoridade administrativa poderá lançar, de ofício, a diferença que apurar. O direito de fazer tal lançamento, todavia, decai no prazo de cinco anos, contado do fato gerador do imposto correspondente.

5. Imposto sobre operações de crédito, câmbio e seguro e sobre operações relativas a títulos e valores mobiliários

5.1 Competência

O imposto sobre operações de crédito, câmbio e seguro e sobre operações relativas a títulos e valores mobiliários é da competência privativa da União Federal (CF, art. 153, V, e CTN, art. 63).

Tratando-se de imposto que se presta como instrumento de *política de crédito, câmbio, seguros e transferência de valores*, a competência para sua instituição há de ser realmente da União Federal, a quem compete privativamente legislar sobre tal matéria. Realmente, todas as operações compreendidas no campo de incidência desse imposto são disciplinadas por lei federal (CF, art. 22, I e VII).

5.2 Função

O imposto sobre operações de crédito, câmbio e seguro ou relativas a títulos e valores mobiliários, ou, na forma resumida, como é mais conhecido, *imposto sobre operações financeiras*/IOF, tem função predominantemente extrafiscal.

Efetivamente, o IOF é muito mais um instrumento de manipulação da política de crédito, câmbio e seguro, assim como de títulos e valores mobiliários, do que um simples meio de obtenção de receitas, embora seja bastante significativa a sua função fiscal, porque enseja a arrecadação de somas consideráveis.

5.3 Fato gerador

É importante ressaltar a insuficiência da denominação *imposto sobre operações financeiras*. Na verdade o conceito de operação financeira é exageradamente vago, e por isto mesmo não se compatibiliza com a regra constitucional definidora do âmbito desse imposto, que só poderá ter como fato gerador "operações de crédito, câmbio e seguro, ou relativas a títulos ou valores mobiliários" (CF, art. 153, V).

Segundo o Código Tributário Nacional, podem constituir hipóteses de incidência desse imposto: (a) a efetivação de uma operação de crédito, pela entrega total ou parcial do montante ou do valor que constitua objeto da obrigação, ou sua colocação à disposição do interessado; (b) a efetivação de uma operação de câmbio pela entrega de moeda nacional ou estrangeira, ou de documento que a represente, ou sua colocação à disposição do interessado, em montante equivalente à moeda estrangeira ou nacional, ou posta à disposição por este; (c) a efetivação de uma operação de seguro, pela emissão da apólice ou do documento equivalente, ou recebimento do prêmio, na forma da lei aplicável; (d) a emissão, transmissão, pagamento ou resgate de títulos e valores mobiliários, na forma da lei aplicável (CTN, art. 63).

Se uma operação de crédito está representada pela emissão, pagamento ou resgate de um título, a incidência é uma só. Não haverá uma incidência sobre a operação de crédito e outra sobre a emissão, pagamento ou resgate do título que a represente (CTN, art. 63, parágrafo único).

A Lei 5.143, de 20.10.1966, que instituiu o IOF, em seu art. 1º, estabeleceu que esse imposto "incide nas operações de crédito e seguro, realizadas por instituições financeiras e seguradoras, e tem como fato gerador: I – no caso de operações de crédito, a entrega do respectivo valor ou sua colocação à disposição do interessado; II – no caso de operações de seguro, o recebimento do prêmio".

Como se vê, a referida lei somente definiu como hipótese de incidência do imposto as operações de crédito e as de seguro. Não se referiu às operações de câmbio nem às relativas a títulos e valores mobiliários. O Código Tributário Nacional, como se sabe, não institui tributo. Ele apenas estabelece regras a serem seguidas pelo legislador ordinário. E estabeleceu, no caso, uma área dentro da qual o legislador poderá definir as hipóteses de incidência do imposto. Essa área, como se viu, não foi inteiramente utilizada pela Lei 5.143/1966.

O Decreto-lei 1.783, de 18.4.1980, entretanto, refere-se ao IOF como o imposto incidente nos termos do art. 63 do CTN, mencionando, inclusive para fixação das alíquotas, também as operações de câmbio e as operações relativas a títulos e valores mobiliários (art. 1º). Resta a questão de saber se essa definição da alíquota pode ser entendida como instituição do tributo.

O imposto sobre operações de crédito, câmbio e seguros, e sobre operações relativas a títulos e valores mobiliários, ou abreviadamente, como é mais conhecido, o imposto sobre operações financeiras/IOF, cuja administração e cobrança competem hoje à Secretaria da Receita Federal, está regulamentado pelo Decreto 6.306, de 14.12.2007, que consolida em texto único dispositivos de diversas leis e decretos-leis, além de acordos e convenções internacionais.

A vigente Constituição Federal definiu o âmbito do imposto em exame, que compreende as *operações de crédito, câmbio e seguro, ou relativas a títulos ou valores mobiliários*. Tendo em vista a supremacia constitucional, o legislador não pode definir como fato gerador desse imposto algo que esteja fora desse âmbito, sendo, por isto mesmo, de decisiva importância o exame dos conceitos utilizados em sua definição.

O conceito de *operação*, aqui, está ligado aos qualificativos *de crédito, câmbio ou de seguro*, ou, ainda, *relativa a títulos ou valores mobiliários*.

Operação corresponde ao conjunto de meios convencionais ou usuais empregados para atingir um resultado comercial ou financeiro, com ou sem objetivo de lucro (Pedro Nunes).

Diz-se operação *de crédito* quando o operador se obriga a prestação futura, concernente ao objeto do negócio que se funda apenas na confiança que a solvabilidade do devedor inspira (Pedro Nunes). Ou, então, quando alguém efetua uma prestação presente contra a promessa de uma prestação futura (Luiz Souza Gomes). Está sempre presente no conceito de operação de crédito a ideia de troca de bens presentes por bens futuros, daí por que se diz que o crédito tem dois elementos essenciais, a saber, a confiança e o tempo (Luiz Emygdio da Rosa Júnior).

Em face dessas ideias, evidenciado fica não ser o saque em caderneta de poupança, ou de um depósito bancário qualquer, uma operação de crédito, como pretendeu o legislador ao editar a Medida Provisória 168, de 15.3.1990. Ressalte-se que o Fisco Federal tem pretendido cobrar o IOF até sobre o levantamento de depósitos feitos para os fins do art. 151, II, do CTN – o que é um verdadeiro absurdo. O fato de depositar, para suspender a exigibilidade do crédito tributário, não pode ser considerado uma operação financeira, até porque o depósito pode, se vencido o contribuinte, ser convertido em renda.

Operação *de câmbio* é a troca de moedas. Não de uma moeda que se extingue e outra que se cria, ou restabelece, mas de uma por outra moeda, ambas com existência e valor atuais.

Operação *de seguro* é o contrato pelo qual se garante algo contra o risco de eventual dano. É conceito bem definido no Direito brasileiro, e que não tem suscitado divergências no campo tributário.

Operação relativa a *títulos e valores mobiliários* é aquela que implica transferência de propriedade desses títulos. Por *títulos ou valores mobiliários* se há de entender os *papéis representativos de bens ou direitos*. Podem representar direitos de propriedade de bens, como acontece com os títulos de participação societária, que corporificam parcelas do direito de propriedade sobre o patrimônio social, ou direitos de crédito, como acontece com os papéis relativos a financiamentos.

A Lei 9.532, de 10.12.1997, definiu como hipótese de incidência do IOF a alienação de direitos creditórios resultantes de vendas a prazo a empresas de *factoring*, atribuindo a estas a responsabilidade pelo recolhimento do imposto (art. 58 e seu § 1º). Como se trata de típica *operação relativa a títulos e valores mobiliários*, tem-se que o casuísmo legislativo pode ter o efeito de excluir o imposto nas operações não abrangidas pela referida hipótese de incidência.

5.4 Alíquotas

Em face da Constituição Federal de 1988, a alteração das alíquotas do IOF pode ocorrer por ato do Poder Executivo, configurando exceção tanto ao princípio da anterioridade (art. 150, § 1º) como ao princípio da legalidade (art. 153, § 1º).

Isto significa dizer que (a) as alíquotas desse imposto podem ser alteradas mediante norma editada pelo Poder Executivo, atendidas as condições e os limites fixados em lei (exceção do princípio da legalidade), e (b) os aumentos porventura decorrentes da elevação de alíquotas por norma infralegal, assim como aqueles decorrentes de lei que estabeleça novas hipóteses de incidência, ou novas bases de cálculo, podem ser exigidos no mesmo exercício em que ocorrerem tais alterações.

Diz-se, por tudo isto, que o IOF é um imposto *flexível*. É importante, todavia, deixar claro que sempre há de constar de lei a alíquota-limite, que não pode ser ultrapassada por ato normativo do Poder Executivo.

Os aumentos de alíquotas do IOF, dentro dos limites da lei, podem ser feitos por ato administrativo; mas este, para ser válido, deve ser devidamente fundamentado; vale dizer: no ato administrativo que aumenta a alíquota desse imposto deve ser indicada a finalidade desse aumento.

Os impostos fiscais, ou arrecadatórios, submetem-se plenamente às limitações ao poder de tributar. Já, os impostos extrafiscais, ou regulatórios, constituem exceções no que diz respeito às referidas limitações, ou a algumas delas. Por isto mesmo foram encartadas na Constituição Federal regras que estabelecem expressamente exceções no que diz respeito a determinados princípios limitadores do poder de tributar.

É claro que a Constituição não atribui – nem seria razoável que o fizesse – ao chefe do Poder Executivo poder para alterar as alíquotas desse imposto sempre que entenda conveniente. Essa faculdade – que é, evidentemente, excepcional – há de ser exercida nas condições e nos limites estabelecidos em lei. Sendo o aumento da alíquota do IOF feito mediante decreto, essa motivação deve ser colocada sob a forma de *considerando*. E deve indicar qual é o objetivo da política monetária ao qual o imposto está sendo, com ele, ajustado. Não basta a indicação genérica, a dizer que o aumento de alíquotas está sendo feito para ajustar o imposto aos objetivos da política monetária, porque indicação assim, excessivamente genérica, não se presta como elemento de controle.

Na prática, todavia, o IOF tem sido aumentado mediante atos administrativos inteiramente desprovidos de motivação – o que demonstra mais uma vez que a Fazenda Pública não tem o menor apreço pelos direitos do contribuinte.

5.5 Base de cálculo

Segundo o art. 64 do CTN, a base de cálculo do imposto é: I – quanto às operações de crédito, o montante da obrigação, compreendendo o principal e os juros; II – quanto às operações de câmbio, o respectivo montante em moeda nacional, recebido, entregue ou posto à disposição; III – quanto às operações de seguro, o montante do prêmio; IV – quanto às operações relativas a títulos e valores mobiliários: (a) na emissão, o valor nominal mais o ágio, se houver; (b) na transmissão, o preço ou o valor nominal, ou o valor da cotação em Bolsa, como determinar a lei; (c) no pagamento ou resgate, o preço.

Coerente com a definição do fato gerador, também na definição da base de cálculo, que é um dos aspectos deste, reportou-se o Código Tributário Nacional às operações de câmbio e às relativas a títulos e valores mobiliários. A legislação, todavia, define a base de cálculo do IOF adotando fórmulas complicadas, cuja compatibilidade com os dispositivos do Código

Tributário Nacional é no mínimo discutível. As instituições financeiras, todavia – seja porque funcionam em regime de submissão ao Banco Central do Brasil, seja porque de algum modo são favorecidas com as fórmulas adotadas –, jamais questionam essa compatibilidade.

Ressalte-se que em face da vigente Constituição Federal o Poder Executivo já não pode alterar as bases de cálculo desse imposto, mas somente suas alíquotas.

5.6 Contribuinte

Segundo o Código Tributário Nacional, contribuinte do imposto pode ser qualquer das partes na operação tributada, ficando a critério do legislador ordinário essa indicação (art. 66).

5.7 Lançamento

O lançamento do IOF é feito por homologação, nos termos do art. 150 do CTN. O responsável, vale dizer, a instituição financeira ou o segurador, efetua o recolhimento do valor respectivo independentemente de qualquer exame ou verificações por parte da Secretaria da Receita Federal, incumbida pelo Decreto-lei 2.471/1988 da administração do tributo em causa.

6. Imposto sobre a propriedade territorial rural

6.1 Competência

O imposto sobre a propriedade territorial rural/ITR é da competência da União Federal (CF, art. 153, VI, e CTN, art. 29). No regime da Constituição de 1946 esse imposto era da competência dos Estados (art. 19, I). Com a Emenda Constitucional 5/1961, passou à competência dos Municípios, e com a Emenda Constitucional 10/1964 passou, finalmente, à competência da União Federal.

A atribuição do ITR à União deveu-se exclusivamente ao propósito de utilizá-lo como instrumento de fins extrafiscais, tanto que a sua receita era, na vigência da Constituição anterior, destinada inteiramente aos Municípios em cujos territórios estivessem os imóveis situados (CF de 1969, art. 21, § 1º).

6.2 Função

Atualmente a função predominante do ITR é extrafiscal. Funciona esse imposto como instrumento auxiliar do disciplinamento estatal da propriedade rural. E sendo a União responsável por esse disciplinamento, é natural que a competência relativamente a esse imposto seja sua, embora o produto da arrecadação pertença aos Municípios. Nos termos da Constituição Federal de 1988, 50% do produto da arrecadação desse imposto pertencem aos Municípios nos quais os imóveis respectivos estão situados, cabendo-lhes a totalidade na hipótese de ser fiscalizado e cobrado pelos Municípios que assim optarem, na forma da lei, desde que não implique redução do imposto ou qualquer outra forma de renúncia fiscal (art. 158, II, na redação da Emenda Constitucional 42/2003).

O ITR é considerado um importante instrumento no combate aos latifúndios improdutivos. Por isto, a Lei 9.393, de 19.12.1996, estabeleceu alíquotas progressivas em função da área do imóvel e do grau de sua utilização.

Em apoio a essa diretriz de política tributária já adotada pelo legislador ordinário, e para afastar questionamentos a respeito da progressividade do imposto – que seriam possíveis em face da jurisprudência do STF a respeito do IPTU –, a Emenda Constitucional 42, de 19.12.2003, inseriu no art. 153 da CF um § 4º, estabelecendo, no inciso I, que o ITR "será progressivo e terá suas alíquotas fixadas de forma a desestimular a manutenção de propriedades improdutivas". E, ainda, no inciso II, que esse imposto "não incidirá sobre pequenas glebas rurais, definidas em lei, quando as explore o proprietário que não possua outro imóvel". E, finalmente, por se tratar de imposto cuja arrecadação sempre foi problemática, deu um presente de grego aos Municípios, estabelecendo, no inciso III, que esse imposto, não obstante seja da competência da União Federal, "será fiscalizado e cobrado pelos Municípios que assim optarem, na forma da lei, desde que não implique redução do imposto ou qualquer outra forma de renúncia fiscal".

6.3 Fato gerador

O fato gerador do ITR é definido pela lei ordinária da União, pessoa jurídica de direito público titular da competência para sua instituição. E deve estar dentro do âmbito constitucional de incidência desse imposto, definido no art. 153, VI, da CF, que atribui à União competência para instituir imposto sobre *propriedade territorial rural*.

Conforme delimitação feita pelo Código Tributário Nacional, o âmbito constitucional do ITR é a propriedade, o domínio útil ou a posse de imóvel por natureza, como definido na lei civil, localizado fora da zona urbana do Município (CTN, art. 29). O art. 153, VI, da CF fala de *propriedade territorial*, o que já conduz ao entendimento de que só os terrenos devem ser tributados. O Código Tributário Nacional é expresso ao determinar que o imposto incide sobre a propriedade, o domínio útil ou a posse de *imóveis por natureza*, como definidos na lei civil.

A Lei 9.393, de 19.12.1996, estabelece que o ITR, de apuração anual, tem como fato gerador a propriedade, o domínio útil ou a posse de imóvel por natureza, localizado fora da zona urbana do Município, em 1º de janeiro de cada ano (art. 1º). Respeitou, como se vê, a delimitação do âmbito constitucional desse imposto, feita pelo Código Tributário Nacional. Delimitação que é de grande importância em face do conceito de *imóvel*.

Em face do Código Civil de 2002 – Lei 10.406, de 10.1.2002 – suscita-se a questão de saber se a remissão feita pelo Código Tributário Nacional à lei civil, onde devem ser buscados os conceitos pertinentes aos bens imóveis, há de ser entendida como remissão à lei civil então vigente, ou à lei civil vigente na data da aplicação dos dispositivos do Código Tributário Nacional que albergam dita remissão.

A nosso ver, essa questão deve ser resolvida tendo-se em vista que os dispositivos da lei civil vigentes na data da edição do Código Tributário Nacional, aos quais este faz remissão, integraram-se em suas normas, que permanecem inalteradas em face da mudança havida na lei civil. Assim, não obstante o advento do Código Civil de 2002, para os fins tributários os imóveis podem ser (a) por natureza; (b) por acessão física; (c) por acessão intelectual; (d) por disposição de lei. Esta é a classificação feita pela doutrina, em face dos arts. 43 e 44 do CC de 1916, que em seu art. 43, I, indica os imóveis por natureza, a saber: "o solo com a sua superfície, os acessórios e adjacências naturais, compreendendo as árvores e frutos pendentes, o espaço aéreo e o subsolo". O art. 43, II, do CC de 1916 indica os imóveis por acessão física, que compreendem "tudo quanto o homem incorporar permanentemente ao solo, como a semente lançada à terra, os edifícios e construções, de modo que se não possa retirar sem destruição, modificação, fratura ou dano". São imóveis por acessão intelectual os indicados no art. 43, III, do CC de 1916, a saber, "tudo quanto no imóvel o proprietário mantiver, intencionalmente, empregado na sua exploração industrial, aformoseamento, ou comodidade". Finalmente, no art. 44 o CC de 1916 define os imóveis por determinação legal, que são os direitos reais sobre imóveis, as apólices da dívida pública, quando inalienáveis, e o direito à sucessão aberta.

Para os efeitos do ITR importa saber o que seja imóvel por natureza. Como tal se entende – repita-se – "o solo com a sua superfície, os acessórios e adjacências naturais, compreendendo as árvores e frutos pendentes, o espaço aéreo e o subsolo".

A incidência do imposto em estudo, de acordo com o art. 29 do CTN, é sobre os *imóveis por natureza* situados fora da *zona urbana* do Município. A Lei 5.868, de 12.12.1972, determinou que, para o fim da incidência desse imposto, "considera-se imóvel rural aquele que se destinar à exploração agrícola, pecuária, extrativa vegetal ou agroindustrial e que, independentemente de sua localização, tiver área superior a 1 (um) hectare" (art. 6º). E os imóveis que não se compreendam nesse conceito ficaram, segundo a referida lei, sujeitos ao imposto sobre a propriedade predial e territorial urbana, independentemente de sua localização.

Esse dispositivo legal, todavia, teve sua inconstitucionalidade decretada, e sua vigência suspensa pela Resolução 313, de 30.6.1983, do Senado Federal (*DOU* 4.7.1983).

Realmente, sendo o Código Tributário Nacional uma lei complementar, sua alteração só é válida se procedida por lei complementar. Além disto, não é razoável admitir como *rural*, para fins tributários, o que é urbano, posto que a Constituição usou o termo "rural", e alterar o significado deste importa alterar a própria Constituição. Mesmo assim, a jurisprudência, tanto no STJ quanto no STF, firmou-se no sentido da validade e subsistência do art. 15 do Decreto-lei 57, de 18.11.1966, segundo o qual a regra do Código Tributário Nacional definidora do âmbito de incidência do IPTU não abrange o imóvel que, comprovadamente, seja utilizado em exploração extrativa vegetal, agrícola, pecuária ou agroindustrial, incidindo, assim, sobre o mesmo o ITR. Esse dispositivo foi revogado pela Lei 5.868, de 12.12.1972, mas em face da declaração de inconstitucionalidade desta ficou restabelecido.

No exame do fato gerador do ITR destaca-se, ainda, a controvérsia a respeito da tributação da posse. Há quem sustente que o art. 29 do CTN é inconstitucional ao determinar a tributação da posse, pois a Constituição só autorizou a tributação, no caso, sobre "a propriedade territorial rural". O argumento é valioso, entretanto não nos parece procedente, como a seguir tentaremos demonstrar.

Falando a Constituição em "propriedade", naturalmente abrangeu a posse, que nada mais é que um direito inerente à propriedade. A autorização constitucional é para tributar a propriedade, e o Código Tributário Nacional facultou à lei ordinária tomar para fato gerador do tributo a propriedade, o domínio útil ou a posse, vale dizer, o direito pleno, total, que é a *propriedade*, ou um de seus elementos, o *domínio útil*, ou ainda a *posse*. Se a propriedade, com todos os seus elementos, está reunida em poder de uma pessoa, o tributo recai sobre ela. Se a propriedade está fracionada, e em razão disto ninguém é titular da propriedade plena, porque há *enfiteuse*, pode a lei definir como fato gerador do tributo o *domínio útil*. E se o imóvel não consta do registro no cartório competente, não se podendo, portanto, cogitar de proprietário, pode a lei definir como fato gerador do imposto a *posse*.

Aliás, mesmo que o proprietário seja conhecido, vale dizer, mesmo existindo registro do imóvel no cartório competente, pode ocorrer que a posse tenha sido transferida a outra pessoa mediante contrato de promessa de compra e venda ou escritura pública ainda não levada a registro no Cartório de Imóveis. Neste caso pode ser considerado fato gerador a posse, e feito o lançamento correspondente em nome do titular da posse.

6.4 Alíquota

A alíquota do imposto varia de 0,03% até 20% em função da área do imóvel e do grau de sua utilização. Nos termos da Lei 9.393, de 19.12.1996, para o imóvel com área de até 50ha, utilizada em mais de 80%, a alíquota é de apenas 0,03%. Essa alíquota aumenta na medida em que a área é maior, indo até 0,45% se o imóvel tem área superior a 5.000ha, se o imóvel tem mais de 80% dessa área utilizados. Cresce, também, a alíquota na medida em diminui a proporção da área utilizada, em relação à área total do imóvel, de sorte que para um imóvel com área superior a 5.000ha, com até 30% de utilização, o imposto tem alíquota de 20% – o que significa dizer que em cinco anos, se persistente a situação, estará confiscado.

Com essa alíquota, assim tão elevada, o tributo tem inescondível efeito confiscatório, suscitando, pois, a questão de sua constitucionalidade em face do art. 150, IV, da CF, que veda à União, aos Estados e aos Municípios utilizar tributo com efeito de confisco.

6.5 Base de cálculo

A base de cálculo do imposto é o valor fundiário do imóvel (CTN, art. 30). *Valor fundiário* é o valor da terra nua, isto é, sem qualquer benfeitoria. Considera-se como tal a diferença entre o valor venal do imóvel, inclusive as respectivas benfeitorias, e o valor dos bens incorporados ao imóvel, declarado pelo contribuinte e não impugnado pela Administração, ou resultante de avaliação feita por esta.

Na determinação da base de cálculo desse, como de muitos outros impostos, é invocável a norma do art. 148 do CTN.

O imposto poderá ser reduzido em até 90%, a título de estímulo fiscal, em função do grau de utilização da terra e da eficiência da exploração.

6.6 Contribuinte

Contribuinte do imposto é o proprietário do imóvel, o titular de seu domínio útil, ou o seu possuidor a qualquer título (CTN, art. 31). Se a propriedade do imóvel não está desdobrada, contribuinte é o proprietário, vale dizer, aquele a quem pertence o *domínio pleno* do imóvel. Havendo enfiteuse – isto é, pertencendo o domínio direto a um e o domínio útil a outro –, o contribuinte será o titular do domínio útil. Não sendo identificado o proprietário, ou, em caso de enfiteuse, o titular do domínio útil, contribuinte do imposto será aquele que tiver a sua posse, a qualquer título.

Não nos parece que o art. 31 do CTN assegure opções ao legislador ordinário na escolha do contribuinte. Se há propriedade plena em poder de alguém, este será o contribuinte. Se está fracionada a propriedade, nos dois domínios, contribuinte será o titular do domínio útil. Finalmente, se a posse pertence a quem não tem nenhum dos dois domínios, contribuinte será o posseiro. É que havendo fracionamento da propriedade desaparece a figura do *proprietário*, que só existe efetivamente quando todos os direitos de propriedade se encontram nas mãos de um só titular. O proprietário tem a faculdade de usar, gozar e dispor da coisa, e o direito de reavê-la do poder de quem quer que injustamente a possua ou detenha (CC, art. 1.228).

Havendo possuidor direto, ou seja, se alguém possui o imóvel como seu, como proprietário, ainda que não o tenha adquirido nos termos da lei civil, vale dizer, ainda que nos termos do direito civil não possa ser considerado seu proprietário, este será o contribuinte na condição de possuidor. Em seu nome, portanto, deve ser feito o cadastro do imóvel na repartição competente.

6.7 Lançamento

O lançamento do ITR é feito por homologação, posto que, nos termos da lei, a apuração e o pagamento do imposto devem ser feitos pelo contribuinte, independentemente de prévio procedimento da Administração Tributária (Lei 9.393/1996, art. 10).

6.8 Considerações especiais

Em virtude da finalidade a que se destina o ITR, seu cálculo é relativamente difícil, exigindo na sua feitura conhecimento especializado. Na dúvida, o contribuinte deve consultar a repartição competente, da Secretaria da Receita Federal, por escrito, com o quê ficará a salvo de penalidades.

Considerando, ainda, que a finalidade principal do tributo em causa não é a arrecadação de meios financeiros, a atribuição do mesmo à competência da União Federal deveu-se especialmente à possibilidade de sua utilização como instrumento de política agrária. Aliás, parece-nos que, como tal, o imposto em estudo vem sendo utilizado precariamente. Não se tem extraído dele toda a sua utilidade. Maior seletividade, com maior diferença entre as várias alíquotas, levando-se em conta a produtividade da terra, bem poderia fazer do ITR um valioso instrumento para o desenvolvimento da atividade agropecuária no País.

Nos termos do art. 4º, parágrafo único, da Lei 9.393/1996, o domicílio tributário do contribuinte é o Município da localização do imóvel, vedada a eleição de qualquer outro. Essa vedação é de validade duvidosa, em face do que estabelecem o art. 127 e seus §§ 1º e 2º do CTN, que consagram a liberdade do contribuinte de escolher seu domicílio tributário, podendo tal escolha ser recusada apenas quando impossibilite ou dificulte a arrecadação ou a fiscalização do tributo.

A imposição do art. 4º, parágrafo único, da Lei 9.393/1996 é ainda mais inaceitável quando se trate de proprietário de mais de um imóvel em Municípios diferentes.

Merece destaque, ainda, o art. 7º da Lei 9.393/1996, que comina penalidade para o caso de apresentação espontânea de documento de informação e atualização cadastral do imposto, em flagrante desrespeito ao disposto no art. 138 do CTN, que assegura a exclusão da responsabilidade nos casos de denúncia espontânea da infração.

7. Imposto sobre grandes fortunas

A Constituição Federal de 1988 atribui à União competência para instituir imposto sobre *grandes fortunas, nos termos de lei complementar* (art. 153, VII). Não obstante, até agora esse imposto não foi instituído, nem editada a lei complementar para definir o que se deve entender como "grande fortuna". É caso raro de competência tributária não exercitada, e a razão para essa inércia do legislador é exclusivamente política.

Há quem aponte dificuldades técnicas para a tributação das grandes fortunas. Seriam problemáticas a identificação e a avaliação dos bens. O argumento é inconsistente. Os bens que integram as grandes fortunas são os mesmos cuja transmissão de propriedade é tributada. Se a título oneroso, pelo Município. Se a título gratuito, ou em virtude de sucessão por causa da morte, pelo Estado. E ninguém sustentou a inviabilidade do imposto de transmissão *causa mortis* e doação, de que trata o art. 155, I, nem do imposto de transmissão *inter vivos*, de que trata o art. 156, II, da CF.

O verdadeiro motivo da não instituição do imposto sobre grandes fortunas é de ordem política. Os titulares de grandes fortunas, se não estão investidos de *poder*, possuem inegável *influência* sobre os que o exercem.

Tramita no Congresso Nacional um projeto de lei, de autoria do então senador Fernando Henrique Cardoso, que ensejou o oferecimento de um *substitutivo* por parte do deputado federal Roberto Campos. Tal substitutivo, porém, constitui verdadeira imoralidade. Para demonstrá-lo basta a referência a um de seus dispositivos, segundo o qual os bens adquiridos por doação integram a base de cálculo do imposto pelo valor que lhes seja atribuído pelo doador. A prevalecer tal dispositivo, as maiores fortunas do País facilmente serão excluídas da tributação, através de doações gravadas com cláusula de usufruto vitalício.

8. Impostos extraordinários

8.1 Competência

Estabelece o Código Tributário Nacional que, na iminência ou no caso de guerra externa, a União pode instituir impostos extraordinários compreendidos ou não entre os referidos nessa lei, com vigência temporária, e que, por isto, devem ser suprimidos, gradativamente, no prazo máximo de cinco anos, contados da celebração da paz (art. 76).

A guerra externa capaz de justificar a instituição do imposto, obviamente, é apenas aquela da qual o Brasil participa. Não uma guerra externa qualquer, entre dois ou mais outros Países, mesmo que acarrete consequências para a economia brasileira. O que justifica a regra de competência excepcional, de que se cuida, é a guerra. Não as possíveis consequências desta em nossa economia.

Nenhuma de nossas Constituições anteriores à de 1946 fazia referência a esses impostos extraordinários. Mesmo na Constituição de 1937, embora, em face daquela, durante o estado de guerra pudesse o Presidente da República suspender a vigência de quaisquer de seus dispositivos (Constituição dos Estados Unidos do Brasil de 1937, art. 171), todos os brasileiros estivessem sujeitos aos encargos necessários à defesa da Pátria (Constituição de 1937, art. 164) e não houvesse garantia de jurisdição contra os atos praticados em virtude da guerra (Constituição de 1937, art. 170) – o que vale dizer que o Governo podia tudo, inclusive instituir e cobrar impostos extraordinários. Já, a Constituição de 1946, sob a influência das preocupações decorrentes da II Guerra Mundial, referiu-se expressamente a impostos extraordinários, facultando à União decretá-los no caso de guerra externa ou sua iminência.

O disposto no art. 76 do CTN tinha fundamento no art. 17 da EC 18 à Constituição Federal de 1946, e hoje tem fundamento no art. 154, II, da vigente CF, segundo o qual a União poderá instituir, na iminência ou no caso de guerra externa, impostos extraordinários, compreendidos ou não em sua competência tributária, os quais serão suprimidos gradativamente, cessadas as causas de sua criação.

8.2 Fatos geradores, bases de cálculo e alíquotas

As hipóteses de incidência desses impostos extraordinários podem ser livremente estabelecidas pelo legislador, que pode extrapolar a competência tributária da União, inclusive invadir a competência tributária dos Estados e dos Municípios. A Constituição Federal não descreveu o âmbito de incidência desses impostos, outorgando absoluta liberdade ao legislador ordinário, que se deve, porém, orientar pelos critérios apontados pela ciência das finanças.

Ressalte-se que a definição, na Constituição Federal, do âmbito de incidência ou âmbito constitucional dos tributos tem a finalidade de proteger o contribuinte contra o poder de tributar do Estado e, assim, no caso dos impostos extraordinários de guerra, essa proteção é dispensável. Tanto porque a força das circunstâncias o justifica, como, e especialmente, porque se trata de impostos essencialmente temporários, cuja instituição é autorizada apenas em face do próprio fato da guerra, que sempre é de domínio público, e cujo período de cobrança é delimitado também pelo próprio fato da guerra.

Podendo, como pode, o legislador definir várias hipóteses de incidência, ele pode instituir vários impostos, inteiramente distintos uns dos outros, cada qual com inteira autonomia, com regime jurídico próprio. O único ponto comum entre eles será o pressuposto da guerra externa ou sua iminência. Assim, pois, devemos falar de impostos extraordinários e não de imposto extraordinário de guerra.

As bases de cálculos e alíquotas desses impostos extraordinários podem ser estabelecidas também pelo legislador, com ampla liberdade. Liberdade que, obviamente, não o dispensa de considerar que as bases de cálculo devem ser, sempre, o aspecto dimensível da situação de fato definida como fato gerador do tributo, e que as alíquotas devem respeitar os princípios da capacidade contributiva e do não confisco. O fato da guerra certamente não justifica tributação que não seja obediente ao princípio da isonomia e, assim, ao princípio da capacidade contributiva. Também o fato da guerra não justifica o tributo confiscatório. Assim, a menos que estejam suspensas as garantias constitucionais, o que constitui outra questão, não se pode admitir imposto extraordinário de guerra com efeito confiscatório.

8.3 Contribuinte

Contribuinte de impostos extraordinários é qualquer pessoa que tenha relação pessoal e direta com a situação descrita como hipótese de incidência do imposto. Em outras palavras, o legislador ordinário é livre para definir as hipóteses de incidência dos impostos extraordinários. Os contribuintes, é claro, são simplesmente aspectos subjetivos das situações escolhidas pelo legislador naquelas definições. Há de se respeitar, pois, a norma do art. 121, parágrafo único, I, do CTN, mera explicitação de um inafastável princípio de lógica jurídica.

Pode também o legislador atribuir a outrem a condição de responsável pelo respectivo pagamento, observado o disposto no art. 128 do CTN.

8.4 Lançamento

O legislador pode estabelecer que o lançamento do imposto se faça por qualquer das modalidades previstas no Código Tributário Nacional. Certamente deverá considerar a natureza e as características da situação definida como fato gerador do imposto, para, a partir dela, estabelecer a modalidade de lançamento mais adequada.

8.5 Supressão gradual

Os impostos extraordinários de guerra devem ser *suprimidos, gradativamente, no prazo máximo de cinco anos, contados da celebração da paz*. Embora não o diga expressamente o dispositivo da Constituição Federal vigente, subsiste a norma do art. 76 do CTN. Como adiante vamos demonstrar, a atual redação da norma da Constituição, que empresta fundamento ao art. 76 do Código, não implicou sua revogação. Ela simplesmente reduziu o alcance da norma da própria Constituição, deixando a norma que subsiste no Código sem a garantia de que somente por emenda constitucional poderá ser alterada.

Tal entendimento não é pacífico. Alguns autores sustentam que o art. 76 do CTN não é compatível com as normas das Constituições que se sucederam, inclusive a de 1988, razão pela qual não subiste em nosso ordenamento jurídico.

Não podemos concordar com tal objeção, pois o caráter temporário é da própria essência desses tributos, e não há como assegurar a gradual extinção dos mesmos sem o estabelecimento de um prazo para tanto.

Além disto, do ponto de vista jurídico é evidente que o art. 76 do CTN continua em pleno vigor. Conviveu com as Constituições anteriores e convive com a Constituição Federal de 1988, porque não existe entre ele e as referidas Constituições qualquer incompatibilidade.

A Constituição de 1967 estabeleceu que "compete à União, na iminência ou no caso de guerra externa, instituir, temporariamente, impostos extraordinários compreendidos, ou não, na sua competência tributária, que serão suprimidos gradativamente, cessadas as causas que determinaram a cobrança" (art. 23). Essa norma foi reproduzida, quase literalmente, pela Emenda 1/1969 (art. 22) e pela Constituição Federal de 1988 (art. 154, II). Na verdade, não há qualquer incompatibilidade entre essa norma da Constituição, que determina sejam os impostos extraordinários *suprimidos gradativamente, cessadas as causas de sua cobrança, ou criação*, e a norma do art. 76 do CTN, que determina sejam tais impostos *suprimidos, gradativamente, no prazo máximo de cinco anos, contados da celebração da paz*. São normas *diferentes*, com certeza, mas não normas *incompatíveis*. E essa diferença há de ser vista como simples complementação que a norma do Código Tributário Nacional faz da norma da Constituição, o que afasta inteiramente a ideia de revogação da norma anterior pelo advento de norma diferente sobre a mesma matéria.

Mesmo assim, em respeito aos autores que se opõem ao nosso ponto de vista, vamos examinar as razões pelas quais o sustentamos.

É sabido que no mesmo ordenamento jurídico não podem subsistir normas conflitantes ou antinômicas e, por isto mesmo, a doutrina jurídica construiu critérios para a superação das antinomias que eventualmente podem surgir, a saber, os critérios cronológico, hierárquico e da especialidade.

Por se tratar de norma anterior à Constituição, há quem sustente que o critério a ser utilizado é o cronológico. Por isto, adiante vamos examinar a questão também por esse critério. Antes, porém, vamos utilizar o critério hierárquico, que, a nosso ver, é realmente o mais adequado para questões como a de que estamos cuidando aqui.

A norma do art. 154, II, da vigente CF diz que a União poderá instituir, na iminência ou no caso de guerra externa, impostos extraordinários, compreendidos ou não em sua competência tributária, *os quais serão suprimidos, gradativamente, cessadas as causas de sua criação.*

A norma do art. 76 do CTN diz que, "na iminência ou no caso de guerra externa, a União pode instituir, temporariamente, impostos extraordinários compreendidos ou não entre os referidos nesta Lei, *suprimidos, gradativamente, no prazo máximo de 5(cinco) anos, contados da celebração da paz*".

Como se vê, a única diferença entre essas duas normas está em que na do art. 76 do CTN está fixado o prazo de cinco anos para a supressão dos impostos extraordinários de que se cuida. Assim, a questão de saber se tal norma é constitucional reduz-se à questão de saber se pode, ou não, a lei complementar tributária estabelecer limitações ao poder de tributar, cuja resposta afirmativa nos parece tão induvidosa que nem carece de demonstração.

O poder de tributar é inerente à soberania estatal e, assim, em princípio, é ilimitado. Sofre gradativas limitações jurídicas, vale dizer, limitações impostas pelo Direito. Primeiro com a promulgação da Constituição, que define as competências tributárias e estabelece outras limitações. Depois, com as leis complementares, que regulam tais limitações. Depois ainda com as leis ordinárias que definem as hipóteses de incidência tributária e demais elementos essenciais das obrigações tributárias correspondentes.

Regular as limitações ao poder de tributar constitui uma das finalidades precípuas da lei complementar, conforme determina, expressamente aliás, a própria Constituição Federal (art. 146, II). E sempre que regula as limitações ao poder de tributar a lei complementar está, naturalmente, a restringir direitos da União, como dos demais titulares de competência tributária.

A norma do Código Tributário Nacional, na verdade, cumpre, apenas, papel destinado às leis complementares, de regular as limitações da competência tributária. Está para a norma da Constituição numa relação de complementaridade. O dispositivo da Constituição diz que os impostos extraordinários *serão suprimidos, gradativamente, cessadas as causas de sua criação*. O dispositivo do Código diz a mesma coisa, acrescentando o prazo para operar-se a supressão. Apenas completa, e com isto reduz a liberdade do legislador ordinário, cumprindo, exatamente, o papel destinado pela Constituição à lei complementar.

Tanto é assim que ninguém se atreveria a apontar inconstitucionalidade em uma lei ordinária que tendo criado um imposto extraordinário por motivo de guerra externa, determinasse a supressão deste no prazo de cinco anos contado da celebração da paz. E se o legislador ordinário pode estabelecer o prazo, como não poderia fazê-lo o legislador complementar?

Não desconhecemos, porém, as controvérsias doutrinárias em torno da questão de saber qual critério deva ser utilizado para a superação de possível antinomia entre norma de lei anterior e norma de Constituição posterior. E não desconhecemos que a jurisprudência do STF tem adotado o critério cronológico, quando se trata de norma legal anterior à Constituição. Assim, para que não restem dúvidas a respeito da subsistência do art. 76 do CTN, convém demonstrarmos também que o mesmo não foi revogado.

É sabido que a lei posterior revoga a anterior quando expressamente o declare, quando seja com ela incompatível ou quando regule inteiramente a matéria de que tratava a lei anterior (Lei de Introdução às Normas do Direito Brasileiro, art. 2º, § 1º). Tem-se, pois, que a revogação ocorre em três hipóteses distinta, a saber: (a) em face de declaração expressa da lei posterior, (b) quando ocorrer incompatibilidade e (c) quando a lei nova regula inteiramente a matéria tratada na lei anterior.

Essas três hipóteses de revogação nos permitem dividir em duas as formas de revogação: expressa, abrangendo a primeira das hipóteses acima indicadas, e tácita, abrangendo as duas outras hipóteses.

No caso de que se cuida não existe nenhuma declaração expressa de qualquer das Constituições ou leis supervenientes no sentido da revogação do art. 76 do CTN, de sorte que não se pode cogitar de revogação expressa. Resta-nos examinar se houve revogação tácita, vale dizer, se restou configurada a hipótese de incompatibilidade, ou a hipótese de tratamento por inteiro da matéria da lei anterior. Vejamos.

Não é necessário qualquer esforço para demonstrarmos que não há incompatibilidade alguma entre a norma do art. 76 do CTN e as normas das Constituições e leis complementares a ela posteriores.

Ressalte-se que somente a incompatibilidade absoluta opera a revogação. E não é razoável afirmar-se a existência de uma incompatibilidade absoluta entre a norma do art. 154, II, da CF de 1988 e a norma do art. 76 do CTN. Muito pelo contrário; como acima já ficou demonstrado, esta simplesmente complementa aquela. Assim, demonstrado que não se deu a revogação por incompatibilidade, vejamos se ocorreu a revogação tácita, por regulação completa da matéria pela norma mais recente.

A revogação por regulação completa da matéria acontece independentemente de haver incompatibilidade de todas as normas dessa nova regulação com as normas da lei anterior.

Não é razoável afirmar-se que as Constituições de 1967, 1969 e 1988 trataram de toda a matéria própria do Código Tributário Nacional. A Constituição e o Código têm, cada qual, um âmbito próprio de atuação e, por isto mesmo, cada um está situado em patamar hierárquico diferente.

A não ser assim, aliás, estaria revogado não apenas o art. 67, mas todo o CTN – o que tem sido negado, sem discrepância, pela doutrina e pela jurisprudência, que afirmam, repetidamente, a vigência de inúmeros de seus dispositivos.

A hipótese de revogação concretizou-se – aí, sim – quanto à norma do art. 17 da EC 18, que reproduziu a norma do § 6º do art. 15 da CF de 1946. Assim, no plano da Constituição, não mais vigora a norma que obriga a União a extinguir os impostos extraordinários no prazo de cinco anos a partir da celebração da paz. Com a Constituição de 1967 operou-se a revogação.

Revogada como está a norma da Constituição, pode hoje o legislador complementar alterar a norma do Código Tributário Nacional, retirando dela a referência ao prazo para a extinção dos impostos extraordinários. E pode apenas afastar a sua incidência em situações excepcionais – com o quê resta atendida a preocupação com situações peculiares, nas quais o imposto extraordinário deva perdurar mais de cinco anos depois de cessada a causa de sua instituição. A avaliação e a decisão ficam a cargo do legislador complementar. Não do ordinário, como ficariam se não existisse o art. 76 do CTN.

Pode-se também sustentar que celebrada a paz cessa a causa para a criação do imposto e, assim, deve cessar também sua cobrança. O art. 76 do CTN seria inconstitucional, porque admite que a supressão ocorra no prazo de cinco anos, quando tal supressão deveria ser imediata, em consequência da celebração da paz. Não nos parece, porém, que seja este o entendimento mais adequado à norma da Constituição, segundo a qual uma vez celebrada a paz ocorrerá a supressão *gradual* do imposto. Se a Constituição diz que a supressão será gradual, certamente está afirmando que não será imediata.

9. *Impostos da competência residual*

9.1 *Praxe antiga*

Tornou-se praxe a justificação de tributos criados sem fundamento constitucional, pela invocação da competência residual. Entre muitos, pode ser referido o caso da contribuição para o *Finsocial*, que o STF considerou constitucional invocando a competência residual da União, afirmando que a referida contribuição tinha a natureza jurídica de imposto, e, porque não se comportava no âmbito constitucional de nenhum dos impostos arrolados pela Constituição então vigente na competência da União, teria sido criado com fundamento na competência residual.

Tivemos na verdade uma decisão política, destinada a preservar a arrecadação de recursos que seriam destinados ao combate à pobreza. Talvez os Srs. Ministros tenham sido influenciados pelo apelo dramático do então Presidente João Baptista Figueiredo, que chegou às lágrimas em pronunciamento feito pela televisão em rede nacional, afirmando que os recursos do *Finsocial* lhe permitiriam amparar os pobres de todo o País.

9.2 Limitações da competência residual

Consciente da necessidade de emprestar maior efetividade às limitações ao poder de tributar, o constituinte de 1988 formulou limitações específicas para o exercício da denominada competência residual. Agora a competência residual da União há de ser exercida mediante lei complementar, e só abrange impostos que sejam não cumulativos e não tenham fato gerador ou base de cálculo próprios dos discriminados na Constituição Federal (art. 154, I).

Embora a exigência de lei complementar seja de atendimento relativamente fácil quando o Governo tem boa articulação com o Congresso Nacional, a exigência de que o imposto não tenha fato gerador nem base de cálculo próprios de qualquer dos impostos discriminados na Constituição é de atendimento muito difícil.

Além das referidas limitações, o constituinte atribuiu aos Estados e ao Distrito Federal 20% do produto da arrecadação dos impostos instituídos pela União no exercício de sua competência residual. Tornou, assim, desvantajoso para a União o exercício dessa competência. Tanto que o Governo não tem utilizado esse caminho para o aumento da carga tributária, preferindo o caminho das contribuições.

9.3 A nova válvula de escape: as contribuições

Não tardou, porém, a descoberta de uma nova válvula de escape, que está no art. 149 da CF, com a interpretação que lhe amplia o alcance, vendo as expressões “de intervenção no domínio econômico” e “de interesse de categorias profissionais ou econômicas”, nele colocadas depois da expressão “contribuições sociais”, não como qualificativos das contribuições sociais, mas como indicações da existência de três espécies distintas, a saber, as contribuições sociais gerais, as contribuições sociais de intervenção no domínio econômico e as contribuições sociais de interesse de categorias profissionais ou econômicas.

Se considerarmos apenas o elemento literal, certamente poderemos concluir que o art. 149 atribui à União competência para instituir três espécies de contribuições: as sociais, as de intervenção no domínio econômico e as de interesse de categorias profissionais ou econômicas. Tal conclusão, porém, não é razoável.

Primeiro porque o elemento literal sempre pode levar a mais de um entendimento – e, por isto mesmo, é sabidamente insuficiente. E no caso presente também autoriza o entendimento que sustentamos – de que as contribuições sociais constituem um gênero, do qual são espécies as de intervenção no domínio econômico, as de interesse de categorias profissionais ou econômicas e as de seguridade social.

Segundo porque aceitar a possibilidade de contribuições sociais gerais conduz à destruição de importantes garantias constitucionais do contribuinte e ao amesquinhamento da própria Federação – como se passa, em apertada síntese, a explicar.

Todos os tributos têm função social. Aliás, toda a atividade estatal tem, ou deve ter, função social. Assim, o adjetivo *social*, no contexto em que se pretende com ele identificar uma subespécie de tributo, é inoperante. Se todo tributo é social, evidentemente uma contribuição não terá identidade específica por ser social.

Como todo tributo é social, e todo o agir do Estado é ou deve ser social, fácil será a instituição de contribuições sociais para o financiamento de todas as atividades do Estado – com o quê os impostos atualmente integrantes do sistema serão prescindíveis. E, na medida em que o Governo não mais precisará deles, evidentemente de nada mais valerá para o contribuinte a garantia de que somente eles, os previstos, podem ser instituídos.

Por outro lado, como a competência para instituir contribuições sociais é exclusiva da União, estará implantado o Estado Unitário, com o inevitável amesquinhamento da Federação, e a interpretação literal, então, mais uma vez nos terá conduzido a conclusão absurda.

Na verdade, o art. 149 da CF deve ser interpretado sem desconsideração ao conjunto de normas no qual se encarta. Sem amesquinhar qualquer delas. Sem tornar ineficaz a partilha do poder tributário e a repartição das receitas tributárias. Nem as limitações ao poder de reforma constitucional. Nele deve ser vista a competência exclusiva da União para criar contribuições sociais que sejam instrumento de intervenção no domínio econômico, ou do interesse de categorias profissionais ou econômicas. Contribuições que, em última análise, não sejam apenas instrumento de arrecadação de recursos financeiros para o Tesouro Nacional.

Capítulo IV
IMPOSTOS ESTADUAIS

1. Imposto sobre heranças e doações

1.1 Competência

Compete aos Estados e ao Distrito Federal instituir imposto sobre transmissão *causa mortis* e doação, de quaisquer bens ou direitos. É o que estabelece a vigente CF, em seu art. 155, I. O imposto sobre heranças e doações é, portanto, da competência estadual.

A questão de saber qual é o Estado competente para sua cobrança está resolvida pela Constituição Federal, que estabelece (art. 155, § 1º): (a) relativamente aos bens imóveis e respectivos direitos, o imposto pertence ao Estado da situação do bem ou ao Distrito Federal, se neste o bem estiver situado; (b) relativamente aos bens móveis, títulos e créditos, o imposto pertence ao ente público (Estado ou Distrito Federal) onde se processar o inventário ou arrolamento, ou tiver domicílio o doador.

A competência para a cobrança do imposto será regulada em lei complementar se o doador tiver domicílio ou residência no exterior e se o autor da herança possuía bens, era residente ou domiciliado ou teve seu inventário processado no exterior.

1.2 Função

A função do imposto sobre heranças e doações é fiscal. Ele tem a finalidade de gerar recursos financeiros para os cofres públicos. Isto não quer dizer que não possa ter função extrafiscal. Todo tributo pode. No caso do imposto sobre heranças e doações, a função extrafiscal possível consiste em desestimular o acúmulo de riqueza, ou, em outras palavras, desestimular a concentração da renda. Basta a instituição de alíquotas progressivas, com percentuais bastante elevados para os valores mais expressivos. Tal progressividade, como adiante será explicado, deve ser em função da parcela de bens recebida por cada herdeiro, legatário ou donatário. Não em função da totalidade dos bens deixados pelo autor da herança, ou doados.

1.3 Âmbito constitucional e fato gerador

Convém insistirmos no esclarecimento dos conceitos fundamentais para a compreensão adequada do nosso direito tributário. O *âmbito constitucional* de um tributo é a situação de fato descrita na Constituição Federal ao atribuir competência à União, aos Estados ou aos Municípios para a instituição do tributo. A norma da Constituição atributiva da competência tributária descreve os fatos que podem ser utilizados pelo legislador da entidade à qual a competência é atribuída na descrição da hipótese de incidência do tributo.

Cabe à lei complementar tornar mais precisa a descrição do âmbito constitucional do tributo. É exigência do art. 146, III, "a", da vigente CF. A rigor, portanto, o imposto sobre heranças e doações ainda não poderia ser instituído, à míngua da lei complementar na qual seu âmbito constitucional deve ser detalhado, explicitado, de sorte a evitar que os legisladores dos diversos Municípios brasileiros estabeleçam tratamentos diferentes.

O âmbito constitucional do imposto sobre heranças e doações está descrito pelo art. 155, I, da CF de 1988, que atribui competência aos Estados e ao Distrito Federal para instituir imposto sobre "transmissão *causa mortis* e doação, de quaisquer bens ou direitos". E seu fato gerador é descrito nas leis estaduais, assim como na lei do Distrito Federal, que o instituem.

Na definição do fato gerador do imposto sobre heranças e doações podem ser descritas a transmissão da propriedade de quaisquer bens ou direitos por causa da morte ou por doação. Dele se excluem apenas as transmissões de propriedade de bens por ato oneroso entre vivos.

A morte opera automaticamente a transmissão da propriedade de todos os bens que a pessoa natural possui. Seja por força da lei, simplesmente, seja por força de ato de última vontade do autor da herança. A formalização dessa transmissão de propriedade ordinariamente ocorre mediante o processo de inventário, e no âmbito deste o imposto é lançado pela autoridade competente e pago pelos interessados. Tratando-se de imóveis, faz-se depois o registro necessário no Cartório de Imóveis. Necessário para formalizar a transmissão da propriedade, que se opera com a morte do proprietário anterior.

As leis de alguns Estados definem como hipótese de incidência do imposto a renúncia à herança. A Lei 11.527, de 30.12.1988, do Ceará, por exemplo, diz que, para os efeitos do imposto em referência, considera-se doação "a desistência ou renúncia de herança ou legado por ato de liberalidade que importe ou se resolva em transmissão de quaisquer bens ou direitos" (art. 2º, § 1º, I). Ocorre, entretanto, que, nos termos do vigente Código Civil, "aceita a herança, torna-se definitiva a sua transmissão ao herdeiro desde a abertura da sucessão" (art. 1.804). E ainda esclarece expressamente que "a transmissão tem-se por não verificada quando o herdeiro renuncia à herança" (art. 1.804, parágrafo único). Assim, realmente, a renúncia à herança, ao menos nos casos em que esta ocorre em favor do monte, não pode ser considerada como fato gerador do imposto sobre doações e heranças, porque apenas impede que se torne definitiva a transmissão que se havia operado com a morte do autor da herança. Ou, mais exatamente, apenas altera essa transmissão, retirando o renunciante da condição de herdeiro.

É possível que a renúncia ocorra em favor de determinada pessoa, que em consequência da mesma vem a receber o quinhão que pertenceria ao renunciante. Neste caso, a renúncia, além de não impedir que se torne definitiva a transmissão que decorreu da morte, implica verdadeira doação do quinhão hereditário – e, assim, pode ensejar a cobrança do imposto.

Sendo casado o autor da herança, é importante que se note a diferença entre *herança* e *meação*, porque esta não é objeto de transmissão de propriedade e, assim, não pode ser submetida a tributação. O tributo incide sobre a transmissão da propriedade em decorrência da morte. Não sobre a meação, pois esta já pertencia ao cônjuge sobrevivente. Na dissolução da sociedade conjugal por morte verificar-se-á a meação do cônjuge sobrevivente de conformidade com os dispositivos do Código Civil que regulam o regime de bens, deferindo-se a herança aos herdeiros na forma também naquele Código estabelecida (CC – Lei 10.406, de 10.1.2002 –, art. 1.685).

Objeto da transmissão de propriedade é apenas a herança. Não a meação. Aberta a sucessão – diz a lei –, a *herança* transmite-se, desde logo, aos herdeiros legítimos e testamentários (CC – Lei 10.406, de 10.1.2002 –, art. 1.784). Herdeiros legítimos são aqueles aos quais a herança se transmite por força da lei, simplesmente. Legatários são aqueles aos quais o legado se transmite por força do testamento.

A doação também opera a transmissão da propriedade de bens, sejam móveis ou imóveis. Tratando-se destes últimos, a escritura de doação deve ser levada ao Registro de Imóveis, posto que, nos termos da lei civil, é o registro do título translativo que opera a transmissão da propriedade.

1.4 Alíquotas

O imposto sobre heranças e doações terá suas alíquotas máximas fixadas pelo Senado Federal (CF, art. 155, § 1º, IV). Salvo esta limitação, prevalece a liberdade dos Estados e do Distrito Federal para o estabelecimento de tais alíquotas.

O Estado do Ceará fixou alíquota progressiva, que tem como teto a alíquota máxima fixada pelo Senado. Estabeleceu a progressividade em razão do valor da base de cálculo, dispondo que em função desse valor, fixado em unidades fiscais, a alíquota será equivalente a 50%, 75% e 100% da alíquota máxima fixada pelo Senado Federal.

Essa vinculação suscitou a questão de saber se, havendo modificação da alíquota máxima fixada pelo Senado Federal, estariam automaticamente alteradas as alíquotas do imposto. O STF manifestou-se, já, pela negativa (RE 213.266, rel. Min. Marco Aurélio, *DJU* 17.12.1999). As alterações da alíquota desse imposto dependem, sempre, de leis estaduais. As resoluções do Senado Federal são limitações ao legislador estadual, mas não o substituem. Quando definiu as alíquotas do imposto fazendo remissão às alíquotas máximas fixadas pelo Senado Federal, o legislador incorporou à lei estadual as normas das resoluções então vigentes.

Essa progressividade é uma forma de realizar o princípio da capacidade contributiva, ou, mais exatamente, de adequação do tributo à capacidade econômica de cada um. Além disto, dependendo do percentual estabelecido, pode constituir desestímulo à acumulação de riqueza e, desta, forma contribuir, ainda que modestamente, para a redistribuição da renda no País.

A propósito de alíquotas progressivas no imposto sobre heranças e doações, é importante observarmos que a determinação da alíquota aplicável deve ser feita tendo-se em vista o valor do quinhão, do legado ou dos bens doados a cada um dos beneficiários. Não em razão da totalidade dos bens transmitidos, pois a capacidade contributiva a ser considerada é a daquele a quem os bens se destinam, e não a do autor da herança ou do doador.

Em alguns Estados a lei estabelece que as alíquotas progressivas desse imposto serão definidas com base no resultado da soma do valor venal da totalidade dos bens e direitos transmitidos (no Estado do Ceará, Lei 13.417, de 30.12.2003, art. 10, § 2º). Os dispositivos de leis estaduais que assim estabeleçam contrariam flagrantemente o disposto no art. 35, parágrafo único, do CTN e são, portanto, desprovidos de validade. Contrariam, também, o princípio da capacidade contributiva, cuja observância no caso é perfeitamente possível.

O art. 35, parágrafo único, do CTN diz que: "Nas transmissões *causa mortis*, ocorrem tantos fatos geradores distintos quantos sejam os herdeiros ou legatários". Isto quer dizer, exatamente, que as bases de cálculo do imposto devem ser separadas. E assim há de ser também porque o contribuinte é sempre o destinatário do bem, e não o transmitente.

Também em atenção ao art. 145, § 1º, da CF, a determinação das alíquotas progressivas aplicáveis em cada caso deve ocorrer em razão do valor dos bens recebidos por cada sucessor, individualmente, porque somente assim se estará considerando a capacidade contributiva de cada um deles.

1.5 Base de cálculo

A base de cálculo desse imposto há de ser fixada pela lei da entidade competente para instituir o tributo. Deve ser, em princípio, o valor de mercado do bem objeto da transmissão. Pode ser menor. Não pode ser maior, posto que se estaria atingindo riqueza outra que não o próprio bem transmitido.

Nas leis estaduais em geral verifica-se a natural preocupação do legislador em evitar a evasão do tributo. São, todavia, inválidas na medida em que levem a uma tributação incidente sobre riquezas outras que não sejam os próprios bens transmitidos, como ocorrerá, por exemplo, na hipótese de doação de bens móveis usados que na verdade podem ter valor bem inferior a 5% dos equivalentes novos, como estabelece a lei no Estado do Ceará.

Aliás, nas hipóteses de doação de bens móveis usados, esse imposto é praticamente inexequível, tamanha é a dificuldade de as controlar. A apuração da sonegação, nestes casos, pela ocultação pura e simples do fato gerador, é praticamente impossível.

1.6 Contribuinte

Na ausência de dispositivo constitucional a respeito, o legislador da entidade tributante tem relativa liberdade para definir o contribuinte desse imposto. Tratando-se de herança, logicamente deve ser contribuinte o herdeiro, ou legatário. Tratando-se de doação, o contribuinte pode ser, em princípio, tanto o doador como o donatário.

É válida, outrossim, a atribuição, feita pelo legislador cearense, de responsabilidade tributária ao doador na hipótese de inadimplência do donatário (Lei 11.527/1988, art. 14, III).

1.7 Lançamento

O lançamento desse imposto é feito, em princípio, por declaração. O contribuinte oferece ao Fisco os elementos necessários ao respectivo cálculo.

Às leis das entidades tributantes cabe estabelecer o procedimento a ser adotado em cada caso. Essas leis, todavia, não podem criar embaraços à atividade de inventário e partilha de bens.

1.8 Implicações no processo de inventário

É inadmissível na lei estadual dispositivo que, a pretexto de estabelecer norma sobre a arrecadação do imposto, termina estabelecendo norma a respeito do processo de inventário. É o que ocorre com a lei do Estado do Ceará, segundo a qual são vedados o julgamento de partilha e o fornecimento de alvará judicial sem a prova de quitação do imposto sobre heranças e doações (Lei 13.417, de 30.12.2003, art. 24: "É vedado proceder ao julgamento do processo de partilha, inclusive de pedido de alvará judicial, que não esteja instruído com as certidões negativas das Fazendas Públicas Federal, Estadual e Municipal, e com a prova de quitação do imposto de que trata esta Lei").

Ocorre que não compete aos Estados legislar sobre processo. Assim, as disposições de leis estaduais que eventualmente interfiram no processo são desprovidas de validade. E não é razoável que a lei concernente ao imposto impeça o andamento normal do inventário. Melhor seria que o juiz do processo de inventário se limitasse a informar à autoridade fazendária a ocorrência do fato gerador do imposto. O pagamento pelos contribuintes e a cobrança, no caso de inadimplemento, teriam de seguir as mesmas normas concernentes aos outros impostos. Qualquer embaraço ao processo de inventário, causado pelo imposto, configura verdadeira sanção política, inconstitucional e, por isto, inteiramente inadmissível.

Aliás, é absolutamente inadmissível restringir o direito à jurisdição àqueles que comprovem o atendimento de exigências tributárias. O direito à jurisdição é uma garantia constitucional que a ninguém pode ser negada. Por isto mesmo o STF declarou a inconstitucionalidade do art. 19 da Lei 11.033, de 21.12.2004, segundo o qual o levantamento ou a autorização para depósito em conta bancária de valores decorrentes de precatório judicial somente poderão ocorrer mediante a apresentação ao juízo de certidão negativa de tributos federais, estaduais e municipais bem como de certidão de regularidade para com a Seguridade Social, o Fundo de Garantia do Tempo de Serviço/FGTS e a Dívida Ativa da União, depois de ouvida a Fazenda Pública.

2. *Imposto sobre operações relativas à circulação de mercadorias e prestações de serviços*

2.1 *Competência*

Já na vigência da Constituição anterior (art. 23, II) o imposto de circulação de mercadorias, ou, mais exatamente, imposto sobre operações relativas à circulação de mercadorias/ICM, era da competência dos Estados e do Distrito Federal. Aliás, ele nada mais era que o antigo imposto sobre vendas e consignações/IVC, da competência estadual desde que foi criado, e que passara por significativa reformulação com a Emenda 18/1965, quando tornou-se *não cumulativo*.

Na Constituição de 1988 ele está entre os impostos da competência dos Estados e do Distrito Federal e teve o seu âmbito ampliado, passando a abranger, também, as prestações de serviços de transporte interestadual e intermunicipal e de comunicação. Com isto a sigla "ICM" foi substituída por "ICMS".

Competente para a cobrança do ICMS é o Estado em que se verifica a sua hipótese de incidência. Esta regra, todavia, não produz os efeitos práticos desejados em virtude da não cumulatividade do imposto, técnica da qual em muitos casos decorrem sérias distorções, com favorecimento dos Estados predominantemente produtores, em detrimento daqueles predominantemente consumidores.

Tratando-se de mercadoria importada, a competência para cobrar o ICMS é do Estado em que está situado o estabelecimento importador. Não aquele no qual a mercadoria ingressa no território nacional.

2.2 *Função*

O ICMS é tributo de função predominantemente fiscal. É fonte de receita bastante expressiva para os Estados e para o Distrito Federal. Tem sido, todavia, utilizado também com função extrafiscal, mas essa prática é desaconselhável, em virtude das práticas fraudulentas que o tratamento diferenciado pode estimular.

A Constituição Federal de 1988 estabeleceu que o ICMS poderá ser seletivo em função da essencialidade das mercadorias e dos serviços (art. 155, § 2º, III), facultando, assim, seu uso com função extrafiscal. Todavia, consciente dos problemas que daí podem decorrer, cuidou de estabelecer fortes limitações a essa faculdade, atribuindo ao Senado Federal competência para estabelecer as alíquotas aplicáveis às operações e prestações, interestaduais e de exportação, e a este facultando o estabelecimento de alíquotas mínimas e máximas nas operações internas (art. 155, § 2º, IV e V).

A concessão de isenção do ICMS para atrair investimentos novos tem sido denominada "guerra fiscal". Cuida-se de denominação pejorativa, com a qual os Estados desenvolvidos combatem o uso do incentivo fiscal pelos Estados pobres. E estes, talvez impressionados pela expressão pejorativa, admitem as restrições à sua autonomia política.

Do ponto de vista estritamente jurídico, é importante distinguir o incentivo concedido por um Estado rico daquele concedido por um Estado pobre. O primeiro é flagrantemente contrário à Constituição Federal, o segundo realiza princípio fundamental por esta consagrado.

A Constituição Federal consagra como um dos objetivos fundamentais de nossa República erradicar a pobreza e *reduzir as desigualdades sociais e regionais* (art. 3º, III). Quando veda à União instituir tributo que não seja uniforme em todo o território nacional ou implique distinção ou preferência em relação a Estado, ao Distrito Federal ou a Município, em detrimento de outro, faz expressa ressalva, asseverando ser *admitida a concessão de incentivos fiscais destinados a promover o equilíbrio do desenvolvimento socioeconômico entre as diferentes regiões do País* (art. 151, I). Ao tratar dos orçamentos fiscal e de investimentos, diz que estes, compatibilizados com o plano plurianual, terão entre suas funções a de *reduzir desigualdades inter-regionais* (art. 165, § 7º). Finalmente, consagra como princípio retor da ordem econômica e financeira a *redução das desigualdades regionais e sociais* (art. 170, VII).

Diante de tão evidente e eloquente consagração, pela Lei Maior, do propósito de reduzir as desigualdades socioeconômicas regionais, tem-se de concluir que a concessão de incentivos fiscais por Estados ricos, porque tende a agravar as desigualdades socioeconômicas regionais, é inconstitucional, enquanto os incentivos fiscais concedidos por Estados pobres, porque tendem a reduzir aquelas desigualdades, realizam o princípio constitucional.

É certo que a Constituição refere-se a deliberação dos Estados, e diz caber à lei complementar estabelecer normas procedimentais para a concessão de isenções e incentivos fiscais no âmbito do ICMS. Não é razoável, porém, sobrepor-se uma norma de processo a uma norma de direito material, e mais ainda a um princípio consagrado repetidas vezes pela Constituição Federal.

2.3 Fato gerador

2.3.1 *Fato gerador e âmbito do tributo*

O fato gerador do ICMS é descrito na lei que o institui, vale dizer, na lei do Estado ou do Distrito Federal. Isto obviamente não constitui peculiaridade deste imposto, pois o fato gerador de qualquer tributo é descrito na lei que o institui.

Segundo a vigente Constituição Federal, cabe à lei complementar estabelecer normas gerais em matéria de legislação tributária, especialmente sobre a definição dos fatos geradores dos tributos (art. 146, III, "a"). A lei complementar, todavia, não é o instrumento hábil para a instituição do tributo, a não ser, é claro, naqueles casos nos quais a própria Constituição determina que o tributo será criado por lei complementar – como acontece, por exemplo, com o art. 154, I. Assim, temos de entender que a lei complementar a que se refere o art. 146, III, da vigente CF não institui imposto. Não descreve o seu fato gerador. Não é lei de tributação, mas lei sobre leis de tributação. Tem a finalidade de promover a unidade nacional, na medida em que, melhor definindo o *âmbito do tributo*, estreita o campo em que há de laborar o legislador ordinário ao instituí-lo.

É induvidoso, portanto, que o fato gerador do ICMS é o descrito na lei do Estado, ou do Distrito Federal, que o institui. A área factual descrita na Constituição Federal e na lei complementar a que se reporta seu art. 146, III, é limite que não pode ser ultrapassado pelo legislador ordinário que institui o tributo.

Quanto ao ICMS, há uma particularidade que não se pode deixar de observar. Em suas Disposições Transitórias, a Constituição de 1988 estabeleceu que, se, no prazo de 60 dias, a contar de sua promulgação, não fosse editada a lei complementar necessária à sua instituição – vale dizer, a lei complementar a que se reporta o art. 146, III –, os Estados e o Distrito Federal, mediante convênio celebrado nos termos da Lei Complementar 24, de 7.1.1975, regulariam a matéria. Assim, o constituinte federal substituiu a lei complementar pelo convênio interestadual para o fim específico de viabilizar a instituição do ICMS.

Importante, diante das normas da Constituição definidoras do âmbito desse imposto, é a compreensão do significado das principais expressões nelas contidas, a saber: (a) "operações relativas à circulação"; (b) "mercadorias"; (c) "prestações de serviços"; (d) "bens destinados a consumo ou ativo fixo".

É importante, outrossim, que se tenha sempre presente a ideia de partilha da competência tributária, posto que na descrição do fato gerador do tributo o legislador às vezes invade área atribuída a pessoa jurídica diversa daquela da qual é órgão.

A Lei Complementar 87, de 13.9.1996, veio atender ao dispositivo constitucional, estabelecendo normas gerais sobre o ICMS, que substituem os convênios interestaduais. "Normas gerais" no sentido de que são aplicáveis a todos os Estados e ao Distrito Federal. Daí a importância de seu estudo.

O âmbito do ICMS, ou área fática dentro da qual o legislador estadual pode definir o fato gerador do ICMS, está assim definido pela Lei Complementar 87/1996:

"Art. 2º. O imposto incide sobre: I – operações relativas à circulação de mercadorias, inclusive o fornecimento de alimentação e bebidas em bares, restaurantes e estabelecimentos similares; II – prestações de serviços de transporte interestadual e intermunicipal, por qualquer via, de pessoas, bens, mercadorias ou valores; III – prestações onerosas de serviços de comunicação, por qualquer meio, inclusive a geração, a emissão, a recepção, a transmissão, a retransmissão, a repetição e a ampliação de comunicação de qualquer natureza; IV – fornecimento de mercadorias com prestação de serviços não compreendidos na competência tributária dos Municípios; V – fornecimento de mercadorias com prestação de serviços sujeitos ao imposto sobre serviços, de competência dos Municípios, quando a lei complementar aplicável expressamente o sujeitar à incidência do imposto estadual.

"§ 1º. O imposto incide também: I – sobre a entrada de mercadoria importada do exterior, por pessoa física ou jurídica, ainda quando se tratar de bem destinado a consumo ou ativo permanente do estabelecimento; II – sobre o serviço prestado no exterior ou cuja prestação se tenha iniciado no exterior; III – sobre a entrada, no território do Estado destinatário, de petróleo, inclusive lubrificantes e combustíveis líquidos e gasosos dele derivados, e de energia elétrica, quando não destinados à comercialização ou à industrialização, decorrentes de operações interestaduais, cabendo o imposto ao Estado onde estiver localizado o adquirente.

"§ 2º. A caracterização do fato gerador independe da natureza jurídica da operação que o constitua."

A comportar a definição do âmbito do ICMS, a Lei Complementar 87/1996 dispõe:

"Art. 3º. O imposto não incide sobre: I – operações com livros, jornais, periódicos e o papel destinado a sua impressão; II – operações e prestações que destinem ao exterior mercadorias, inclusive produtos primários e produtos industrializados semielaborados, ou serviços; III – operações interestaduais relativas a energia elétrica e petróleo, inclusive lubrificantes e combustíveis líquidos e gasosos dele derivados, quando destinados à industrialização ou à comercialização; IV – operações com ouro, quando definido em lei como ativo financeiro ou instrumento cambial; V – operações relativas a mercadorias que tenham sido ou que se destinem a ser utilizadas na prestação, pelo próprio autor da saída, de serviço de qualquer natureza definido em lei complementar como sujeito ao imposto sobre serviços, de competência dos Municípios, ressalvadas as hipóteses previstas na mesma lei complementar; VI – operações de qualquer natureza de que decorra a transferência de propriedade de estabelecimento industrial, comercial ou de outra espécie; VII – operações decorrentes de alienação fiduciária em garantia, inclusive a operação efetuada pelo credor em decorrência do inadimplemento do devedor; VIII – operações de arrendamento mercantil, não compreendida a venda do bem arrendado ao arrendatário; IX – operações de qualquer natureza de que decorra a transferência de bens imóveis salvados de sinistro para companhias seguradoras.

"Parágrafo único. Equipara-se às operações de que trata o inciso II a saída de mercadoria realizada com o fim específico de exportação para o exterior, destinada a: I – empresa comercial exportadora, inclusive *tradings* ou outro estabelecimento da mesma empresa; II – armazém alfandegado ou entreposto aduaneiro."

2.3.2 *Operações relativas à circulação*

Operações relativas à circulação de mercadorias são quaisquer atos ou negócios, independentemente da natureza jurídica específica de cada um deles, que implicam circulação de mercadorias, vale dizer, que implicam mudança da propriedade das mercadorias, dentro da circulação econômica que as leva da fonte até o consumidor.

A principal dessas *operações* é, sem dúvida, o contrato de compra e venda. Vale ressaltar, todavia, que um contrato de compra e venda de mercadorias, por si mesmo, não gera o dever de pagar ICMS. Não é fato gerador desse imposto enquanto não implique *circulação de mercadoria*. Por isto mesmo é importante o sentido da expressão "operações relativas à circulação de mercadorias", que há de ser entendida em seu conjunto, e não o significado de cada uma das palavras que a compõem. O legislador constituinte preferiu, seguindo orientação da moderna doutrina do direito tributário, utilizar expressões desvinculadas de quaisquer negócios jurídicos. Referiu-se, assim, a um gênero de *operações*. Todos aqueles atos, contratos, negócios, que são usualmente praticados na atividade empresarial, com o fim precípuo de promover a circulação das mercadorias em geral, movimentando-as desde a fonte de produção até o consumo. E os considerou ligados a essa movimentação, não lhes atribuindo relevância se considerados isoladamente. Por isto um contrato de compra e venda de mercadorias, considerado isoladamente, como simples negócio jurídico, não gera o dever de pagar o ICMS, dever esse que surge, todavia, da circulação da mercadoria, como ato de execução daquele contrato. Isto fica melhor esclarecido com o exame da legislação estadual específica, cuja compreensão adequada depende das ideias aqui enunciadas.

Leva problema a questão de saber se a operação de circulação de mercadorias é somente aquela da qual decorra a mudança da propriedade destas. Como o ICMS é não cumulativo, a transferência de mercadorias de um para outro estabelecimento da mesma empresa foi considerada pelo legislador como fato gerador do imposto. Para tanto, a lei tributária atribuiu a cada estabelecimento, e não à pessoa jurídica, a condição de contribuinte.

O STJ, porém, vem considerando que essas transferências não constituem fato gerador, porque não implicam transmissão da propriedade das mercadorias. Essa jurisprudência parece ter sido formada em face de exigências absolutamente indevidas de imposto em transferências de bens do ativo fixo de estabelecimentos que nem mesmo negociam com mercadorias. Em muitos, se não em todos os casos, bancos que adquirem móveis, equipamentos e utensílios, de forma concentrada, e os transferem para seus diversos estabelecimentos em todo o País. Melhor teria sido decidir pela não incidência do ICMS por não se tratar de circulação de *mercadoria*, porque evidentemente não o são os bens do ativo fixo.

Também o STF manifestou-se já no sentido da não incidência do ICMS em transferência entre estabelecimentos da mesma empresa. Mais uma vez parece ter havido exigência descabida do Fisco, que pretendeu cobrar ICMS em remessa de frangos de um para outro estabelecimento da mesma empresa, para simples pesagem. Melhor teria sido decidir pela não incidência do ICMS por não se tratar de *circulação* de mercadorias. Não por se tratar de estabelecimentos da mesma pessoa jurídica, mas porque as mercadorias *não saíram*, do ponto de vista econômico, do estabelecimento remetente.

Na transferência, ordinariamente realizada como operação relativa à circulação de mercadorias, o estabelecimento remetente deixa de ter sob seu controle, deixa de ter a posse da mercadoria transferida. Diversamente, no caso de simples remessa para pesagem, ou para outro fim semelhante, quando a mercadoria deve retornar ao estabelecimento remetente, este continua tendo o controle da mercadoria, continua tendo sua posse. A diferença entre as duas situações é facilmente constatada pelo exame dos registros contábeis, que são inteiramente diversos num e no outro caso.

A jurisprudência que considera não incidir o ICMS nas transferências, se aplicada aos comerciantes em geral, criará sérios problemas na relação Fisco/contribuinte, em virtude da não cumulatividade do imposto, que exige a transferência de crédito juntamente com a mercadoria que é remetida de um para outro estabelecimento da mesma empresa. Especialmente tratando-se de transferências entre estabelecimentos situados em diferentes Estados.

Nas transferências entre estabelecimentos da mesma empresa, desde que a mercadoria sai do estoque de um, para compor o estoque do outro, onde se destina à comercialização, ocorre uma verdadeira operação relativa à circulação de mercadoria, que a impulsiona no caminho que há de percorrer da fonte produtora até o consumidor. Configura-se, pois, o fato gerador do ICMS.

2.3.3 *Mercadorias*

Não obstante as alterações com as quais a vigente Constituição, incorporando dispositivos da Emenda Constitucional 23/1983, desfigurou o imposto em estudo, segue sendo de grande importância o conceito de mercadorias para a adequada compreensão de seu regramento.

Mercadorias são *coisas móveis*. São *coisas* porque bens corpóreos, que valem por si, e não pelo que representam. Coisas, portanto, em sentido restrito, no qual não se incluem os bens tais como os créditos, as ações, o dinheiro, entre outros. E coisas *móveis* porque em nosso sistema jurídico os imóveis recebem disciplinamento legal diverso, o que os exclui do conceito de mercadorias. A própria Constituição Federal, na partilha das competências impositivas, já determina sejam tratados diferentemente os bens imóveis, que não podem receber do legislador, complementar ou ordinário, o tratamento jurídico-tributário dispensado às mercadorias.

Todas as mercadorias são coisas, mas nem todas as coisas são mercadorias. O que caracteriza uma coisa como mercadoria é a destinação. Mercadorias são aquelas coisas móveis *destinadas ao comércio*. São coisas adquiridas pelos empresários para revenda, no estado em que as adquiriu, ou transformadas, e ainda aquelas produzidas para venda. Não são mercadorias as coisas que o empresário adquire para uso ou consumo próprio. Por isto, o ICMS não deveria incidir sobre a importação de bens de uso do próprio importador, conforme temos há muito sustentado e entendeu, afinal, o STF.

Em face da orientação jurisprudencial da Corte Maior, que entendeu não incidir o então ICM na importação de bens de uso, a Emenda Constitucional 23/1983, com o objetivo de aumentar a receita tributária dos Estados, acrescentou ao art. 23 da CF então vigente (Constituição de 1967, com a redação que lhe deu a Emenda 1/1969) o § 11, determinando que o imposto "incidirá, também, sobre a entrada, em estabelecimento comercial, industrial ou produtor, de mercadoria importada do exterior por seu titular, inclusive quando se tratar de bens destinados a consumo ou ativo fixo do estabelecimento". Ficaram, assim, superadas a doutrina e a jurisprudência em contrário.

Note-se que a referida Emenda Constitucional não modificou o conceito de *mercadoria*. Pelo contrário, reconheceu que não são mercadorias *os bens destinados ao consumo ou ao ativo fixo*, definindo a entrada destes, quando importados do exterior, como hipótese de incidência do imposto.

A citada Emenda Constitucional referia-se à entrada em *estabelecimento comercial, industrial ou produtor*, deixando fora de qualquer dúvida que importações feitas por quem não fosse comerciante, industrial ou produtor não ensejavam a incidência do imposto. Não obstante na redação do art. 155, § 2º, IX, "a", tais qualificativos tenham sido omitidos, parece-nos que somente as importações feitas por comerciante, industrial ou produtor sujeitam-se ao ICMS. Não aquelas feitas por particulares, sem destinação comercial. Mesmo que se destinem os bens ao uso profissional, e ainda que venham estes a integrar o patrimônio de pessoas jurídicas, se estas não são comerciantes, industriais ou produtores, mas simples prestadores de serviços, o imposto não é devido. Tanto por não se encaixarem os bens no conceito de mercadoria, como porque não estão albergados pela exceção admitida pelo art. 155, § 2º, IX.

Pela mesma razão, não obstante dispositivos de leis estaduais em sentido diverso, o ICMS não incide na venda de bens do ativo fixo. Neste sentido é a jurisprudência do STF. As leis estaduais, neste ponto, ultrapassam o âmbito do imposto, constitucionalmente delimitado. O imposto incide sobre operações relativas à circulação de mercadorias, sobre a entrada de bem ou mercadoria importados do exterior e sobre prestações de serviços de transporte interestadual e intermunicipal e de comunicação. O único ato relativo à circulação de bens diversos de mercadorias que se comporta no âmbito do ICMS é a entrada de bens importados do exterior. A Emenda Constitucional 33, de 11.12.2001, alterando a redação do art. 155, § 2º, IX, "a", da CF, superou a jurisprudência do STF no sentido da não incidência do imposto sobre a importação de bens por quem não seja contribuinte. Deu mais um passo na descaracterização da natureza desse imposto, admitindo hipótese de incidência fora da atividade mercantil. E o STF já decidiu que, tratando-se de importação de bens, não importa a natureza do negocio jurídico, e nem mesmo importa saber se ocorre, ou não, uma transmissão de propriedade. Por isto mesmo, admitiu a cobrança do imposto em caso de entrada de bens vindos do exterior em virtude de contrato de *leasing*. A nosso ver, porém, tal entendimento é equivocado, porque o ICMS é imposto sobre atividade mercantil, e quando se diz que é irrelevante a natureza do negócio jurídico do qual decorre a circulação da mercadoria não se está admitindo possa o imposto incidir quando não ocorra a transmissão da propriedade. Admitir a incidência na entrada no território nacional de bens objeto de *leasing* é admitir que basta a circulação simplesmente física do bem – o que não é razoável, em razão da natureza mercantil desse imposto.

Dir-se-á que na transferência de mercadorias de um para outro estabelecimento da mesma empresa também não ocorre a transmissão da propriedade, e a incidência do ICMS tem sido admitida. A nosso ver, porém, o ICMS na transferência de bens somente se admite por uma questão de ordem prática, para viabilizar a utilização dos créditos na sistemática adotada em razão do princípio da não cumulatividade. E as transferências de mercadorias entre estabelecimentos da mesma empresa integram a atividade mercantil, sendo sua tributação, portanto, perfeitamente compatível com a natureza mercantil do imposto.

Aliás, a natureza mercantil do ICMS decorre da própria origem desse imposto, que onera e sempre onerou a atividade mercantil.

2.3.4 *Prestações de serviços*

As prestações de serviços sujeitas ao ICMS são aquelas relativas a *transporte interestadual e intermunicipal e de comunicação*, exclusivamente. A competência para tributar os serviços em geral permanece com os Municípios. Daí ser inadmissível a inclusão, mesmo através de lei complementar, do valor de determinados serviços na base de cálculo do ICMS.

Na vigência da Constituição anterior a questão de saber o que se deve entender por *prestação de serviço* foi debatida a propósito da exigência, pela União, do imposto sobre serviço de transporte no caso de carga própria.

No extinto TFR a jurisprudência tornou-se tranquila no sentido de que era inconstitucional a norma que autorizava a exigência do imposto sobre o transporte de carga própria. Dos vários acórdãos proferidos por aquele Tribunal sobre este assunto destaca-se o relativo à AInconst no MS 89.825-RS, no qual a matéria foi amplamente discutida, prevalecendo a final, por maioria qualificada de votos, a decisão pela inconstitucionalidade do art. 3º, III, do Decreto-lei 1.438/1975, com a redação que lhe deu o Decreto-lei 1.582/1977. Nesse acórdão, que se encontra publicado na *RDA* 151/49-79, o Relator do caso, Min. Carlos Mário Velloso, fez um estudo profundo da questão, fundado, em essência, no argumento de que o conceito de *serviço*, utilizado pela Constituição para definir, no particular, a competência da União, há de ser o formulado no direito privado.

O entendimento segundo o qual o ISTR não incidia sobre o transporte de carga própria, aliás, chegou a ser consagrado pelo STF. O *DJU* de 25.5.1984, pp. 8.232 e 8.233, publicou vários acórdãos do STF, que em sessão plenária de 14.3.1984 decidira pela inconstitucionalidade do art. 3º, III, do Decreto-lei 1.438/1975, com redação que lhe deu o Decreto-lei 1.582/1977.

Agora, em face do dispositivo constitucional que atribui competência aos Estados e ao Distrito Federal para instituir o ICMS, o entendimento há de ser o mesmo. Não gera imposto o transporte de carga própria.

Aliás, seria absurda a exigência de ICMS em razão do transporte de carga própria, posto que o valor desse transporte estará necessariamente incluído no valor das mercadorias transportadas, e assim automaticamente alcançado pelo tributo.

As prestações de serviços que ensejam a incidência do imposto são somente aquelas de caráter oneroso. O inciso III do art. 2º da Lei Complementar 87/1996 diz que o imposto incide sobre prestações *onerosas* de serviços de comunicação, por qualquer meio. O inciso II, entretanto, não qualifica assim as prestações de serviços de transporte. Não se conclua, porém, que as prestações de serviço de transporte gratuito são tributadas. Não são, até porque não existindo o *preço do serviço* não há como se possa exigir o imposto.

Ocorre que não é usual a realização de transporte gratuito, por isto não se fazia necessária aquela qualificação. Tratando-se, porém, de serviço de comunicação, a qualificação se fazia necessária para que não pretendessem os Estados tributar, por exemplo, empresas de rádio, ou de televisão, pela comunicação que fazem a seus ouvintes ou telespectadores. Essa comunicação, sendo gratuita, não é tributável.

2.3.5 *Bens destinados a consumo ou ativo fixo*

Os bens destinados ao consumo ou ao ativo fixo do estabelecimento não são mercadorias. Também não são mercadorias os bens importados por quem com eles não vai comercializar.

A regra albergada pelo art. 155, § 2º, IX, "a", da CF, que já expressava uma exceção ao admitir a incidência do imposto sobre a entrada de bens destinados ao consumo ou ao ativo fixo do estabelecimento, foi alterada pela Emenda Constitucional 33, de 11.12.2001, que veio atender à ganância cada vez maior das Fazendas Estaduais. Superou a jurisprudência do STF, para admitir a incidência do imposto sobre a entrada de bens, sejam mercadorias ou não, importados por qualquer pessoa e com qualquer finalidade.

Com a redação que lhe deu a Emenda Constitucional 33, de 11.12.2001, ficou estabelecido pelo art. 155, § 2º, IX, "a", da CF que o ICMS incide também "sobre a entrada de bem ou mercadoria importados do exterior por pessoa física ou jurídica, ainda que não seja contribuinte habitual do imposto, qualquer que seja a sua finalidade, assim como sobre o serviço prestado no exterior, cabendo o imposto ao Estado onde estiver situado o domicílio ou o estabelecimento do destinatário da mercadoria, bem ou serviço".

O STF vinha mantendo seu entendimento pela não incidência do ICMS na importação de bens por pessoa física ou jurídica que não seja contribuinte do imposto (Súmula 660). Admitia a incidência do ICMS na importação de bens destinados ao ativo fixo, desde que realizada por comerciante ou industrial. Não quando se tratasse de importação de bens de uso por quem não fosse comerciante ou industrial – vale dizer, por quem não fosse contribuinte do ICMS.

Com a Emenda 33, todavia, o ICMS passou a incidir sobre toda e qualquer importação de bens, mesmo que realizada por quem não seja contribuinte habitual desse imposto; vale dizer, mesmo por quem não seja comerciante, industrial ou produtor. A rigor, o que se teve foi a criação de um imposto novo, ao arrepio da Constituição, pois seria um imposto da competência residual, reservada à União. É, na verdade, um verdadeiro "mostrengo" dentro do ICMS, cuja natureza mercantil não se pode negar.

Essa norma, porém, por ser excepcional, deixa evidente a natureza mercantil do ICMS, que subsiste a impedir sua cobrança em atos internos que, não obstante transfiram a propriedade de bens móveis, não se caracterizem como de natureza mercantil.

2.3.6 *Bens importados mediante "leasing"*

A Emenda Constitucional 33, de 11.12.2001, superou as restrições que a jurisprudência havia estabelecido quanto À incidência do ICMS nas importações de bens, como se viu no item precedente. Os Estados, assim, pretenderam cobrar o ICMS sobre a entrada de bens importados mediante *leasing*.

Ocorre que no plano interno as operações de *leasing* estão expressamente excluídas da incidência desse imposto pela Lei Complementar 87/1996. O art. 152 da CF veda aos Estados, ao Distrito Federal e aos Municípios estabelecer diferença tributária entre bens e serviços, de qualquer natureza, em razão de sua procedência ou destino. E o STF, invocando esse dispositivo, já considerou inconstitucional a alíquota diferenciada do IPVA para veículos importados. Por isto não nos parece admissível a cobrança do ICMS na importação de bens mediante contrato de *leasing*.

O STF, por seu Plenário, já decidiu pela incidência do imposto na importação de bens mediante contrato de *leasing* (RE 206.069-SP, j. 1.9.2005). Entretanto, reviu tal entendimento e decidiu, acertadamente, em sentido oposto (RE 461.968-SP, j. 30.5.2007). Dizemos que decidiu "acertadamente" porque, mesmo sem questionar a configuração do fato gerador do ICMS – que, a nosso ver, não ocorre no caso –, tem-se que tal decisão respeita o disposto no art. 152 da CF e guarda coerência com o que o próprio STF decidiu a propósito do IPVA.

2.4 Alíquotas

Na vigência da Constituição anterior o imposto então conhecido como ICM não tinha função seletiva. Por isto, as suas alíquotas eram uniformes para todas as mercadorias, variando apenas em função de ser a operação interna, interestadual ou de exportação.

Sobre o estabelecido no art. 5º do Decreto-lei 406/1968 prevalecia a regra do art. 23, § 5º, da CF então vigente: "A alíquota do imposto a que se refere o inciso II será uniforme para todas as mercadorias nas operações internas e interestaduais; o Senado Federal, mediante resolução tomada por iniciativa do Presidente da República, fixará as alíquotas máximas para as operações internas, as interestaduais e as de exportação".

Com arrimo na Resolução 65 do Senado Federal, os diversos Estados estabeleceram em suas legislações o conceito de *operações internas*, abrangendo nesse conceito aquelas operações em que, embora a mercadoria se destinasse a outra unidade da Federação, o adquirente não fosse contribuinte do imposto, ou, mesmo sendo, estivesse a adquirir a mercadoria para uso ou consumo próprio. Assim, a alíquota fixada para as operações interestaduais, que sempre foi mais baixa, somente se aplicava aos casos em que o destinatário da mercadoria, além de situado em outro Estado, estivesse adquirindo tal mercadoria para revenda ou para utilização como insumo na produção de mercadorias para venda. Mas o STF, em jurisprudência hoje pacífica e torrencial, entende ser inconstitucional esse procedimento dos Estados, porquanto o conceito de "operação *interestadual*" é meramente geográfico, não sendo legítima a distinção feita pelos Estados tendo em vista o adquirente das mercadorias.

Os Estados, em face dessa posição do STF, celebraram convênios objetivando a uniformização das alíquotas e passaram a estabelecer o tratamento diferenciado que vinham praticando antes, mas agora reduzindo a base de cálculo do imposto nas operações interestaduais em que o adquirente seja contribuinte e as mercadorias não se destinem a seu uso ou consumo, mas ao comércio ou indústria. Esse comportamento dos Estados – sendo, como é, simples meio de impedir a aplicação de preceito constitucional, com a interpretação que lhe deu o seu mais autorizado intérprete – é flagrantemente inconstitucional.

A Emenda Constitucional 23/1983 tornou superadas a doutrina e a jurisprudência também neste ponto, alterando o § 5º do art. 23 da CF, que passou a vigorar com a seguinte redação: "A alíquota do imposto a que se refere o inciso II será uniforme para todas as mercadorias nas operações internas e interestaduais, bem como nas interestaduais realizadas com consumidor final; o Senado Federal, mediante resolução tomada por iniciativa do Presidente da República, fixará as alíquotas máximas para cada uma dessas operações e para as de exportação".

O constituinte de 1988, ao mesmo tempo em que admitiu tenha o ICMS caráter seletivo, em função da essencialidade das mercadorias e dos serviços (art. 155, § 2º, III), preocupou-se com o estabelecimento de limitações ao legislador estadual no pertinente à fixação de alíquotas, estabelecendo o seguinte:

(1) Resolução do Senado Federal, de iniciativa do Presidente da República ou de um terço dos senadores, aprovada por maioria absoluta, estabelecerá as alíquotas aplicáveis às operações e prestações interestaduais e de exportação.

(2) É facultado ao Senado Federal: (a) estabelecer alíquotas mínimas nas operações internas, mediante resolução de iniciativa de um terço e aprovada pela maioria absoluta de seus membros; (b) fixar alíquotas máximas

nas mesmas operações, para resolver conflito específico que envolva interesse de Estados, mediante resolução de iniciativa da maioria absoluta e aprovada por dois terços de seus membros.

(3) As alíquotas internas não poderão ser inferiores às previstas para as operações interestaduais, salvo a título de incentivo, instituído com as cautelas exigidas pela Constituição para a outorga de isenções.

(4) Nas operações e prestações que destinem mercadorias e serviços a consumidor final localizado em outro Estado, adotar-se-á a alíquota interestadual, quando o destinatário for contribuinte do imposto, e a alíquota interna, quando o destinatário não for contribuinte dele.

(5) Nas operações interestaduais em que o destinatário for contribuinte do imposto, caberá ao Estado no qual estiver localizado este a cobrança da diferença entre a alíquota interestadual e a interna.

Sendo mais baixa a alíquota interestadual, os Estados pretendiam aplicar a alíquota interna, mais elevada, sempre que o bem fosse destinado a consumo ou ao ativo fixo do adquirente. O contribuinte, por seu turno, muitas vezes afirmava que a mercadoria se destinava ao consumo, ou ao ativo fixo, apenas para que o imposto fosse calculado pela alíquota interestadual, resultando, assim, menor. Para o Estado em que estava localizado o vendedor era praticamente impossível a fiscalização do comprador, para saber se na verdade a mercadoria tivera a destinação alegada. Daí a regra do art. 155, § 2º, VIII, já por nós sugerida em 1971, quando comentamos a lei do ICM do Ceará.

Agora a questão ficou adequadamente solucionada. Se o adquirente de um bem destinado ao consumo ou ao ativo fixo não é contribuinte do imposto, a alíquota aplicável é a interna. É irrelevante o fato de estar o adquirente domiciliado, ou sediado, em outro Estado. Se o adquirente é contribuinte do imposto, fato que comprovará facilmente junto ao vendedor, a alíquota aplicável é a interestadual. Se o contribuinte do ICMS adquire mercadoria em outro Estado e a destina ao consumo próprio, ou ao ativo fixo, pagará ao Estado de sua sede a diferença respectiva.

Questão importante envolvendo as alíquotas do ICMS diz respeito à seletividade. Nos termos da vigente Constituição Federal, esse imposto poderá ser seletivo em função da essencialidade das mercadorias. A seletividade é, assim, facultativa. Entretanto, se o legislador estadual resolver adotar a seletividade, terá esta de ser sempre em função da essencialidade da mercadoria. O critério da seletividade não pode ser outro. Há de ser sempre o da essencialidade, de sorte que a mercadoria considerada essencial há de ter alíquotas mais baixas, e a menos essencial, cuja gradação vai até aquela que se pode, mesmo, considerar supérflua, há de ter alíquotas mais elevadas. Sempre, evidentemente, observados os limites fixados pelo Senado Federal.

Observa-se, porém, que a norma constitucional pertinente à seletividade do ICMS tem sido violada pelos Estados, que, interessados mais na arrecadação que no respeito ao Direito, preferem elevar as alíquotas sem considerar a essencialidade dos produtos ou serviços, tendo em vista simplesmente a comodidade da arrecadação, como acontece com os combustíveis, a energia elétrica e os serviços de comunicação.

2.5 Base de cálculo

A base de cálculo do ICMS, como regra geral, é o valor da operação relativa à circulação da mercadoria, ou o preço do serviço respectivo. A Lei Complementar 87/1996, todavia, estabelece várias normas para situações específicas.

Na base de cálculo incluem-se as despesas recebidas do adquirente, ou a este debitadas, bem como os descontos condicionais a este concedidos, mas não se incluem os descontos incondicionais, porque evidentemente não integram estes o valor da operação. Condicional é um desconto cuja efetivação fica a depender de evento futuro e incerto, como, por exemplo, o pagamento em certo prazo. Incondicional é o desconto que se efetiva no momento da operação. Assim, o desconto para pagamento à vista é um desconto incondicional, cujo valor não integra a base de cálculo do imposto.

Não havendo indicação do valor da operação, ou não sendo determinado o preço do serviço, a base de cálculo será, respectivamente: (a) o preço corrente da mercadoria ou de seu similar no mercado atacadista no local da operação, ou na região, se inexistente o primeiro, e (b) o valor corrente do serviço no local da prestação.

A Lei Complementar 87/1996 determina que se considere integrante da base de cálculo do ICMS o valor do frete, cobrado por outro estabelecimento da mesma empresa, ou por empresa interdependente, que exceda os níveis normais de preço do serviço de transporte. Essa norma pode ser tida como reguladora do conflito de competência entre Estados e Municípios, e poderá ensejar muitos questionamentos.

Reiterada jurisprudência, inclusive do STF, repeliu o uso da denominada pauta fiscal, com a prévia fixação, em caráter normativo, de valores para determinadas mercadorias. A Lei Complementar 87/1996, acatando essa jurisprudência, reproduziu a norma do art. 148 do CTN, segundo a qual, nos casos em que não mereçam fé os documentos indicadores do valor da operação de circulação da mercadoria, ou do preço do serviço, a autoridade lançadora, mediante processo regular, pode arbitrar a base de cálculo do imposto, assegurado, em qualquer caso, ao sujeito passivo da obrigação tributária correspondente o direito à avaliação contraditória, administrativa ou judicial.

Para os casos de substituição tributária, ou, mais exatamente, de cobrança antecipada do imposto, a lei terminou por adotar uma forma de pauta fiscal. Nesses casos, porém, o arbitramento da base de cálculo é apenas para efeito de antecipação. Sendo a operação relativamente à qual o imposto foi antecipado de valor menor, tem o contribuinte direito à restituição da diferença.

2.6 Fornecimento de mercadorias com prestações de serviços

Desde a reforma tributária feita com a Emenda 18/1965 a tributação das operações em que se verifica o fornecimento de mercadorias juntamente com a prestação de serviços tem sido fonte de dificuldades.

O Decreto-lei 406/1968, cuja redação foi em parte alterada pelo Decreto-lei 834/1969, enumerou na lista a que se refere seu art. 8º todos os serviços sujeitos ao ISS, e em seus dispositivos encontramos as seguintes regras:

(1ª) Os serviços descritos na lista ficam sujeitos apenas ao ISS, ainda que sua prestação envolva o fornecimento de mercadorias (art. 8º, § 1º).

(2ª) O fornecimento de mercadorias com prestação de serviços não especificados na lista fica sujeito ao ICM (art. 8º, § 2º).

(3ª) Fica sujeito ao ICM o fornecimento de mercadorias com prestação de serviços especificados na lista nos casos em que na própria lista consta ressalva neste sentido.

Tais regras, em princípio, prevalecem no regime da vigente Constituição, com as alterações decorrentes da inclusão do serviço de transporte interestadual e intermunicipal e de comunicação no âmbito do atual ICMS. Todas as normas da legislação tributária que não conflitem com a vigente Constituição foram por ela expressamente recepcionadas, como se verifica do art. 34, § 5º, do Ato das Disposições Constitucionais Transitórias/ADCT.

Assim, quando o serviço seja tributado pelo Município e esteja previsto na lista, que foi reeditada com pequenas alterações pela Lei Complementar 56/1987, sem a ressalva acima aludida (3ª regra), será devido exclusivamente o ISS, ainda que ocorra, com a prestação do serviço, também o fornecimento de mercadoria. Se o serviço não está previsto na lista, e em sua prestação ocorre fornecimento de mercadorias, esse fornecimento de mercadorias enseja a incidência do ICMS, e neste caso o problema é saber qual a base de cálculo do ICMS.

A questão não diz respeito, obviamente, aos serviços de transporte interestadual ou intermunicipal e de comunicação, posto que estes são atualmente alcançados pelo ICMS. Ela é pertinente aos serviços não compreendidos na competência tributária estadual.

No que diz respeito ao fornecimento de alimentos e bebidas em restaurantes e similares, prevaleceu no STF o entendimento pelo qual incide o ICMS sobre o valor total da operação; e esse entendimento foi consolidado pela Lei Complementar 87/1996.

2.7 Não cumulatividade

Da mesma forma que o imposto sobre produtos industrializados, o ICMS é, por expressa determinação constitucional, um imposto não cumulativo, "compensando-se o que for devido em cada operação relativa à circulação de mercadorias ou prestação de serviços com o montante cobrado nas anteriores pelo mesmo ou outro Estado ou pelo Distrito Federal" (CF, art. 155, § 2º, I). Diversamente do que acontece com o IPI, em relação ao ICMS essa não cumulatividade está sujeita ao disposto em lei complementar, pois a Constituição diz caber a esta *disciplinar o regime de compensação do imposto* (art. 155, § 2º, XII, "c").

A Lei Complementar 87/1996 alterou significativamente a regra da não cumulatividade, na medida em que admitiu a utilização de créditos relativos a entradas de bens destinados ao consumo e ao ativo fixo do adquirente, fixando, embora, regras de direito intertemporal proteladoras dessa utilização.

Questiona-se, agora, se a norma que estabelece a ampliação do direito ao crédito tem natureza meramente declaratória de um direito já assegurado pela Constituição. Se respondida essa questão afirmativamente, tem-se de admitir que os Estados estarão com suas finanças seriamente comprometidas.

A nosso ver, ao admitir os créditos relativos a entradas de bens do ativo permanente, o legislador complementar apenas exerceu a competência que lhe atribui o art. 155, § 2º, XII, "c", da CF, disciplinando o regime de compensação do imposto. Aproximou esse regime daquele conhecido como o *de créditos financeiros*. Assim, não obstante as várias manifestações doutrinárias no sentido de que os créditos em questão podem ser utilizados desde o advento da vigente Constituição Federal, entendemos que eles somente podem ser utilizados nos termos da Lei Complementar 87/1996.

A não cumulatividade do ICMS constitui um dos graves defeitos de nosso sistema tributário. Técnica copiada dos franceses, que a instituíram nos anos 50 do século passado, como forma de incrementar a integração da Comunidade Econômica Europeia, foi adotada entre nós pela Emenda Constitucional 18/1965. Seus defensores afirmam ser ela um instrumento da modernidade, mas a experiência já demonstrou que a não cumulatividade é inteiramente inadequada para o Brasil.

O grande número de dispositivos introduzidos na Constituição Federal na tentativa de normatizar adequadamente a compensação do imposto em cada operação é expressivo da inadequação dessa técnica para um imposto estadual numa Federação com enormes desigualdades econômicas entre as suas diversas unidades e com a dimensão territorial de nosso País.

Entre as suas desvantagens podem ser apontadas as seguintes:

(1ª) Torna complexa a administração do imposto, impondo o uso de controles burocráticos que oneram tanto o Fisco como os contribuintes.

(2ª) Enseja o cometimento de fraudes praticamente incontroláveis.

(3ª) Exige normatização minudente, que não consegue evitar situações nas quais se revela flagrantemente injusta.

(4ª) Atinge mais pesadamente a atividade agropecuária, e em seguida a atividade industrial, ou, em outras palavras, faz o imposto mais pesado exatamente para aquelas atividades que mais produzem riqueza.

(5ª) Com alíquotas elevadas, de até 25%, estimula fortemente a evasão do imposto.

(6ª) Praticamente impede a outorga de isenções, que restaram, com a vedação do crédito respectivo na operação posterior, transformadas em simples diferimento de incidência.

(7ª) Tem gerado fortes atritos entre o Fisco e os contribuintes, sendo responsável pela quase totalidade das questões levadas a juízo nos últimos 20 anos.

2.8 Contribuinte

A Lei Complementar 87, de 13.9.1996, estabelece:

"Art. 5º. Lei poderá atribuir a terceiros a responsabilidade pelo pagamento do imposto e acréscimos devidos pelo contribuinte ou responsável, quando os atos ou omissões daqueles concorrerem para o não recolhimento do tributo.

"Art. 6º. Lei estadual poderá atribuir a contribuinte do imposto ou a depositário a qualquer título a responsabilidade pelo seu pagamento, hipótese em que o contribuinte assumirá a condição de substituto tributário.

"§ 1º. A responsabilidade poderá ser atribuída em relação ao imposto incidente sobre uma ou mais operações ou prestações, sejam antecedentes, concomitantes ou subsequentes, inclusive ao valor decorrente da diferença entre alíquotas interna e interestadual nas operações e prestações que destinem bens e serviços a consumidor final localizado em outro Estado, que seja contribuinte do imposto.

"§ 2º. A atribuição de responsabilidade dar-se-á em relação a mercadorias ou serviços previstos em lei de cada Estado.

"Art. 7º. Para efeito de exigência do imposto por substituição tributária, inclui-se, também, como fato gerador do imposto, a entrada de mercadoria ou bem no estabelecimento do adquirente ou em outro por ele indicado."

A jurisprudência, no STJ e no STF, tem-se manifestado no sentido de que o estabelecimento não pode ser considerado contribuinte autonomamente, pois contribuinte é a pessoa jurídica.

Na verdade, estabelecimento é objeto e não sujeito de direitos; entretanto, por ficção legal, admite-se que o estabelecimento seja considerado contribuinte. O que se quer realmente é tomar em consideração cada estabelecimento, e não a empresa, para os fins de verificação da ocorrência do fato gerador do imposto.

2.9 Substituição tributária

A pretexto de evitar a sonegação os Estados instituíram o regime de *substituição tributária*, ou, mais exatamente, de substituição com antecipação do tributo, que foi sendo gradualmente estendido a vários produtos e hoje alcança praticamente todos. Esse procedimento estaria autorizado pelo art. 150, § 7º, da CF e pela Lei Complementar 87/1996, que, em desobediência ao art. 155, § 2º, XII, "b", da CF, transferiu para o legislador estadual essa atribuição.

O ICMS antecipado, que deveria ser calculado sobre o preço praticado nas vendas subsequentes, é calculado sobre um valor arbitrariamente atribuído pelas autoridades fazendárias. Colocou-se, então, a questão de saber se o valor pago antecipadamente seria definitivo, ou se como simples antecipação ficaria sujeito a ajuste em face da realização das operações subsequentes, com a restituição do excedente ou a cobrança da diferença paga a menor.

Admitir que o valor antecipado é definitivo implica restabelecer a antiga pauta fiscal, há muito repelida pelo STF. Mesmo assim a Corte Maior o acolheu em julgamento do dia 8.5.2002 (ADI 1.851-AL), no qual afirmou a constitucionalidade de lei estadual que o afirma. Prevaleceu o argumento do Min. Ilmar Galvão, Relator do caso, a dizer que a finalidade da substituição tributária, por meio da presunção de valores, é justamente tornar viável o sistema de arrecadação do ICMS, porque haveria enorme dificuldade se fosse necessário considerar o valor real de cada operação realizada por inúmeros contribuintes.

Essa decisão alberga o equívoco de admitir imposto com base de cálculo arbitrária divorciada da realidade; entretanto, tem o mérito de sepultar a técnica da não cumulatividade, cujos defeitos apontamos no final do item precedente. E, já que o STF reformou a Constituição e implantou o ICMS monofásico, resta ao contribuinte lutar para que se estabeleça um critério legal objetivo de definição de sua base de cálculo, para não ficar submetido ao arbítrio das autoridades fazendárias nessa definição.

2.10 Lançamento

O imposto sobre operações relativas à circulação de mercadorias e prestações de serviços é lançado por homologação, nos termos do art. 150 do CTN. Cada contribuinte registra suas operações, escritura seus livros de entradas e de saídas e de apuração do imposto, recolhendo o montante respectivo em cada mês, independentemente de exame de seus cálculos pela autoridade administrativa.

Pode, é claro, como acontece com qualquer tributo, ser lançado de ofício, se o contribuinte não tomar a iniciativa do respectivo recolhimento na época própria.

2.11 Convênios interestaduais

A Constituição anterior (art. 23, § 6º), em face dos problemas que decorreriam da outorga de isenções do ICM pelos Estados, estabeleceu que tais isenções seriam concedidas ou revogadas nos termos fixados em convênios celebrados e ratificados pelos Estados, segundo o disposto em lei complementar. E a Lei Complementar 24, de 7.1.1975, disciplinou a celebração desses convênios.

Tinha-se, nesse particular, verdadeira anomalia jurídica. Na verdade, o comando contido na Constituição era no sentido de que os Estados somente concederiam ou revogariam isenções *nos termos fixados em convênios*. Não no sentido de que tais convênios fossem o instrumento pelo qual seriam concedidas ou revogadas as isenções do ICM. Conceder ou revogar isenção é matéria da reserva legal, nos termos do art. 97, VI, do CTN. Assim, o instrumento pelo qual os Estados devem conceder ou revogar isenções há de ser a *lei*. Os convênios que celebrem uns com os outros devem funcionar como limitações ao Poder Legislativo de cada qual, mas não como instrumento para disciplinar as relações entre o Fisco e o contribuinte.

A vigente Constituição diz caber à lei complementar "regular a forma como, mediante deliberação dos Estados e do Distrito Federal, isenções, incentivos e benefícios fiscais serão concedidos e revogados" (art. 155, § 2º, XII, "g").

Assim, é razoável entender que os Estados podem, mediante convênio, regular as questões pertinentes a isenções, incentivos e benefícios fiscais relativos ao ICMS.

Podem também os Estados, mediante convênio, deliberar a respeito de alíquotas do imposto, nos termos do art. 155, § 2º, VI, da CF.

2.12 A lei complementar

Segundo o art. 155, § 2º, XII, da vigente CF, relativamente ao ICMS cabe à lei complementar: (a) definir seus contribuintes; (b) dispor sobre substituição tributária; (c) disciplinar o regime de compensação do imposto; (d) fixar, para efeito de sua cobrança e definição do estabelecimento responsável, o local das operações relativas à circulação de mercadorias e das prestações de serviços; (e) excluir da incidência do imposto, nas exportações para o exterior, serviços e outros produtos além dos industrializados; (f) prever casos de manutenção de crédito, relativamente a remessa para outro Estado e exportação para o exterior, de serviços e de mercadorias; (g) regular a forma como, mediante deliberação dos Estados e do Distrito Federal, isenções, incentivos e benefícios fiscais serão concedidos e revogados.

2.13 As imunidades

Segundo o art. 155, § 2º, X, da vigente CF, o ICMS não incidirá: (a) sobre operações que destinem mercadorias para o exterior, nem sobre serviços prestados a destinatários no exterior, assegurada a manutenção e o aproveitamento do montante do imposto cobrado nas operações e prestações anteriores; (b) sobre operações que destinem a outros Estados petróleo, inclusive lubrificantes, combustíveis líquidos e gasosos dele derivados, e energia elétrica; (c) sobre o ouro, quando definido este, em lei complementar, como ativo financeiro ou instrumento cambial; (d) nas prestações de serviços de comunicação nas modalidades de radiodifusão sonora e de sons e imagens de recepção livre e gratuita.

A regra da Constituição dirige-se ao legislador, limitando a competência deste. As *situações* nela descritas ficam fora do alcance da regra jurídica de tributação. Ficam excluídas do âmbito de incidência do imposto. Regra de lei ordinária, ou mesmo de lei complementar, que restrinja conceitos albergados na norma da Constituição, reduzindo o alcance desta, mesmo a propósito de interpretá-la, é inconstitucional. Interpretação autêntica de validade indiscutível é somente aquela veiculada por norma da mesma categoria da norma interpretada.

Nas letras "a", "b", "c" e "d", acima, temos a indicação de situações que o legislador ordinário está proibido de utilizar para a definição de hipóteses de incidência do imposto. Na letra "a", com nova redação dada pela Emenda Constitucional 42/2003, além da imunidade, tem-se assegurado o direito ao crédito do ICMS relativo a operações anteriores. Mera explicitação que se fez necessária em face da insistência dos Estados na exigência do estorno desses créditos. Note-se que o legislador constituinte reformador chegou ao exagero de garantir a *manutenção* e o *aproveitamento*. É evidente que só tem sentido manter o crédito – entenda-se, não fazer o correspondente estorno – para assegurar sua utilização, ou aproveitamento, no sistema de apuração dos valores a serem pagos em cada período.

2.13.1 *Os semielaborados*

Com o advento da Lei Complementar 87/1996 a questão ficou superada, porque ficaram excluídas da incidência do ICMS todas as exportações, inclusive as de produtos primários.

2.13.2 *Operações interestaduais com petróleo, seus derivados e energia elétrica*

Não poderá o legislador definir como hipótese de incidência do ICMS operações que destinem a outros Estados petróleo e combustíveis líquidos e gasosos dele derivados e energia elétrica.

Prende-se tal imunidade aos mesmos motivos políticos que mantiveram durante muito tempo tais mercadorias sujeitas ao denominado *imposto único*, vale dizer, excluídas da incidência do imposto sobre vendas e consignações e, depois, do imposto sobre circulação de mercadorias.

Como já foi anotado por juristas ilustres (Alcides Jorge Costa e Sacha Calmon Navarro Coêlho), graves problemas decorrem da convivência da regra imunizante em questão com o princípio da não cumulatividade do ICMS. Um deles é pertinente ao crédito pelas entradas de petróleo e seus derivados e do uso de energia elétrica pelas empresas que utilizam combustíveis e energia elétrica em seus processos industriais.

A Lei Complementar 87/1996 contornou a imunidade em tela. Quando o adquirente é comerciante, mandou aplicar o regime da substituição tributária, e quando o adquirente é consumidor final, atribuiu a este a qualidade de contribuinte, definindo como fato gerador do imposto a entrada do produto no território do Estado respectivo.

Flagrante, sem dúvida, é a inconstitucionalidade das normas que determinam, seja a que título for, a incidência de imposto em hipóteses de imunidade. Quando o fazem de forma oblíqua, como é o caso da substituição tributária, configuram verdadeira fraude à Constituição.

2.13.3 *Ouro como ativo financeiro*

O ouro, quando definido em lei como ativo financeiro ou instrumento cambial, sujeita-se exclusivamente à incidência do imposto sobre operações financeiras. Fica, neste caso, excluído do conceito de mercadorias, e assim a sua circulação não enseja a incidência do ICMS.

A hipótese parece não ser de imunidade, eis que sua efetivação fica a depender de lei. Há, aliás, quem sustente que a lei definidora do ouro como ativo financeiro ou instrumento cambial há de ser lei complementar, por força do que estabelece o art. 146, I e III, "a", da CF de 1988.

Seja como for, certo é que se trata de uma ficção jurídica, pois o ouro na verdade é mercadoria. É coisa móvel. Tem valor econômico próprio, intrínseco. Não é representativo de coisa nenhuma, mas vale por si mesmo, no mundo inteiro. Não pode ser, salvo por evidente ficção, um simples instrumento cambial.

A regra jurídica que estabelece tratamento diferenciado para o ouro, a pretexto de configurá-lo como ativo financeiro ou instrumento cambial, na verdade consagra verdadeira injustiça, privilegiando os que com ele negociam.

3. Imposto sobre a propriedade de veículos automotores

3.1 Competência

A Emenda Constitucional 27, de 28.11.1985, atribuiu aos Estados e ao Distrito Federal competência para instituir imposto sobre "propriedade de veículos automotores, vedada a cobrança de impostos ou taxas incidentes sobre a utilização de veículos".

A vigente Constituição manteve esse imposto na competência dos Estados e do Distrito Federal. Não permaneceu, porém, no dispositivo constitucional a vedação à cobrança de impostos ou taxas incidentes sobre a utilização de veículos.

Quanto às taxas, a vedação era dispensável, posto que o fato gerador das taxas está sempre ligado à atuação estatal, não se compreendendo mesmo uma taxa sobre o uso de um veículo particular. Com ou sem a vedação expressa, infelizmente a cobrança de taxas no licenciamento de veículos continuou e continua a ser praticada, em flagrante violência à Constituição. Ninguém a isto se opõe, talvez em virtude do valor relativamente pequeno cobrado de cada proprietário de veículo.

Quanto aos impostos, parece-nos que a vedação somente seria importante em face da competência dita residual, posto que o sistema tributário brasileiro é rígido, discrimina as competências delimitando o âmbito de cada imposto, de sorte que não seria mesmo possível, a não ser no exercício da competência residual, instituir um imposto sobre o uso de veículos automotores.

3.2 Função

O IPVA – como é conhecido esse imposto – tem função predominantemente fiscal. Foi criado para melhorar a arrecadação dos Estados e Municípios. Tem, todavia, função extrafiscal, quando discrimina, por exemplo, em função do combustível utilizado.

Do ponto de vista da justiça fiscal, melhor seria que o IPVA tivesse alíquotas acentuadamente progressivas em função da utilidade e do valor do veículo, onerando mais pesadamente os automóveis de luxo.

3.3 Fato gerador

O fato gerador do IPVA é a propriedade do veículo automotor. Não é a sujeição ao poder de polícia ao qual é submetido o usuário do veículo, como acontecia com a taxa rodoviária única, por ele substituída. Mas a propriedade, sem o direito de uso do veículo na finalidade para a qual é produzido, não consubstancia o fato gerador do imposto. A não ser assim as fábricas, e as empresas revendedoras, seriam obrigadas a pagar o imposto na condição de proprietárias de veículos automotores.

Para consubstanciar o fato gerador do IPVA é necessário que na propriedade esteja incluído o direito de uso regular do veículo, isto é, o direito de uso deste na finalidade para a qual foi produzido. E como tal uso está submetido ao controle do Estado, exigindo-se o competente licenciamento, esse instrumento de controle tem sido utilizado para controlar também o cumprimento da obrigação tributária, embora o licenciamento não seja essencial para a configuração do fato gerador do imposto.

As leis estaduais, em geral, dizem que, tratando-se de veículos novos, o fato gerador do IPVA ocorre na data da aquisição do veículo pelo consumidor final, ou quando de sua incorporação ao ativo permanente da empresa. Consumidor final, neste contexto, é qualquer pessoa física ou jurídica que não se dedique ao comércio de veículos automotores. A aquisição que desencadeia o fato gerador do imposto é aquela feita com a finalidade de uso do veículo pelo adquirente – finalidade de uso que se presume sempre que o adquirente não seja empresário regularmente inscrito como contribuinte do ICMS, dedicado ao comércio de veículos. Tal presunção ocorre também quando o veículo é incorporado ao ativo permanente da empresa que o fabrica ou comercializa. Quando o veículo é produzido, ou adquirido pela empresa para o comércio, ele integra o seu ativo realizável ou circulante. No ativo permanente, ou fixo, estão os bens de uso da empresa. Por isto é que a incorporação ao ativo permanente gera a presunção de que o veículo está sendo destinado ao uso e, portanto, tal incorporação equivale à aquisição pelo consumidor final, para o fim da configuração do fato gerador do imposto.

O fato gerador é anual. Considera-se ocorrido na data da aquisição, ou da incorporação, como já explicamos. Daí em diante, ocorre em 1º de janeiro de cada ano. E como o direito ao uso regular do veículo integra o fato gerador do imposto, se em 1º de janeiro o proprietário do veículo encontra-se privado desse direito, o fato gerador do imposto não se configura. Registramos, todavia, decisão do TJMG em sentido oposto, ao fundamento de que enquanto não decretada a pena de perdimento do veículo o imposto é devido. É mais um ato de arbítrio do Fisco chancelado pelo Judiciário.

3.4 Alíquota e base de cálculo

A alíquota do IPVA é fixa. Não é indicada em porcentagem, pelo menos em alguns Estados, mas em valor determinado, em referência ao ano de fabricação, à marca e ao modelo do veículo. A base de cálculo é o valor do veículo, ao qual se chega indiretamente, pelo seu ano de fabricação, marca e modelo.

Aliás, a rigor, em referência ao IPVA é inadequado falar-se de alíquota e de base de cálculo. Esse imposto tem o seu valor estabelecido em tabela divulgada pelos Estados. Não há cálculo a fazer-se. Tendo-se em vista a marca, o modelo e o ano de fabricação do veículo, localiza-se na tabela o valor do imposto a ser pago.

A jurisprudência vem rejeitando a tributação diferenciada de veículos em razão da origem, com a distinção entre nacionais e importados. Realmente, embora se admita a utilização desse imposto com fins extrafiscais, tributando-se mais pesadamente veículos mais sofisticados, tratando-se de comércio exterior os instrumentos adequados são os impostos federais sobre importação e exportação, em virtude da competência da União nessa matéria. Neste sentido orientou-se a jurisprudência do STF.

Ressalte-se que em relação ao ICMS o STF adotou entendimento diverso. Não obstante a Lei Complementar 87/1996 excluir do imposto as operações de *leasing* realizadas no território nacional, admitiu a tributação da entrada de bens importados mediante contrato de *leasing*, argumentando com a existência de uma hipótese especial de incidência do ICMS, que consistiria precisamente na importação, com evidente discriminação em função da origem do bem.

A Emenda Constitucional 42, de 19.12.2003, acrescentou o § 6º ao art. 155 da CF de 1988, para estabelecer que o IPVA terá alíquotas mínimas fixadas pelo Senado Federal e que esse imposto poderá ter alíquotas diferenciadas em função do tipo e utilização do veículo.

A nosso ver – repetimos –, o IPVA deveria ter alíquotas seletivas, mais baixas para os carros populares e mais elevadas para os de luxo. A lei não precisaria referir-se a essa ou àquela característica; bastaria estabelecer padrões em relação à própria base de cálculo, pois assim evitaria práticas evasivas. O critério determinante da alíquota seria o preço. E esse critério permitiria tributar mais pesadamente os veículos mais sofisticados, que têm preços muitas vezes exorbitantes e em geral são importados.

3.5 Contribuinte

O contribuinte do IPVA é o proprietário do veículo, presumindo-se como tal a pessoa em cujo nome o veículo esteja licenciado pela repartição competente. Embora o licenciamento do veículo não seja, do ponto de vista rigorosamente jurídico, uma prova de propriedade, o certo é que como tal vem sendo admitido na prática. Para fins de tributação, aliás, não há qualquer problema em considerar-se o licenciamento como prova da propriedade do veículo.

Há quem afirme que, tratando-se de veículo adquirido com alienação fiduciária em garantia, contribuinte do IPVA é a instituição financeira credora, até que ocorra a quitação. Assim, o imposto somente seria devido por quem adquire o veículo automotor com alienação fiduciária em garantia depois da quitação.

Não obstante respeitável, esse ponto de vista não nos parece correto. O fato gerador do IPVA, na verdade, é a propriedade do veículo; mas como tal se há de entender o direito de usar e gozar desse bem, ainda que limitado esteja o direito de dispor do mesmo, em razão da denominada alienação fiduciária em garantia.

3.6 Lançamento

O lançamento do IPVA é feito de ofício. A repartição competente para o licenciamento do veículo remete para a Secretaria da Fazenda as informações necessárias e esta emite o documento com o qual o proprietário do veículo é notificado para fazer o pagamento.

Capítulo V
IMPOSTOS MUNICIPAIS

1. Imposto sobre a propriedade predial e territorial urbana

1.1 Competência

O imposto sobre a propriedade predial e territorial urbana/IPTU é da competência dos Municípios (CF, art. 156, I, e CTN, art. 32). Embora existam referências doutrinárias a esse imposto como sendo velho na competência dos Municípios, o certo é que a Constituição de 1891 o situava na competência dos Estados (art. 9º, item 2º). A Constituição de 1934, todavia, colocou na competência dos Municípios o imposto predial, que arrolou juntamente com o territorial urbano, considerando-os dois impostos diferentes e determinando que o primeiro fosse cobrado sob a forma de décima ou cédula de renda (art. 13, § 2º, II).

Na Constituição de 1937 também foi feita distinção entre imposto *predial* e *territorial*. Aos Estados foi atribuído o imposto sobre a propriedade territorial, exceto a urbana (art. 23, I, "a"). Já, aos Municípios foi atribuída competência para instituir o imposto predial e o territorial urbano (art. 24, II).

A partir da Constituição de 1946 parece ter havido uma unificação desses impostos, que passaram a integrar um só, com o nome de imposto predial e territorial urbano/IPTU (art. 29, I), da competência dos Municípios.

É importante saber que se trata de um só, e não de dois impostos. É que ocorrem situações curiosas, especialmente tratando-se de grandes áreas de terreno, com pequenas edificações. O Município, em situações tais, pode pretender que o imposto sobre as edificações não abrange todo o terreno, o que é inadmissível. Aliás, a separação nos parece inadmissível em qualquer caso. O imposto é sobre a propriedade imóvel, que abrange o terreno e as edificações no mesmo existentes.

Isto não quer dizer que a lei não possa estabelecer alíquotas diferentes, para imóveis edificados e imóveis não edificados. Pode, como pode também estabelecer alíquotas diversas para os imóveis não edificados, em razão da respectiva localização.

Realmente, quando se diz que o IPTU é um único imposto, que incide sobre a propriedade imobiliária urbana, apenas se quer dizer que o fato gerador desse imposto é a propriedade do imóvel, seja edificado ou não. Não dois impostos, um sobre terreno e outro sobre edificações.

1.2 Função

A função do IPTU é tipicamente fiscal. Seu objetivo primordial é a obtenção de recursos financeiros para os Municípios.

No mundo moderno, entretanto, dificilmente um imposto deixa de ter função também extrafiscal. Assim, existem formulações relativas ao imposto em estudo pretendendo atribuir a este função extrafiscal, especialmente com o fim de desestimular vultosas imobilizações de recursos em terrenos para fins meramente especulativos, dificultando o crescimento normal das cidades. Com este pensamento, alguns Municípios pretenderam cobrar esse imposto, mediante alíquotas progressivas, em função de terrenos pertencentes a cada contribuinte.

A Constituição Federal de 1988 diz expressamente que é facultado ao Poder Público Municipal, mediante lei específica para área incluída no Plano Diretor, exigir, nos termos da lei federal, do proprietário do solo urbano não edificado, subutilizado ou não utilizado, que promova seu adequado aproveitamento, sob pena, sucessivamente, de imposto sobre a propriedade predial e territorial urbana progressivo no tempo (art. 182, § 4º, II). Essa disposição constitucional, aliás, tem ensejado a alguns o entendimento pelo qual só é possível a progressividade desse imposto com observância das exigências na mesma colocadas, o que não nos parece razoável. Realmente, uma coisa é o imposto progressivo no tempo, como instrumento de política urbana, e outra é o imposto progressivo em razão do valor de sua base de cálculo, como instrumento de política fiscal tendente à realização do princípio da capacidade econômica.

1.3 Fato gerador

O fato gerador do IPTU é a propriedade, o domínio útil ou a posse de bem imóvel por natureza ou por acessão física, como definido na lei civil, localizado na zona urbana do Município (CTN, art. 32). Não a lei civil atual, mas a vigente na data da edição do Código Tributário Nacional, em cujos dispositivos restou definitivamente incorporada.

Sobre o conceito de *bem imóvel* lembramos o que foi dito a respeito do fato gerador do imposto sobre a propriedade territorial rural/ITR, destacando que aquele imposto incide apenas sobre o bem *imóvel por natureza*, enquanto o imposto agora examinado incide sobre os bens imóveis *por natureza* e também sobre os imóveis *por acessão física*. Isto, em outras palavras, significa que o imposto sobre a propriedade territorial *rural* não incide sobre *edificações*, mas somente sobre a terra, enquanto o *urbano* incide sobre a terra e também sobre as edificações.

No direito civil "prédio" tem significado mais amplo, abrangendo não só as edificações, mas também o próprio terreno; mas assim não é no direito tributário, que utiliza a palavra "prédio" para designar apenas as edificações.

Também no que se refere ao IPTU é válido o que foi dito a respeito da tributação do domínio útil e da simples posse.

Aspecto importante no estudo dos impostos sobre a propriedade imobiliária é o que diz respeito à delimitação da zona urbana. Na verdade, essa delimitação implica disciplinar a própria discriminação de competências tributárias. Em princípio, prevalece o critério geográfico, vale dizer, a localização do imóvel; mas a destinação deste há de ser considerada com um critério complementar na situação legalmente prevista, como adiante será explicado.

Relevante para a definição da hipótese de incidência do IPTU é a localização do imóvel na zona urbana, que deve ser definida em lei por cada Município. Nessa tarefa de definir a zona urbana de seu Município o legislador está limitado pelos §§ do art. 32 do CTN, que têm fundamento no art. 146, I e III, da CF. Assim, a zona urbana, como tal definida pela lei municipal, deve ter pelo menos dois dos seguintes requisitos: (a) meio-fio ou calçamento, com canalização de águas pluviais; (b) abastecimento de água; (c) sistema de esgotos sanitários; (d) rede de iluminação pública, com ou sem posteamento para distribuição domiciliar; (e) escola primária ou posto de saúde a uma distância máxima de 3km do imóvel considerado.

A presença de pelo menos dois desses requisitos é indispensável para que o imóvel se considere em zona urbana. E não é necessário dizer que cada um desses requisitos há de ser considerado em relação ao imóvel de cuja tributação se cogite. Assim, o meio-fio ou calçamento, com canalização de águas pluviais, deve ser limítrofe; o abastecimento de água a ser considerado é somente aquele que possa ser utilizado por quem estiver no imóvel; e o sistema de esgotos sanitários também há de estar à disposição de quem ocupe o imóvel.

O critério da localização do imóvel na zona urbana prevalece em princípio, mas é possível que o imóvel, mesmo estando na zona urbana definida na lei municipal, esteja sujeito à incidência do ITR, e não ao IPTU.

Realmente a jurisprudência, tanto no STJ como no STF, adotou o entendimento segundo o qual é válida e subiste a norma do art. 15 do Decreto-lei 57, de 18.11.1966, segundo a qual o critério da localização previsto no Código Tributário Nacional não abrange o imóvel que seja utilizado em exploração extrativa vegetal, agrícola, pecuária ou agroindustrial, incidindo, assim, sobre o mesmo o ITR, e não o IPTU.

É que à época da edição do referido decreto-lei não existia a exigência constitucional de lei complementar para disciplinar os conflitos de competência, sendo válido, portanto, seu art. 15. E este, não obstante tenha sido revogado pela Lei 5.868, de 12.12.1972, subsiste, por haver sido a referida lei declarada inconstitucional.

Não se trata de admitir a *repristinação*, que por certo não existe em nosso sistema jurídico. Aqui a situação ocorrida é outra. O dispositivo da Lei 5.868, de 12.12.1972, que havia revogado o art. 15 do Decreto-lei 57, de 18.11.1966, foi declarado inconstitucional e teve sua vigência suspensa pelo Senado Federal. A declaração de inconstitucionalidade, no caso, produziu efeitos para o passado, e, assim, alcançou o efeito revogatório em face do qual o art. 15 deixara de vigorar.

Em síntese, hoje o critério geográfico é a regra. O imóvel deve ser considerado urbano, ou rural, conforme esteja situado na zona urbana, ou fora dela. Excepcionalmente, porém, um imóvel situado na zona urbana, deve ser classificado para fins tributários como imóvel rural, em face de sua destinação, tal como determina o art. 15 do Decreto-lei 57, de 18.11.1966.

1.4 Alíquotas

As alíquotas do IPTU são fixadas pelos Municípios, sem que a Constituição Federal nem o Código Tributário Nacional imponham qualquer limitação.

Mesmo assim, o STF, depois de haver considerado constitucional lei que instituiu alíquotas em função da área de terrenos pertencentes a um mesmo contribuinte (RMS 16.798-SP, *RTJ* 41/607), modificou esse entendimento e passou a considerar inconstitucional essa alíquota progressiva (Súmula 589).

Não obstante o respeito que temos pelas decisões do STF, divergimos do entendimento consubstanciado em sua Súmula 589, como está escrito em edições anteriores deste *Curso*. A nosso ver, nenhuma regra, quer da Constituição anterior, quer do Código Tributário Nacional, impedia o estabelecimento de alíquotas progressivas para o IPTU. Pelo contrário, essa técnica encontrava respaldo na regra do art. 160, III, da CF então vigente, que se reportava à função social da propriedade.

Em face da Constituição Federal de 1988 voltou a reinar divergência em torno da validade do IPTU progressivo. Em síntese, tem sido sustentado que o § 1º do art. 156 da vigente CF – segundo o qual o IPTU "poderá ser progressivo, nos termos de lei municipal, de forma a assegurar o cumprimento da função social da propriedade" – não autoriza outra forma de progressividade para esse imposto além da prevista pela própria CF, em seu art. 182, § 4º, II.

Não obstante defendida por tributaristas os mais eminentes, a tese não nos parece procedente.

Em primeiro lugar porque não é razoável admitir tenha a CF utilizado a norma do art. 156, § 1º, inutilmente; e, a prevalecer a interpretação segundo a qual é inadmissível outra progressividade que não seja a do art. 182, § 4º, a regra do art. 156, § 1º, restaria absolutamente inútil, podendo ser excluída do texto constitucional sem lhe fazer qualquer falta.

Não se diga que, prevalecendo nossa interpretação, restará inútil, supérflua, a norma do art. 182, § 4º, II. Na verdade, autorizando a progressividade sem qualquer especificação, a norma do art. 156, § 1º, poderia ser considerada insuficiente para autorizar a progressividade *em razão do tempo*, posto que, sem qualquer qualificação específica, a progressividade tem sido geralmente entendida como pertinente à base de cálculo. Além disto, se não autorizada por dispositivo constitucional expresso, a progressividade em razão do tempo poderia ser impugnada, ao argumento de que constitui verdadeira sanção de ato ilícito, sendo contrária, portanto, ao conceito de tributo. Assim, tem-se que a norma do art. 182, § 4º, teve a finalidade específica de afastar argumentos contrários àquela forma especial de progressividade.

Em segundo lugar porque não se pode deixar de ter em conta a técnica legislativa utilizada pelo constituinte de 1988. A Constituição de 1988 trata de cada assunto em seu lugar, podendo ser a relativa autonomia no trato, ali, de cada matéria facilmente demonstrada. Por isto, é importante que essa autonomia seja considerada na interpretação do texto constitucional. É a presença do elemento sistemático, de notável valia para o hermeneuta.

Em terceiro lugar pode ser invocado, ainda, o elemento teleológico ou finalístico. Do ponto de vista da política urbana, pode-se entender que a propriedade cumpre sua função social quando atende às exigências fundamentais da urbanização, expressas no respectivo Plano Diretor. Isto, porém, não significa que não existam outras formas pelas quais a propriedade também tenha de cumprir sua função social, até porque a propriedade há de ser encarada como *riqueza* que é, e não apenas como elemento a ser tratado pelas normas de política urbana. Como *riqueza*, a propriedade cumpre sua função social na medida em que o seu titular contribui para o custeio das despesas públicas de forma mais equânime. Todos os tributos do sistema devem ser, quanto possível, graduados em função da capacidade econômica do contribuinte, e a progressividade inegavelmente atende melhor a esse preceito constitucional.

O STF acolheu a alegação de inconstitucionalidade da alíquota progressiva para o IPTU. Considerou ser este um imposto real, negando lhe seja aplicável o princípio da capacidade contributiva.

Sobreveio, então, a Emenda Constitucional 29, de 13.9.2000, estabelecendo expressamente que, sem prejuízo da progressividade no tempo a que se refere o art. 182, § 4º, II, da CF, o IPTU poderá ser progressivo em razão do valor do imóvel e ter alíquotas diferentes de acordo com a localização e o uso do imóvel.

Mesmo assim há quem sustente que a Emenda 29/2000 é inconstitucional. O direito a um IPTU não progressivo estaria albergado por cláusula pétrea. A tese, a nosso ver, não tem fundamento, não obstante sejam respeitáveis os seus defensores.

Progressividade não se confunde com seletividade.

Progressivo é o imposto cuja alíquota cresce em função do crescimento de sua base de cálculo. Essa a progressividade ordinária, que atende ao princípio da capacidade contributiva. A progressividade no tempo é um conceito diverso. Nesta, que é instrumento da política urbana, a alíquota do imposto cresce em função do tempo durante o qual o contribuinte se mantém em desobediência ao plano de urbanização da cidade. Seja como for, na progressividade tem-se que o imposto tem alíquotas que variam para mais em função de um elemento do fato gerador do imposto, em relação ao mesmo objeto tributado.

Seletivo, por sua vez, é o imposto cujas alíquotas são diversas em razão da diversidade do objeto tributado. Assim, o IPTU será seletivo se as suas alíquotas forem diferentes para imóveis diferentes, seja essa diferença em razão da utilização, ou da localização, ou de um outro critério qualquer, mas sempre diferença de um imóvel para outro imóvel.

1.5 Base de cálculo

A base de cálculo do IPTU é o valor venal do imóvel (CTN, art. 33). *Valor venal* é aquele que o bem alcançaria se fosse posto à venda, em condições normais. O preço, neste caso, deve ser o correspondente a uma venda à vista, vale dizer, sem incluir qualquer encargo relativo a financiamento.

À repartição competente cabe apurar o valor venal dos imóveis, para o fim de calcular o imposto, assegurado, entretanto, ao contribuinte o direito à avaliação contraditória, nos termos do art. 148 do CTN.

"Na determinação da base de cálculo" – diz o parágrafo único do art. 33 do CTN – "não se considera o valor dos bens móveis mantidos, em caráter permanente ou temporário, no imóvel, para efeito de sua utilização, exploração, aformoseamento ou comodidade". Essa regra tem por fim evitar controvérsia a respeito do próprio conceito de imóvel por acessão física. Quis o Código Tributário Nacional tornar indiscutível a exclusão dos bens de que trata o art. 43, III, do CC de 1916, que em certas circunstâncias poderiam ser confundidos com os imóveis por acessão física. Na verdade, porém, tal regra é perfeitamente dispensável, eis que os bens de que trata o art. 43, III, do CC de 1916 são os denominados imóveis *por acessão intelectual*, e não se incluem na própria descrição do fato gerador do imposto, contida no art. 32 do CTN; não havendo, assim, como se pudesse admitir inclusão do valor destes na base de cálculo respectiva.

1.6 Contribuinte

Contribuinte do IPTU é o proprietário do imóvel, o titular de seu domínio útil ou seu possuidor a qualquer título (CTN, art. 34).

Questionado já foi se, no caso de imóvel a respeito do qual fora celebrado contrato de promessa de compra e venda, o contribuinte é o proprietário ou o promitente comprador. Tratava-se de imóvel de autarquia federal, que o prometera vender a particulares. O STF decidiu que o imposto é ônus do proprietário e não do promitente comprador (Súmula 74).

Posteriormente, o Ato Complementar 57, de 10.7.1969, estabeleceu, referindo-se às autarquias, que "os imóveis de propriedade destas prometidos à venda a particulares estão sujeitos ao ônus tributário, a cargo dos promitentes compradores, desde a data do contrato que serviu de base para a transação"; e a Emenda Constitucional 1, de 17.10.1969, tratando da imunidade tributária das autarquias, estabeleceu que essa imunidade não exonera o promitente comprador da obrigação de pagar imposto que incidir sobre imóvel objeto de promessa de compra e venda (art. 19, § 1º).

Entendemos que o contribuinte do IPTU é o proprietário, se este reúne em seu patrimônio os dois domínios do imóvel. Se há enfiteuse, o contribuinte é o titular do domínio útil. E, finalmente, se alguém, com ânimo de proprietário, tem a posse do imóvel, faltando-lhe para ser proprietário apenas o título respectivo, então, será esse titular da posse o contribuinte.

A regra a respeito do limitado alcance da imunidade das autarquias foi mantida pela vigente Constituição, que tem regra expressa segundo a qual a imunidade da pessoa jurídica de direito público – imunidade recíproca – não exonera o promitente comprador da obrigação de pagar imposto relativamente ao bem imóvel (art. 150, § 3º).

1.7 Lançamento

O lançamento do IPTU é feito de ofício. As entidades da Administração Tributária – no caso, as Prefeituras – dispõem de cadastro dos imóveis e com base neste efetuam, anualmente, o lançamento do tributo, notificando os respectivos contribuintes para o seu pagamento.

2. Imposto sobre a transmissão "inter vivos" de bens imóveis e direitos a eles relativos

2.1 Competência

Esse imposto é da competência dos Municípios (CF, art. 156, II). O imposto sobre a transmissão de bens imóveis e direitos a eles relativos/ITBI era, na Constituição anterior (art. 23, I, e CTN, art. 35), da competência dos Estados. A Constituição Federal de 1988, todavia, atribuiu aos Municípios competência para instituir e cobrar imposto sobre transmissão *inter vivos*, a qualquer título, por ato oneroso, de bens imóveis por natureza ou acessão física, e de direitos reais sobre imóveis, exceto os de garantia, bem como cessão de direitos à sua aquisição (art. 156, II).

Dispondo o Município do cadastro imobiliário, que se faz imprescindível à administração do IPTU, é razoável que a ele tenha sido atribuída também a competência para instituir e cobrar o ITBI.

Não se incluem no âmbito desse imposto as transmissões em virtude de doações ou heranças, que sofrem a incidência de imposto estadual. Neste ponto o constituinte de 1988 não foi feliz. Melhor seria, do ponto de vista da Administração Tributária, que também as transmissões de imóveis em virtude de doações e de heranças fossem tributadas pelos Municípios, pela razão acima indicada.

2.2 *Função*

A função do imposto de transmissão é predominantemente fiscal, vale dizer, a de obtenção de recursos financeiros para a Fazenda Pública.

2.3 *Fato gerador*

O imposto de transmissão tem como fato gerador a transmissão, *inter vivos*, a qualquer título, por ato oneroso, de bens imóveis, por natureza ou por acessão física, e de direitos reais sobre imóveis, exceto os de garantia, bem como cessão de direitos à sua aquisição.

A rigor, esse é seu âmbito constitucional, estabelecido pelo art. 156, II, da vigente CF, dentro do qual o legislador municipal deve definir suas hipóteses de incidência. Aliás, por força do disposto no art. 146, III, da CF esse âmbito constitucional deve ser detalhado, explicitado, de sorte a evitar que os legisladores dos diversos Municípios brasileiros estabeleçam tratamentos diferentes, como atualmente se está verificando, com a lei de alguns Municípios colocando entre as hipóteses de incidência do ITBI a promessa de compra e venda, que nos parece estar fora do âmbito constitucional desse imposto.

Alguns Municípios definem a promessa de compra e venda como fato gerador do ITBI, e disso decorre importante implicação. Feita a promessa, consumado está o fato gerador, de sorte que acessões físicas que venham a ocorrer no imóvel, realizadas pelo promitente comprador, serão irrelevantes para a definição do imposto devido, ainda que este não tenha sido pago na época própria. Assim, se alguém faz promessa de venda de um terreno, e o promitente comprador realiza uma edificação, não pode o Município cobrar o imposto sobre o valor desta, a pretexto de que somente com o registro imobiliário da venda é que se deu a transmissão do imóvel. Para fins tributários, por opção do legislador municipal, a transmissão deu-se com a promessa. A edificação foi feita, então, em terreno próprio do construtor, e, assim, não pode ser tida como objeto da transmissão.

Diversamente do que ocorria na vigência da Constituição anterior, agora é importante a distinção entre a transmissão em virtude de ato entre vivos e aquela que se opera por causa da morte. Também é importante a distinção entre a transmissão gratuita e a onerosa. É que o imposto já não incide sobre heranças e doações, sujeitas estas ao imposto estadual e específico.

A respeito do que seja *imóvel por natureza* vale lembrar o que foi dito em referência ao ITR e ao IPTU. Repita-se que imóveis por natureza são os indicados no inciso I, e imóveis por acessão física são os indicados no inciso II, ambos do art. 43 do CC. Não do Código Civil atual, mas do que estava em vigor na data da edição do Código Tributário Nacional (Código Civil de 1916). É que os dispositivos do velho Código Civil ficaram incorporados aos dispositivos do Código Tributário que a eles fizeram referência. É como se estivessem literalmente transcritos nos dispositivos do Código Tributário Nacional, de sorte que a mudança da lei civil é, para esse efeito, irrelevante. Essa tese já foi acolhida pelo STF em julgamento a respeito da alíquota do imposto sobre doações e heranças. Entendeu a Corte Maior que as remissões feitas pelas leis estaduais à alíquota máxima, fixada pelo Senado Federal, devem ser entendidas como dirigidas à então vigente resolução do Senado Federal, e não a uma futura resolução fixando alíquota diversa. Entendeu também o Supremo ser inadmissível a delegação, pelo legislador estadual, ao Senado Federal da competência para fixar alíquotas, por violação dos princípios da competência e da legalidade tributária (STF, 2ª Turma, AI 236.436-PE, rel. Min. Celso de Mello, j. 30.5.2000, *RTJ* 174/684).

A transmissão da propriedade dos imóveis por acessão intelectual, definidos no art. 43, III, do CC de 1916, não pode ser definida como hipótese de incidência do ITBI. Isto é da maior importância no momento em que se cogita da base de cálculo desse imposto.

Os direitos reais sobre bens imóveis cuja transmissão está sujeita ao imposto são os indicados na lei civil (CC de 1916, arts. 695, 713, 742, 746 e 749). Também na lei civil encontram-se definidos os direitos reais de garantia cuja transmissão não enseja a incidência do imposto.

Não incide, outrossim, esse imposto sobre a transmissão de bens ou direitos incorporados ao patrimônio de pessoa jurídica em realização de capital, nem sobre a transmissão de bens ou direitos decorrentes de fusão, incorporação, cisão ou extinção de capital de pessoa jurídica, salvo se, nesses casos, a atividade preponderante do adquirente for a compra e venda desses bens ou direitos, locação de bens imóveis ou arrendamento mercantil (CF, art. 156, § 2º, I).

Os dispositivos da lei civil aos quais nos referimos nos parágrafos anteriores pertencem ao Código Civil de 1916 e, a nosso ver, estão incorporados aos dispositivos do Código Tributário Nacional, pelas razões explicadas quando tratamos do fato gerador do ITR.

Os §§ 1º a 4º do art. 37 do CTN, recepcionados pela vigente Constituição, estabelecem regras definidoras do alcance da limitação constitucional acima referida.

Na transformação de sociedades o imposto não incide simplesmente porque não ocorre transmissão de propriedade de bens ou direitos, implicando apenas mudança do tipo societário.

Os conceitos de *transformação*, *incorporação*, *fusão* e *cisão* de sociedades encontram-se nos arts. 220, 227 e 228 da Lei 6.404, de 15.12.1976, que trata das sociedades por ações mas é aplicável subsidiariamente às demais formas de sociedades, mercantis e civis. Tais conceitos não podem ser alterados pela lei, posto que utilizados pela Constituição para limitar a competência tributária. O art. 110 do CTN, que tem efeito meramente didático, é invocável.

Registre-se, porque de fato ocorreu recentemente, a pretensão de cobrança do ITBI sobre a venda de ações de sociedade anônima, proprietária de imóveis. Tal pretensão não tem qualquer fundamento jurídico. É absolutamente improcedente, e no passado, quando o imposto era da competência dos Estados, já fora repelida pela jurisprudência, inclusive do STF. A transferência das ações ou quotas de uma sociedade comercial, na verdade, transfere a titularidade da pessoa jurídica, não os bens que integram o patrimônio desta, não se fazendo por isto anotação nenhuma no registro imobiliário competente. Os imóveis que pertencem à pessoa jurídica não são o objeto da transmissão.

2.4 Alíquotas

A alíquota do imposto de transmissão é fixada em lei ordinária do Município competente. Na vigência da Constituição anterior não podia exceder "os limites estabelecidos em resolução do Senado Federal, por proposta do Presidente da República na forma prevista em lei" (art. 23, § 2º). Na Constituição de 1988 inexiste regra autorizando tal limitação relativamente a esse imposto. Apenas em relação ao ISS pode a lei complementar federal estabelecer alíquotas máximas (CF, art. 156, § 3º, I).

2.5 Base de cálculo

A base de cálculo do imposto é o valor venal dos bens ou direitos transmitidos (CTN, art. 38). Não é o preço de venda, mas o valor venal. A diferença entre *preço* e *valor* é relevante. O preço é fixado pelas partes, que em princípio são livres para contratar. O valor dos bens é determinado pelas condições do mercado. Em princípio, pela lei da oferta e da procura.

Tratando-se de imposto que incide sobre a transmissão por ato oneroso, tem-se como ponto de partida para a determinação de sua base de cálculo na hipótese mais geral, que é a compra e venda, o preço. Este funciona, no caso, como uma *declaração* de valor feita pelo contribuinte, que pode ser aceita, ou não, pelo Fisco, aplicando-se, na hipótese de divergência, a disposição do art. 148 do CTN.

Não se inclui na base de cálculo do ITBI o valor dos imóveis por acessão intelectual, definidos no art. 43, III, do CC de 1916, porque tal inclusão implicaria tributar aqueles imóveis, o que não é admissível, porque a transmissão da propriedades deles não se encontra no âmbito constitucional do imposto e, assim, não pode ser pelo mesmo atingida. Veja-se, a propósito, o que explicamos ao tratar do fato gerador do ITR, de competência da União.

Outro aspecto importante no que diz respeito à base de cálculo do ITBI é o que se refere a acessões físicas no imóvel colocadas pelo adquirente, na condição de promitente comprador, ou mesmo pelo adquirente que ainda não fez o registro do título aquisitivo no cartório competente. O fato gerador está consumado pela celebração do contrato de compra e venda, independentemente de sua formalização nos termos do direito civil. Por isto mesmo a base de cálculo é o valor venal do imóvel efetivamente vendido. Não daquele existente no momento em que se formaliza a transmissão da propriedade.

Muitas empresas dedicadas à construção de edifícios compram terrenos e neles constroem sem que tenham antes formalizado a transmissão da propriedade do terreno. Quando procuram formalizar aquela transmissão, no Registro Imobiliário competente, surpreendem-se com a exigência, absolutamente indevida, do ITBI calculado sobre o valor do terreno com a edificação.

2.6 Contribuinte

O contribuinte do imposto de transmissão é qualquer das partes na operação tributária, conforme dispuser a lei (CTN, art. 42). Lei do Município competente para instituir o imposto.

Na prática, paga o imposto quem mais interesse tiver na operação. De resto, tratando-se de ato entre vivos, tudo não passa de uma questão contratual.

A definição legal de quem seja o contribuinte, neste caso, só tem relevância para situação excepcional, na qual tenha sido feito o contrato sem a estipulação de quem pagará o imposto. Neste caso, havendo divergência entre os contratantes, há de prevalecer o estabelecido na lei.

2.7 Lançamento

O lançamento do imposto de transmissão é feito mediante declaração do contribuinte. A autoridade administrativa procede à avaliação do bem e calcula o tributo, expedindo a respectiva guia para recolhimento.

Como acontece com os tributos em geral, também esse imposto pode ser objeto de lançamento *de ofício*, quando constatada a ocorrência de seu fato gerador sem que o respectivo pagamento tenha sido efetuado.

2.8 Considerações especiais

O imposto de transmissão já foi apontado como exemplo de tributo cujo pagamento se verifica antes da ocorrência do respectivo fato gerador. Cuidava-se, com isto, de justificar a cobrança antecipada do imposto de circulação de mercadorias referente a cervejas e refrigerantes. Na verdade, porém, as situações não se confundem. O imposto de transmissão, cobrado antes da lavratura da escritura de compra e venda do imóvel, é pago por vontade das partes interessadas na formalização de um negócio jurídico já efetuado. Não se pode confundir o negócio jurídico com a sua formalização, o ato com o seu instrumento.

É certo que no direito civil a transmissão da propriedade imóvel no caso da compra e venda, por exemplo, somente se verifica pela inscrição, no competente Registro de Imóveis, do título respectivo. Entretanto, desde o momento em que comprador e vendedor convencionaram a compra e venda já se admite que produza efeitos, mesmo antes de convenientemente formalizada.

Aliás, mesmo no âmbito do direito civil não se pode considerar a transcrição do título no Registro Imobiliário como ato isolado. Essa transcrição não é mais do que um ato final de uma série, que se iniciou e se desenvolveu, como acontece com os contratos em geral, consumando-se, a final, com o registro.

É claro que a lei civil havia de definir o instante em que se deve considerar a transmissão consumada. Este momento é o da transcrição do título no Registro de Imóveis. Todavia, desde que as partes convencionaram a compra e venda, o tributo já pode ser recolhido, tendo em vista que os atos restantes constituem mera formalização, para efeitos civis.

Exatamente por isto é que sustentamos, ao estudar a base de cálculo desse imposto, que o valor das edificações feitas pelo adquirente, na condição de promitente comprador, ou pelo adquirente que simplesmente não formalizou no registro imobiliário o contrato de compra e venda, não pode ser incluído na base de cálculo do imposto.

Ressalte-se que considerar configurado o fato gerador do imposto antes do registro do contrato de compra e venda no Registro Imobiliário não quer dizer que esse fato gerador esteja configurado com o contrato de promessa de compra e venda. O que efetivamente transmite a propriedade é o contrato de compra e venda. Não o de promessa, que é instituto com efeitos bem definidos no direito privado e não se confunde com o contrato de compra e venda.

3. Imposto sobre serviços de qualquer natureza

3.1 Competência

O imposto sobre serviços de qualquer natureza, ou simplesmente imposto sobre serviços/ISS, é da competência dos Municípios (CF de 1988, art. 156, III). Substituiu, com a reforma tributária feita pela Emenda 18/1965, o antigo imposto de indústrias e profissões, que constituía a principal fonte de receita tributária municipal.

O STJ vinha entendendo que competente para a cobrança do ISS seria o Município em cujo território ocorre a prestação do serviço, sendo irrelevante o local em que se encontra o estabelecimento prestador. Com essa orientação jurisprudencial, a pretexto de interpretar o art. 12 do Decreto-lei 406/1968, vinha declarando implicitamente sua inconstitucionalidade.

A Lei Complementar 116/2003 manteve a regra de competência do art. 12 do Decreto-lei 406/1968, embora tenha ampliado as exceções a essa regra. Em seu art. 3º estabeleceu que o serviço considera-se prestado e o imposto devido no local do estabelecimento prestador ou, na falta do estabelecimento, no local do domicílio do prestador, exceto nas hipóteses previstas em seus incisos, que indicam o local em que será devido o imposto.

Na determinação de qual seja o Município competente para a cobrança do ISS é de grande importância sabermos o que se deve entender por "estabelecimento prestador do serviço".

Para esse fim, considera-se *estabelecimento prestador* o local onde o contribuinte desenvolva a atividade de prestar serviços, de modo permanente ou temporário, e que configure unidade econômica ou profissional, sendo irrelevante para caracterizá-lo as denominações – sede, filial, agência, posto de atendimento, sucursal, escritório de representação ou contato, ou quaisquer outras que venham a ser utilizadas (Lei Complementar 116/2003, art. 4º).

3.2 Função

O ISS tem função predominantemente fiscal. É importante fonte de receita tributária dos Municípios.

Embora não tenha alíquota uniforme, não se pode dizer que o ISS seja um imposto seletivo. Muito menos se pode dizer que o ISS tenha função extrafiscal relevante.

Infelizmente, muitos Municípios não o arrecadam por falta de condições administrativas.

3.3 Fato gerador

O âmbito do ISS, nos termos do art. 156, III, da vigente CF, compreende os serviços de qualquer natureza não compreendidos na competência tributária estadual, definidos em lei complementar da União. O fato gerador desse imposto é o descrito em lei ordinária do Município, dentro, obviamente, de seu âmbito constitucional.

Em face do disposto no art. 146, III, "a", da CF, cabe à lei complementar estabelecer normas gerais a respeito do fato gerador dos impostos, entre os quais o ISS.

Segundo a Lei Complementar 116/2003, o ISS tem como fato gerador a prestação de serviços constantes da Lista anexa à referida lei, ainda que tais serviços não constituam a atividade preponderante do prestador (art. 1º). Nos termos da referida lei, o ISS incide ainda sobre os serviços prestados mediante a utilização de bens e serviços públicos explorados economicamente mediante autorização, permissão ou concessão, com o pagamento de tarifa, preço ou pedágio pelo usuário final do serviço (Lei Complementar 116/2003, art. 1º, § 3º).

Como se vê, pretende-se que o ISS incida sobre serviços públicos – o que constitui verdadeiro absurdo, pois implica onerar o custo destes, que, por serem serviços públicos, devem ser prestados ao usuário final pelo menor preço possível, pois se destinam a atender a necessidades essenciais da população.

A pretensão de cobrar ISS onerando serviços públicos bem demonstra que os governantes não têm o menor respeito pelo Direito, cujos princípios violam freqüentemente na ânsia de arrecadar somas cada vez maiores de recursos financeiros, sempre insuficientes para cobrir os custos sempre crescentes da atividade estatal.

O fato gerador do imposto – insista-se neste ponto – é definido pela lei municipal; mas essa definição há de respeitar os limites fixados pela lei complementar, que, por seu turno, não pode ultrapassar os limites decorrentes da norma da Constituição que atribui competência aos Municípios.

A propósito da definição, pelo legislador do Município, da hipótese de incidência do ISS, séria polêmica surgiu entre os tributaristas mais eminentes, sustentando uns o caráter meramente exemplificativo da prefalada Lista de Serviços, enquanto outros asseveravam o seu caráter taxativo.

O STF manifestou-se no sentido de que a Lista é taxativa, mas, erroneamente, admitiu sua aplicação analógica. Tal como não se pode, por analogia, ampliar o alcance da norma definidora do fato gerador dos tributos em geral, também não se pode ampliar o elenco de serviços constantes da questionada Lista, que tem a mesma natureza de norma definidora do fato gerador do tributo. Não bastasse o princípio da legalidade, temos norma expressa no Código Tributário Nacional a dizer que "o emprego da analogia não poderá resultar na exigência de tributo não previsto em lei" (art. 108, § 1º).

Mesmo com o advento da vigente CF não terminou a controvérsia, que agora gira em torno da interpretação do inciso III de seu art. 156, assim expresso: "serviços de qualquer natureza, não compreendidos no art. 155, II, definidos em lei complementar".

Conhecemos e respeitamos manifestações de eminentes tributaristas no sentido de que a *lei complementar* à qual se reporta o dispositivo constitucional em questão não pode limitar a competência tributária dos Municípios. Assim, entretanto, não pensamos.

A nosso ver, em face da norma acima transcrita, é induvidoso que a Constituição Federal atribuiu aos Municípios competência para tributar somente os serviços de qualquer natureza que a lei complementar *defina*. Não se trata, portanto, de uma limitação imposta pela lei complementar. Na verdade a competência que a Constituição Federal atribui aos Municípios tem, desde logo, o seu desenho a depender de lei complementar.

Da mesma forma que a União Federal não pode tributar as *grandes fortunas* sem que a lei complementar defina o que como tal se há de entender, também os Municípios não podem tributar os serviços de qualquer natureza que não tenham sido definidos em lei complementar.

A prestação do serviço, para ser tributável, há de ser remunerada, mesmo que a exigência de caráter profissional da prestação possa ser posta em dúvida em face das inovações introduzidas pela Lei Complementar 116/2003.

Os serviços tributáveis são os constantes da Lista anexa à Lei Complementar 116/2003, que os enumera de forma exaustiva.

O STF, com razão, já decidiu que o ISS não incide na locação de bens móveis.

Na linguagem comum "serviço é ato ou efeito de servir, de dar de si algo em forma de trabalho" (*Dicionário Houaiss*, 1ª ed., Rio de Janeiro, Objetiva, 2001, p. 2.559).

Na linguagem jurídica em geral – anota Maria Helena Diniz –, *serviço* quer dizer "o exercício de qualquer atividade intelectual ou material com finalidade lucrativa ou produtiva" (*Dicionário Jurídico*, São Paulo, Saraiva, 1998, p. 311).

A locação de serviços e a locação de bens constituem instituto de direito privado, e a diferença entre esses dois institutos deve ser vista também no âmbito do direito tributário. Não é razoável negar o caráter meramente pedagógico do art. 110 do CTN, que, a rigor, nem precisaria existir, embora se tenha de reconhecer o importantíssimo serviço que o mesmo tem prestado ao Direito brasileiro.

Não é necessário que o conceito de *serviço* esteja no direito privado. Muito menos que ele esteja *definido* em norma do direito privado. Para que ele não possa ser alterado pelo legislador tributário basta que esteja – como está – na Constituição Federal, pois sua alteração pelo legislador implica evidente alteração da norma da Constituição na qual está albergado.

O âmbito constitucional do ISS é o serviço de qualquer natureza. O servir enquanto *fazer*. Não o *dar*. Por isto, o legislador complementar não pode validamente incluir na "Lista de Serviços" tributáveis pelos Municípios qualquer fato que não seja serviço, como fez com a Lei Complementar 116/2003. Nem o legislador municipal pode incluir na definição da hipótese de incidência do ISS atividade outra que não seja serviço, como é o caso da locação de bens, do arrendamento mercantil ou *leasing* e da franquia ou *franchising*.

O *leasing*, aliás, até pode assemelhar-se a uma compra e venda, mas a Lei Complementar 87/1996 o excluiu expressamente da incidência do ICMS, afastando, assim, qualquer disputa a esse respeito. Não é serviço, nem a serviço se assemelha, embora se possa admitir que foi tratado como tal pela Lei Complementar 116/2003, que no item 3 da "Lista de Serviços" relaciona como serviços tributáveis pelo Município "serviços prestados mediante locação, cessão de direito de uso e congêneres". Preferimos entender que esse dispositivo é flagrantemente inconstitucional. Não apenas o subitem 3.1, que foi vetado pelo Presidente da República em atenção à jurisprudência do STF, afirmativa de sua inconstitucionalidade. Todos os argumentos utilizados para fundamentar a decisão na qual o STF declarou a inconstitucionalidade do subitem 3.1 aplicam-se para demonstrar a inconstitucionalidade de todo o item 3 da Lista.

O ISS também não incide na franquia. A atividade de franquia, ou *franchising*, não configura prestação de serviço, porque *serviço* é sempre objeto de obrigação de fazer. Caracteriza-se como atividade ou comportamento humano em benefício de outrem. Configura-se em trabalho físico ou intelectual que consubstancia uma *obrigação de fazer*. Na franquia os serviços constituem parte que não é a mais importante, nem pode ser dissociada das demais prestações, porque não faz sentido sua existência autônoma. Os serviços existem simplesmente como complemento das demais prestações que integram o contrato. E em muitas situações é possível que sejam prestados não com o intuito de servir ao franqueado, mas com o objetivo de preservar a qualidade daquilo que é objeto da franquia, o bom conceito dos bens ou atividades dados em franquia, no interesse do próprio franqueador. Trata-se de contrato típico, que não se confunde com o contrato de prestação de serviços. *Serviço* é atividade pela qual alguém serve a outra pessoa. Ninguém presta *serviço* a si mesmo. Não se configura o fato gerador do ISS quando alguém executa para si mesmo uma das atividades descritas na Lista de Serviços tributáveis. Aliás, a União já pretendeu cobrar o imposto sobre serviços de transporte de quem transportava carga própria, mas essa pretensão, evidentemente absurda, foi rechaçada tanto pelo antigo TFR como pelo STF.

Talvez com o intuito de contornar o entendimento jurisprudencial, a Lei Complementar 116/2003 inclui a franquia como serviço tributável (item 17.08 da Lista), mas isto não autoriza a incidência do ISS. Para que o legislador municipal possa determinar a incidência deste é necessário que a lei complementar diga quais são os serviços tributáveis, vale dizer, é necessário que a lei complementar complete a delimitação do âmbito constitucional da incidência do imposto. Não pode, porém, a lei complementar indicar para a incidência do ISS algo que não seja um serviço. Por isto mesmo, aliás, diversos itens da Lista anexa à Lei Complementar 116/2003 podem suscitar questionamento.

Ressalte-se, finalmente, que o fato gerador do ISS não é a contratação, mas a prestação do serviço – e isto tem conseqüência de ordem prática, como será explicado adiante, no estudo da base de cálculo.

3.4 *Alíquotas*

Os Municípios gozam de autonomia para fixar as alíquotas do ISS, mas a União poderá, por lei complementar, fixar alíquotas máximas e mínimas para esse imposto (CF, art. 156, § 3º, I).

Nos termos do art. 8º da Lei Complementar 116/2003, a alíquota máxima do ISS é de 5%. É razoável sustentar que sua alíquota mínima é de 2%, nos termos do art. 88 do ADCT, com a redação que lhe deu a Emenda Constitucional 3, de 12.6.2002.

3.5 *Base de cálculo*

No estudo da base de cálculo do ISS deve-se considerar, em primeiro lugar, o tipo de contribuinte. Tratando-se de prestação de serviços sob a forma de trabalho pessoal do próprio contribuinte, o imposto é fixo, podendo ser diverso em função da natureza do serviço ou de outros fatores pertinentes, não se incluindo, entre esses fatores, a quantia recebida a título de remuneração do próprio trabalho. É isto que, não obstante as impropriedades de sua redação, está dito no art. 9º, § 1º, do Decreto-lei 406/1968. E assim é que o citado dispositivo legal vem sendo entendido pelos diversos Municípios, como se verifica, por exemplo, do art. 59 do Código Tributário do Município do Rio de Janeiro.

Sendo o imposto fixo, é impróprio falar-se de *alíquota* e de *base de cálculo*, pois não há o que calcular.

Tratando-se de serviços prestados por empresas, o imposto, que neste caso é proporcional, tem como base de cálculo o preço do serviço. É a receita da empresa, relativa à atividade de prestação de serviços tributáveis.

Tratando-se da prestação de serviços que envolvam o fornecimento de mercadorias, sujeito esse fornecimento ao ICMS, segundo previsto na Lista acima referida, do valor da operação é deduzido o preço das mercadorias que serviu de base de cálculo do imposto estadual. Trata-se de separar o ISS do ICMS. É questão de competência tributária. O Município não tem competência para tributar a circulação da mercadoria, que, por isto mesmo, tem seu valor excluído da base de cálculo do ISS.

Está a merecer atenção a questão das subempreitadas, tendo-se sempre em vista que o fato gerador do ISS não é a contratação do serviços, mas sua prestação. A Lei Complementar 116/2003 estabeleceu que não se inclui na base de cálculo o valor de subempreitadas sujeitas a esse imposto. O dispositivo que albergava essa regra (inciso II do § 2º do art. 7º), todavia, foi vetado, de modo que não mais existe regra explícita determinando a exclusão do valor de subempreitadas da base de cálculo do ISS incidente nas empreitadas. Essa ausência de regra explícita pode conduzir a um equívoco. Pode levar o intérprete a entender que o imposto incide na empreitada e também na subempreitada. O imposto teria deixado de ser não cumulativo. Entender assim, porém, é admitir que o mesmo serviço seja tributado duas vezes, uma na empreitada e outra na subempreitada.

Ocorre que o fato gerador do ISS não é o contrato, mas a prestação do serviço. É o fato da prestação do serviço, como um fato de significado econômico. Assim, como o serviço é o mesmo, o imposto há de ser um só. Não importa a existência de dois contratos, porque para os fins tributários o que importa é o fato definido por lei como gerador da respectiva obrigação.

A norma albergada pelo inciso II do § 2º do art. 7º da Lei Complementar 116/2003 tinha efeito didático, simplesmente. Seu veto até pode ter tido o propósito de levar, mesmo, ao entendimento segundo o qual seriam devidos dois impostos; mas, na realidade, consubstanciou lamentável equívoco, ao abrir oportunidade para a exigência, pelos Municípios, de imposto absolutamente indevido. Esperemos que os tribunais reponham a questão nos seus devidos termos, fazendo valer a Constituição e os princípios jurídicos por ela albergados.

Atenção especial merece a questão das sociedades de profissionais. Diz o art. 9º, § 3º, do Decreto-lei 406/1968: "Quando os serviços a que se referem os itens 1, 4, 8, 25, 52, 88, 89, 90, 91 e 92 da Lista anexa forem prestados por sociedades, estas ficarão sujeitas ao imposto, na forma do § 1º, calculado em relação a cada profissional habilitado, sócio, empregado, embora assumindo responsabilidade pessoal, nos termos da lei aplicável."

O propósito do legislador, como se vê, foi tributar cada um dos profissionais tomados individualmente, fazendo-se abstração da pessoa jurídica para fins de determinação do imposto. Assim, o imposto devido por essas sociedades corresponderá ao valor do imposto fixo multiplicado pelo número de profissionais que as integrem, como sócios, empregados, ou mesmo autônomos a elas consorciados para prestação de serviços, como é comum acontecer, especialmente na área de auditoria contábil.

Ocorre que a legislação dos Municípios tem disciplinado a questão de outra forma, como se existisse um terceiro tipo de contribuinte do imposto, como veremos a seguir.

A Lei Complementar 116/2003 não revogou os §§ 1º e 3º do art. 9º do Decreto-lei 406/1968, de sorte que as leis municipais não podem submeter os trabalhadores autônomos nem as sociedades de profissionais ao ISS calculado sobre o preço dos respectivos serviços. Permanecem tais contribuintes sujeitos à tributação fixa. A questão que se tem colocado diz respeito à identidade das sociedades prestadoras de serviços profissionais. Enquanto os Municípios pretendem restringir o alcance do conceito de *sociedades de profissionais*, cobrando de muitas delas o imposto calculado sobre a receita bruta, os contribuintes pretendem ampliar tal conceito, de sorte a que todas elas paguem o imposto em um valor fixo multiplicado pelo número de profissionais.

3.6 Contribuinte

O contribuinte do ISS é o prestador do serviço (Lei Complementar 116/2003, art. 5º).

Não constitui fato gerador do ISS a prestação de serviços em relação de emprego, dos trabalhadores avulsos, dos diretores e membros de conselho consultivo ou de conselho fiscal de sociedades e fundações, bem como dos sócios-gerentes e dos gerentes-delegados (Lei Complementar 116/2003, art. 2º, II). Assim, podemos dizer que não são contribuintes do ISS os empregados, os trabalhadores avulsos, os diretores e membros de conselhos de sociedades e fundações, nem os sócios-gerentes e gerentes-delegados.

A norma explicitante, neste caso, não é norma de isenção, mas de não incidência tributária. E, assim, é meramente exemplificativa, pois qualquer prestação de serviço que não seja realizada por empresa ou trabalhador autônomo não configura a hipótese de incidência, está fora dela e, portanto, configura hipótese de não incidência.

Assim, o serviço prestado pelos membros dos conselhos de administração das sociedades anônimas, por exemplo, embora não indicados pela norma de não incidência, não configura hipótese de incidência do ISS.

Neste contexto é de grande importância a distinção entre o trabalhador autônomo, que é contribuinte, e o trabalhador avulso, que não é contribuinte do ISS, e ainda a identificação do trabalhador eventual, e sua conseqüente posição relativamente a esse imposto.

Trabalhador autônomo é o que presta serviços por sua própria conta, tem condições para o desempenho de sua atividade sem subordinar-se àquele para quem trabalha. Sua prestação de serviços é, para ele prestador, permanente, mas em relação a determinada pessoa para a qual o serviço é prestado a prestação pode ser permanente ou eventual.

Trabalhador avulso é o que presta serviços com a intermediação do sindicato de sua categoria, regido por legislação específica. Ou, então, presta serviços na dependência daquele para quem trabalha, sem caracterizar-se como empregado, apenas em razão da natureza eventual do serviço prestado.

Os Municípios de um modo geral incluíam nas suas legislações uma figura de contribuinte do ISS não prevista na legislação federal: a *sociedade de profissionais*. Na verdade, a referência feita a essa espécie de sociedade, pela legislação federal, diz respeito exclusivamente à forma de calcular o tributo.

Alguns Municípios instituíram também a figura do responsável tributário, atribuindo às pessoas para as quais sejam prestados serviços o dever de fazer a retenção e o recolhimento do ISS. Tal procedimento encontra amparo no art. 128 do CTN. Entretanto, não nos parece legítima a exigência no que se refere a trabalhadores avulsos, pois os serviços por estes prestados não constituem fato gerador do imposto. Também não nos parece legítima a exigência de que o imposto seja calculado à alíquota de 5% sobre o valor do serviço prestado.

Exemplifiquemos: se um advogado presta serviços a uma empresa e não comprova, ao receber seus honorários, que é inscrito como contribuinte do ISS, determina a legislação de alguns Municípios que a empresa deve descontar 5% desses honorários e recolhê-los, a título de ISS. Entendemos não ser legítima essa exigência porque, a pretexto de atribuir à empresa, no caso, a responsabilidade pelo recolhimento do ISS devido pelo advogado, o que se fez foi utilizar o imposto como se fora este penalidade, para punir o prestador do serviço pela inobservância de seu dever de inscrever-se no cadastro dos contribuintes.

A Lei Complementar 116/2003 diz que as leis dos Municípios e do Distrito Federal "poderão atribuir de modo expresso a responsabilidade pelo crédito tributário a terceira pessoa, vinculada ao fato gerador da respectiva obrigação, excluindo a responsabilidade do contribuinte ou atribuindo-a a este em caráter supletivo do cumprimento total ou parcial da referida obrigação, inclusive no que se refere à multa e aos acréscimos legais". Alterou, assim, de forma inadequada e inconseqüente o Código Tributário Nacional.

Se a lei municipal atribui ao tomador do serviço a responsabilidade pelo ISS correspondente, deve excluir dessa responsabilidade o prestador do serviço. A razão é simples. Não se justifica que o contribuinte, tendo sofrido o desconto do valor do imposto no preço do serviço – e, assim, suportado o ônus tributário –, seja, mesmo assim, responsável pelo correspondente pagamento. Isto implica fazê-lo suportar duplamente o mesmo ônus – o que, evidentemente, não é razoável.

Aliás, os responsáveis tributários como tais eleitos pelo legislador municipal "estão obrigados ao recolhimento integral do imposto devido, multa e acréscimos legais, independentemente de ter sido efetuada a sua retenção na fonte" (Lei Complementar 116/2003, art. 6º, § 1º). Com mais razão, portanto, devem ser os contribuintes exonerados de qualquer responsabilidade nas hipóteses em que existirem responsáveis tributários eleitos pelo legislador municipal com o dever de fazer a retenção do imposto na fonte. Façam ou não essa retenção, eles são obrigados ao pagamento, não havendo razão, portanto, para responsabilização dos contribuintes.

A rigor, temos na legislação do ISS três espécies de contribuintes, a saber: (a) o prestador de serviços, como pessoa física, qualificado como trabalhador autônomo; (b) a pessoa jurídica, na qual o serviço é tratado como mercadoria e o imposto é calculado sobre a receita bruta; e (c) a sociedade de profissionais, que, embora seja uma pessoa jurídica, paga o imposto em valor fixo multiplicado pelo número de sócios.

A qualificação das duas primeiras categorias de contribuintes não oferece maiores problemas. Relativamente à terceira categoria de contribuintes, porém, as questões são intermináveis. Alguns questionamentos foram suscitados pelos Municípios desde o início da vigência do Decreto-lei 406/1968. Com o advento da Constituição Federal de 1988 os Municípios suscitaram a não recepção do citado decreto-lei. Depois, com o advento da Lei Complementar 116/2003 suscitaram sua revogação. E, superadas todas essas tentativas dos Municípios, estes prosseguem na busca de ampliar a arrecadação, agora com o estreitamento do conceito de *sociedade de profissionais*, no qual estariam abrangidas apenas aquelas sociedades organizadas em estrita obediência a leis reguladoras do exercício de profissão liberal e nas quais nenhum serviço seria prestado por empregados ou terceiros.

A nosso ver, devem ser tratadas como sociedades de profissionais, com imposto calculado em valor fixo multiplicado pelo número de sócios ou prestadores de serviços como pessoas físicas, sendo critério relevante a existência de relação pessoal entre a pessoa física que em nome da sociedade presta o serviço e a forma de remuneração dessa pessoa física, que deve ser necessariamente relacionada ao trabalho por esta efetivamente realizado.

3.7 Lançamento

O lançamento do ISS é feito, em regra geral, por homologação, nos termos do art. 150 do CTN. Pode, evidentemente, ser objeto de lançamento de ofício, como acontece com qualquer tributo.

Capítulo VI
CONTRIBUIÇÕES SOCIAIS

1. Conceito e natureza jurídica

Com características ora de imposto, ora de taxa, as contribuições ditas paraestatais, ou sociais, ou de previdência, constituem para a doutrina jurídica, nacional e estrangeira, um ponto de intermináveis controvérsias.

No plano do direito positivo brasileiro vigente, ou, por outras palavras – e mais precisamente –, em face da Constituição Federal de 1988, o conceito de contribuição social ganhou um elemento importante para sua formulação, e de notável relevo no pertinente à definição de limites do poder de tributar.

Realmente, segundo o art. 149 da vigente CF, *compete à União instituir contribuições sociais, de intervenção no domínio econômico e de interesse das categorias profissionais ou econômicas, como instrumento de sua atuação nas respectivas áreas*. Isto significa dizer que essas contribuições sociais caracterizam-se pela correspondente finalidade. Não pela simples destinação do produto da respectiva arrecadação, mas pela finalidade de sua instituição, que induz a ideia de vinculação direta: (a) do órgão do Poder Público incumbido da intervenção no domínio econômico; ou (b) da entidade gestora dos interesses da categoria profissional ou econômica.

Pode parecer, da expressão literal do art. 149 da vigente CF, que tal dispositivo autoriza a União a instituir contribuições sociais que não são de intervenção no domínio econômico nem do interesse de categorias profissionais ou econômicas. Não nos parece, porém, que seja assim, porque a norma do art. 149 há de ser interpretada dentro do sistema no qual se encarta e sem implicar o amesquinhamento das demais normas que o integram. Admitir uma espécie de contribuições sociais para cuja instituição bastaria a justificativa de um fim social é um equívoco, pois todo e qualquer tributo tem sempre, ou deve ter, finalidade social, de sorte que a finalidade social não pode ser uma elemento capaz de dar qualificação específica a uma contribuição. A finalidade social qualifica o gênero tributo. Não a espécie contribuições. Muito menos uma subespécie de contribuições.

Estabeleceu, ainda, o supracitado dispositivo constitucional que na instituição das contribuições sociais devem ser observadas as normas gerais do direito tributário e os princípios da legalidade e da anterioridade, ressalvando, quanto a este último, a regra especial pertinente às contribuições de seguridade social.

Diante da vigente Constituição, portanto, pode-se conceituar a contribuição social como espécie de tributo com finalidade constitucionalmente definida, a saber, intervenção no domínio econômico, interesse de categorias profissionais ou econômicas e seguridade social.

É induvidosa, hoje, a natureza tributária dessas contribuições. Aliás, a identificação da natureza jurídica de qualquer imposição do Direito só tem sentido prático porque define seu regime jurídico, vale dizer, define quais são as normas jurídicas aplicáveis. No caso de que se cuida, a Constituição afastou as divergências doutrinárias afirmando serem aplicáveis às contribuições em tela as normas gerais de direito tributário e os princípios da legalidade e da anterioridade tributárias – com ressalva, quanto a este, das contribuições de seguridade, às quais se aplica regra própria, conforme veremos adiante.

Desprovida de interesse prático, portanto, restou a polêmica em torno da questão de saber se as contribuições sociais são, ou não, tributo.

2. *Função*

A função das contribuições sociais, em face da vigente Constituição, decididamente não é a de suprir o Tesouro Nacional de recursos financeiros.

Neste sentido pode-se dizer que tais contribuições têm função parafiscal, algumas, e extrafiscal, outras.

As contribuições de interesse de categorias profissionais ou econômicas, bem como as contribuições de seguridade social, ostentam nítida função parafiscal. Destinam-se a suprir de recursos financeiros entidades do Poder

Público com atribuições específicas, desvinculadas do Tesouro Nacional, no sentido de que dispõem de orçamento próprio.

As contribuições de interesse de categorias profissionais ou econômicas devem constituir receita nos orçamentos das entidades representativas dessas categorias, enquanto as contribuições de seguridade social constituem receita no orçamento da seguridade, de que trata o art. 165, § 5º, III, da CF. São, portanto, nitidamente parafiscais.

As contribuições de intervenção no domínio econômico, por seu turno, vinculam-se ao órgão do Poder Público incumbido de desenvolver ações intervencionistas, ou de administrar fundos decorrentes da intervenção estatal na economia.

3. *Espécies*

Pelo que foi dito acima já é possível saber quantas e quais são as espécies de contribuições sociais abrigadas pela vigente Constituição Federal.

Na verdade as contribuições sociais constituem uma espécie do gênero *tributo*. A rigor, portanto, teríamos de dividi-las em subespécies. Preferimos, porém, fazer referência a elas como *gênero* e dividi-las em espécies, a saber: (a) contribuições de intervenção no domínio econômico, (b) contribuições de interesse de categorias profissionais ou econômicas e (c) contribuições de seguridade social.

3.1 Contribuições de intervenção no domínio econômico

Esta espécie de contribuições sociais caracteriza-se por ser instrumento de intervenção no domínio econômico. É certo que todo e qualquer tributo interfere no domínio econômico. Mesmo o tributo considerado neutro, vale dizer, com função predominantemente fiscal, posto que a simples transposição de recursos financeiros do denominado setor privado para o setor público, que realiza, configura intervenção no domínio econômico. Por isto se há de entender que a intervenção no domínio econômico que caracteriza essa espécie de contribuições sociais é apenas aquela que se produz com objetivo específico perseguido pelo órgão estatal competente para esse fim, nos termos da lei.

A finalidade da intervenção no domínio econômico caracteriza essa espécie de contribuição social como tributo de função nitidamente extrafiscal. Assim, um tributo cuja finalidade predominante seja a arrecadação de recursos financeiros jamais será uma contribuição social de intervenção no domínio econômico.

A finalidade interventiva dessas contribuições, como característica essencial dessa espécie tributária, deve manifestar-se de duas formas, a saber: (a) na função da própria contribuição, que há de ser um instrumento da intervenção estatal no domínio econômico, e ainda, (b) na destinação dos recursos com a mesma arrecadados, que só podem ser aplicados no financiamento da intervenção que justificou sua instituição.

Não se venha argumentar que a destinação do produto da arrecadação é irrelevante para a determinação da natureza jurídica específica do tributo. Realmente é assim, nos termos do art. 4º do CTN. Ocorre que esse dispositivo tem de ser interpretado no contexto em que está encartado. Como o Código Tributário Nacional não trata de contribuições de intervenção no domínio econômico, é compreensível que as suas normas não sejam sempre adequadas a essa espécie tributária.

Ocorre que a contribuição de intervenção no domínio econômico tem perfil constitucional próprio. Ela não se destina a suprir os cofres públicos de recursos financeiros necessários para o custeio das atividades ordinariamente desenvolvidas pelo Estado. Ela não é um instrumento de arrecadação de meios financeiros, simplesmente. É um instrumento de intervenção no domínio econômico.

No Direito brasileiro podemos dizer que todos os tributos têm os seus âmbitos constitucionais. Em face do âmbito constitucional de cada tributo é que ele se individualiza e se faz diferente dos demais.

Ao determinar que compete exclusivamente à União instituir contribuições de intervenção no domínio econômico (CF de 1988, art. 149), a Constituição dotou a União de um instrumento para a prática de intervenções no domínio econômico, e não de um instrumento simplesmente arrecadatório de recursos financeiros. Esse instrumento deve ser usado em consonância com os demais dispositivos da mesma Constituição que cuidam da intervenção no domínio econômico. Sua utilização para outros fins configura violação à Constituição, caracterizada pelo desvio da finalidade a que se referem especialmente os cultores do direito administrativo.

A instituição de uma contribuição de intervenção no domínio econômico pressupõe, assim, a possibilidade jurídica da intervenção, que se define em face das normas da Constituição, e também a necessidade da intervenção, que se define em face das circunstâncias econômicas excepcionais presentes na ocasião.

A intervenção não consubstancia atividade normal, ordinária, permanente, do Estado. Ela é atividade excepcional, e por isto mesmo temporária, tendente a corrigir distorções em setores da atividade econômica.

Assim, a lei que institui uma contribuição de intervenção no domínio econômico há de definir sua hipótese de incidência no estreito campo da atividade econômica na qual vai atuar como instrumento de intervenção estatal. E há de indicar expressamente a destinação dos recursos a serem arrecadados, que evidentemente não pode ultrapassar o âmbito da atividade interventiva.

Admitir a instituição de tributo sobre quaisquer fatos de relevância econômica com o nome de "contribuição de intervenção no domínio econômico" e sem essas características essenciais é admitir a total destruição do sistema constitucional tributário, com supressão das limitações constitucionais ao poder de tributar e da própria Federação. É admitir que a União fique liberada para substituir aos poucos os impostos que arrecada para partilhar com os Estados e Municípios por contribuições não sujeitas a essa partilha, e até para invadir a competência tributária daqueles, superpondo contribuições ditas de intervenção no domínio econômico aos impostos estaduais e municipais.

Infelizmente o caminho para tais abusos parece ter sido aberto com a Emenda Constitucional 33/2001. Se o STF não fizer valer a Constituição, as contribuições de intervenção no domínio econômico serão transformadas em instrumento ordinário de arrecadação de recursos financeiros para a União, com evidente prejuízo para o Estado Brasileiro.

3.2 Contribuições de interesse de categorias profissionais ou econômicas

A contribuição social caracteriza-se como de interesse de categoria profissional ou econômica quando destinada a propiciar a organização dessa categoria, fornecendo recursos financeiros para a manutenção de entidade associativa.

Não se trata, é bom insistir neste ponto, de destinação de recursos arrecadados. Trata-se de vinculação da própria entidade representativa da categoria profissional, ou econômica, com o contribuinte. O sujeito ativo da relação tributária, no caso, há de ser a mencionada entidade.

A esta conclusão se chega através da interpretação do art. 149, combinado com o art. 8º, IV, da vigente CF. Realmente, este último dispositivo estabelece que *a Assembleia-Geral fixará a contribuição que, em se tratando de categoria profissional, será descontada em folha, para custeio do sistema confederativo da representação sindical respectiva, independentemente da contribuição prevista em lei.* A contribuição prevista em lei, no caso, é precisamente a contribuição social a que se refere o art. 149, restando claro, portanto, que a ressalva está a indicar a entidade representativa da categoria profissional, ou econômica, como credora das duas contribuições. Uma, a contribuição fixada pela Assembleia-Geral, de natureza não tributária. A outra, prevista em lei, com fundamento no art. 149 da CF, é a espécie de contribuição social de que se cuida.

Há quem sustente que a contribuição referida no art. 8º, IV, da CF é uma espécie de tributo, em relação à qual não se aplica o princípio da legalidade. Não nos parece que seja assim. Preferimos entender que se trata de contribuição de natureza não tributária, em tudo idêntica à contribuição cobrada por qualquer associação civil.

Como as contribuições cobradas pelas demais associações, também a contribuição de que trata o art. 8º, IV, da CF é devida apenas pelos trabalhadores sindicalizados, isto é, que estejam filiados ao respectivo sindicado. Não pode ser cobrada de trabalhador não vinculado ao sindicato. Entender de modo diverso é negar efetividade à liberdade que todo trabalhador tem de filiar-se ou não a um sindicato, expressamente assegurada a todo cidadão pelo art. 5º, XX, e ao trabalhador, especificamente, pelo art. 8º, V, da CF.

3.3 Contribuições de seguridade social

As contribuições de seguridade social constituem a espécie de contribuições sociais cujo regime jurídico tem suas bases mais bem definidas na vigente Constituição.

Realmente, o art. 195, I a IV, e seu § 6º, e ainda os arts. 165, § 5º, e 194, VII, fornecem as bases do regime jurídico dessa importantíssima espécie de contribuições sociais.

Nos termos do art. 165, § 5º, III, "o orçamento da seguridade social, abrangendo todas as entidades e órgãos a ela vinculados, da Administração direta ou indireta, bem como os fundos e fundações instituídos e mantidos pelo Poder Público", ganhou autonomia. Tal orçamento já não se confunde com o orçamento do Tesouro Nacional, e sua execução não constituiria atribuição do Poder Executivo, posto que a *seguridade social* há de ser organizada com base em princípios constitucionalmente estabelecidos, entre os quais destaca-se o "caráter democrático e descentralizado da gestão administrativa, com a participação da comunidade, em especial de trabalhadores, empresários e aposentados" (art. 194, parágrafo único, VII).

Por outro lado, estabelece o art. 195, cujos incisos I e II tiveram redação alterada pela Emenda Constitucional 20, de 15.12.1998, que a seguridade social será financiada por toda a sociedade, de forma direta e indireta, nos termos da lei, mediante recursos provenientes dos orçamentos da União, dos Estados, do Distrito Federal e dos Municípios, e das seguintes contribuições sociais: I – do empregador, da empresa e da entidade a ela equiparada na forma da lei, incidente sobre: (a) a folha de salários e demais rendimentos do trabalho pagos ou creditados, a qualquer título, à pessoa física que lhe preste serviço, mesmo sem vínculo empregatício; (b) a receita ou o faturamento; (c) o lucro; II – do trabalhador e dos demais segurados da previdência social, não incidindo contribuição sobre aposentadoria e pensão concedidas pelo regime geral de previdência social de que trata o art. 201; III – sobre a receita de concursos de prognósticos.

Antes da alteração introduzida pela Emenda Constitucional 20/1998 nos incisos I e II do art. 195 da CF o âmbito constitucional das contribuições de seguridade social estava bem definido. Agora, muito fica a depender do que estabelecer a lei ordinária, especialmente quanto à equiparação à empresa de outras entidades.

Seja como for, entende-se que as contribuições de seguridade social caracterizam-se pelo fato de ingressarem *diretamente* naquele orçamento a que se refere o art. 165, § 5º, III, da CF.

As contribuições, com as quais os empregadores, os trabalhadores e os administradores de concursos de prognósticos financiam *diretamente* a seguridade social, não podem constituir receita do Tesouro Nacional precisamente porque devem ingressar *diretamente* no orçamento da seguridade social. Por isto mesmo, lei que institua contribuição social com fundamento no art. 195 da CF indicando como sujeito ativo pessoa diversa da que administra a seguridade social viola a Constituição.

Ressalte-se que não se trata de saber qual o destino das contribuições de seguridade social. Não se trata, apenas, de um problema de direito financeiro. Trata-se de saber quem é o sujeito ativo dessas contribuições – e, a nosso ver, o sujeito ativo das mesmas é a entidade responsável pela gestão do orçamento a que se refere o art. 165, § 5º, III, da CF. Em outras palavras, o INSS – autarquia que ganhou o patamar constitucional e que deve ser aperfeiçoada de modo a realizar completamente o preceituado no art. 194 da CF.

Ocorre que o STF decidiu ser possível a cobrança da Cofins e da CSL pela União, que atuaria como simples intermediária, e repassaria os recursos correspondentes ao INSS. Em consequência, ditas contribuições foram convertidas em verdadeiros impostos, dos quais a União repassa para o INSS apenas o necessário para cobrir o déficit orçamentário daquela autarquia, que seria superavitária se lhe fosse permitido arrecadar todas as contribuições que Constituição de 1988 atribuiu à seguridade social.

Estimulado, talvez, pela decisão do STF que lhe permitiu apropriar-se de receitas da seguridade social, o Governo conseguiu do Congresso Nacional a Lei 11.457, de 16.3.2007, criando a *Receita Federal do Brasil*, órgão no qual foram unificadas as atividades de arrecadação dos tributos federais e das contribuições de seguridade social.

A referida lei é flagrantemente inconstitucional.

Primeiro porque viola a autonomia constitucionalmente assegurada à atividade de seguridade social. Para tanto, o legislador reduziu o alcance do art. 194, parágrafo único, VII, segundo o qual na organização da seguridade social deve ser observado, entre outras coisas, o caráter democrático e descentralizado da administração, mediante gestão quadripartite, com participação dos trabalhadores, dos empregadores, dos aposentados e do Governo nos órgãos colegiados. Para o legislador – e para os que sustentam a constitucionalidade da unificação dos órgãos de arrecadação – a arrecadação das receitas previdenciárias não faz parte da sua administração.

Segundo porque, mesmo sendo uma lei ordinária, trata de gestão financeira e patrimonial da Administração direta e indireta, matéria constitucionalmente reservada à lei complementar. Realmente, a Constituição reserva à lei complementar o trato de toda a matéria concernente a *finanças públicas* (art. 163, I). E ainda, especificamente, estabelecer normas de gestão financeira e patrimonial da Administração direta e indireta, bem como condições para a instituição e funcionamento de fundos (art. 165, § 9º). Talvez o Governo não tivesse, na ocasião, meios para obter do Congresso Nacional uma lei complementar, e se valeu, por isso, da imprecisão dos limites das matérias reservadas a essa espécie normativa.

3.4 Contribuições sociais gerais

Questão de grande relevo e atualidade consiste em saber se a União pode, com fundamento no art. 149 da CF, instituir contribuições que não sejam de intervenção no domínio econômico, nem de interesse de categorias profissionais ou econômicas, nem de seguridade social. Contribuições de uma quarta espécie, que poderiam ser chamadas de "contribuições sociais gerais".

É certo que uma interpretação simplesmente literal do art. 149 pode autorizar uma resposta afirmativa. E tal resposta, infelizmente, já vem contando com o apoio do STF. Não nos parece, porém, razoável admitir essa espécie de contribuições sociais, porque isto implica admitir uma fonte de recursos que, fora do alcance de muitas das limitações constitucionais ao poder de tributar, e como instrumento exclusivo da União Federal, terminará por destruir o sistema tributário nacional e a própria Federação.

4. *Competência*

Nos termos do art. 149 da CF, compete exclusivamente à União instituir contribuições sociais. O § 1º desse mesmo dispositivo, porém, permite que os Estados, o Distrito Federal e os Municípios instituam contribuição, a ser cobrada de seus servidores, para custeio, em benefício destes, de sistemas de previdência e assistência social.

Assim, as contribuições sociais de intervenção no domínio econômico e de interesse de categorias profissionais ou econômicas são privativas da União. Também assim as contribuições de seguridade social a serem cobradas de quem não seja servidor do Estado-membro, do Distrito Federal ou do Município.

Aos Estados, ao Distrito Federal e aos Municípios compete instituir e cobrar contribuição destinada ao custeio de sistemas de previdência e assistência social, de seus servidores.

As contribuições de seguridade social são instituídas pela União. Eram arrecadadas pela autarquia incumbida da atividade de seguridade social. Entretanto, os órgãos arrecadadores da Previdência e do Tesouro Nacional foram unificados, de sorte que atualmente essas contribuições são arrecadadas pela União. E com essa unificação, embora as receitas do Tesouro Nacional e as da Previdência devam ser destacadas, na prática, o Governo Federal passou a dispor de todas elas, consumando-se, dessa forma, o uso indevido do dinheiro destinado à atividade previdenciária.

A Emenda Constitucional 39, de 19.12.2002, introduziu na CF o art. 149-A, atribuindo aos Municípios competência para instituir contribuição destinada ao custeio da iluminação pública. Voltaremos ao assunto no final deste capítulo, onde faremos algumas considerações em torno da contribuição em tela.

5. *Contribuintes*

A identificação de quem seja o sujeito passivo das contribuições sociais, como em princípio ocorre com qualquer tributo, depende do exame da hipótese de incidência de cada uma delas, especificamente consideradas. Tratando-se de contribuições de interesse de categorias profissionais ou econômicas, é razoável entender-se que o contribuinte deve ser a pessoa, física ou jurídica, integrante da categoria profissional ou econômica. Pessoa que não integra qualquer uma dessas categorias não deve ser compelida a contribuir *no interesse* das mesmas.

Tratando-se de contribuições de intervenção no domínio econômico, contribuinte há de ser o agente econômico submetido à intervenção. A Constituição Federal nada esclarece a respeito, de sorte que o exame da hipótese de incidência, definida na lei ordinária, é de decisiva relevância.

Finalmente, tratando-se de contribuições de seguridade social, tem-se de considerar que a própria Constituição cuidou de definir, ao delinear o âmbito dessas contribuições, quem pode ser colhido pelo legislador como sujeito passivo das mesmas.

Assim, nos termos do art. 195, I, II e III, da vigente CF, antes da Emenda Constitucional 20, de 15.12.1998, delas podiam ser contribuintes (a) os empregadores, (b) os trabalhadores e (c) os administradores de concursos de prognósticos.

Empregador é aquele como tal definido pela legislação trabalhista. Não obstante respeitáveis manifestações, inclusive jurisprudenciais, em sentido diverso, entendemos que o conceito de *empregador* não pode ser ampliado para alcançar todos os que pagam remuneração por serviços prestados sem vínculo empregatício. Não se trata de interpretar a Constituição com base na lei ordinária, mas de impedir que esta modifique os conceitos por aquela utilizados. O conceito de empregador utilizado pela Constituição é conceito conhecido, porque já determinado pelo legislador ordinário muito antes da vigente Constituição, cujo texto, utilizando-o, emprestou-lhe a supremacia própria dos dispositivos constitucionais. Admitir a modificação por lei ordinária de conceitos utilizados em dispositivos constitucionais é eliminar a supremacia desses dispositivos, que poderão ser modificados pelo legislador ordinário mediante o artifício da redefinição de conceitos.

Trabalhador é todo aquele que presta serviços, seja a empregador, seja a pessoa com a qual não mantém vínculo empregatício. Por isto mesmo o trabalhador autônomo e o avulso são contribuintes da Previdência Social. Em relação a ele a Constituição não definiu o suporte para a exigência da contribuição, mas é razoável entender-se que esta há de incidir sobre a remuneração percebida em razão de seu trabalho. Não pode a contribuição cobrada do trabalhador ter base em qualquer outra coisa que não seja essa remuneração, posto que é ela que o qualifica como trabalhador.

Administrador de concurso de prognósticos é todo aquele que administra a realização de qualquer dos jogos mantidos ou permitidos pelo Poder Público, tais como a loteria esportiva, a loto e a sena.

Com a Emenda Constitucional 20/1998 foram alterados os incisos I e II do art. 195, com incrível ampliação do âmbito das contribuições de seguridade social. Foi quebrada a lógica do sistema em nome do aumento da arrecadação, que segundo as autoridades do Governo se faz necessário em virtude do enorme déficit da Previdência. Na verdade, porém, esse déficit resulta da apropriação, pelo Tesouro Nacional, das contribuições previdenciárias mais significativas, vale dizer, a Cofins e a CSL.

6. *Alíquotas e bases de cálculo*

A diversidade de alíquotas e bases de cálculos das contribuições sociais nos impede de mencioná-las aqui. Indicaremos, apenas, aquelas relativas às duas contribuições que reputamos mais importantes, a saber, a contribuição social criada pela Lei 7.689, de 15.12.1988, com modificações introduzidas pela legislação posterior, especialmente pelas Leis 8.981, de 20.1.1995, 9.065, de 20.6.1995, e 9.430, de 27.12.1996, e a contribuição denominada *Cofins*, instituída pela Lei Complementar 70, de 30.12.1991.

A primeira incide sobre o lucro das pessoas jurídicas, tal como o imposto de renda, com ligeiras diferenças. Sua base de cálculo está assim definida:

"Art. 2º. A base de cálculo da contribuição é o valor do resultado do exercício, antes da provisão para o Imposto de Renda.

"§ 1º. Para efeito do disposto neste artigo: a) será considerado o resultado do período-base encerrado em 31 de dezembro de cada ano; b) no caso de incorporação, fusão, cisão ou encerramento de atividades a base cálculo é o resultado apurado no respectivo balanço; c) o resultado do período-base, apurado com observância da legislação comercial, será ajustado pela: 1) exclusão do resultado positivo da avaliação de investimentos pelo valor de patrimônio líquido; 2) exclusão dos lucros e dividendos derivados de investimentos avaliados pelo custo de aquisição, que tenham sido computados como receita; 3) exclusão do lucro decorrente de exportações incentivadas, de que trata o art. 1º, § 2º, do Decreto-lei n. 2.413, de 10 de fevereiro de 1988, apurado segundo o disposto no art. 19 do Decreto-lei n. 1.598, de 26 de dezembro de 1977, e alterações posteriores; 4) adição do resultado negativo da avaliação de investimentos pelo valor de patrimônio líquido.

"§ 2º. No caso de pessoa jurídica desobrigada de escrituração contábil, a base de cálculo da contribuição corresponderá a 10% (dez por cento) da receita bruta auferida no período de 1º de janeiro a 31 de dezembro de cada ano, ressalvado o disposto na alínea 'b' do parágrafo anterior."

A alíquota dessa contribuição era inicialmente de 8%, tendo sido elevada para 10%.

A Lei 8.981/1995, com as modificações introduzidas pela Lei 9.065/1995, dispôs: "Art. 57. Aplicam-se à contribuição social sobre o lucro (Lei n. 7.689, de 1988) as mesmas normas de apuração e de pagamento estabelecidas para o imposto de renda das pessoas jurídicas, inclusive no que se refere ao disposto no art. 38, mantidas a base de cálculo e as alíquotas previstas na legislação em vigor, com as alterações introduzidas por esta Lei". E a Lei 9.430/1996 determinou: "Art. 28. Aplicam-se à apuração da base de cálculo e ao pagamento da contribuição social sobre o lucro líquido as normas da legislação vigente e as correspondentes aos arts. 1º a 3º, 5º a 14, 17 a 24, 26, 55 e 71, desta Lei". O art. 29 dessa última lei determinou que a apuração da base de cálculo da CSLL corresponderá: "(...) à soma dos valores: I – de que trata o art. 20 da Lei n. 9.249, de 26 de dezembro de 1995; II – os ganhos de capital, os rendimentos e ganhos líquidos auferidos em aplicações financeiras, as demais receitas e os resultados positivos decorrentes de receitas não abrangidas pelo inciso anterior e demais valores determinados nesta Lei, auferidos naquele mesmo período".

A contribuição denominada *Cofins*, que substituiu o contestado *Finsocial*, tem como base de cálculo a receita ou o faturamento da empresa. A definição do que se deve entender por "receita" passou, então, a despertar grande interesse e a suscitar questionamentos. Não se deve considerar *receita* a quantia que é recebida pela empresa em nome de terceiro, isto é, com destinatário certo. E por isto leva problema saber se o valor dos impostos ditos indiretos integra, ou não, a receita. Incrementa-se, desta forma, a questão de saber o que é um imposto indireto.

Mais importante que sustentar que esse ou aquele imposto é, ou que não é, *indireto* é manter a coerência. Quem sustenta, por exemplo, que determinado imposto é indireto, e, por isto mesmo, só tem direito à restituição das quantias pagas indevidamente o contribuinte de direito que comprovar haver suportado o encargo financeiro, deve admitir que o valor desse imposto não integra a receita enquanto base de cálculo da Cofins. Por outro lado, quem sustenta ser irrelevante a repercussão deve admitir que o valor do imposto integra a receita como base de cálculo dessa contribuição.

A alíquota da Cofins é diferente conforme o regime de incidência. Nos casos em que a incidência é cumulativa a alíquota é de 3%, enquanto nos casos em que a incidência é não cumulativa a alíquota é de 7,6%. Mais uma vez o Governo utilizou a instituição da não cumulatividade para aumentar a alíquota.

Ressalte-se, mais uma vez, que as contribuições criadas com fundamento no art. 195, I, da vigente CF não podem ter como sujeito ativo a própria União Federal, posto que o referido dispositivo constitucional autoriza a instituição de contribuição para a seguridade social, que tem autonomia orçamentária.

Infelizmente, o STF decidiu que a arrecadação da Cofins e da CSL pode ser feita pelo Tesouro Nacional, que seria mero intermediário e faria o repasse dos valores arrecadados para o INSS. Ninguém tem notícia desse repasse, que tudo indica não vem ocorrendo, e por isto o déficit da autarquia previdenciária é cada dia maior.

7. Lançamento

O lançamento das contribuições sociais é feito, em regra, por homologação. O sujeito passivo antecipa o pagamento respectivo sem que a autoridade administrativa tenha examinado os elementos com base nos quais foi a mesma calculada.

Como ocorre com os tributos em geral, também essas contribuições podem ser objeto de lançamento de ofício.

8. Considerações especiais

Não obstante inconstitucionais as contribuições criadas pela União, com suposto fundamento no art. 195, I, da CF, para integrarem o orçamento do Tesouro Nacional, continuam elas a ser arrecadadas pelo Tesouro Nacional, em flagrante violação ao disposto no art. 165, § 5º, combinado com o art. 194, parágrafo único, VII, da CF, que determinam tenha a seguridade social orçamento próprio e gestão descentralizada.

Não pode prevalecer, como sustentam alguns, por ignorância ou má-fé, o princípio da unidade orçamentária. Esse princípio não pode sobrepor-se à Constituição Federal, que estabeleceu de forma diferente exatamente para superar tal princípio, que ficou restrito às contas do Tesouro e das autarquias comuns. Não se aplica à seguridade social, que se tornou uma autarquia de nível constitucional por força dos supracitados dispositivos.

Desgraçadamente, o STF, em momento de rara infelicidade, chancelou o abuso praticado pelas autoridades do Poder Executivo Federal, ávidas de recursos financeiros, e para as quais é indiferente o destino dos pobres, velhos e doentes, em favor dos quais o constituinte de 1988 lançou as bases jurídicas para e edificação de um dos mais modernos e avançados, senão o mais moderno e avançado sistema de seguridade do mundo.

A desinformação de muitos e o descaso dos poucos que efetivamente decidem estão destruindo a obra do constituinte de 1988 – e tudo leva a acreditar que, em breve, as contribuições sobre o faturamento e sobre o lucro serão transformadas em impostos, a engordar as burras do Tesouro Nacional.

O exame dos balanços gerais da União revela que as contribuições de previdência, cujo total representava, em 1989, apenas 34% da receita tributária, passou a oscilar entre 110% e 121% nos anos de 1990 até 1994. Em 1995 a arrecadação dessas contribuições correspondeu a mais de 148% da receita tributária. Em outras palavras, as contribuições de previdência corresponderam, em 1995, a quase vez e meia de tudo quanto a União arrecadou com todos os seus tributos.

Como se pode acreditar que a seguridade social esteja falida?

É mais razoável acreditar-se que as receitas desta, arrecadadas pelo Tesouro Nacional, sob as vistas complacentes do STF, estejam sendo desviadas para outras finalidades.

E – o que é ainda mais grave – que as autoridades do Governo se utilizam do argumento de que a seguridade social, especialmente a área da saúde pública, está carente de recursos, para obter o apoio na criação de novos tributos, como aconteceu com a CPMF, porque a sensibilidade dos contribuintes não lhes permite recusar recursos para esse segmento do Estado. Segmento que desgraçadamente continuará carente, em virtude de inevitáveis desvios, prestando-se, apenas, como argumento para seguidos aumentos da carga tributária.

9. Contribuição de iluminação pública

A Emenda Constitucional 39, de 19.12.2002, introduziu na CF o art. 149-A, atribuindo aos Municípios e ao Distrito Federal competência para instituir contribuição destinada ao custeio da iluminação pública.

Algumas questões, porém, poderão ser suscitadas, entre as quais as de saber se uma contribuição pode ter fato gerador próprio de outra espécie tributária, restando identificada simplesmente pelo nome adotado, e a de saber se a contribuição em tela poderá ser cobrada na fatura de energia elétrica tendo o seu pagamento como condição para o pagamento da tarifa correspondente.

O fato de haver a norma, inserida na Constituição pela Emenda 39/2002, dito ser facultada a cobrança da aludida contribuição na fatura de energia elétrica, com certeza não quer dizer que possa o pagamento daquela contribuição ser colocado como condição para o pagamento da conta de energia elétrica.

Realmente, uma coisa é a cobrança da contribuição ser feita na fatura de consumo de energia elétrica. Outra, bem diversa, é a exigência do pagamento da contribuição como uma condição para o pagamento da fatura de energia.

Como o não pagamento da fatura de consumo de energia elétrica autoriza a concessionária do serviço a interrompê-lo, colocar o pagamento da contribuição como condição para o pagamento da fatura de consumo de energia seria dar ao sujeito ativo da obrigação tributária um meio violento, que exclui o devido processo legal e atropela o direito de defesa do contribuinte contra eventual cobrança indevida. Meio de cobrança que, por isto mesmo, não tem sido admitido para os tributos em geral.

Capítulo VII
TAXAS

1. Conceito de taxa. 2. Fato gerador: 2.1 Poder de polícia – 2.2 Serviço público. 3. Base de cálculo. 4. Competência para instituir e cobrar taxas. 5. Distinção entre taxa e preço público.

1. Conceito de taxa

Enquanto o imposto é uma espécie de tributo cujo fato gerador não está vinculado a nenhuma atividade estatal específica relativa ao contribuinte (CTN, art. 16), a taxa, pelo contrário, tem seu fato gerador vinculado a uma atividade estatal específica relativa ao contribuinte. Por isto é que se diz, reproduzindo ideia de A. D. Giannini (*Istituzioni di Diritto Tributario*, Milão, Dott. A. Giuffrè Editore, 1948, p. 39), que a taxa é um tributo *vinculado*. A primeira característica da taxa, portanto, é ser um tributo cujo fato gerador é vinculado a uma atividade estatal específica relativa ao contribuinte. Esta característica a distingue do imposto, entretanto não basta para sua identificação específica, porque também a contribuição de melhoria tem seu fato gerador vinculado a atividade estatal específica. Acrescente-se, pois, que a taxa é vinculada a serviço público, ou ao exercício do poder de polícia.

Bastante divulgada é a ideia de que a taxa é um tributo contraprestacional, vale dizer, o seu pagamento corresponde a uma contraprestação do contribuinte ao Estado, pelo serviço que lhe presta, ou pela vantagem que lhe proporciona. Não nos parece que seja assim. Pelo menos não nos parece que exista necessariamente uma correlação entre o valor da taxa cobrada e o valor do serviço prestado ou posto à disposição do contribuinte, ou ainda da *vantagem* que o Estado lhe proporcione. Entendemos até que a instituição e cobrança de uma taxa não têm como pressuposto essencial um *proveito*, ou *vantagem*, para o contribuinte, individualmente. O essencial, na taxa, é a referibilidade da atividade estatal ao obrigado. A atuação estatal que constitui fato gerador da taxa há de ser relativa ao sujeito passivo desta, e não à coletividade em geral. Por isto mesmo, o serviço público cuja prestação enseja a cobrança da taxa há de ser específico e divisível, posto que somente assim será possível verificar-se uma relação entre esses serviços e o obrigado ao pagamento da taxa. Não é necessário, porém, que a atividade estatal seja vantajosa, ou resulte em proveito do obrigado. É esta a lição de Giannini (ob. e loc. cits.). Preferimos, portanto, excluir do conceito de taxa a ideia de contraprestação, não obstante o maior respeito que temos pelas opiniões divergentes.

Taxa, em síntese, *é espécie de tributo cujo fato gerador é o exercício regular do poder de polícia, ou o serviço público, prestado ou posto à disposição do contribuinte*. Isto é o que se pode extrair do disposto no art. 145, II, da CF e no art. 77 do CTN.

2. *Fato gerador*

O fato gerador da taxa é sempre uma atividade estatal específica relativa ao contribuinte. Indica-o a Constituição Federal, que, embora não descreva a hipótese de incidência do tributo, estabelece o âmbito dentro do qual o legislador pode fazê-lo, e neste sentido estabeleceu que a União, os Estados, o Distrito Federal e os Municípios poderão instituir "taxas, em razão do exercício do poder de polícia ou pela utilização, efetiva ou potencial, de serviços públicos específicos e divisíveis, prestados ao contribuinte ou postos à sua disposição" (art. 145, II). Essa mesma indicação é feita pelo CTN, em seu art. 77.

Resulta claro do texto constitucional que a atividade estatal específica relativa ao contribuinte, à qual se vincula a instituição da taxa, pode ser (a) o exercício regular do poder de polícia ou (b) a prestação de serviços ou colocação destes à disposição do contribuinte.

Tem-se, portanto, que o fato gerador da taxa envolve sempre os conceitos de poder de polícia e de serviço público, que se situam no âmbito do direito administrativo. Aliás, não poderia mesmo ser de outro modo, pois ao direito administrativo cabe o disciplinamento das atividades estatais, e não há dúvida de que tanto o exercício do poder de polícia como o serviço público constituem atividades tipicamente estatais.

2.1 Poder de polícia

O CTN, em seu art. 78, definiu: "Considera-se poder de polícia a atividade da Administração Pública que, limitando ou disciplinando direito, interesse ou liberdade, regula a prática de ato ou a abstenção de fato, em razão de interesse público concernente à segurança, à higiene, à ordem, aos costumes, à disciplina da produção e do mercado, ao exercício de atividades econômicas dependentes de concessão ou autorização do Poder Público, à tranquilidade pública ou ao respeito à propriedade e aos direitos individuais ou coletivos". E no parágrafo único esclareceu: "Considera-se regular o exercício do poder de polícia quando desempenhado pelo órgão competente nos limites da lei aplicável, com observância do processo legal e, tratando-se de atividade que a lei tenha como discricionária, sem abuso ou desvio de poder".

A rigor, segundo autorizados doutrinadores, poder de polícia não é atividade da Administração. É poder do Estado. Deve ser exercido mediante produção legislativa. A Administração Pública, com fundamento nesse poder, e dentro dos limites impostos pelo ordenamento jurídico, exerce *atividade de polícia*. O que o Código Tributário Nacional define como *poder de polícia*, no dispositivo supratranscrito, na verdade é *atividade de polícia*. Prevaleceu, no Código, a terminologia mais difundida.

Fica a observação, apenas para fins didáticos, posto que o rigor terminológico deve ser sempre um objetivo a ser alcançado, embora se reconheça que a linguagem é um precariíssimo instrumento de transmissão de ideias.

Antes do advento do Código Tributário Nacional já os administrativistas conceituavam poder de polícia como a faculdade discricionária da Administração Pública de restringir e condicionar o exercício dos direitos individuais com o objetivo de assegurar o bem-estar geral.

Exercendo o poder de polícia, ou, mais exatamente, exercitando atividade fundada no poder de polícia, o Estado impõe restrições aos interesses individuais em favor do interesse público, conciliando esses interesses.

Reconhecemos a dificuldade de conceituar tanto o que seja bem-estar geral como o que seja interesse público. Mesmo assim, e sem preocupação com o rigor científico, tentaremos uma demonstração: se alguém encontra trafegando nas ruas um veículo sem freios, ou dirigido por motorista não habilitado, apenas procura resguardar-se de alguma consequência danosa que isto lhe possa acarretar, mas não assume o ônus de impedir o tráfego do veículo naquelas condições. Cada pessoa, individualmente, tem interesse em que tal fato não aconteça; entretanto, esse interesse não é de tal porte que a leve a assumir o ônus de defendê-lo. Quando muito, levará o fato ao conhecimento da autoridade competente. E ao Estado compete adotar as providências cabíveis na defesa do bem-estar geral ou do interesse público afetados. Assim, entendemos que o interesse é público quando nenhum indivíduo é seu titular e, por isto mesmo, ninguém, individualmente, sinta-se com o dever de assumir o ônus de defendê-lo, embora todos reclamem sua defesa.

O poder de polícia ou, mais exatamente, a atividade de polícia manifesta-se das mais diversas maneiras. O art. 78 do CTN reporta-se ao interesse público concernente à segurança, à higiene, à ordem, aos costumes, à disciplina da produção e do mercado, ao exercício de atividades econômicas dependentes de concessão ou autorização do Poder Público, à tranquilidade pública ou ao respeito à propriedade e aos direitos individuais ou coletivos. Essa enumeração, como se vê, é assaz abrangente. Há quem sustente ser a mesma de caráter taxativo. Ainda assim, em face da plasticidade dos conceitos empregados, sua abrangência é praticamente ilimitada. Desde que se possa vislumbrar um interesse público, pode o Estado utilizar o seu poder de polícia para protegê-lo.

Como exemplos de taxas nas quais o fato gerador é o exercício do poder, ou da atividade de polícia, podem ser citadas a taxa de licença para localização e funcionamento, cobrada por diversos Municípios brasileiros de quem quer se estabelecer com qualquer atividade empresarial; a taxa de licença para publicidade, cobrada dos que utilizam os denominados *outdoors* e outras placas ou faixas com anúncios; a taxa de licença para construções ou edificações, entre outras.

2.2 Serviço público

Diversamente do que fez em relação a *poder de polícia*, o Código Tributário Nacional não estabeleceu o que se deve entender por *serviço público*. Os administrativistas, em cujo campo de estudos situa-se esta matéria, não chegaram ainda a um acordo sobre o que seja *serviço público*.

Ao nível de nosso *Curso*, e para o efeito de situar o problema da cobrança de taxas, podemos entender por serviço público *toda e qualquer atividade prestacional realizada pelo Estado, ou por quem fizer suas vezes, para satisfazer, de modo concreto e de forma direta, necessidades coletivas*. Não se confunde com o poder de polícia porque é sempre atividade prestacional de natureza material.

Para que o serviço público possa servir como fato gerador de taxa, deve ser (a) específico e divisível; (b) prestado ao contribuinte ou posto à sua disposição; e, finalmente, (c) utilizado, efetiva ou potencialmente, pelo contribuinte.

Não é fácil definir o que seja um serviço público *específico e divisível*. Diz o Código que os serviços são *específicos* quando possam ser destacados em unidades autônomas de intervenção, de utilidade ou de necessidade públicas, e *divisíveis* quando suscetíveis de utilização, separadamente, por parte de cada um de seus usuários (art. 79, II e III). Não obstante estejam tais definições contidas em dispositivos separados, cuida-se de duas definições inseparáveis, no sentido de que um serviço não pode ser *divisível* se não for *específico*. Não tem sentido prático, portanto, separar tais definições, como a indicar que a taxa pode ter como fato gerador a prestação de um serviço público *específico* ou de um serviço público *divisível*. Aliás, isto decorre do próprio dispositivo constitucional, que se refere a serviço específico e divisível.

Seja como for, certo é que as definições legais em referência praticamente em nada contribuem para a solução dos problemas práticos relativos às taxas. Constituem, porém, indicações úteis, a serem trabalhadas pela doutrina e pela jurisprudência.

Quando se trate de atividade provocada pelo contribuinte, individualmente, como acontece, por exemplo, no caso do fornecimento de certidões ou da prestação de atividade jurisdicional, parece induvidoso o caráter específico e divisível do serviço. Por outro lado, serviço como o de iluminação pública, por exemplo, não nos parece ser específico nem divisível, posto que é usufruível por todos de forma indistinta.

Entende-se como *prestado* ao contribuinte o serviço que este utiliza efetivamente, e *posto à disposição* do contribuinte aquele por este apenas potencialmente utilizável. Os serviços consideram-se utilizados pelo contribuinte (a) efetivamente, quando por ele usufruídos a qualquer título; e (b) potencialmente, quando, sendo de utilização compulsória, sejam postos à sua disposição mediante atividade administrativa em efetivo funcionamento (CTN, art. 79, I).

Se o serviço não é de utilização compulsória, só a sua utilização efetiva enseja a cobrança de taxa. Se a utilização é compulsória, ainda que não ocorra efetivamente essa utilização a taxa poderá ser cobrada. Em qualquer caso é indispensável que a atividade estatal, vale dizer, o serviço público específico e divisível, encontre-se em efetivo funcionamento. Em outras palavras, é condição indispensável para a cobrança da taxa a efetiva existência do serviço à disposição do contribuinte.

Segundo o parágrafo único do art. 77 do CTN, a taxa não pode ter base de cálculo ou fato gerador idênticos aos que correspondam a impostos. É de toda evidência que a taxa não pode ter fato gerador idêntico ao de um imposto, pois a diferença entre as duas espécies tributárias reside precisamente na diferença da natureza dos respectivos fatos geradores. Assim, inteiramente desnecessária é a restrição contida no referido dispositivo legal, porquanto, com ou sem ela, nenhuma taxa poderia ter fato gerador idêntico ao de um imposto.

3. *Base de cálculo*

As taxas não podem ter base de cálculo própria de impostos. Tal restrição, com pequenas variações redacionais, vem sendo posta no texto constitucional desde 1965, com a Emenda 18 à Constituição de 1946. Não obstante, a jurisprudência, inclusive e especialmente do STF, admitiu a cobrança da taxa de melhoramento dos portos/TMP, cuja base de cálculo era o *valor comercial* das mercadorias que transitavam pelos portos brasileiros, quando se sabe que os impostos de importação e de exportação têm por base de cálculo o *preço normal* dessas mercadorias.

Na Constituição anterior constava a restrição, assim: "Para cobrança de taxas não se poderá tomar como base de cálculo a que tenha servido para a incidência dos impostos" (art. 18, § 2º). A Constituição Federal de 1988 repetiu a vedação com fórmula tecnicamente mais adequada, ao dizer que "as taxas não poderão ter base de cálculo própria de impostos" (art. 145, § 2º). Na verdade, não é preciso que determinada grandeza *tenha servido para incidência de impostos*. Nem que tenha servido para o cálculo de um imposto qualquer. Basta que seja própria, vale dizer, seja adequada para o cálculo de impostos. Se a grandeza é própria, ou adequada, para o cálculo de imposto, é porque não é pertinente à atividade estatal, mas à vida do contribuinte. Logo, não tendo pertinência à atividade estatal, que constitui o fato gerador da taxa, não poderá ser sua base de cálculo.

Insistimos em que o dispositivo é, em princípio, desnecessário, justificando-se sua inclusão no texto constitucional apenas para fins didáticos, com a finalidade especial de evitar continuem a ser instituídos sob a denominação de taxas verdadeiros impostos.

As taxas geralmente são estabelecidas em quantias prefixadas. Não se há de falar, nestes casos, de base de cálculo, nem de alíquota. Mas pode ocorrer que o legislador prefira indicar uma base de cálculo e uma alíquota. Pode ainda ocorrer que a determinação do valor da taxa seja feita em função de elementos como, por exemplo, a área do imóvel, como acontece com a taxa de licença para localização de estabelecimento comercial ou industrial. Nestes casos, é possível dizer-se que o cálculo é feito mediante aplicação de alíquota específica.

A ausência de critério para demonstrar, com exatidão, a correspondência entre o valor da maioria das taxas e o custo da atividade estatal que lhes constitui fato gerador não invalida o entendimento pelo qual o valor dessa espécie tributária há de ser determinado, ainda que por aproximação e com uma certa margem de arbítrio, tendo-se em vista o custo da atividade estatal à qual se vincula. A não ser assim, a taxa poderia terminar sendo verdadeiro imposto, na medida em que seu valor fosse muito superior a esse custo.

Realmente, a especificidade da taxa reside em que seu fato gerador é uma atividade estatal específica relativa ao contribuinte. Essa ideia de vinculação do fato gerador da taxa a uma atividade estatal específica restaria inteiramente inútil se pudesse o legislador estabelecer critério para a determinação do valor da taxa desvinculado totalmente do custo da atividade estatal à qual diz respeito. A diferença entre taxa e imposto seria simples questão de palavras.

Aliás, até mesmo nos impostos é evidente que o fato gerador é determinante dos critérios de determinação do valor respectivo. A base de cálculo e a alíquota de um imposto nada mais são que aspectos de seu fato gerador. Aspectos que servem para lhe dimensionar o valor. Por isto mesmo não se pode admitir que um imposto, tendo como fato gerador a propriedade de um imóvel, tenha seu valor determinado em função de elementos outros que não digam respeito ao valor desse imóvel. Se um imposto tem como fato gerador a renda, é evidente que os critérios de determinação do valor desse imposto estão necessariamente relacionados à renda, e assim por diante.

Assim, portanto, o valor da taxa, seja fixado diretamente pela lei, seja estabelecido em função de algum critério naquela estabelecido, há de estar sempre relacionado com a atividade estatal específica que lhe constitui o fato gerador. Nada justifica uma taxa cuja arrecadação total em determinado período ultrapasse significativamente o custo da atividade estatal que lhe permite existir.

Isto, porém, nada tem a ver com a destinação do produto da arrecadação, que é, sabemos todos, irrelevante para a determinação da natureza jurídica específica dos tributos (CTN, art. 4º, II). Não importa o que o ente público tributante vai fazer com o produto da arrecadação da taxa, para que ela seja taxa. Nem com o produto da arrecadação de um imposto, para que este seja imposto. Nem com o produto da arrecadação de uma contribuição de melhoria, para que esta tenha a natureza jurídica específica de contribuição de melhoria.

4. Competência para instituir e cobrar taxas

Competente para instituir e cobrar taxa é a pessoa jurídica de direito público que seja competente para a realização da atividade à qual se vincule o fato gerador respectivo. Sabe-se que a taxa é tributo vinculado, vale dizer, o seu fato gerador é sempre ligado a uma atividade estatal. Assim, a entidade estatal competente para o desempenho da atividade é competente, por consequência, para instituir e cobrar a taxa correspondente.

O CTN, em seu art. 80, estabelece: "Para efeito de instituição e cobrança de taxas, consideram-se compreendidas no âmbito da União, dos Estados, do Distrito Federal, ou dos Municípios, aquelas que, segundo a Constituição Federal, as Constituições dos Estados, as Leis Orgânicas do Distrito Federal e dos Municípios e a legislação com elas compatível, competem a cada uma dessas pessoas de direito público". E, ainda que não existisse tal estipulação, assim teria de ser. A regra é simplesmente explicitante.

Ao direito constitucional e ao direito administrativo cabe a definição das atribuições de cada uma das pessoas jurídicas de direito público. No âmbito dessas disciplinas, portanto, se há de examinar a questão da competência para instituição e cobrança das taxas, que é simples decorrência da competência para o exercício da atividade a que se vinculem.

Em matéria de taxas, como se vê, não se pode cogitar da questão da discriminação de rendas tributárias. Ou, mais exatamente, não existe no âmbito do direito tributário o problema da discriminação de rendas no que se refere às taxas.

É importante observar que, enquanto a competência residual em matéria de impostos pertence à União Federal (CF, art. 154, I), tratando-se de taxas essa competência residual é dos Estados, pois a estes, de acordo com o art. 25, § 1º, da CF, são conferidas as competências que não lhes sejam vedadas pela própria Constituição. Aos Estados são conferidas, assim, atribuições residuais. A elas corresponde a competência residual para o desempenho de atividades e, em decorrência, para a instituição de taxas a estas vinculadas.

5. Distinção entre taxa e preço público

Quanto à remuneração pelo uso ou pela aquisição da propriedade de bens do Estado, é pacífico o entendimento: a receita é um *preço*. Nunca uma *taxa*. O problema se situa na área dos serviços, onde diversos critérios têm sido apontados pelos estudiosos da ciência das finanças e do direito financeiro para estabelecer a distinção entre *taxa* e *preço*. Um desses critérios seria a compulsoriedade, sempre presente em relação à taxa, e ausente em relação ao preço, que seria facultativo. Há, porém, quem sustente a existência de preços obrigatórios, assim como há quem afirme a existência de taxas facultativas. O STF já fixou entendimento pelo qual: "Preços de serviços públicos e taxas não se confundem, porque estas, diferentemente daqueles, são compulsórias e têm sua cobrança condicionada à prévia autorização orçamentária, em relação à lei que as instituiu" (Súmula 545 STF).

A maioria dos autores ensina que a taxa corresponde ou está ligada a uma atividade estatal *específica* relativa ao contribuinte. Justifica-se, assim, a taxa pelo exercício do poder de polícia ou pela prestação de serviço público, atividades privativas, próprias, do Estado. Nem todo serviço público, porém, seria atividade especificamente estatal. O preço público, assim, seria a remuneração correspondente a um serviço público não especificamente estatal, vale dizer, uma atividade de natureza comercial ou industrial.

Acontece que a definição do que seja atividade específica do Estado enseja divergências insuperáveis. Aquilo que em determinado lugar considera-se atividade própria do Estado em outros lugares pode não ser assim considerado. E até em um mesmo lugar hoje pode ser considerado atividade própria do Estado aquilo que o não era ontem.

Não é fácil, nos domínios da ciência das finanças, estabelecer a diferença entre *taxa* e *preço público*. No âmbito jurídico, porém, a questão se resolve em admitir-se que a distinção entre atividade própria do Estado e atividades que podem ser exercidas por particulares há de ser formulada no plano político, vale dizer, há de ser fixada pelo Legislativo. Assim, admite-se que a lei estabeleça a fronteira entre a taxa e o preço, instituindo o que se pode entender como *taxa por definição legal*. Assim, temos que: (a) se a atividade estatal situa-se no terreno próprio, específico, do Estado, a receita que a ela se liga é uma *taxa*; (b) se a atividade estatal situa-se no âmbito privado, a receita a ela vinculada deve ser um *preço*; (c) havendo dúvida, pode a lei definir a receita como *taxa* ou como *preço*.

O importante é entender-se que, se a lei denominou a receita como *taxa*, vinculou esta ao regime jurídico tributário. Tal receita ficará, portanto, sujeita aos princípios constitucionais da tributação, entre os quais o da legalidade e o da anterioridade da lei ao exercício financeiro da respectiva cobrança.

O *tributo*, por sua própria definição legal, é prestação pecuniária *compulsória* (CTN, art. 3º). Logo, sendo a taxa uma espécie de tributo, é também compulsória. Não tem sentido, pelo menos no direito positivo brasileiro, falar-se em taxa facultativa. Isto, porém, há de ser entendido em seus devidos termos. Sendo o fato gerador da taxa um serviço daqueles que, no dizer do art. 79, I, "b", são de utilização compulsória, então o pagamento da taxa efetivamente é simples decorrência de encontrar-se o contribuinte em condições de poder utilizar o serviço, ainda que o não faça. Se, porém, o fato gerador da taxa for a efetiva utilização do serviço, aí o contribuinte poderá fugir ao respectivo pagamento, bastando que o não utilize. Daí não se poderá concluir que a taxa é facultativa. Também do imposto pode-se fugir, bastando que se evite a situação que configura o respectivo fato gerador.

Ocorre que a fuga ao pagamento da taxa, pela não utilização do serviço, deixa desatendida a necessidade respectiva, que por outro meio não poderá ser satisfeita.

O que caracteriza a remuneração de um serviço público como taxa ou como preço público é a compulsoriedade, para a taxa, e a facultatividade, para o preço, conforme já decidiu o STF. Importante, porém, é a compreensão adequada, que se há de ter, do que sejam essa compulsoriedade e essa facultatividade.

A título de exemplo, imaginemos a necessidade que se tem de energia elétrica. Se o ordenamento jurídico nos permite atender a essa necessidade com a instalação de um grupo gerador em nossa residência, ou estabelecimento industrial ou comercial, então a remuneração que o Estado nos cobra pelo fornecimento de energia é um preço público, pois não somos juridicamente obrigados a utilizar o serviço público para a satisfação de nossa necessidade. Embora nos seja mais conveniente a utilização do serviço público, do ponto de vista econômico ou por outra razão qualquer, do ponto de vista rigorosamente jurídico nada nos impede de, por outro meio, atender à necessidade de energia elétrica. A remuneração que pagamos pelo serviço de fornecimento de energia elétrica, portanto, não é compulsória. Por outro lado, se há norma jurídica proibindo a instalação de grupo gerador ou unidade de captação de energia solar em residências ou estabelecimentos comerciais ou industriais, de sorte que o atendimento da necessidade de energia elétrica por qualquer outro meio que não seja o serviço público torna-se impossível *sem violação da ordem jurídica*, tem-se que a utilização do serviço, e por isto mesmo o pagamento da remuneração correspondente, é compulsória. Neste caso, essa remuneração correspondente é taxa.

O mesmo pode ser dito do serviço de água e esgoto. Se há norma proibindo o atendimento da necessidade de água e de esgoto por outro meio que não seja o serviço público, a remuneração correspondente é taxa. Se a ordem jurídica não proíbe o fornecimento de água em pipas, nem o uso de fossas, nem o transporte de dejetos em veículos de empresas especializadas, nem o depósito destes em locais para esse fim destinados pelo Poder Público, ou adequadamente construídos pela iniciativa privada, então a remuneração cobrada pelo serviço público de fornecimento de água e esgoto é preço público. Se, pelo contrário, existem tais proibições, de sorte a tornar o serviço público o único meio de que se dispõe para o atendimento da necessidade de água e de esgoto, então a remuneração respectiva será taxa.

Essa é a conclusão a que se chega da análise de memorável acórdão do STF que apreciou questão relativa à cobrança de remuneração pela coleta de lixo do então Estado da Guanabara. Como a legislação daquele Estado proibia o uso de todo e qualquer meio para o atendimento da necessidade de livrarem-se as pessoas do lixo produzido em suas residências ou em suas atividades profissionais, tornando obrigatório, assim, o uso do serviço prestado pela empresa estatal criada para esse fim, a remuneração que vinha sendo cobrada como preço público foi considera como taxa pela Corte Maior.

É importante compreender o fundamento dessa ideia.

Se a ordem jurídica obriga a utilização de determinado serviço, não permitindo o atendimento da respectiva necessidade por outro meio, então é justo que a remuneração correspondente, cobrada pelo Poder Público, sofra as limitações próprias dos tributos. O contribuinte estará seguro de que o valor dessa remuneração há se ser fixado por critérios definidos em lei. Terá, em síntese, as garantias estabelecidas na Constituição.

Por outro lado, se a ordem jurídica não obriga a utilização do serviço público, posto que não proíbe o atendimento da correspondente necessidade por outro meio, então a cobrança da remuneração correspondente não ficará sujeita às restrições do sistema tributário. Pode ser fixada livremente pelo Poder Público, pois o seu pagamento resulta de simples conveniência do usuário do serviço.

À liberdade que tem o Poder Público na fixação do preço público, sem a necessidade de lei a estabelecer os critérios para a determinação do valor devido, corresponde a liberdade do cidadão de utilizar, ou não, o serviço correspondente. De um lado, ao Poder Público é autorizado fixar o valor devido mediante ato administrativo – vale dizer, ato de autoridade do Poder Executivo; e, do outro, o contribuinte é liberado para utilizar, ou não, o serviço, de acordo com suas conveniências. Se o contribuinte não tem essa liberdade, porque é compulsória a utilização do serviço, o Poder Público estará igualmente limitado pela ordem jurídica no pertinente aos critérios para a fixação do valor a ser cobrado, que será um tributo.

Capítulo VIII
CONTRIBUIÇÃO DE MELHORIA

1. Conceito. 2. Função. 3. Fato gerador. 4. Cálculo. 5. Requisitos para cobrança. 6. Lançamento. 7. Distinção entre contribuição de melhoria e taxa. 8. Desvalorização do imóvel decorrente de obra pública. 9. Razões para a não instituição.

1. Conceito

O Código Tributário Nacional, que é repleto de definições, não definiu a *contribuição de melhoria*. Em seu art. 81, todavia, encontram-se os elementos necessários a essa definição, como se encontravam no art. 191 da Emenda 18/1965 e no art. 18, II, da CF de 1967, com a redação que lhe deu a Emenda 1/1969.

A destinação do produto da arrecadação ao custeio da obra pública não é elemento essencial à caracterização da contribuição de melhoria. O art. 81 do CTN há de ser interpretado em consonância com o art. 4º do mesmo Código. O elemento sistemático da interpretação é muito importante.

A contribuição de melhoria tem caracterização especial, e por isto mesmo foi tratada como espécie de tributo, distinta do imposto e da taxa. Há, é verdade, manifestações doutrinárias em sentido oposto, mas no sistema tributário brasileiro prevaleceu a corrente doutrinária que sustenta ter a contribuição de melhoria caracterização própria, que a distingue das demais espécies tributárias.

Recorde-se que na sistemática do Código Tributário Nacional os tributos em geral podem ser *não vinculados* – aqueles cujo fato gerador não se liga a nenhuma atividade estatal específica relativa ao contribuinte (os impostos); e *vinculados* – aqueles cujo fato gerador está ligado a uma atividade estatal específica relativa ao contribuinte (as taxas e a contribuição de melhoria). Tem-se, portanto, que os impostos não se confundem com as taxas, nem com a contribuição de melhoria, porque seu fato gerador não se liga a qualquer atividade estatal específica, enquanto o fato gerador da taxa e o fato gerador da contribuição de melhoria ligam-se a alguma atividade estatal específica relativa ao contribuinte.

A contribuição de melhoria, portanto, é uma espécie de tributo *vinculado*, vale dizer, tributo cujo fato gerador está ligado a atividade estatal específica relativa ao contribuinte. Este conceito, porém, também se aplica à taxa. Adiante cuidaremos da distinção que se pode estabelecer entre a taxa e a contribuição de melhoria. Por enquanto, para a formulação do conceito de contribuição de melhoria, diremos apenas que esta espécie tributária tem como elemento essencial de seu fato gerador a valorização imobiliária.

Em face destas considerações, podemos dizer que *a contribuição de melhoria é um tributo vinculado, cujo fato gerador é a valorização de imóvel do contribuinte, decorrente de obra pública.*

É possível, porém, formularmos outro conceito de *contribuição de melhoria*, levando em consideração a sua finalidade específica, como instrumento de realização do ideal de justiça. Todos devem contribuir para o atendimento das necessidades públicas, na medida da capacidade econômica de cada um. Para tanto o Poder Público arrecada os tributos e aplica os recursos correspondentes. Nestas aplicações são incluídos os investimentos em obras públicas, e destas muita vez decorre valorização de imóveis. Não é justo, então, que o proprietário do imóvel valorizado em decorrência da obra pública aufira sozinho essa vantagem para a qual contribuiu toda a sociedade. Por isto o proprietário do imóvel cujo valor foi acrescido é chamado a pagar a contribuição de melhoria, com a qual de certa forma repõe no Tesouro Público o valor ou parte do valor aplicado na obra.

Considerado este aspecto, podemos, então, formular outro conceito. Podemos dizer que *a contribuição de melhoria é o tributo destinado a evitar uma injusta repartição dos benefícios decorrentes de obras públicas.*

O primeiro desses dois conceitos leva em consideração o ordenamento jurídico objetivamente, sem perquirição em torno da finalidade dessa espécie tributária.

O segundo destaca sua finalidade redistributiva.

Mesmo os que consideram que a ciência do Direito não se ocupa da finalidade, devendo considerar as normas do sistema, objetivamente, negar não podem a consideração da finalidade como elemento útil para a adequada compreensão da especificidade da contribuição de melhoria.

Assim, podemos reunir os dois conceitos precedentes, dizendo que *a contribuição de melhoria é a espécie de tributo cujo fato gerador é a valorização de imóvel do contribuinte, decorrente de obra pública, e tem por finalidade a justa distribuição dos encargos públicos, fazendo retornar ao*

Tesouro Público o valor despendido com a realização de obras públicas, na medida em que destas decorra valorização de imóveis.

2. *Função*

A função da contribuição de melhoria é *fiscal*, mas tem ela também importante função redistributiva. A arrecadação de recursos financeiros para cobrir os custos da obra pública pode ser considerado um de seus objetivos, mas a destinação dos recursos arrecadados não é relevante para a definição dessa espécie de tributo. Aliás, a destinação dos recursos decorrentes da arrecadação de um tributo, sabemos todos, é irrelevante para a determinação de sua natureza jurídica específica. O ser *fiscal*, ou *extrafiscal*, é irrelevante para a determinação da espécie tributária. Por isto mesmo não se está afirmando ser a função fiscal elemento definidor da contribuição de melhoria.

Ao lado de sua função fiscal deve ser destacada, como função específica da contribuição de melhoria, o restabelecimento da equidade em termos de aplicação dos recursos públicos, conforme já explicado foi ao estudarmos o conceito dessa espécie tributária.

3. *Fato gerador*

O fato gerador da contribuição de melhoria é a valorização do imóvel do qual o contribuinte é proprietário, ou enfiteuta, desde que essa valorização seja decorrente de obra pública. Prevalece, no Direito brasileiro, o *critério do benefício.*

Não é a realização da obra pública que gera a obrigação de pagar contribuição de melhoria. Essa obrigação só nasce se da obra pública decorrer valorização, isto é, se da obra pública decorrer aumento do valor do imóvel do contribuinte.

Estabelece o art. 1º do Decreto-lei 195, de 24.2.1967: "A contribuição de melhoria, prevista na Constituição Federal, tem como fato gerador o acréscimo do valor do imóvel localizado nas áreas beneficiadas direta ou indiretamente por obras públicas".

Em face dessa disposição legal alguém poderá dizer que o *acréscimo do valor do imóvel localizado nas áreas beneficiadas direta ou indiretamente por obras públicas* constitui fato gerador da contribuição de melhoria mesmo que esse acréscimo não seja decorrência da obra pública, mas de outro fator qualquer, coincidentemente ali presente. Tal entendimento, porém, além de não ser compatível com o art. 2º do mesmo Decreto-lei 195/1967, adiante transcrito, é afastado também pelo art. 81 do CTN, segundo o qual a valorização imobiliária, para gerar a contribuição de melhoria, há de ser uma decorrência da obra pública.

O art. 2º do citado Decreto-lei 195/1967 diz que: "Será devida a contribuição de melhoria, no caso de valorização de imóveis de propriedade privada, em virtude de qualquer das seguintes obras públicas: I – abertura, alargamento, pavimentação, iluminação, arborização, esgotos pluviais e outros melhoramentos de praças e vias públicas; II – construção e ampliação de parques, campos de desportos, pontes, túneis e viadutos; III – construção ou ampliação de sistemas de trânsito rápido, inclusive todas as obras e edificações necessárias ao funcionamento do sistema; IV – serviços e obras de abastecimento de água potável, esgotos, instalações de redes elétricas, telefônicas, transportes e comunicações em geral ou de suprimento de gás, funiculares, ascensores e instalações de comodidade pública; V – proteção contra secas, inundações, erosão, ressacas, e de saneamento e drenagem em geral, diques, cais, desobstrução de barras, portos e canais, retificação e regularização de cursos d'águas e irrigação; VI – construção de estradas de ferro e construção, pavimentação e melhoramento de estradas de rodagem; VII – construção de aeródromos e aeroportos e seus acessos; VIII – aterros e realizações de embelezamento em geral, inclusive desapropriações em desenvolvimento de plano de aspecto paisagístico".

A relação das obras públicas feita pelo dispositivo legal acima transcrito é taxativa, isto é, uma obra que não tenha sido ali indicada não ensejará a cobrança dessa espécie tributária, pelo menos por parte da União Federal. Todavia, a descrição ali feita é bastante abrangente, de sorte que dificilmente se poderá ter uma obra pública que na mesma não esteja contida.

Diferentemente das anteriores, que a propósito da contribuição de melhoria referiam-se a valorização de imóveis, a Constituição Federal de 1988 simplesmente atribuiu competência à União, aos Estados, ao Distrito Federal e aos Municípios para instituir "contribuição de melhoria, decorrente de obras públicas" (art. 145, III). Em face disto, há quem cogite da possibilidade de haver contribuição de melhoria independentemente de valorização imobiliária. Seria bastante a obra pública. Isto é um despautério que desmerece qualquer exame. Demonstra simplesmente o inteiro desconhecimento da contribuição de melhoria, sua origem e sua finalidade específica.

Entretanto, diante de tantos despautérios que se têm visto em matéria de tributação, não podemos afastar a possibilidade até de ter havido, na citada mudança do texto constitucional, o propósito de ensejar aquele absurdo entendimento, que por isto mesmo vamos examinar.

Em primeiro lugar lembramos que a vigente Constituição recepcionou a legislação anterior – e o fez, aliás, expressamente quanto à matéria tributária (art. 34, § 5º, do ADCT). Assim, enquanto não alteradas por normas do mesmo nível hierárquico, continuam em vigor as disposições do Código Tributário Nacional e do Decreto-lei 195/1967 – o que de pronto afasta a possibilidade de instituição de contribuição de melhoria sem valorização imobiliária.

Resta, porém, a questão de saber se é possível, com alteração do Código e da lei ordinária, tal forma de tributação.

A contribuição de que se cuida é *de melhoria*. Isto significa dizer exatamente que ela está ligada a uma melhoria, que corresponde precisamente ao incremento de valor do imóvel daquele que será o obrigado a seu pagamento.

Não é razoável contribuição *de melhoria* se não há *melhoria* alguma. E não se trata, como poderia parecer aos menos informados, de simples questão terminológica. O nome da espécie tributária em questão está intimamente ligado à sua finalidade específica, que, como já foi demonstrado, é a de evitar a injusta apropriação individual de uma valorização imobiliária decorrente de obra pública, que por ser pública foi realizada com os recursos do Tesouro Público e deve beneficiar a todos, sem privilégios. A contribuição de melhoria é precisamente o instrumento adequado para que o proprietário do imóvel valorizado reponha, em favor da coletividade, no Tesouro Público o que foi por este gasto na obra, na medida, tanto quanto possível exata, do incremento de valor auferido.

É induvidosa, portanto, a impossibilidade jurídica de contribuição de melhoria sem valorização imobiliária. Um tributo que com este nome seja instituído e cobrado independentemente de *melhoria* no imóvel do contribuinte será verdadeiro *imposto*, e, assim, salvo o exercício da competência residual, com as limitações a ela inerentes, será inconstitucional. O fato gerador da *contribuição de melhoria* há de ser sempre a *valorização* de imóvel em decorrência de obra pública.

4. *Cálculo*

A contribuição de melhoria relativa a cada imóvel é determinada tomando a parcela do custo da obra, cujo custeio deva ser feito pelos contribuintes, e fazendo-se o rateio desta pelos imóveis situados na zona beneficiada, em função dos respectivos fatores individuais de valorização (CTN, art. 82, § 1º).

O valor da contribuição a ser paga por cada contribuinte não poderá ser superior ao acréscimo de valor do imóvel respectivo, nem o total das contribuições arrecadadas poderá ser superior ao custo da obra (CTN, art. 81).

Considerando que o montante da valorização de cada imóvel não é de fácil determinação, tem-se que admitir possa a autoridade administrativa fazer um arbitramento deste. Mas é invocável o art. 148 do CTN, podendo o contribuinte, assim, impugnar o arbitramento.

A Emenda Constitucional 23/1983 alterou a redação do art. 18, II, da CF de 1967, excluindo o *limite individual*. Segundo a nova redação do referido dispositivo constitucional, a União, os Estados e os Municípios passaram a ter competência para instituir "contribuição de melhoria, arrecadada dos proprietários de imóveis beneficiados por obras públicas, que terá como limite total a despesa realizada".

A Constituição Federal de 1988, por seu turno, excluiu referência a qualquer limite. Atribuiu competência à União, aos Estados, ao Distrito Federal e aos Municípios para instituir "contribuição de melhoria decorrente de obras públicas" (art. 145, III).

A redação do dispositivo constitucional introduzida pela Emenda 23/1983 não era incompatível com o Código Tributário Nacional. Da mesma forma, a norma da Constituição Federal de 1988, excluindo referência aos pré-falados limites, não é incompatível com as normas do Código Tributário Nacional que os estabelecem.

Aliás, parece-nos que será inconstitucional a norma que, alterando o Código Tributário Nacional, exclua os mencionados limites. É que a contribuição de melhoria, por sua própria natureza específica, não pode ir além da despesa feita com a obra pública, nem do incremento de valor do imóvel respectivo.

Realmente, a especificidade da contribuição de melhoria reside em ser ela um instrumento pelo qual se retira do proprietário do imóvel a vantagem adicional que ele, individualmente, auferiu com a realização da obra pública, ou retira dele, pelo menos, o equivalente ao custo da obra pública respectiva. Se o incremento de valor dos imóveis, no total, é maior do que o custo da obra, prevalece este como limite global. Os contribuintes serão, neste caso, beneficiados proporcionalmente.

Se, a título de contribuição de melhoria a União, o Estado ou o Município cobra mais que o incremento de valor dos imóveis, ou cobra mais que o custo da obra pública, na verdade, está cobrando imposto, e não contribuição de melhoria. E, se cobra imposto que não se compreende em sua competência tributária, fere a Constituição.

5. *Requisitos para cobrança*

Em seu art. 82 o CTN estabelece os requisitos mínimos a serem observados pela lei instituidora da contribuição de melhoria. Assim, a lei ordinária da entidade tributante deverá determinar: I – publicação prévia dos seguintes elementos: (a) memorial descritivo do projeto; (b) orçamento do custo da obra; (c) determinação da parcela do custo da obra a ser financiada pela contribuição; (d) delimitação da zona beneficiada; (e) determinação do fator de absorção do benefício da valorização para toda a zona ou para cada uma das áreas diferenciadas, nela contidas; II – fixação de prazo não inferior a 30 dias para impugnação, pelos interessados, de qualquer dos elementos referidos no inciso anterior; III – regulamentação do processo administrativo de instrução e julgamento da impugnação a que se refere o inciso anterior, sem prejuízo da sua apreciação judicial.

Feito o lançamento, cada contribuinte deverá ser notificado do montante da contribuição, da forma e dos prazos de seu pagamento e dos elementos que integraram o respectivo cálculo (CTN, art. 82, § 2º).

6. *Lançamento*

O lançamento da contribuição de melhoria é feito de ofício. Antes do lançamento, porém, os requisitos acima apontados devem ser observados.

O lançamento – como indica o art. 9º do Decreto-lei 195/1967 – só é possível depois de executada a obra, embora seja admitido com a conclusão parcial desta para justificar a cobrança da contribuição relativamente aos imóveis em relação aos quais a obra se possa considerar concluída. Explica-se: na pavimentação de uma avenida, a contribuição pode ser lançada em relação aos imóveis da área onde vai ficando pronta a pavimentação.

7. *Distinção entre contribuição de melhoria e taxa*

Há quem sustente que o Poder Público pode optar entre a cobrança de uma contribuição de melhoria ou uma taxa quando, por exemplo, faz a pavimentação de uma rua. Não nos parece razoável esse entendimento, por maior que seja a autoridade dos que o defendem.

Taxa não se confunde com contribuição de melhoria. Ambas, é certo, são tributos *vinculados* a atividade estatal, mas é precisamente a natureza dessa atividade que oferece a medida para a distinção entre essas duas espécies tributárias.

A taxa, como já foi estudado, tem o seu fato gerador relacionado com o exercício regular do *poder de polícia* ou com uma *prestação de serviços*. A contribuição de melhoria tem seu fato gerador ligado a uma *obra pública*. No que diz respeito ao poder de polícia, parece claro que ninguém o pode confundir com a realização de obra pública. Resta, pois, a distinção entre obra e serviço, que tentaremos estabelecer, do modo o mais simples possível, dizendo apenas que (a) na obra pública há o desempenho de atividade estatal que termina quando fica pronto o *bem público* correspondente; (b) no serviço público, pelo contrário, a atividade é permanente, não termina, pois se deixa de ser exercitada o serviço deixará de existir. A construção de uma avenida, por exemplo, é uma obra pública; já a limpeza e conservação desta constituem serviço público.

Ressalte-se que a *obra pública*, como atividade, não atende a necessidade nenhuma. Pelo contrário, causa quase sempre muitos transtornos. O que atende à necessidade do povo é o *bem* resultante da atividade. É a estrada, a ponte, a avenida. Não *atividade* de construção da estrada, da ponte ou da avenida.

Assim, se *serviço* público é diferente de *obra* pública, não se há de confundir a taxa, que ao primeiro corresponde, com a contribuição de melhoria, que se liga à segunda.

Observe-se ainda que na taxa a atividade administrativa constitui, ela mesma, o fato gerador da obrigação tributária, enquanto na contribuição de melhoria a atividade administrativa consubstancia simplesmente uma causa de um fato econômico que é – este, sim – o fato gerador da obrigação tributária.

Realmente, a taxa tem como fato gerador a atividade administrativa consistente na prestação, efetiva ou potencial, de um serviço público, específico e divisível, ou o exercício regular do poder de polícia. É a própria atividade administrativa, portanto, que consubstancia o fato gerador da obrigação tributária. Já, a contribuição de melhoria tem como fato gerador a valorização de um imóvel do contribuinte, decorrente, tal valorização, de uma obra pública.

Existem, como se vê, duas distinções essenciais entre a taxa e a contribuição de melhoria. A primeira resulta da diferença entre obra e serviço, enquanto a segunda resulta de que na contribuição de melhoria não basta a atividade, pois é necessária a ocorrência de valorização de um imóvel do contribuinte.

Assim, mesmo para os que não aceitam a diferença entre *obra* pública e *serviço* público, haverá sempre uma distinção essencial entre taxa e contribuição de melhoria, consubstanciada na necessidade de valorização imobiliária para esta última espécie tributária.

8. *Desvalorização do imóvel decorrente de obra pública*

Entre as questões que me têm sido colocadas com mais freqüência está a de saber se o proprietário de imóvel que se desvaloriza em razão de obra pública tem direito à indenização. A resposta é afirmativa. Se um imóvel perde valor em decorrência de uma obra pública o seu proprietário tem, sim, direito à indenização correspondente. Isto, porém, nada tem a ver com a contribuição de melhoria, nem é um assunto do direito tributário. O direito à indenização, no caso, decorre simplesmente do fato de haver um prejuízo causado pelo Poder Público, que é objetivamente responsável pelos danos de qualquer natureza que causa aos particulares. Não é uma questão tributária, mas uma questão de responsabilidade civil do Estado.

Nem sempre o dever de indenizar decorre da ilicitude da ação estatal. No caso da desvalorização de imóvel decorrente de obra pública, o dever do Estado de indenizar o dano, que para o particular decorre da realização de uma obra pública, é uma forma de conciliação entre o interesse da coletividade na realização da obra pública, da qual eventualmente decorre a desvalorização do imóvel, e o direito de propriedade do indivíduo, que resta preservado com a indenização.

9. *Razões para a não instituição*

Pode parecer que a contribuição de melhoria não tem sido instituída em nosso País porque a lei exige como condição, para a sua cobrança, a prévia realização da obra, o que tornaria inviável esse tributo como fonte de recursos para emprego em obras públicas. Na verdade, porém, essa não é uma razão efetiva, pois bem poderia a entidade que pretende realizar uma obra pública obter financiamento para esse fim, e depois pagar a dívida correspondente com os recursos arrecadados com a contribuição.

A verdadeira razão para a não instituição da contribuição de melhoria é a obrigatoriedade de publicação do orçamento da obra, que deve ficar disponível para os contribuintes, podendo estes impugnar o custo da obra.

A transparência geralmente não interessa aos governantes, nem às grandes empresas que contratam obras públicas, pois o superfaturamento é coisa comum nessas obras.

Outra razão para a não instituição de contribuição de melhoria em nosso País pode consistir no fato de que, não raramente, o governante, ao pretender realizar uma obra pública da qual decorrerá valorização imobiliária, prefere utilizar-se da situação para tirar proveito pessoal, ou favorecer amigos e correligionários. Compra, ou informa reservadamente a seus amigos e correligionários para que comprem os imóveis que serão valorizados. E, assim, por uma razão óbvia, não institui a contribuição de melhoria que, em tal situação, terminaria por eliminar a vantagem que quis obter ou propiciar.

Quarta parte

ESTUDOS COMPLEMENTARES

I – Noções do Processo Administrativo Tributário. II – Processo Judicial Tributário. III – Ilícito Tributário.

Capítulo I

NOÇÕES DO PROCESSO ADMINISTRATIVO TRIBUTÁRIO

1. Introdução. 2. Conceito, natureza e espécies. 3. Determinação e exigência do crédito tributário: 3.1 Considerações gerais – 3.2 O procedimento e suas fases – 3.3 A fase não contenciosa – 3.4 A fase contenciosa – 3.5 O arrolamento de bens. 4. A consulta. 5. Outros processos administrativos tributários. 6. Contagem dos prazos. 7. Recurso hierárquico.

1. Introdução

Na aplicação das normas que integram o chamado direito material, pela autoridade da Administração Tributária, alguns atos devem ser praticados de forma ordenada e com observância de certas formalidades. Isto é necessário para garantir que tal aplicação ocorra da forma mais adequada possível e sejam respeitados os direitos do contribuinte.

Daí a instituição de um processo administrativo fiscal, destinado a regular a prática dos atos da Administração e do contribuinte no que se pode chamar acertamento da relação tributária.

Examinaremos aqui apenas as noções do processo administrativo fiscal, que prevalecem no âmbito federal, como estadual e municipal.

2. Conceito, natureza e espécies

Como geralmente acontece com as palavras ou expressões utilizadas na linguagem jurídica, a expressão "processo administrativo fiscal" pode ser usada em sentido amplo e em sentido restrito. Em sentido amplo, tal expressão designa o conjunto de atos administrativos tendentes ao reconhecimento, pela autoridade competente, de uma situação jurídica pertinente à relação Fisco/contribuinte. Em sentido estrito, a expressão "processo administrativo fiscal" designa a espécie do processo administrativo destinada à determinação e exigência do crédito tributário.

A atividade que se desenvolve no âmbito do processo administrativo fiscal é, do ponto de vista formal ou orgânico, de natureza administrativa, embora o seu conteúdo seja, em alguns casos, de natureza jurisdicional.

Compondo um processo, no sentido acima indicado, a atividade administrativa desenvolvida pela autoridade da Administração Tributária é sempre vinculada. O próprio conceito legal de tributo exige que seja assim. Inadmissível qualquer atividade discricionária no âmbito da Administração Tributária.

Tendo-se em vista a diversidade de critérios que podem ser adotados, diversas podem ser as classificações do processo administrativo fiscal. Preferimos o critério do *objetivo*, e por isto classificamos o processo administrativo fiscal em cinco espécies, a saber: (a) determinação e exigência do crédito tributário; (b) consulta; (c) repetição de indébito; (d) parcelamento de débito; (e) reconhecimento de direitos.

3. Determinação e exigência do crédito tributário

3.1 Considerações gerais

A espécie mais importante de processo administrativo fiscal, que por isto mesmo é muitas vezes confundida com o gênero, é aquela destinada à constituição do crédito tributário e à sua cobrança dita amigável. É o processo de acertamento, ou processo de determinação e exigência do crédito tributário. É o processo de lançamento do tributo.

No que concerne aos tributos dos quais o sujeito ativo é a União Federal este processo regula-se pelas normas do Decreto 70.235, de 6.3.1972, que em virtude das circunstâncias em que foi editado tem a natureza de lei.

O referido decreto trata "Do Processo Fiscal" e "Do Processo de Consulta", este alterado, em parte, pela Lei 9.430, de 27.1.1996, como adiante se verá, sendo subsidiariamente aplicável às demais espécies de processo administrativo no âmbito tributário, e suas normas estão de um modo geral reproduzidas na legislação dos Estados e dos Municípios concernente aos processos da competência daquelas unidades federativas.

Aplica-se também, subsidiariamente, aos processos administrativos em matéria tributária, o disposto na Lei 9.784, de 29.1.1999, que regula o processo administrativo no âmbito da Administração Pública Federal.

3.2 O procedimento e suas fases

O processo de determinação e exigência do crédito tributário, ou processo de acertamento, ou simplesmente o lançamento tributário, divide-se em duas fases: (a) unilateral ou não contenciosa e (b) bilateral, contenciosa ou litigiosa.

Este processo também tem recebido a denominação de "ação fiscal", mas tal denominação parece adequada apenas para designar a atividade que se inicia com a lavratura do auto de infração.

É que pode haver fiscalização e ser constatado o integral cumprimento, pelo contribuinte, de seus deveres tributários, de sorte que neste caso a palavra "ação" é inadequada. Por isto, preferimos entender que a ação fiscal tem início somente com a lavratura do auto de infração.

3.3 A fase não contenciosa

A fase não contenciosa é essencial no lançamento de ofício de qualquer tributo. Começa com o primeiro ato da autoridade competente para fazer o lançamento, tendente à realização deste. Tal ato há de ser necessariamente escrito, e dele há de ter conhecimento o sujeito passivo da obrigação tributária correspondente. Isto quer dizer que o ato somente se tem como existente, pronto a produzir os seus efeitos, quando é levado ao conhecimento do sujeito passivo da obrigação tributária.

Ordinariamente a ação fiscal tem início com a lavratura de um termo, denominado "Termo de Início de Fiscalização", mas pode iniciar-se com atos outros, como a apreensão de mercadorias, livros ou documentos, e, tratando-se de mercadorias importadas, com o começo do despacho aduaneiro.

O principal efeito do início da fiscalização é a exclusão da espontaneidade da denúncia apresentada pelo sujeito passivo para os fins do art. 138 do CTN, cujo parágrafo único diz que "não se considera espontânea a denúncia apresentada após o início de qualquer procedimento administrativo ou medida de fiscalização, relacionados com a infração".

Para evitar que a autoridade pratique o ato que formaliza o início da fiscalização e efetivamente não a realize, a legislação geralmente fixa prazo de validade daquele ato inicial, vale dizer, do termo de início de fiscalização. Na legislação federal esse prazo é de 60 dias, prorrogável, sucessivamente, por igual período.

A fase não contenciosa ou unilateral termina com o termo de encerramento de fiscalização, que será acompanhado de um auto de infração nos casos em que alguma infração da legislação tributária tenha sido constatada.

Denomina-se *auto de infração* o documento no qual o agente da autoridade da Administração Tributária narra a infração ou as infrações da legislação tributária atribuídas por ele ao sujeito passivo da obrigação tributária, no período abrangido pela ação fiscal.

São requisitos essenciais do auto de infração: (a) a identificação do autuado; (b) o local, a data e a hora de sua lavratura; (c) a descrição do fato que constitui a infração; (d) o dispositivo da legislação que o autuante reputa infringido e a penalidade aplicável; (e) o valor do crédito tributário exigido e a intimação para o respectivo pagamento, o oferecimento de impugnação, com o prazo legalmente estabelecido para tal fim; (f) a assinatura do autuante, sua identificação funcional.

Entre os requisitos acima enumerados, deve ser destacado, por sua grande importância, a *descrição do fato* que, no entender do autuante, configura infração da legislação tributária. Essa descrição há de ser objetiva, clara e tão completa quanto necessária a que o autuado possa saber de que realmente está sendo acusado, pois, a não ser assim, não terá condições para o exercício da plena defesa que lhe assegura a Constituição Federal.

O próprio nome do documento – vale dizer, a expressão "auto de infração" – está a dizer que é da essência deste a descrição do fato tido como infringente da lei, porque *auto* quer dizer descrição, e auto de infração, portanto, é *descrição da infração*, que é a descrição do fato contrário à lei.

Da lavratura do auto de infração deve ser cientificado o autuado. Isto ordinariamente é comprovado com a assinatura do autuado no próprio auto de infração.

A assinatura do autuado não significa aceitação do que no auto a ele é imputado, nem a recusa de assinar pode ser tida como infração, ou qualquer forma de majoração de penalidades.

3.4 A fase contenciosa

A segunda fase do processo de determinação e exigência do crédito tributário começa com a *impugnação do lançamento*, vale dizer, com a impugnação da exigência formulada no auto de infração. Seguem-se os atos de instrução do processo, como a realização de diligências e de perícias, quando necessários, e o julgamento em primeira instância.

O *ônus da prova* dos fatos em disputa no procedimento administrativo fiscal não é do contribuinte, como alguns afirmam. O ônus da prova quanto ao fato constitutivo do direito é de quem o alega. Aplica-se a Teoria Geral da Prova, que está consubstanciada nas disposições do Código de Processo Civil. Ocorre que, em face de indícios fortes da existência do fato gerador da obrigação tributária, capazes de autorizar a presunção de tal ocorrência, pode dar-se a inversão do ônus da prova. A não ser em tal circunstância, o ônus de provar a ocorrência do fato gerador da obrigação tributária é naturalmente do Fisco.

No processo administrativo fiscal cabem especialmente as provas documental e pericial, e na apreciação destas prevalece o princípio do livre convencimento do julgador.

É comum o indeferimento de pedido do contribuinte no sentido da produção de prova pericial. Geralmente a autoridade afirma ser a mesma desnecessária, invocando o dispositivo legal que autoriza seu indeferimento nessa hipótese. Curioso, porém, é que muitas vezes a ação fiscal é julgada procedente, isto é, as alegações do contribuinte são rejeitadas, sob o argumento da falta de prova. Trata-se de contradição insuperável, especialmente nos casos em que exista controvérsia sobre fatos que são objeto de registros contábeis ou constam de documentos cuja juntada aos autos se revela um meio inadequado. Se a prova pericial foi considerada desnecessária, não se pode admitir sejam rejeitadas as alegações do contribuinte por falta de prova. Isto, porém, tem sido mais frequente do que se pode imaginar. E não há dúvida de que nesses casos a decisão administrativa é nula, em face do cerceamento do direito de defesa, que inclui o direito de produzir provas. Outra forma de cerceamento do direito de defesa do contribuinte consiste no julgamento realizado por órgão colegiado em sessão secreta. Se o órgão julgador é monocrático o princípio da publicidade é atendido no momento em que a decisão é posta nos autos e, da mesma, são intimados os interessados, que a ela podem ter acesso e, assim, conhecer a sua fundamentação. Tratando-se de órgão julgador colegiado, porém, é importante que o julgamento seja público, para que o interessado tenha conhecimento do relatório e voto do relator, e das razões pelas quais os demais membros do colegiado o apoiam, ou dele divergem. E possa sustentar oralmente as suas razões, ou interferir nos debates para o esclarecimento de questões de fato relevantes.

Da decisão do órgão de primeiro grau, geralmente monocrático, cabe recurso para um órgão superior, geralmente um colegiado. A depender da estrutura deste, pode ainda haver um recurso especial, cuja finalidade essencial é preservar a uniformidade dos julgados do órgão, como acontece no caso dos tribunais federais.

Quando a decisão do órgão de primeiro grau é favorável ao contribuinte, no todo ou em parte, é obrigatória a remessa do caso ao órgão superior, para reexame.

A decisão do órgão de segunda instância administrativa, todavia, se contrária à Fazenda Pública, não comporta remessa de ofício para órgão superior. Mas em geral existe órgão que poderíamos designar como de instância especial, para o qual é cabível recurso, seja da Fazenda, seja do contribuinte, mas somente em certos casos.

No âmbito federal existe a denominada *Câmara Superior de Recursos Fiscais*, criada pelo Decreto 83.304, de 28.3.1979, órgão para o qual podem tanto a Fazenda como o contribuinte interpor recursos em casos especialmente indicados na lei, que é mais generosa em relação à Fazenda, sendo certo que os recursos desta são praticamente cabíveis em qualquer caso. Aliás, pode-se dizer, mesmo, que a diferença de tratamento é inconstitucional, pois a lei é bem mais benevolente para com a Fazenda Pública.

É curioso observar que, tratando-se de decisão que julga o lançamento indevido apenas em parte, a Fazenda Nacional tem entendido que pode interpor recurso para a Câmara Superior de Recursos Fiscais quanto à parte em que ficou vencida e fazer com que este suba em autos apartados, para que o crédito tributário relativo à parte em que foi vitoriosa seja desde logo inscrito em Dívida Ativa, para a consequente execução fiscal. Tal procedimento – a nosso ver, sem amparo legal – pode ser evitado pelo contribuinte mediante a interposição do recurso adesivo.

Mesmo sendo legalmente possível a inscrição da parte na qual a Fazenda Pública foi vencedora, antes de encerrado definitivamente o processo administrativo, certo é que esse procedimento não pode ficar a critério da autoridade administrativa. Se tem fundamento legal, há de ser adotado em todos os casos. E, se a dívida já pode ser inscrita e cobrada, desde logo começa a fluir o prazo de prescrição. Assim, se a partir daí, decorrerem mais de cinco anos até que a Fazenda promova a cobrança judicial, pode o executado alegar a prescrição, tenha ocorrido ou não a inscrição, em separado, da parte do crédito tributário cuja exigência tornou-se indiscutível há mais de cinco anos.

No que concerne aos recursos, levanta-se a importante questão de saber se a lei ordinária poderá suprimi-los. Quando o STF, no controle direto de constitucionalidade, denegou medida liminar para suspender o dispositivo que exige o depósito de 30% do crédito impugnado como condição para o recurso aos Conselhos de Contribuintes do Ministério da Fazenda, justificou a decisão com o argumento de ser admissível até a extinção do segundo grau de jurisdição administrativa. A nosso ver, porém, o segundo grau de jurisdição administrativa é uma garantia constitucional. E, em termos práticos, é induvidosa a necessidade desse segundo grau de jurisdição administrativa, posto que os julgamentos de primeiro grau constituem, no mais das vezes, simples homologação do auto de infração, desprovida de qualquer fundamento consistente. A segunda instância administrativa é, sem qualquer dúvida, uma garantia fundamental para o contribuinte contra os abusos do Fisco, tanto no plano federal como no estadual e no municipal. A vivência de mais de 30 anos não nos permite admitir o contrário.

É inconstitucional a exigência de depósito como condição para a interposição de recurso administrativo. Seja do valor total, seja de parte deste.

Talvez para evitar um questionamento mais intenso, o Governo terminou alterando a legislação, através de medida provisória, para admitir que em substituição ao depósito o contribuinte faça o arrolamento de bens.

Importante questão consiste em saber se aquele que suporta o ônus do tributo porque assumiu esse encargo em relação contratual, como é o caso do inquilino, tem legitimidade para impugnar, na via administrativa, a exigência de tributos incidentes sobre o imóvel que lhe é dado em locação.

Pode parecer que não tem, porque a sujeição passiva tributária é matéria de lei, que não pode ser objeto de convenções particulares. Na verdade, porém, temos de distinguir a condição de sujeito passivo da relação tributária, daquela condição do interessado no lançamento do tributo. A distinção consiste em que o sujeito passivo da relação tributária tem direito de se defender contra a exigência, o que significa dizer que a ele há de ser assegurada a oportunidade para o exercício desse seu direito. Já aquele que apenas tem interesse, mas não é parte na relação tributária, não tem o direito de defesa naqueles termos, vale dizer, o lançamento pode ser feito validamente sem que a ele seja assegurada a oportunidade para defender-se. Não lhe pode, porém, ser negada a legitimidade para, por sua iniciativa, impugnar o lançamento do tributo, demonstrando em cada caso o seu interesse.

Efetivamente, a Lei 9.784, de 29.1.1999, estabelece que são legitimados como interessados no processo administrativo, entre outros, "aqueles que, sem terem iniciado o processo, têm direitos ou interesses que possam ser afetados pela decisão a ser adotada" (art. 9º, II). E, ainda, atribui legitimidade para interpor recurso administrativo, entre outros, àqueles "cujos direitos e interesses forem indiretamente afetados pela decisão recorrida" (art. 58, II).

Embora se trate de uma lei federal, na verdade ela consagra simples explicitação de garantias constitucionais que indiscutivelmente os Municípios estão obrigados a respeitar. A Constituição estabelece que "ninguém será privado da liberdade ou de seus bens sem o devido processo legal" (art. 5º, LIV) e que "aos litigantes, em processo judicial ou administrativo, e aos acusados em geral são assegurados o contraditório e ampla defesa, com os meios e recursos a ela inerentes" (art. 5º, LV). Inadmissível, portanto, que o titular de um interesse jurídico possa ter, ainda que por via oblíqua, afetado seu patrimônio, com a cobrança de um imposto que reputa indevido, sem que lhe sejam assegurados os meios para questionar esse tributo, seja na via administrativa, seja na via judicial. Os dispositivos da lei acima referidos devem ser vistos, pois, como simples explicitação das garantias constitucionais e, desta forma, nenhum dos entes públicos, no Brasil, pode se subtrair à sua observância.

A propósito das garantias constitucionais no processo administrativo fiscal é importante o registro – geralmente omitido pela doutrina – das denominadas *conferências secretas*, realizadas nos julgamentos pelos Conselhos de Contribuintes do Ministério da Fazenda. Tais conferências secretas são flagrantemente contrárias aos princípios da publicidade e do contraditório. Assim, os julgamentos contra o contribuinte proferidos depois de conferências secretas, especialmente quando em razão de tais conferências modificam-se votos já proferidos a favor do contribuinte, são, evidentemente, nulos.

Outro abuso contra o direito do contribuinte à segurança jurídica reside na grande demora na solução definitiva dos processos administrativos. Como já explicamos no estudo das causas de extinção do crédito tributário, especificamente em relação à decadência do direito da Fazenda Pública de constituir o crédito tributário, essa demora poderá ser minimizada com a aplicação da Lei 11.457, de 16.3.2007 (*DOU* 19.3.2007), que estabeleceu o prazo de 360 dias para que seja proferida decisão em petições, defesas ou recursos do contribuinte. A nosso ver a inobservância desse prazo implica extinção do direito da Fazenda Pública, mas isto ainda não está definido pela jurisprudência.

Diversamente do que sustentam alguns eminentes tributaristas, não constitui restrição ao direito de defesa do contribuinte no processo administrativo tributário a não apreciação, pela autoridade administrativa julgadora, de alegação de inconstitucionalidade de lei. É que no processo administrativo tributário ocorre apenas um *autocontrole* de legalidade pela Administração Tributária, e o exame da alegação de inconstitucionalidade implicaria incursão da autoridade administrativa na seara do Poder Legislativo – o que não se comporta em sua competência. Essa questão, que tem sido objeto de séria controvérsia, está adequadamente equacionada com a Lei 11.941, de 27.5.2009, que introduziu o art. 26-A no Decreto 70.235, de 26.3.1972, explicitando essa limitação da competência da autoridade administrativa julgadora.

3.5 O arrolamento de bens

A Lei 9.532, de 10.12.1997, estabeleceu que a autoridade fiscal competente procederá o arrolamento de bens e direitos do sujeito passivo sempre que o valor dos créditos tributários de sua responsabilidade for superior a trinta por cento de seu patrimônio conhecido (art. 64), e o valor total desses créditos seja superior a quinhentos mil reais (art. 64, § 7º).

Os agentes fiscais da Receita Federal, por puro comodismo, invocam os arts. 927 e 928 do Regulamento do Imposto de Renda para transferir ao contribuinte o encargo de fazer o arrolamento. Essa atitude é flagrantemente ilegal e abusiva. A lei é muito clara ao atribuir à autoridade fiscal esse encargo. Está assim dito, expressamente, na cabeça do art. 64, e o § 3º desse mesmo artigo afasta qualquer dúvida, ao referir-se à notificação, mediante entrega do respectivo termo. Não há dúvida, portanto, de que se trata de uma tarefa a ser desempenhada pela autoridade fiscal.

Seria juridicamente admissível o arrolamento de que se cuida se este constituísse simples providência interna da Fiscalização. Ocorre que a lei determina seja o termo de arrolamento levada ao Registro Público (§ 5º, I, II e III). Esse procedimento viola, pois, o direito ao sigilo fiscal assegurado aos contribuintes.

4. A consulta

O *processo de consulta* tem por fim ensejar ao contribuinte oportunidade para eliminar dúvidas que tenha na interpretação da lei tributária. Em face de dúvida, formula consulta ao Fisco.

A consulta pode ser formulada tanto diante de um fato concreto, já consumado, como diante de uma simples hipótese formulada pelo contribuinte.

Uma vez formulada a consulta, fica vedada a ação fiscal contra o consulente, até que seja este intimado da resposta e se esgote o prazo nela assinalado para o cumprimento da obrigação cuja existência seja porventura nela afirmada. Segundo a lei federal, todavia, a consulta pode ser declarada ineficaz, o que significa dizer que foi rejeitada liminarmente, por ser incabível.

A resposta a uma consulta não é simples manifestação de um ponto de vista pela autoridade fiscal. Se contrária ao contribuinte, tem o efeito de obrigá-lo a assumir o entendimento nela contido, sob pena de sofrer a penalidade cabível, ensejando, por isto, a impetração de mandado de segurança contra a autoridade ou órgão por ela responsável. Se favorável ao contribuinte, vincula a Administração Tributária.

Isto não quer dizer que a Administração Tributária esteja impedida de corrigir erro eventualmente cometido na resposta. Pode, e deve fazê-lo; mas não se deve confundir erro de direito com mudança de critério jurídico. Em qualquer caso, a observância, pelo contribuinte, do entendimento adotado na resposta, exclui a aplicação de penalidades. Havendo erro de direito, pode ser cobrado o tributo devido, que não tenha sido pago em face da resposta que o continha. Tratando-se de mudança de critério jurídico, porém, a cobrança do tributo devido só abrangerá o período seguinte à notificação do contribuinte do novo entendimento adotado.

No que se refere aos tributos administrados pela Secretaria da Receita Federal o processo de consulta sofreu significativas alterações, introduzidas pela Lei 9.430, de 27.12.1996. Agora as consultas são solucionadas em instância única. Tanto as decisões que decretam a ineficácia de consultas como aquelas que se manifestam quanto ao mérito da questão posta pelo consulente são irrecorríveis, salvo quando houver divergência, como adiante será explicado.

Em regra, a competência para responder às consultas é do órgão regional. É do órgão central da Secretaria da Receita Federal somente nos casos de consultas formuladas por órgão central da Administração Pública Federal, ou por entidade representativa de categoria econômica ou profissional de âmbito nacional.

Havendo divergência entre soluções de consultas sobre a mesma matéria, pode o destinatário da resposta divergente interpor recurso especial para o órgão central, no prazo de 30 dias. Também pode provocar a manifestação do órgão central qualquer contribuinte que esteja cumprindo decisão de consulta e tomar conhecimento de resposta divergente daquela que está a obedecer. Por outro lado, todo servidor da Administração Tributária tem o dever de representar ao órgão regional quando tomar conhecimento de decisões divergentes.

Como a lei não restringe o recurso ao caso de divergência entre respostas proferidas por órgãos regionais diferentes, entende-se que o mesmo é cabível também quando a divergência se estabeleça entre as decisões de um mesmo órgão regional. É possível, porém, que o órgão regional modifique sua orientação em determinada matéria, desde que o faça de modo claro, com indicação da orientação anterior e das razões da mudança. Neste caso pode ser posto em dúvida o cabimento do recurso, mas, a nosso ver, este é cabível também neste caso.

5. *Outros processos administrativos tributários*

Existem, ainda, outros procedimentos administrativos no âmbito da Administração Tributária, tais como o de *repetição do indébito*, o de *parcelamento de dívidas fiscais* e o de *reconhecimento de direitos*.

Efetuado o pagamento indevido de um tributo, tem o contribuinte direito de requerer à autoridade administrativa competente que determine sua restituição. Como, porém, essa restituição é coisa raríssima, geralmente tal processo não é utilizado.

O *parcelamento de débitos fiscais* é um outro processo muitas vezes colocado à disposição do contribuinte com o fito de estimular o adimplemento da obrigação tributária.

Finalmente, o *processo administrativo de reconhecimento de direitos* destina-se à formalização de isenções e imunidades que estejam a depender de manifestação da autoridade da Administração Tributária.

6. Contagem dos prazos

Os prazos previstos na legislação tributária devem ser contados em dias corridos. Esta é a regra estabelecida pelo art. 210 do CTN.

Entretanto, mesmo sem ressalva expressa, é razoável entender-se que a lei ordinária estabeleça prazo a ser contado em dias úteis. Prevalece o princípio de que quem pode o mais pode o menos. Se o legislador pode fixar os prazos com o número de dias que considerar razoável para a prática do ato, pode também dizer que esses dias serão contados em dias úteis. É uma forma de ampliar o prazo apenas para os casos em que ocorra a intercalação de sábados, domingos e feriados.

A norma albergada pelo art. 210 do CTN vale, pois, como regra aplicável para os casos nos quais a própria norma em que o prazo estabelecido silencie a respeito da forma de sua contagem.

Diz o parágrafo único do art. 210 do CTN que os prazos só se iniciam ou vencem em dia de expediente normal na repartição em que corra o processo ou deva ser praticado o ato.

A razão de ser dessa norma consiste em garantir ao interessado o prazo por inteiro. Exatamente porque o prazo é contado em dias corridos, e pode, portanto, compreender dias não úteis, o início deve ocorrer em dia de expediente normal na repartição, para que o interessado possa, junto a esta, obter os elementos de que necessita para o preparo da providência que deve adotar no prazo que lhe está sendo concedido. E, por isto mesmo, também o término do prazo há de ocorrer em dia de expediente normal na repartição.

Dia de expediente normal não se confunde com *dia útil*. Pode ocorrer que em um dia útil o expediente da repartição comece mais tarde, ou termine mais cedo. Se isto acontece, o dia pode ser considerado dia útil, mas não um dia de expediente normal na repartição.

Embora a lei não o diga expressamente, tem-se como impedimento ao início do prazo qualquer fato que impeça ao interessado o conhecimento dos fatos aos quais diz respeito a cientificação recebida, e a partir da qual, em princípio, o prazo teria início.

Assim, se um contribuinte é cientificado da decisão da primeira instância administrativa, em um processo administrativo de lançamento, e não dispõe da decisão na íntegra, o prazo para a interposição do recurso não pode ter início.

Se a notificação já não se fez acompanhar do inteiro teor da decisão a que diz respeito, tal decisão deve estar à disposição do interessado na repartição na qual tramita o processo. Se não está, é caso de impedimento ao início do prazo.

*7. **Recurso hierárquico***

Com a criação da Câmara Superior de Recursos Fiscais, à qual foi atribuída competência para julgar o recurso especial de decisão do Conselho de Contribuintes, desapareceu a competência do Ministro da Fazenda para o julgamento de recursos em instância especial. Mesmo assim, há quem entenda que o Ministro da Fazenda continua com competência para anular decisões dos Conselhos de Contribuintes, fundada no princípio da hierarquia administrativa.

Seria cabível o denominado *recurso hierárquico*, que independe de previsão legal.

Até de ofício, aliás, e no prazo de cinco anos, o Ministro da Fazenda poderia anular decisões dos Conselhos de Contribuintes, fundado em seu poder de supervisão dos órgãos a ele subordinados, como estabelecido pelos arts. 19 e 20 do Decreto-lei 200/1967. Essa tese foi adotada, já, pelo STJ (MS 6.737-DF, j. 10.4.2002, *DJU* 13.5.2002).

Trata-se de tese própria do autoritarismo, que não pode ser admitida em um Estado Democrático de Direito.

O poder hierárquico diz respeito apenas às atividades administrativas típicas.

O processo administrativo fiscal alberga atividade administrativa quase jurisdicional, que se distingue da atividade jurisdicional típica especialmente por lhe faltar o poder conclusivo, ou poder de dizer a última palavra, que em nossa Constituição Federal, como de resto nos sistemas constitucionais dos Países civilizados geralmente é atribuído ao Poder Judiciário.

A tese que reconhece ao Ministro da Fazenda o poder de anular decisões dos Conselhos de Contribuintes, além de incompatível com a natureza da atividade de julgamento atribuída a esses órgãos da Administração Tributária, retira a utilidade destes, que ficam sem razão de ser. Deixa o contribuinte absolutamente desprotegido. E – o que é pior – deixa desprotegida também a Fazenda Pública, porque o desfazimento de decisões dos órgãos de julgamento administrativo pode dar-se – e isto já tem ocorrido – em desfavor do Tesouro Público.

Cuida-se, como facilmente se vê, de tese que confere ao Ministro da Fazenda imenso poder político, que por isto mesmo não se compadece com o Estado Democrático de Direito e deve, por isto mesmo, ser recusada por todos os que pretendem o aperfeiçoamento deste.

Questão de grande relevo consiste em saber se é cabível recurso de decisões dos Conselhos de Contribuintes para o Ministro da Fazenda. Tal recurso tem sido admitido, e o STJ já afirmou que o Ministro da Fazenda pode anular qualquer ato que tenha por ilegal, praticado por qualquer órgão a ele subordinado, inclusive pelos Conselhos de Contribuintes, nos julgamentos de processos administrativos fiscais.

A amplitude dos poderes reconhecidos pelo STJ ao Ministro da Fazenda é imensa. Teria fundamento no denominado *poder hierárquico*, que poderia ser exercido no prazo de cinco anos, independentemente de previsão legal específica e mesmo em detrimento dos direitos reconhecidos ao contribuinte pelos órgãos do contencioso administrativo fiscal.

A competência dos órgãos julgadores do contencioso administrativo fiscal é peculiar, e não se submete ao princípio da hierarquia administrativa. Aliás, admitir o contrário seria admitir a absoluta inutilidade de tais órgãos. Se eles existirem apenas para fazer o que o Ministro da Fazenda considera correto em termos de legislação tributária, seguramente eles não precisam existir.

É importante neste contexto a distinção entre a *subordinação administrativa* e a *subordinação técnica*. A atividade de julgar é uma atividade técnica. No seu desempenho os membros dos Conselhos de Contribuintes, como quaisquer outros órgãos da Administração Tributária incumbidos de dirimir conflitos entre esta e os contribuintes, são autônomos. Eles não atuam no interesse do Estado-Administração, porque desempenham atividade quase jurisdicional. Atuam – isto, sim – no interesse público primário.

Não no interesse público secundário ou do Estado enquanto Administração Tributária.

Aliás, se os órgãos do contencioso administrativo atuassem no interesse da Administração Tributária não seria necessária a atuação dos procuradores da Fazenda. A função destes pressupõe a independência dos órgãos de julgamento.

Capítulo II
PROCESSO JUDICIAL TRIBUTÁRIO

1. Introdução. 2. Garantias constitucionais: 2.1 Inafastabilidade do controle judicial – 2.2 Contraditório e ampla defesa – 2.3 Direito a jurisdição. 3. Espécies de processo: 3.1 Processo de conhecimento – 3.2 Processo de execução – 3.3 Processo cautelar. 4. Ações de iniciativa do Fisco: 4.1 Execução fiscal – 4.2 Cautelar fiscal – 4.3 Ação rescisória – 4.4 Ação anulatória de decisão administrativa favorável ao contribuinte. 5. Ações de iniciativa do contribuinte: 5.1 Ação anulatória de lançamento tributário – 5.2 Ação declaratória – 5.3 Ação de consignação em pagamento – 5.4 Ação de repetição do indébito – 5.5 Mandado de segurança – 5.6 Ação rescisória – 5.7 Reclamação ao STF. 6. Ações de controle de constitucionalidade: 6.1 O controle de constitucionalidade pelo Judiciário – 6.2 Ação direta de inconstitucionalidade – 6.3 Ação declaratória de constitucionalidade – 6.4 Diferença entre as ações de controle de constitucionalidade. 7. Ações da coletividade: 7.1 Ação popular – 7.2 Ação civil pública.

1. Introdução

Não obstante o lançamento tributário tenha uma fase na qual, mediante processo contraditório, ocorre o acertamento, o sujeito passivo da obrigação tributária muita vez resta inconformado com a exigência do tributo, ou com a imposição de certa penalidade. Tem, nestes casos, a seu dispor o processo judicial, mediante o qual se opera o controle da legalidade dos atos da Administração Tributária pelo Poder Judiciário.

Como não temos leis processuais específicas para a solução dos conflitos entre o Fisco e o contribuinte, o processo judicial tributário regula-se pelo Código de Processo Civil, salvo no que diz respeito à *execução fiscal* e à *cautelar fiscal*.

O processo de conhecimento em matéria tributária é sempre de iniciativa do contribuinte, porque a decisão no processo administrativo é sempre do Fisco, inexistindo, assim, razão para que este provoque o controle judicial da legalidade de tais decisões.

Se o Fisco decide, administrativamente, pela existência de um crédito tributário, a cobrança deste se faz mediante a propositura da execução fiscal, posto que o Fisco constitui, unilateralmente, o título executivo a seu favor.

Por isto é que o Fisco não tem necessidade de ir a juízo para pleitear uma decisão sobre seu direito de crédito.

2. *Garantias constitucionais*

2.1 Inafastabilidade do controle judicial

Estabelece a Constituição que "a lei não excluirá da apreciação do Poder Judiciário lesão ou ameaça a direito" (art. 5º, XXXV). Tem-se, pois, no Direito brasileiro a inafastabilidade do controle judicial. Qualquer lei que, direta ou indiretamente, exclua a apreciação do Poder Judiciário relativamente a qualquer lesão ou ameaça a direito será inconstitucional.

Lesão ou ameaça a direito somente podem ser questionadas no plano da concreção, pois somente neste é que podem ocorrer. A lei em tese não lesa. Nem é, em si mesma, uma ameaça a direito, pois "direito", no sentido em que a palavra é aqui empregada, pressupõe incidência da norma. Pressupõe a ocorrência de seu suporte fático.

Com a garantia da inafastabilidade do controle judicial a Constituição não garante o controle da constitucionalidade das leis que ainda não incidiram. Tal controle, todavia, é feito pelo STF, em procedimento próprio, que examinaremos adiante.

Também no processo judicial é importante a questão de saber se aquele que suporta o ônus do tributo porque assumiu esse encargo em relação contratual, como é o caso do inquilino, tem legitimidade para questionar em juízo a exigência de tributos incidentes sobre o imóvel que lhe é dado em locação.

O STJ tem entendido que, "embora possuidor, o locatário é estranho à relação jurídico-tributária, se o Município identificou o proprietário como contribuinte do imposto, e não tem, por isso, legitimidade para litigar a respeito" (REsp 172.522-SP).

Esse entendimento, porém, não é razoável, porque implica negar a garantia de jurisdição a quem efetivamente tem um interesse jurídico em questão. Embora sem ser sujeito passivo da relação tributária, o inquilino tem, em virtude do contrato, o dever de pagar o imposto, e isto é suficiente para lhe conferir legitimidade para discutir a cobrança deste.

É certo que, nos termos do art. 6º do CPC, "ninguém poderá pleitear, em nome próprio, direito alheio, salvo quando autorizado por lei". Ocorre que o inquilino, ou arrendatário, que assumiu, nos termos do contrato, a responsabilidade pelo pagamento dos tributos incidentes sobre o imóvel, tem direito *próprio* de se opor à exigência de tributos feita ilegalmente. Tem o direito de não ser onerado indevidamente pelo Fisco. Em outras palavras, direito de não ser compelido a pagar tributo legalmente indevido. Esse direito passou a ser seu, em virtude da cláusula contratual.

Também é certo que, nos termos do art. 123 do CTN, "as convenções particulares relativas à responsabilidade pelo pagamento de tributo não podem ser opostas à Fazenda Pública, para modificar a definição legal do sujeito passivo das obrigações tributárias correspondentes". Essa norma, porém, não pode ser entendida no sentido da invalidade das convenções particulares. Elas são plenamente válidas, embora tenham contra a Fazenda Pública efeitos relativos, posto que não se prestam para modificar a definição legal do sujeito passivo das obrigações tributárias.

Em outras palavras, um contrato através do qual seja atribuída a terceiro a responsabilidade tributária não modifica a definição legal do sujeito passivo, vale dizer, não tem o efeito de excluir a responsabilidade tributária de quem a tenha nos termos da lei. Essa restrição, como acontece com as restrições em geral, não pode ser ampliada pelo intérprete da norma, de sorte que se tem de reconhecer que os contratos ou convenções particulares produzem todos os efeitos jurídicos próprios dos contratos, salvo, apenas, a modificação da definição legal do sujeito passivo das obrigações tributárias.

Entre os efeitos válidos do contrato ou convenção particular que atribui a terceiro a responsabilidade pelo pagamento de tributo está, sem dúvida alguma, o de dar ao terceiro legitimidade para promover ação questionando a exigência tributária correspondente. Nem podia, aliás, ser de outro modo. Não tivesse o terceiro essa legitimidade, a exigência tributária restaria, na prática, liberada de controle jurisdicional, e assim a Fazenda Pública liberada para fazer exigências ilegais. O sujeito passivo não as impugnaria, por falta de interesse efetivo, visto como não vai arcar com o pagamento, que é da responsabilidade de terceiro. E este, sem legitimidade processual, teria de conformar-se com elas passivamente, restando consumada, sem remédio, a lesão ao direito de não ser compelido a pagar tributo indevido.

Ressalte-se, ainda, que o Código de Processo Civil assegura expressamente o direito ao recurso ao terceiro prejudicado; e, sendo assim, seria uma flagrante incoerência recusar a legitimidade para propor a ação na qual será proferida a decisão do seu interesse.

2.2 Contraditório e ampla defesa

Aos litigantes, em processo judicial ou administrativo, são assegurados o *contraditório* e a *ampla defesa*, com os meios e recursos a ela inerentes (CF de 1988, art. 5º, LV).

O *contraditório* é uma forma de se assegurar a *ampla defesa*, e por isto, sob certo aspecto, com ela se confunde. Por "contraditório" entende-se o procedimento no qual tudo o que de relevante é praticado no processo por uma das partes deve ser do conhecimento da parte contrária. Sobre o que diz o autor deve ser ouvido o réu, e vice-versa. Sobre as provas produzidas por uma das partes deve a outra ser ouvida, e na própria produção de certas provas, como a ouvida de testemunha e a realização de perícias, as partes devem ter oportunidade de atuar, contraditando uma as afirmações da outra.

Ampla defesa quer dizer que as partes tudo podem alegar que seja útil na defesa da pretensão posta em juízo. Todos os meios lícitos de prova podem se utilizados.

De todo modo, como o processo não pode perdurar eternamente, as leis estabelecem formas e prazos para o exercício, por cada parte, da defesa de sua pretensão. Ao fazê-lo, todavia, não pode fixar limites tão estreitos que tornem tal exercício inviável.

Por outro lado, a parte há de comportar-se dentro de limites razoáveis ao exercitar sua defesa, não devendo abusar dessa garantia praticando atos inúteis, apenas para protelar o andamento do processo. Assim, a produção de uma prova que diga respeito a fato irrelevante, por exemplo, deve ser indeferida, porque evidente a sua inutilidade.

2.3 Direito à jurisdição

Ressalte-se, finalmente, que a Constituição Federal consagra o *direito à jurisdição* ao dizer que "a lei não excluirá da apreciação do Poder Judiciário lesão ou ameaça a direito" (CF de 1988, art. 5º, XXXV). Trata-se da mais elementar e mais fundamental de todas as garantias jurídicas, que pode ser considerada, em termos bem simples, como *o direito de ter direito*.

Realmente, de nada valeriam os direitos, todos eles, se não houvesse a garantia da jurisdição. A garantia de que o Estado estará presente para solucionar os conflitos, que são inevitáveis na vida em sociedade.

O direito à jurisdição – ou, mais exatamente, a *garantia de jurisdição* – é da maior relevância especialmente quando se trata de conflitos que surgem na relação do Fisco com o contribuinte. Na relação tributária – que, a rigor, ainda é mais uma relação de *poder* que uma relação *jurídica*, exatamente porque não se conseguiu, ainda, assegurar plenamente uma jurisdição efetiva, capaz de aplicar o direito tributário em todos os casos com imparcialidade – alguns juízes aceitam com facilidade o argumento fundado no *interesse público* ou nas denominadas *razões de Estado*, deixando o elemento jurídico em segundo plano, especialmente quando se trata de processo cautelar.

A rigor, a prestação jurisdicional *cautelar* é da essência da garantia de jurisdição sempre que sem ela o direito do requerente possa perecer. Da mesma forma, a prestação jurisdicional *executiva* integra a jurisdição, pois de nada vale uma decisão que reconhece um direito do contribuinte se não ocorre sua execução. Aliás, talvez estejam situadas nesse terreno as maiores deficiências da atividade jurisdicional. Contra o Estado as providências judiciais executivas são sempre muito difíceis. Quanto às obrigações de fazer são praticamente inviáveis, e mesmo quanto às obrigações de dar, que se podem resumir nas indenizações, nos pagamentos, todos conhecem a má fama dos precatórios, geralmente tratados como "moeda podre".

É certo que no passado já foi muito pior, quando nem existia o precatório. Mas isto não quer dizer que nos devemos conformar com o que atualmente ocorre. Devemos lutar pelo aperfeiçoamento do precatório, que, a nosso ver, depende simplesmente da vontade política dos governantes. Um avanço considerável nesse sentido seria a inclusão no orçamento das entidades públicas de verba estabelecida mediante previsão, de sorte que diante do trânsito em julgado das condenações contra essas entidades pudesse o Judiciário fazer de imediato o correspondente pagamento.

3. *Espécies de processo*

O objetivo genérico do processo judicial é a aplicação do Direito. Inobservada a norma por seus destinatários, ao Poder Judiciário cumpre aplicá-la, assegurando a estes a prevalência daquela.

A atividade jurisdicional por excelência desenvolve-se no processo, que tem por finalidade compor os conflitos, mas não é apenas para a composição de conflitos que existe o processo judicial. Ele se destina também a fazer valer um direito não controvertido e para acautelar direito sobre o qual se questiona, de sorte a que a decisão da causa não resulte inútil em face de seu perecimento.

3.1 Processo de conhecimento

O *processo de conhecimento* tem por fim a composição de um litígio. Instaura-se, portanto, diante de uma controvérsia sobre o direito material. Questiona-se a ocorrência de fatos, ou o significado jurídico destes, e o juiz é chamado a dizer o Direito. Para tanto toma conhecimento dos fatos e do significado que lhes atribuem o autor e o réu. E a final diz quem tem razão. Soluciona o litígio, interpretando e a final aplicando a norma cabível.

O processo de conhecimento é a principal sede em que se desenvolve a atividade jurisdicional.

3.2 *Processo de execução*

No *processo de execução* não ocorre a composição de litígio, porque este não existiu ou já foi composto em precedente processo de conhecimento.

Por isto mesmo a propositura do processo de execução só é possível quando se dispõe de um título, cuja formação pode ser judicial, como é o caso da sentença proferida no processo de conhecimento, ou extrajudicial, um documento ao qual a lei atribui essa qualidade, como é o caso da certidão de inscrição da dívida tributária.

Quem promove um processo de execução, portanto, já dispõe de um título executivo. Isto quer dizer que não vai a juízo questionar o seu direito. Vai pedir providências ao juiz para fazê-lo valer. Não pede decisão sobre uma controvérsia. Pede providências concretas para que seu direito se torne efetivo.

3.3 *Processo cautelar*

No *processo cautelar* também não se coloca para o juiz um conflito para ser resolvido. Pede-se providência para a preservação de um direito que está sendo ou vai ser questionado, mas poderá perecer se aquela providência não for adotada. Ou, então, para preservar uma situação de fato que permite a efetivação de uma providência para fazer valer um direito.

Em princípio, portanto, o processo cautelar é acessório de um outro, que pode ser um processo de conhecimento ou um processo de execução. Existem os processos cautelares autônomos, mas isto é uma exceção que não invalida a definição do processo cautelar como um processo acessório.

Em matéria tributária merecem especial atenção a denominada *cautelar fiscal* – que tem por objetivo garantir a execução fiscal – e a *cautelar inominada* – que visa a proteger um direito do contribuinte, posto em juízo ou a ser colocado ao exame do Judiciário.

4. *Ações de iniciativa do Fisco*

4.1 *Execução fiscal*

Denomina-se *execução fiscal* a ação de que dispõe a Fazenda Pública para a cobrança de seus créditos, sejam tributários ou não, desde que inscritos como Dívida Ativa.

A matéria é regulada pela Lei 6.830, de 22.9.1980, que afastou a aplicação dos dispositivos do Código de Processo Civil concernentes ao processo de execução, em face dos quais restou revogado o Decreto 960/1938.

A certidão da inscrição do crédito da Fazenda Pública como Dívida Ativa é o título executivo extrajudicial de que necessita a exequente para a propositura da execução. Nesta, portanto, a exequente não pede ao juiz que decida sobre o seu direito de crédito. Pede simplesmente sejam adotadas providências para tornar efetivo o seu crédito, isto é, providências para compelir o devedor ao pagamento.

O objeto da execução fiscal, assim, não é a constituição nem a declaração do direito, mas a efetivação deste, que se presume, por força de lei, líquido e certo.

Tal presunção é relativa e pode, portanto, ser afastada por prova a cargo do executado. A prova, porém, há de ser produzida no processo de embargos. No processo de execução não há oportunidade para tanto, embora em situações especiais possa o juiz, no juízo de admissibilidade da execução, examinar provas oferecidas pelo executado.

O despacho do juiz que deferir a inicial importa ordem para a citação, que se fará pelo Correio, com aviso de recepção, se a Fazenda Pública não a requerer por outra forma. Não consumada a citação pelo Correio, far-se-á esta por mandado ou por edital.

Citado, o executado terá o prazo de cinco dias para pagar ou garantir o juízo, mediante fiança bancária ou depósito, ou indicar bens à penhora. Findo aquele prazo será feita a penhora de qualquer bem do executado, exceto daqueles que a lei declara absolutamente impenhoráveis.

O *auto de penhora* conterá também a avaliação do bem, feita por quem o lavrar.

Poderá, então, o executado interpor *embargos*, processo através do qual exercitará seu direito de defesa.

Em face de alterações introduzidas no Código de Processo Civil, tem sido questionada a subsistência do efeito suspensivo dos embargos à execução fiscal, e várias decisões judiciais já afirmaram que os embargos já não produzem o efeito suspensivo automático. Essas decisões, todavia, albergam lamentável equívoco. O Código de Processo Civil aplica-se às execuções fiscais apenas subsidiariamente. As alterações nele introduzidas, portanto, em regra não se aplicam às execuções fiscais, que se regem por lei especial, ou excepcional.

A Lei de Execuções Fiscais, embora não o diga expressamente, contém dispositivos que apontam claramente o efeito suspensivo dos embargos (arts. 18, 19, 24, I, e 32, § 2º). Por isto mesmo tornou-se pacífica na doutrina e na jurisprudência a ocorrência de efeito suspensivo automático, mesmo quando no Código de Processo Civil não existia norma expressa prescrevendo esse efeito. Ele não decorreu de aplicação subsidiária de dispositivo do Código de Processo Civil.

Para bem entendermos essa questão basta a releitura do art. 2º, § 2º, da Lei de Introdução às Normas do Direito Brasileiro, que corporifica um critério universal de superação das antinomias no ordenamento jurídico, a dizer que "a lei nova, que estabeleça disposições gerais ou especiais a par das já existentes, não revoga nem modifica a lei anterior".

Por outro lado, a atribuição de efeito suspensivo automático aos embargos no regime da Lei de Execuções Fiscais justifica-se especialmente em razão do modo pelo qual se forma o título executivo do crédito tributário. Não se pode esquecer que nas execuções para cobrança de dívida consubstanciada em título executivo extrajudicial, regidas pelo Código de Processo Civil, o título executivo em princípio é formado com o consentimento de devedor, enquanto o título executivo do crédito tributário é constituído unilateralmente pelo credor.

Aliás, por isto mesmo nos parece que, em face dos princípios constitucionais garantidores dos direitos do cidadão em face da Fazenda Pública, a eficácia suspensiva dos embargos à execução fiscal subsistiria mesmo em face de lei específica em sentido contrário, que seria inconstitucional. Seria contrária aos princípios constitucionais da garantia de jurisdição, da razoabilidade e da justiça – e, por isto mesmo, desprovida de validade jurídica.

Se os embargos à execução fiscal não tiverem efeito suspensivo, poderemos ver consumadas graves injustiças, especialmente contra pequenos contribuintes. Execuções para cobrança de tributos indevidos podem ensejar a alienação judicial de bens por valores muito baixos, embora suficientes para a satisfação da execução, e depois, quando obtiverem decisão favorável nos embargos, a lesão aos seus direitos estará definitivamente consumada.

Os embargos são cabíveis, e devem ser apreciados, mesmo na hipótese em que os bens penhorados sejam de valor insuficiente para garantir o pagamento total da quantia cobrada. O credor poderá pleitear o reforço da penhora, se for o caso, mas não se pode admitir que a execução prossiga, com a expropriação dos bens penhorados, antes do julgamento dos embargos que tenham sido oportunamente interpostos.

Há, é certo, quem sustente que os embargos só podem ser apreciados se estiver seguro o juízo com a penhora de bens bastantes para garantir a satisfação total do credor. Essa tese, porém, leva a duas conclusões, que não são razoáveis. Uma, a de que não será possível a satisfação parcial do credor. Outra, a de que tal satisfação pode dar-se sem que ao devedor seja assegurado o direito de defesa quanto aos bens penhorados.

A prevalecer a tese de que, em face da insuficiência dos bens para garantir a execução, pode esta prosseguir sem o julgamento dos embargos, a Fazenda Pública poderá facilmente cobrar o tributo que quiser, sem que o contribuinte tenha chance de defesa. Basta fazer o lançamento de quantia que sabe superior ao patrimônio deste. Por mais arbitrário que tenha sido o lançamento, não disporá o contribuinte do instrumento processual para defender-se contra a exigência. Tratando-se de execução fiscal a tese é repleta de arbítrio, absurda sob todos os aspectos – mas, por incrível que pareça, chegou a ser admitida até por integrantes do STJ, onde felizmente, a final, não prevaleceu.

É de grande importância esclarecer que o juiz, ao acolher os embargos, se o faz apenas em parte, não poderá fazer um lançamento tributário em substituição àquele feito pela autoridade competente, que considerou incorreto. Assim, não poderá determinar o prosseguimento da execução pela diferença que considere devida.

Por isto é que "até a decisão de primeira instância a Certidão de Dívida Ativa poderá ser emendada ou substituída, assegurada ao executado a devolução do prazo para embargos." (Lei 6.830/1980, art. 2º, § 8º). Não efetuada a emenda, ou a substituição, é inadmissível o prosseguimento da execução para haver apenas parte da dívida.

Admite-se, porém, nos casos em que a cobrança diga respeito a parcelas autônomas, como acontece, por exemplo, com a cobrança de imposto de renda de diferentes exercícios financeiros, prossiga a execução pela parcela autônoma, considerada devida.

A ação de execução fiscal é o instrumento que a ordem jurídica oferece à Fazenda Pública para haver seus créditos – vale dizer, para forçar seus devedores ao pagamento de suas dívidas, sejam tributárias ou não, desde que estas tenham sido apuradas regularmente e estejam inscritas como Dívida Ativa.

Não se trata de um instrumento a mais, e sim do instrumento específico e único destinado ao recebimento de todos os créditos cujos títulos são constituídos pela própria Fazenda Pública, em procedimentos administrativos – vale dizer, sem que seja necessário o processo judicial de conhecimento.

Questão relevante consiste em saber se a Fazenda Pública, em face da decadência de seu direito de constituir o crédito tributário – e não podendo, portanto, utilizar-se da execução fiscal, à míngua do título executivo, que não constituiu –, pode ingressar em juízo com processo de conhecimento para a obtenção daquele título. A resposta a essa questão, seguramente, é negativa. Admitir-se tal possibilidade seria tornar inúteis as normas fixadoras de prazos de decadência e de prescrição (CTN, arts. 173 e 174). Extinto, pela decadência, o direito de constituir o crédito tributário, está definitivamente extinto o próprio direito material consubstanciado na relação jurídica de tributação.

Setores do Governo querem acabar com a ação judicial de execução fiscal. E, uma vez extinta a execução judicial, as providências destinadas a compelir o devedor a pagar – entre as quais se destacam a penhora de bens e a venda destes em leilão – seriam adotadas diretamente pela própria Fazenda credora. Alegam que o Judiciário é muito lento e tem custo muito elevado.

É verdade que o Judiciário é lento; e caro. Entretanto, isto não justifica a extinção da execução judicial, sobretudo porque não se deve atribuir à Fazenda Pública o poder de fazer justiça com suas próprias mãos, realizando pela força o que entende ser seu direito, em detrimento do direito à jurisdição, constitucionalmente previsto, que deve ser assegurado a todos. Por outro lado, o custo de funcionamento do Poder Judiciário, embora elevado, é extremamente baixo se comparado com o custo de outros órgãos do Estado, muito menos importantes para os cidadãos.

Quanto à demora, é importante observarmos que um Relatório do Instituto de Pesquisa Econômica Aplicada/IPEA afirma que o cumprimento da etapa de citação constitui imenso gargalo, pois em mais de 43% dos casos o devedor não é encontrado. E, ainda, que a extinção dos processos ocorre em grande parte pela prescrição. A não localização do devedor não é uma falha do Judiciário. A Fazenda, como exequente, tem o dever de informar ao Judiciário o endereço do executado, e não o faz com a precisão e a presteza necessárias. E a prescrição no mais das vezes ocorre exatamente porque, não sendo localizado o devedor, a Fazenda, instada pelo juiz a indicar o endereço deste, não o faz, deixando transcorrer o tempo sem qualquer providência que permita o andamento do processo.

É sabido que a demora que leva à prescrição decorre da omissão do exequente. É imputável, portanto, à própria Fazenda Pública. Assim, concluímos que o Relatório em questão termina por demonstrar que o problema não reside no fato de ser a execução *judicial*. O gargalo situado na fase de citação do réu, referido na p. 16 do Relatório, decorre do não oferecimento do endereço correto do executado (em 43,5% dos casos o executado não é encontrado). E o grande número de execuções atingidas pela prescrição também não indica deficiência do Judiciário, mas da Fazenda.

Seja como for, nada justifica a instituição da execução fiscal administrativa, que significa dar à Fazenda, que tem o poder de dizer quem lhe deve e quanto é o seu crédito, também o poder de invadir o patrimônio daquele que aponta como seu devedor, para retirar dele o que entende ser seu. Isto seria um enorme retrocesso na construção de um Estado de Direito.

4.2 Cautelar fiscal

A *cautelar fiscal* tem por fim tornar indisponíveis os bens do contribuinte. Foi instituída pela Lei 8.397, de 6.1.1992, sendo cabível, nas hipóteses indicadas pela lei, antes da propositura da execução fiscal ou no curso desta.

Entre as várias hipóteses de cabimento da cautelar fiscal, elencadas pela lei, uma merece destaque e seria, aliás, suficiente: quando o contribuinte, *notificado pela Fazenda Pública para que proceda ao recolhimento de crédito fiscal vencido, deixa de pagá-lo no prazo legal, salvo se garantida a instância em processo administrativo ou judicial* (art. 2º, IV).

A cautelar fiscal somente pode ser intentada contra *sujeito passivo de crédito tributário ou não tributário, regularmente constituído em procedimento administrativo* (art. 2º). Em tal situação, com o crédito regularmente constituído, pode a Fazenda Pública credora promover a execução fiscal e, assim, conseguir a penhora de bens. O pedido de cautelar, portanto, é procedimento inútil, que nada acrescenta como garantia do Tesouro Público. A não ser que se pretenda o deferimento da medida cautelar sem que exista crédito devidamente constituído – o que seria absurdo.

4.3 Ação rescisória

Com o trânsito em julgado de sentença favorável ao contribuinte proferida em ação anulatória de lançamento tributário ou em ação declaratória, pode a Fazenda Pública promover ação rescisória se ocorrer uma das hipóteses de cabimento desta (CPC, art. 485), para a desconstituição do julgado que lhe tenha sido desfavorável.

Tratando-se de rescisória de acórdão proferido em ação anulatória de lançamento tributário, quando julgada procedente tem-se restabelecido o lançamento – e, assim, o crédito por ele constituído, que poderá ser cobrado mediante ação de execução fiscal, desde que não consumada a prescrição.

Tratando-se de rescisória de acórdão proferido em ação declaratória, quando julgada procedente coloca-se a questão de saber se a Fazenda havia feito, ou não, o lançamento tributário. Se não havia lançado e já decorreu o prazo de decadência, a rescisória terá sido inútil, pois já não será possível a constituição do crédito tributário. Se já havia a Fazenda lançado e não promovera a cobrança por estar impedida de fazê-lo pelo julgado agora rescindido, poderá promover a execução fiscal.

Em nenhuma hipótese, porém, admite-se a execução do acórdão proferido na ação rescisória como forma de execução fiscal. Embora isto seja óbvio, é preciso ser dito, porque a Fazenda Nacional, tentando burlar as normas que estabelecem prazos de decadência e de prescrição, já ingressou com execução do acórdão que julgara procedente ação rescisória de acórdão proferido em ação declaratória de inexistência de relação jurídica tributária. O TRF-5ª Região, entretanto, acolheu exceção de pré-executividade na execução assim promovida; e decidiu com acerto, porque o acórdão que julga procedente a rescisória proposta pela Fazenda Pública não constitui crédito algum a favor desta.

4.4 Ação anulatória de decisão administrativa favorável ao contribuinte

Talvez em breve esteja sendo colocada à apreciação do Poder Judiciário a questão de saber se pode a Fazenda Pública ingressar em juízo com ação ordinária pedindo a anulação de decisão administrativa favorável ao contribuinte. O Parecer PGFN/CRJ-1.087, de 19.7.2004, da Procuradoria da Fazenda Nacional, sustenta essa possibilidade. Trata-se, porém, de tese teratológica, como se pode facilmente demonstrar.

Coloca-se desde logo a questão de saber quem será o réu na ação em que a Fazenda Pública pede a anulação de decisão de um órgão julgador da própria Administração Tributária. É sabido que o réu é aquele que resiste à pretensão do autor, fazendo nascer a lide. A pretensão, no caso, é a anulação da decisão administrativa. Assim, se a ação for proposta contra o contribuinte favorecido com a decisão administrativa, poderá este alegar ilegitimidade passiva, porque não está resistindo à pretensão da Fazenda – vale dizer, nada está fazendo para impedir a anulação daquela decisão. E o Conselho de Contribuintes também não poderá ser o réu, porque sequer tem personalidade jurídica.

A nosso ver, a pretensão da Fazenda Pública de promover ação para anular decisão dos Conselhos de Contribuintes revela a intenção de desmoralizar, certamente para justificar futura proposta de extinção desses órgãos de julgamento administrativo, que tão relevantes serviços prestam ao País na solução de conflitos inevitáveis na relação tributária.

Não temos dúvida de que reduzir a instância única os julgamentos administrativos é um retorno indesejável à Ditadura. Um incremento do autoritarismo em matéria tributária, que terá como consequência o congestionamento cada vez maior do Judiciário, com sua decorrente desmoralização. É a marcha silenciosa para a ditadura fiscal, inteiramente inadmissível, que, somada à elevação – também inadmissível – da carga tributária, terminará por produzir uma espécie de desobediência civil, que, por sua vez, poderá levar o País à supressão pura e simples do Estado de Direito.

5. *Ações de iniciativa do contribuinte*

5.1 *Ação anulatória de lançamento tributário*

A ação dita *anulatória de lançamento tributário* recebeu essa denominação da doutrina em razão de seu objeto específico, que é o anulamento do procedimento administrativo de lançamento.

A ação concerne ao processo de conhecimento e segue o rito ordinário, daí ser também usualmente chamada de *ação ordinária*. Em seu âmbito o contribuinte exerce, da forma mais ampla possível, o seu direito de defender-se contra exigência indevida de tributo, posto que são cabíveis todos os meios de prova admitidos em Direito, podem ser deslindadas todas as questões *de fato* e *de direito*, sem qualquer restrição.

É possível, ainda, a propositura de ação contra a Fazenda Pública para anular um ato praticado no procedimento de lançamento, como, por exemplo, o indeferimento do pedido de diligências naquele procedimento, embora nesses casos também seja possível a impetração de mandado de segurança.

5.2 *Ação declaratória*

"A *ação declaratória* é concernente ao processo de conhecimento e segue o procedimento ordinário. É, portanto, também uma *ação ordinária*. Distingue-se da ação anulatória em razão do pedido. Na ação anulatória, pede-se o anulamento do procedimento administrativo de constituição do crédito tributário. Na ação declaratória, pede-se apenas a declaração da existência, da inexistência ou do modo de ser de uma relação jurídica."

O contribuinte, ao promover a ação declaratória, geralmente pede a declaração de inexistência da relação jurídica tributária que ensejaria a cobrança do tributo. Seja pela inocorrência do fato que seria gerador do tributo, seja pela invalidade da norma em que se funda a pretensão do Fisco.

Enquanto na ação anulatória de lançamento o juiz afirma ou nega a relação jurídica tributária apenas como fundamento da decisão, na ação declaratória a afirmação da existência ou da inexistência da relação jurídica constitui a própria decisão. Isto quer dizer que, na declaratória, a coisa julgada alcança o futuro, nas relações jurídicas continuativas.

5.3 Ação de consignação em pagamento

Nos termos do art. 164 do CTN, a importância do crédito tributário pode ser consignada judicialmente nos casos de (a) recusa de recebimento, ou subordinação deste ao pagamento de outro tributo ou de penalidade, ou ao cumprimento de obrigação acessória; (b) subordinação do recebimento ao cumprimento de exigências administrativas sem fundamento legal; (c) exigência, por mais de uma pessoa jurídica de direito público, de tributo idêntico sobre o mesmo fato gerador.

Atualmente é rara a ocorrência de situações nas quais a Fazenda Pública ponha obstáculos ao pagamento de tributos, até porque as normas do próprio Código Tributário Nacional relativas aos efeitos do pagamento tornam sem sentido qualquer oposição. Se a Fazenda não estiver satisfeita com o pagamento, poderá cobrar as diferenças que entender devidas.

De todo modo, qualquer recusa, qualquer obstáculo ao pagamento de tributo enseja a propositura da ação de consignação. Pagar não é apenas um dever. É também um direito, e seu exercício há de estar garantido por uma ação, sem o quê não estaria garantido o direito à jurisdição.

Mesmo com a evolução do comportamento fazendário no sentido de não opor obstáculo nenhum ao pagamento de tributo, remanesce a hipótese de exigência do tributo por mais de uma pessoa jurídica de direito público. Neste caso, para que o contribuinte esteja seguro de que está pagando bem, deve utilizar-se da consignatória. É o caso, por exemplo, do imposto territorial quando colocada dúvida quanto à natureza do imóvel, se urbano ou rural.

5.4 Ação de repetição do indébito

Ação de procedimento ordinário, a *ação de repetição do indébito* caracteriza-se por seu objeto específico. Nela o autor pede seja a Fazenda Pública condenada a restituir tributo pago indevidamente.

Nos termos do art. 165 do CTN, é cabível a ação de repetição nos casos de (a) cobrança ou pagamento espontâneo de tributo indevido ou maior que o devido; (b) erro na identificação do sujeito passivo e, ainda, (c) reforma, anulação, revogação ou rescisão de decisão condenatória.

O art. 166 do CTN estabelece que a restituição de tributos que comportem, por sua natureza, transferência do respectivo encargo financeiro somente será feita a quem prove haver assumido o referido encargo, ou, no caso de tê-lo transferido a terceiro, estar por este expressamente autorizado a recebê-lo.

Esse dispositivo, de rara infelicidade, tem ensejado a recusa do Fisco em devolver o que lhe é indevidamente pago e inspirado julgados dando pela improcedência de ações de repetição. Invocam a equivocada classificação dos tributos em diretos e indiretos, como se a repercussão do tributo fosse um fenômeno simples a viabilizar a comprovação exigida pelo art. 166 do CTN.

Entendido como obstáculo à restituição de tributo indevidamente pago, o art. 166 do CTN é de flagrante inconstitucionalidade. É forma indireta de violação da garantia de que nenhum tributo será cobrado sem que tenha sido criado por lei. Lei válida, obviamente. Qualquer forma de evitar a restituição do tributo indevidamente pago é, sem dúvida, validação de cobrança indevida, de cobrança ilegal, ou inconstitucional, que não pode ser tolerada pelos que respeitam o Direito e, sobretudo, a supremacia da Constituição.

Esse dispositivo somente se aplica aos tributos cujo valor o contribuinte pode, por força de autorização legal, cobrar de terceiros. Não em relação a impostos incidentes sobre vendas de mercadorias ou serviços, dos quais o contribuinte é o vendedor, e o comprador não está obrigado a suportar o ônus correspondente.

Não se presta para resolver essa questão a assertiva, tão difundida quanto equivocada, de que o comprador sempre paga o imposto sobre vendas, pois este vem embutido no preço do bem ou do serviço. Na verdade só se pode afirmar que ocorre a cobrança do imposto do consumidor quando o preço seja estabelecido *sem o imposto* e a lei autorize a cobrança deste, além do preço, como acontece, por exemplo, nos Estados Unidos, com o *sales taxes*. No Brasil, se um comerciante anunciar o preço de um produto e depois pretender cobrar o imposto do adquirente, este se pode recusar a pagar o imposto, porque a lei não autoriza tal cobrança.

Há quem entenda que a propositura da ação de repetição do indébito deve ser antecedida de pedido de restituição na via administrativa. Assim já entendeu, em vários julgados, o antigo TFR.

O direito de pleitear a restituição extingue-se em cinco anos, contados da data da extinção do crédito tributário, nos casos de pagamento indevido sem que tenha havido questionamento. Ou da data em que se tornar definitiva a decisão administrativa, ou passar em julgado a decisão judicial, que tenha reformado, anulado, revogado ou rescindido a decisão condenatória em face da qual o pagamento foi efetuado.

Antes da Lei Complementar 118, de 9.2.2005, no caso de tributos sujeitos a lançamento por homologação o prazo de cinco anos para o pedido de restituição do indébito tinha início com a homologação, expressa ou tácita, porque somente esta operava a extinção do crédito tributário. Com a referida lei complementar, todavia, o prazo para o pedido de restituição começa na data do pagamento.

Por outro lado, se o pedido de restituição tiver como fundamento a inconstitucionalidade da lei que instituiu ou aumentou o tributo, o prazo extintivo do direito à repetição somente começa na data em que é publicada a decisão definitiva do STF que declara aquela inconstitucionalidade.

Infelizmente a jurisprudência do STJ recuou na aceitação dessa tese, por não considerar a distinção entre o direito de ter leis conforme com a Constituição e o direito à restituição de tributo pago indevidamente. E no STF parece haver uma tendência no sentido de modular os efeitos da declaração de inconstitucionalidade. Tal modulação pode vir a ser um estímulo à edição de leis tributárias inconstitucionais, ou estímulo à prática da denominada inconstitucionalidade útil, na medida em que o arrecadado com base na lei inconstitucional não é devolvido.

5.5 Mandado de segurança

O *mandado de segurança* é uma garantia constitucional do cidadão contra o Poder Público. Está previsto no art. 5º, LXIX, da vigente CF e regulado pela Lei 12.016, de 7.8.2009, que revogou a Lei 1.533, de 31.12.1951.

O mandado de segurança pode ser impetrado pelo contribuinte desde que tenha (a) um direito líquido e certo (b) lesado ou ameaçado por ato de autoridade.

Direito líquido e certo, protegível mediante mandado de segurança, é aquele cuja demonstração independe de prova. Sabe-se que todo direito (subjetivo) resulta da incidência de uma norma. Resulta, pois, do binômio norma-fato. Para que o direito seja líquido e certo basta que o fato do qual resulta seja incontroverso. A controvérsia quanto à norma não lhe retira a liquidez e certeza.

O mandado de segurança pode ser impetrado para atacar o ato lesivo ou a ameaça de sua prática. Neste último caso diz-se que a impetração é *preventiva*.

A doutrina tem afirmado que a impetração preventiva só é admissível com a prova da ameaça, e isto tem gerado equívocos na apreciação do mandado de segurança em matéria tributária. Como em grande número de impetrações preventivas o contribuinte ataca a futura exigência de tributo fundada em lei inconstitucional, tem-se dito que tais impetrações voltam-se contra a *lei em tese*.

Impetração contra a lei em tese, porém, não se confunde com impetração preventiva. Se a lei já incidiu, ou se já foram praticados fatos importantes à configuração de sua hipótese de incidência, a impetração já é possível, e tem caráter preventivo, posto que a exigência do tributo ainda não ocorreu. Não há necessidade de comprovar a ameaça de tal exigência porque, sendo a atividade de lançamento vinculada e obrigatória, não é razoável presumir-se que a autoridade vai deixar de praticá-la. Pelo contrário, presume-se que ela vai cumprir a lei e, assim, fazer o lançamento. Daí o justo receio justificador da impetração preventiva.

Impetração contra a lei em tese é a que ataca a norma abstratamente. Norma que não incidiu. Se a norma não incidiu não se pode falar em direito subjetivo do impetrante. E neste caso é incabível não apenas o mandado de segurança, mas a propositura de qualquer ação, posto que sem a concreção do direito não pode haver atividade jurisdicional.

Contra a lei em tese apenas é cabível ação direta de controle de constitucionalidade, que a rigor não tem natureza jurisdicional, mas legislativa.

A Lei 12.016/2009, que atualmente disciplina o mandado de segurança, restringe significativamente sua utilidade como instrumento processual de defesa de direitos do contribuinte. Estabelece que não será concedida medida liminar que tenha por objeto a compensação de créditos tributários e a entrega de mercadorias procedentes do exterior. E estabelece, ainda, que a sentença que conceder mandado de segurança não pode ser executada provisoriamente nos casos em que é vedada a concessão de medida liminar. Isto quer dizer que o mandado de segurança tornou-se praticamente inútil nesses casos. Além disto, a referida lei vedou também o deferimento de antecipação de tutela nas ações de procedimento ordinário.

A nosso ver, essas restrições, que inviabilizam, na prática, a denominada tutela jurisdicional de urgência, contrariam a garantia constitucional do direito à jurisdição – vale dizer, os dispositivos da atual Lei do Mandado de Segurança que corporificam tais restrições são flagrantemente inconstitucionais.

5.6 Ação rescisória

Com o trânsito em julgado de sentença favorável à Fazenda Pública em qualquer ação na qual tenha sido discutida questão tributária, pode o contribuinte promover ação rescisória do julgado se ocorrer uma das hipóteses de cabimento desta (CPC, art. 485).

A ação rescisória é especialmente útil para os casos em que a jurisprudência no STJ ou no STF se tenha firmado a favor do contribuinte mas a ação por ele promovida não tenha chegado à instância especial ou extraordinária, à míngua da interposição ou do conhecimento do recurso respectivo.

5.7 Reclamação ao STF

Nos termos do art. 103-A, introduzido na CF pela Emenda 45, de 8.12.2004, o STF poderá, em decisão adotada pelo quórum qualificado de dois terços de seus membros, depois de reiteradas decisões sobre matéria constitucional, aprovar súmula com efeito vinculante em relação aos demais órgãos do Poder Judiciário e em relação à Administração Pública Federal, Estadual e Municipal, nos termos estabelecidos em lei.

Em face de ato administrativo ou de decisão judicial que contrariar a súmula vinculante, seja negando aplicação em casos nos quais é aplicável, seja aplicando-a em casos nos quais não é cabível sua aplicação, o prejudicado poderá ingressar com reclamação diretamente no STF.

A reclamação contra ato administrativo, todavia, depende de esgotada a via administrativa, isto é, só pode ser interposta depois de utilizados os recursos administrativos cabíveis no caso. E à autoridade administrativa responsável pela não aplicação ou aplicação indevida da súmula vinculante deve ser assegurada oportunidade para se manifestar a respeito, quando poderá reconsiderar o ato. Se, a final, o STF acolher a reclamação, a autoridade administrativa responsável pela desobediência à súmula vinculante poderá ser pessoalmente responsabilizada pelos danos que tenha provocado.

A nosso ver, a previsão legal expressa da responsabilidade pessoal do agente público, no caso, é o reconhecimento de duas teses que temos sustentado. Uma, a de que o Fisco não tem o menor apreço pelos direitos do contribuinte. E a outra, a de que a responsabilização pessoal do agente público é a única forma hábil para a contenção do arbítrio estatal, especialmente do arbítrio do Fisco.

6. Ações de controle de constitucionalidade

6.1 O controle de constitucionalidade pelo Judiciário

No Direito brasileiro existem duas formas de *controle de constitucionalidade* das leis pelo Poder Judiciário, a saber: o controle por via de exceção, ou indireto, e o controle por via de ação, ou controle direto. O primeiro é exercido por qualquer órgão do Poder Judiciário, enquanto o segundo cabe exclusivamente ao STF, no plano da legislação federal, e aos Tribunais de Justiça dos Estados, no plano da legislação estadual e municipal.

Qualquer juiz ou tribunal, ao apreciar uma questão, pode e deve deixar de aplicar uma lei se a considera inconstitucional. O saber se uma lei é inconstitucional coloca-se como questão incidental que pode ser suscitada em qualquer processo. Nos tribunais somente o órgão plenário, por maioria absoluta de seus membros, pode declarar a inconstitucionalidade. Assim, se um órgão fracionário acolhe a arguição de inconstitucionalidade de uma lei, suspende o julgamento da causa e submete ao plenário a decisão da questão incidental.

O controle difuso, ou controle por via de exceção, é exercido por todo o Poder Judiciário. Qualquer órgão jurisdicional está habilitado a resolver a questão relativa ao respeito da supremacia constitucional, e todas essas questões podem terminar no STF, pela via do recurso extraordinário – que, por isto mesmo, tem enorme importância.

A Emenda Constitucional 45/2004 acrescentou o § 3º ao art. 102 da CF, estabelecendo que "no recurso extraordinário o recorrente deverá demonstrar a repercussão geral das questões constitucionais discutidas no caso, nos termos da lei, a fim de que o Tribunal examine a admissão do recurso, somente podendo recusá-lo pela manifestação de dois terços de seus membros". Cuida-se de importante passo no controle do arbítrio estatal contra o contribuinte, posto que dificulta a denegação de jurisdição constitucional pela Corte Maior, muita vez emperrada, *data maxima venia*, por questiúnculas processuais.

O controle direto, ou concentrado, ou controle por via de ação, é exercido com exclusividade pelo STF, através da *ação direta de inconstitucionalidade* e da *ação declaratória de constitucionalidade* (CF, art. 102, I, "a", com a redação que lhe deu a Emenda Constitucional 3, de 17.3.1993).

Não se trata de ações, em rigoroso sentido processual, posto que não se prestam para provocar a atividade jurisdicional do Estado. Ao julgá-las, o STF desenvolve atividade tipicamente legislativa. Por isto, as normas e princípios do processo não são de obrigatória aplicação.

É importante observar que a ação de controle de constitucionalidade das leis tem como objeto a própria lei, a lei em tese, e não diz respeito à esta ou àquela situação concreta em que esta esteja sendo aplicada. Diz respeito ao direito-norma, ou direito objetivo, e não ao direito efeito da norma, ou direito subjetivo. Desatento, talvez, a este aspecto, o STF já afirmou a inconstitucionalidade de dispositivos de lei em certos casos e a constitucionalidade desses mesmos dispositivos de lei para outros casos.

Evidentemente, um mesmo dispositivo de lei não pode ser constitucional e inconstitucional ao mesmo tempo. Se pode ser considerado constitucional, quando aplicado em determinado caso, não há de ter declarada sua inconstitucionalidade, pois como norma não é inconstitucional. Poderá ser inconstitucional o ato de sua aplicação a certos casos. Não o dispositivo, em tese.

Por isto mesmo, o STF já afirmou, com inteira razão, que a questão de saber se há ou não, em determinado caso, um direito adquirido a ser preservado, não é necessariamente uma questão de constitucionalidade da lei. Pode ocorrer que a lei nada estabeleça a respeito do direito intertemporal, e, neste caso, sua aplicação a situações em que há direito adquirido é que pode ser inconstitucional, e não a norma aplicada. A questão somente será de inconstitucionalidade da lei se ela própria determina sua aplicação contrariando direitos adquiridos.

Se uma lei que aumenta a alíquota do imposto de renda contém dispositivo determinando sua aplicação a fatos geradores já consumados será inconstitucional nessa parte, em que determina sua aplicação retroativa. Se, porém, não estabelece essa retroatividade, mas é aplicada a fatos geradores já consumados, inconstitucional será apenas o ato de aplicação. Não a lei.

No controle direto de constitucionalidade o que se faz é o exame da conformidade ou não de uma norma com a Constituição. O que se faz é a verificação da existência ou não de conflitos entre normas *em tese*. Essa verificação há de ser feita tendo-se em vista as duas normas, a da lei e a da Constituição, sem que se leve em conta a situação concreta em que incidem. A incidência da norma é absolutamente estranha ao exame de sua constitucionalidade.

Por isto mesmo a utilização, no controle da constitucionalidade das leis, de critérios próprios da atividade jurisdicional, ou de afirmação do direito no caso concreto, não pode levar a resultados satisfatórios.

6.2 Ação direta de inconstitucionalidade

"Compete ao Supremo Tribunal Federal a guarda da Constituição, cabendo-lhe: I – processar e julgar, originariamente: a) a *ação direta de inconstitucionalidade* de lei ou ato normativo federal ou estadual e a *ação declaratória de constitucionalidade* de lei ou ato normativo federal; (...)" (CF, art. 102, I, "a"). A rigor, não se trata de ações, no sentido jurídico processual, posto que não dizem respeito à aplicação do Direito ao caso concreto, mas à manifestação da Corte Maior a respeito da adequação entre a norma inferior e a norma superior. Cuida-se, pois, de um instrumento através do qual o STF é provocado a se manifestar a respeito da observância, ou não, da supremacia constitucional pelo legislador.

Não obstante não se esteja diante de ações, a elas de algum modo são aplicáveis, à míngua de outros, as normas e os princípios do direito processual, bem como os conceitos elaborados pela doutrina nesse ramo do Direito. Por isto mesmo é que se diz existirem duas ações, em vez de um único instrumento de provocação da manifestação da Corte Maior a respeito da observância, ou não, da hierarquia normativa.

Uma das noções do direito processual, aliás, é a que impõe a separação entre ação direta de inconstitucionalidade e ação declaratória de constitucionalidade. Diz-se que a ação caracteriza-se pelo pedido. Assim, a *ação direta de inconstitucionalidade* caracteriza-se pelo pedido de declaração de inconstitucionalidade que seu autor dirige ao STF. Com a Emenda Constitucional 45, de 8.12.2004, a disciplina constitucional da ação direta de inconstitucionalidade e a da ação declaratória de constitucionalidade foram uniformizadas, de sorte que a distinção entre elas, na verdade, consiste apenas no pedido.

São legitimados para a propositura da ação direta de inconstitucionalidade e também da ação declaratória de constitucionalidade: (a) o Presidente da República; (b) a Mesa do Senado Federal; (c) a Mesa da Câmara dos Deputados; (d) a Mesa de Assembleia Legislativa ou da Câmara Legislativa do Distrito Federal; (e) o Governador de Estado ou do Distrito Federal; (f) o Procurador-Geral da República; (g) o Conselho Federal da Ordem dos Advogados do Brasil; (h) partido político com representação no Congresso Nacional; (i) confederação sindical ou entidade de classe de âmbito nacional.

O Procurador-Geral da República deverá ser previamente ouvido nas ações de inconstitucionalidade, assim como em todos os processos de competência do STF (CF, art. 103, § 1º).

Na ação direta de inconstitucionalidade será citado o Advogado-Geral da União, que defenderá o ato ou texto impugnado (CF, art. 103, § 3º). Esse dever de contestar a ação constitui um contrassenso nos casos em que a ação tenha sido proposta pelo Presidente da República.

"As decisões definitivas de mérito, proferidas pelo Supremo Tribunal Federal, nas ações diretas de inconstitucionalidade e nas ações declaratórias de constitucionalidade produzirão eficácia contra todos e efeito vinculante, relativamente aos demais órgãos do Poder Judiciário e à Administração Pública direta e indireta, nas esferas federal, estadual e municipal (CF, art. 102, § 2º).

Antes o efeito vinculante era atribuído somente às decisões proferidas nas ações declaratórias de constitucionalidade. Tal discriminação era inteiramente injustificada, e foi afastada pela Emenda Constitucional 45/2004, que alterou a redação do art. 102, § 2º, da CF, atribuindo efeito vinculante também às decisões proferidas nas ações diretas de inconstitucionalidade. Um passo importante no controle do arbítrio estatal no campo da tributação, expresso em leis tributárias inconstitucionais.

6.3 Ação declaratória de constitucionalidade

Com a Emenda Constitucional 3, de 17.3.1993, foi introduzida no Direito brasileiro a *ação declaratória de constitucionalidade*.

Têm legitimidade para promovê-la: (a) o Presidente da República; (b) a Mesa do Senado Federal; (c) a Mesa da Câmara dos Deputados; (d) a mesa de Assembleia Legislativa ou da Câmara Legislativa do Distrito Federal; (e) o Governador de Estado ou do Distrito Federal; (f) o Procurador-Geral da República; (g) o Conselho Federal da Ordem dos Advogados do Brasil; (h) partido político com representação no Congresso Nacional; (i) confederação sindical ou entidade de classe de âmbito nacional.

Como se vê, os legitimados para a propositura da ação declaratória de constitucionalidade são os mesmos que estão também legitimados para a propositura da ação direta de inconstitucionalidade.

Parte da doutrina aponta na ação declaratória de constitucionalidade aspectos negativos. Seria um instrumento do autoritarismo.

Consideramos, todavia, extremamente positivo o novo instrumento de controle de constitucionalidade, na medida em que se presta para evitar grande número de processos inteiramente inúteis.

Editada uma lei tributária que os contribuintes reputam inconstitucional, o que se tem visto é uma enorme quantidade de ações atacando a exigência. Os juízes e os tribunais geralmente divergem, e, seja qual for o sentido das decisões, a parte vencida sempre recorre, cabendo, a final, ao STF decidir em caráter definitivo.

É diante de tais divergências que se torna possível a propositura da ação declaratória de constitucionalidade, que vai permitir ao STF decidir a questão de saber se há, ou não, a questionada inconstitucionalidade. E, como sua decisão tem efeito vinculante, porá fim a todas as questões a ela concernentes, contribuindo para o descongestionamento do Judiciário e para a realização de tratamento isonômico a todos os contribuintes.

6.4 Diferença entre as ações de controle de constitucionalidade

Não existe diferença essencial entre a ação declaratória de constitucionalidade e a ação direta de inconstitucionalidade. Em ambas o objeto é o mesmo. O que se questiona é a compatibilidade entre a Constituição e uma norma de hierarquia inferior. A diferença é que na ação declaratória de constitucionalidade pede-se a confirmação daquilo que se presume, vale dizer, a confirmação de que a norma inferior é compatível com a Constituição. Pede-se a declaração de constitucionalidade. Já, na ação direta de inconstitucionalidade pede-se que seja declarada a incompatibilidade entre a norma inferior e a Constituição.

Uma diferença que pode ser apontada reside na citação do Advogado-Geral, que é sempre necessária tratando-se de ação direta de inconstitucionalidade, enquanto na ação declaratória de constitucionalidade, se não houver contestação – vale dizer, se não houver, no feito, alguém sustentando a inconstitucionalidade –, tal citação não será necessária.

7. Ações da coletividade

7.1 Ação popular

Regulada pela Lei 4.717, de 29.6.1965, e alçada ao plano da Constituição Federal, a *ação popular* é um instrumento que a ordem jurídica oferece ao cidadão para a defesa do patrimônio público. Pode ser proposta por qualquer cidadão, condição que se comprova com o título de eleitor.

Prestando-se para o anulamento de qualquer ato lesivo ao patrimônio, pode ser utilizada para anular atos ilegais concessivos de favores, como isenção tributária, anistia, reduções de alíquotas, ou qualquer forma de privilégios.

A ilegalidade ensejadora da ação popular não é apenas a violação de dispositivo expresso. Também é ilegal o ato que, embora aparentemente obediente à lei, é praticado com desvio de finalidade. A ilegalidade é abrangente da imoralidade.

A ação popular é de grande importância porque os atos administrativos que favorecem o contribuinte não são por este questionados, por razão óbvia. A Fazenda Pública não pode ir a juízo questionar a legalidade de seus próprios atos, o que inviabiliza a ação de seus órgãos de representação judicial.

O anulamento do ato ilegal pelas próprias autoridades da Administração Tributária, embora em princípio seja possível, geralmente não acontece, pelas mesmas razões que inspiraram a prática ilegal.

Assim, a ação popular pode ser um excelente instrumento para dar oportunidade ao cidadão de pedir o anulamento de tais atos ilegais ao Poder Judiciário.

7.2 Ação civil pública

A ação civil pública é regulada pela Lei 7.347, de 24.7.1985; pode ser proposta por associação que tenha sido constituída há pelo menos um ano e tenha entre suas finalidades institucionais a proteção à ordem econômica e a livre concorrência, posto que tanto uma como a outra podem ser afetadas pela cobrança de um tributo indevido, e ainda, em casos especiais, pelo Ministério Público.

O STF, em recursos extraordinários, já declarou inconstitucional a taxa de iluminação pública (*Informativo STF* 141). Entretanto, nos casos em que foi provocado para decidir a questão processual da legitimidade, considerou o Ministério Público parte ilegítima para promover a ação civil pública contra a cobrança de tributo inconstitucional.

Mesmo assim, pode-se esperar que a Corte Maior modifique tal entendimento se lhe for colocada a questão da legitimidade do Ministério Público à luz da tese – que defendemos – segundo a qual os direitos individuais disponíveis, quando sejam homogêneos e com expressão individual diminuta, incapaz de estimular seus titulares a defendê-los individualmente, devem ter o mesmo tratamento dos direitos e interesses sociais e difusos.

Realmente, no caso de tributos como a taxa de iluminação pública, diante de cobrança de valor diminuto, não se sentem motivados para a defesa de seu direito, até porque a despesa com essa defesa é consideravelmente maior do que o valor do tributo indevido. Entretanto, considerada a expressão global desse tributo, tem-se que o gravame à sociedade justifica a atuação do Ministério Público, pois a este cabe exatamente a defesa daqueles interesses e direitos difusos e coletivos, que não podem ser defendidos individualmente.

As associações civis constituídas há mais de um ano e que tenham entre suas finalidades institucionais a defesa da ordem econômica ou da livre concorrência podem promover ação civil pública em matéria tributária, desde que demonstrem que o tributo contra o qual se insurgem afeta a ordem econômica ou a livre concorrência.

É certo que a Medida Provisória 2.180-35, de 24.8.2001, introduziu um parágrafo único no art. 1º da Lei 7.347/1985, estabelecendo que "não será cabível ação civil pública para veicular pretensões que envolvam tributos, contribuições previdenciárias, o Fundo de Garantia do Tempo de Serviço/FGTS ou outros fundos de natureza institucional cujos benefícios podem ser individualmente determinados". Ocorre que esse dispositivo é de flagrante inconstitucionalidade, pois institui um injustificável privilégio para o Fisco.

Realmente, como já aqui afirmamos, podem ocorrer situações nas quais o valor econômico do direito individual de cada contribuinte não justifica o ingresso em juízo, embora a repercussão do tributo ilegal ou inconstitucional seja de grande significado para a coletividade. Excluir o cabimento da ação civil pública em tais casos, assim como negar legitimidade ao Ministério Público, é negar à coletividade prejudicada o direito à jurisdição.

Capítulo III
ILÍCITO TRIBUTÁRIO

1. Ilícito e sanção. 2. Ilícito administrativo tributário 3. Ilícito penal tributário: 3.1 Precedentes – 3.2 Crimes contra a ordem tributária: 3.2.1 Os tipos e as penas – 3.2.2 Interpretação benigna – 3.3 Apropriação indébita: 3.3.1 Precedentes – 3.3.2 Não recolhimento de tributo – 3.3.3 Tipo novo e prisão por dívida – 3.3.4 Contribuição previdenciária e sistema de informações – 3.3.5 Inexigibilidade de outra conduta. 4. Sanção administrativa e sanção penal. 5. A questão da responsabilidade penal. 6. Sanções pessoais e patrimoniais. 7. Solução adequada. 8. Sanções políticas. 9. Extinção da punibilidade pelo pagamento: 9.1 No âmbito penal – 9.2 No âmbito administrativo. 10. Exclusão da punibilidade. 11. Prévio exaurimento da via administrativa. 12. Crime de supressão ou redução de tributo e imunidade: 12.1 Elemento essencial do tipo – 12.2 Fatos relativos a entidade imune. 13. Crimes contra a ordem tributária e interpretação da lei tributária.

1. Ilícito e sanção

Embora no âmbito da Filosofia do Direito, e até no âmbito da Teoria Geral do Direito, existam controvérsias em torno do que seja o *ilícito*, prevalece entre os juristas a ideia de que no universo jurídico os comportamentos podem ser qualificados como *lícitos* ou *ilícitos*. Os primeiros são aqueles que estão de acordo, e os últimos aqueles contrários à ordem jurídica, ao direito objetivo.

Como a lei não descreve todos os comportamentos, até porque isto é impraticável, faz-se, então, uma distinção entre a licitude e a legalidade. O campo da licitude é mais amplo. Abrange todas as situações, todos os comportamentos, estejam ou não previstos em lei. Lícito ou ilícito dizem respeito à ordem jurídica, ao direito objetivo em geral. O campo da legalidade diz respeito apenas ao que está prescrito nas leis.

No direito tributário, como conjunto de normas que regulam a instituição e a cobrança dos tributos, prevalece o princípio da legalidade. Por isto aquela distinção não tem maior relevância, embora eventualmente possa ser útil no equacionamento de certas questões. É importante, outrossim, observar que o princípio da legalidade diz respeito à relação de tributação. Não há tributo sem que a lei o estabeleça. Se o fato não está previsto na lei tributária, sua ocorrência é irrelevante para o direito tributário. Diz-se que o fato não previsto na lei tributária integra o campo da *não incidência.*

Sanção é o meio de que se vale a ordem jurídica para desestimular o comportamento ilícito. Pode limitar-se a compelir o responsável pela inobservância da norma ao cumprimento de seu dever, e pode consistir num castigo, numa penalidade a este cominada.

A ação de execução é sanção destinada a obter do responsável pela inobservância da norma o adimplemento de seu dever. A penalidade, por seu turno, pode ser pessoal e patrimonial. No âmbito da tributação as penalidades pessoais podem ser consideradas obsoletas e inadequadas. São as restrições de direitos, as interdições de atividades. As penalidades patrimoniais são as multas.

2. *Ilícito administrativo tributário*

Ilícito administrativo tributário é o comportamento que implica inobservância de norma tributária. Implica inadimplemento de obrigação tributária, seja principal ou acessória.

O ilícito tributário diz-se de conteúdo patrimonial quando implica o não pagamento, total ou parcial, do tributo. Sem conteúdo patrimonial é o ilícito consistente no inadimplemento de simples obrigação acessória.

A definição dos ilícitos tributários constante da legislação brasileira, seja federal, estadual ou municipal, é casuística, e por isto mesmo extremamente complexa e inadequada. Como o descumprimento de certas obrigações acessórias induz a presunção de descumprimento, também, da obrigação principal, em muitas situações o valor de penalidades cominadas para o descumprimento de obrigações acessórias é estabelecido em função da operação a que diz respeito a obrigação acessória descumprida ou do valor do imposto cujo pagamento supostamente não foi feito.

A aplicação de penalidades pecuniárias, portanto, há de ser feita com cuidado, para que não sejam cometidas graves injustiças. As leis tributárias geralmente estabelecem penalidades específicas para o descumprimento de obrigações acessórias, com valores fixos ou com indicações de limites mínimo e máximo, mas sem vinculação com o imposto ou com o valor de qualquer operação tributável. São as chamadas *multas por infrações formais*. Se o contribuinte pode demonstrar que o imposto foi pago, afastando, portanto, aquela presunção de inadimplemento da obrigação principal, é esta a multa cabível, e não aquela fixada em função do valor do imposto ou de sua base de cálculo.

As multas proporcionais ao valor do tributo somente se justificam naqueles casos em que também o dever de pagar o tributo não foi cumprido, e por isto o mesmo é cobrado juntamente com a penalidade. Se a penalidade é cobrada de forma autônoma, porque inexistem condições legais para a cobrança do tributo, não há razão para aplicação de penalidade proporcional ao valor do tributo.

Em matéria de ICMS tem-se a questão da inidoneidade das notas fiscais, cujo tratamento tem sido extremamente arbitrário. Em face da simples falta de algarismo no número da inscrição do contribuinte, ou de outro engano qualquer em elementos formais do documento, tem-se considerado inidônea a nota fiscal e cobrado o imposto correspondente à operação e a multa calculada em função desse imposto, ou do valor da operação. No Regulamento do ICMS do Estado de Pernambuco – que alberga, como na legislação dos demais Estados, o conceito de *nota fiscal inidônea* – há uma norma estabelecendo que "a inidoneidade do documento fiscal fica condicionada à circunstância de permitir sua reutilização ou de a operação ou prestação nele declarada não corresponder à de fato realizada" (art. 87, § 2º).

Importante é ter-se em vista que o uso de documento fiscal inidôneo, ou o descumprimento de qualquer outra obrigação tributária acessória, apenas pode gerar presunção mas nunca a certeza do inadimplemento da obrigação principal. Se o contribuinte comprova, por quaisquer meios em Direito geralmente admitidos, que o fato tributável foi escriturado em seus livros e o tributo correspondente foi pago, ou está registrado para pagamento no prazo legal, infundada será a imposição de penalidade proporcional ao tributo, ao mesmo tempo em que a exigência deste é também indevida, por configurar inadmissível *bis in idem*.

Havendo dúvida sobre a capitulação legal do fato, ou sobre qual seja a penalidade aplicável, a solução deve ser a mais favorável ao acusado do cometimento do ilícito, por força de princípio do direito penal albergado pelo art. 112 do CTN.

3. *Ilícito penal tributário*

3.1 Precedentes

A Lei 4.729, de 14.7.1965, definiu como *crime de sonegação fiscal* comportamentos – que descreveu de forma casuística – relacionados com o dever tributário. Com isto as autoridades pretenderam intimidar os contribuintes que sonegavam tributos. Do ponto de vista jurídico, porém, os autores dos comportamentos na referida lei definidos foram favorecidos, em face do princípio da especialidade.

Realmente, todos aqueles comportamentos podiam ser capitulados no art. 171, que define o estelionato, ou nos arts. 297, 298 ou 299 do CP, que definem os crimes de falsidade material ou ideológica de documentos. A pena mínima cominada seria de um ano, e a máxima de seis anos de reclusão. A Lei 4.729/1965 cominou pena de detenção de seis meses a dois anos. Além disto, admitiu a extinção da punibilidade pelo pagamento do tributo devido, e para os réus primários cominou pena exclusivamente de multa – com o quê fez extinguir-se a punibilidade em apenas dois anos, pela prescrição.

Os dispositivos do Código Penal não eram aplicados. As autoridades da Administração Tributária, por desconhecimento ou por razões políticas, não acionavam o Ministério Público para esse fim. Com o advento da Lei 4.729/1965 algumas ações penais foram promovidas, e em alguns casos o Ministério Público promoveu ação invocando o Código Penal, sem êxito, porém, em face do princípio da especialidade.

A Lei 8.137, de 27.12.1990, definiu os *crimes contra a ordem tributária*. Não utilizou o nome "sonegação fiscal", mas definiu os mesmos fatos antes sob aquela designação, de sorte que se pode considerar revogada a Lei 4.729/1965.

3.2 Crimes contra a ordem tributária

3.2.1 *Os tipos e as penas*

Nos termos do art. 1º da Lei 8.137/1990, constitui crime contra a ordem tributária *suprimir ou reduzir tributo, ou contribuição social e qualquer acessório, mediante as seguintes condutas*: (a) omitir informação, ou prestar declaração falsa às autoridades fazendárias; (b) fraudar a fiscalização tributária, inserindo elementos inexatos, ou omitindo operação de qualquer natureza, em documento ou livro exigido pela lei fiscal; (c) falsificar ou alterar nota fiscal, fatura, duplicata, nota de venda, ou qualquer outro documento relativo à operação tributável; (d) elaborar, distribuir, fornecer, emitir ou utilizar documento que saiba ou deva saber falso ou inexato; (e) negar ou deixar de fornecer, quando obrigatório, nota fiscal ou documento equivalente, relativa a venda de mercadoria ou prestação de serviço, efetivamente realizada, ou fornecê-la em desacordo com a legislação.

O crime de *supressão ou redução de tributo* distingue-se do antigo crime de sonegação fiscal, essencialmente, por ser um crime *material*, ou *de resultado*. Só estará consumado se houver a *supressão* ou a *redução* do tributo.

Para esse crime a pena cominada é de reclusão de dois a cinco anos, e multa, que se calcula de acordo com as normas do Código Penal.

Nos termos do art. 2º da Lei 8.137/1990, constitui crime da mesma natureza, isto é, *crime contra a ordem tributária*: (a) fazer declaração falsa ou omitir declaração sobre rendas, bens ou fatos, ou empregar outra fraude, para eximir-se, total ou parcialmente, de pagamento de tributo; (b) deixar de recolher, no prazo legal, valor de tributo ou de contribuição social, descontado ou cobrado, na qualidade de sujeito passivo de obrigação e que deveria recolher aos cofres públicos; (c) exigir, pagar, ou receber, para si ou para o contribuinte beneficiário, qualquer percentagem sobre a parcela dedutível ou deduzida de imposto ou de contribuição como incentivo fiscal; (d) deixar de aplicar, ou aplicar em desacordo com o estatuído, incentivo fiscal ou parcelas de imposto liberadas por órgão ou entidade de desenvolvimento; (e) utilizar ou divulgar programa de processamento de dados que permita ao sujeito passivo da obrigação tributária possuir informação contábil diversa daquela que é, por lei, fornecida à Fazenda Pública.

Os crimes definidos nesse art. 2º são *formais*, ou de *mera conduta*, vale dizer, restam consumados independentemente do resultado. Isto, porém, não quer dizer que o elemento subjetivo seja irrelevante. Os crimes de que se cuida somente se configuram com a presença do dolo específico. Em outras palavras, o dolo específico é elementar do tipo.

Para esses crimes a pena cominada é de detenção de seis meses a dois anos, e multa, que se calcula nos termos do Código Penal.

3.2.2 *Interpretação benigna*

O tipo inscrito no art. 2º, I, descreve, com maior especificidade, o mesmo fato descrito de forma genérica no art. 1º, I, da Lei 8.137/1990, mas a hipótese de incidência deste último inclui, como elemento nuclear, a conduta de *suprimir ou reduzir tributo*, indicada na cabeça do artigo. Assim, seja em virtude do princípio segundo o qual em matéria penal deve prevalecer a interpretação mais favorável ao réu, seja em face do princípio da especialidade, tem-se que o fato de omitir informação ou prestar declaração falsa às autoridades fazendárias deve ser capitulado no art. 2º, submetendo-se seu autor à pena neste cominada. A norma do art. 1º, I, somente se aplica se estiver inequivocamente comprovado que o resultado *supressão ou redução de tributo* foi alcançado. A dúvida resolve-se a favor do réu.

3.3 Apropriação indébita

3.3.1 *Precedentes*

A Lei 4.357, de 16.7.1964, estabeleceu:

"Art. 11. Inclui-se entre os fatos constitutivos do crime de apropriação indébita, definido no art. 168 do Código Penal, o não recolhimento, dentro de 90 (noventa) dias do término dos prazos legais: a) das importâncias do Imposto de Renda, seus adicionais e empréstimos compulsórios, descontados pelas fontes pagadoras de rendimentos; b) do valor do Imposto de Consumo indevidamente creditado nos livros de registro de matérias-primas (modelos 21 e 21-A do Regulamento do Imposto de Consumo) e deduzido de recolhimentos quinzenais, referente a notas fiscais que não correspondam a uma efetiva operação de compra e venda ou que tenham sido emitidas em nome de firma ou sociedade inexistente ou fictícia; c) do valor do Imposto do Selo recebido de terceiros pelos estabelecimentos sujeitos ao regime de verba especial.

"§ 1º. O fato deixa de ser punível, se o contribuinte ou fonte retentora recolher os débitos previstos neste artigo antes da decisão administrativa de primeira instância no respectivo processo fiscal.

"§ 2º. Extingue-se a punibilidade do crime de que trata este artigo, pela existência, à data da apuração da falta, de crédito do infrator, perante a Fazenda Nacional, autarquias federais e sociedade de economia mista em que a União seja majoritária, de importância superior aos tributos não recolhidos, excetuados os créditos restituíveis nos termos da Lei n. 4.155, de 28 de novembro de 1962.

"§ 3º. Nos casos previstos neste artigo, a ação penal será iniciada por meio de representação da Procuradoria da República, à qual a autoridade julgadora de primeira instância é obrigada a encaminhar as peças principais do feito, destinadas a comprovar a existência de crime, logo após a decisão final condenatória proferida na esfera administrativa.

"§ 4º. Quando a infração for cometida por sociedade, responderão por ela os seus diretores, administradores, gerentes ou empregados cuja responsabilidade no crime for apurada em processo regular. Tratando-se de sociedade estrangeira, a responsabilidade será apurada entre seus representantes, dirigentes e empregados no Brasil."

O Decreto-lei 326, de 8.5.1967, por seu turno, estabeleceu:

"Art. 2º. A utilização do produto da cobrança do imposto sobre produtos industrializados em fim diverso do recolhimento do tributo constitui crime de apropriação indébita definido no art. 168 do Código Penal, imputável aos responsáveis legais da firma, salvo se pago o débito espontaneamente, ou, quando instaurado o processo fiscal, antes da decisão administrativa de primeira instância.

"Parágrafo único. A ação penal será iniciada por meio de representação da Procuradoria da República, à qual a autoridade de primeira instância é obrigada a encaminhar as peças principais do feito, destinadas a comprovar a existência do crime, logo após decisão final condenatória proferida na esfera administrativa."

O antigo TFR chegou a afirmar, por sua 2ª Turma, que a apropriação indébita do IPI não exige o dolo específico, porque, não obstante tenha o art. 2º do Decreto-lei 326/1967 utilizado a rubrica do art. 168 do CP, "criou um delito de formato próprio, com tipicidade determinada" (ACr 4.589-PE, rel. Min. José Cândido, j. 8.6.1982, *RTFR* 93/127). Curioso é observar que o mesmo Tribunal, por seu Plenário, já havia rejeitado a arguição de inconstitucionalidade do mesmo decreto-lei, ao argumento de que "o *caput* da referida regra legal não criou novo tipo penal, limitando-se a proibir que o contribuinte empregue o produto do imposto em fim outro que não seja o recolhimento aos cofres da União e cujo descumprimento reúne em si os elementos do crime definido no art. 168 do estatuto" (Tribunal Pleno, RC 544-SC, rel. Min. Antônio Torreão Braz, j. 11.12.1979, m.v., *RTFR* 82/1-14).

3.3.2 *Não recolhimento de tributo*

A Lei 8.137, de 27.11.1990, estabelece que constitui crime contra a ordem tributária "deixar de recolher, no prazo legal, valor de tributo ou de contribuição social, descontado ou cobrado na condição de sujeito passivo da obrigação e que deveria recolher aos cofres públicos" (art. 2º, II).

Não se diga que o não pagamento do IPI, ou do imposto de renda retido na fonte, ou de contribuições de seguridade social descontadas de empregados, corresponde à apropriação indébita, definida no art. 168 do CP. O contribuinte não se apropria, porque o dinheiro lhe pertence, e não ao Fisco, que é simplesmente credor.

No IPI o sujeito passivo da relação obrigacional tributária é o comerciante, o industrial, ou o produtor, nos termos do art. 51 do CTN. O que este recebe de quem adquire seus produtos é o *preço* destes. Há, entre o comerciante, industrial ou produtor e seu cliente, que lhe compra os produtos, uma relação jurídica de direito comercial, que não se confunde com a relação jurídica de tributação. Tanto assim é que, se o comprador não paga, nem por isto deixa o contribuinte de ser devedor do tributo.

Pode, é certo, estar o valor do IPI incluído no preço dos produtos vendidos. Isto, porém, não faz do industrial mero intermediário, nem do comprador do produto contribuinte do IPI. O valor dos salários pagos pelo industrial também pode estar incluído no preço dos produtos, como o valor do aluguel do prédio em que é instalada a indústria, o valor da conta de energia elétrica, o valor das matérias-primas, entre outros. Nem por isto se pode afirmar que o comprador dos produtos é o empregador, nem o inquilino, nem o cliente da empresa fornecedora de energia, ou da empresa fornecedora de matérias-primas. Nem se pode dizer que o preço dos produtos é formado necessariamente de todos esses elementos.

"O preço pode, de fato, ser assim decomposto, mas não formado, pois o seu *quantum* é fixado pelas condições de mercado, podendo dar maior, menor ou nenhum lucro e até mesmo prejuízo" (José Carlos Graça Wagner, cit. por Ives Gandra da Silva Martins, *Da Sanção Tributária*, São Paulo, Saraiva, 1980, p. 82).

No caso do imposto de renda na fonte, ou das contribuições descontadas dos salários, embora possa parecer que há uma apropriação, na verdade ela não existe, porque o empregador, ao pagar o salário, ou a fonte, ao pagar o rendimento sujeito à incidência do imposto, na verdade está pagando parte de seu débito, e fica a dever o restante, a ser pago ao Fisco. A relação jurídica, em qualquer desses casos, com o Fisco é uma relação de direito obrigacional. A ação executiva a ela correspondente é *pessoal*. Jamais a ação executiva é *real*.

Em qualquer caso, se o contribuinte escritura, em sua contabilidade, os valores a serem pagos ao Tesouro, resta ausente o elemento subjetivo do tipo penal. O dolo é a "vontade livre e consciente de o sujeito se apropriar de coisa alheia móvel de que tem a posse ou detenção". E com essa vontade, que é elementar na apropriação indébita, é inteiramente incompatível a escrituração contábil, como débito do contribuinte, a crédito do Tesouro, das quantias correspondentes aos tributos a serem pagos.

Se as normas que dizem ser crime o não recolhimento de tributos nos prazos legais criam tipo novo, diverso da apropriação indébita, são inconstitucionais, porque afrontam a proibição de prisão por dívida. Se apenas explicitam que esse não recolhimento configura o tipo do art. 168 do CP, sua aplicação somente há de se dar quando presentes todos os elementos daquele tipo, entre os quais o dolo específico, a vontade consciente de fazer próprio o dinheiro do Fisco. E tal elemento, como se disse acima, é inteiramente afastado pela escrituração contábil da dívida, que há de ser entendida como induvidosa e até eloquente manifestação, que é, do propósito de responder pela dívida. Propósito que, evidentemente, não se concilia com a vontade de apropriar-se.

3.3.3 *Tipo novo e prisão por dívida*

Há quem entenda que no art. 2º, II, da Lei 8.137/1990, assim como no art. 95, "d", "e" e "f", da Lei 8.212/1991, tem-se definição de tipo penal novo. Crime de mera conduta, consistente no não recolhimento do tributo, não se devendo, pois, perquirir a respeito da vontade de apropriar-se, posto que não se está mais diante do tipo de apropriação indébita.

Coloca-se, neste caso, a questão de saber se o legislador pode definir como crime uma situação que corresponde a simples inadimplemento do dever de pagar.

Realmente, a Constituição Federal estabelece que "não haverá prisão civil por dívida, salvo a do responsável pelo inadimplemento voluntário e inescusável de obrigação alimentícia e a do depositário infiel" (art. 5º, LXVII). Como ensina Celso Ribeiro Bastos, nos tempos modernos já não se aceita mais prisão do devedor inadimplente, sendo cabível, em seu lugar, a execução do patrimônio do responsável por dívida (*Comentários à Constituição do Brasil*, vol. 2, São Paulo, Saraiva, 1989, p. 304).

Não se diga que a vedação constitucional, porque se reporta apenas à prisão civil, não se opõe à lei ordinária que define como crime o inadimplemento de dívida, para reprimi-lo com pena prisional. Não é assim. A lei ordinária que define como crime o simples inadimplemento de uma dívida e comina para o que nele incorre pena prisional conflita com a norma da Constituição que proíbe a prisão por dívida. Há, na verdade, evidente antinomia entre a norma da Constituição que proíbe a prisão por dívida e aquela da lei ordinária que define como crime o inadimplemento de dívida, para viabilizar, dessa forma, a aplicação da pena prisional ao devedor inadimplente.

É certo que o STF tem manifestações em sentido oposto, admitindo a validade da norma que define como crime o não pagamento de tributo. A tese teria apoio na distinção entre prisão civil e prisão penal. Trata-se, porém, de tese que resulta de uma visão extremamente formalista do Direito, que não se compadece com a moderna Hermenêutica constitucional. O elemento literal, embora essencial, é absolutamente insuficiente na interpretação jurídica e especialmente na interpretação da Constituição.

O sistema jurídico, considerados os valores que alberga, é necessariamente coerente. Suas eventuais antinomias devem ser eliminadas, e quando em conflito se encontram normas de diversa hierarquia a eliminação se faz sem qualquer dificuldade, pela prevalência da norma hierarquicamente superior.

É certo que estamos falando de inadimplência de dívida, e não de práticas fraudulentas. Havendo fraude, justifica-se a incriminação da conduta. A lesão à confiança no relacionamento humano justifica o sacrifício da liberdade.

3.3.4 *Contribuição previdenciária e sistema de informações*

A Lei 9.983, de 14.7.2000, introduziu alterações no Código Penal brasileiro para, entre outras coisas, definir os crimes de "apropriação indébita previdenciária" (art. 168-A), "inserção de dados falsos em sistema de informações" (art. 313-A), "modificação ou alteração não autorizada de sistema de informações" (art. 313-B), e "sonegação de contribuição previdenciária" (art. 337-A).

É razoável entender-se que estão revogados os dispositivos da Lei 8.212/1991 que definem como crime condutas relacionadas com as contribuições previdenciárias, sendo certo, igualmente, que aos crimes concernentes a tais contribuições já não se aplicam os dispositivos da Lei 8.137/1990, posto que os mesmos são agora objeto de lei específica.

Aspecto importante a ser observado é o que diz respeito ao direito intertemporal. Os fatos anteriores aos referidos dispositivos do Código Penal certamente a estes não se submetem. A jurisprudência dirá se realmente é assim.

3.3.5 *Inexigibilidade de outra conduta*

Os TRFs estão admitindo que na hipótese de séria dificuldade financeira, comprovada pela falência da empresa, o não recolhimento de contribuições previdenciárias descontadas de empregados deixa de configurar o crime previsto no art. 95, "d", da Lei 8.212/1991, em face da inexigibilidade de outra conduta. Neste sentido decidiram já o TRF-1ª Região, 3ª Turma, na ACr 96.07591-7, de Minas Gerais, mantendo sentença absolutória (*Revista Dialética de Direito Tributário* 23/201); o TRF-2ª Região, no Inq 00035-ES, rejeitando a denúncia (*Revista Dialética de Direito Tributário* 23/200); o TRF-3ª Região, 1ª Turma, na ACr 9.03.048240-4, julgada em 3.7.1997, mantendo sentença absolutória (*Revista Dialética de Direito Tributário* 24/140-141); o TRF-4ª Região, na ACr 96.04.42970-RS, julgada em 15.5.1997, mantendo sentença absolutória (*Revista Dialética de Direito*

Tributário 23/200-201). Aliás, do TRF-4ª Região, que parece haver sido o pioneiro na adoção dessa tese, existem já diversos precedentes.

A nosso ver, a não exigibilidade de outra conduta configura-se sempre que, em situação de crise financeira, a opção pelo uso do dinheiro disponível para o pagamento de empregados e de dívidas outras seja a única forma de manter a empresa em funcionamento, numa tentativa sincera de superação da crise, depois da qual a dívida tributária será paga.

Não se venha argumentar com o interesse público na arrecadação do tributo, que afastaria a legitimidade da opção por outros pagamentos. Em relação aos salários, a própria lei estabelece expressamente a preferência destes em relação aos tributos (CTN, art. 186). E o pagamento de outras dívidas, quando indispensável para que a empresa continue funcionando, a legitimidade é fora de dúvida, em face do interesse dos empregados na manutenção do emprego, e do próprio Fisco, na manutenção da fonte dos tributos.

4. Sanção administrativa e sanção penal

Inexiste distinção essencial entre o ilícito civil, ou administrativo, e o ilícito penal. Em consequência, não há também distinção essencial entre a sanção civil, ou administrativa, e a sanção penal. A distinção seria apenas valorativa. A sanção penal seria reservada aos que praticam ilícitos mais graves, que mais seriamente ofendem os interesses sociais. A distinção residiria na gravidade da violação da ordem jurídica.

A sanção penal seria mais severa, e talvez por isto, em face do Direito brasileiro, prevalece a ideia de que a especificidade do ilícito penal resulta de ser exclusiva do Poder Judiciário a competência para aplicar a sanção correspondente.

Os atos de descumprimento de leis tributárias continuam ensejando as sanções administrativas – as multas. E ensejam também sanções penais quando não constituam puro e simples inadimplemento da obrigação principal, vale dizer, quando não signifiquem simplesmente o não pagamento do tributo, sem qualquer prática tendente a ocultar ou retardar a exteriorização de seu fato gerador.

Não obstante a doutrina justifique as sanções penais concomitantes com as sanções administrativas com a independência das instâncias, na verdade nada justifica essa duplicidade, que contribui para a complexidade do sistema jurídico e dificulta a repressão dos cometimentos ilícitos.

Como a principal sanção penal é a pena prisional, as normas penais, a partir da Constituição, tendo em vista a proteção da liberdade humana, cercam de cautelas a imposição de sanções penais, garantindo inclusive aos acusados o direito ao silêncio, com o quê tornam inconstitucional a exigência de informações indispensáveis à plenitude da fiscalização tributária.

Ao definir como ilícito penal atos de descumprimento de leis tributárias cria-se, por outro lado, um sério problema no que concerne à responsabilidade.

5. *A questão da responsabilidade penal*

Na medida em que a sanção penal é de natureza prisional, constitui evidente absurdo cogitar-se de responsabilidade de pessoa jurídica. Na verdade, o que se faz é abstrair a existência da pessoa jurídica, para considerar a conduta dos que a dirigem.

Muitos alegam, sem razão, que a ação penal, nos crimes contra a ordem tributária, deve ser recebida ainda quando não descreva a conduta individual de cada denunciado. Seria bastante a descrição do fato capaz de tipificar o crime, ocorrido no âmbito da empresa da qual o denunciado é dirigente. Admitir-se tal argumento é admitir não apenas a responsabilidade objetiva, mas, também, a responsabilidade pelo fato de outrem.

Não são raras as situações nas quais o fato que constitui crime contra a ordem tributária (venda sem emissão de nota fiscal, ou subfaturamento, por exemplo) é praticado por empregado, e até por diretor da empresa, em detrimento desta e em proveito próprio. Os dirigentes da empresa, como seus proprietários, restam lesados, e não é razoável que além de vítimas ainda sejam responsabilizados pelo ilícito fiscal. Justo, portanto, é exigir-se que a denúncia descreva a conduta de cada denunciado.

No sistema jurídico penal brasileiro – como, de resto, acontece em todo o mundo civilizado – a responsabilidade penal depende da culpa ou do dolo do agente. É, portanto, sempre subjetiva e pessoal.

Não vale o argumento segundo o qual a individualização da conduta pode ser feita no curso da ação penal. Tal individualização há de ser prévia, sem o que estará fortemente cerceado o direito de defesa, pois o acusado não saberá do que está sendo acusado, e assim não terá como defender-se.

Inconsistente é o argumento, tantas vezes utilizado pelos que preconizam a chamada denúncia genérica, de que é muito difícil para o Ministério Público a obtenção de elementos que lhe permitam a descrição individualizada das condutas delituosas nos crimes societários. Mais inconsistente, ainda, é a equiparação, que alguns fazem, dos crimes contra a ordem tributária praticados no âmbito da empresa, com os crimes de autoria coletiva, como assaltos, nos quais os autores do ilícito se unem para praticá-lo.

Realmente, mesmo sendo difícil a colheita de informações precisas a respeito da conduta individualizada de cada partícipe do crime, é evidente ser essa colheita mais fácil na fase de inquérito policial, procedimento que tem sido aceito como inquisitório, unilateral, sem a participação da defesa, e por tudo isto com produção de provas evidentemente facilitada, do que durante a ação penal, que se desenvolve com estrita obediência ao contraditório e a ampla defesa em todos os seus passos.

6. Sanções pessoais e patrimoniais

A questão da responsabilidade por cometimentos ilícitos deve ser equacionada a partir da distinção entre as sanções *pessoais* e as sanções *patrimoniais*.

As primeiras são aquelas que afligem diretamente a pessoa natural, e se caracterizam pela possibilidade de serem suportadas *pessoalmente* por qualquer ser humano, independentemente de sua atividade profissional, de sua riqueza, ou qualquer outra qualificação. São as penas ditas corporais. Penas privativas de liberdade, ou de prestação de serviços à comunidade, por exemplo.

As últimas são aquelas que só indiretamente afligem a pessoa natural, e se caracterizam por seu conteúdo patrimonial, e que por isto mesmo somente podem ser suportadas por quem disponha de riqueza.

Para ensejar sanções da primeira espécie a responsabilidade há de ser necessariamente fundada na culpa. Tais sanções, por isto mesmo, somente podem ser aplicadas a pessoas naturais, pois somente em relação a estas se pode falar em culpa.

Para ensejar sanções da segunda espécie não será necessário cogitar de dolo ou culpa. Por isto, tais sanções podem ser aplicadas às pessoas jurídicas, com fundamento na responsabilidade objetiva.

7. Solução adequada

Em face do Direito vigente, a supremacia constitucional praticamente impede a aplicação de sanções penais aos infratores das leis tributárias. Travam-se, todavia, insuperáveis controvérsias, nas quais os que defendem a aplicação das sanções penais invocam sempre o interesse público, argumento sabidamente perigoso, porque agride o princípio da segurança jurídica. E a palavra final, do STF, é imprevisível.

Pensamos que a melhor solução será a revogação das leis que definem como ilícito penal a infração de leis tributárias. Tais infrações, como todas as demais que não demonstrem *periculosidade física,* devem ser definidas como ilícito administrativo fiscal, ensejando sanções patrimoniais, que podem ser exacerbadas em função da gravidade dos cometimentos.

A pena pecuniária, para ser eficaz, deve implicar sacrifício para quem a suporta. Não está sujeita ao limite do art. 150, IV, da CF, que veda a tributação confiscatória.

Em sentido oposto, todavia, manifestou-se já o STF, quando concedeu medida liminar em ação promovida pela Federação Nacional do Comércio para suspender a vigência do art. 3º, parágrafo único, da Lei 8.846/1994, que comina para a hipótese de venda de mercadoria sem a emissão de nota fiscal multa de 300% do valor da operação.

A sanção deve ser, tanto quanto possível, da mesma natureza do cometimento ilícito. Se este não atinge a pessoa, mas o patrimônio, a sanção correspondente não deve ser pessoal, mas patrimonial.

A sanção corporal, de natureza penal, pode ter maior efeito intimidativo, mas não se pode esquecer que um tal efeito intimidativo tem sido considerado irrelevante pela doutrina, que por isto mesmo se manifesta quase unanimemente contrária à pena de morte.

8. Sanções políticas

Prática antiga – que, no Brasil, remonta aos tempos da Ditadura de Vargas – é a das denominadas *sanções políticas*, que consistem nas mais diversas formas de restrições a direitos do contribuinte como forma oblíqua de obrigá-lo ao pagamento de tributos.

São exemplos mais comuns de sanções políticas a apreensão de mercadorias em face de pequena irregularidade no documento fiscal que as acompanha, o denominado regime especial de fiscalização, a recusa de autorização para imprimir notas fiscais, a inscrição em cadastro de inadimplentes com as restrições daí decorrentes, a recusa de certidão negativa de débito quando não existe lançamento consumado contra o contribuinte, entre muitos outros.

As sanções políticas são flagrantemente inconstitucionais, entre outras razões, porque: (a) implicam indevida restrição ao direito de exercer atividade econômica, independentemente de autorização de órgãos públicos, assegurado pelo art. 170, parágrafo único, da vigente CF; e (b) configuram cobrança sem o devido processo legal, com grave violação do direito de defesa do contribuinte, porque a autoridade que a este impõe a restrição não é a autoridade competente para apreciar se a exigência do tributo é ou não legal.

Apesar de inconstitucionais, as sanções políticas são hoje largamente praticadas, no mais das vezes por puro comodismo das autoridades da Administração Tributária, que nelas encontram meio fácil de fazer a cobrança de tributos. Tem sido frequente, assim, a impetração de mandados de segurança para garantir ao contribuinte a prática de certos atos, livrando-o das sanções políticas.

Ocorre que do deferimento do *writ* nenhuma consequência decorre capaz de inibir tais práticas arbitrárias. Por isto proliferam, e se repetem, até para o mesmo beneficiário da ordem judicial, que tem de ser repetida em todos os casos, gerando enorme encargo para o Judiciário.

O caminho para inibir as sanções políticas é a ação de indenização por perdas e danos contra a entidade pública, com fundamento no art. 37 e seu § 6º da vigente CF, e também contra o agente público – vale dizer, a autoridade pública responsável pela ilegalidade –, com fundamento no art. 186 do CC. A sanção política, conforme o caso, pode causar dano moral, dano material e lucros cessantes, tudo a comportar a respectiva indenização, desde que devidamente demonstrados.

Enquanto ninguém for responsabilizado pelas práticas ilegais o Fisco vai continuar agindo de forma arbitrária, porque as autoridades não estão preocupadas de nenhum modo com a legalidade. Mesmo que haja responsabilização da entidade pública, a ilegalidade seguirá sendo praticada, porque cada governante vai deixar o problema da indenização para o sucessor, cuidando apenas de protelar o desfecho da questão. Entretanto, no momento em que a autoridade sentir-se responsabilizada, pessoalmente, pela conduta ilegal ou abusiva, certamente vai pensar bem antes de prosseguir em sua prática.

Há quem sustente que a responsabilização do agente público por ilegalidades tornará impossível o desempenho do cargo de agente fiscal, em face da insegurança jurídica. As leis são complexas e a jurisprudência geralmente alberga divergências. O agente fiscal nunca saberia como agir para não terminar sendo responsabilizado por eventuais danos ao contribuinte.

Tal argumento, embora à primeira vista pareça procedente, na verdade não resiste a um exame mais atento. Em primeiro lugar porque à mesma insegurança estamos todos submetidos, e o contribuinte, quando viola a lei, submete-se a pesadas multas, sem que o Fisco admita a seu favor o argumento fundado na complexidade das leis e nas divergências jurisprudenciais. Em segundo lugar, a responsabilidade do agente público só será a final reconhecida e afirmada na sentença que o condenar ao pagamento da indenização se o juiz restar convencido de que realmente configurou-se sua culpa ou dolo. Esses elementos subjetivos devem ser apreciados pelo juiz, em cada caso. O que não é razoável é admitir, sob o pretexto da insegurança jurídica, uma conduta inteiramente irresponsável daquele que age em nome do Estado.

9. Extinção da punibilidade pelo pagamento

9.1 No âmbito penal

A questão da extinção da punibilidade pelo pagamento do tributo tem sido objeto de sérias divergências. De um lado os que pretendem um direito penal desprovido de utilitarismo, sustentando que admitir a extinção da punibilidade pelo pagamento implica favorecer os mais abastados, que poderão livrar-se da sanção pagando o tributo cobrado. De outro, os que sustentam que a criminalização do ilícito tributário é, na verdade, desprovida de conteúdo ético, prestando-se mesmo como instrumento para compelir o contribuinte ao pagamento do tributo e que, por isto, deve ser premiado o que paga porque permite seja alcançado o objetivo a final buscado com a cominação da sanção penal.

Talvez por causa dessa controvérsia a lei tem sofrido constantes alterações. Ora admite, ora não admite a extinção da punibilidade com o pagamento do tributo. Por último vinha admitindo a extinção da punibilidade desde que o pagamento ocorresse antes do recebimento da denúncia, e, tratando-se de contribuições de seguridade social, antes do início da ação fiscal. A Lei 10.684, de 30.5.2003, que estabeleceu forma especial de parcelamento de débitos fiscais, determinou a suspensão da pretensão punitiva tanto em relação aos crimes contra a ordem tributária como em relação aos crimes ditos de apropriação indébita e de sonegação de contribuições de previdência social. E o STF já consagrou o entendimento segundo o qual, em face dessa lei, o pagamento do débito tributário a qualquer tempo extingue a punibilidade de qualquer desses crimes, mesmo depois do recebimento da denúncia. E, a nosso ver, mesmo depois da sentença condenatória, mesmo com trânsito em julgado.

A rigor, a extinção da punibilidade nos crimes contra a ordem tributária opera-se como decorrência de qualquer das causas de extinção do crédito tributário. Não apenas em decorrência do pagamento, mas também em decorrência da compensação, da transação, da remissão, da prescrição e da decadência, da conversão do depósito em renda, do pagamento antecipado e da homologação do lançamento respectivo, da consignação em pagamento, da decisão administrativa irreformável e da decisão judicial com trânsito em julgado que tenham afirmado a improcedência da cobrança do tributo, da dação em pagamento e, ainda, de outras causas não enumeradas no art. 156 do CTN, tais como a novação e a confusão. Extinto o crédito tributário, estará extinta a punibilidade relativamente ao crime concernente ao mesmo crédito.

É possível, sim, a utilização da analogia em matéria penal, desde que para favorecer o acusado. No caso, porém, nem é necessária a aplicação analógica. Basta a interpretação extensiva da norma que determina a extinção da punibilidade pelo pagamento. Interpretação extensiva que se impõe pelo princípio de que o favorável deve ser ampliado, enquanto o odioso deve ser restringido. A palavra "pagamento", nessa norma, tem sentido amplo. Significa *extinção do crédito tributário*. Aliás, seria até ridículo admitir que a dação em pagamento, por exemplo, ou a compensação, ou a consignação em pagamento, ou a decisão judicial que afirma não existir a dívida tributária não são causas de extinção da punibilidade.

Não temos dúvida de que a criminalização do ilícito tributário tem na verdade objetivos utilitaristas. Visa realmente a compelir o contribuinte ao pagamento do tributo. Não tem conteúdo ético algum, até porque as autoridades fazendárias não respeitam os princípios éticos no trato com os contribuintes. Deles na verdade pretendem obter, a qualquer custo, recursos financeiros para um Estado que se revela cada vez menos eficiente na prestação dos serviços públicos.

9.2 No âmbito administrativo

No âmbito das penalidades administrativas a questão se resolve nos termos do art. 138 do CTN. Se o pagamento é feito com a denúncia espontânea da infração, nenhuma penalidade pode ser aplicada. Se, todavia, é feito em face de exigência formalizada em ação fiscal, o pagamento do crédito tributário feito no prazo estabelecido para a impugnação do auto de infração, ou no prazo para o recurso administrativo, implica redução do valor da multa, que geralmente vem estabelecido na lei específica de cada tributo.

Essa redução do valor da multa, nas hipóteses em que o contribuinte renuncia ao direito de impugnar, ou de recorrer, constitui uma forma oblíqua de punir o sucumbente. Por isto, temos sustentado que a lei deveria estabelecer a sucumbência também para a Fazenda Pública, dando, assim, um tratamento isonômico aos litigantes.

10. Exclusão da punibilidade

Interessante hipótese de exclusão da punibilidade pode ser vista no inadimplemento, pelo Poder Público, do dever imposto pelo art. 212 do CTN.

Realmente, segundo o art. 212 do CTN, os Poderes Executivos Federal, Estaduais e Municipais têm o dever de expedir, anualmente, por decreto, até o dia 31 de janeiro de cada ano, a consolidação, em texto único, da legislação vigente relativa a cada um dos seus tributos. Ocorre que esse dever vem sendo descumprido, com absoluto desrespeito ao direito do contribuinte à informação.

É certo que ninguém se exime do cumprimento da lei alegando que a desconhece. Por isto mesmo, a não expedição da consolidação em texto único das leis de cada tributo não desobriga o contribuinte do respectivo pagamento. É razoável, porém, entender-se que, tratando-se de tributo cuja legislação vem sendo alterada com frequência, o contribuinte tem a sua punibilidade excluída pelo inadimplemento, pelo Poder Público, do seu dever de facilitar o conhecimento da lei vigente.

11. Prévio exaurimento da via administrativa

Questão de grande interesse e atualidade em matéria de crimes contra a ordem tributária consiste em saber se o Ministério Público pode oferecer denúncia antes da decisão final da autoridade no processo administrativo. Admitir-se que sim implica admitir o uso da ação penal como instrumento para constranger o contribuinte ao pagamento de tributo, que pode não ser devido. Assim, para que sejam preservados os direitos constitucionais do contribuinte, entre os quais o de pagar apenas os tributos devidos, e de utilizar-se, para esse fim, do direito ao contraditório e à ampla defesa, inclusive no processo administrativo, não se pode admitir denúncia sem o prévio exaurimento da via administrativa.

Por isto mesmo a lei determinou que a representação fiscal, para fins penais, relativa aos crimes contra a ordem tributária será encaminhada ao Ministério Público após proferida a decisão final, na esfera administrativa, sobre a existência fiscal do crédito tributário correspondente.

A questão está, hoje, resolvida pela Súmula Vinculante 24 do STF, segundo a qual "não se tipifica crime material contra a ordem tributária, previsto no art. 1º, incisos I a IV, da Lei n. 8.137/90, antes do lançamento definitivo do tributo". Mesmo assim, é importante que se conheça o que antes se discutiu a respeito, e por isto mantemos o que havíamos escrito em edições anteriores deste *Curso*.

No julgamento do HC 81.611, dia 10.12.2003, o STF fixou finalmente sua jurisprudência no sentido da tese que temos defendido. O assunto rendeu divergências, tanto que a decisão não foi unânime. Restaram vencidos a Min. Ellen Gracie e os Mins. Joaquim Barbosa e Carlos Britto. Importante, porém, é que, a final, restou afastada a possibilidade de uso da ação penal como instrumento de coação contra o contribuinte com o objetivo de impedir que o mesmo conteste, pelas vias legais, a cobrança de tributo indevido.

Esse aspecto foi destacado, com inteira propriedade, pelo Min. Nelson Jobim, sustentando que no processo administrativo fiscal o contribuinte exerce seu direito ao contraditório e à ampla defesa, e a instauração de ação penal antes de concluído esse processo administrativo consubstancia uma ameaça ao contribuinte.

Quem conhece o comportamento do Ministério Público, que em muitos casos atua como verdadeiro cobrador de impostos, sabe muito bem que a ameaça de ação penal pode levar o contribuinte a pagar o tributo mesmo quando seja este flagrantemente indevido. E isto, evidentemente, não é compatível com o Estado Democrático de Direito, no qual deve ser assegurado a todos o direito de não pagar tributos indevidos.

O Min. Sepúlveda Pertence, Relator do caso, já se havia manifestado no sentido da tese que a final prevaleceu. Profundo conhecedor do direito penal, sustentou a falta de justa causa para a ação penal antes do lançamento definitivo, por se tratar de um crime de resultado. E, na verdade, a ação penal antes do lançamento definitivo pode conduzir a uma situação verdadeiramente absurda, na qual o Estado-juiz pune alguém por supressão ou redução de tributo e o mesmo Estado, como Administração Tributária, diz que nenhum tributo lhe era devido.

Duas palavras, porém, devem ser ditas em relação à tese adotada pelos votos vencidos. A Min. Ellen Gracie, com o apoio dos Mins. Joaquim Barbosa e Carlos Britto, sustentou que aguardar o julgamento administrativo poderia levar à impunidade, em face da prescrição. Essa tese, *data venia*, é inconsistente, porque o Estado tem meios para evitar a demora no julgamento do processo administrativo, e não se justifica de modo algum que, a pretexto de evitar a prescrição, seja amesquinhado o direito fundamental do contribuinte de defender-se contra a exigência de tributo indevido.

Ressalte-se, finalmente, que o Min. Joaquim Barbosa, mesmo tendo, a final, aderido à tese da Min. Ellen Gracie, afirmou "a necessidade de tratamento harmônico da matéria nas esferas administrativa, penal e civil", pois "a desarmonia entre elas poderia acarretar a indesejável coincidência da condenação penal seguida do reconhecimento da inexistência do débito fiscal na esfera administrativa".

Essa possibilidade é bem mais preocupante que a de ocorrência de prescrição – que, aliás, pode ser contornada pelo próprio STF com a tese sustentada por alguns de seus ministros no sentido de que a prescrição não corre enquanto pendente de julgamento o processo administrativo fiscal.

A questão essencial, na verdade, consiste em saber se é juridicamente válido o uso da ação penal como instrumento de coação para obrigar o contribuinte a pagar tributos sem direito de questionar a legalidade destes. E o STF merece aplausos da comunidade jurídica pela resposta a ela oferecida, com a qual contribui positivamente para a construção, no Brasil, de um Estado Democrático de Direito.

Quando não tenha sido iniciada ação fiscal e o Ministério Público tenha, por outros meios, notícia do crime, deve este oficiar à autoridade administrativa para que instaure a ação fiscal. Somente nas hipóteses em que disponha de suficientes indícios de corrupção passiva, prevaricação ou outro crime cometido pela autoridade administrativa, no âmbito dos fatos relacionados com o ilícito penal imputável ao contribuinte, poderá desde logo oferecer denúncia contra este, e, em tais hipóteses, há de denunciar também a autoridade administrativa.

12. Crime de supressão ou redução de tributo e imunidade

12.1 Elemento essencial do tipo

O crime definido no art. 1º da Lei 8.137/1990 é de resultado, vale dizer, só se consuma quando ocorre a supressão ou redução de tributo devido. Em outras palavras, a existência de tributo devido é elemento essencial do tipo. Assim, se não há tributo devido não se consuma o crime.

A consideração de que a existência de tributo devido é elemento essencial do tipo é da maior importância, porque implica a não configuração do crime em face do erro de tipo, que se caracteriza pelo erro na interpretação da lei tributária, como adiante será explicado.

O dolo específico é elemento essencial do tipo, tanto no crime definido no art. 1º como no crime definido no art. 2º, I, da Lei 8.137/1990. Pode parecer que este último é um crime formal, ou de mera conduta. Não é. Para que o tipo se complete é necessário que a conduta descrita na lei seja apta a impedir o conhecimento, pela autoridade lançadora do tributo, da situação de fato que enseja o lançamento deste. Podemos, então, afirmar que no art. 2º, I, é descrita conduta que configura a tentativa da prática do crime previsto no art. 1º, posto que é conduta apta a suprimir ou reduzir tributo.

12.2 Fatos relativos a entidade imune

Consequência inexorável do que se disse no item precedente é que, se os fatos descritos nos incisos do art. 1º ou no art. 2º da Lei 8.137/1990 ocorrem no âmbito de uma pessoa jurídica imune ao tributo respectivo, o crime não se configura, exatamente em face da inexistência de tributo devido.

Essa tese já foi acolhida pelo TRF-5ª Região, que deferiu *habeas corpus* impetrado em favor de diretor de instituição titular de imunidade tributária, denunciado por suposto cometimento do crime previsto no art. 1º da Lei 8.137/1990.

13. Crimes contra a ordem tributária e interpretação da lei tributária

No estudo do crime de supressão ou redução de tributo, como dos demais tipos de crimes contra a ordem tributária, é da maior importância o conhecimento do que os penalistas denominam *erro de tipo*. Se o contribuinte deixa de recolher um tributo, ou o recolhe em montante menor que o devido, porque cometeu um erro na interpretação da lei tributária, tem-se configurado um erro de tipo, que exclui o dolo, elemento essencial dos tipos penais em questão. Em outras palavras, podemos dizer que o crime de supressão ou redução de tributo bem como os demais crimes contra a ordem tributária, definidos na Lei 8.137, de 27.12.1990, não se configuram em face de erro na interpretação da lei tributária.

Entendimento diverso, aliás, terminaria por amesquinhar o princípio da legalidade, passando a prevalecer, sempre, não exatamente a lei tributária, mas a interpretação dada a esta pelo Fisco. O contribuinte teria de acatar sempre essa interpretação. Mesmo quando a questionasse, administrativa ou judicialmente, teria de se submeter a ela até o advento de decisão final que lhe reconhecesse razão, sob pena de sofrer a ação penal por crime contra a ordem tributária.

BIBLIOGRAFIA

a) Nacional

AKSELRAD, Moisés. *Conceitos, Estudos e Prática de Direito Tributário*.São Paulo, LTr, 1980.

________. *Teoria e Prática de Direito Tributário*. São Paulo, Juarez de Oliveira, 1999.

AKSELRAD, Sibele de Andrade Taques. *Compensação de Créditos Tributários – Doutrina e Jurisprudência*. São Paulo, Juarez de Oliveira, 1999.

ALBUQUERQUE, Leonel Araújo de. *A Inflação e a Tributação das Pessoas Jurídicas*. Brasília, ESAF, 1984.

AMARO, Luciano. *Direito Tributário Brasileiro*. 4ª ed. São Paulo, Saraiva, 1999.

ANDRADE JÚNIOR, Attila de Souza Leão Andrade. *Comentários sobre a Nova Lei do Imposto sobre a Renda das Pessoas Jurídicas*. Brasília, Brasília Jurídica, 1996.

ARZUA, Heron. *Contribuição ao Estudo dos Tributos Parafiscais*. São Paulo, Resenha Tributária, 1974.

ATALIBA, Geraldo. *Apontamentos de Ciência das Finanças, Direito Financeiro e Tributário*. São Paulo, Ed. RT, 1969.

________. *Hipótese de Incidência Tributária*. 6ª ed., 12ª tir. São Paulo, Malheiros Editores, 2011.

________. *Lei Complementar na Constituição*. São Paulo, Ed. RT, 1971.

________. *Sistema Constitucional Tributário Brasileiro*. São Paulo, Ed. RT, 1968.

ÁVILA, Humberto. *Sistema Constitucional Tributário*. São Paulo, Saraiva, 2004.

ÁVILA, René Izoldi. *A Distribuição Disfarçada de Lucros na Constituição e Extinção da Sociedade Anônima*. Porto Alegre, Síntese, 1978.

________. *Direito Tributário na Prática*. Porto Alegre, Síntese, 1977.

________. *Imposto de Renda Pessoa Jurídica, Decreto-lei 1958 Comentado e Aplicado*. Porto Alegre, Síntese, 1978.

________. *Os Incentivos Fiscais no Mercado de Capitais*. Porto Alegre, Livraria Sulina Editora, 1969.

BALEEIRO, Aliomar. *Direito Tributário Brasileiro*. 2ª ed. Rio de Janeiro, Forense, 1970; 10ª ed. 1981; 14ª ed. 1990.

________. *Limitações Constitucionais ao Poder de Tributar*. 3ª ed. Rio de Janeiro, Forense, 1974; 7ª ed. 1997.

________. *Uma Introdução à Ciência das Finanças*. vols. I e II. Rio de Janeiro, Forense, 1955.

BANDEIRA DE MELLO, Oswaldo Aranha. *Princípios Gerais de Direito Administrativo*. 1ª ed., vol. I. Rio de Janeiro, Forense, 1969; 3ª ed. São Paulo, Malheiros Editores, 2007.

BAPTISTA, Marcelo Caron. *ISS do Texto à Norma*. São Paulo, Quartier Latin, 2005.

BARBOSA, Denis Borges. *Tributação da Propriedade Industrial e do Comércio de Tecnologia*. São Paulo, Ed. RT, 1984.

BARBOSA, Ruy. *Finanças e Política da República*. Rio de Janeiro, Capital Federal Companhia Impressora, 1892.

BARRETO, Aires. *Base de Cálculo, Alíquotas e Princípios Constitucionais*. São Paulo, Ed. RT, 1987.

________. *Curso de Direito Tributário Municipal*. São Paulo, Saraiva, 2009.

BARROS, José Fernando Cedeño de. *Aplicação dos Princípios Constitucionais do Processo no Direito Tributário*. São Paulo, Saraiva, 1996.

BASTOS, Celso Ribeiro. *Comentários à Constituição do Brasil*. vol. 2. São Paulo, Saraiva, 1989.

________. *Curso de Direito Financeiro e de Direito Tributário*. São Paulo, Saraiva, 1991.

BECHO, Renato Lopes. *Sujeição Passiva e Responsabilidade Tributária*. São Paulo, Dialética, 2000.

________. *Tributação das Cooperativas*. São Paulo, Dialética, 1998.

BECKER, Alfredo Augusto. *Teoria Geral do Direito Tributário*. São Paulo, Saraiva, 1963.

BERTI, Flávio de Azambuja. *Impostos – Extrafiscalidade e Não Confisco*. 1ª ed., 3ª tir. Curitiba, Juruá, 2005.

________. *Pedágio – Natureza Jurídica*. Curitiba, Juruá, 2004.

BEZERRA, Agostinho Fernandes. *As Tarifas Internas na 1ª República*. Brasília, ESAF, 1986.

BONAVIDES, Paulo. *Ciência Política*. 18ª ed. São Paulo, Malheiros Editores, 2011.

________. *Do Estado Liberal ao Estado Social*. 9ª ed., São Paulo, Malheiros Editores, 2009.

BONILHA, Celso B. *Da Prova no Processo Administrativo Tributário*. 2ª ed. São Paulo, Dialética, 1997.

BONILHA, Paulo Celso Bergstrom. *Da Prova no Processo Administrativo Tributário*. 2ª ed. São Paulo, Dialética, 1997.

BRASIL, Francisco de Souza. *O ICM e os Impostos sobre Vendas no Brasil*. Rio de Janeiro, Forense, 1987.

BUENO, Cassio Scarpinella. *Liminar em Mandado de Segurança*. São Paulo, Ed. RT, 1997.

BULHÕES, Octavio Gouvêa de. *Dois Conceitos de Lucro*. Rio de Janeiro, Apec Editora, 1969.

CABRAL, Antônio da Silva. *Processo Administrativo Fiscal*. São Paulo, Saraiva, 1993.

CANTIZANO, Dagoberto Liberato. *O Sistema Tributário da Constituição e suas Implicações no Direito Tributário Nacional*. Rio de Janeiro, Ed. Rio, 1978.

CANTO, Gilberto de Ulhôa. *Estudos e Pareceres de Direito Tributário*. São Paulo, Ed. RT, 1975.

________. *Temas de Direito Tributário*. Rio de Janeiro, Alba, 1963.

CARON, Osvaldo. *Temas de Direito Tributário*. São Paulo, Max Limonad, 1976.

CARRAZZA, Roque Antonio. *Curso de Direito Constitucional Tributário*. 27ª ed. São Paulo, Malheiros Editores, 2011.

________. *Imposto sobre a Renda (Perfil Constitucional e Temas Específicos)*. 3ª ed. São Paulo, Malheiros Editores, 2009.

________. *O Regulamento no Direito Tributário Brasileiro*. São Paulo, Ed. RT, 1981.

________. *Princípios Constitucionais Tributários e Competência Tributária*. São Paulo, Ed. RT, 1986.

________. *Sujeito Ativo da Obrigação Tributária*. São Paulo, Resenha Tributária, 1977.

CARVALHO, A. A. Contreiras de. *Doutrina e Aplicação do Direito Tributário*. Rio de Janeiro, Freitas Bastos, s/d.

CARVALHO, Clóvis Martins. *Manual do ISTR (Imposto sobre os Serviços de Transporte Rodoviário Intermunicipal e Interestadual de Passageiros e Cargas)*. São Paulo, Resenha Tributária, 1976.

CARVALHO, Darnay. *Atividades Imobiliárias perante a Legislação do Imposto de Renda (Decreto-lei 1.381, de 1974)*. São Paulo, Hermeron Editora, 1974.

CARVALHO, Paulo de Barros. *Curso de Direito Tributário*. Saraiva, São Paulo, 1985; 13ª ed. 2000; 15ª ed. 2003.

________. *Teoria da Norma Tributária*. São Paulo, Ed. RT, 1981.

CARVALHOSA, Modesto. *Comentários à Lei das Sociedades Anônimas*. vol. 1. São Paulo, Saraiva, 1997.

CASSONE, Vittorio. *Direito Tributário*. 11ª ed. São Paulo, Atlas, 1999.

________. *Sistema Tributário Nacional na Nova Constituição*. São Paulo, Atlas, 1989.

CASTRO, Augusto Olympio Viveiros de. *Tratado dos Impostos*. Rio de Janeiro, Laemmertz & Cia. Editores, 1901.

CELESTINO, João Baptista. *Direito Tributário nas Escolas*. 1ª ed. São Paulo, Sugestões Literárias, 1974; 3ª ed. 1979.

COELHO, Fábio Ulhoa. *Desconsideração da Personalidade Jurídica*. São Paulo, Ed. RT, 1989.

COELHO, José Washington. *Código Tributário Nacional Interpretado*. Rio de Janeiro, "Correio da Manhã", 1968.

COÊLHO, Sacha Calmon Navarro. *Comentários à Constituição de 1988 – Sistema Tributário*. 2ª ed. Rio de Janeiro, Forense, 1990.

________. *Infrações Tributárias e suas Sanções*. São Paulo, Resenha Tributária, 1982.

________. *Liminares e Depósitos Antes do Lançamento por Homologação – Decadência e Prescrição*. São Paulo, Dialética, 2000.

________. *Teoria Geral do Tributo e da Exoneração Tributária*. São Paulo, Ed. RT, 1982.

CONTI, José Maurício. *Sistema Constitucional Tributário – Interpretado pelos Tribunais*. São Paulo/Belo Horizonte, Oliveira Mendes/Del Rey, 1997.

COSTA, Antônio José da. *Da Regra-Padrão de Incidência do Imposto sobre a Propriedade Predial e Territorial Urbana*. Rio de Janeiro, Forense, 1985.

COSTA, Célio Silva. *Da Irresponsabilidade Tributária do Sócio e do Administrador da Sociedade Comercial*. Rio de Janeiro, Liber Juris, 1985.

________. *Teoria e Prática do Direito Tributário*. Rio de Janeiro, Ed. Rio, 1976.

COSTA, Regina Helena. *Curso de Direito Tributário – Constituição e Código Tributário Nacional*. São Paulo, Saraiva, 2009.

________. *Princípio da Capacidade Contributiva*. 3ª ed. São Paulo, Malheiros Editores, 2003.

CRETELLA JÚNIOR, José. *Curso de Direito Tributário Constitucional*. 1ª ed. Rio de Janeiro, Forense Universitária, 1993.

CRETTON, Ricardo Aziz. *Os Princípios da Proporcionalidade e da Razoabilidade e sua Aplicação no Direito Tributário*. Rio de Janeiro, Lumen Juris, 2001.

CRUZ, Antônio Maurício da. *O IPI – Limites Constitucionais*. São Paulo, Ed. RT, 1984.

CRUZ, Paulo G. Bandeira da. *Cisão de Sociedades no Direito Tributário*. São Paulo, Saraiva, 1981.

DECOMAIN, Pedro Roberto. *Anotações ao Código Tributário Nacional*. São Paulo, Saraiva, 2000.

DENARI, Zelmo. *Curso de Direito Tributário*. 8ª ed. São Paulo, Atlas, 2002.

________. *Decadência e Prescrição Tributária*. Rio de Janeiro, Forense, 1984.

________. *Elementos de Direito Tributário*. São Paulo, Juriscrédi, 1973.

________. *Solidariedade e Sucessão Tributária*. São Paulo, Saraiva, 1977.

DERZI, Misabel de Abreu Machado. *Direito Tributário, Direito Penal e Tipo*. São Paulo, Ed. RT, 1988.

________. *Modificações da Jurisprudência no Direito Tributário*. São Paulo, Noeses, 2009.

DESLANDES, Rosenice. *Denúncia Espontânea*. Rio de Janeiro, Forense,1997.

DIAS, José do Nascimento, e NASCIMENTO, David Loureiro. *Imposto de Renda Pessoa Jurídica – Legislação Anotada*. São Paulo, Atlas, 1998.

DINIZ, Maria Helena. *Dicionário Jurídico*. São Paulo, Saraiva, 1998.

DOMINGUES, José Marcos. *Direito Tributário e Meio Ambiente*. 3ª ed. Rio de Janeiro, Forense, 2007.

DÓRIA, Antônio Roberto Sampaio. *Direito Constitucional Tributário e "Due Process of Law"*. 2ª ed. Rio de Janeiro, Forense, 1986.

________. *Distribuição Disfarçada de Lucros e Imposto de Renda*. São Paulo, Resenha Tributária/EDUC, 1975.

DORNELLES, Francisco Neves. *A Dupla Tributação Internacional da Renda*. Rio de Janeiro, FGV, 1979.

ESTEVES, Maria do Rosário. *Normas Gerais de Direito Tributário*. São Paulo, Max Limonad, 1997.

FABRETTI, Láudio Camargo. *Código Tributário Nacional Comentado*. São Paulo, Saraiva, 1998.

FALCÃO, Amílcar de Araújo. *Introdução ao Direito Tributário*. Rio de Janeiro, Edições Financeiras, 1959.

________. *Sistema Tributário Brasileiro (Ideias Gerais sobre Discriminação de Rendas)*. 1ª ed. Rio de Janeiro, Edições Financeiras, 1965.

FANUCCHI, Fábio. *A Decadência e a Prescrição em Direito Tributário Brasileiro*. 3ª ed. São Paulo, Resenha Tributária,1976.

________. *Curso de Direito Tributário Brasileiro*. 3ª ed., vols. I e II. São Paulo, Resenha Tributária/MEC, 1975.

________. *Reforma Constitucional Tributária*. São Paulo, Atlas, 1966.

FELIPE, Jorge Franklin Alves. *Direito Tributário na Prática Forense*. Rio de Janeiro, Forense, 1987.

FERRAZ, Roberto (coord.). *Princípios e Limites da Tributação*. São Paulo, Quartier Latin, 2005.

FERREIRA, Ademar. *Direito Fiscal*. São Paulo, Saraiva, 1961.

FIGUEIREDO, Lúcia Valle. *Estudos de Direito Tributário*. São Paulo, Malheiros Editores, 1996.

FLORENZANO, Zola. *Curso Superior de Direito Tributário*. Rio de Janeiro, Instituto de Cultura Jurídica/Revista Fiscal, s/d.

________. *Os Impostos no Brasil*. Rio de Janeiro, Instituto de Cultura Jurídica, s/d.

FLORIDO, Luiz Augusto Irineu. *Curso de Direito Tributário*. São Paulo, Saraiva, 1980.

FOLMANN, Melissa (coord.). *Tributação e Direitos Fundamentais – Propostas de Efetividade*. Curitiba, Juruá, 2006.

FOLLONI, André Parmo. *Tributação sobre o Comércio Exterior*. São Paulo, Dialética, 2005.

GALLO, Antonio Felippe A. *Compêndio de Direito Tributário*. São Paulo, Saraiva, 1980.

GASPAR FILHO, Walter. *Curso Programado de Direito Tributário*. Rio de Janeiro, Ed. Rio, 1982.

GASTALDI, J. Petrelli. *Iniciação ao Curso de Direito Tributário*. São Paulo, Saraiva, 1965.

GODOI, Marciano Seabra de. *Justiça, Igualdade e Direito Tributário*. São Paulo, Dialética, 1999.

GODOY, Walter. *Os Direitos dos Contribuintes*. 2ª ed. Porto Alegre, Síntese, 2003.

GOMES, Carlos Roberto de Miranda; e CASTRO, Adilson Gurgel de. *Curso de Direito Tributário*. São Paulo, Saraiva, 1987.

GOMES, Luiz Souza. *Dicionário Econômico e Financeiro*. 9ª ed. Rio de Janeiro, Borsói, s/d.

GONÇALVES, José Artur Lima. *Imposto sobre a Renda – Pressupostos Constitucionais*. 1ª ed., 2ª tir. São Paulo, Malheiros Editores, 2002.

GOUVEIA, Evaristo Paulo. *Imposto Geral sobre Operações ou Transações, Usando como Base Tributável o Valor Agregado*. São Paulo, José Bushatsky Editor, 1976.

GRAU, Eros Roberto. *A Ordem Econômica na Constituição de 1988 (Interpretação e Crítica)*. 14ª ed. São Paulo, Malheiros Editores, 2010.

________. *Correção Monetária: Concordata e Créditos Fiscais*. São Paulo, Ed. RT, 1974.

________. *Planejamento Econômico e Regra Jurídica*. São Paulo, Ed. RT, 1978.

________. *Elementos de Direito Econômico*. São Paulo, Ed. RT, 1981.

________. *Direito, Conceitos e Normas Jurídicas*. São Paulo, Ed. RT, 1988.

GRECO, Marco Aurélio. *Contribuições (Uma Figura "Sui Generis")*. São Paulo, Dialética, 2000.

________. *Dinâmica da Tributação e Procedimento*. São Paulo, Ed. RT, 1979.

________. *Internet e Direito*. São Paulo, Dialética, 2000.

________. *Norma Jurídica Tributária*. São Paulo, Saraiva/EDUC, 1974.

________. *Planejamento Tributário*. São Paulo, Dialética, 2004.

GRINOVER, Ada Pellegrini, BULGARELLI, Waldírio, GRAU, Eros Roberto, MARTINS, Ives Gandra da Silva, SÁ, Carlos Fernando de A., SILVA, Luís Eduardo Lopes da, VEIGA JÚNIOR, Marcello Uchoa da, VIDIGAL, Geraldo de Camargo, e WAGNER, José Carlos G. *Análise Jurisprudencial*. São Paulo, Resenha Tributária, 1977.

GUIMARÃES, Carlos da Rocha. *Prescrição e Decadência*. Rio de Janeiro, Forense,1980.

GUIMARÃES, Ylves José de Miranda. *A Situação Atual da Parafiscalidade no Direito Tributário*. São Paulo, José Bushatsky Editor, 1977.

________. *ICM – Análise e Princípios Estruturais*. São Paulo, LTr, 1976.

HAMATI, Cecília Maria Marcondes. *Curso de Direito Tributário*. São Paulo, Malheiros Editores, 1996.

HARADA, Kiyoshi. *Direito Financeiro e Tributário*. 12ª ed. São Paulo, Atlas, 2004.

HENRY, Eduardo Y. *Do Imposto sobre Circulação de Mercadorias*. São Paulo, Saraiva, 1974.

HILÚ NETO, Miguel. *Imposto sobre Importações e Imposto sobre Exportações*. São Paulo, Quartier Latin, 2003.

HORVATH, Estevão. *Lançamento Tributário e "Autolançamento"*. São Paulo, Dialética, 1997.

_________. *O Princípio do Não Confisco no Direito Tributário*. São Paulo, Dialética, 2002.

ICHIHARA, Yoshiaki. *Direito Tributário: uma Introdução*. São Paulo, Atlas, 1979.

_________. *Imunidades Tributárias*. São Paulo, Atlas, 2000.

JANCZESKI, Célio Armando. *Direito Processual Tributário*. Florianópolis, OAB/SC Editora, 2005.

JARDIM, Eduardo Marcial Ferreira. *Dicionário Jurídico Tributário*. 3ª ed. São Paulo, Dialética, 2000.

_________. *Instituições de Direito Tributário*. São Paulo, Aquarela, 1988.

JUSTEN FILHO, Marçal. *O Imposto sobre Serviços na Constituição*. São Paulo, Ed. RT, 1985.

LACOMBE, Américo Masset. *Contribuições Profissionais*. São Paulo, Ed. RT, 1987.

_________. *Imposto de Importação*. São Paulo, Ed. RT, 1979.

_________. *Obrigação Tributária*. São Paulo, Ed. RT, 1977.

LAZARIN, Antônio. *Introdução ao Direito Tributário*. São Paulo, Atlas, 1984.

LEITE, Antônio de Oliveira. *Impostos no Brasil*. Rio de Janeiro, Borsói, 1972.

LEITE, Antônio Eduardo Macedo Soares de Paula. *Introdução ao Direito Tributário Brasileiro*. Petrópolis/RJ, Vozes, 1976.

LEMKE, Gisele. *Imposto de Renda – Os Conceitos de Renda e de Disponibilidade Econômica e Jurídica*. São Paulo, Dialética, 1998.

LEONETTI, Carlos Araújo. *O Imposto sobre a Renda como Instrumento de Justiça Social no Brasil*. Barueri/SP, Manole, 2003.

LIMA, Sebastião de Oliveira. *O Fato Gerador do Imposto de Importação na Legislação Brasileira*. São Paulo, Resenha Tributária, 1981.

LINHARES, Josaphat. *A Reforma Tributária e sua Implicação nas Finanças dos Estados e Municípios*. Rio de Janeiro, FGV/UFRJ, 1973.

LINS, Miguel, e LOUREIRO, Célio. *Teoria e Prática do Direito Tributário*. Rio de Janeiro, Forense, 1961.

LONGO, Carlos Alberto. *Em Defesa de um Imposto de Renda Abrangente*. São Paulo, FIPE/Pioneira, s/d.

LOPES FILHO, Osiris de Azevedo. *Regimes Aduaneiros Especiais*. São Paulo, Ed. RT, 1984.

MACHADO, Hugo de Brito. *Aspectos Fundamentais do ICMS*. São Paulo, Dialética, 1997; 2ª ed. 1999.

________. *Comentários ao Código Tributário Nacional*. vol. I. São Paulo, Atlas, 2003, 2ª ed. 2007; 2ª ed., vol. II. São Paulo, Atlas, 2008; vol. III. São Paulo, Atlas, 2005.

________. *Crimes Contra a Ordem Tributária*. São Paulo, Atlas, 2008.

________. *Direitos Fundamentais do Contribuinte e a Efetividade da Jurisdição*. São Paulo, Atlas, 2009.

________. *Estudos de Direito Penal Tributário*. São Paulo, Atlas, 2002.

________. *Introdução ao Estudo do Direito*. São Paulo, Atlas, 2004.

________. *Lei Complementar Tributária*. São Paulo, Malheiros Editores, 2010.

________. *Mandado de Segurança em Matéria Tributária*. 4ª ed. São Paulo, Dialética, 2000.

________. *O Conceito de Tributo no Direito Brasileiro*. Rio de Janeiro, Forense, 1987.

________. *Os Princípios Jurídicos da Tributação na Constituição de 1988*. 4ª ed. São Paulo, Dialética, 2001.

________. *Temas de Direito Tributário*. São Paulo, Ed. RT, 1993.

________. *Temas de Direito Tributário II*. São Paulo, Ed. RT, 1994.

MACHADO SEGUNDO, Hugo de Brito. *Contribuições e Federalismo*. São Paulo, Dialética, 2005.

________. *Direito Tributário e Financeiro*. São Paulo, Atlas, 2005.

________. *Processo Tributário*. São Paulo, Atlas, 2004.

MACHADO, Raquel Cavalcante Ramos. *Interesse Público e Direitos do Contribuinte*. São Paulo, Dialética, 2007.

MAIA, Mary Elbe Gomes Queiroz. *Do Lançamento Tributário – Execução e Controle*. São Paulo, Dialética, 1999.

________. *Tributação das Pessoas Jurídicas*. Brasília, UnB, 1997.

MAIA FILHO, Napoleão Nunes. *Temas de Direito Administrativo e Tributário*. Fortaleza/CE, UFC, 1998.

MALERBI, Diva Prestes Marcondes. *Do Lançamento Tributário – Execução e Controle*. São Paulo, Dialética, 1999.

________. *Elisão Tributária*. São Paulo, Ed. RT, 1984.

MALUF, Carlos Alberto Dabus. *Das Cláusulas de Inalienabilidade, Incomunicabilidade e Impenhorabilidade*. São Paulo, Saraiva, 1983.

MANGIA, Joaquim Ferreira. *O Imposto de Importação e a Política Aduaneira*. Brasília, ESAF, 1983.

MARINS, James. *Direito Processual Tributário Brasileiro (Administrativo e Judicial)*. 3ª ed. São Paulo, Dialética, 2003.

________. *Elisão Tributária e sua Regulação*. São Paulo, Dialética, 2002.

MARINS, James (coord.), e outros. *Tributação e Antielisão – Livro 3*. 1ª ed., 3ª tir. Curitiba, Juruá, 2003.

MARTINS, Cláudio. *Normas Gerais de Direito Tributário*. 2ª ed. Rio de Janeiro, Forense, 1969.

MARTINS, Ives Gandra da Silva. *A Apropriação Indébita no Direito Tributário Brasileiro*. São Paulo, José Bushatsky Editor, 1975.

__________. *Da Sanção Tributária*. São Paulo, Saraiva, 1980.

__________. *Direito Constitucional Tributário*. 2ª ed. Belém, Edições CEJUP, 1985.

__________. *Direito Econômico e Tributário*. São Paulo, Resenha Tributária, 1982.

__________. *Sistema Tributário na Constituição de 1988*. São Paulo, Saraiva, 1989.

__________. *Teoria da Imposição Tributária*. São Paulo, Saraiva, 1983.

MARTINS, Ives Gandra da Silva, e outros. "Base de cálculo". *Caderno de Pesquisas Tributárias* 7. São Paulo, Centro de Extensão Universitária/Resenha Tributária, 1982.

__________. *Curso de Direito Tributário*. São Paulo, Saraiva, 1982.

__________. "Presunções no Direito Tributário". *Caderno de Pesquisas Tributárias* 9. São Paulo, Centro de Extensão Universitária/Resenha Tributária, 1984.

__________. "Repetição do indébito". *Caderno de Pesquisas Tributárias* 8. São Paulo, Centro de Extensão Universitária/Resenha Tributária, 1983.

MARTINS, Sergio Pinto. *Manual de Direito Tributário*. São Paulo, Atlas, 2002.

__________. *Manual do ISS*. 2ª ed. São Paulo, Malheiros Editores, 1998.

MATIAS, João Luís Nogueira. *Responsabilidade Tributária de Sócios no Mercosul*. Belo Horizonte, Mandamentos, 2001.

MEIRA, Sílvio. *Direito Tributário Romano*. São Paulo, Ed. RT, 1978.

MELO, José Eduardo Soares de. *Aspectos Teóricos e Práticos do ISS*. 2ª ed. São Paulo, Dialética, 2001.

__________. *Curso de Direito Tributário*. São Paulo, Dialética, 1997.

MELO, Ruy de, e REIS, Raul. *Manual do Imposto de Importação*. São Paulo, Ed. RT, 1970.

MELO FILHO, Álvaro de. *Direito Tributário: Metodologia e Aplicação*. 1ª ed. Rio de Janeiro, Forense, 1976.

__________. *Introdução ao Direito Premial* (tese de Mestrado). Rio de Janeiro, Departamento de Ciências Jurídicas/PUC, 1975.

MINHOTO JÚNIOR, Alcebíades da Silva. *Instituições de Direito Tributário*. São Paulo, Saraiva, 1975.

MORAES, Bernardo Ribeiro de. *Compêndio de Direito Tributário*. Rio de Janeiro, Forense, 1984.

__________. *Doutrina e Prática das Taxas*. São Paulo, Ed. RT, 1976.

__________. *Sistema Tributário da Constituição de 1969, Curso de Direito Tributário*. vols. I e II. São Paulo, Ed. RT, 1973.

MORAES, Germana. *Poder de Polícia Administrativa*. Fortaleza, 1990.

MORAES, Oswaldo de. *A Analogia no Direito Tributário Brasileiro*. São Paulo, Ed. RT, 1965.

__________. *Curso de Legislação Tributária*. São Paulo, Saraiva, 1974.

__________. *Dicionário de Direito Tributário Brasileiro*. São Paulo, Saraiva, 1973.

MORSCHBACKER, José. *A Restituição dos Impostos Indiretos*. Porto Alegre, Síntese, 1977.

________. *Direito Tributário*. 3ª ed. Porto Alegre, Fotogravura do Sul, 1972.

MOSQUERA, Roberto Quiroga. *Tributação no Mercado Financeiro e de Capitais*. São Paulo, Dialética, 1998.

NASCIMENTO, A. Teodoro. *Contribuições Especiais*. Rio de Janeiro, Forense, 1986.

________. *Preços, Taxas e Parafiscalidade*. 1ª ed. Rio de Janeiro, Forense, 1977.

NASCIMENTO, Carlos Valder do. *Crédito Tributário*. Rio de Janeiro, Forense, 1986.

________. *Princípios Fundamentais da Legislação Tributária*. Ilhéus/BA, Imprensa Universitária da FESPI, 1983; 2ª ed. Rio de Janeiro, Freitas Bastos, 1984.

________ (coord.). *Crime de Sonegação Previdenciária*. São Paulo, Malheiros Editores, 2008.

NASCIMENTO, Tupinambá Miguel Castro do. *Da Tributação e do Orçamento e a Nova Constituição*. Rio de Janeiro, AIDE Editora, 1989.

NEDER, Marcos Vinícius, e LÓPEZ, Maria Teresa Martínez. *Processo Administrativo Fiscal Federal Comentado*. São Paulo, Dialética, 2002.

NEVES, Luís Fernando de Sousa. *COFINS – Contribuição Social sobre o Faturamento – Lei Complementar 70/1991*. São Paulo, Max Limonad, 1997.

NOBRE JÚNIOR, Edílson Pereira. *Princípio Constitucional da Capacidade Contributiva*. Porto Alegre, Sérgio Antônio Fabris Editor, 2001.

NOGUEIRA, Roberto Wagner Lima. *Fundamentos do Dever Tributário*. Belo Horizonte, Del Rey, 2003.

NOGUEIRA, Ruy Barbosa. *Curso de Direito Tributário*. 4ª ed. São Paulo, Instituto Brasileiro de Direito Tributário, 1976.

________. *Curso sobre Teoria do Direito Tributário*. São Paulo, Secretaria da Fazenda do Estado de São Paulo, 1975.

________. *Da Interpretação e da Aplicação das Leis Tributárias*. 2ª ed., São Paulo, José Bushatsky Editor, 1974.

________. *Direito Financeiro (Curso de Direito Tributário)*. São Paulo, José Bushatsky Editor, 1964.

________. *Direito Tributário Aplicado*. Rio de Janeiro/São Paulo, Forense/EDUSP, 1976.

________. *Direito Tributário Aplicado e Comparado*. vol. II. Rio de Janeiro, Forense, 1977.

________. *Direito Tributário Comparado*. São Paulo, Saraiva, 1971.

________. *Imunidades*. São Paulo, Resenha Tributária, 1990.

________. *Teoria do Lançamento Tributário*. São Paulo, Resenha Tributária, 1965.

NOGUEIRA, Ruy Barbosa, e outros. *Estudos Tributários*. São Paulo, Resenha Tributária, s/d.

NOVELLI, Flávio Bauer. "Anualidade e anterioridade na Constituição de 1988". *RDTributário* 51/62-88.

OLIVEIRA, Fábio Leopoldo de. *Curso Expositivo de Direito Tributário*. São Paulo, Resenha Tributária, 1976.

OLIVEIRA, Marcos José Domingues de. *Capacidade Contributiva – Conteúdo e Eficácia do Princípio*. Rio de Janeiro, Renovar, 1988.

OLIVEIRA, Régis Fernandes de. *Taxas de Polícia*. São Paulo, Ed. RT, 1980.

OLIVEIRA, Régis Fernandes de, e outros. *Manual de Direito Financeiro*. São Paulo, Ed. RT, 1990.

OLIVEIRA, Ricardo Mariz de. *Fundamentos do Imposto de Renda*. São Paulo, Quartier Latin, 2008.

PAES, P. R. Tavares. *Comentários ao Código Tributário Nacional*. São Paulo, Saraiva, 1981.

__________. *Responsabilidade dos Administradores de Sociedades*. São Paulo, Ed. RT, 1978.

PAIVA, Ormezindo Ribeiro de. *Elemento Temporal do Fato Gerador da Obrigação Tributária*. São Paulo, Resenha Tributária, 1977.

__________. *Imunidade Tributária*. São Paulo, Resenha Tributária, 1981.

PAOLA, Leonardo Sperb de. *Presunções e Ficções no Direito Tributário*. Belo Horizonte, Del Rey, 1997.

PAULA, Edycléa Tavares Nogueira de. *Prescrição e Decadência no Direito Tributário Brasileiro*. São Paulo, Ed. RT, 1984.

PAULSEN, Leandro, e MELO, José Eduardo Soares de. *Impostos Federais, Estaduais e Municipais*. 4ª ed. Porto Alegre, Livraria do Advogado, 2008.

PAULSEN, Leandro, e outros. *Direito Tributário – Certidões Negativas*. Porto Alegre, Livraria do Advogado/ESPEFE, 1999.

PEDRA, Glacy F. *Você Conhece Direito Tributário?*. Rio de Janeiro, Ed. Rio, 1977.

PEDREIRA, José Luiz Bulhões. *Imposto de Renda*. Rio de Janeiro, Justec, 1971.

PEREIRA, César A. Guimarães. *Elisão Tributária e Função Administrativa*. São Paulo, Dialética, 2001.

PEREIRA FILHO, Luiz Alberto. *As Taxas no Sistema Tributário Brasileiro*. 1ª ed., 3ª tir. Curitiba, Juruá, 2004.

PIMENTA, Roberto Lyrio. *Contribuições de Intervenção no Domínio Econômico*. São Paulo, Dialética, 2002.

PIRES, Adilson Rodrigues. *Manual de Direito Tributário*. Rio de Janeiro, Forense, 1990.

POLONI, Antônio Sebastião. *Denúncia Espontânea em Direito Tributário*. Campinas/SP, Agá Juris, 2000.

PONTES, Helenilson Cunha. *O Princípio da Proporcionalidade e o Direito Tributário*. São Paulo, Dialética, 2000.

QUEIROZ, José Wilson Nogueira de. *Direito Econômico*. Rio de Janeiro, Forense, 1982.

________. *Teoria e Prática do "Leasing"*. Fortaleza, Imprensa Universitária da UFC, 1974.

QUEIROZ, Luís César Souza de. *Sujeição Passiva Tributária*. Rio de Janeiro, Forense, 1998.

QUEIROZ, Mary Elbe. *Imposto sobre a Renda e Proventos de Qualquer Natureza*. Barueri/SP, Manole, 2004.

QUIRINO, João Goulart. *A Taxa no Direito Brasileiro*. São Paulo, Resenha Tributária, 1980.

RABELLO FILHO, Francisco Pinto. *O Princípio da Anterioridade da Lei Tributária*. São Paulo, Ed. RT, 2002.

RÉGNIER, João Roberto dos Santos. *A Norma de Isenção Tributária*. São Paulo, Resenha Tributária/EDUC, 1975.

REIS, Maria Lúcia Sá Motta Américo dos, e BORGES, José Cassiano. *O ICMS ao Alcance de Todos*. Rio de Janeiro, Forense, 1991.

________. *O IPI ao Alcance de Todos*. Rio de Janeiro, Forense, 1999.

RIBEIRO FILHO, Alexandre da Cunha, e HENRIQUES, Vera Lúcia Ferreira de Mello. *ISS – Imposto sobre Serviços Comentado*, Rio de Janeiro, Liber Juris, 1977.

ROCHA, Sérgio André. *"Treaty Override" no Ordenamento Jurídico Brasileiro*. São Paulo, Quartier Latin, 2007.

ROCHA, Valdir de Oliveira. *A Consulta Fiscal*. São Paulo, Dialética, 1996.

________. *Determinação do Montante do Tributo*. 2ª ed. São Paulo, Dialética, 1995.

RODRIGUES, Rafael Moreno. *Curso de Legislação Tributária para Administradores de Empresas*. São Paulo, Resenha Tributária, 1978; 2ª ed. 1984.

________. *Intributabilidade dos Gêneros Alimentícios Básicos*. São Paulo, Resenha Tributária, 1981.

RODRIGUES, Ulysses Renato Pereira. *Curso Elementar de Direito Tributário*. Porto Alegre, Sérgio Antônio Fabris Editor, 1995.

________. *Uma Introdução ao Direito Tributário*. Bauru/SP, Jalovi, 1979.

ROLIM, João Dácio. *Normas Antielisivas Tributárias*. São Paulo, Dialética, 2001.

ROSA, Edgar Lincoln de Proença. *A Questão do Decreto-Lei sobre Tributos (O Princípio da Legalidade e sua Exceção Formal)*. São Paulo, Ed. RT, 1982.

ROSA JÚNIOR, Luiz Emygdio F. da. *Manual de Direito Financeiro e Direito Tributário*. Rio de Janeiro, Freitas Bastos, 1978.

________. *Novo Manual de Direito Financeiro e Direito Tributário*. 6ª ed. Rio de Janeiro, Renovar, 1990.

SABBAG, Eduardo. *Curso de Direito Tributário*. São Paulo, Saraiva, 2009.

SANTI, Eurico Marcos Diniz de. *Lançamento Tributário*. São Paulo, Max Limonad, 1996.

SANTOS, Cairon Ribeiro dos. *Direito Tributário*. Goiânia/GO, Editora Jurídica/IEPC, 1997.

SANTOS, Manoel Lourenço dos. *Direito Tributário*. Rio de Janeiro, FGV, 1970.

SCHULER, Henry Contado. *Lucros Disfarçadamente Distribuídos*. São Paulo, Resenha Tributária, 1977.

SCHOUERI, Luís Eduardo. *Planejamento Fiscal através de Acordos de Bitributação: "Treaty Shopping"*. São Paulo, Ed. RT, 1995.

________. *Preços de Transferência no Direito Tributário Brasileiro*. São Paulo, Dialética, 1999.

SEIXAS FILHO, Aurélio Pitanga. *Estudos de Procedimento Administrativo Fiscal*. Rio de Janeiro, Freitas Bastos, 2000.

________. *Taxa – Doutrina, Prática e Jurisprudência*. Rio de Janeiro, Forense, 1990.

________. *Teoria e Prática das Isenções Tributárias*. 2ª ed. Rio de Janeiro, Forense, 1990.

SILVA, Adauto Quirino. *Direito Tributário*. São Paulo, Sugestões Literárias, 1980.

SILVA, Gérson Augusto. *Sistema Tributário Brasileiro*. Brasília, ESAF, 1986.

SIQUEIRA, Natércia Sampaio. *Crédito Tributário – Constituição e Exigências Administrativas*. Belo Horizonte, Mandamentos, 2004.

SOUSA, Rubens Gomes de. *Compêndio de Legislação Tributária*. Ed. póstuma. São Paulo, Resenha Tributária, 1975; 4ª ed. Rio de Janeiro, Edições Financeiras, 1964.

________. "Curso de introdução ao Direito Tributário". *Revista de Estudos Fiscais* 10. Ano II. São Paulo, outubro/1948.

SOUTO MAIOR BORGES, José. *A Reforma do Sistema Tributário Nacional (Emenda Constitucional 18)*. Recife, Imprensa Universitária, 1967.

________. *Iniciação ao Direito Financeiro*. Recife, Imprensa Universitária, 1966.

________. *Introdução ao Direito Financeiro*. São Paulo, Max Limonad, 1998.

________. *Isenções Tributárias*. São Paulo, Sugestões Literárias, 1969.

________. *Lançamento Tributário*. São Paulo, Malheiros Editores, 1999 e 2001.

________. *Lei Complementar Tributária*. São Paulo, Ed. RT/EDUC, 1975.

________. *Obrigação Tributária*. São Paulo, Malheiros Editores, 1999 e 2001.

SOUZA, Hamílton Dias de. *Estrutura do Imposto de Importação no Código Tributário Nacional*. São Paulo, IBDT/Resenha Tributária, 1980.

SZKLAROWSKY, Leon Frejda. *Medidas Provisórias no Direito Tributário Brasileiro*. São Paulo, NDJ, 1990.

________. *Responsabilidade Tributária dos Administradores de Empresas, Execução Fiscal contra o Responsável Tributário*. São Paulo, Resenha Tributária, 1978.

TAVARES, Alexandre Macedo. *Denúncia Espontânea no Direito Tributário*. São Paulo, Dialética, 2002.

TENÓRIO, Igor. *Curso de Direito Financeiro Brasileiro*. Rio de Janeiro, Mabri Livraria e Editora, 1970.

TENORIO, Igor, e MAIA, J. Motta. *Dicionário de Direito Tributário*. São Paulo, José Bushatsky Editor, 1975.

TILBERY, Henry. *A Tributação dos Ganhos de Capital*. São Paulo, Resenha Tributária/Instituto Brasileiro de Direito Tributário, 1977.

________. *Tributação e Integração da América Latina*. São Paulo, José Bushatsky Editor, 1971.

TORRES, Ricardo Lobo. *Normas de Interpretação e Integração do Direito Tributário*. Rio de Janeiro, Forense, 1991.

________. *Restituição dos Tributos*. Rio de Janeiro, Forense, 1983.

TROIANELLI, Gabriel Lacerda. *Compensação do Indébito Tributário*. São Paulo, Dialética, 1998.

________. *Responsabilidade do Estado por Dano Tributário*. São Paulo, Dialética, 2004.

UELZE, Hugo Barroso. "Ação popular tributária". *RTJE* 136/59-93. Maio/1995.

VALÉRIO, Walter Paldes. *Programa de Direito Tributário*. Porto Alegre, Livraria Sulina Editora, 1970.

VASCONCELOS, Arnaldo. *Teoria da Norma Jurídica*. 6ª ed. São Paulo, Malheiros Editores, 2006.

VERLI, Fabiano. *Taxas e Preços Públicos*. São Paulo, Ed. RT, 2004.

VEROSPI, Ângelo. *Os Direitos do Contribuinte e a Prescrição Intercorrente*. São Paulo, Resenha Tributária, 1978.

VIEIRA, Maria Leonor Leite. *A Suspensão da Exigibilidade do Crédito Tributário*. São Paulo, Dialética, 1997.

VOLKWEISS, Roque Joaquim. *Direito Tributário Nacional*. 3ª ed. Porto Alegre, Livraria do Advogado, 2002.

XAVIER, Alberto. *Do Lançamento: Teoria Geral do Ato, do Procedimento e do Processo Tributário*. Rio de Janeiro, Forense, 1997.

b) Estrangeira

ACOSTA, Eugenio Simon. *El Derecho Financiero y la Ciencia Jurídica*. Bolonia, Publicaciones del Real Colegio de España. N. XLVII. Madrid (Espanha), 1985.

AGUILAR, Angel Baena. *El Domicilio Tributario en Derecho Español*. Pamplona (Espanha), Aranzadi, 1995.

ALAJVERDIÁN, D., e outros. *Las Finanzas en la URSS*. Trad. de Baudelio Sanchez. Moscú (URSS), Editorial Progreso, s/d.

ALESSI, Renato, e STAMMATI, Gaetano. *Istituzioni di Diritto Tributario*. Torino (Itália), Unione Tipografico-Editrice Torinese/UTET, s/d.

ALLAN, Charles M. *La Teoría de la Tributación*. Versão espanhola de Miguel Paredes. Madrid (Espanha), Alianza Editorial, 1974.

ALTAMIRANO, Alejandro C. (coord.). *El Procedimiento Tributario*. Buenos Aires (Argentina), Editorial Ábaco de Rodolfo Depalma, 2003.

AMATUCCI, Andrea, e outros. *Seis Estudios sobre Derecho Constitucional e Internacional Tributario*. Madrid (Espanha), Editorial de Derecho Financiero, 1980.

ANDREOZZI, Manuel. *Derecho Tributario Argentino*. Buenos Aires (Argentina), Tipográfica Editora Argentina, 1951.

ANTÓN, Fernando Serrano. *Las Devoluciones Tributarias*. Madrid, Marcial Pons, 1996.

ANTÓN, Luis Miguel Abajo. *La Empresa ante la Inspección Fiscal*. Madrid (Espanha), Fundación Confemetal, 1999.

ARDANT, Gabriel. *Théorie Sociologique de L'impôt*. Paris (França), S.E.V.P.E.N., 1965.

ARESPACOCHAGA, Joaquín de. *Planificación Fiscal Internacional*. Madrid (Espanha) Marcial Pons, 1996.

ARGE, Horacio. *La Participación de la Imposición Directa e Indirecta en la Política Fiscal*. Buenos Aires (Argentina), Ediciones Macchi, 1972.

ASOREY, Rubén O. (dir.). *Protección Constitucional de los Contribuyentes*. Madrid/Barcelona (Espanha), EDICA/Marcial Pons, 2000.

AYALA, José Luis Pérez de, e BECERRIL, Miguel Pérez de Ayala. *Fundamentos de Derecho Tributario*. 5ª ed. Madrid (Espanha), EDR, s/d.

BASCIU, Antonio Ferdinando. *Contributo allo Studio della Obbligazione Tributaria*. Napoli (Itália), Casa Editrice Dott. Eugenio Jovene, 1966.

BALLESTEROS, Teodoro González. *Diccionario Jurídico para Periodistas*. Madrid (Espanha), Editorial Centro de Estudios Ramón Areces, 1998.

BELGRANO, G. A. Posadas. *Derecho Tributario*. Montevideo (Uruguai), Editorial Medina, 1959.

BELTRAME, Pierre. *Os Sistemas Fiscais*. Coimbra (Portugal), Livraria Almedina, 1976.

BEREIJO, Álvaro Rodriguez. *Introducción al Estudio del Derecho Financiero*. Madrid (Espanha), Instituto de Estudios Fiscales, 1976.

BIELSA, Rafael. *Estudios de Derecho Público II – Derecho Fiscal*. Buenos Aires (Argentina), Depalma, 1951.

BOSI, Paolo. *I Tributi nell'Economia Italiana*. Bologna (Itália), Il Mulino, 1992.

BRACHET, Bernard. *Le Système Fiscal Français*. 2ª ed. Paris (França), Librairie Générale de Droit et de Jurisprudencie/LGDJ, 1988.

BUHLER, Ottmar. *Principios de Derecho Internacional Tributario*. Versão castelhana de Fernando Cervera Torrejon. Madrid (Espanha), Editorial de Derecho Financiero, 1968.

CADAVID, Alberto Fernández. *La Contribución de Valorización en Colombia*. 2ª ed. Bogotá (Colômbia), Temis, 1981.

CAMPOS, Diogo Leite de, e CAMPOS, Mônica Horta Neves Leite de. *Direito Tributário*. 2ª ed. Belo Horizonte (Brasil), Del Rey, 2001 (obra editada no Brasil mas concernente ao Direito Português).

CARTOU, Louis. *Droit Financier et Fiscal Européen*. Paris (França), Dalloz, 1972.

CASALTA NABAIS, José. *Direito Fiscal*. Coimbra (Portugal), Livraria Almedina, 2010.

________. *O Dever Fundamental de Pagar Impostos*. Coimbra (Portugal), Livraria Almedina, 1998.

CASANOVA, Gustavo J. Naveira de. *El Principio de No-Confiscatoriedad – Estudio en España y Argentina*. Madrid (Espanha), McGraw-Hill, 1997.

CATHELINEAU, Jean. *Finances Publiques*. Paris (França), LGDJ, 1975.

CEREZO, Rafael Mateu-Ros. *Devolución de Ingresos Tributarios Indebidos y Revisión por Infracción Manifesta de Ley*. Madrid (Espanha), Civitas, 1985.

CHICOT, José Alberto Coloma. *La Responsabilidad Civil en el Delito Fiscal*. Madrid/Barcelona (Espanha), Marcial Pons, 2001.

COMPAIRED, Ismael Jiménez. *El Régimen Tributario de la Explotación Comercial de la Propia Imagen*. Madrid/Barcelona (Espanha), Marcial Pons, 2001.

COSCIANI, Cesare. *El Impuesto al Valor Agregado*. Trad. de Giuliani Fonrouge. Buenos Aires (Argentina), Depalma, 1969.

________. *Principios de Ciencia de la Hacienda*. Trad. de Fernando Vicente-Arche Domingo e Jaime García Añbveros. Madrid (Espanha), Editorial de Derecho Financiero, 1967.

COSSON, Jean. *Los Industriales del Fraude Fiscal*. Barcelona (Espanha), Dopesa, 1975.

COSTA, José Manuel M. Cardoso de. *Curso de Direito Fiscal*. 2ª ed. Coimbra (Portugal), Livraria Almedina, 1972.

COSTA, Ramón Valdés. *Curso de Derecho Tributario*. Montevideo (Uruguai), Impresora Uruguaya Colombino, 1970.

________. *Estudios de Derecho Tributario Internacional*. Montevideo (Uruguai), Editorial e Librería Jurídica, 1978.

COURTOIS, Pierre. *L'Impôt sur les Grandes Fortunes*. Paris (França), Librairies Téchniques, 1982.

CUNHA, Paulo de Pitta e. *Direito Fiscal – Primeiras Linhas de um Curso*. Lisboa (Portugal), Ministério das Finanças, 1975.

DE JUANO, Manuel. *Curso de Finanzas y Derecho Tributario – Parte General*. 2ª ed., t. I. Rosario (Argentina), Ediciones Molachino, 1969.

DEPELLO, Arturo Seminario. *Impuesto a la Renta*. Lima (Peru), Gaceta Jurídica, 1997.

DEROUIN, Philippe. *La Taxe sur la Valeur Ajoutée dans la Communauté Économique Européenne*. Paris (França), Jupiter/Navarre, 1977.

DUE, John F. *Tributação Indireta nas Economias em Desenvolvimento*. Trad. de Camila Perret. São Paulo (Brasil), Perspectiva, 1974.

DUVERGER, Maurice. *Éléments de Fiscalité*. Paris (França), Presses Universitaires de France/PUF, 1976.

EGRET, Georges. *El IVA (Impuesto sobre el Valor Añadido)*. Barcelona (Espanha), Oikos-Tau Ediciones, 1979.

ELIZONDO, Francisco Cárdenas. *Introducción al Estudio del Derecho Fiscal*. Coahila (México), Editorial Porrúa, 1992.

ESTÉVAN, Juan Galiano, e RIVAS, Juan Izquierdo. *La Responsabilidad Tributaria*. Valencia (Espanha), CISS, 1997.

ETCHEGOYEN, Marcos F. García. *El Principio de Capacidad Contributiva*. Buenos Aires (Argentina), Editorial Ábaco de Rodolfo Depalma, 2004.

EUSÉBIO, Domingos Martins. *A Declaração Tributária de Rendimentos (Cadernos de Ciência e Técnica Fiscal 75)*. Lisboa (Portugal), 1968.

________. *Alguns Aspectos da Relação Jurídica Tributária*. Coimbra (Portugal), Atlántida, 1958.

________. *As Letras no Código do Imposto de Capitais (Cadernos de Ciência e Técnica Fiscal 39)*. Lisboa (Portugal), 1966.

FANTOZZI, Augusto. *Diritto Tributario*. Torino (Itália), UTET, 1994.

FAVEIRO, Vitor António Duarte. *Noções Fundamentais de Direito Fiscal Português*. Coimbra (Portugal), Coimbra Editora, 1986.

FERNÁNDEZ, F. Javier Martín. *Tasas y Precios Públicos en el Derecho Español*. Madrid (Espanha), IEF/Marcial Pons, 1995.

FONROUGE, Carlos M. Giuliani. *Derecho Financiero*. 2ª ed. Buenos Aires (Argentina), Depalma, 1970.

GALIMBERTI, Fabrizio. *Politica Fiscale e Struttura dei Bilanci Pubblici*. Padova (Itália), Casa Editrice Dott. Antonio Milani/CEDAM, 1970.

GARCÍA, Eusebio González. "Concepto actual de tributo: análises de jurisprudencia". *Cuadernos de Jurisprudencia Tributaria* 2. Pamplona (Espanha), Aranzadi, 1997.

________. "La interpretación de las normas tributarias". *Cuadernos de Jurisprudencia Tributaria* 6. Pamplona (Espanha), Aranzadi, 1997.

GARCÍA, Eusebio González, e outros. *Sujetos Pasivos y Responsables Tributarios*. Madrid (Espanha), Marcial Pons, 1997.

GARCÍA, J. Antonio Cordero. *La Condenación en el Ámbito Tributario*. Marcial Pons, Madrid/Barcelona (Espanha), Marcial Pons, 1999.

GARCÍA, José Ramón Ruiz. *La Liquidación en el Ordenamiento Tributario*. Madrid (Espanha), Civitas, 1987.

GIANNINI, A. D. *Istituzioni di Diritto Tributario*. Milano (Itália), Dott. A. Giuffrè Editore, 1948.

GIMÉNEZ, Juan José Bayona. *La Caducidad en el Ordenamiento Tributario Español*. Pamplona (Espanha), Aranzadi, 1999.

GOMES, Nuno Sá. *Estudos sobre a Segurança Jurídica e as Garantias dos Contribuintes*. Lisboa (Portugal), CEF, 1993.

________. *Evasão Fiscal, Infração Fiscal e Processo Penal Fiscal*. Lisboa (Portugal), Rei dos Livros, 2000.

________. *Lições de Direito Fiscal*. vol. I. Lisboa (Portugal), Centro de Estudos Fiscais, 1984; vol. II. Lisboa (Portugal), Centro de Estudos Fiscais, 1985.

________. *Manual de Direito Fiscal*. Lisboa (Portugal), Rei dos Livros, 1995.

________. *Teoria Geral dos Benefícios Fiscais*. Lisboa (Portugal), CEF, 1991.

GÓMEZ, Ignacio Berdugo De La Torre, e OLIVÉ, Juan Carlos Ferré. *Todo sobre el Fraude Tributario*. Barcelona (Espanha), Editorial Praxis, 1994.

GONZÁLEZ, Clemente Checa. *La Revisión de los Actos Tributarios Locales*. Madrid (Espanha), EDERSA, 1999.

________. *Los Responsables Tributarios*. Navarra (Espanha), Thomson/Aranzadi, 2003.

________. *Los Tributos Locales*. Madrid/Barcelona (Espanha), Marcial Pons, 2000.

GONZÁLEZ, Eusebio, e LEJEUNE, Ernesto. *Derecho Tributario*. 2ª ed. Salamanca (Espanha), Plaza Universitaria, 2000.

GOODE, Richard. *The Individual Income Tax*. Washington (USA), Studies of Government Finance, 1976.

GOODMAN, Wolfe D. *International Double Taxation of Estates and Inheritances*. London (Inglaterra), Butterworths, 1978.

GROVES, Harold M. *Finanzas Públicas*. Trad. de Odón Durán de Ocón. México (México), Editorial F. Trillas, 1968.

HENSEL, Albert. *Diritto Tributario*. Trad. de Dino Jarach. Milano (Itália), Dott. A. Giuffrè Editore, 1956.

JARACH, Dino. *Curso Superior de Derecho Tributario*. Buenos Aires (Argentina), CIMA, 1969.

________. *El Hecho Imponible*. 2ª ed. Buenos Aires (Argentina), Abeledo-Perrot, 1971.

________. *Finanzas Públicas y Derecho Tributario*. Buenos Aires (Argentina), Abeledo-Perrot, 1996.

________. *O Fato Imponível – Teoria Geral do Direito Tributário Substantivo*. Trad. de Dejalma de Campos. São Paulo, Ed. RT, 1989.

JARAMILLO H., Porfirio de J. *El Derecho Tributario en Colombia*. Bogotá (Colômbia), Departamento de Publicaciones de la Universidad La Gran Colombia, 1976.

KALDOR, Nicholas. *Impuesto al Gasto*. Trad. de Rubén C. Pimentel. México/Bogotá (México/Colômbia), FCE, 1976.

KIRCHHOF, P., e outros. *Garantías Constitucionales del Contribuyente*. Valencia (Espanha), Tirant lo Blanch, 1998.

LAPATZA, José Juan Ferreiro. *Curso de Derecho Financiero Español*, 14ª edición, Marcial Pons, Madrid (Espanha), 1992.

_________. *Ensayos sobre Metodología y Técnica Jurídica en el Derecho Financiero y Tributario*, Marcial Pons, Madrid/Barcelona (Espanha), 1998.

LAPATZA, José Juan Ferreiro, HERNANDEZ, Francisco Clavijo, QUERALT, Juan Martin, e ROYO, Fernando Perez. *Curso de Derecho Tributario*. 8ª ed. Madrid (Espanha), Marcial Pons, 1992.

LEFEBVRE, Francis. *Estatuto del Contribuyente*. Madrid (Espanha), Ediciones Francis Lefebvre, 1998.

LÓPEZ, José Manuel Castillo. *El Fraude Fiscal en España*. Granada (Espanha), Editorial Comares, 1994.

LUQUI, Juan Carlos. *La Obligación Tributaria*. Buenos Aires (Argentina), Depalma, 1989.

MAFFEZZONI, Federico. *Il Principio di Capacità Contributiva nel Diritto Finanziario*. Torino (Itália), UTET, 1970.

MARÍ, Pilar Alguacil. *Discrecionalidad Técnica y Comprobación Tributaria de Valores – La Problemática de su Control Judicial*. Valencia (Espanha), Diálogo, 1999.

MARTIN, José Maria. *Fundamentos de las Finanzas Publicas y del Derecho Tributario Argentino*. Buenos Aires (Argentina), La Ley, 1973.

MARTÍNEZ, Ernesto Eseverri. *Presunciones Legales y Derecho Tributario*. Madrid (Espanha), IEF/Marcial Pons, 1995.

MARTÍNEZ, Francisco D. Adame. *La Consulta Tributaria*. Granada (Espanha), Dodeca/Comares, 2000.

MARTÍNEZ, Joaquín Álvarez. *La Motivación de los Actos Tributarios*. Madrid/Barcelona (Espanha), Marcial Pons, 1999.

MARTÍNEZ, Pedro Soares. *Direito Fiscal*. Coimbra (Portugal), Livraria Almedina, 1995.

_________. *Elementos para um Curso de Direito Fiscal (I)*. Lisboa (Portugal), Ministério das Finanças, 1971.

MELIS, Giuseppe. *L'Interpretazione nel Diritto Tributario*. Padova (Itália), CEDAM, 2003.

MERSAN, Carlos A. *Direito Tributário*. 2ª ed., trad. de Dejalma de Campos. São Paulo (Brasil), Ed. RT, 1988.

MICHELI, Gian Antonio. *Corso di Diritto Tributario*. Torino (Itália), UTET, 1970.

_________. *Curso de Direito Tributário*. Trad. de Marco Aurélio Greco e Pedro Luciano Marrey Júnior. São Paulo (Brasil), Ed. RT, 1978.

MILLÁN, Emilio Cencerrado. *El Mínimo Exento*. Madrid/Barcelona (Espanha), Marcial Pons, 1999.

MITA, Enrico de. *Appunti di Diritto Tributario*. Milano (Itália), Dott. A. Giuffrè Editore, 1987.

MOLINA, Pedro Manuel Herrera. *Capacidad Económica y Sistema Fiscal*. Madrid/Barcelona (Espanha), Marcial Pons, 1998.

________. *Derecho Tributario Ambiental*. Madrid (Espanha), Marcial Pons, 2000.

________. *La Exención Tributaria*. Madrid (Espanha), Colex, 1990.

________. *Los Precios Públicos como Recurso Financiero*. Madrid (Espanha), Civitas, 1991.

MONTERO, Francisco Guío. *El Contribuyente ante la Inspección de Hacienda*. Valladolid (Espanha), 1999.

MORGAN, Patricia T. *Tax Procedure and Tax Fraud*. Minnesota (EUA), West Publishing, 1990.

MOSCHETTI, Francesco. *El Principio de Capacidad Contributiva*. Madrid (Espanha), Instituto de Estudios Fiscales, 1980.

MOTA, Antônio Manuel Cardoso. *A Tributação Unitária do Rendimento*. Coimbra (Portugal), Coimbra Editora, 1990.

________. *O Imposto de Capitais*. 3ª ed. Coimbra (Portugal), Coimbra Editora, 1982.

MUSGRAVE, Richard A. *Sistemas Fiscales*. Trad. de Enrique Fuentes Quintana Aguilar. Madrid (Espanha), 1970.

NEUMARK, Fritz. *Principios de la Imposición*. 2ª ed., trad. de Luis Gutiérrez Andrés. Madrid (Espanha), IEF, 1994.

NOVOA, César García. *El Principio de Seguridad Jurídica en Materia Tributaria*. Madrid/Barcelona (Espanha), Marcial Pons, 2000.

________. *El Silencio Administrativo en Derecho Tributario*. Navarra (Espanha), Aranzadi, 2001.

________. *La Devolución de Ingresos Tributarios Indebidos*. Madrid (Espanha), Marcial Pons, 1993.

PARAGÓN, José Manuel Gallego. *Los Principios Materiales de Justicia Tributaria*. Granada (Espanha), Editorial Comares, 2003.

PAVÉS, María José Fernández. *La Autoliquidación Tributaria*. Madrid (Espanha), Marcial Pons, 1995.

PECHMAN, Joseph A. *Federal Tax Policy*. Washington (USA), Studies of Government Finance, 1977.

PELLINGRA, Giuseppe. *L'Imposizione Tributaria*. Milano (Itália), Dott. A. Giuffrè Editore, 1974.

PÉREZ, Jesús González. *La Ética en la Administración Pública*. Madrid (Espanha), Civitas, 2000.

PÉREZ ROYO, Fernando. *Derecho Financiero y Tributario – Parte General*.10ª ed. Madri (Espanha), Civitas, 1999.

PERRONE, Leonardo. *Discrezionalità e Norma Interna nell'Imposizione Tributaria*. Milano (Itália), Dott. A. Giuffrè Editore, 1969.

PIMENTA, José da Costa. *A Dupla Tributação*. Coimbra (Portugal), Livraria da Universidade, 1993.

PISTONE, Antonio. *La Giuridificazione Tributaria in Rapporto agli Altri Rami del Diritto*. Padova (Itália), CEDAM, 1994.

________. *La Tassazione degli Utili Distribuiti e la* ***Thin Capitalization****: Profili Internazionali e Comparati*. Pádua (Itália), CEDAM, 1994.

POSADAS, G. A. Belgrado. *Derecho Tributario*. Montevideo (Uruguai), Editorial Medina, 1959.

PUGLIESE, Mario. *Instituciones de Derecho Financiero*. México (México), Editorial Porrúa, 1971.

QUINTANA, Cesar Albiñana García, e outros. *Doble Imposición Internacional*. Madrid (Espanha), Instituto de Estudios Fiscales/Ministerio de Hacienda, 1972.

RIBES, Aurora. *Convenios para Evitar la Doble Imposición Internacional: Interpretación, Procedimiento Amistoso y Arbitraje*. Madrid (Espanha), EDR, 2003.

ROCH, María Teresa Soler. *Incentivos a la Inversión y Justicia Tributaria*. Madrid (Espanha), Civitas, 1983.

RODRÍGUEZ, Juan Ignacio Cuadrado. *La Denuncia en el Derecho Tributario*. Madrid (Espanha), IEF/Marcial Pons, 1995.

ROMANO, Santi. *Princípios de Direito Constitucional Geral*. Trad. de Maria Helena Diniz. São Paulo (Brasil), Ed. RT, 1977.

ROSEMBUJ, Tulio. *El Fraude de Ley, la Simulación y el Abuso de las Formas en el Derecho Tributario*. 2ª ed. Madrid/Barcelona (Espanha), Marcial Pons, 1999.

________. *El Hecho de Contribuir*. Buenos Aires (Argentina), Cooperadora de Derecho y Ciencias Sociales, 1975.

________. *Elementos de Derecho Tributario*. Barcelona (Espanha), Blume, 1982.

________. *La Fiscalidad del Capital Intelectual*. Barcelona (Espanha), El Fisco, 2003.

________. *La Transacción Tributaria*. Barcelona (Espanha), Atelier, 2000.

SAINZ DE BUJANDA, Fernando. *Lecciones de Derecho Financiero*. 6ª ed. Madrid (Espanha), Facultad de Derecho, 1988.

________. *Teoría de la Educación Tributaria*. Madrid (Espanha), Facultad de Derecho, 1967.

SAIZ, Ricardo Calle. *Hacienda Pública y Crecimiento Económico*. Madrid (Espanha), RC, 2001.

________. *Sistemas Fiscales Contemporáneos*. Madrid (Espanha), Fundación Universitaria San Pablo, 1974.

SÁNCHEZ, Manuel González. *Los Sujetos Pasivos del Impuesto sobre el Valor Añadido*. Madrid (Espanha), Instituto de Estudios Fiscales, 1976.

SCHMIDT, Jean. *L'Impôt*. 2ª ed. Paris (França), Dalloz, 1995.

________. *Les Principes Fondamentaux du Droit Fiscal*. Paris (França), Dalloz, 1992.

SCHMÖLDERS, Günter. *Teoría General del Impuesto*. Trad. de Luís A. Martín Merino. Madrid (Espanha), Editorial de Derecho Financiero, 1962.

SCHMÖLDERS, Günter, e DUBERGÉ, Jean. *Problemas de Psicología Financiera*. Trad. de José María Martín Oviedo. Madrid (Espanha), Editorial de Derecho Financiero, s/d.

SELIGMAN, Edwin R. A. *L'Impôt sur le Revenu*, Trad. francesa de William Oualid. Paris (França), M. Giard, 1913.

SERRANO, Luis Sánchez. *Tratado de Derecho Financiero y Tributario Constitucional*, Marcial Pons, Madrid (Espanha), 1997.

SIMÕES, A. A. Galhardo. *Subsídios para um Conceito Jurídico de Contribuinte (Cadernos de Ciência e Técnica Fiscal 29)*. Lisboa (Portugal), 1964.

SOLER, Maria Carmen Ballesteros. *La Extinción de la Deuda Tributaria Mediante Compensación*. Madrid (Espanha), Marcial Pons, 1977.

SOLER, Osvaldo H. *Derecho Tributario*. 2ª ed. Buenos Aires (Argentina), La Ley, 2005.

SPISSO, Rodolfo R. *Derecho Constitucional Tributario*. Buenos Aires (Argentina), Depalma, 1993.

________. *Tutela Judicial Efectiva en Materia Tributaria*. Buenos Aires (Argentina), Depalma, 1996.

STAMPA, Leopoldo. *Estudio Sistemático del Impuesto sobre la Renta*. Madrid (Espanha), Editorial de Derecho Financiero, 1980.

STEFANI, Giorgio. *Corso di Finanza Pubblica*. Padova (Itália), CEDAM, 1970.

TEIXEIRA, Antonio Braz. *A Responsabilidade Fiscal das Pessoas Colectivas e dos seus Órgãos*. Lisboa (Portugal), Ministério das Finanças, 1967.

________. *Princípios de Direito Fiscal Português*. Lisboa (Portugal), Ática, 1965.

TESAURO, Francesco. *Istituzioni di Diritto Tributario*. 4ª ed. Torino (Itália), UTET, 1994.

TIPKE, Klaus. *Moral Tributaria del Estado y de los Contribuyentes*. Trad. de Pedro M. Herrera Molina. Madrid/Barcelona (Espanha), Marcial Pons, 2002.

TRAIBEL, J. P. Monteiro. *Derecho Tributario Moderno*. Montevideo (Uruguai), Fundación de Cultura Universitaria, 1977.

TROTABAS, Louis. *Droit Fiscal*. 5ª ed. Paris (França), Dalloz, 1985.

UCKMAR, Victor. *Princípios Comuns de Direito Constitucional Tributário*. Trad. de Marco Aurélio Greco. São Paulo (Brasil), Ed. RT, 1976.

URQUIZA, Fernando G. Sanz de. *La Interpretación de las Leyes*. Buenos Aires (Argentina), Abeledo-Perrot, 1990.

VADILO, Alfredo Meneses. *El Deber de Colaboración de las Entidades de Crédito ante los Requerimientos de Información de la Administración Tributaria*. Madrid (Espanha) Civitas, 2000.

VANONI, Ezio. *Naturaleza e Interpretación de las Leyes Tributarias*. Trad. de Juan Martín Queralt. Madrid (Espanha), Fábrica Nacional de Moneda y Timbre, s/d.

________. *Opere Giuridiche*. Milano (Itália), Dott. A. Giuffrè Editore, 1961.

VASCO, Domingo Carbajo, e MÁÑEZ, Fernando Prats. *Tudo sobre el Estatuto del Contribuyente*. Barcelona (Espanha), Editorial Praxis, 1998.

VASQUES, Sérgio. *Os Impostos do Pecado – O Álcool, o Tabaco, o Jogo e o Fisco*. Coimbra (Portugal), Livraria Almedina, 1999.

VILLEGAS, Héctor B. *Curso de Direito Tributário*. Trad. de Roque Antonio Carrazza. São Paulo (Brasil), Ed. RT, 1980.

________. *Curso de Finanzas, Derecho Financiero y Tributario*, Buenos Aires (Argentina), Depalma, 1972.

XAVIER, Alberto. *Conceito e Natureza do Acto Tributário*. Coimbra (Portugal), Livraria Almedina, 1972.

________. *Manual de Direito Fiscal*. vol. I. Lisboa (Portugal), Faculdade de Direito de Lisboa, 1974.

ZAVALA, Ernesto Flores. *Elementos de Finanzas Publicas Mexicanas – Los Impuestos*. 12ª ed. México (México), Editorial Porrúa, 1970.

ZUBILLAGA, Joxe Mari Aizega. *La Utilización Extrafiscal de los Tributos y los Principios de Justicia Tributaria*. Bilbao (Espanha), Universidad del País Vasco, 2001.

ÍNDICE ALFABÉTICO

B

C

D

E

F

L

M

P

* * *